해심밀경소 제5 무자성상품
解深密經疏 無自性相品第五

▤ **동국대학교 불교기록문화유산아카이브사업단(ABC)**
▤ 본서는 문화체육관광부 지원으로 동국대학교 불교학술원에서 간행하였습니다.

한글본 한국불교전서 신라 7
해심밀경소 제5 무자성상품

2021년 3월 10일 초판 1쇄 인쇄
2021년 3월 20일 초판 1쇄 발행

지은이 원측
옮긴이 백진순
펴낸이 윤성이
펴낸곳 동국대학교출판부

주소 04620 서울시 중구 필동로 1길 30
전화 02-2260-3483~4
팩스 02-2268-7851
Homepage http://dgpress.dongguk.edu
E-mail book@dongguk.edu
출판등록 제2-163(1973. 6. 28)
편집디자인 꽃살무늬
인쇄처 네오프린텍(주)

© 2021, 동국대학교(불교학술원)

ISBN 978-89-7801-996-5 93220

값 27,000원

이 책의 무단 전재나 복제 행위는 저작권법 제98조에 따라 처벌받게 됩니다.

한글본 한국불교전서 신라 7

해심밀경소 제5 무자성상품
解深密經疏 無自性相品第五

원측圓測
백진순 옮김

동국대학교출판부

해심밀경소解深密經疏 해제

백 진 순
동국대학교 불교학술원 조교수

1. 원측의 생애와 저서

1) 생애

원측圓測(613~696) 스님은 7세기 동아시아에서 활동했던 신라 출신의 위대한 유식학자 중 한 사람이다. 어린 나이에 입당入唐해서 일생을 중국에서 보냈는데, 그가 활동했던 시대는 중국과 신라의 정치적 격변기에 해당하고, 또 현장玄奘(600~664)이 가져온 많은 유식학 경론들이 새로 번역됨으로써 법상종法相宗이 형성되었던 중국 유식학의 전성기였다. 그는 규기窺基(632~682)와 더불어 법상종 양대 학파의 시조가 되었는데, 그를 따르던 도증道證·승장勝莊·자선慈善 등 신라 출신의 학자들을 그가 주로 주석하던 서명사西明寺의 이름을 따서 '서명파'라고 부른다.

원측의 행적을 알 수 있는 자료로는, 최치원崔致遠(857~?)이 찬한 「고번경증의대덕원측화상휘일문故翻經證義大德圓測和尙諱日文」(李能和의 『朝鮮佛敎

通史』에 수록, 이하 「휘일문」이라 약칭), 찬녕贊寧(919~1001)의 『송고승전宋高僧傳』에 실린 「당경사서명사원측법사전唐京師西明寺圓測法師傳」(T50, 727b4), 송복宋復(?~1115?)의 「대주서명사고대덕원측법사불사리탑명병서大周西明寺故大德圓測法師佛舍利塔銘并序」(『玄奘三藏師資傳叢書』권2(X88, 384b9)에 수록, 이하 「탑명병서」라 약칭), 담악曇噩(1285~1373)의 「신수과분육학승전新脩科分六學僧傳」권23(X77, 274a21) 등이 있다. 이 중에서 찬녕과 담악의 자료에는 '원측이 현장의 강의를 훔쳐 들었다'는 설 외에는 구체적 정보가 없고, 많은 학자들이 여러 이유를 들어 도청설을 비판해 왔으므로 여기서는 더 이상 언급하지 않겠다.[1] 근래에는 주로 송복의 「탑명병서」와 최치원의 「휘일문」에 의거해서 원측의 생애 및 저술·역경 활동 등을 연구하는 추세다.

먼저 비교적 객관적이고 상세한 정보를 담고 있는 송복의 「탑명병서」에 의거해서 원측의 생애를 재구성해 보면 다음과 같다.

스님의 휘諱는 문아文雅, 자字는 원측圓測이며, 신라 왕손이다. 그는 3세에 출가해서 15세(627년)에 중국 유학길에 올랐다. 처음에는 경사京師의 법상法常(567~645)과 승변僧辯(568~642) 두 법사에게 강론을 들으며 구舊유식의 주요 경론을 배웠다.[2] 정관 연간正觀年間(627~649)에 대종문황제大宗文皇帝가 도첩을 내려 승려로 삼았다. 원측은 장안의 원법사元法寺에 머물며 『비담론毗曇論』·『성실론成實論』·『구사론俱舍論』·『대비바사론大毘婆沙論』 및 고금의 장소章疏를 열람하였는데, 모르는 게 없어 명성이 자자했다고 한다. 이후 현장이 인도에서 귀환해 그에게 『유가사지론瑜伽師地論』·『성유식론成唯識論』 등의 논과 이미 번역되었던 대소승의 경론을 주자 이에 대

---

1 조명기趙明基, 『신라불교의 이념과 역사』(서울: 경서원, 1982), p.159; 박종홍朴鍾鴻, 『한국사상사─불교사상편』(서울: 서문당, 1974), p.63 참조.
2 두 법사 중에서 법상은 섭론종攝論宗과 지론종地論宗을 두루 섭렵한 사람으로서, 왕후의 조칙을 받아 공관사空觀寺의 상좌上座가 되어 『華嚴經』·『成實論』·『毗曇論』·『攝大乘論』·『十地經論』 등을 강의하였다. 승변은 『攝大乘論』을 널리 퍼뜨린 사람으로서, 또한 조칙을 받아 홍복사弘福寺에 머물면서 『攝大乘論』·『俱舍論』 등의 주석서를 저술하였다.

해서도 금방 통달하였다. 이처럼 원측은 법상·승변 등에게서 구舊유식을 두루 배웠을 뿐만 아니라 현장의 도움으로 신역 경론에도 통달하였기 때문에 신·구 유식학 경론에 대한 포괄적 지식을 갖게 되었다.

그 뒤에 원측은 왕의 칙명을 받고 서명사의 대덕이 되었다. 이때부터 본격적 저술 활동에 들어가서, 『성유식론소成唯識論疏』 10권, 『해심밀경소解深密經疏』 10권, 『인왕경소仁王經疏』 3권, 『금강반야金剛般若』·『관소연론觀所緣論』·『반야심경般若心經』·『무량의경無量義經』 등의 소疏를 찬술하였다. 이뿐만 아니라 『대인명론기大因明論記』(『因明正理門論』의 주석서)와 같은 논리학(因明) 주석서도 찬술하였다. 원측은 성품이 산수山水를 좋아해서 종남산終南山 운제사雲際寺에 가서 의지하였고, 또 그 절에서 30여 리 떨어진 한적한 곳에서 8년간 은둔하기도 하였다. 이 시기는 나당羅唐 전쟁이 일어났던 시기(671~676)와 거의 일치한다. 전쟁이 끝난 후에 원측은 서명사 승도들의 요청으로 다시 돌아와 『성유식론』 등을 강의하였다. 당唐 고종高宗 말기(측천무후 초기) 중천축中天竺 출신의 일조 삼장日照三藏[S] Divākara : 613~687)이 장안에 와서 칙명을 받들어 대덕 다섯 사람을 뽑아 함께 『밀엄경密嚴經』 등을 번역할 때는 법사가 그 수장이 되었다. 또 무후가 실차난타實叉難陀[S] Śikṣānanda : 652~710) 삼장을 모셔다 동도東都인 낙양洛陽에서 신역 『화엄경』 80권을 번역하게 했을 때 증의證義를 맡았는데, 미처 마치지 못한 채 낙양洛陽의 불수기사佛授記寺에서 생을 마감하였다. 이때가 만세통천萬歲通天 원년(696) 7월 22일이었고, 춘추春秋 84세였다.[3]

그런데 이러한 원측의 생애와 학문 활동에 대해 한번 생각해 볼 점이 있다. 원측은 신라 출신 승려이지만 평생을 중국에서 활동하였고, 게다가 중국 불교적 색채가 그다지 강하지 않은 '법상유식法相唯識'이라는 교학을 연구한 사람이다. 우리는 그가 신라 출신의 유식학자라는 이유만으로 그

---

[3] 송복宋復의 「大周西明寺故大德圓測法師佛舍利塔銘(幷序)」(X88, 384b12) 참조.

를 '신라 유식학'의 대변자처럼 간주하지만, 이와는 조금 다른 시각을 최치원의 「휘일문」에서 발견할 수 있다. 이 글은 문학적 미사여구가 많고 또 사료로서의 가치에 대해 논란이 있기는 해도 여기에는 원측을 좀 더 넓은 시야에서 바라볼 수 있게 해 주는 중요한 평가가 나온다.

우선 「휘일문」에서 눈에 띄는 대목은 원측의 선조에 대해 "풍향의 사족(馮鄕士族)이고 연국의 왕손(燕國王孫)"이라고 한 것이다. 여기서 말한 '풍향'에 대해 북연北燕의 집권 세력이었던 풍씨馮氏 일가가 모여 살던 지역을 가리킨다고 하는데, 말하자면 원측의 선조는 '연'에서 한반도로 망명해 온 지배층이었다는 것이다.[4] 원측은 마치 원류를 찾아가듯 어린 나이에 당唐으로 유학길에 올랐다. 그는 특히 6개 국어를 통달할 정도로 어학에 소질이 있어 마침내 천축어로 말을 하면 되풀이해서 중국어로 말할 수 있을 정도였다. 그는 측천무후 시대에 왕성하게 활동하면서 무후의 극진한 대접과 존경을 받았다. 측천무후의 수공垂拱 연간(685~688)에 신라 신문왕神文王이 법사를 사모하여 여러 번 표문表文을 올려 환국을 요청하였으나 무후가 정중하게 거절하였으므로 끝내 돌아오지 못하였다.[5] 「휘일문」에서는 이러한 원측의 일생에 대해 평가하기를, "그 온 것은 진을 피해 나온 현명한 후손이고(避秦之賢胤) 그 간 것은 한을 돕는 자비로운 영혼(輔漢之慈靈)"이라고 하였다. 말하자면 불법을 선양하면서 평생 이역 땅에서 보낸 원측의 생애에 대해 '중국에서 망명해 왔던 어진 후예가 다시 중국을 돕는 자비로운 영혼이 되어 돌아간 것'이라 평한 것이다. 이러한 평가는 얼핏 사대주의적 발상의 일면으로 여겨질 수도 있지만, 법상학자 원측이 특정 지역

---

[4] 남무희, 『신라 원측의 유식사상 연구』(서울: 민족사, 2009), pp.42~50 참조.
[5] 원측의 귀국 여부와 관련해서, 이능화는 『三國遺事』의 "효소왕대孝昭王代(692~702)에 원측 법사는 해동의 고덕이었는데 모량리牟梁里 사람이었기 때문에 승직을 제수하지 않았다."라는 문구에 의거해서 원측이 잠시 귀국했지만 대우를 받지 못하자 다시 당에 돌아가서 임종했다고 추측하기도 하였다. 이능화李能和, 『朝鮮佛敎通史』下編(서울: 寶蓮閣, 1972), p.166 참조.

에 한정되지 않고 동아시아라는 넓은 지평에서 활동했던 위대한 사상가였음을 새삼스럽게 일깨워 준다.[6]

2) 저서

원측은 규기와 더불어 법상종의 두 학파를 만들어 낸 장본인인 만큼 그가 찬술한 주석서들도 많다. 영초永超의 『동역전등목록東域傳燈目錄』(1094)과 의천義天(1055~1101)의 『신편제종교장총록新編諸宗教藏總錄』 등에 의거해서 원측이 찬술한 문헌들의 목록을 정리해 보면 다음과 같다.

- ○ 『인왕경소仁王經疏』 3권
- ○ 『반야바라밀다심경찬般若波羅蜜多心經贊』 1권
- ○ 『해심밀경소解深密經疏』 10권
- ○ 『무량의경소無量義經疏』 3권
- ○ 『백법론소百法論疏』 1권
- ○ 『이십유식론소二十唯識論疏』 2권
- ○ 『성유식론소成唯識論疏』 10권과 『별장別章』 3권
- ○ 『육십이견장六十二見章』 1권
- ○ 『아미타경소阿彌陀經疏』 1권
- ○ 『관소연연론소觀所緣緣論疏』 2권
- ○ 『광백론소廣百論疏』 10권
- ○ 『대인명론기大因明論記』 2권(『理門論疏』라고도 함.)

---

[6] 이상의 설명은 최치원의 「諱日文」을 참고한 것이다. 이 「諱日文」은 이능화李能和의 『朝鮮佛教通史』 下篇(서울: 寶蓮閣, 1972), pp.167~168에 실려 있다.

이 외에도 송복의 「탑명병서」에는 '금강반야金剛般若에 대한 소疏'도 언급되었는데, 현존하는 목록들에는 나오지 않는다.[7] 또 『한국불교찬술문헌목록』에 따르면, 원측에게 『유가론소瑜伽論疏』(권수 미상)가 있었다고 하는데, 이 또한 기존 목록에는 보이지 않는다.[8] 다만 현존하는 둔륜遁倫의 『유가론기瑜伽論記』에 원측의 주석이 많이 인용되는 것으로 보아 『유가론』 전권은 아니더라도 일부에 대한 주석서라도 있었을 것이다.[9]

위 목록에 열거된 문헌 중에 현재 전해지는 것은 『인왕경소』와 『반야심경찬』과 『해심밀경소』이고 모두 『한국불교전서韓國佛教全書』 제1책에 실려 있다. 그런데 산실된 것으로 알려진 『무량의경소』와 관련해서, 『천태종전서天台宗全書』 제19권에 수록되어 있는 연소憐昭 기記 『무량의경소』 3권이 원측의 저술이라는 주장이 일본 학자들에 의해 제기되었다.[10] 또 『성유식론측소成唯識論測疏』라는 표제가 붙은 집일본이 국내에 유통되고 있는데, 이 집일본은 혜소惠沼의 『성유식론요의등成唯識論了義燈』 등에 인용된 원측의 『성유식론소』 문장들을 뽑아서 엮은 것이다.

---

[7] 원측이 『金剛般若疏』를 찬술했다면, 그것은 아마도 『金剛般若經』이나 무착無著의 『金剛般若論』이나 천친天親(세친)의 『金剛般若波羅蜜經論』에 대한 주석서였을 것이다.
[8] 『韓國佛教撰述文獻目錄』(동국대학교출판부, 1976, p.13)의 '圓測' 찬술목록에 "19. 瑜伽論疏 卷數未詳 失"이라고 하였다. 이것의 전거가 된 것은 『佛典疏鈔目錄』(大日本佛教全書 第1冊 p.115)이다.
[9] 당대唐代 『瑜伽師地論』 연구사 안에서 원측이 차지하는 위상에 대해서는 백진순, 「『瑜伽論記』에 나타난 圓測의 위상」(『東洋哲學』 제50집, 한국동양철학회, 2018), pp.273~298 참조.
[10] 이 주장을 맨 처음 제기한 것은 다이라 료쇼(平了照)의 「四祖門下憐昭 記 「無量義經疏」 について」(福井康順 編, 『慈覺大師研究』, 天台學會 發行, 1964年 4月, pp.423~438)이고, 다시 그 논지를 더욱 상세하게 보완해서 기츠카와 도모아키(橘川智昭)가 근래에 「圓測新資料·完本『無量義經疏』とその思想」(『불교학리뷰』 4, 금강대학교 불교문화연구소, 2008, pp.66~108)이라는 논문을 발표하였다. 필자가 판단하기에도 현담의 내용과 경문 해석의 문체 그리고 인용된 문헌의 종류 등이 『解深密經疏』와 거의 일치하는 점으로 보아 원측의 저술이 분명한 듯한데, 이에 대해 차후에 더 많은 연구가 필요하다.

2. 『해심밀경解深密經』의 이역본과 주석서들

1) 네 종류 이역본

『해심밀경解深密經(Ⓢ Saṃdhinirmocana-sūtra)』은 유가행파瑜伽行派의 소의 경전所依經典으로서 유식唯識 사상의 근간을 이루는 기본 교설들이 설해져 있다. 원측 소에 따르면, 『해심밀경』에는 광본廣本과 약본略本 두 종류가 있었다고 한다. 전자는 십만 송으로 되어 있고, 후자는 천오백 송으로 되어 있다. 이 『해심밀경』은 약본이고, 약본의 범본梵本은 한 종류인데, 중국에서 다른 역자들에 의해 네 차례 번역되었고 그에 따라 경문의 차이가 생겼다.

첫째, 남조南朝 송宋대 원가元嘉 연간(424~453)에 중인도 승려 구나발타라求那跋陀羅(Ⓢ Guṇabhadra : 394~468)가 윤주潤州 강녕현江寧縣 동안사東安寺에서 번역한 『상속해탈경相續解脫經』 1권이다. 이 한 권에는 두 개의 제목이 있는데, 앞부분은 『상속해탈지바라밀요의경相續解脫地波羅蜜了義經』이라 하고, 뒷부분은 『상속해탈여래소작수순처요의경相續解脫如來所作隨順處了義經』이라 하며, 차례대로 현장 역 『해심밀경』의 일곱 번째 「지바라밀다품」과 여덟 번째 「여래성소작사품」에 해당한다.

둘째, 후위後魏 연창延昌 2년(513)에 북인도 승려 보리유지菩提留支(Ⓢ Bodhiruci)가 낙양의 숭산嵩山 소림사少林寺에서 번역한 『심밀해탈경深密解脫經』 5권이다. 이 경에는 11품이 있는데, 여기서는 제4품(현장 역 『해심밀경』의 「승의제상품」)을 네 개의 품으로 나누었다.

셋째, 진조陳朝의 보정保定 연간(561~565)에 서인도 우선니국優禪尼國 삼장 법사인 구라나타拘羅那陀(Ⓢ Kulanātha, 진제眞諦 : 499~569)가 서경의 사천왕사四天王寺에서 번역한 『해절경解節經』 1권이다. 이 경에는 4품이 있는데,

현장 역 『해심밀경』의 「서품」과 「승의제상품」에 해당한다.

넷째, 대당大唐 정관貞觀 21년(647) 삼장 법사 현장玄奘이 서경의 홍복사弘福寺에서 번역한 『해심밀경』 5권이다. 이 경은 8품으로 되어 있는데,「서품」·「승의제상품」·「심의식상품」·「일체법상품」·「무자성상품」·「분별유가품」·「지바라밀다품」·「여래성소작사품」이다.

이상의 네 본 중에서, 현장 역 『해심밀경』은 「서품」을 제외하고 나머지 7품이 『유가사지론瑜伽師地論』(T30) 제75권~제78권에 수록되어 있다. 또 다른 세 개의 본을 현장 역 『해심밀경』과 비교했을 때, 『해절경』에는 단지 맨 앞의 2품만 있고 뒤의 6품은 빠져 있고,[11] 『상속해탈경』은 맨 뒤의 2품에 해당하고 앞의 6품이 빠져 있으며, 『심밀해탈경』에 나온 11품 중에서 4품은 현장 역 「승의제상품」을 네 개로 세분한 것이다.[12] 다른 이역본에 비해 현장 역 『해심밀경』이 비교적 문의文義가 잘 갖추어져 있기 때문에 중국 법상학자들은 대개 이에 의거해서 주석하였다.

2) 원측의 『해심밀경소』

『해심밀경』의 주석서는 중국에서 여러 스님들에 의해 저술되었다. 앞서 언급되었듯, 진제眞諦(구라나타)는 『해절경』 1권을 번역하고 직접 『의소義疏』

---

11 『解節經』의 내용은 현장 역 『解深密經』의 「序品」과 「勝義諦相品」에 해당하는데, '서품'의 명칭을 빼고 그 내용을 '승의제상품' 서두에 배치시킨 다음 다시 「勝義諦相品」을 네 개로 세분한 것이다.
12 『深密解脫經』의 제2 「聖者善問菩薩問品」, 제3 「聖者曇無竭菩薩問品」, 제4 「聖者善淸淨慧菩薩問品」, 제5 「慧命須菩提問品」은 모두 현장 역 「勝義諦相品」을 네 개로 구분한 것이다. 이 품에서는 승의제의 오상五相을 논하는데, 처음의 두 가지 상(離言·無二의 상)과 나머지 세 가지 상을 설할 때마다 각기 다른 보살들이 등장하여 세존 등에게 청문請問하기 때문에 별도의 네 품으로 나눈 것이다.

4권을 지었는데,[13] 이것은 오래전에 산실되었으며 단지 원측의 인용을 통해 일부의 내용만 간접적으로 확인해 볼 수 있다. 또 현장 역 『해심밀경』에 대한 주석서로는 원측의 『해심밀경소』 10권이 있고, 이외에도 영인靈因의 소疏 11권, 현범玄範의 소 10권, 원효元曉의 소 3권, 그리고 경흥璟興의 소도 있었다고 하는데,[14] 현재는 원측의 소만 전해진다.

원측의 『해심밀경소』는 『한국불교전서』 제1책에 실려 있는데, 이는 『만속장경卍續藏經』 제34책~제35책을 저본으로 하여 편찬된 것이다. 이 책은 총 10권이고 본래 한문으로 찬술된 것인데, 그중에 제8권의 서두 일부와 제10권 전부가 산실되었다. 이 산실된 부분을 법성法成(T Chos grub : 775~849)의 티베트 역(『影印北京版西藏大藏經』 제106책에 수록)에 의거해서 일본 학자 이나바 쇼쥬(稻葉正就)가 다시 한문으로 복원하였고,[15] 이 복원문은 『한국불교전서』 제1책에 함께 수록되어 있다. 또 1980년대 관공觀空이 다시 서장西藏의 『단주장丹珠藏(T Bstan-ḥgyur)』에 실린 법성 역 『해심밀경소』에 의거해서 산실되었던 제10권(金陵刻經處刻本에서는 제35권~제40권에 해당)을 환역還譯하였고,[16] 이 환역본은 『한국불교전서』 제11책에 수록되어 있다.

원측의 『해심밀경소』의 찬술 연대에 대해 측천무후가 주周를 건국한 690년 이전이라는 데는 이견이 없는 듯하다. 그 이유는 『해심밀경소』에서는 '대당 삼장大唐三藏'이라는 칭호를 여전히 쓰고 있는 데 반해 측천무후 시대에는 현장을 대당 삼장이라 하지 않고 '자은 삼장慈恩三藏'이라고 칭하기 때문이다. 따라서 원측의 소는 늦어도 689년까지는 찬술되었어야 한

---

13 앞서 언급되었듯 『解節經』은 현장 역 『解深密經』의 네 번째 「勝義諦相品」만 추려서 번역하여 증의證義를 본 다음 직접 소를 지은 것이다.
14 『法相宗章疏』 권1(T55, 1138b8) ; 『東域傳燈目錄』 권1(T55, 1153a22) 참조.
15 이나바 쇼쥬(稻葉正就), 「圓測·解深密經疏散逸部分の研究」, 『大谷大學研究年報』 第二十四集, 昭和 47.
16 관공觀空 역, 『解深密經疏』, 中國佛敎協會.

다. 그런데 그 상한선에 대해서는, 원측의 소에서 "지파가라(日照三藏)가 신도新都에서 번역할 때……"라는 문구 등을 근거로 해서 지파가라가 장안에 온 681년 이후라고 보는 학자도 있고,[17] 원측의 소에서 동도東都인 낙양을 신도新都라고 칭하고 있음을 근거로 해서 당唐 고종이 죽은 이듬해인 684년 이후라고 보는 학자도 있다.[18] 요컨대 빠르면 681년이나 684년에서 늦게는 689년까지 찬술되었을 것으로 추정된다.

3. 『해심밀경소解深密經疏』의 특징과 내용

1) 원측 소의 주석학적 특징

원측은 경전의 문구를 철저하게 교상敎相 혹은 법상法相에 의거해서 해석하는 전형적 주석가다. 그는 '삼승의 학설이 모두 궁극의 해탈에 이르는 하나의 유가도瑜伽道를 이룬다'는 관점에서 각 학파들의 다양한 교설들에 의거해서 경문을 해석한다.[19] 그의 사상을 흔히 '일승적' 혹은 '융화적'이라고 간주하는 일차적 이유를 여기서 찾을 수 있다. 이러한 원측의 태도는 『해심밀경소』에 가장 두드러지게 나타나는데, 그 특징을 몇 가지로 정리하면 다음과 같다.

---

17 남무희, 앞의 책, p.120 참조.
18 조경철, 「『해심밀경소』 승의제상품의 사상사적 연구」, 이종철 외, 『원측의 『해심밀경소』의 승의제상품 연구』(한국학중앙연구원출판부, 2013), pp.167~168 참조.
19 원측의 경전 주석학에서 나타나는 종합의 원리는 유가행파의 '유가瑜伽의 이념'에 이미 내재되어 있다. 이에 대해서는 졸고 「원측의 『인왕경소』에 나타난 경전 해석의 원리와 방법」, 『불교학보』 제56호(동국대학교 불교문화연구원, 2010), pp.151~153 참조.

먼저 원측의 해석에서 가장 두드러진 특징은 정교하고 세분화된 과목표에 의거해서 경문을 해석한다는 것이다. 경전 해석에서는 과목의 세부적 설계 자체가 그 주석가의 원전에 대한 독창적 해석이라 볼 수 있다. 왜냐하면 어떤 주석가가 경전의 문구를 어떤 단위로 분절하는가에 따라 그 경문의 해석이 달라지기 때문이다. 원측의 과목 설계는 삼분과경三分科經의 학설에 따라 경문 전체를 크게 세 부분으로 나누는 데서 시작된다.[20] 맨 먼저 삼분의 큰 틀 안에서 다시 계속해서 그 하위의 세부 과목들로 나누어 가면 하나의 세밀하게 짜여진 과목표가 만들어진다. 원측이 설계한 『해심밀경소』의 과목표만 따로 재구성해 보면 다른 주석서의 그것과 비교할 때 타의 추종을 불허할 정도로 정교하게 세분화되어 있고, 또한 그 과목들 간의 관계가 매우 정합적이고 체계적이다. 이 과목표에 의거해서 경문들을 읽어 가면, 마치 하나의 경전이 본래부터 그러한 정교한 체계와 구도에 따라 설해진 것처럼 보인다.

원측 소의 또 다른 특징은 그의 주석서가 방대한 백과사전적 형태를 띤다는 점이다. 그는 정교한 과목 설계에 맞춰서 모든 경문을 세분하고 그 각 문구에 대한 축자적 해석을 시도한다. 이러한 해석 방식을 거치면 하나의 주석서는 다양한 불교 개념들의 변천사를 일목요연하게 보여 주는 불교 교리서로 재탄생한다. 이 과정에서 문답의 형식으로 얼핏 상충되는 것처럼 보이는 문구와 주장들의 조화를 모색하는데, 간혹 특정한 설을 지지하거나 비판하기도 하지만 대개는 삼승의 모든 학설들이 각기 일리가 있으므로 상위되는 것이 아니라고 결론짓는다. 그는 언제나 다양한 학파의 해석이 근거하고 있는 나름의 논리를 이해하려고 하였다. 이런 학문적 태도를 갖고, 한편으로 하나의 경문에 대한 대소승의 다양한 해석들

---

[20] 삼분과경三分科經에 대해서는 뒤의 '2) 경문 해석의 구조 및 주요 내용'(p.17)에서 다시 후술된다.

간의 갈등·긴장 관계를 보여 주고, 다른 한편으로 적절한 원리와 방법을 동원해서 그것들을 체계적 구조 안에 정리하고 종합해 놓는다.

또 마지막으로 언급될 중요한 특징의 하나는 그 주석서의 정교함과 방대함이 수많은 경론의 인용문들에 의해 이루어졌다는 점이다. 원측 소에서 문헌적 전거가 없이 자의적으로 해석하는 경우는 거의 없다고 해도 과언이 아니다. 우선 눈에 띄는 것은 『해심밀경』의 경문을 그 경의 이역본인 『심밀해탈경深密解脫經』·『상속해탈경相續解脫經』·『해절경解節經』의 문구와 일일이 대조해서 그 차이를 밝힌 점이다. 또 그는 유식학자이기는 하지만 '유식唯識'의 교의에 국한하지 않고 대소승의 여러 학파나 경론들의 학설과 정의正義에 의거해서 그 경문의 의미를 총체적으로 보여 주고자 한다. 그는 여러 해석들을 종파별로 혹은 경론별로 나열하기도 하고, 때로는 서방 논사와 중국 논사의 해석을 대비시키기도 하고, 때로는 진제 삼장眞諦三藏의 해석을 길게 인용한 뒤 '지금의 해석(今解)'이나 '대당 삼장' 또는 '호법종護法宗' 등의 해석을 진술함으로써 구舊유식과 신新유식을 대비시키기도 한다.

원측 소에서 인용되는 문헌들의 범위와 수는 매우 광범위하고 방대해서 그 모든 인용 문헌의 명칭을 일일이 열거할 수 없을 정도다. 그러나 원측은 주로 종파별로 해석을 나열하되 그 종을 대표하는 논에서 주요 문장을 발췌하는데, 특히 소승의 살바다종薩婆多宗(설일체유부), 경부經部(경량부), 대승의 용맹종龍猛宗(중관학파), 미륵종彌勒宗(유식학파) 등 네 종파를 중심으로 기술하였다. 원측 소의 인용문을 살펴보면, 거의 대부분 직접 인용의 형태를 띠지만 때로는 원문을 요약·정리해서 인용하기도 하는데, 후자의 경우 간혹 문장을 구분하는 글자나 묻고 답하는 자를 명시하는 문구를 보완하기도 한다.

원측 소에서 각 종파의 견해를 대변하는 논서로 빈번하게 인용된 것은 다음과 같다. 먼저 살바다종의 학설은 『대비바사론大毘婆沙論』·『잡아비담심론雜阿毘曇心論』·『구사론俱舍論』·『순정리론順正理論』 등에서, 경부종의 학설은 『성실론成實論』에서, 용맹종의 학설은 『대지도론大智度論』에서 주로 인용된다. 이에 비해 미륵종의 견해는 상대적으로 광범위한데, 대표적인 것은 『유가사지론瑜伽師地論』·『현양성교론顯揚聖教論』·『집론集論』·『잡집론雜集論』·『변중변론辨中邊論』·『대승장엄경론大乘莊嚴經論』, 그리고 다섯 종류 『섭론攝論』(무착의 『섭대승론』과 그 밖의 세친·무성의 『섭대승론석』 이역본들)·『유식이십론唯識二十論』·『성유식론成唯識論』·『대승광백론석론大乘廣百論釋論』·『불지경론佛地經論』 등이다. 이 외에도 자주 인용되는 경은 『묘법연화경妙法蓮華經』·『대반열반경大般涅槃經』·『대반야바라밀다경大般若波羅蜜多經』(『대반야경大般若經』)·『십지경十地經』 등이다.

2) 경문 해석의 구조 및 주요 내용

원측의 경문 해석은 법상학자들이 일반적으로 수용하는 삼분과경三分科經에서 시작된다. 삼분과경이란 하나의 경전을 서분序分·정종분正宗分·유통분流通分 등으로 나누는 것을 말하는데, 이는 동진東晉의 도안道安 이후로 경전 해석의 기본 원칙이 되었다. 중국 법상종 학자들은 이 삼분을 특히 『불지경론佛地經論』에 의거해서 교기인연분敎起因緣分·성교정설분聖敎正說分·의교봉행분依敎奉行分이라고 칭한다. '교기인연분'은 가르침을 설하게 된 계기와 이유 등을 밝힌 곳으로서 경전 맨 앞의 「서품」에 해당하고, '의교봉행분'은 그 당시 대중들이 부처님의 설법을 듣고 나서 수지하고 봉행했음을 설한 곳으로서 대개 경의 끝부분에 붙은 짧은 문장에 해당하며, 그 밖의 대부분의 경문은 모두 설하고자 했던 교법을 본격적으로 진술한 '성교정설분'에 해당한다.

그런데 이 삼분과경의 관점에 볼 때, 이 경의 구조에 대해 이견들이 있다. 그것은 이 경의 각 품 말미에 따로따로 봉행분들이 달려 있고 이 한 부部 전체에 해당하는 봉행분은 없기 때문이다.[21] 이런 이유로 '이 경에는 교기인연분과 성교정설분만 있고 마지막 의교봉행분은 없다'는 해석이 있고, 마지막의 봉행분을 한 부 전체의 봉행분으로 간주하면 '삼분을 모두 갖춘다'는 해석도 가능하다. 원측은 우선 '두 개의 분만 있다'는 전자의 해석을 더 타당한 설로 받아들였다.

교기인연분은 다시 증신서證信序(통서通序)와 발기서發起序(별서別序)로 구분된다. 증신서에서는 경전의 신빙성을 증명하기 위해 몇 가지 사항을 밝히는데, 이를 흔히 육성취六成就라고 한다. 원측은 『불지경론』에 의거해서 '총현이문總顯已聞·시時·주主·처處·중衆' 등 5사事로 나누어 해석하였다.[22] 발기서란 정설을 일으키기 전에 '여래께서 빛을 놓거나 땅을 진동시키는' 등의 상서를 나타냈음을 기록한 것이다. 『해심밀경』에서 교기인연분은 「서품」에 해당하는데, 이 품에는 증신서만 있고 발기서는 없다.

성교정설분은 「서품」을 제외한 나머지 일곱 개의 품에 해당한다. 원측에 따르면, 이 성교정설분은 경境·행行·과果라는 삼무등三無等을 설하기 때문에 일곱 개의 품도 크게 세 부분으로 나뉜다.[23] 「승의제상품勝義諦相品」·

---

[21] 이 『解深密經』은 특이하게 「無自性相品」, 「分別瑜伽品」, 「地波羅蜜多品」, 「如來成所作事品」 등의 끝부분에 각각의 봉행분奉行分이 있고, 이에는 "이 승의요의의 가르침(此勝義了義之敎)을 너희들은 받들어 지녀야 한다."라거나 또는 "이 유가요의의 가르침(此瑜伽了義之敎)을 너희들은 받들어 지녀야 한다."는 등의 문구가 진술된다.

[22] 『佛地經論』 권1(T26, 291c3) 참조. 중국 법상종에서는 흔히 이 논에 의거해 통서通序를 다섯으로 나누어서, ① 총현이문總顯已聞, ② 설교시說敎時, ③ 설교주說敎主, ④ 소화처所化處, ⑤ 소피기所被機라고 하는 경우가 있다. 이 중에서 '총현이문'은 육성취 중에서 '여시如是'와 '아문我聞'을 합한 것이다.

[23] 『解深密經』의 내용을 유식의 경境·행行·과果의 구조로 나누는 것은 유식학파의 전형적인 사고방식이다. 여기서 '경境(Ⓢ viṣaya)'은 보살들이 배우고 알아야 할 대상·이치 등을 가리키고, '행行(Ⓢ pratipatti)'은 그 경에 수순해서 실천하고 익히는 것을 말하며, '과果(Ⓢ phala)'는 앞의 두 가지로 인해 획득되는 결과로서 해탈과 보리를 가리킨다. 이 세 가지는 다른 것과 비교될 수 없을 만큼 수승한 것이므로 삼무등이라 한다.

「심의식상품心意識相品」·「일체법상품一切法相品」·「무자성상품無自性相品」 등 네 개의 품은 관해지는 경계(所觀境), 즉 무등의 경계(無等境)를 밝힌 것이다. 다음에 「분별유가품分別瑜伽品」·「지바라밀다품地波羅蜜多品」 등 두 개의 품은 관하는 행(能觀行), 즉 무등의 행(無等行)을 밝힌 것이다. 마지막의 「여래성소작사품如來成所作事品」은 앞의 경·행에 의해 획득되는 과(所得果), 즉 무등의 과(無等果)를 밝힌 것이다.

이상의 세 가지 경·행·과 중에서, 먼저 관찰되는 경계를 설한 네 개의 품은 다시 크게 두 종류로 나뉜다. 앞의 두 품은 진眞·속俗의 경계를 밝힌 것이다. 그중에 「승의제상품」은 진제를 밝힌 것이고, 「심의식상품」은 속제를 밝힌 것이다. 또 뒤의 두 품은 유성有性·무성無性의 경계를 밝힌 것이다. 그중에 「일체법상품」은 삼성三性의 경계를 밝힌 것이고, 「무자성상품」은 삼무성三無性의 경계를 밝힌 것이다.

다음에 관찰하는 행을 설한 두 개의 품도 차별이 있다. 앞의 「분별유가품」은 지止·관觀의 행문行門을 설명한 것이고, 다음의 「지바라밀다품」은 십지十地의 십도十度(십바라밀)를 설명한 것이다. 지·관의 행문은 총괄적이고 간략하기 때문에 먼저 설하고, 십지에서 행하는 십바라밀은 개별적이고 자세하기 때문에 나중에 설하였다.

마지막으로 획득되는 과를 설한 「여래성소작사품」에서는 여래가 짓는 사업에 대해 설명한다. 이치(경境)에 의거해서 행을 일으키고 행으로 인해 과를 획득하기 때문에 이 품이 맨 마지막에 놓였는데, 여기서는 불과佛果를 획득한 여래께서 화신化身의 사업 등을 완전하게 성취시키는 것에 대해 설한 것이다.

이상의 해석을 도표로 나타내면 다음과 같다.

三分科經	三無等	品 명	내 용	
敎起因緣分		「序品」		
聖敎正說分	無等境 (所觀境)	「勝義諦相品」	眞諦	眞·俗의 경계
		「心意識相品」	俗諦	
		「一切法相品」	三性	有性·無性의 경계
		「無自性相品」	三無性	
	無等行 (能觀行)	「分別瑜伽品」	止觀의 行門	總相門
		「地波羅蜜多品」	十地의 十度	別相門
	無等果 (所得果)	「如來成所作事品」	境·行에 의해 획득되는 果	
依敎奉行分			없음	

『해심밀경소』 품별 해제

무자성상품無自性相品 해제

1. 삼무성설三無性說의 철학적 의의 및 특징[1]

1) 유교有教와 공교空教의 회통

『해심밀경解深密經』에는 후대 유식학파의 주요 학설들의 원형적 형태들이 나타나는데, 그중의 하나가 삼무성설三無性說이다. 이 경의 「무자성상품」에서는 세존께서 '일체제법개무자성一切諸法皆無自性'이라 설했던 비밀스런 의취(密意)를 세 종류의 무성無性에 의거해서 자세하게 설명하였다. '삼무성'이라는 이 독특한 학설은 일반적으로 대승불교에서 이미 확립된 공空에 대한 유가행파瑜伽行派의 새로운 해석이라고 받아들여진다. 유가

---

[1] 「무자성상품」 해제 중에 전반부(1. 삼무성설三無性說의 철학적 의의 및 특징)는 졸고 「『해심밀경』에 나타난 공空의 밀의密意」(『불교학연구』 제37호, 서울: 불교학연구회, 2013, pp.235~272)와 「원측교학의 연구 동향에 대한 비평과 제안」(『불교학연구』 제38호, 서울: 불교학연구회, 2014, pp.301~309)의 내용을 수정·보완한 것이다.

행파의 사유 안에는 여전히 인도 불교의 아비달마적 전통이 많이 남아 있지만, 그들의 사유가 대승으로 분류되는 것은 무엇보다도 '공空'에 대한 관념 때문일 것이다.

이 삼무성설의 의의를 파악하기 위한 첫 번째 단계로서 그 교설을 설한 본의本意를 알 필요가 있다. 어떤 교설의 의의는 그것을 설한 자의 의도나 목적, 또는 설하게 된 상황이나 계기 등에 따라 달라질 수 있기 때문이다. 이 삼무성설에 대한 기존의 통념에 따르면, 공空·유有의 논쟁 과정에서 유가행파의 교학은 '공'보다는 '유'를 강조하는 철학적 기조 위에 건립되었고 용수龍樹의 공교空敎에 대립되는 유교有敎에 해당한다. 그런데 이러한 도식적 관점을 고수하면, 불교학파들 간의 차이를 선명하게 부각시킬 수는 있지만, 어쩌면 유가행파의 본의와는 어긋나는 결론에 이를 수도 있다. 그러므로 그런 통념에 좌우되지 않고 그 교설의 본의에 다가갈 수 있는 적절한 통로를 찾아보는 것이 중요하다.

우선, 이 『해심밀경』 「무자성상품」에서 주목할 것은 이 품의 경문 구조다. 원측圓測의 해석에 따르면, 이 품은 모두 5분分으로 구성되어 있다.[2] 그중에 앞의 보살청문분菩薩請問分과 여래정설분如來正說分과 영해수지분領解受持分이 삼무성설과 직접적으로 연관되는데, 그 세 부분은 논리적으로 다음과 같은 하나의 논증 체계를 이루고 있다. 〈처음의 보살청문분에서 보살은 가령 온蘊·처處·계界 법문 등과 같이 일체법의 자성 있음을 설한 제1시時의 유교(有性敎), 그리고 일체법의 자성 없음을 설한 제2시의 공교(無性敎)가 서로 모순됨을 지적하면서, '어떤 밀의密意에서 자성 없음을 설했는가'라고 묻는다. 다음의 여래정설분에서 세존은 삼무성설에 의거해서 '무자성' 혹은 '공'의 밀의에 대해 자세하게 설명한다. 다시 영해수지

---

[2] 5분分의 주요 내용에 대해서는 뒤(3. 경문 해석의 구조 및 주요 내용)에서 간략히 요약하였다.

분에서 보살은 자신이 들었던 삼무성의 교설에 대한 소감을 진술하면서, '유교의 모든 법문들 안에 삼무성의 밀의가 내재해 있다'고 결론짓는다.〉 이상의 경문 구조에서 암시되듯, 삼무성설은 유교와 공교를 회통시키려는 의도에서 설해진 것이다.

2) 공空의 밀의密意를 다루는 유가행파의 숨겨진 전략

대승의 추종자들도 그리고 때로는 소승의 성자들도 '공空'이 연기적緣起的 세계의 참된 이름이라는 것을 인정하는 데 주저하지 않을 것이다. 그들의 진짜 곤란은, 가령 '공'이 연기적 세계에 대한 참된 진술이라 해도, 그것이 과연 철학적 이성만으로 획득될 수 있는가 하는 점이다. 용수의 '공 사상'의 영향을 받은 거의 모든 대승의 종파가 한결같이 그것은 인간의 사유와 언어를 넘어선다고 말한다. 그럼에도 '공'도 하나의 이름인 이상 아무 의미도 없는 말은 아니기 때문에 여전히 그 말의 참된 의미를 물을 수 있다.

그렇다면 '공'이라는 말은 무엇을 뜻하는가? 이에 대한 유가행파의 새로운 해석이 바로 「무자성상품」에서 설한 상무성相無性·생무성生無性·승의무성勝義無性 등 세 종류 무성의 교설이다. 삼무성에 대한 자세한 설명은 잠시 미루고, 이 교설에 대한 이해의 폭을 넓히기 위해서 먼저 환기할 것이 있다. 앞서 지적했듯, 이 경에서 '삼무성'의 교설을 설했던 중요한 의도는 바로 유교有敎·공교空敎를 회통시키는 것이다. 그런데 이러한 공·유의 회통은 유가행파가 택한 어떤 철학적 전략의 인도를 받지 않고서는 이루어질 수 없는 것이었다. 말하자면, 경문에 명시적으로 나타나진 않았지만 이 교설의 저변에는 '공'의 문제를 다루는 유가행파의 숨겨진 전략이 있다.

이 「무자성상품」에서는 '일체법은 모두 자성이 없다(一切法皆無自性)'고 하는 특정한 문구의 해석을 중심으로 '무자성'의 비밀스런 의미를 드러낸다. 여기서 주목할 것은, 그 '일체법개무자성'이라는 말은 '일체법', 즉 '존재하는 모든 것'에 대한 진술이라는 점이다. 그리고 '공'의 문제를 다루는 유가행파의 숨겨진 전략은 바로 그 교설을 존재에 관한 진술로 간주하는 데서 시작된다. 만약 누군가 '공'의 의미를 새롭게 해석하려 한다면, 먼저 그와 연관된 모든 범주와 개념들을 수정·보완하지 않을 수 없을 것이다. 마찬가지로 유성有性·무성無性의 교를 회통시키려는 의도를 갖고 '일체법개무자성'이라는 문구를 해석하려 했던 유가행파로서는 무엇보다 '일체법'이라 총칭된 모든 존재들에 대한 발상을 전환시키고자 하였다. 그 작업은 이 경의 「일체법상품一切法相品」에서 변계소집성遍計所執性·의타기성依他起性·원성실성圓成實性 등 일체법의 삼성三性에 관한 교설로 구체화되었다.[3]

일체법의 삼성에 대한 논의는 '존재'에 관한 획기적 발상을 담고 있다. 그 교설의 진짜 의의를 이해하기 위해서는 우리는 우선 두 가지를 구별해야 한다. 그것은 '존재(有)' 자체와 '존재라고 생각된(집착된) 것(所執)'이다. 우리의 의식은 그 두 가지의 차이를 명확하게 구분하지 못한다. 유가행파는 우리가 일상적으로 존재에 대해 말할 때는 사실상 존재 자체가 아니라 '존재라고 생각된(집착된) 것'을 말하는 데 불과하다는 점을 강조한다. 그들은 이 둘을 구분함으로써 대승적 공의 감춰진 의미들을 명료하게 드러내고자 한다.

우선, '일체법개무자성'이라는 진술에서 '무자성無自性'이라는 말은 '일체법'이라는 주어를 한정하는 술어다. 그런데 '일체법'이라 총칭된 것 중에는, 유가행파의 관점에서 '존재 자체'로 인정되는 것도 있고 단지 '존재

---

[3] 삼성三性에 관한 자세한 설명은 원측/백진순 옮김, 『해심밀경소 제3 심의식상품·제4 일체법상품』(서울: 동국대학교출판부, 2013), pp.220~263 참조.

라고 집착된 것'에 불과한 것도 있으며, 그에 따라서 '무자성'이라는 술어의 의미도 달라질 수 있다. '공'의 문제를 다루는 유가행파의 핵심 전략은 바로 이 지점에서 드러난다. 유가행파에 따르면, '있는 것은 있고 없는 것은 없다'고 아는 것이야말로 증익增益·손감損減의 과실을 떠나서 전도 없이 아는 것이다. 만약 '있는 것을 없다'고 손감시키거나 '없는 것을 있다'고 증익시킨다면, 이는 전도된 것이다. 마찬가지로 '일체법무자성'이라는 진술이 의미를 지니려면 임시로 존재하는 것(假有) 혹은 진실로 존재하는 것(眞實有)에 대해서는 '있다'고 해야 하고, 본래 없는 것(本無)에 대해서는 '없다'고 해야 한다.

이와 같은 맥락에서, 우선 전도 없이 알기 위한 첫 번째 단계로서 우리는 '존재라고 집착된 것(변계소집성)'을 존재 자체(의타기·원성실)와 구별시킬 수 있어야 한다. '존재라고 집착된 것'은 어떤 실체처럼 다가오지만 이는 단지 가짜 이름만 있고 본래 실체가 없는 것(本無)이다. 따라서 그에 대해서는 '없다'는 의미와 상응하는 말로서 '공·무성'이라 진술한다. 그러나 '존재란 무엇인가'라는 물음에 대해 전도되지 않은 지성이라면 '존재가 있음 그 자체를 뜻한다'는 것을 안다. 그런데 그것은 범부의 정情 속에서 집착되는 바와 같은 어떤 사물적인 존재가 아니라, 일체의 것을 '존재하도록(有)' 하는 연기적 생성 활동이면서 또한 어떤 상태에서는 '있는 그대로의 것이 되는(眞如)' 그러한 존재 활동이다.[4] 그러한 존재의 본성에 대해 '공'이라 진술할 때, 그것은 '없음(無)' 자체를 뜻할 수는 없고, 오히려 저 능동적인 존재 활동의 참된 이름으로서 '공'이라 진술한 것이다. 요컨

---

4 이 경에서는 의타기성依他起性과 원성실성圓成實性은 둘 다 '유有'로 인정된다. 전자는 인연에 의지해서 생하는 법(緣生法)들을 가리키고, 후자는 진여眞如 혹은 승의勝義·공성空性·법무아성法無我性 등으로 표현되는 궁극적 실재를 가리킨다. 이 두 자성은 개념적으로 구분되기는 하지만, 별개의 두 실체를 가리키는 것은 아니다. 이 경의 표현에 따르면, '의타기성에서의 변계소집성의 본래 없음이라는 (사실로) 말미암아 현현되는 바의 진여眞如(勝義)'를 일컬어 원성실성이라고 한다.

대, 삼무성의 밀의 안에서 '무성·공'이라는 말은 '무無'를 뜻할 수도 있고 '유有'를 뜻할 수도 있다. 따라서 원측을 비롯한 중국 법상학자들은 유가행파의 공 사상의 의의에 대해 총평하면서, "유와 무에 대해 총괄해서 '무성'이라 설했기 때문에 '밀의'라고 한 것이다.(於有及無總說無性故名密意)"라고 하였다.

3) 삼무성三無性의 밀의密意

(1) 원측圓測의 해석 지침

삼무성三無性의 교설은 경론들마다 상이할 뿐만 아니라 동일한 문헌 내에서도 전후로 일관되지 않은 경우가 있다. 따라서 원측은 각 경론들의 삼무성설의 동이同異를 조망하는 데 유용한 해석 지침을 제시하였다. 그는 세친의 『섭대승론석』 제5권에 근거해서 소승·대승에서 설한 '무성'의 다양한 의미를 두 가지 문으로 정리하였다. 그것은 공통되는 문(共門)과 공통되지 않은 문(不共門)이다.

첫째, 공통되는 문이란 대승과 소승에서 공통적으로 설하는 '무성'을 말한다. 예를 들면 '자연무自然無'와 '자체무自體無'와 같은 것인데, 이러한 '무無'는 연생법緣生法에 내포된 '무성'의 의미를 대변하는 것이다. 이 중에 '자연무'란 인연을 따라 생하는 법들에는 자연적으로 존재하는 것은 없음을 뜻하고, '자체무'란 찰나 생멸하는 법들은 멸하고 나면 다시 생하지 않음을 뜻한다. 이와 같은 두 가지 의미의 '무성'은 성문승聲聞乘과도 공유하는 것이다.

둘째, 공통되지 않은 문이란 성문승과는 공유하지 않고 오직 대승의 보살장에서만 언급되는 '무성'을 말한다. 그것이 바로 변계소집상遍計所執

相의 본무本無이다. 이러한 '무'는 본래 존재하지 않음을 뜻한다. 예를 들어 이 경에서는 범부들의 두루 헤아리는 마음으로 '집착된 바의 상(변계소집상)'은 본래 없다는 의미에서 '무성'이라 설하였다. 이러한 의미의 '무성'은 오직 대승에서만 설하는 것이다.

여기서 주목할 것은 특히 변계소집의 무성에 관한 해석이다. 원측의 해석에 따르면, 대승의 경론들은 모두 '상무성(변계소집의 무성)'이라는 특수한(不共) 공의 의미를 설한다는 점에서 소승과는 구별된다. 그런데 상무성과 연관된 대승의 교설들 내에서도 다소 차이점이 있다. 예를 들어『광백론』제10권 등 많은 유식 논서들에서는 오직 상무성에만 의거해서 '일체법의 무자성'에 대해 설한다. 또『유가사지론』제73권에서는 통틀어 세 종류 무성에 의거하거나 혹은 처음의 상무성에만 의거해서 설한다. 또『잡집론』제12권에서는 통틀어 세 종류 무성에 의거해서 설한다. 또『해심밀경』등에서는 세 종류 무성에 의거하거나 혹은 처음의 상무성과 마지막 승의무성에 의거해서 설한다.

원측은 이와 같은 차이가 생긴 이유를 그 특유의 융화적 태도로 다음과 같이 회통시킨다. 〈『광백론』제10권 등에서 오직 변계소집성에 의거해서 '상무성相無性'만 설했는데, 이는 반드시 부정되어야 할 자성(所遣性)은 오직 변계소집성이기 때문이다. 또 이『해심밀경』에서는 인연생因緣生의 의미가 없지 않다는 것을 나타내기 위해 의타기의 생무성生無性까지 모두 포함해서 세 종류 무성에 의거해서 설명하거나, 혹은 생무성을 제외하고 처음의 상무성과 마지막의 승의무성勝義無性에만 의거해서 설명하기도 한다. 한편『잡집론』제12권 등에서 의타기의 생무성을 제외하지 않고 통틀어 세 종류 무성에 의거해서 설명하는데, 이는 '타에 의지해서 생하는 것(依他起)'에는 '자연적으로 생함(自然生)' 혹은 '원인 없이 생함(無因生)'이란 없다는 것을 분명히 하려 했기 때문이다.〉

이와 같은 원측의 해석 지침에는 우리의 통념을 깨는 매우 중요한 주장이 담겨 있다. 그에 따르면, '무성·공'을 '연생緣生'의 의미로 이해하는 것만으로는 그 의미를 완전하게 통달했다고 말할 수는 없다. 대승의 경론에서 추가적으로 밝혔던 '공'의 특수한 의미, 즉 '변계소집의 무無' 혹은 '상무성相無性'을 관할 수 있을 때 비로소 '무성'의 의미를 완전하게 이해할 수 있는 것이다.[5]

(2) '일체법'과 '무자성'의 비밀스런 의미

유가행파의 '공'에 대한 사색은 대개 '일체법개무자성一切法皆無自性'이라는 문구를 중심으로 전개되며, '일체법'에서 세 종류 자성(三性)을 구분한 것처럼 '무자성'의 의미도 세 종류로 구분된다. 말하자면 변계소집상遍計所執相·의타기상依他起相·원성실상圓成實相 등 일체법의 삼성에 의거해서 상무성相無性·생무성生無性·승의무성勝義無性 등 세 종류 무성(무자성, 공)을 건립한다. 이에 관한 경론의 설명들이 매우 난해하고 다양한데, 혼란 없이 그 논의들을 따라가기 위해서는 무엇보다 일체법의 삼성에 따라서 '무자성'의 의미도 어떻게 달라지는지를 눈여겨볼 필요가 있다.

● 존재(有) 그 자체와 존재라고 집착된 것(所執性)

'일체법'이란 간략하게는 유위법·무위법 두 종류, 자세하게는 오위백법五位百法으로 구분될 수 있다. 여기서 '법'이란 자기의 고유한 성질을 담지하면서(任持自性), 인식의 표준이 되어 사물에 대한 이해를 내게 하는(軌生物解) 것을 가리킨다. 일단, 사물이나 개념 또는 도리에 이르기까지 우리에게 '존재(有)'라는 관념을 불러일으키는 모든 것들을 '일체법'이라 총

---

[5] 이 경에서는 의타기의 생무성生無性은 아직 선근을 완전히 갖추지 못한 자량위資糧位 및 그 이전의 단계에 있는 사람들에게 설하고, 상무성相無性·승의무성勝義無性은 가행위加行位 이상의 사람들에게 설해 준다고 하였다.

칭할 수 있다. 원측의 해석에 따르면, 변계소집상과 의타기상은 각기 일체법의 외연 전체를 모두 포괄하는 범주이고, 원성실상이란 가령 '평등진여平等眞如, 승의제勝義諦' 등으로 불리는 것처럼 일체법에 편재하는 내적 본질 혹은 궁극적 진리와 같은 것이다.[6] 이 삼성은 각기 다른 의미에서 '일체의 존재'를 포괄한다.

유식학자들에 따르면, 우리의 일상적 존재 관념은 바로 존재 그 자체가 아니라 실은 '존재라고 집착된 것', 즉 변계소집상에 근거하고 있기 때문에 삼성에 대한 논의도 이로부터 시작된다. 『해심밀경』「일체법상품」에서는 변계소집의 본질에 대해 '일체법의 명가名假'라고 정의하였다.[7] 일체법의 이름을 가립하고 그것을 매개로 분별하면서 어떤 표상을 일으키는데, 그 결과 범부의 허망한 마음(妄情) 속에서 그 언어적 표상에 해당하는 어떤 것이 실재한다고 집착한다. 이와 같이 언어를 매개로 '집착된' 일체법의 상은 본래 실체가 없고 단지 가짜 이름만 있는 것이다. 따라서 변계소집의 정체는 '명가'라고 하였다.

한편, 「무자성상품」에서는 변계소집과 의타기와의 관계를 드러내면서, 변계소집의 모든 이름들에 대해 다음과 같이 정의하였다. "분별소행인 변계소집상의 소의행상(分別所行遍計所執相所依行相)에서 가명假名을 안립한 것이다." 다소 난해한 이러한 정의는 다음과 같은 철학적 물음에 대한 대답이기도 하다. 〈만약 변계소집의 언어에 의거해서 생각된(집착된) 일체법의 상들이 본래 없는 것이라면, 유교有敎(제1시의 有性敎)에서 설한 온蘊·처處·계界의 자성이라는 것도 저 변계소집의 언어로 설해진 것이므로 이러

---

6 원측의 해석에 따르면, '일체법'이라는 복합어에 대해 몇 가지 해석이 가능하지만, 그는 위와 같은 해석이 더 뛰어나다고 하였다. 원측/백진순 옮김, 『해심밀경소 제3 심의식상품·제4 일체법상품』(서울: 동국대학교출판부, 2013), pp.212~213 참조.
7 여기서 '명가名假'나 '가명假名'이란 일체법에 부여된 가짜 이름을 가리키고, 그런 이름 중에는 어떤 것의 자성상自性相(자체상)을 가리키는 것과 그것의 차별상差別相을 가리키는 것이 있다. 이러한 자성과 차별을 가리키는 이름들을 '명가' 혹은 '가명'이라고 한다.

한 자성이 실재하는 것은 아니어야 한다. 그러나 아무 것도 없는 데서 어떤 것의 자성·차별을 가리키는 이름들을 시설할 수는 없다. 그렇다면 그러한 언어적 시설을 가능하게 하는 실질적 근거는 무엇인가.〉 이러한 의문에 대한 유가행파의 대답이 바로 '분별소행변계소집상소의행상分別所行遍計所執相所依行相'이라는 문구다. 이 복합어는 일체법의 이름이 시설되는 실질적 근거를 가리키는 말로서, 간략하게는 '소의행상所依行相'이라고 해도 된다. 언어적 분별의 영역(分別所行)이 바로 변계소집상이고, 이 변계소집상을 일으키는 근거가 되는 것을 '소의'라고 하였다. 원측의 해석에 따르면, '소의행상'이란 바로 '의타기의 유위행상有爲行相', 달리 말하면 의타기의 '식識'을 가리킨다. 말하자면 타他에 의지하여 생하는 '식'의 행상들이 있기 때문에 일체법의 자성·차별을 가리키는 가짜 이름들이 시설된다. 유가행파는 변계소집의 언어에 대응하는 실체는 없지만 그 언어적 시설을 가능하게 해 주는 실질적 토대로서의 의타기의 '식'은 '있다(有)'고 말한다.

이상의 두 자성에 대한 유가행파의 논의는, 우리로 하여금 '존재라고 생각된(집착된) 것'과 '존재' 자체의 차이를 자각하도록 만든다. '존재라고 집착된 것'은 범부의 정情 속에서는 엄연히 존재하지만 본래 실체 없는 빈 이름에 불과한 것이다. 만약 그것이 본래 존재하지 않는 것임을 안다면, 우리는 막연하게나마 일체의 것들이 생겨나는 연기적 세계의 참된 본성, 즉 제일第一의 승의제勝義諦를 감득하기 시작한 것이다. 그리고 존재라고 집착된 것에서 존재 활동 자체를 구분했던 것처럼, 그러한 존재 활동 안에서 다시 참으로 진실한 존재란 무엇인지를 사색하게 될 것이다.

● 없음(無), 그리고 어떤 것의 없음에 의해 현현되는 참다운 본성

이제 삼무성의 의미를 이해하기 위해서는, 가령 '일체법' 안에서 '존재라고 집착된 것'들을 존재 그 자체로부터 분리해 냈던 것처럼, '공'에서도

다시 두 가지를 구분할 수 있어야 한다. 원측의 설명을 참고하자면, 한역에서 '공'이라 한 것은 어원적으로 두 가지 뜻이 있다. 범음 순야舜若(Ⓢ śūnya)는 '공'이라 번역되는데, 이는 '없음(無)'을 뜻한다. 범음 순야다舜若多(Ⓢ śūnyatā)는 '공성空性'이라 번역되는데, 이는 인공人空·법공法空에 의해 현현되는 참된 이치 혹은 실성實性을 뜻한다.[8] 요컨대, '공'이라는 말은 어떤 것이 '없음' 그 자체를 뜻하거나 혹은 '어떤 것의 없음에 의해 현현되는 본성'을 뜻할 수도 있다. 이와 같은 '공'의 두 가지 용법은 세 종류 무성의 차이를 이해하는 데 중요하다.

원측의 설명에 따르면, 대승에서만 밝힌 '공·무성'의 특수한 의미는 바로 변계소집상遍計所執相의 무無, 즉 상무성相無性에서 나타난다. 경문에서는 "가명假名에 의해 상相으로 안립된 것이지 자상自相에 의해 상으로 안립된 것은 아니기 때문에 상무자성성相無自性性(상무성)이라 한다."[9]라고 하였다. 말하자면 마음속에서 언어와 결합되어 떠오르는 어떤 사물의 상相은 '자상'에서 비롯된 것이 아니라고 하였다. 저 언어적 표상들에 대해 '자상에서 비롯된 것이 아니다'라고 한 것은 '자성 없음(無性)'의 의미를 밝힌 것이다. '자상'이란 직접 지각(現量)으로 파악되는 사물 자체의 특수상을 말하며, 이는 '실재'의 한 측면으로 간주된다. 반면에 가짜 이름과 결합된 상들은 사물들 간의 유사성에 의거해서 가립된 보편상(共相)이며, 언어는 그 보편상에 의거해서 작동한다. 언어를 매개로 하여 두루 헤아리는 마음(遍計)은 저 상들을 항상 '실재'라고 집착하지만, 그 집착된 상(所執相)들에 대응하는 실체는 본래 없고 단지 그 이름만 있는 것이다. 이런 의미에서 '상무성'이라 하였다.

이에 비해, 일체법의 의타기상依他起相이란 '연으로 생하는 법(緣生法)'을

---

8 원측/백진순 옮김, 『인왕경소』(서울: 동국대학교출판부, 2010), pp.230~231 참조.
9 『解深密經』권2(T16, 694a15~18), "此由假名安立爲相。非由自相安立爲相。是故說名相無自性性。"

가리키는 용어다. 여기서 짐작할 수 있듯, '의타기'의 존재란 하나의 독립적 실체 혹은 사물적인 것이라기보다는 '타他(衆緣)에 의지해서 생기한다'고 하는 근원적이고 능동적인 존재 활동과 같은 것으로 이해된다. 따라서 그러한 '생한다(生)'는 존재 활동과 관련해서 '생무성生無性'을 설하게 된다. 경문에서는 "이것은 다른 인연의 힘에 의해 있는 것이지 '자연적으로 있는 것(自然有)'이 아니기 때문에 '생무자성성'이라 한다."[10]라고 하였다. 여기서 '자연적으로 있는 것이 아니다'라는 말은 '자성 없음'의 의미를 밝힌 것이다. '자연유自然有'는 '자연생自然生'과 같은 말로서, 다른 인연에 의지하지 않고 저절로 존재하게 된 것을 뜻한다.[11] 의타기의 '생生'에는 그와 같은 자연생이 없다는 의미에서 '생무성'이라 설한다. 그런데 세속제世俗諦의 차원에서 '연으로 생하는 법'이 전혀 없는 것이 아니다. 따라서 '그 연생법이 본래 없다'는 의미가 아니라 '그 연생법에 X가 없다'는 의미에서 '생의 자성 없음'을 설한다. 다시 말하면, '의타기에 자연생은 없다'는 의미에서 '생무성'이라 설한 것이다.

그런데 이 경에서는 의타기상에 의거해서 또한 '승의무성勝義無性'을 설하기도 한다. 의타기의 제법은 결국 어떤 조건에 제약된 '가유假有'일 뿐, 더 높은 실재성을 갖는 승의제勝義諦(궁극적 진리)와 대망해 볼 때 청정한 소연(淸淨所緣)이라 할 수 없다. 따라서 '의타기에 청정한 승의勝義가 없다'는 의미에서 '승의무성'을 설하기도 한다.[12] 이 경우도 '의타기 그 자체가 없다'는 의미가 아니라, '의타기에는 승의가 없다'는 의미에서 '승의무성'이라 한다.

이상에서 살펴보았듯, 변계소집상에 의거해서 건립된 상무성相無性에

---

10 『解深密經』 권2(T16, 694a19). "此由依他緣力故有。非自然有。是故說名生無自性性."
11 예를 들어 대자재천大自在天이나 명성冥性(상캬학파의 근본 물질) 등과 같은 수승한 인(勝因)에서 모든 것들이 자연적으로 생겨난다고 보는 경우다.
12 『解深密經』 권2(T16, 694a23~26) 참조.

서는 '본래 없다(本無)'는 의미에서 무성·공을 설하였고, 의타기상에 의거해서 건립된 생무성生無性과 일부의 승의무성勝義無性에서는 '거기에는 X가 없다'는 의미에서 무성·공을 설하였다.

마지막으로 원성실상圓成實相이란 '원만하게 성취된 제법의 실성(圓滿成就諸法實性)'을 말한다.[13] 만약 '있는 것은 있고 없는 것은 없다'고 전도 없이 아는 지성이라면, 이처럼 원만하게 성취된 실성에 대해 그 자체가 '본래 없다'고 하거나 혹은 '그것에 어떤 것이 결여되었다'는 의미에서 공·무성이라 설하지는 않을 것이다. 오히려 원성실상이란 '어떤 것의 없음에 의해 현현되는 제법의 참된 본성'이라는 의미에서 무성·공을 설한 것이다. 경문에서는 "일체제법의 법무아성法無我性을 승의勝義라고 하고 또한 무자성성無自性性이라고도 할 수 있으니, 이것이 일체법의 승의제勝義諦이기 때문에, '무자성성에 의해 현현되는 것'이기 때문에, 이런 이유에서 승의무자성성이라 한다."[14]라고 하였다. 이 경문에서는 일체법의 법무아성과 승의와 무성(무자성성)은 모두 원성실상의 다른 이름들이다. 이 경우, '승의 그 자체가 무성'이라는 의미에서 승의무성이라 한 것이고, 이때 무성·공이란 '어떤 것의 공함(없음)에 의해 현현되는 이치(공성)'와 동격을 이루는 말이다.

그런데 주목할 것은, 이 경에서 원성실상의 승의무성은 오직 '변계소집의 무無'에 의해 현현되는 것임을 강조한다는 것이다.[15] 그렇다면 원성실상의 승의무성은 의타기의 무성無性이 아니라 오직 변계소집의 무성無性에 의해 현현된다고 한 것일까. 그 이유는 명시적으로 나타내지 않았지

---

13 『成唯識論』 권8(T31, 46b10~12) 참조.
14 『解深密經』 권2(T16, 694a27). "一切諸法法無我性。名爲勝義。亦得名爲無自性性。是一切法勝義諦故。無自性性之所顯故。由此因緣。名爲勝義無自性性。"
15 「無自性相品」의 영해수지분領解受持分에는 "이 '분별소행인 변계소집상의 소의행상'에는 변계소집상이 실재하지 않기 때문에, 곧 이 자성의 무자성성에 (의해 현현된) 법무아·진여라는 청정소연을 바로 원성실상이라 이름합니다."라는 문구가 자주 반복된다.

만, 다음과 같이 추론해 볼 수 있다. 〈변계소집상들의 본래 없음(本無)'에 의해 현현되는 진실은 그러한 변계소집상의 실질적 근거(所依)인 의타기상에서의 본래적 청정함이다. 이러한 본래적 청정을 승의 혹은 진여 등으로 이름한다. 그런데 '의타기에 자연생自然生이 없다'고 하는 생무성生無性 혹은 '의타기에 궁극적 승의가 없다'고 하는 승의무성에 의해 드러나는 것은, 의타기의 제법이 인연으로 생하는 존재이고, 또 바로 그런 이유에서 가유假有이지 참다운 실재는 아니라는 점이다. 그러므로 원성실의 승의무성은 의타기·변계소집의 두 종류 무성에 의해서가 아니라 오직 변계소집의 무성에 의해 현현되는 것이다.〉

2. 일승의 一乘義에 대한 원측의 사색

1) 『해심밀경』에 나타난 일승一乘의 의미

『해심밀경』「무자성상품」의 주요 내용은 세 종류 무자성無自性에 의거해서 대승의 '공空'의 밀의密意를 자세히 밝힌 것이다. 그런데 그것만큼이나 중요한 또 하나의 주제가 바로 '일승의 의미(一乘義)'다. 이 품의 경문에는 '일승'이라는 단어만 간략히 두 번 언급되었을 뿐인데, 후반부 게송에 따르면 그것은 밀교密敎에 의거해서 설해졌다.[16] 원측의 주석은 이처럼 밀교로 설해진 일승의 의미를 명료하게 드러낼 때 더욱 빛을 발한다. 『해심

---

16 「無自性相品」의 여래정설분의 후반부에서 이곳의 주요 설법을 게송으로 요약한다. 그에 따르면, 이곳에서는 일체제법개무성一切諸法皆無性 등을 설하였고, 또 밀교密敎에 의거해서 일승의一乘義를 설하였다.

밀경소解深密經疏』「무자성상품」 중에서 그가 방대한 지면을 할애하여 일승의 의미를 집요하게 사색하는 대목은 원측교학의 백미 중의 하나라고 불릴 만한 것이다. 이곳에서 경문의 감춰진 의미와 쟁점을 들춰내고 다시 회통시켜 가는 노련한 교학자로서의 원측의 면모를 다시 확인해 볼 수 있다.

『해심밀경』을 비롯해서 대승의 여러 경론들에서 설했던 일승의 교설들은 다양할 뿐만 아니라 그것을 설하는 의취도 심원하고 제각각이다. 따라서 원측이 활동하던 당시까지도 '일승'의 의미를 둘러싸고 신新·구舊 학자들 간의 논쟁이 경쟁적으로 일어났던 듯하다. 원측의 사색은 그 논쟁들 중 가장 첨예하게 대립되었던 두 학설로부터 시작된다. 그것은 바로 진제 삼장眞諦三藏의 일체개성설一切皆成說과 대당 삼장大唐三藏의 오성각별설五性各別說이다. 원측은 그 두 가지 상이한 학설의 이론적 근거들을 자세히 검토하면서, 이『해심밀경』에서 설한 일승의 비밀스런 의미 및 그 의의를 높이 선양하고자 하였다.

이 경의「무자성상품」에서 일승의 의미(一乘義)를 설한 곳은 여래정설분如來正說分 중의 네 번째 과목이다. 원측의 분류에 따르면, 이 과목은 삼무성관三無性觀에 의거해서 일승의 의미를 설한 곳이다. 그는 이 과목을 크게 세 단락으로 구분하였다. 첫째 단락에서는 성도聖道에 의거해서 일승의 뜻을 설하고, 두 번째 단락에서는 취적성문趣寂聲聞은 결코 성불하지 못함을 밝히며, 마지막 세 번째 단락에서는 회향성문迴向聲聞은 반드시 성불할 수 있다고 말한다. 여기서 암시되듯, 이 경에서는 '일승'을 말하면서 또한 삼승의 차별을 강조하기도 하는 모순적 진술들이 나타난다. 이에 대해 원측은 그 모순적 진술들을 조화롭게 해석할 수 있는 어떤 지침을 제시하였다. 그것은 '방편方便·진실眞實의 일승一乘과 삼승三乘'을 구분하는 것이다. 원측은 그 지침에 의거해서 세 단락의 취지를 다음과 같이 해석하였다.

첫 번째 단락에서는 성문·독각·보살 등의 삼승은 하나의 오묘하고 청정한 도道(三無性觀)를 공유하므로 '일승'이라 설하면서, 동시에 유정들의 종성은 실제로 차별되며 각각의 무여열반無餘涅槃을 증득한다고 강조한다.[17] 원측에 따르면, 이것은 세 종류 종성에 의거해서 방편일승方便一乘·진실삼승眞實三乘을 설한 것이다. 말하자면 성문聲聞·연각緣覺·보살菩薩 등 세 부류 종성에 의거해서 논하자면, 비록 방편으로 그 세 부류 종성을 일승一乘(혹은 一性)이라 가설하였지만 실제로는 삼승 종성의 차별이 있는 것이다. 이것을 일컬어 방편일승·진실일승이라 한다. 이는 『승만경勝鬘經』의 설과 유사하다.

두 번째 단락에서는 일향취적성문一向趣寂聲聞처럼 종성이 결정된 이승(定性二乘)은 이승의 무여열반을 증득할 뿐 끝내 성불의 의미가 없다고 하였다. 이 단락의 교설은 첫 번째 단락의 '방편일승·진실삼승'의 의미와는 일맥상통하지만, 마지막 세 번째 단락의 '진실일승·방편삼승'의 의미와는 일견 모순되는 듯하다. 여기서 '무여열반에 든 정성이승'의 문제를 '진실일승'의 관점과 어떻게 회통시킬 수 있는지를 모색하는 것이 또 하나의 교리적 과제로 남겨진다.

세 번째 단락에서는 '보리로 회향한 성문(迴向菩提聲聞)'은 이문異門에서는 또한 보살이라고도 불리며 결국 성불할 수 있음을 논하였다.[18] 원측에 따르면, 이것은 부정종성不定種性에 의거해서 '진실일승眞實一乘과 방편삼승方便三乘'을 설한 것이다. 말하자면 회향성문은 본래 부정종성으로서 비록 성문이라 불리긴 해도 무상보리에로 회향한 자이기 때문에 다른 문에서는 '보살'(漸悟菩薩)이라고도 불린다. 이러한 일부(小分)의 부정종성에 의

---

17 『解深密經』 권2(T16, 695a17)에서 "一切聲聞獨覺菩薩。皆共此一妙淸淨道。皆同此一究竟淸淨。更無第二。我依此故。密意說言唯有一乘。非於一切有情界中。無有種種有情種性。或鈍根性。或中根性。或利根性。有情差別。"이라고 하였다.
18 『解深密經』 권2(T16, 695b3)에서 "若迴向菩提聲聞種性補特伽羅。我亦異門說爲菩薩。何以故。彼旣解脫煩惱障已。若蒙諸佛等覺悟時。於所知障。其心亦可當得解脫。"이라고 하였다.

거해서 논하자면, 이들은 결국은 모두 성불할 수 있으므로 실제로는 '하나의 불승(一佛乘)' 혹은 한 부류 종성(一性)만 있는 것인데, 단지 방편으로 성문·연각·보살이라는 차별적 이름을 일시적으로 부여받은 것이다. 이것을 일컬어 진실일승·방편삼승이라 한다. 이는 『법화경法華經』「방편품方便品」의 설과 유사하다.

원측의 평가에 따르면, 『승만경』의 방편일승·진실삼승이나 『법화경』의 진실일승·방편삼승이 각기 하나의 의미만 설했다면, 이 『해심밀경』은 가假·실實의 일승·삼승을 모두 갖추어 설하였고, 따라서 이 경의 '일승'이 최상의 요의(最了義)다. 그리고 이것이 이 경의 일승 사상에 대한 원측의 기본 관점이라 할 수 있다.

2) 일체개성설一切皆成說과 오성각별설五性各別說

원측의 『해심밀경소』에서 '일승의 의미'에 관한 논의는 크게 두 가지 학설을 중심으로 전개된다. 그것은 진제 삼장眞諦三藏의 '일체개성설一切皆成說'과 대당 삼장大唐三藏의 '오성각별설五性各別說'이다. 앞서 원측은 이 경에서 '진실일승·방편삼승'과 '진실삼승·방편일승'이라는 두 가지 의미를 모두 갖추어 설하였다고 평한 바 있다. 또 원측은 두 삼장의 학설이 그중에 각기 하나의 의미를 강조하였다고 간주하고, 섣불리 어느 한쪽을 지지하기보다는 그 두 학설의 이론적 타당성을 매우 심도 있게 검토해 보았다. 그것은 『해심밀경』의 일승 사상에 대한 이해의 폭을 넓히는 데 기여할 수 있는데, 그 두 삼장은 모두 이 경의 일승 사상을 자기 학설의 핵심적 전거 중의 하나로 삼았기 때문이다.

우선, 원측이 그 두 학설의 쟁점을 어떻게 파악했는지를 살펴보겠다. 그는 '일체개성'과 '오성각별' 그 자체가 양립불가능하다고 본 것은 아니다. 왜냐하면 진제 삼장과 대당 삼장(현장)이 모두 『해심밀경』을 소의경전으로 삼는 유식학자로서, 이 경에서 '일승一乘'을 말하면서도 '삼승의 차별(三乘差別 : 오성각별)'을 강조했다는 사실 자체를 부정하지는 않기 때문이다. 다만, 진제 삼장은 세 번째 단락의 '진실일승·방편삼승'을 강조했다면, 대당 삼장은 첫 번째 단락의 '진실삼승·방편일승'을 강조한 것이다. 그런데 그것은 필연적으로 두 번째 단락의 '성불하지 못하는 유정'의 문제에 대해 상반된 입장으로 귀결된다. 말하자면 일승을 강조하는 진제 삼장은 '정성이승定性二乘과 무성유정無性有情도 성불할 수 있다'고 하고, 오성五性의 각별함을 강조하는 대당 삼장은 '그 두 부류에게는 성불의 의미가 없다'고 한다.

원측은 두 학설의 경전적 근거들을 자세히 검토해 보고, 또 자기 스스로 문답을 설정해서 두 학설의 논리를 보완하기도 한다. 그 논의의 흐름을 간략히 조망하면 다음과 같다.

① 진제 삼장의 '일체개성설'에 관련해서, ㉮ 원측은 먼저 그것이 교리적 근거가 있음을 보이기 위해, 일승을 설한 많은 경론의 문구들을 인용하고 자신의 해석을 덧붙이기도 한다. ㉯ 이어서 그 학설의 맹점을 보완하기 위해, 여러 경론을 인용해서 '어떤 의미에서 무종성과 정성이승도 성불할 수 있는지'를 자세히 설명해 준다.

② 대당 삼장의 '오성각별설'과 관련해서, ㉮ 원측은 먼저 그것이 교리적 근거가 있음을 보이기 위해 '무종성과 정성이승은 성불할 수 없다'고 설하는 많은 경론의 문구들을 인용하고 그에 대한 자신의 설명을 덧붙인다. ㉯ 이어서 다시 그 학설의 맹점을 보완하기 위해 그것이 '일승의 의미와 상충되지 않음'을 보여 준다.

원측은 특히 마지막 부분(②-㉯)에서 이전에 일체개성설의 근거로서 인용했던 문구들(①-㉮, ㉯)을 다시 대당 삼장의 관점에서 재해석하였다. 이를 통해 이전 경론의 전거들이 오성각별과도 배치되는 것이 아님을 보여 준다.

원측이 두 학설의 경전적 근거와 이론적 타당성을 검토하는 내용은 방대한데다가 그 일부만을 따로 거론할 수 없을 정도로 매우 정교하게 논리적으로 연결되어 있다. 이곳의 논리적 흐름을 따라가려면, 명시적으로 드러나지는 않았지만 원측의 논리적 사색을 이끌어 갔던 어떤 중요한 판단근거에 대해 알 필요가 있다. 그것은 크게 두 가지다. ❶ 첫째는 '일승'이라는 말의 두 가지 용법을 구분하고, ❷ 둘째는 불성을 이성理性과 행성行性으로 구분한 것이다.

❶ 원측에 따르면, '일승'이란 불승佛乘(大乘)이나 혹은 법신法身을 가리킬 수 있다. 구체적으로 말하면 '이승(성문·연각)은 모두 불승(대승)에 들어간다'는 의미에서 일승이라 하거나, 혹은 '평등한 진여법신眞如法身은 모든 유정에게 갖추어져 있다'는 의미에서 일승이라 하는 것이다.[19]

만약 원측이 어떤 경론의 '일승' 개념에 대해 '이승이 불승(대승)에 들어간다'는 의미라고 주석했다면, 그 뜻은 다음과 같다. 〈이러한 의미의 '일승'은 부정종성不定種性이라는 '소분少分'에 의거해서 설해진 것이다. 부정종성은 '궁극에 성불하는 자'이므로 실제로는 하나의 불승이지만 임시방편으로 성문·연각이라 부르거나 혹은 보살이라 부른다. 이 경우 일승은 진실이고 삼승은 방편이다.[20] 그런데 이런 맥락에서 진제의 일체개성설이

---

19 원측에 따르면, 『勝鬘經』에서 '성문과 연각은 대승에 들어가니 대승이 곧 불승이다'라고 하거나, 『法華經』에서 '시방의 불국토에 오직 일승법만 있을 뿐 둘도 없고 셋도 없다'고 한 것은, 모두 대승(불승)을 일컬어 일승이라 한 것이다. 또 『法華論』에서 '여래의 법신은 저 성문의 법신과 차이가 없다'고 한 것은 법신을 일컬어 일승이라 한 것이다.
20 앞의 '진실일승眞實一乘·방편삼승方便三乘'에 대한 설명 참조.

설해졌다면, 이것은 원측의 오성각별설과 직접적으로 배치되는 것은 아니다. 왜냐하면 삼승의 종성 전체에 대해서는 여전히 '삼승의 차별이 진실이고 일승은 방편의 설이다'라는 주장도 가능하기 때문이다.〉

만약 원측이 '이것은 진여법신을 말한다'고 주석했다면, 그 뜻은 다음과 같다. 〈법신은 오성각별한 모든 중생들에게 본래 갖추어진 평등진여平等眞如를 말한다. 이러한 평등진여는 진제 삼장의 일체개성이나 대당 삼장의 오성각별의 관점에서 모두 인정되는 것이다.〉

❷ 원측은 『열반경』 제7권과 제27권에 의거해서 '불성佛性'을 이성理性과 행성行性으로 구분하였다. 이후의 논의에 나타나듯, 원측이 둘을 구분한 것은 동일한 경전적 근거에 의거해서 두 삼장의 관점이 모두 양립할 수 있음을 보이려는 것이다. 여기서 이성이란 진여법신으로서의 불성을 말하고, 행성이란 수행을 통해 발현되는 불성을 가리킨다. 그런데 이성은 오성각별한 모든 유정들에게 본래 갖추어진 것이지만, 행성은 현실적으로 없는 자도 있다.

만약 원측이 어떤 경론의 문구에 대해 '이것은 이성을 말한다'고 주석했다면, 그 뜻은 다음과 같다. 〈모든 유정들에게 본래 갖추어진 진여법신으로서의 불성은 진제 삼장과 대당 삼장의 관점에서 모두 인정되는 것이다.〉

만약 원측이 '이것은 행성을 말한다'고 주석했다면, 그 뜻은 다음과 같다. 〈이 행성은 성도에 의해 획득되는 불성으로서 없는 자도 있다. 따라서 '일체가 다 불성(행성)을 갖는다'는 말은, 부정종성이라는 '소분少分의 일체'에 국한해서 설해진 것이다. 만약 진제의 일체개성이 이런 맥락에서 설해졌다면, 이것은 대당 삼장의 오성각별과 상충하는 것은 아니다. 왜냐하면 삼승의 종성 (혹은 오성) 일체에 대해서는 여전히 '삼승 (혹은 오성)의 차별이 진실이고 일승은 방편이다'라는 주장도 가능하기 때문이다.〉

이제 구체적 사례를 통해, 원측이 두 삼장의 학설을 회통시키는 과정에서 위의 판단 기준들을 어떻게 적용시켰는지를 살펴보겠다. 특히 주목할 곳은 마지막 부분(㉪-㉰)으로서, 여기에서 이전에 일체개성설의 근거로서 거론했던 경론의 문구들(①-㉮, ㉯)을 다시 대당 삼장의 관점에서 재해석하기 때문이다. 말하자면 이곳에서 원측은 대당 삼장의 오성각별에서는 어떻게 일승의 의미가 성립할 수 있는지를 살펴보기 위해 다시 이전의 일체개성의 전거들로서 거론했던 경론의 문구들을 하나하나 다시 거론하였다. 이를 통해 두 삼장의 관점에서 모두 동일한 경론의 문구에 근거해서 '일승'의 의미가 성립될 수 있음을 보여 준다.

먼저, 진제 삼장의 일체개성의 전거들을 대당 삼장의 오성각별설의 관점에서 회통시켜 해석한 몇 가지 사례를 살펴보겠다. 진제의 일체개성의 가장 대표적 전거는 『열반경』 제7권 등의 문구이다. 원측은 『열반경』의 문구를 분석하면서, 불성을 이성理性과 행성行性으로 구분하였다. 그에 따르면, 진제는 그 두 종류 불성 차원에서 모두 '일체개성'을 말할 수 있다. 가령 이 경에서 "'아'라는 것은 여래장을 뜻하니, 모든 중생은 다 불성이 있다."라고 한 것은 '이성理性으로서의 불성'을 설한 것이다. 이러한 이성은 대당 삼장의 관점에서도 인정되는 것이다. 그 이유는 이전의 설명❷과 같다. 또 『열반경』 제27권에 나온 '소蘇'의 비유는 '행성行性으로서의 불성', 즉 성도聖道의 수행을 통해 장차 발현될 불성을 비유한 것이다. 진제의 일체개성이 행성의 차원에서 설해진 것이라면, 그것은 부정종성에 대해 말한 것이다. 이런 의미의 '일체개성'은 삼승의 종성 전체에 대한 진술은 아니다. 따라서 오성각별과 어긋나는 것이 아니다. 그 이유는 이전의 설명 ❷과 같다.

또 진제의 일체개성설의 대표적 전거는 『법화경』「방편품」의 게송, 즉 "시방의 불토에는 오직 일승법만 있으니, 부처님의 방편설을 제외하면 둘도 없고 셋도 없다(十方佛土中。唯有一乘法。無二亦無三。除佛方便說。)"라는 문구다. 원측은 이에 대한 다양한 해석들을 모두 검토해 본 후, 이 경문은 '이승(성문승·연각승)을 논파하고 일승을 밝힌 것'이라 평하였다. 여기서 일승이란 대승大乘(佛乘)을 가리킨다. '이승이 모두 대승에 들어간다'는 의미에서 대승을 '일승'이라 한 것이다. 이런 의미의 일승은 부정종성에 대해서만 진실한 설이라 할 수 있고, 진제 삼장의 일체개성설도 그런 맥락에서 제시될 수 있다. 그러나 이런 의미의 일승은 세 종류 종성에 대한 진술이 아니기 때문에 오성각별과 어긋나는 것은 아니다. 그 이유는 이전의 설명(❶)과 같다.

다른 한편으로, 원측은 '정성이승과 무종성의 성불' 문제에서는 대당 삼장의 입장에서 어떤 비판이 가능한지를 살펴본다. 이러한 비판 중에는 직접적 반론의 성격을 가진 것도 있지만 전거의 불충분함이나 예외적 측면을 지적한 것도 많다. 그중 몇 가지 사례를 들면 다음과 같다.

먼저, 진제 삼장의 관점에서 정성이승이 성불할 수 있는 근거로서 진제 역 세친의 『섭대승론석』을 인용하였다. 〈이 논에 따르면, 사선근위四善根位 중 인위忍位에 대해 '결정된 종성(定性)'을 안립하고, '아직 보살도를 전념해서 닦지 않는 자'에 대해 '부정종성'을 안립한다. 이처럼 종성이란 도道에 의거해서 임시로 안립된 것이기 때문에 결정이승도 결코 성불하지 못하는 것은 아니다.〉 이에 대해 대당 삼장의 관점에서 다음과 같이 반론할 수 있다. 〈그런 내용은 진제가 번역한 세친의 『섭대승론석』에만 나오고, 현장 역 『섭대승론석』 등에는 나오지 않기 때문에 전거로 삼을 만한 것이 아니다.〉[21]

또 원측은 진제 삼장의 관점에서 '무종성이 성불한다'는 주장의 전거로서 『대지도론大智度論』을 인용한다. 〈그 논에 따르면, '무성유정無性有情도 인천人天의 복락을 누리면서 열반의 인因을 짓는다.' 이것은 무종성도 성불

---

[21] 이상은 대당 삼장의 관점에서 일체개성의 전거들을 해석한 곳에서 단락 ❸의 논의 참조.

한다는 뜻이다.〉 이에 대해 대당 삼장의 관점에서 다음과 같이 반론할 수 있다. 〈그 논에서는 '필경 열반의 종성이 없는 자(畢竟無涅槃性)'와 '일시적으로 열반의 종성이 없는 자(暫時無涅槃性)' 두 부류 중에 후자에 의거해서 설한 것이다. 전자에 의거해서 성불하지 못한다는 주장도 가능하다.〉²²

원측은 진제의 일체개성설을 다루면서, 그 학설의 주요한 난제에 대해 스스로 문답을 설정하여 회통시키기도 하였다. 그것은 바로 '이미 무여열반에 든 결정성문도 성불할 수 있는가' 하는 문제다. 만약 이승의 종성으로서 이미 무여열반에 들었다면, 그에게는 더 이상 발심(發心)하는 일 등은 있을 수 없기 때문에 '그가 미래의 도량에서 성불한다'는 의미가 성립하지 않는다. 이와 관련해서 원측은 많은 경론을 인용해서 그 대답을 모색해 보았는데, 요지는 다음과 같다. 〈이승의 무여열반이란 단지 그들이 오랫동안 머무는 삼매락(三昧樂)의 가명이고, 이는 여래의 대열반과는 다른 것이다. 따라서 결정성문이 무여열반에 들었다 해도 그는 미래에 다시 부처님의 지혜를 구하게 된다.〉 대당 삼장의 관점에서 다음과 같이 반론할 수 있다. 〈'이승이 오랫동안 머무는 삼매락'이란 이승의 열반을 말하는 것이 아니라 사실은 십신(十信)의 지위에 불과하다. 그렇다면 '무여열반에 든 결정성문'이라는 것 자체도 성립하지 않고, 따라서 '무여열반에 든 결정성문이 미래에 대열반을 구한다'는 말도 성립하지 않는다.〉²³

이상으로 원측은 한편으로는 일승의 의미에 대해서는 두 삼장의 관점이 양립할 수 있음을 보여 주지만, 다른 한편으로 '정성이승과 무종성의 성불'에 대해서는 대당 삼장의 관점에서 반박의 논리를 제시한다. 그런데 이 마지막 부분(②-㉃)의 논의로부터 두 삼장의 학설에 대해 원측이 어느 쪽을 지지했는가를 확인하려 해서는 안 된다. 그 이유는 다음과 같다. 〈진

---

22 이상은 대당 삼장의 관점에서 일체개성의 전거들을 해석한 곳에서 단락 ❹의 논의 참조.
23 이상은 대당 삼장의 관점에서 일체개성의 전거들을 해석한 곳에서 단락 ❻, ❼, ❽의 논의 참조.

실삼승眞實三乘·방편일승方便一乘의 의미와 진실일승眞實一乘·방편삼승方便三乘의 의미는 상호 긴장 관계에서 동일한 경전적 근거로부터 '일승'의 총체적 의미를 드러내는 데 기여한다. 그러나 정성이승과 무종성이 성불할 수 없다면 '일체개성'이라는 말 자체가 성립하지 않고, 반대로 정성이승과 무종성이 성불할 수 있다면 '오성각별'이라는 말 자체가 성립하지 않는다. 따라서 그것은 각자의 입장에서 옹호되어야 한다.〉

3. 경문 해석의 구조 및 주요 내용

원측은 『해심밀경』「무자성상품」의 전체 내용을 크게 5분分으로 나누어 해석하였다. 5분이란, 보살청문분菩薩請問分과 여래정설분如來正說分과 영해수지분領解受持分과 교량탄승분校量歎勝分과 의교봉지분依敎奉持分을 말한다. 이 중에서 앞의 세 부분은 하나의 완결된 논증 체계를 이루는데, 여기에서는 삼무성三無性의 정의와 그 교설을 설한 의도 등을 자세하게 밝힌다. 네 번째 교량탄승분은 삼무성의 교설이 요의교了義敎임을 나타내기 위해서, 삼시三時의 교설敎說들 간의 승勝·열劣을 따진 것이다. 다섯 번째 의교봉지분은 '이 요의교를 받들어 수지하라'는 세존의 권고를 간략히 진술한 것이다.

1) 보살청문분菩薩請問分

보살청문분은 승의생보살勝義生菩薩의 의문을 통해서 삼무성三無性의 교설을 설한 의취를 간접적으로 밝힌 곳이다. 여기서 보살은 세존께서 이전에는 온·처·계 등 13가지 법문에서 모두 자성 있는 것들에 대해 설했고 이후에는 반대로 '일체법은 다 자성이 없다(一切諸法皆無自性)'고 설했던 것에 대해 의문을 품는다. 말하자면 '자성 있음(有性)'을 설한 이전의 유교有敎와 '자성 없음(無性)'을 설한 이후의 공교空敎가 모순되기 때문에 '일체법은 모두 자성이 없다'는 교설의 비밀스런 의미(密意)가 무엇인지를 다시 물은 것이다. 원측의 해석을 따르면, 삼시교三時敎 중에 제1시에 설한 사제법륜四諦法輪이 제2시에 설한 무상법륜無相法輪과는 모순되기 때문에 다시 제2시의 '무성'의 교설의 밀의를 재차 물은 것이고, 제3시에 설한 삼무성설三無性說이라는 요의了義의 교는 '일체제법개무자성'이라는 문구의 감춰진 의미를 세 가지 무성을 통해 자세하게 해석해 준 것이다. 요컨대, 이 보살청문분에서는 보살의 질문을 통해 삼무성의 교설이 유교와 공교를 회통시키기 위해 설해진 것임을 암시하고 있다.

2) 여래정설분如來正說分

여래정설분은 삼무성三無性의 교설을 본격적으로 설한 곳이다. 원측은 이 부분의 경문을 크게 다섯 단락으로 구분하였다.

(1) 삼무성三無性에 의거해서 경의 문구들을 해석함

첫째 단락에서는 제2시에 설한 비밀스런 교설, 즉 '①一切法皆無自性, ②無生無滅本來寂靜自性涅槃'의 비밀스런 의미를 해석한다. 여기서 그 문구의 밀의를 자세하게 해석하기 위해 삼무성三無性 개념을 도입하였다. 이 경에서는 ① '일체법은 다 자성이 없다(一切法皆無自性)'는 문구에 대해서는 변계소집성遍計所執性의 상무성相無性, 의타기성依他起性의 생무성生無

性, 원성실성圓成實性의 승의무성勝義無性 등 세 종류 무성에 의거해서 해석하는데, 여기에서 유가행파의 삼무성설에 대한 기본 정의를 살펴볼 수 있다. 이 삼무성은 「일체법상품一切法相品」에서 설한 삼성三性을 전제로 설한 것이며, 이에 관한 교설이 매우 난해하다. 이에 관해서는 앞서 별도의 지면을 할애하여 자세히 설명하였으므로 여기서는 생략한다.[24] 또 ② '생함도 없고 멸함도 없다(無生無滅)'는 등의 문구에 대해서는 처음의 상무성과 마지막의 승의무성 두 가지에 의거해서 해석하였다. 이에 관한 경문들은 비교적 명료해서, '일체법무자성'의 교설이 확립됨으로써 '무생무멸' 등의 진술은 자연스레 이끌려 나온다. 그 요지는 '일체법이 자성 없다면, 어떤 것이 생한다고 말할 수 없고, 본래 생함이 없다면 멸함도 없고, 생멸이 없다면 본래 적정하여 자성열반이다'라는 것이다.

(2) 삼성관三性觀에 의거해서 삼무성三無性을 건립한 뜻을 설명함

둘째 단락에서는 변계소집성遍計所執性·의타기성依他起性·원성실성圓成實性 등 삼성三性에 의거해서 삼무성三無性을 건립한 의취를 설명하였다. 여기서는 삼무성을 개념적으로 정의하기보다는 그 교설을 설하게 된 의도 혹은 배경 등을 논하였다. 이 단락에서는 변계소집과 의타기와 원성실 등이 어떤 인과 관계에 놓여 있는지를 설명하는데, 그 의도는 중생들이 생사生死에서 유전流轉하게 되는 근원적 이유를 드러내려는 것이다. 그에 따르면, 변계소집상의 언설이 원인(因)이 되어 집착이 일어나고, 다시 그 집착은 미래의 의타기의 잡염법을 생하니, 이 때문에 중생들은 육취六趣의 생사에서 쉬지 않고 유전하게 된다. 이러한 생사유전의 인과를 끊도

---

[24] 이에 관한 자세한 설명은 앞의 품별 해제 중 '1. 삼무성설三無性說의 철학적 의의 및 특징' 참조.

록 하기 위해서 세 종류 자성에 의거해서 세 종류 무성을 설한다.

그런데 여기서 특히 중요한 것은 삼성 중에 버려야 할 것(所遺性)이 무엇인지를 분명히 아는 것이다. 변계소집성은 범부의 정情 속에서 실재라고 집착되지만 실체가 존재하지 않는 '무無'이기 때문에 반드시 '버려야 할 것'이다. 반면에 의타기성과 원성실성은 가립(假)과 실재(實)라는 차이는 있어도 어쨌든 '유有'라고 인정되기 때문에 반드시 '버려야 할 것'은 아니다. 이전의 「일체법상품」의 삼성설과 비교할 때 이 「무자성상품」의 특징은 미래의 의타기의 잡염법을 생하게 되는 원인으로서 변계소집의 '가명假名' 혹은 '명가名假'를 강조한다는 것이다. 다시 말하면, 이 품에서 삼성관에 의거해서 삼무성을 설하는 의취는 바로 그러한 가립된 언어에 대한 실재론적 집착에서 벗어나게 하는 데 있다.

(3) 계위에 의거해서 삼무성을 건립한 뜻을 설명함

셋째 단락에서는 유식오위唯識五位, 즉 자량위資糧位 · 가행위加行位 · 통달위通達位 · 수습위修習位 · 구경위究竟位 등에 의거해서 삼무성의 학설을 건립한 뜻을 거듭 설하였다. 원측의 해석에 따르면, 오위 중에 최초의 자량위(十信에서 十廻向까지), 그리고 십신 이전에 해탈분解脫分의 선근善根을 심는 계위에 있는 사람들에게는 '생무성生無性'을 설해 준다. 이 계위의 사람들은 복덕 · 지혜라는 두 종류 자량을 아직 충분히 쌓지 못했기 때문에 먼저 '인연에 의지해서 생한 것은 모두 자성 없음'에 대해 설해 준다는 것이다. 그런데 이미 선근을 심었다고 해도 제법이 환幻과 같음을 아직 알지 못하면 진정으로 그것을 싫어하는 마음을 낼 수 없다. 그 이유는 변계소집상이 가립된 언어에 불과함을 알지 못하기 때문이다. 따라서 이름(名)과 그 대상(義)이 모두 자성 없음을 관하는 사심사관四尋思觀 등을 닦는 가행위 이후의 계위에 있는 사람들에게는 '상무성相無性' 및 '승의무성勝義

無性'을 설해 준다. 유식오위 중에 가행위·통달위·수습위에 의거해서 상무성·승의무성을 관한다. 그런데 마지막 통달위(無學位)에 이르면, 이때는 더 이상 인위적으로 닦는 것이 없다.

(4) 삼무성관三無性觀에 의거해서 일승一乘의 의미를 설명함

넷째 단락에서는 원측교학의 주요한 주제들의 하나, 즉 '일승一乘'의 문제가 상세하게 논의된다. 이 『해심밀경』「무자성상품」에서는 '성문·연각·보살이 하나의 성도聖道를 공유한다는 점에서 오직 일승만 있다'고 설한다. 그런데 이 경에서는 그 경문에 이어서 삼승이 차별됨을 설할 뿐만 아니라, 성문 중에 일향취적성문종성一向趣寂聲聞種性은 미래에도 결코 성불할 수 없고 오직 회향보리성문回向菩提聲聞만 성불할 수 있다고 한다. 그러므로 이 '일승'과 '삼승이 차별된다(三乘差別)'는 모순적 진술을 어떻게 이해해야 하는가라는 문제가 발생하였다.

이에 관한 해석에서 우선 주목되는 것은, 원측이 진제 삼장眞諦三藏의 '일체개성설一切皆成說'과 대당 삼장大唐三藏의 '오성각별설五性各別說'을 매우 긴 지면을 할애하여 상세히 검토한 것이다. 두 삼장의 학설은 「무자성상품」에서 설한 '일승'과 '삼승의 차별'에 대해 각기 강조점이 달랐다. 즉 진제의 일체개성설은 '일승'을 강조하여 '일체가 다 성불할 수 있다'고 주장하고, 현장의 오성각별설은 '삼승의 차별'(혹은 오성의 각별함)을 강조하면서 '성불 못하는 중생도 있다'고 주장한다. 원측은 그 두 학설이 각기 교리적으로 어떻게 정당화될 수 있는지를 자세히 검토해 보았다. 이 내용은 원측교학을 이해하는 데 매우 중요한데, 너무 방대하고 복잡한 논의이기 때문에 앞의 별도의 지면에서 자세히 논하였다.[25]

---

25 이에 관한 자세한 설명은 앞의 품별 해제 중 '2. 일승의一乘義에 대한 원측의 사색' 참조.

(5) 무성교無性教에 의거해서 이해의 부동함을 밝힘

다섯 번째 단락에서는 오사五事를 전부 갖춘 자와 그렇지 못한 자들을 크게 네 부류로 나누고 나서, '무성無性'의 교설에 대한 그들의 이해에서 어떤 차이가 있는지를 설명하였다. 이 경에 따르면, 무성의 교설에 내재된 밀의密意를 이해하기 위해서는 적어도 '다섯 가지 사항(五事)'을 갖추어야 한다. 우선, 유식오위唯識五位 중 가행위加行位의 사람들이 그 다섯 가지 사항을 갖춘 자이다. 그 밖의 세 부류의 사람들은 다섯 가지를 제대로 갖추지 못한 자로서, 모두 가행위 이전의 사람들이다. 이전의 단락((3)절 참조)에서 언급했듯, 자량위資糧位에서는 먼저 '생무성生無性'을 관하여 해탈의 선근善根을 심고, 그 결과 지혜·복덕의 선근 등 다섯 가지 사항을 구족하게 되면 다시 가행위에서 상무성相無性 및 승의무성勝義無性을 관한다. 가행위에서는 사심사관四尋思觀 등을 본격적으로 수습함으로써 변계소집의 상무성, 즉 변계소집상은 본래 그에 해당하는 실체가 없고 오직 가짜 이름만 존재한다고 하는 사실을 깨닫게 된다. 그러나 자량이 부족한 사람들은 무성교無性教를 듣고서 오히려 불신과 오해로 인해 집착을 일으키거나 법을 비방하는 등의 과실을 일으키게 된다. 이 다섯 번째 단락은 그러한 집착의 과실들을 자세히 설한 것이다.

이에 대한 원측의 해석에서 눈에 띄는 것은 악취공惡取空과 그것의 과실에 대한 상세한 설명이다. 이곳에서 원측은 대승의 여러 경론을 인용하여 악취공에 대한 용맹종龍猛宗과 미륵종彌勒宗의 다양한 해석들을 자세하게 검토하였다. 그에 따르면, 청변清辨과 같이 용맹종에 의거해서 공·유에 대해 설하는 논사들은 다음과 같이 말한다. 〈세속제世俗諦에 의하면 공空과 불공不空이 있고, 승의제勝義諦에 의하면 어떤 법도 공하지 않은 것이 없다. 그렇지만 만약 '공'에 다시 집착한다면, 이는 악취공이다.〉 호법護法과 같이 미륵종에 의거해서 공·유를 설하는 논사들은 다음과 같이 말한다. 〈선취공자善取空者라면 '의타기성에 변계소집성은 없고(無) 이곳(의타기)에 무아성無我性은 있다(有)'고 하며, 이와 같은 유와 무를 총괄해서 공을 설한다. 그러나 악취공자惡取空者들은 '의타기에 변계소집성은 없다는 것과 의타기에 원성실성이 있다는 것'을 모두 믿지도 받아들이지도 않으면서 '모든 법은 전혀 있는 바가 없다'는 이러한 집착을 일으키는데, 이것을 악취공이라 한다.〉

3) 영해수지분領解受持分

영해수지분은 보살이 지금까지 여래가 설했던 삼무성의 교설을 듣고 나서 스스로 이해한 바(領解)를 진술한 것이다. 이전의 보살청문분菩薩請問分과 여래정설분如來正說分, 그리고 영해수지분은 하나의 완결된 논증 체계를 이루고 있는데, 이 논증을 통해 '공空·무자성無自性의 밀의密意'에 대한 설법은 완결된다. 그리고 그 세 부분의 논리적 구조를 주의 깊게 살펴보면, 이 「무자성상품」에서 해명하고자 했던 중요한 주제가 무엇인지를 알 수 있다. 먼저 서두의 보살청문분에서 승의생보살勝義生菩薩은 세존이 제1시에 온·처·계 등 13가지 법문으로 설했던 유성有性의 교敎와 제2시에 설해진 무성無性의 교가 서로 모순된다는 점을 지적하면서, '어떤 의미에서 무성을 설하는가'라고 묻는다. 따라서 다음의 여래정설분에서 세 종류 무성(三無性)의 교설을 통해 '무성' 혹은 '공'이라는 말에 내포된 대승적 밀의密意를 더 명료하고 자세하게 설명해 준다. 그런데 보살의 의문은 본래 제1시의 유교有敎(유성을 설한 교)와 제2시의 공교空敎(무성을 설한 교)가 서로 모순된다는 데서 비롯된 것이다.

이 영해분의 경문은 모두 동일한 구조로 되어 있다. 먼저 ① 변계소집상의 차원에서 상무성相無性을 설하였고 의타기성依他起性의 차원에서 생무성生無性과 일부의 승의무성勝義無性을 설하였음을 상기시키고, 다음에 ② 의타기성과 원성실성 두 종류에 의거해서 승의무성을 설하였음을 상기시킨다. 보살이 영해했던 그 두 가지 내용(①과 ②)은 모두 여래정설분에서 여래가 설한 삼무성의 기본 정의에 준하는 것이다. 그런데 이 보살영해분과 그 여래정설분 간의 차이점이 있다면, 이 영해분에서 삼무성의 교설이 제1시와 제2시의 설법 간의 모순을 회통시키려는 의도에서 설해졌음을 더욱 분명하게 드러낸다는 점이다. 여기에서는 온·처·계 등의 삼과법문三科法門이나 사제四諦 등과 같은 유성의 법문에다 삼무성의 교설을 적용하여 회통시키고, 이를 통해 '삼무성'이라는 요의교了義教가 삼과법문 등과 같은 모든 불요의교不了義教에도 이미 내재되어 있다고 설한다.

4) 교량탄승분校量歎勝分

교량탄승분에서는 세존의 일대의 설법을 삼시三時의 교로 나누고 나서 그것의 승勝·열劣에 대해 논하였다. 이 경에 따르면, 세존은 제1시에 오직 성문승聲聞乘을 위해 사제법륜四諦法輪을 굴렸고, 제2시에 오직 대승大乘의 사람들을 위해 '일체법개무자성一切法皆無自性'을 설하는 법륜을 은밀상隱密相으로 굴렸으며, 제3시에 일체승一切乘을 위해 공·무성의 완전한 의미를 드러내기 위해 삼무성의 법륜을 현료상顯了相으로 굴렸다. 그리고 이러한 삼시교의 승열을 판정하면서, 제1시 사제의 법륜과 제2시 무상無相의 법륜은 불요의不了義이고 제3시의 요의대승了義大乘이야말로 더 상위의 것도 없고 더 받아들일 것도 없는(無上無容) 요의의 가르침이라고 말한다. 이 「무자성상품」에서 설한 삼무성설이 바로 그런 요의에 해당한다.

그런데 이 교량탄승분을 이전의 영해수지분과 비교하면 차이점이 있다. 영해수지분에서는 삼무성의 교설을 통해 제1시의 유성교有性教와 제2

시의 무성교無性教의 모순을 회통하려고 했다면, 이 교량탄승분에서는 삼시의 교설들 간의 우열을 분명히 하면서 제3시의 삼무성설이야말로 요의의 가르침임을 천명하고 그것의 무한한 공덕을 찬탄한다는 점이다.

이곳의 원측의 해석에서 가장 주목할 만한 내용은 바로 '법륜法輪'에 대한 해석이다. 여기서 그는 『전법륜경轉法輪經』(『雜阿含經』 제15권)에서 '법륜을 굴리는 모습(轉法輪相)'에 대한 설법을 인용하고, 그것을 해석의 실마리로 삼아서 법륜의 본질에 대한 다양한 해석들을 상세하게 검토하였다. 그에 따르면, 소승과 대승의 다양한 해석들은 성도聖道와 성교聖教 중에 어느 것을 '법륜의 본질'로 간주하는가에 따라 구분된다. 말하자면, '법의 바퀴를 굴린다'는 것은 법을 설하시는 성자의 말씀 자체를 가리키거나, 혹은 누군가 내면에서 성스런 도가 일어나게 되는 것을 뜻할 수도 있다. 가령 살바다종에서 '팔지성도八支聖道가 법륜의 자성이다'라고 한 것은 법륜의 본질은 '성도'라고 본 것이고, 대중부大衆部 등의 네 부파에서 '부처님의 말씀이 법륜이다'라고 한 것은 '성교'로 본 것이다. 이에 비해 소승의 경부經部나 대승의 유식종에서는 성도와 성교를 모두 법륜으로 간주한다.

5) 의교봉지분依教奉持分

마지막으로 의교봉지분에서 세존은 삼무성의 교설을 '승의·요의의 가르침(勝義了義之教)'이라는 이름으로 봉지하라고 권하고 나서, 대중들이 이 교를 봉지함으로써 획득하는 뛰어난 이익에 대해 설해 준다. 그에 따르면, 교의 수승한 이익은 네 가지다. 첫째는 중생들이 발심發心하도록 하는 것이고, 둘째는 성문들이 진塵·구垢(번뇌) 등을 떠나도록 하는 것이며, 셋째는 성문들이 해탈을 얻게 하는 것이고, 넷째는 보살들이 무생법인無生法忍을 얻게 하는 것이다.

차례

해심밀경소解深密經疏 해제 / 5
무자성상품無自性相品 해제 / 21
일러두기 / 65

제5편 무자성상품無自性相品

제1장 품명 해석 ……… 68

제2장 경문 해석 ……… 69
  1. 보살청문분菩薩請問分 ……… 70
   1) 물은 자와 답한 자를 표시함 ……… 70
   2) 물으려는 일을 진술함 ……… 71
    (1) 자기의 의문을 진술함 ……… 72
    (2) 물으려는 교를 듦 ……… 74
     ① 자성 있음(有性)을 설한 교를 듦 ……… 74
      가. 오온五蘊의 교를 밝힘 ……… 75
       가) 오온의 교를 바로 밝힘 ……… 75
       나) 세 가지 교를 견주어 나타냄 ……… 77
      나. 사제四諦의 교를 밝힘 ……… 79
      다. 십팔계十八界의 교를 밝힘 ……… 80
      라. 사념주四念住의 교를 밝힘 ……… 81
       가) 염주에 대해 해석함 ……… 82
       나) 다섯 문을 견주어 해석함 ……… 84
      마. 팔성도八聖道의 교를 밝힘 ……… 84
     ② 자성 없음(無性)을 설한 교를 나타냄 ……… 85
   3) 교에 의거해서 질문함 ……… 87
    (1) 자기의 의심을 진술함 ……… 88
    (2) 해석해 주시길 청원함 ……… 89

(3) 해석될 경문을 진술함 ……… 89
2. 여래정설분如來正說分 ……… 91
　1) 질문을 칭찬하며 설법을 허락함 ……… 92
　　(1) 질문의 유익함을 칭찬함 ……… 92
　　　① 설하는 자를 밝힘 ……… 92
　　　② 질문이 이치에 맞음을 칭찬함 ……… 92
　　　③ 심오한 의미를 물었음을 칭찬함 ……… 93
　　　④ 질문의 유익함을 칭찬함 ……… 93
　　(2) 잘 들으라고 하면서 설법을 허락함 ……… 94
　2) 질문에 의거해서 바로 설함 ……… 94
　　(1) 장행長行으로 자세히 해석함 ……… 95
　　　① 삼무성三無性에 의거해서 경의 문구들을 해석함 ……… 96
　　　　가. 삼무성에 의거해서 '일체법개무자성一切法皆無自性'을 해석함 ……… 97
　　　　　가) 표장으로서 간략히 설함 ……… 97
　　　　　　(가) 삼무성에 의거해서 경의 밀의密意를 나타냄 ……… 97
　　　　　　(나) 개수에 맞춰 삼무성의 이름을 열거함 ……… 98
　　　　　나) 문답으로 자세히 해석함 ……… 99
　　　　　　(가) 교법에 의거해서 바로 설함 ……… 99
　　　　　　　㉮ 상무자성성相無自性性 ……… 99
　　　　　　　　a. 질문 ……… 99
　　　　　　　　b. 대답 ……… 100
　　　　　　　　c. 징문 ……… 100
　　　　　　　　d. 해석 ……… 100
　　　　　　　　e. 결론 ……… 102
　　　　　　　㉯ 생무자성성生無自性性 ……… 103
　　　　　　　　a. 질문 ……… 103
　　　　　　　　b. 대답 ……… 103
　　　　　　　　c. 징문 ……… 104
　　　　　　　　d. 해석 ……… 104
　　　　　　　　e. 결론 ……… 106
　　　　　　　㉰ 승의무자성성勝義無自性性 ……… 106

　　　　　a. 의타기依他起에 의거해서 승의무성을 해석함 ········ 107
　　　　　　a) 질문 ········ 107
　　　　　　b) 대답 ········ 108
　　　　　　c) 징문 ········ 109
　　　　　　d) 해석 ········ 109
　　　　　　e) 결론 ········ 110
　　　　　b. 원성실圓成實에 의거해서 승의무성을 해석함 ········ 111
　　　　　　a) 표장 ········ 112
　　　　　　b) 징문 ········ 112
　　　　　　c) 해석 ········ 112
　　　　　　d) 결론 ········ 115
　　　(나) 비유를 들어 거듭 해석함 ········ 119
　　　　㉮ 상무자성성을 해석함 ········ 120
　　　　㉯ 생무자성성 및 일부의 승의무자성성을 해석함 ········ 120
　　　　㉰ 일부의 승의무자성을 해석함 ········ 122
　　다) 해석하고 나서 총결지음 ········ 123
　나. 처음·마지막의 무성에 의거해서 '일체법무생一切法無生' 등을 해석함 ········ 123
　　가) 상무자성에 의거해서 '무생無生' 등의 문구를 해석함 ········ 124
　　　(가) 표장 ········ 125
　　　(나) 징문 ········ 125
　　　(다) 해석 ········ 125
　　　(라) 결론 ········ 126
　　나) 승의무자성성에 의거해서 '무생' 등의 문구를 해석함 ········ 127
　　　(가) 표장 ········ 127
　　　(나) 징문 ········ 128
　　　(다) 해석 ········ 128
　　　　㉮ 세 가지 이유를 총괄해서 표명함으로써 징문에 답함 ········ 129
　　　　㉯ 세 가지 이유를 들어 '무생' 등을 해석함 ········ 130
　　　　　a. 두 가지 이유로써 '무생' 등을 해석함 ········ 131
　　　　　b. '모든 잡염과 상응하지 않는다'는 이유로써 '본래적정·자성열반'이

차례 • 55

　　　　　성립함을 해석함 ……… 131
　　　(라) 결론 ……… 139
② 삼성관三性觀에 의거해서 삼무성三無性을 건립한 뜻을 설명함 ……… 145
　가. 반석反釋 ……… 146
　나. 순해順解 ……… 148
　　가) 표장 ……… 148
　　나) 해석 ……… 149
　　　(가) 소집상所執相으로 인해 집착을 생함 ……… 150
　　　　㉮ 소집상으로 인해 언설을 일으킴 ……… 151
　　　　㉯ 언설로 인해 집착을 생함 ……… 151
　　　　　a. 언설로 인해 세 가지 인因을 이룸 ……… 152
　　　　　b. 세 가지 인으로 인해 집착을 생함 ……… 153
　　　(나) 집착으로 인해 유전법流轉法을 생함 ……… 154
　　　　㉮ 이전의 집착을 표시해 놓음으로써 유전流轉의 인因을 나타냄 ……… 154
　　　　㉯ 집착이 유전流轉의 과果를 냄을 바로 밝힘 ……… 155
　　　　　a. 의타기依他起를 생함 ……… 155
　　　　　b. 세 가지 잡염雜染을 생함 ……… 156
　　　　　　a) 세 가지 잡염으로 인해 생사生死에서 유전함 ……… 157
　　　　　　b) 세 가지 잡염으로 인해 육취六趣에서 유전함 ……… 158
③ 지위에 의거해서 삼무성을 건립한 뜻을 설명함 ……… 162
　가. 오위五位에 의거해서 생무자성성을 설명함 ……… 165
　　가) 교의 대상(所爲)을 밝힘 ……… 166
　　나) 근기에 맞춰 바로 설함 ……… 168
　　다) 교의 뛰어난 이익을 나타냄 ……… 168
　　　(가) 무상無常을 이해하게 되는 이익 ……… 169
　　　(나) 두려워하거나 염환厭患하게 되는 이익 ……… 170
　　　(다) 악을 그치고 선을 닦게 되는 이익 ……… 170
　　　(라) 오사五事를 갖추게 되는 이익 ……… 170
　나. 가행위加行位 등에 의거해서 뒤의 두 종류 무자성성을 설명함 ……… 171
　　가) 교의 대상(所爲)을 밝힘 ……… 172
　　　(가) 두 종류 무성無性을 알지 못함을 밝힘 ……… 172

(나) 무성을 알지 못함으로 인한 과실을 밝힘 ……… 173
　나) 근기에 맞춰 바로 설함 ……… 174
　　(가) 교를 바로 설함 ……… 174
　　(나) 교를 설한 뜻을 밝힘 ……… 175
　다) 교의 뛰어난 이익을 나타냄 ……… 175
　　(가) 가행위에서 얻는 뛰어난 이익을 밝힘 ……… 176
　　(나) 지상地上의 두 지위에서 얻는 뛰어난 이익을 나타냄 ……… 179
　　　㉮ 소집상所執相을 버림 ……… 179
　　　㉯ 세 가지 인因을 일으키지 않음 ……… 180
　　　㉰ 의타기依他起를 소멸시킴 ……… 181
　　　㉱ 미래의 고통의 인을 끊음 ……… 182
　　　㉲ 세 가지 도道를 이끌어 냄 ……… 183
　　　㉳ 세 종류 잡염雜染을 떠남 ……… 183
④ 삼무성관三無性觀에 의거해서 일승一乘의 의미를 설명함 ……… 184
　가. 성도聖道에 의거해서 일승의 의미를 설명함 ……… 187
　　가) 삼승이 각기 자승自乘의 무여열반無餘涅槃을 증득함을 밝힘 ……… 187
　　나) 성도에 의거해서 방편으로 일승을 설함 ……… 187
　　다) 이치상 실로 삼승이 차별됨을 밝힘 ……… 242
　나. 취적성문趣寂聲聞은 결코 성불하지 못함을 밝힘 ……… 245
　　가) 표장 ……… 246
　　나) 징문 ……… 246
　　다) 해석 ……… 247
　　　(가) 세 가지 이유를 총괄해서 표명함 ……… 247
　　　(나) 앞의 두 가지 이유를 내걸어 놓고 두 가지 과실을 나타냄 ……… 248
　　　(다) 앞의 두 가지 과실을 들어 성불하지 못한다고 해석함 ……… 249
　　라) 결론 ……… 249
　다. 회향성문迴向聲聞은 결정코 성불할 수 있음을 밝힘 ……… 250
　　가) 표장 ……… 250
　　나) 징문 ……… 251
　　다) 해석 ……… 252
　　라) 결론 ……… 252

⑤ 무성교無性教에 의거해서 이해의 부동함을 밝힘 ······· 258
  가. 교에 의거한 이해가 차별됨을 간략히 표명함 ······· 260
  나. 교에 의거한 이해가 부동함을 자세히 해석함 ······· 267
    가) 교의 소의所依를 듦 ······· 268
      (가) 교의 소의가 되는 이치를 밝힘 ······· 268
      (나) 이치에 의거해서 교를 설했음을 밝힘 ······· 268
    나) 유정의 이해가 부동함을 바로 해석함 ······· 270
      (가) 오사五事를 구족하고 신해信解하는 사람 ······· 271
        ㉮ 오사를 성취했음을 밝힘 ······· 271
        ㉯ 교를 듣고 해오解悟함을 밝힘 ······· 271
          a. 교를 듣고 이해함을 밝힘 ······· 272
          b. 이해의 수승한 이익을 밝힘 ······· 272
            a) 법法·의義를 이해하는 것의 수승한 이익을 밝힘 ······· 273
            b) 부처님을 믿는 것의 수승한 이익을 밝힘 ······· 273
      (나) 오사를 구족하지 못했지만 믿을 수 있는 사람 ······· 274
        ㉮ 오사를 구족하지 못했음을 밝힘 ······· 274
        ㉯ 신심을 낼 수 있음을 밝힘 ······· 275
          a. 자기 견취見取에 머물지 않고 신심을 낼 수 있음을 밝힘 ······· 275
            a) 자기 견취에 머물지 않음을 밝힘 ······· 276
            b) 교를 듣고 믿음을 냄을 밝힘 ······· 276
            c) 그의 믿음의 상을 나타냄 ······· 277
          b. 신심을 낼 수 있기에 자기를 낮추면서 머묾 ······· 279
            a) 설해진 바의 의미에 대해 자기를 낮추며 머묾 ······· 279
            b) 교를 설하는 자에 대해 자기를 낮추며 머묾 ······· 280
          c. 자기를 낮추기 때문에 복덕·지혜를 닦을 수 있음 ······· 281
            a) 자기를 낮추기 때문에 아직 통달하지 못함 ······· 282
              (a) 해석 ······· 282
              (b) 결론 ······· 288
            b) 아직 통달하지 못하기 때문에 다시 복덕·지혜를 닦음 ······· 288
      (다) 믿음을 내지만 언설을 따라 집착하는 사람 ······· 290
        ㉮ 스승의 계탁을 밝힘 ······· 290

a. 이전 사람과 대비해서 차이를 설명함 291
b. 언설 그대로 집착을 일으킴을 밝힘 294
  a) 언설 그대로 집착을 일으킴을 밝힘 295
    (a) 듣고서도 알지 못함 295
    (b) 믿으면서도 집착함 295
      ⓐ 집착함을 바로 밝힘 296
      ⓑ 집착의 상을 나타냄 296
  b) 집착의 과실을 나타냄 299
    (a) 집착의 과실을 바로 나타냄 299
      ⓐ 두 가지 과실을 간략히 표명함 300
      ⓑ 두 가지 과실의 상을 밝힘 302
      ⓒ 외인이 따져 물음 303
      ⓓ 물음에 의거해 자세히 해석함 303
        ㄱ. 삼성三性이 시설된 차례를 믿음 304
        ㄴ. 앞의 차례에 맞춰 외도의 징문에 답함 304
      ⓔ 해석하고 나서 총결지음 306
    (b) 숨겨진 비난(伏難)을 해석하여 회통함 330
      ⓐ 법을 믿으므로 과실이 되지 않을 것이라는 비난을 회통시킴
        330
        ㄱ. 숨겨진 비난을 바로 회통시킴 330
        ㄴ. 그 이유(所由)를 해석함 331
      ⓑ 법을 믿으므로 복덕·지혜를 갖추었을 것이라는 비난을 회통
        시킴 331
㉴ 제자의 계탁을 밝힘 337
  a. 두 가지 계탁을 따로따로 해석함 337
    a) 들음에 의해 언설을 따라 집착하는 사람 337
      (a) 언설 그대로 집착을 일으킴을 밝힘 338
      (b) 집착의 과실을 나타냄 339
    b) 그 스승의 견見을 따르지도 않고 믿지도 않는 사람 339
      (a) 교를 듣고도 믿지 않음을 밝힘 340
        ⓐ 교를 듣고서 두려움을 냄 340

ⓑ 그로 인해 삿된 이해를 냄 ········ 341
ⓒ 삿된 이해로 인해 비방을 일으킴 ········ 342
(b) 불신의 과실을 나타냄 ········ 344
b. 두 가지 계탁에 대해 총결지음 ········ 344
a) 앞의 계탁을 결론지음 ········ 345
b) 뒤의 계탁을 결론지음 ········ 345
(라) 오사五事가 전부 없고 믿지도 않는 사람 ········ 346
㉮ 오사를 갖추지 못했음을 밝힘 ········ 346
㉯ 그의 불신을 나타냄 ········ 347
a. 경을 듣고도 믿지 않음 ········ 347
b. 두 종류 생각을 일으킴 ········ 348
c. 두 종류 집착을 냄 ········ 348
d. 이로 인해 삿된 이해를 냄 ········ 349
e. 비방을 일으킴을 바로 밝힘 ········ 349
a) 경을 비방함을 바로 밝힘 ········ 350
b) 경을 믿는 자를 증오함을 밝힘 ········ 350
c) 법을 비방하게 된 인연을 설명함 ········ 350
(a) 법을 비방하게 된 인연을 밝힘 ········ 351
(b) 비방의 과실을 나타냄 ········ 351
다. 교에 의거한 이해의 차별에 대해 총결지음 ········ 355
(2) 게송을 들어 거듭 설함 ········ 355
① 게송을 설한 뜻을 총괄해서 표명함 ········ 356
② 게송을 들어 바로 해석함 ········ 356
가. 앞에서 설한 '일체제법개무성一切諸法皆無性' 등에 대해 읊음 ········ 357
가) 경의 네 구의 비밀스런 의취意趣에 대해 해석함 ········ 357
나) 삼무성三無性에 의거해서 밀의密意를 바로 나타냄 ········ 358
나. 밀교密敎에 의거해서 일승一乘의 의미를 설한 것에 대해 읊음 ········ 359
가) 삼승인三乘人에 의거해서 은밀하게 일승을 설함 ········ 360
나) 정성인定姓人은 오직 자신만 제도함을 읊음 ········ 361
다) 부정성不定姓은 대열반을 증득함을 읊음 ········ 361
라) 열반의 상을 해석함 ········ 362

3. 영해수지분領解受持分 366
 1) 보살의 영해 367
  (1) 교의 심오함을 찬탄함 367
  (2) 자신의 영해를 진술함 368
   ① 오온五蘊 등의 다섯 문에서 삼무성三無性을 설했음을 영해함 369
    가. 색온色蘊에 의거해서 삼무성을 설함 369
     가) 앞의 두 가지 자성에 대해 영해함 369
      (가) 영해하였음을 총괄해서 표명함 369
      (나) 영해한 것을 따로 해석함 370
       ㉠ 소집상所執相을 밝힘 371
        a. 의타성依他性에 의거해서 소집성所執性을 건립함 371
        b. 소집성에 의거해서 상무성相無性을 설함 377
       ㉡ 의타기依他起를 밝힘 377
        a. 소집성의 소의가 의타기임을 밝힘 378
        b. 의타기에 의거해서 두 가지 무성을 설명함 378
     나) 세 번째 자성에 대해 영해함 378
      (가) 영해하였음을 총괄해서 표명함 379
      (나) 영해한 것을 따로따로 해석함 379
       ㉠ 의타기에 의거해서 원성실圓成實을 밝힘 380
       ㉡ 원성실에 의거해서 일부의 승의무성勝義無性을 설함 380
    나. 그 밖의 온蘊 등에 대해 견주어 나타냄 381
     가) 그 밖의 온에 대해 견주어 나타냄 381
     나) 십이처十二處에 대해 견주어 나타냄 382
     다) 십이연기十二緣起에 대해 견주어 나타냄 382
     라) 사식四食에 대해 견주어 나타냄 382
     마) 육계六界와 십팔계十八界에 대해 견주어 나타냄 383
   ② 사제四諦 등의 두 문에서 삼무성을 설했음을 영해함 384
    가. 고제苦諦에 의거해서 무성을 영해함 384
     가) 두 가지 자성에 의거해서 두 가지 무성을 영해함 384
      (가) 영해하였음을 총괄해서 표시함 385
      (나) 영해한 것을 따로따로 해석함 385

㉮ 소집성에 의거해서 상무성을 영해함 ········ 386
　　　　a. 의타기에 의거해서 소집성을 안립함 ········ 386
　　　　b. 소집성에 의거해서 무성을 시설함 ········ 387
　　　㉯ 의타기에 의거해서 생무성 및 일부의 승의무성을 영해함 ········ 387
　　　　a. 의타기를 설명함 ········ 387
　　　　b. 의타기에 의거해서 무성을 설함 ········ 388
　　나) 원성실에 의거해서 승의무성을 영해함 ········ 388
　　　(가) 영해하였음을 총괄해서 표명함 ········ 389
　　　(나) 영해한 것을 따로따로 해석함 ········ 389
　　　　㉮ 원성실의 상을 설명함 ········ 390
　　　　㉯ 일부의 승의무성을 시설함 ········ 390
　나. 그 밖의 제諦 등에 의거해서 무성을 영해했음을 견주어 나타냄 ········ 390
　가) 그 밖의 제에 대해 견주어 나타냄 ········ 391
　나) 도품道品에 대해 견주어 나타냄 ········ 392
　　(가) 일곱 문에 의거해서 영해했음을 총괄해서 밝힘 ········ 392
　　(나) 따로 팔도지八道支에 의거해서 그가 영해한 것을 밝힘 ········ 393
　　　㉮ 두 가지 자성에 의거해서 두 가지 무성을 영해함 ········ 393
　　　　a. 영해했음을 총괄해서 표명함 ········ 394
　　　　b. 영해한 것을 따로 해석함 ········ 394
　　　　　a) 소집상에 의거해서 상무성을 영해함 ········ 394
　　　　　　(a) 소집상을 안립함 ········ 395
　　　　　　(b) 무성을 시설함 ········ 396
　　　　　b) 의타기에 의거해서 생무성 및 승의무성을 영해함 ········ 397
　　　　　　(a) 의타기를 설명함 ········ 397
　　　　　　(b) 의타기에 의거해서 두 가지 무성을 설명함 ········ 397
　　　㉯ 원성실에 의거해서 승의무성을 영해함 ········ 398
　　　　a. 영해했음을 총괄해서 표명함 ········ 398
　　　　b. 영해한 것을 따로 해석함 ········ 398
　　　　　a) 원성실성을 설명함 ········ 399
　　　　　b) 무성을 설명함 ········ 399
　(3) 비유를 들어 거듭 나타냄 ········ 400

① 비습박약의 비유 400
　가. 비유 400
　나. 법동유法同喩 401
② 채화지와 같다는 비유 401
　가. 비유 402
　나. 법동유 403
③ 숙소의 뛰어난 맛의 비유 403
　가. 비유 404
　나. 법동유 404
④ 허공의 일미의 비유 404
　가. 비유 405
　나. 법동유 405

2) 여래께서 수지를 권함 406
　(1) '훌륭하다'고 총괄해서 칭찬함 407
　(2) 심오한 의미를 영해했음을 칭찬함 407
　(3) 잘 비유했음을 칭찬함 407
　(4) 인가하며 수지를 권함 408

4. 교량탄승분校量歎勝分 409
1) 보살의 청문 410
　(1) 삼전三轉의 승勝·열劣이 부동함을 밝힘 410
　　① 사제법륜四諦法輪 410
　　　가. 법륜을 바로 밝힘 410
　　　나. 교가 하열함을 나타냄 453
　　② 무상법륜無相法輪 454
　　　가. 법륜을 바로 밝힘 455
　　　나. 불요의不了義임을 나타냄 458
　　③ 요의대승了義大乘 460
　　　가. 요의임을 바로 밝힘 461
　　　나. 요의의 상을 나타냄 462
　(2) 묻는 말을 바로 일으켜 복福의 승·열을 밝힘 486
　　① 보살의 청문 487

가. 사람에 의거해 묻고자 하는 교를 둠 487
　　　나. 교에 의거해서 십법행十法行을 일으키면 복이 어느 정도 생기는지 바로
　　　　　물음 487
　　2) 세존의 정설 488
　　　(1) 수승함을 찬탄하면서 설법을 허락함 489
　　　(2) 물음에 의거해 바로 설함 489
　　　　① 두 가지 비유를 들어 그 승·열을 밝힘 490
　　　　　가. 손톱에 묻은 적은 흙의 비유 490
　　　　　나. 소 발자국에 고인 적은 물의 비유 504
　　　　② 법동유法同喩를 들어 복의 승·열을 밝힘 505
5. 의교봉지분依敎奉持分 506
　1) 보살의 청문 506
　2) 여래의 정답 507
　　(1) 물음에 의거해서 바로 답함 507
　　(2) 교의 뛰어난 이익을 설함 507
　　　① 발심發心하게 되는 뛰어난 이익 508
　　　② 진진塵·구구垢를 떠나는 등의 이익 512
　　　③ 해탈을 얻는 이익 516
　　　④ 무생인無生忍을 얻는 이익 519

찾아보기 / 524

일러두기

1 '한글본 한국불교전서'는 문화체육관광부의 지원을 받아 동국대학교 불교학술원에서 수행하고 있는 '불교기록문화유산아카이브(ABC)사업'의 결과물을 출간한 것이다.
2 이 책의 번역은 『한국불교전서』(동국대학교출판부 간행) 제1책의 『해심밀경소解深密經疏』를 저본으로 하였다.
3 본 역서의 차례는 저자 원측圓測의 과목 분류에 의거해서 역자가 임의로 넣은 것이다.
4 본 역서에서는 시각적 효과를 고려하여 『해심밀경』 본문과 원측의 해석을 경 과 석 으로 구분하였다. 다시 원측의 해석에 나온 '問曰'은 문 으로, '答曰'은 답 으로, '解云과 又解云'은 해 로, '論曰'은 논 으로, '頌曰'은 송 등으로 처리하였다.
5 원문의 협주夾註는 【 】로 표시하였다.
6 『해심밀경』의 경문을 가리키거나 혹은 다른 경론의 문장을 그대로 직접 인용한 경우는 " "로 처리하였고, 그 밖에 출전의 문장을 요약·정리해서 인용하거나 출처가 확인되지 않는 학설을 진술한 경우는 ' '나 〈 〉로 묶어 주었다.
7 인용문에 나오는 '乃至廣說'이나 '乃至'가 문장의 생략을 뜻하는 경우, 인용문의 중간에 있으면 '……중간 생략……'으로, 문장의 끝에 있으면 '……이하 생략……'으로 처리하였다.
8 음역어는 현재의 한문 발음대로 표기하였다.
9 번역문에 이어 원문을 병기하였다. 원문은 『한국불교전서』를 저본으로 했으며, 띄어쓰기를 표시하기 위해 온점(.)을 사용하였다.
10 본 역서에서는 『해심밀경소』의 모든 인용문들에 대해 출전을 찾아서 확인·대조해서 원문 아래 별도의 교감주를 달았다. 한은 『한국불교전서』에 이미 교감된 내용이고, 역은 역주자가 새로 교감한 것이다.
   1) 원문을 그대로 직접 인용하였고 그 출전이 현존하는 경우, 원전과 대조해 글자의 출입이 있거나 오탈자와 잉자剩字로 확인되면 원문 교감주에 표기하였다.
   2) 요약·정리된 인용문들이나 저자의 해석문 중에 전후 문맥상 오탈자나 잉자라고 여겨지면 교감주에 표시하였다.
   3) 『한국불교전서』의 교감주에서 발견되는 오류도 역자 교감주에 따로 표시하였다.
11 역주에서 소개한 출전은 약호로 표기하였다. T는 『대정신수대장경大正新脩大藏經』, X는 『신찬대일본속장경新纂大日本續藏經』, A는 『금장金藏』의 약자이다.

제5편
무자성상품
無自性相品

해심밀경 무자성상품 제5

解深密經無自性相品第五

이 품을 해석하겠으니, 그에 두 가지 내용이 있다. 첫째는 품의 이름을 해석하는 것이고, 둘째는 경문의 뜻을 해석하는 것이다.

將釋此品。有其二義。一解品名。二釋文義。

제1장 품명 해석

제목에서 '무자성상품無自性相品'이라 했는데, '무자성'은 대략 세 종류가 있다. 첫째는 상무자성성相無自性性이고, 둘째는 생무자성성生無自性性이며, 셋째는 승의무자성성勝義無自性性이다. '무자성'이라는 말로 삼무성三無性을 나타내었기 때문에 무자성이라 하였다. '상相'이란 체상體相이니, 혹은 상상相狀을 말한다. 이 삼무성은 그 차례대로 삼성을 체상으로 삼는다.[1] 이 품에서 세 종류 무자성의 체상이나 상상을 자세하게 설명하였기 때문에 '무자성상품'이라 한 것이다.【『심밀해탈경』에서 '성취제일의보살문품成就第一義菩薩問品'이라 한 것은 사람을 따라서 품명을 건립한 것이니, 번역가가 다르기 때문이다.[2]】

題云無自性相品者。謂無自性。略有三種。一相無自性性。二生無自性性。三勝義無自性性。無自性言。顯三無性。故言無自性也。相卽體相。或謂相狀。此三無性。如其次第。卽用三性。以爲體相。此品廣明三無性體相相狀。故言無自性相品。【深密經云。成就第一義菩薩問者。人從[1)]立名。譯家別故。】

1) ㉠ '人從'은 도치된 듯하다.

---

1 상무자성은 변계소집성을 체로 삼고, 생무자성은 의타기성을 체로 삼으며, 승의무자성은 원성실성을 체로 삼는다.
2 보리유지 역 『深密解脫經』「聖者成就第一義菩薩問品」은 현장 역 『解深密經』「無自性相品」에 해당한다. 현장 역에서는 세존에게 질문하는 보살의 이름을 '勝義生菩薩'이라 번역하였는데, 보리유지 역에서는 '成就第一義菩薩'이라 번역하였고, 또 그 보살의 이름을 따라서 이 품의 이름을 붙였다.

제2장 경문 해석

경 이때 승의생보살마하살이 부처님께 말하였다. "세존이시여,

爾時。勝義生菩薩摩訶薩白佛言。世尊。

석 이하는 경문의 뜻을 바로 해석한 것이다. 유성有性·무성無性의 경계를 해석하는 가운데, 이상으로 삼성三性의 경계에 대해 다 해석하였고, 이하에서 두 번째로 삼무성三無性에 대해 해석하겠다.

이 품 안에 다섯 개의 분分이 있다. 첫째는 보살청문분이다. 둘째 "이때 세존께서" 이하는 여래정설분이다. 셋째 "이때 승의생이" 이하는 영해수지분이다. 넷째 "이때 승의생보살이" 이하는 교량탄승분이다. 다섯째 "이때 승의생이" 이하는 의교봉행분이다.

釋曰。自下正釋文義。就釋有情¹⁾無性境中。上來已釋三性境訖。自下第二釋三無性。於此品內。有其五分。一菩薩請問分。二爾時世尊下。如來正說分。三爾時勝義生下。領解受持分。四爾時勝義生菩薩下。校量歎勝分。五爾時勝義生下。依敎奉行分。

1) ㉠ '情'은 '性'의 오기다. 여기에 뒤의 '無性'과 대비되는 '有性'이라는 단어가 배치되어야 한다.

1. 보살청문분菩薩請問分[3]

청문분에서 경문을 구별하면 세 가지가 있다. 처음은 물은 자와 답한 자를 표시한 것이다. 다음의 "저는 일찍이" 이하는 물으려는 일을 진술한 것이다. 마지막의 "아직은 잘 모르겠으니" 이하는 교에 의거해서 물은 것이다.

就請問中。文別有三。初標問答者。次我曾下。申所問事。後未審下。依教發問。

1) 물은 자와 답한 자를 표시함

이것은 첫 번째로 물은 자와 답한 자를 표시한 것이다.

---

[3] 이 보살청문분菩薩請問分의 서두에는 승의생勝義生보살의 의문이 상세히 진술되어 있는데, 이를 통해 삼무성三無性의 교설이 등장하게 된 배경을 짐작해 볼 수 있다. 그 보살의 의문은 다음과 같다. 〈세존께서 이전의 제1시時에는 온·처·계 등 13가지 법문에서 모두 '자성 있음(有性)'을 설하였고, 이후의 제2시에는 '일체법은 다 자성이 없다(一切法皆無自性)'고 설하였다. '자성 있음'을 설한 이전의 유교有教와 '자성 없음'을 설한 이후의 공교空教가 모순된다. 따라서 어떤 밀의에서 '무자성법은 모두 자성이 없다'고 설하셨는가라고 묻는다.〉 이에 대한 원측의 해석은 다음과 같다. 〈삼시교三時教 중에 제2시의 무상법륜無相法輪이 제1시의 사제법륜四諦法輪과는 모순되기 때문에 다시 제2시에 설한 '자성 없음'의 참된 의미를 물었다.〉 이 해석에 따르면, 『解深密經』「無自性相品」에서 설한 삼무성의 교설은 일차적으로는 '공' 혹은 '무자성'의 감추어진 의미를 더 명료하게 해석하는 데 초점이 있지만, 그 저변에는 제1시와 제2시의 설법 간의 모순을 회통시키려는 의도에서 설해진 것이다. 이 점을 기억해 두면, 이 품의 전체 구조를 이해하는 데 도움이 된다. 바로 뒤의 여래정설분如來正說分은 그와 같은 보살의 의문에 세존이 곧바로 대답한 것이고, 그 다음의 영해수지분領解受持分은 보살이 이해한 내용을 진술하는데, 여기에서 제1시의 온·처·계 등의 법문을 제2시의 무성 교설과 회통시켜 진술하였다.

"승의생勝義生"이라 했는데, '승의勝義'란 바로 증득되는 경계(所證之境)이니 뛰어난 지혜의 경계를 승의라고 하였고, '생生'이란 증득하는 지혜(能證之智)가 승의를 소연으로 삼아 생겨나니 그것을 '생'이라 하였다. 따라서 『섭대승론석』에서는 "이것에 대해 증회證會하였기 때문에 '생'이라 하니, 이 소연所緣(승의)에 대해 뛰어난 지혜가 생하였기 때문이다."[4]라고 하였다. 증득하는 것(能證)과 증득되는 것(所證)에 의거해서 그 명호를 건립하여 '승의생'이라 한 것이다.[5]

此卽第一標問答者。言勝義生者。勝義卽是所證之境。勝智之境。名勝義。生者。能證之智。緣勝義生。名之爲生。故攝論云。於此證會。故名爲生。於此所緣。勝智生故。就能所證。以立其號。名勝義生。

2) 물으려는 일을 진술함

경 저는 일찍이 홀로 조용한 곳에 있으면서 마음속으로 다음과 같은 심사尋思[6]를 냈습니다.

我曾獨在靜處。心生如是尋思。

---

4 무성無性의 『攝大乘論釋』 권6(T31, 416b5).
5 이 해석에 따르면, '승의생勝義生'이라는 세 글자에서 '승의'는 증득되는 경계를 가리키고, '생'은 증득하는 지혜를 가리키는 말이다. 수승한 대상에 대해 지혜가 생하였기 때문에 이 보살은 '승의생'이라는 이름을 갖게 된 것이다.
6 심사尋思 : 넓은 의미에서는 일반적 사유 활동을 총칭하는 말이고, 좁은 의미에서는 심尋이나 사伺나 혜慧와 같은 특정한 심소법으로 간주하기도 한다. 이하의 원측의 해석 참조.

석 이하는 두 번째로 물으려는 일을 진술한 것이다. 이 중에 두 가지가 있다. 처음에는 자기의 의문을 진술하였고, 나중에는 물으려는 교를 들었다.

釋曰。自下第二申所問事。於中有二。初陳已¹⁾疑思。後擧所問敎。

1) ㉖ '已'는 '己'이다.

(1) 자기의 의문을 진술함

이것은 처음에 해당한다. 말하자면 예전에 내가 일찍이 홀로 숲속의 한적한 곳에 있으면서, '세존께서는 어째서 예전에는 자성 있음(有性)을 설하시고 나중에는 자성 없음(無性)을 설하셨을까' 하고 심사尋思했다는 것이다.[7]

『심밀해탈경』에서는 "한적한 곳에서 각覺·관觀[8]의 마음을 내었습니다."[9]라고 하였는데, 이전에 분별했던 것처럼 이는 번역가가 다르기 때문이다.

일반적으로 '심사尋思'에 대해 논하면 네 종류가 있다.

첫째는 삼계의 유루有漏의 분별分別에 (속하는) 심·심소법을 가리킨다.[10]

둘째는 심尋·사伺[11]를 가리킨다. 따라서 『심밀해탈경』에서는 "한적한

---

[7] 여기서 말하는 '자성 있음(有性)을 설했다'는 것은 오온五蘊·십이처十二處·십팔계十八界 등 일체법의 자성이나 차별 등에 대해 설한 제1시時의 유교有敎를 가리키고, '자성 없음(無性)을 설했다'는 것은 '일체법은 모두 자성이 없다(一切法皆無自性)'고 설했던 제2시의 공교空敎를 가리킨다.

[8] 각覺·관觀 : 심尋·사伺의 구역舊譯. 뒤의 각주 11 참조.

[9] 『深密解脫經』 권2(T16, 670b18).

[10] 첫 번째 해석에 따르면, '심사'란 본질적으로 '분별' 활동에 속하는 모든 마음의 작용과 그에 수반되는 모든 정신 작용을 총칭하는 말이다.

[11] 심尋·사伺 : '심'은 대상을 거칠게 분별하는 정신 작용이고, '사'는 대상을 미세하게 분

곳에서 각·관의 마음을 내었습니다."라고 한다.¹²

셋째는 오직 '심尋'만 가리킨다. 따라서 『집론』 제6권에서는 "심사尋思를 행하는 자는 입출식념入出息念¹³의 경계를 반연한다."¹⁴라고 하였다. 『구사론』 제22권에서는 "'심'이 많아서 마음이 산란한 이를 심행자尋行者라고 하니, 그는 (입출)식념에 의지해서 수修에 올바로 들어갈 수 있다."¹⁵라고 하였다. 혹은 심尋과 사伺를 통틀어 설하여 '심사행자尋思行者'라고 했다고 볼 수도 있다.¹⁶

넷째는 혜 심소(慧數)를 가리키니, 예를 들면 사심사四尋思를 곳곳에서 설하기 때문이다.¹⁷

지금 이 중에서 네 번째 설이 뛰어나다.¹⁸

별하는 정신 작용이다.
12 두 번째 해석에 따르면, '심사尋思'란 특별히 '심尋'과 '사伺'라는 두 가지 심소법을 가리킨다. 이 두 심소법은 본질적으로 사유(思) 작용에 해당하므로 이 경에서는 둘을 총칭하여 '심사(尋思)'라고 한 것이다.
13 입출식념入出息念 : 오정심관五停心觀의 하나인 수식관數息觀(S ānāpāna-smṛti), 안나반나관安那般那觀을 가리킨다. 자기의 들숨(入息)과 날숨(出息)의 수를 세면서 산란된 마음의 작용을 대치시키면서 염념을 하나의 경계에 멈추고서(止) 지속시키는(持) 것이기 때문에 '지식념持息念'이라고도 한다.
14 『集論』 권6(T31, 687a6).
15 『俱舍論』 권22(T29, 117b11).
16 세 번째 해석은 '심사행자尋思行者' 혹은 '심행자尋行者'라는 표현에서 '심사尋思'의 용례를 찾았다. 가령 심사의 작용이 많아서 마음이 산란해진 행자들은 입출식념入出息念 등에 의지해서 마음의 산란을 대치對治시키는데, 이 경우 '심사가 많다'는 것은 특히 대상을 거칠게 분별하는 '심尋'의 활동이 왕성한 것을 말한다. 혹은 '사伺'의 활동까지 포괄하는 말일 수도 있다.
17 네 번째 해석에 따르면, '심사尋思'란 가령 사심사관四尋思觀에서의 '심사'와 같은 것이다. '사심사'란 명名·의義·자성自性·차별差別 등 네 가지 법에 대해서 '가립된 존재이고 실제로 없는 것(假有實無)'이라고 관찰하는 관법을 말한다. 여기서 '심사'는 아직 인가·결정하는 지혜가 생기기 이전에 여전히 혜慧에 의거해서 이름과 그 의미 등에 대해 심구尋求·사찰思察하는 것을 말한다. 따라서 '심사'는 '혜'를 체로 삼는다고 하였다.
18 가령 구역 『深密解脫經』에는 '각관覺觀의 마음을 내었다'고 하였는데, 신역에서 '각관'에 해당하는 '심사尋伺'로 번역하지 않고 '심사尋思'라고 번역했던 것은 아마도 역자가 사심사四尋思의 '심사'와 유사한 맥락에서 '혜慧'의 활동을 강조한 것이라고 한 것이다.

此卽初也。謂昔我曾獨在山林閑房靜。如是尋思。世尊如何。先說有性。後說無性。深密經云。空閑之處。生覺觀心者。如前分別。譯家別故。汎論尋思。有其四種。一者三界有漏分別心心所法。二者尋伺。故深密云。空閑之處。生覺觀心。三者唯尋。故集論第六云。尋思行者。緣入出息念境。俱舍論第二十二云。尋多亂心。名尋行者。彼依息念。能正入修。或可通說尋伺。名尋思行者。四者慧數。如四尋思。處處說故。今於此中。第四爲勝。

(2) 물으려는 교를 듦

경 세존께서는 한량없는 문으로 일찍이 모든 온蘊들의 모든 자상, 생상·멸상, 영단·변지에 대해 설하셨습니다.

世尊。以無量門曾說。諸蘊所有自相。生相滅相。永斷遍知。

석 이하는 두 번째로 물으려는 교를 진술한 것이다. 이 중에 두 가지가 있다. 처음에는 자성 있음을 설한 교를 들었고, 나중의 "세존께서는 다시 설하시길" 이하에서는 자성 없음을 설한 교를 나타내었다.

釋曰。自下第二申所問教。於中有二。初擧有性教。後世尊復說下。顯無性教。

① 자성 있음(有性)을 설한 교를 듦

전자의 경문에는 열세 개의 문이 있는데, 다섯 단락으로 정리할 수 있다. 첫째는 오온의 교를 밝힌 것이고, 둘째는 사제의 교를 밝힌 것이며, 셋째는 모든 계를 밝힌 것이고, 넷째는 사념주를 밝힌 것이며, 다섯째는 팔성도를 밝힌 것이다.

就前文中。有十三門。攝爲五段。一明蘊教。二明諦敎。三明諸界。四明念住。五八聖道。

가. 오온五蘊의 교를 밝힘

이것은 첫 번째로 오온의 교를 설명한 문이다. 이 중에 두 가지가 있다. 처음은 오온의 교를 바로 밝힌 것이고, 나중은 세 가지 교를 견주어 나타낸 것이다.

此卽第一辨蘊敎門。於中有二。初正明蘊敎。後類顯三敎。

가) 오온의 교를 바로 밝힘

이것은 다섯 가지 상으로 오온에 대한 성스런 가르침을 설명한 것이다.[19]

"한량없는 문"이라 했는데, 이에 두 가지 해석이 있다. 한편에서 말하길, 오온에 있는 모든 자상自相·공상共相[20] 등의 여러 문들은 하나가 아니기 때문에 '한량없다'고 한다. 한편에서 말하길, 보이거나 보이지 않는 유색有色·무색無色[21] 등의 여러 문들이 하나가 아니기 때문에 '한량없다'고

---

[19] 여기서 다섯 가지 상이란 경문에서 언급된 자상自相·생상生相·멸상滅相·영단永斷·변지遍知를 가리킨다.

[20] 자상自相·공상共相 : 어떤 사물 자체의 특수상을 자상이라고 하고, 여러 사물들에 공통되는 보편상을 공상이라 한다.

[21] 보이거나 보이지 않는 유색有色·무색無色 : 물리적 질애를 갖는 것을 유색有色이라 하고 그렇지 않은 것을 무색無色이라 한다. 무색은 모두 보이지 않는 것(不可見)이다. 유색은 보이는가 보이지 않는가를 기준으로 세 종류로 구분된다. 첫째, 안근에 의해 이것과 저것의 차별이 인식되는 것으로서 물리적 질애를 갖고 있으면 유견유대有見有對 혹은 가견유대可見有對라고 한다. 둘째, 오근五根이나 성·향·미·촉처럼 물리적 질애는 있지만 보이지 않는 색을 무견유대無見有對 또는 불가견유대不可見有對라고 한다. 셋째, 업에 의해 훈발熏發된 힘, 즉 무표색無表色 등은 보이지도 않고 질애도 없는 색법이므로 무견무대無見無對 혹은 불가견무장애不可見無障礙라고 한다.

한다.

"모든 자상"이란 곧 (오온의) 개별적 상(別相)에 해당한다. 예를 들어 색의 (자상은) '질애'라고, 이와 같이 식의 (자상은) '요별'이라고 설하는 것과 같다.

"생상·멸상"이란 (오온의) 공통된 상(通相)에 해당한다. 색 등은 모두 생하고 멸하는 상을 갖고 있기 때문이다.

"영단·변지"란 고제·집제의 상이다.[22] 집제를 영원히 끊어야 하니, 고苦의 (인因이 되는) 번뇌이기 때문이다. 고제를 두루 알아야 하니, 생사의 과果이기 때문이다.

혹은 "모든 자상"이란 자성상自性相과 차별상差別相에 해당하고, 이와 같은 두 가지 상이 생·멸과 영단·변지에 두루 있다고 해도 된다. 예를 들어 다음의 '영해수지분'에서 설한 것과 같다.[23]

此卽五相辨蘊聖敎。無量門者。此有兩釋。一云。蘊中所有自共相等。諸門非一。故名無量。一云。可見不可見有色無色等。諸門非一。故名無量。所有自相。卽是別相。如說色是質礙。如是識是了別。生相滅相。卽是通相。色等皆有生滅相故。永斷遍知。卽苦集相。永斷集諦。苦煩惱故。遍知苦諦。生死果故。或可所有自相者。卽是自相差別相。如是二相。遍於生滅永斷遍知。如下領解中說。

---

22 집제集諦(번뇌)가 인因이 되어 고제苦諦(생사의 과보)를 받게 되니, 고과苦果에 대해 두루 알고 그 원인이 되는 번뇌를 영원히 끊는다. 따라서 고제의 상相은 두루 알아야 할(遍知) 상이고, 집제의 상은 영원히 끊어야 할(永斷) 상이라 하였다.
23 「無自性相品」의 세 번째 '영해수지분領解受持分'에서는 승의생보살이 세존의 설법을 듣고 자기가 이해한 내용을 진술한다. 거기서는 '모든 자상(所有自相)'이라는 표현 대신에 '자성상自性相과 차별상差別相'이라는 표현을 쓴다. 말하자면 색온의 자성상과 차별상을 안립하는 것과 마찬가지로, 또 색온의 생生의 자성상·차별상, 색온의 멸滅의 자성상·차별상 등을 안립할 수 있다는 것이다.

나) 세 가지 교를 견주어 나타냄

경 마치 오온에 대해 설하신 것처럼, **십이처**十二處 · **십이연기**十二緣起 · **사식**四食 또한 이러합니다.

如說諸蘊。諸處緣起諸食亦爾。

석 이것은 두 번째로 세 가지 문을 견주어 해석한 것이다. 말하자면 오온에서 설했던 다섯 가지 상은 십이처의 가르침과 십이연기, 사식의 (가르침에서도) 또한 이와 같음을 알아야 한다는 것이다.

십이처의 자상은 (다음과 같다.) 색色을 볼 수 있으므로 그것을 '안眼'이라 하고 눈에 보이는 대상이므로 그것을 '색'이라 하고……중간 생략……법法을 알 수 있으므로 그것을 '의意'라고 하고 의에 알려지는 대상이므로 그것을 '법'이라 한다.

십이연기의 자상은 (다음과 같다.) 지智에 의해 대치되는 법으로서 별도의 심소법이 있으니, '덮고 가리는 것(覆蔽)'을 자성으로 삼는 것을 일컬어 무명無明이라 한다. 예를 들어 『유가사지론』 제56권에서 설한 것과 같다.[24]……중간 생략……점차로 쇠하다가 단박에 멸하는 것을 '노사老死'라고 한다.[25]

사식의 자상은 (다음과 같다.) 나누고 조각내서 삼키는 것을 단식段食이라 하고……중간 생략……요별하고 집지執持하는 것을 식식識食이라 한다.[26]

---

[24] 『瑜伽師地論』 권56(T30, 611c20~27) 참조.
[25] 이상으로 십이연기의 자상을 설명하면서 첫 번째 무명지無明支와 마지막 노사지老死支만을 간단히 언급했다.
[26] 여기서는 단식段食·촉식觸食·사식思食·식식識食 등 네 가지 중에 중간의 둘은 생략

생상·멸상 두 가지 상과 영단·변지는 앞에 준해서 알아야 한다.

釋曰。此卽第二類釋二[1])門。謂如蘊中所說五相。十二處教緣起諸食。應知亦爾。謂處自相。能見色。[2]) 名之爲眼。眼所見故。名之爲色。乃至能知法故。名之爲意。意所知故。名之爲法。緣起自相。智所對法。別有心所。覆弊[3])爲性。名爲無明。如瑜伽論五十六說。乃至漸衰頓滅。名爲老死。諸食自相。分段而吞。名爲段食。乃至了別執持。名爲識食。生滅二相。永斷遍知。准上應知。

---

1) ㉠ '二'는 '三'의 오기다. 2) ㉘ '色' 뒤에 '苦'가 탈락된 듯하다. ㉠ 원주의 '苦'는 '故'의 오기다. 3) ㉘『瑜伽師地論』권56(T30, 611c20)에 따르면, '弊'는 '蔽'의 오기다.

문 어째서 「승의제상품」에서는 여섯 가지 상으로 오온 등을 분별하면서 사제四諦를 갖추어 설했는데, 이 품에서는 다만 고제·집제만을 설하고 멸제·도제는 설하지 않았는가?

해 이전 품에서는 현관現觀에 차별이 있음을 설명하려 했기 때문에 사제를 갖추어 설하였다. 지금 이 품에서는 자성 있음을 설한 교(有性教)와 자성 없음을 설한 교(無性教), 두 가지의 차별을 (설명하려 했기) 때문에 여기서는 생략해서 '오온의 멸滅과 작증作證을 증득했기 때문'이라는 (문구를) 설하지 않은 것이다.[27]

하고 단식과 식식만 설명하였다. 단식은 향香·미味·촉觸 등의 색법으로 된 음식으로서, 몸의 근들을 이익 되게 하는 것을 말한다. 촉식이란 마음이 감각기관을 통해 대상을 취할 때 주·객이 접촉하여 생기는 마음의 작용으로서, 이 촉에 의해 감각·의지 등을 기를 수 있고 혹은 육체에 이익을 주기 때문에 이를 식이라 한다. 사식이란 자기가 좋아하는 것이 존재하기를 바라는 의지(思)의 작용인데, 이것이 생존 상태를 지속시킬 수 있기 때문에 식이라 한다. 식식이란 신명身命을 존속시킬 수 있는 심식心識 그 자체를 말하는데, 이것이 신명을 유지시키므로 식이라 한다.

27 『解深密經』「勝義諦相品」에 따르면, 증상만增上慢을 가진 비구들은 대부분 '유소득의 현관(有所得現觀)'에 의거해서 갖가지 법들 중의 어느 하나를 증득하고 나서 자신이 진짜 깨달았다고 자만한다. 이 품에서는 그 유소득의 현관을 설명하기 위해 오온五蘊·십

問。如何勝義諦¹⁾品。以六相分別蘊等。具說四諦。於此品中。但說苦集。而非滅道。解云。前品欲辨現觀有差別故。具說四諦。今此品中。有性無性二教差別。是故此中。略而不說由得蘊故²⁾滅及依³⁾證。

1) ㉘ '諦' 뒤에 '相'이 누락된 듯하다. 2) ㉘ '故'는 맨 뒤의 '證' 뒤로 옮겨야 한다. 3) ㉘ '依'는 '作'의 오기다.

나. 사제四諦의 교를 밝힘

경 한량없는 문으로 일찍이 사제의 모든 자상, (그것의) 변지·영단·작증·수습에 대해 설하셨습니다.

以無量門。曾說諸諦所有自相。遍知永斷作證修習。

석 두 번째로 사제의 교를 설명하였다. 그에 다섯 구가 있다.

"모든 자상"이라 한 것에 대해 본래 두 가지 설이 있으니, 앞에 준해서 알아야 한다.²⁸ 말하자면 핍박하는 것을 고제라고 하고, 불러 모으는 것

이처 십이처十二處·십이연생十二緣生 등의 관문觀門을 설했는데, 각 법문마다 각기 여섯 가지 상으로 나누어 설하였다. 예를 들면 오온에 대해서는 ① 오온, ② 오온의 상相, ③ 오온의 일어남(起), ④ 오온의 다함(盡), ⑤ 오온의 멸滅, ⑥ 오온의 멸을 작증作證함 등 여섯 가지 상으로 설명하였다. 이 여섯 구句 중에 다섯 번째 '오온의 멸'이란 멸제를 가리키고 여섯 번째 '오온의 멸을 작증함'이란 도제를 가리킨다. 앞의 네 구는 고제·집제와 연관되지만 이에 대한 해석은 다양하다. 원측에 따르면, 이전의 「勝義諦相品」에서는 '현관現觀'에 대해 자세히 설명하기 위해서 사제四諦를 갖추어 설했지만, 이 「無自性相品」에서는 제1시時의 유성교有性教와 제2시의 무성교無性教의 차이를 설명하기 위해 온선교蘊善巧를 거론한 것이므로 도제와 멸제에 해당하는 문구는 생략했다고 하였다. '여섯 가지 상'과 사제와 관계에 대한 자세한 설명은 원측/백진순 옮김, 『해심밀경소 제2 승의제상품』(서울: 동국대학교출판부, 2013), pp.405~415 참조.

28 "모든 자상(所有自相)"에 대한 두 가지 해석은 다음과 같다. 첫째 제법의 개별적 상(別相)을 뜻한다는 것이다. 둘째 뒤의 '영해수지분領解受持分'에서 설한 것처럼 '자성상自性相과 차별상差別相'을 가리킨다는 것이다. 이에 관해서는 이전의 오온문五蘊門 참조.

을 집제라고 하며, 멸하여 다하는 것을 멸제라고 하고, 오갈 수 있는 것을 도제라고 한다.

'변지' 등의 네 가지는 각기 사제를 나타낸 것이다. '변지'는 고제고 '영단'은 집제며 '작증'은 멸제고 '수습'은 도제다.[29]

> 釋曰。第二辨四諦教。有其五句。所有自相。自有兩說。准上應知。謂逼迫名。[1] 召集名集。滅盡名滅。能通名道。遍知等四。別顯四諦。遍知苦諦。永斷集諦。作證滅諦。修習道諦。
>
> 1) ㉘ '名' 뒤에 '苦'가 탈락된 듯하다.

다. 십팔계十八界의 교를 밝힘

경 한량없는 문으로 일찍이 십팔계의 모든 자상自相, 종종계성種種界性과 비일계성非一界性,[30] (그것의) 영단 · 변지에 대해 설하셨습니다.

> 以無量門。曾說諸界所有自相。種種界性。非一界性。永斷遍知。

석 세 번째로 십팔계의 문을 설명하였다.

"모든 자상"이라 한 것은 앞에 준해서 알아야 한다.

다음의 두 구에서는, 십팔계의 전전하는 이상(展轉異相)들을 "종종계種種

---

29 두루 알아야하는 것(遍知)은 고제고, 영구히 끊어야 할 것(永斷)은 집제며, 작증作證해야 할 것은 멸제고, 수습修習해야 할 것은 도제다.
30 종종계성種種界性과 비일계성非一界性 : '종종種種'과 '비일非一'은 모든 계들의 차별상을 가리킨다. 그런데 어떤 경우는 더 상위 차원에서 다른 종류들 간의 차별성을 가리킬 때 '종종'이라 하고, 더 하위 차원에서 세부적 다양성을 가리킬 때 '비일'이라 한다. 또 어떤 경우는 그와 반대로 쓰이기도 한다. 이에 관해서는 이하에 진술된 원측의 해석과 해당 주석 참조.

界"라고 하였고, 십팔계의 한량없는 유정의 소의의 차별(所依差別)들을 "비일계非一界"라고 하였으니, 예를 들면 『유가사지론』 제56권에서 설한 것과 같다.[31] 그 논의 제83권에 따르면 앞의 경우와는 상반되니, 이는 제1권의 기記와 같다.[32]

영단과 변지는 앞에 준해서 알아야 한다.

釋曰。第三辨諸界門。所有自相。准上應知。次之二句。謂十八界展轉異相。名種種界。卽十八界無量有情所依差別。名非一界。如瑜伽論五十六說。若依八十三。與上相反。如初卷記。永斷遍知。准上應知。

라. 사념주四念住의 교를 밝힘

경 한량없는 문으로 일찍이 염주念住의 모든 자상, 대치시키는 것과 대치되는 것, 수습해서 아직 생기지 않은 것을 생기게 하고, 생기고 나면 견고히 머물게 하며, 잊지 않고 믿고 닦아서, 증장하고 광대해지도록 하는 것에 대해 설하셨습니다.

---

31 『瑜伽師地論』 제56권에서 '종종이란 십팔계의 전전이상展轉異相을 나타낸 것'이라 하였는데, 즉 좀 더 상위 차원에서 각각의 계들을 서로 대비시켰을 때 상호간에(展轉) 다른 상(異相)을 갖는 상태에서 각기 자류自類로서 상속하는 것을 말한다. 이에 대해 '비일'은 좀 더 하위 차원에서 그 하나하나의 계의 업취業趣와 유정의 종류들 간의 무수한 다양성을 가리킨다.
32 '제1권의 기기'란 원측의 『解深密經疏』「勝義諦相品」을 가리킨다. 예를 들어 『解深密經』「勝義諦相品」에서는 "다시 한 부류는 계界를 증득했기 때문에, 계의 상을 증득했기 때문에, 계의 종종성種種性을 증득했기 때문에, 계의 비일성非一性을 증득했기 때문에……"라고 하였다. 이에 대해 원측은 『瑜伽師地論』 제56권과 제83권을 인용하여 두 용어의 차이를 설명하였는데, 그에 따르면 제83권은 제56권과는 정반대로 설명한다. 즉 십팔계에 대해 잘 아는 지智를 '비일계지非一界智'라고 하고 그 계의 갖가지 품류에 대해 잘 아는 지를 '종종계지種種界智'라고 하였다. 원측/백진순 옮김, 『해심밀경소 제2 승의제상품』(서울: 동국대학교출판부, 2013), pp.421~423 참조.

以無量門。曾說念住所有自相。能治所治。及以修習未生令生。生已堅住。
不忘信修。增長廣大。

석 네 번째로 사념주四念住의 교를 설명하였다. 이 중에 두 가지가 있다. 처음에는 염주에 대해 해석하였고, 나중에는 다섯 가지 문을 견주어 해석하였다.

釋曰。第四辨念住教。於中有二。初釋念住。後類五門。

가) 염주에 대해 해석함

전자 중에 다섯 구가 있다.

"모든 자상"이라 한 것에 대해 본래 두 가지 해석이 있으니, 오온에 준해서 알아야 한다.

이 사념주는 '혜慧'를 체로 삼으니, (그 혜가) 신身 등의 경계에 머물기 때문에 마땅히 '혜주慧住'라고 말해야 한다. 그런데 '염주念住'라고 한 것은, '염念'과 상응해서 신 등의 경계에 머물기 때문에 염주라고 하였다. 이는 육석六釋[33] 중에 인근석隣近釋에 해당한다.[34]

---

[33] 육석六釋 : 육합석六合釋 혹은 육리합석六離合釋이라고도 하며, 범어의 복합어를 해석하는 여섯 가지 방식을 말한다. 의주석依主釋과 지업석持業釋과 상위석相違釋과 대수석帶數釋과 인근석隣近釋과 유재석有財釋이다. 이 중에서 의주석이란 두 개 이상의 명사로 이루어진 합성어에서 두 단어가 주반主伴 관계에 있는 것을 말한다. 가령 '산사山寺' 혹은 '왕신王臣'이라 할 때, '산의 절'과 '왕의 신하'를 뜻한다. 이것은 협의의 의주석이고, 광의에서는 앞 단어에 의해 뒤 단어가 제한되는 관계에 있는 복합어인 지업석과 대수석(앞 단어가 숫자로 된 경우)은 모두 의주석에 해당한다. 상위석이란 가령 '강산江山'을 '강과 산'으로 해석하는 경우처럼 두 단어가 병렬 관계에 있는 복합어를 가리킨다. 유재석이란 가령 '황의黃衣'를 '황의를 입은 사람'으로 해석하는 경우처럼 어떤 복합어가 그 자체를 가리키는 것이 아니라 그것을 소유한 제3의 대상을 가리키는 경우를 말한다. 인근석이란 본래 범어 문법에서는 두 단어 이상으로 이뤄진 복합어가 부사 역할을 하는 경우를 가리키는데, 중국의 한역에서는 가까운 것을 따라 이름을 건립한 복

뒤의 네 구는 (다음과 같다.) 첫째는 네 가지 전도를 대치하는 것이고, 둘째는 아직 생기지 않은 것을 생기게 하는 것이며, 셋째는 생기고 나면 견고히 머물게 하는 것이고, 넷째는 잊지 않고 갑절로 닦아서 증장시키고 광대해지게 하는 것이니, 첫 권에서 설한 것과 같다.[35]

前中五句。所有自相。自有二釋。准蘊應知。此四念住。以慧爲體。住身等境。應言慧住。而言念住。與念相應。住身等境。故名念住。此六釋中。隣近釋也。後四句者。一能治四倒。二未生令生。三生已堅住。四不忘倍修增長廣大。如初卷說。

합어를 뜻하게 되었다.

34 신신·수受·심心·법法 등 네 종류 경계를 관찰하는 사념주의 관은 혜慧의 작용을 본질로 하는 것이다. 여기서 '염念'은 기억하여 잊지 않는 것이고, 혜는 간택하면서 비추는 것인데, 사념주관을 행할 때 이 둘이 함께 '신身' 등의 경계에 머물게 되므로 그 둘의 의미가 서로 가깝다. 따라서 혜주慧住라는 이름 대신에 염주念住라는 이름을 썼다는 것이다. 이런 복합어는 의미상으로 가까운 것을 따라 건립된 것이다. 이러한 복합어의 해석 방법을 '인근석鄰近釋'이라 한다. '인근석'에 대해서는 앞의 각주 33 참조.

35 '사념주'의 교법은 「勝義諦相品」에서 승의제의 네 번째 상, 즉 '모든 것에 편재하는 일미상(遍一切一味相)'을 설하면서 이미 언급되었다. 그에 따르면, 위의 네 구 중에서 첫 번째 구는 사념주에 의해 '네 가지 전도를 대치함'을 나타낸 것인데, 즉 신身·수受·심心·법法에 대해 일으키는 네 가지 전도된 견해를 대치시키는 것을 말한다. 신념주身念住는 몸(身)의 부정함(不淨)을 관하여 '깨끗하다(淨)'는 전도된 견해를 대치시키고, 수념주受念住는 수受에 즐거움이 없음을 관하여 '즐겁다(樂)'는 전도된 견해를 대치시키며, 심념주心念住는 마음의 무상함(無常)을 관하여 '영원하다(常)'는 전도된 견해를 대치시키고, 법념주法念住는 법에 '아我가 없음'을 관하여 '아가 있다'는 전도된 견해를 대치시킨다. 또 제2구, 제3구, 제4구는 사념주의 닦음(修)에 대해 설한 것인데, 대승의 전통에서는 이것을 득수得修·습수習修·제거수除去修·대치수對治修 등 네 종류 수습에 의거해서 해석해 왔다. 이 네 가지 수는 사정단四正斷을 기준으로 구분한 것이다. 즉 아직 생기지 않은 선법善法을 수습해서 생기도록 하는 것을 '득수'라고 하고, 이미 생긴 선법을 수습해서 견고하게 머물게 하고 잊지 않고 갑절로 되풀이해서 증상되고 광대해지게 하는 것을 '습수'라고 하며, 이미 생긴 악한 불선법不善法을 수습해서 영원히 끊어지도록 닦는 것을 '제거수'라고 하고, 아직 생기지 않은 악한 불선법을 수습해서 생기지 않도록 하는 것을 '대치수'라고 한다. 자세한 설명은 원측/백진순 옮김, 『해심밀경소 제2 승의제상품』(서울: 동국대학교출판부, 2013), pp.425~437 참조.

나) 다섯 문을 견주어 해석함

경 마치 사념주에 대해 설한 것처럼, 사정단四正斷과 사신족四神足과 오근五根과 오력五力과 칠각지七覺支도 또한 이와 같습니다.

如說念住。正斷神足根力覺支。亦復如是。

석 이것은 두 번째로 다섯 문을 견주어 해석한 것이다. 말하자면 사념주에 다섯 구가 있었던 것처럼, 사정단四正斷의 문, 사종신족四種神足, 오근五根, 오력五力, 칠등각지七等覺支에도 모두 다섯 구가 있다. 앞에 준해 알아야 한다.

釋曰。此卽第二類釋五門。謂如念住有其五句。四正斷門。四種神足。五根。五力。七等覺支。皆有五句。准上應知。

마. 팔성도八聖道의 교를 밝힘

경 한량없는 문으로 일찍이 팔지성도의 모든 자상, 능히 대치하는 것과 대치되는 것, 그리고 수습해서 아직 생기지 않은 것을 생기게 하고, 생기고 나면 견고히 머물게 하며, 잊지 않고 갑절로 닦아서, 증장시키고 광대해지게 하는 것에 대해 설하셨습니다.

以無量門。曾說八支聖道所有自相。能治所治。及以修習未生令生。生已堅住。不忘倍修。增長廣大。

석 다섯 번째 팔성도지에도 다섯 구가 있으니, 앞에 준해서 알아야 한다.

뒤에 나온 이 일곱 문은 삼십칠품관三十七品觀이니,[36] 그 뜻은 『별장』에서 설한 것과 같다.

釋曰。第五八聖道支。有其五句。准上應知。此後七門。卽是三十七品觀。義如別章。

② 자성 없음(無性)을 설한 교를 나타냄

경 세존께서는 다시 '모든 법들은 다 자성이 없으니, 생함도 없고 멸함도 없으며, 본래 적정하여 자성열반이다'라고 설하셨습니다.

世尊復說。一切諸法。皆無自性。無生無滅。本來寂靜。自性涅槃。

석 두 번째는 자성 없음을 설한 교를 나타낸 것이다.
뒤의 경문에 의하면,[37] 삼시의 법륜(三時法輪) 중에 첫 번째 시時에는 사제교四諦敎를 설하였고, 두 번째 시에는 무상교無相敎를 설하였다. 세 번째 시에는 요의교了義敎를 설하였으니, '모든 법은 다 자성이 없고 생함도 멸함도 없으며 본래 적정하여 자성열반이다'라는 무자성성無自性性을 설한 것이다. 그런데 지금 이 경문에서는 두 번째 시를 첫 번째 시와 대비시킴으로써 질문을 일으킨 근거로 삼은 것이다. (말하자면) 이전에는 유상有相을 설하였고 이후에는 무상無相을 설하였는데, 이 '무상'이라는 말이 이전의 '유상'과는 어긋나기 때문에 무상을 질문의 근거로 삼은 것이다.[38]

---

36 나중에 열거된 사념주와 사정단·사신족·오근·오력·칠각지의 5문과 팔지성도 등 일곱 개의 문은 삼십칠조도품三十七助道品에 해당한다.
37 「無自性相品」의 네 번째 교량탄승분校量歎勝分에서는 삼전법륜三轉法輪敎의 승勝·열劣이 부동함을 설하면서 세존의 설법을 삼시三時로 나누어 설명하였다.

釋曰。第二顯無性敎。謂依下經。三時法輪。於第一時。說四諦敎。於第二時。說無相敎。第三時中。說了義敎。說一切法。皆無自性。無生滅。本來寂靜。自性涅槃。無自性性。而今此中。約第二時。對第一時。以爲發問所依。前說有相。後說無相。此無相言。違前有相。故以無相。爲問所依。

문 이 경에 준하면 처음에는 오직 '유有'를 설하였고 나중에는 다만 '무無'를 설하였는데,『무량의경無量義經』에 따르면 전후의 두 시기에 모두 공空과 유를 설한 것이다. 따라서 그 경에서는 다음과 같이 말한다. "선남자여, 내가 보리수 아래서 일어나 바라나의 녹야원에 가던 중에 아약구린[39] 등의 다섯 사람을 위해서 사제의 법륜을 굴렸을 때도 또한 '제법이 본래 공적함'을 설하였고, ……중간에 여기 및 곳곳에서 여러 비구들과 많은 보살들을 위해서 십이인연과 육바라밀을 분명하게 설해 주면서 또한 '제법이 본래 공적함'을 설하였다."[40] 구체적으로 설하면 그 경과 같다. 이 두 경을 어떻게 회통시켜 해석하겠는가?

---

38 이러한 원측의 해석에 따르면, 이「無自性相品」의 삼무성三無性은 일차적으로는 제2시時에 설했던 '무성無性·공空'의 은밀한 의미를 더 명료하게 밝힌 교설이라는 의미를 갖지만, 그와 동시에 제2시의 무상법륜無相法輪을 제1시의 사제법륜四諦法輪과 회통시킨 교설이라는 의미도 갖는 것이다. 이 점에 특별히 주목한다면, 이「無自性相品」의 전체적 논리 구조를 좀 더 명확하게 파악할 수 있다. 예를 들어 이 보살청문분에 이어지는 여래정설분如來正說分에서는 우선 세 종류 무성을 통해 '무성'의 밀의密意를 구체적으로 설명하고, 그 다음에는 영해수지분領解受持分에서 다시 그러한 세존의 설법을 듣고 보살이 영해領解한 내용을 진술한다. 그런데 이 영해수지분은 보살의 입을 통해 이전에 설한 교설을 다시 진술한 것인데, 특이한 점은 여기서 그러한 삼무성의 의미를 제1시의 온·처·계 등의 법문들에 각기 적용시켜 진술한다는 것이다. 이에 의거해 볼 때, 이 품에서 삼무성을 설했던 중요한 의취意趣 중의 하나는 바로 제1시의 교와 제2시의 교를 회통시키는 것임을 알 수 있다.

39 아약구린阿若拘鄰(Ⓢ Ājñāta-Kauṇḍinya) : 교진여憍陳如라고도 하며, 부처님이 성도하신 후 최초로 설법해 준 다섯 비구 중의 한 명이다. 그 외에 아설시阿說示(Ⓢ Aśvajit), 바사파婆師波(Ⓢ Vāṣpa), 바제婆提(Ⓢ Bhadrika), 마하남摩訶男(Ⓢ Mahānāma) 등이 있다.

40 『無量義經』권1(T9, 386b12).

해 예를 들면 『대지도론』에서는 모든 부처님의 설법에는 두 가지 사事가 있다고 하였다. 첫째는 비밀秘密이고, 둘째는 현시顯示다. 『무량의경』은 비밀문에 의거하여 설하였고, 지금 이 경에서는 현시문으로 설한 것이다.[41] 각기 한쪽에 근거하였으므로 서로 어긋나는 것은 아니다.

問。若准此經。初唯說有。後但說無。無量義經。前後兩時。皆說空有。故彼經云。善男子。我起樹王。詣波羅奈鹿野園中。爲阿若拘隣等五人。轉四諦法輪時。亦說諸法本來寂[1]靜。中間於此及以處處。爲諸比丘幷衆菩薩。辨演宣說十二因緣。六波羅蜜。亦說諸法本來空寂。具說如波。[2] 卽此二經。如何會釋。解云。如智度論。諸佛說法。有其二事。一者秘密。二者顯示。無量義經。依秘密門。今依此經。是顯示門。各據一邊。互不相違。

1) 㘞『無量義經』권1(T9, 386b14)에 '寂'이 '空'으로 되어 있다.　2) 㘞 '波'는 '彼'의 오기다.

3) 교에 의거해서 질문함

경 아직은 잘 모르겠으니, 세존께서는 어떤 밀의에 의거해서 이와 같이 '모든 법들은 다 자성이 없으니 생함도 없고 멸함도 없으며 본래 적정하여 자성열반이다'라고 설하셨습니까?

未審世尊。依何密意。作如是說。一切諸法。皆無自性。無生無滅。本來寂靜。自性涅槃。

---

41 『無量義經』에서 '초기의 사제법륜을 설할 때도 또한 공空을 설했다'고 했는데, 그것은 아직 공의 이치를 명료하게 드러내지 않고 은밀하게 설한 것이기 때문에 '비밀문秘密門'에 해당한다. 그러나 이 『解深密經』에서는 삼무성三無性에 의거해서 대승적 의미의 공을 명료하게 드러내어 자세히 설했기 때문에 '현시문顯示門'에 해당한다.

석 세 번째로 교에 의거하여 질문하였다.[42] 이 중에 세 가지가 있다. 처음에는 자기의 의심을 진술하였고, 다음에는 해석해 주길 청원했으며, 마지막에는 해석될 경문을 진술하였다.

釋曰。第三依教發問。於中有三。初陳已[1]疑情。次請願解釋。後申所釋經。

1) ⑱ '已'는 '己'다.

(1) 자기의 의심을 진술함

이것은 처음에 해당한다. 말하자면 부처님께서 먼저 온·처·계 등의 13법문으로 모두 자성이 있음을 설하셨고,[43] 나중에 다시 '모든 법들은 모두 자성이 없고 생멸이 없음' 등을 설하셨다. 이전에는 자성 있음(有性)을 설하였고, 이후에는 자성 없음(無性)을 설하였으니, 두 가르침이 서로 어긋난다. 세존께서 어떤 비밀스런 의미에서 이와 같은 '무자성無自性' 등을 설하셨는지 아직 잘 모르겠다는 것이다.『심밀해탈경』에 의하면 다섯 절이 있다. 첫째로 모든 법은 본래 실체가 없고, 둘째로 모든 법은 본래 생함이 없으며, 셋째로 모든

---

42 여기서부터는 『解深密經』에서 삼무성三無性의 교教를 설한 취지를 분명하게 밝힌다. 보살은 세존께서 이전에는 온·처·계 등 13가지 법문에서 모두 자성 있음(有性)을 설했고 이후에는 다시 일체법은 다 자성 없음(無性)을 설했던 것에 대해 의문을 품는다. 원측의 해석을 따르면, 삼시교三時教 중에 제2시의 무상법륜無相法輪이 제1시의 사제법륜四諦法輪과는 모순되기 때문에 다시 제2시에 설한 '무성無性'의 진정한 의미를 물은 것이다. 여기서 말한 사제법륜은 일체법의 유상有相·유성有性을 설하므로 유교有敎에 해당하고, 무상법륜은 일체법의 무상無相·무성無性을 설하므로 공교空敎에 해당한다. 제3시의 요의교了義教는 제2시에 설해진 '무성'의 은밀한 뜻을 더 자세하고 명료하게 해석한 것으로, 그것이 바로 『解深密經』의 삼무성설三無性說이다.

43 원문에 '謂佛先說蘊處界等十三法門皆無自性'으로 되어 있는데, '皆無自性'은 '皆有自性'의 오기인 듯하다. 이 경에 따르면, 세존께서 먼저 '오온' 등을 비롯한 13개의 법문으로 유자성有自性의 법문을 설하셨고, 이후에는 무자성無自性의 법문을 설하셨는데, 이 두 법문이 모순되기 때문에 보살의 의문이 제기된 것이다. 따라서 여기에는 '皆有自性'이라는 문구가 나와야 한다.

법은 본래 멸함이 없고, 넷째로 모든 법은 본래 적정하며, 다섯째로 모든 법은 본래 자성열반이다.[44]]

此即初也。謂佛先說。蘊處界等十三法門。皆無[1]自性。後復說言。一切諸法。皆無自性。無生滅等。前說有性。後說無性。二教相違。未審世尊。依何密意。作如是說無自性等。【若依密經。有其五節。一一切法本來無體。二一切法本來不生。三一切法本來無滅。四一切法本來寂靜。五一切法本來自性涅槃。】

---

1) ㉠ '無'는 '有'의 오기인 듯하다. 해당 번역문 주석 참조.

(2) 해석해 주시길 청원함

경 저는 지금 여래께 이 의미에 대해 청문하오니, 오직 원컨대 여래께서 불쌍히 여기시어 해석해 주십시오.

我今請問如來斯義。唯願如來哀愍解釋。

석 이것은 두 번째로 해석해 주시길 청원한 것이다.

釋曰。此即第二諸願解釋。

(3) 해석될 경문을 진술함

경 '모든 법은 다 자성이 없으니 생함도 없고 멸함도 없으며 본래 적정하

---

44 『深密解脫經』 권2(T16, 670b25)에는 "世尊復說。一切法本來無體。一切法本來不生。一切法本來不滅。一切法本來寂靜。一切法本來自性涅槃。"이라 되어 있다.

여 자성열반이다'라고 설하신 모든 밀의에 대해."

說一切法。皆無自性。無生無滅。本來寂靜。自性涅槃。所有密意。

■석■ 세 번째는 해석될 교를 진술한 것이다.

釋曰。第三申所釋教。

2. 여래정설분如來正說分[45]

경 이때 세존께서 승의생보살에게 말씀하셨다.

爾時世尊。告勝義生菩薩曰。

석 이하는 두 번째로 여래께서 바로 설하신 것이다. 이 중에 두 가지가 있다. 처음은 질문을 칭찬하면서 설법을 허락한 것이고, 나중의 "승의생이여, 마땅히 알라." 이하는 질문에 의거해서 바로 설한 것이다.

釋曰。自下第二如來正說。於中有二。初讚問許說。後勝義生當知下。依問正說。

---

[45] 여래정설분如來正說分은 삼무성三無性의 교설을 본격적으로 설명한 곳이다. 삼무성이란 대승불교에서 이미 확립되었던 '공空'의 의미를 유식학적으로 해석한 것이다. 이 삼무성설은 변계소집遍計所執·의타기依他起·원성실圓成實 등 삼성三性에 의거해서 '무성·공'의 차별적 의미를 설한 것이다. 그에 따르면, 변계소집의 상무성相無性, 의타기의 생무성生無性 (혹은 일부의 승의무성勝義無性), 그리고 원성실의 승의무성 등 세 가지 무성의 의미를 알아야 '무성·공의 요의了義'를 이해할 수 있다. 『解深密經』「無自性相品」에서는 특히 "① 一切諸法皆無自性。② 無生無滅。本來寂靜。自性涅槃。"이라는 문구를 중심으로 '무성'의 뜻을 해석하였다. 원측의 해석에 따르면, 여러 경론들마다 혹은 동일한 경전 내에서도 경우에 따라 세 종류 무성, 혹은 두 종류 무성, 혹은 한 종류 무성에 의거해서 설하기도 하는데, 그 어떤 경우이든 모두 세 종류 무성을 전제로 하는 것이고, 비록 생략한다 해도 반드시 '상무성'을 설한다는 점에서 대승적 공사상의 특징이 있다. 이 『解深密經』에서는 ① 皆無自性의 문구를 세 종류 무성에 의거해서 해석하였고, ②의 문구를 처음의 상무성과 마지막 승의무성에 의거해서 해석하였다.

1) 질문을 칭찬하며 설법을 허락함

전자 중에 두 가지가 있다. 처음은 질문의 유익함을 칭찬한 것이고, 나중은 잘 들으라고 하면서 설법을 허락한 것이다.

前中有二。初讚問有益。後勅聽許說。

(1) 질문의 유익함을 칭찬함

전자 중에 네 가지가 있다. 첫째는 능히 설법한 자를 밝힌 것이고, 둘째는 질문이 이치에 맞음을 칭찬한 것이며, 셋째는 심오한 의미를 물었음을 칭찬한 것이고, 넷째는 질문의 유익함을 칭찬한 것이다.

前中有四。一辨能說者。二讚問應理。三讚問深義。四讚問有益。

① 설하는 자를 밝힘

이것은 처음에 해당한다.

此卽初也。

② 질문이 이치에 맞음을 칭찬함

경 "훌륭하다, 훌륭하다, 승의생이여. 그대가 심사尋思한 바는 매우 이치에 맞도다.

善哉善哉。勝義生。汝所尋思。甚爲如理。

석 이것은 두 번째로 질문이 이치에 맞음을 칭찬한 것이다.

釋曰。此卽第二讚問應理。

③ 심오한 의미를 물었음을 칭찬함

경 훌륭하다, 훌륭하다, 선남자여. 그대는 지금 능히 여래에게 이와 같은 심오한 의미를 청문하였도다.

善哉善哉。善男子。汝今乃能請問如來如是深義。

석 이것은 세 번째로 심오한 의미를 물었음을 칭찬한 것이다. 이상의 두 종류 (질문의) 문文·의義가 모두 훌륭하기 때문에 "훌륭하다, 훌륭하다."라고 중복해서 말한 것이다.

釋曰。此卽第三讚問深義。此上二種。文義俱善。是故重言善哉善哉。

④ 질문의 유익함을 칭찬함

경 그대는 지금 한량없는 중생들에게 이익과 안락을 주기 위해, 세간 및 모든 천·인·아소락 등을 가엾게 여겨 이익(義利)과 안락을 얻도록 하려고 이런 질문을 하였도다.

汝今爲欲利益安樂無量衆生。哀愍世間及諸天人阿素洛等。爲令獲得義利安樂。故發斯問。

석 이것은 네 번째로 물음이 유익함을 칭찬한 것이니, 준해서 알아야 한다.

釋曰。此卽第四讚問有益。准應知。

(2) 잘 들으라고 하면서 설법을 허락함

경 그대는 자세히 들어야 한다. 내가 그대를 위해 '모든 법들은 다 자성이 없으니 생함도 없고 멸함도 없으며 본래 적정하여 자성열반이다'라고 설했던 바의 모든 밀의를 해석해 줄 것이다.

汝應諦聽。吾當爲汝解釋。所說一切諸法。皆無自性。無生無滅。本來寂靜。自性涅槃。所有密意。

석 이것은 두 번째로 잘 들으라고 하면서 설법을 허락한 것이다.

釋曰。此卽第二勅聽許說。

2) 질문에 의거해서 바로 설함

경 승의생이여, 마땅히 알라. 나는 세 종류 무자성성[46]에 의거해서 밀의로

---

46 무자성성無自性性 : 이 품에서는 무성無性 혹은 무자성無自性이라는 말 대신에 특히 '무

'모든 법들은 다 자성이 없다'고 설하였으니,

勝義生。當知。我依三種無自性性。密意說言一切諸法皆無自性。

석 이하는 두 번째로 물음에 의거해서 바로 설한 것이다. 이 중에 두 가지가 있다. 처음은 장행으로 자세히 해석한 것이고, 나중은 게송으로 거듭 설한 것이다.

釋曰。此下第二依問正說。於中有二。初長行廣釋。後擧頌重說。

(1) 장행長行으로 자세히 해석함

전자 중에 다섯 가지가 있다. 첫째는 삼무성三無性에 의거해서 경의 문구들을 해석한 것이다. 둘째 "다시 승의생이여" 이하는 삼성관三性觀에 의거해서 삼무성을 건립한 뜻을 설명한 것이다. 셋째 "다시 승의생이여" 이하는 지위(位)에 의거해서 삼무성을 건립한 뜻을 설명한 것이다. 넷째 "다시 승의생이여" 이하는 삼무성관三無性觀에 의거해서 일승一乘의 의미를

자성성無自性性'이라는 네 자를 사용하였다. 원측의 해석에 따르면, 이러한 네 글자를 쓴 의취는 제3시時의 요의교了義敎에서는 '공의 밀의密意'를 밝히면서 별도로 삼무성의 이치(三無性理)가 있음을 나타내려 했기 때문이다. 이하의 설법에 따르면, '무성'이라는 말은 삼성三性에 대해 각기 다른 의미로 쓰일 수 있다. 그 차이를 이해하기 위해서는 우선 이 말의 두 가지 용법을 구분할 수 있어야 한다. 원측에 따르면, 범어 '공'의 의미를 어원적으로 분석할 때 크게 두 가지를 뜻할 수 있다고 한다. 첫째는 범음 순야舜若(⑤ śūnya)는 '공'이라 번역되는데, 이는 어떤 것이 '없음(無)'을 뜻한다. 둘째는 범음 순야타舜若多(⑤ śūnyatā)는 '공성空性'이라 번역되는데, 어떤 것의 없음에 의해 현현되는 것, 즉 인공人空·법공法空에 의해 현현되는 참된 본성(眞性) 혹은 이치를 뜻한다. 이상은 원측/백진순 옮김, 『인왕경소』(서울: 동국대학교출판부, 2010), p.59 그리고 pp.230~231 참조.

설명한 것이다. 다섯째 "다시 승의생이여" 이하는 무성교無性教에 의거해서 이해가 부동함을 설명한 것이다.[47]

> 前中有五。一約三無性。釋經諸句。二復次勝義生下。約三性觀。辨立三無性意。三復次勝義生下。約位。辨立三無性意。四復次勝義生下。約三無性觀。辨一乘義。五復次勝義生下。約無性教。辨取解不同。

① 삼무성三無性에 의거해서 경의 문구들을 해석함[48]

이것은 첫 번째로 삼무성에 의거해서 경의 문구들을 해석한 것이다. 이 중에 두 가지가 있다. 처음에는 삼무성에 의거해서 여러 경들에서 '모든 법은 다 자성이 없다'고 설한 것에 대해 해석하였고, 나중의 "승의생이여, 마땅히 알라." 이하에서는 처음과 마지막의 무성(상무성, 승의무성)에 의거해서 '모든 법은 생함도 멸함도 없다'는 등을 해석하였다.

> 此卽第一約三無性。釋經諸句。於中有二。初約三無性。釋諸經中說一切法皆無自性。後勝義生當知下。約初後無性。釋一切法無生滅等。

---

47 뒤의 원문에는 다섯 번째 과목을 '다섯 번째는 밀의의 교에 대한 이해가 차별됨을 해석한 것이다(第五釋密意教意解差別)'라고 하였다.

48 이하에서는 "① 一切諸法皆無自性。② 無生無滅。本來寂靜。自性涅槃。"이라는 문구의 의미를 세 종류 무성(三無性)에 의거해서 본격적으로 해석한다. 『解深密經』「無自性相品」의 경우, 첫 번째 구(①)의 뜻에 대해서는 변계소집성遍計所執性의 상무성상무성相無性, 의타기성依他起性의 생무성生無性, 원성실성圓成實性의 승의무성勝義無性 등 세 종류 무성에 모두 의거해서 설명하였고, 두 번째 구(②)의 뜻에 대해서는 처음의 상무성과 마지막의 승의무성 두 가지 무성에 의거해서 설명하였다. 원측에 따르면, 대승의 경론에서 '무성'을 설할 때 세 종류 무성을 모두 갖추어 설하지는 않지만 변계소집상의 '상무성相無性'만은 반드시 설한다. 이런 이유에서, 오직 대승에서만 설한 특별한 의미는 바로 '변계소집상의 무無', 즉 상무성이라고 하였다.

가. 삼무성에 의거해서 '일체법개무자성一切法皆無自性'을 해석함[49]

전자 중에 세 가지가 있다. 처음은 표장으로서 간략히 설한 것이다. 다음의 "선남자여" 이하는 문답으로 자세히 해석한 것이다. 마지막의 "선남자여" 이하는 해석하고 나서 총결지은 것이다.

前中有三。初標章略說。次善男子下。問答廣釋。後善男子下。釋已總結。

가) 표장으로서 간략히 설함

전자 중에 두 가지가 있다. 처음은 삼무성에 의거해서 경의 밀의를 나타낸 것이고, 나중은 개수에 맞춰 삼무성의 이름을 열거한 것이다.

前中有二。初依三無性。顯經密意。後依數列三無性名。

(가) 삼무성에 의거해서 경의 밀의密意를 나타냄

이것은 처음에 해당한다. 말하자면 세존께서는, '모든 법들이 자성이

---

[49] 이하에서는 '一切諸法皆無自性'이라는 문구에 대해 세 종류 무성 모두에 의거해서 해석하였다. 여기서 삼무성에 대한 기본 정의가 이루어지는데, 이 정의는 이전의 「一切法相品」에서 설한 삼성三性의 정의를 전제로 한 것이다. 그 품에서는 '일체법一切法'을 크게 변계소집성遍計所執性과 의타기성依他起性과 원성실성圓成實性 등 삼성으로 구분하였는데, 다시 이 「無自性相品」에서는 그 삼성에 의거해서 세 종류 무성을 건립하였다. 이로써 삼성에 따라서 '자성 없음'의 의미도 달라질 수 있음을 보여 준다. 이하 원측의 해석에 따르면, 무성(공)이라는 말은 크게 두 가지 용례가 있다. 첫째는 '어떤 것이 없다'는 의미이다. 이 경우 'X 그 자체가 없다'는 뜻이거나 'X에 Y가 없다'는 뜻인데, 변계소집의 상무성相無性은 전자의 의미로 쓰였고 의타기의 생무성生無性·승의무성勝義無性은 후자의 의미로 쓰였다. 말하자면 '변계소집상은 그 체가 본래 없다'는 의미에서 '상무성'이라 하고, 또 '의타기상에는 자연생自然生이 없다'는 의미에서 '생무성'이라 하거나 '의타기상에는 승의勝義가 없다'는 의미에서 '승의무성'이라 한 것이다. 둘째는 '무성'은 어떤 것의 없음에 의해 현현되는 참된 본성을 가리키는 말일 수 있는데, 즉 원성실圓成實의 승의무성勝義無性을 말한다. 이에 관해서는 해당 경문을 해석하면서 다시 언급할 것이다.

없다'고 한 것에 대해 내가 이제 구체적으로 삼무자성에 의거해서 '모든 법은 다 자성 없음'을 설한 것이라고 하였다.

"모든 법들"이란 삼성三性에 해당하니, 삼성에 (의거해서) 삼무성을 건립하였기 때문에 여러 경들에서 '모든 법은 다 자성이 없다'고 설한 것이다. 그러므로 『성유식론』의 30송에서는 "이 삼성에 의거해서 저 삼무성을 건립하였기 때문에 부처님은 밀의로 모든 법의 자성 없음을 설하셨네."[50] 라고 하였다.

> 此卽初也。謂世尊言一切諸法無自性者。我今具依三無自性。說一切法皆無自性。一切諸法。卽是三性。卽三性立三無性。故諸經言。一切諸法皆無自性。是故成唯識三十頌云。卽依此三性。立彼三無性。故佛密意說。一切法無性。

(나) 개수에 맞춰 삼무성의 이름을 열거함

경 이른바 상무자성성, 생무자성성, 승의무자성성이다.

> 所謂相無自性性。生無自性性。勝義無自性性。

석 이것은 두 번째로 개수에 맞춰 이름을 열거한 것이다. 말하자면 세 종류 상무자성(·생무자성·승의무자성) 등이다.

> 釋曰。此卽第二依數列名。謂卽三種相無自性等。

---

50 『成唯識論』 권9(T31, 47c26). 이것은 유식30송에서 제23송에 해당한다.

나) 문답으로 자세히 해석함

경 선남자여, 어떤 것이 모든 법의 상무자성성인가?

善男子。云何諸法相無自性性。

석 이하는 두 번째로 문답으로 자세히 해석한 것이다. 이 중에 두 가지가 있다. 처음은 교법에 의거해서 바로 설한 것이고, 나중은 비유를 들어 거듭 해석한 것이다.

釋曰。此下第二問答廣釋。於中有二。初依法正說。後擧喩重釋。

(가) 교법에 의거해서 바로 설함

앞서 교법을 설하는 중에 세 종류 무성을 (밝히면서 경문을) 세 가지로 구분하였다.

前法說中。三種無性。卽分爲三。

㉮ 상무자성성相無自性性

이것은 처음에 해당한다. 이 중에 다섯 가지가 있다. 첫째는 질문이고, 둘째는 대답이며, 셋째는 징문이고, 넷째는 해석이며, 다섯째는 결론이다.

此卽初也。於中有五。一問。二答。三徵。四釋。五結。

a. 질문
이것은 질문이다.

제5 무자성상품 • 99

此卽問也。

b. 대답

▣ 모든 법의 변계소집상을 말한다.

謂諸[1]遍計所執相。

1) ㉠『解深密經』권2(T16, 694a16)에 '諸' 뒤에 '法'이 있다.

▣ 이것은 두 번째로 질문에 의거해서 바로 답한 것이다. 말하자면 (상무자성성은) 삼성 중에 변계소집遍計所執을 자성으로 삼는다는 것이다.

釋曰。此卽第二依問正答。謂三性中遍計所執。以爲自性。

c. 징문

▣ 어째서인가?

何以故。

▣ 세 번째는 징문이다. 어떤 의미에서 소집상所執相을 상무성이라 설하는가?

釋曰。第三徵也。以何義故。說所執相。名相無性。

d. 해석

경 이것은 가명으로 말미암아 상으로 안립된 것이지 자상으로 말미암아 상으로 안립된 것은 아니니,

此由假名安立爲相。非由自相安立爲相。

석 네 번째는 징문에 의거해서 따로 해석한 것이다.
"이것은 가명으로 말미암아 상으로 안립된 것이지"라는 것은 '상相'이라는 말을 해석한 것이니, 말하자면 (변계소집상은) 명언에 의해 안립된 상이기 때문이다.[51]

"자상으로 말미암아 상으로 안립된 것은 아니니"라고 한 것은 '무성無性'이라는 말을 해석한 것이다.[52]

총괄해서 그 뜻을 풀이하면 다음과 같다. 〈변계소집은 (범부의) 정 속에 있는(情有) 상일 뿐 이치상으로는 없기(理無) 때문에 '무성'이라 설하였고,[53] 이로 인해 (상무자성성은) '저 소집상을 자성으로 삼는다'고 설한 것이다.〉

---

51 이 경문에서는 변계소집상의 본질은 '가립된 이름(假名)'임을 밝힌다. 가령 '색온色蘊'처럼 사물 자체의 상(自性相)이나, 혹은 '보이는 색(可見色)이나 보이지 않는 색(不可見色)' 등처럼 사물들의 차별적 상(差別相)들은 모두 가명으로 시설해 놓은 것이다. 이처럼 본래 가립된 언어로만 존재하는 상相이지만 이것은 두루 헤아리는 마음(遍計)에 의해 실재(有)라고 집착되기 때문에 '변계소집'이라 하였다.
52 '자상'이란 직접 지각(現量)으로 경험되는 하나의 사물 자체의 특수상을 말하고, 이처럼 직접 지각에 의해 알려지는 상은 실재와 연관된다. 반면에 두루 헤아리는 마음(遍計)에 의해 언제나 '실재(有)'라고 집착되는(所執) 상들은 언어에 의해 가립된 상이지 자상에 근거해서 안립된 것이 아니다.
53 범부의 정情 속에서 '실재(有)'라고 집착된 상들은 본래 가립된 이름과 결합되는 상이고, 그 상에 대응하는 실체는 '실로 존재하지 않는다(實無)'는 의미에서 '상무성相無性'을 설한 것이다. 말하자면 변계소집의 상들은 본래 가짜 이름만 존재하고 그 실체는 없다는 의미에서 첫 번째 상무성을 설한 것이다. 이 경우 '무성'이라는 말은 '없다(無)'는 의미로 쓰인 것이다. 이후의 원측의 해석에 따르면, 소승과는 공유하지 않고(不共) 오직 대승만 공유하는 '무성無性'의 특별한 의미는 바로 '상무성', 즉 변계소집의 무無이며, 이것이 이 경에서 설하는 '공'의 밀의密意를 이해하는 관건이 된다. 이에 관한 자세한 것은 p.112 'b) 징문' 이하에 나오는 문답 참조.

따라서 『현양성교론』에서는 '소집성은 체상體相이 없기 때문에 무자성
성이라 한다'고 하였다.[54] 또 『삼무성론』에서는 "현현된 바와 같은 이러한
상相은 실로 무無이다. 따라서 분별성(변계소집성)은 '무상無相'을 자성으로
삼는다."[55]라고 하였다. 『유가사지론』 제73권에서는 "상무자성성이란 무
엇인가? 모든 법의 세속언설자성世俗言說自性[56]을 말한다."[57]라고 하였다.

釋曰。第四依徵別釋。此由假名安立爲相者。此釋相言。謂依名言所立相
故。非由自相安立爲相者。釋無性言。總解意云。遍計所執。情有之相。以
理無故。說爲無性。由此即說彼所執相以爲自性。故顯揚云。謂所執性體相
無故。名無自性性。又三無性云。如所顯現是相實無。故分別性。無[1]相爲
性。瑜伽七十三云。云何相無自性性。謂一切法世俗言說自性。

---
1) 옌『三無性論』권1(T31, 867c5)에 '無' 앞에 '以'가 있다.

e. 결론

경 그러므로 '상무자성성'이라 이름한다.

是故說名相無自性性。

석 이것은 다섯 번째로 결론지은 문장임을 알 수 있을 것이다.

---
54 『顯揚聖教論』 권16(T31, 557b18)에서는 "一相無性。謂遍計所執自性。由此自性體相無
故。"라고 하였다.
55 『三無性論』 권1(T31, 867c4).
56 세속언설자성世俗言說自性 : 단지 세속의 가명假名으로만 존재할 뿐 그에 해당하는 실
체는 없는 것, 즉 변계소집의 상相을 가리킨다.
57 『瑜伽師地論』 권73(T30, 702b20).

釋曰。此卽第五結文可知。

㈏ 생무자성성生無自性性

경 모든 법들의 생무자성성이란 무엇인가?

云何諸法生無自性性。

석 이하는 두 번째로 생무성生無性을 해석한 것이다. 경문에 다섯 단락이 있으니, 앞에 준해서 알 수 있을 것이다.

釋曰。自下第二釋生無性。文有五段。准上可知。

a. 질문
이것은 질문이다.

此卽問也。

b. 대답

경 모든 법들의 의타기상을 말한다.

謂諸法依他起相。

석 이것은 두 번째로 질문에 의거해 바로 답한 것이다. 말하자면 (생무자성성이란) 삼성 중에서 의타기성을 자성으로 삼는다는 것이다.

釋曰。此卽第二依問正答。謂三性中。依他起性。以爲自性。

c. 징문

경 어째서인가?

何以故。

석 세 번째는 징문이다. 어떤 의미에서 의타기성을 '생무성'이라 설했는가?

釋曰。第三徵也。以何義故。說依他起。名生無性。

d. 해석

경 이것은 다른 연의 힘에 의지하기 때문에 있는 것이지 자연적으로 있는 것은 아니다.

此由依他緣力故有。非自然有。

석 이것은 네 번째로 징문에 대해 따로 해석한 것이다.
"이것은 다른 연의 힘에 의지하기 때문에 있는 것"이란 '생生'이라는 말을 해석한 것이다. 말하자면 다른 연의 힘에 의지함으로써 있는 것이기 때문에 '생'이라 설한다는 것이다.
"자연적으로 있는 것은 아니다."라고 한 것은 '무성無性'을 해석한 것이다.[58]
총괄적으로 그 뜻을 풀이하면 다음과 같다. 〈의타의 제법은 인연에 의지해서 (생하기) 때문에 그것을 '생한다(生)'고 하는데, 그러나 자연적으로 자재천自在天 등의 그릇된 인(邪因)에 의해 생겨난 것이 아님을 일컬어 '무생無生'이라 한다.⁵⁹⟩

따라서 『현양성교론』에서는 의타기성은 연의 힘에 의해 생긴 것이지 자연적으로 생긴 것은 아니기 때문에 '생함이 없다'고 하였다.⁶⁰ 또 『삼무성론』에서는 다음과 같이 말한다. ⟨의타기성이란 연의 힘으로 생겨난 것이지 스스로 생겨난 것은 아니다. 그러므로 의타기는 '무생無生'을 자성으로 삼는다.⟩⁶¹ 『유가사지론』 제73권에서는 "어떤 것이 생무자성성인가?

---

58 이 경문에서 말한 '자연自然(⑤ svayambhāva)'이란 '자유自有'와 같은 의미로 다른 것에 의지하지 않고 스스로 존재하는 것을 뜻한다. 그러므로 '자연적으로 존재한다(自然有)'거나 '자연적으로 생한다(自然生)'는 것은 인도 철학 내에서는 불교의 연기緣起 혹은 연생緣生과는 가장 대조적인 개념이다. 의타기의 존재는 여러 가지 다른 연들이 모여서 생기는 것이므로 '생生'에 있어서 그런 의미의 자연성은 없다는 의미에서 '자성 없음(無性)'을 설한 것이다. 여기서 '생무성生無性'에서 쓰인 '무성'이라는 말은 '의타기 자체가 없다'는 뜻이 아니라 '의타기에는 자연생이 없다'는 뜻으로 쓰였다. '자연'의 구체적 의미는 뒤의 주석 59 참조.

59 경문에서 '자연유自然有'라는 문구에 대해, 원측은 대자재천大自在天과 같은 그릇된 원인(邪因)을 상정하는 것이라고 해석하였다. 그런데 원측은 오위五位에 의거해서 생무자성성을 해석할 때는 '원인 없이 자연적으로 생한다'는 집착을 막기 위해 '생무성'을 설했다고 하였다.[p.168 '나' 근기에 맞춰 바로 설함' 참조.] 예를 들어 규기窺基의 『成唯識論掌中樞要』 권2(T43, 654a17)에 따르면, '의타기에 자연생自然生이 없다'고 할 때 외도들이 말하는 '자연생' 혹은 '자연유'에는 본래 두 종류가 있다. 첫째는 원인 없이(無因) 자연적으로 생한다는 것이고, 둘째는 쁘라끄리띠(⑤ prakṛti, 冥性)나 대자재천과 같은 수승한 인(勝因), 즉 불평등인不平等因에서 생겨나는 것이다. 그런데 삼무성이란 유有(의타기·원성실)와 무無(변계소집) 모두에 의거해서 설해진 것이고, 특히 인과因果의 세계에서 '유'를 '무'로 손감損減시키거나 반대로 '무'를 '유'로 증익增益시키는 집착을 막기 위해 설해진 것이다. 그러므로 '자연유가 아니다(非自然有)'라는 말은 대자재천과 같은 궁극의 원인을 증익시키는 것뿐만 아니라 또한 무인론無因論과 같이 원인을 손감시키는 것 또한 부정한 것이기도 하다.

60 『顯揚聖教論』 권16(T31, 557b19)에서는 "二生無性。謂依他起自性。由此自性緣力所生非自然生故。"라고 하였다.

61 『三無性論』 권1(T31, 867c5)에서는 "約依他性者。由生無性說名無性。何以故。此生由緣力成。不由自成。緣力卽是分別性。分別性體旣無。以無緣力故生不得立。是故依他性。以無生爲性。"이라고 하였다.

말하자면 일체행一切行은 여러 연들에 의해 생겨나니, 연의 힘 때문에 있는 것이지 자연적으로 있는 것은 아니다."[62]라고 하였다.

釋曰。此卽第四依徵別釋。此由依他緣力故有者。此釋生言。謂由依他緣力故有。故說爲生。非自然有者。釋無性也。總解意云。依他諸法。依因緣故。說之爲生。而非自然自在天等邪因所生。說名無生。故顯揚云。依他起性。緣力所生。非自然生故無生。又三無性云。依他性者。由緣力生。不由自生。是故依他。無生爲性。依瑜伽七十三云。云何生無自性性。謂一切行。衆緣所生。緣力故有。非自然有。

e. 결론

경 그러므로 '생무자성성'이라고 이름한다.

是故說名生無自性性。

석 다섯 번째는 결론짓는 문장임을 알 수 있을 것이다.

釋曰。第五結文可知。

㈣ 승의무자성성勝義無自性性

경 모든 법들의 승의무자성성이란 무엇인가?

---

[62] 『瑜伽師地論』 권73(T30, 702b21).

云何諸法勝義無自性性。

석 이하는 세 번째로 승의무성勝義無性을 해석한 것이다. 이 중에 두 가지가 있다. 처음에는 의타기에 의거해서 '승의무성'을 해석하였고, 나중의 "다시(復有)" 이하에서는 원성실성에 의거해서 '승의무성'을 해석하였다.[63]

釋曰。此下第三釋勝義無性。於中有二。初約依他起。解勝義無性。後復有下。約圓成實。解勝義無性。

a. 의타기依他起에 의거해서 승의무성을 해석함
전자 중에 다섯 가지가 있으니, 앞에 준해서 알아야 한다.

前中有五。准上應知。

a) 질문
이것은 질문이다.

此卽問也。

---

[63] 이 경에서는 삼성三性에 의거해서 세 종류 무성無性의 의미를 밝히는데, 일반적으로 변계소집성遍計所執性과 의타기성依他起性과 원성실성圓成實性에 의거해서 그 차례대로 상무성相無性과 생무성生無性과 승의무성勝義無性을 건립했다고 알려져 있다. 그런데 엄밀하게 말하자면, 세 번째 승의무성은 통틀어 의타기성과 원성실성에 의거해서 건립하였기 때문에 두 가지 다른 의미를 갖는다. 즉 의타기성에 의거해서 일부의 승의무성을 건립한 경우는 '의타기에 승의勝義가 없다'는 의미에서 '승의무성'이라 설한 것이고, 원성실성에 의거해서 승의무성을 건립한 경우는 '원성실(승의) 그 자체가 무성(공)'이라는 의미에서 '승의무성'이라 설한 것이다.

b) 대답

경 모든 법은 '생무자성성'이기 때문에 '무자성성'이라 이름하는데, 곧 연생법을 또한 '승의무자성성'이라고도 이름한다.

謂諸法由生無自性性故。說名無自性性。卽緣生法。亦名勝義無自性性。

석 두 번째는 질문에 의거해서 바로 답한 것이다. 경문에 두 개의 절이 있다.

처음에는 장차 세 번째 것(승의무자성성)을 해석하려고 이전의 두 번째 것(생무자성성)을 표시해 놓았으니, 의미를 해석하면 이전과 같다.[64]

이후에 "곧 연생법을……"이라 한 것은 두 번째 자성에 의거해서 세 번째 무성無性을 건립한 것이다. 말하자면 의타기에는 원성실이 없으니, 따라서 연생법(의타기)을 '생무자성성'이라 이름할 뿐만 아니라 또한 '승의무자성성'이라고도 이름한다는 것이다.[65]

따라서 『현양성교론』에서는 다음과 같이 말한다. "의타기자성에서는, 이상異相으로 인해,[66] 또한 승의무성을 건립할 수 있다. 그 이유는 무엇인

---

[64] "모든 법들은 생무자성성이기 때문에 무자성성이라 이름하는데"라는 문구는, 이제 의타기에 의거해서 승의무성勝義無性을 해석하기 위해서 이전에 언급했던 '의타기의 생무성生無性'을 앞에 표시해 놓은 것이다. 이전에 설했듯, '생무성'이란 '생함에 있어서 자연적 생은 없다'는 뜻이다.

[65] 이전의 논의에 따르면, 모든 법들은 생함(生)에 있어서 유일한 승인勝因에서 생겨난 것이 아니라 많은 연에 의지해서 생겨나기 때문에 '생무성生無性'을 설하였다. 그런데 이처럼 다른 연(他緣)에 의지해서 생하는 유위법有爲法에는 '원성실성이라는 승의勝義가 없다'는 의미에서 또한 의타기의 제법을 '승의무성勝義無性'이라고도 한다는 것이다.

[66] "이상異相으로 인해"라는 말의 의미가 분명하지 않다. 아마도 의타기성에는 원성실성과는 다른 상(異相)이 있기 때문에 '무성'을 설했다는 말인 듯하다. 즉 앞의 해석과 같은 맥락에서, '의타기성에는 그런 승의의 상相이 없다'는 의미에서 '승의무성'이라 한다는 것이다.

가? (의타기자성에는) 승의의 성질이 없기 때문이다."⁶⁷

釋曰。第二依問正答。文有兩節。初將釋第三。牒前第二。釋義如前。後卽
緣生法等者。依第二性。立第三無性。謂依他起上。無圓成實。故緣生法。
非但說名生無自性性。亦名勝義無自性性。故顯揚云。依¹⁾他起²⁾性。由異相
故。亦得建立爲勝義無性。何以故。由無勝義性故。

1) ㉭『顯揚聖敎論』권16(T31, 559b17)에 '依' 앞에 '於'가 있다. 2) ㉭『顯揚聖敎論』
권16(T31, 559b18)에 '起' 뒤에 '自'가 있다.

c) 징문

경 어째서인가?

何以故。

석 세 번째는 징문이다. 어째서 연생법을 또한 '승의무자성성'이라 이름하는가?

釋曰。第三徵也。何故緣生。亦名勝義無自性性。

d) 해석

경 모든 법들 가운데서 만약 이것이 청정한 소연경계라면 나는 그것이 '승의무자성성'이라고 현시하겠지만, 의타기상은 이런 청정한 소연경계가 아니다.

---

67 『顯揚聖敎論』 권16(T31, 559b17).

於諸法中。若是淸淨所緣境界。我顯示彼以爲勝義無自性性。依他起相。非是淸淨所緣境界。

석 네 번째는 징문에 의거해서 따로 해석한 것이다. 경문에 두 구절이 있다. 처음에는 (정지淨智의) 소연所緣인 청정한 승의에 대해 해석하였고,[68] 뒤의 구는 의타기에 저 청정한 승의가 없음을 밝힌 것이다.[69]

이것은 '진여'라는 정지의 소연(淨智所緣)을 '청정한 승의'라고 이름한다고 해석한 것이다. 따라서 『현양성교론』에서는 다음과 같이 말한다. 〈승의는 곧 청정한 소연성所緣性임을 알아야 한다. 어째서인가? 이 경계를 반연하여 마음의 청정을 얻기 때문이다.〉[70]

釋曰。第四依徵別釋。文有二節。初釋所無[1]淸淨勝義。後明依他無彼淸淨勝義。此釋眞如淨智所緣。名爲淸淨勝義。故顯揚云。當知。勝義卽是淸淨之所緣性。何以故。由緣此境得心淸淨故。

1) ㉮ 전후 문맥상 '無'는 '緣'의 오기인 듯하다. 자세한 것은 해당 번역문의 주석 참조.

e) 결론

---

68 원문은 '初釋所無淸淨勝義'라고 되어 있는데, '所無'의 의미가 통하지 않는다. 이것은 뒤에 이어지는 진술, 즉 "이것은 진여眞如라는 정지의 소연(淨智所緣)을 청정승의淸淨勝義라고 이름한다고 해석한 것"이라는 말과도 통한다. 이에 따르면, 아마도 '所無'는 '所緣'의 오기인 듯하다.
69 여기서는 의타기성에 의거해서 '승의무성'을 건립한 이유를 좀 더 구체적으로 설명하였다. 승의란 청정한 지혜에 의해 인식되는 가장 청정한 경계를 가리킨다. 가립된 언어에 불과하고 본래 실체가 없는 변계소집의 상들과는 달리 의타기의 제법들은 인연에 의지해서 생기하기는 해도, 이러한 연생법들 가운데는 청정한 지혜의 경계인 '승의'가 존재하지 않는다. 이 경우에는 '승의(진여)가 없다'는 의미에서 '승의무성'이라 한 것이다.
70 『顯揚聖敎論』권16(T31, 559b7) 참조.

경 그러므로 또한 '승의무자성성'이라 설한 것이다.

是故亦說名爲勝義無自性性。

석 다섯 번째는 결론짓는 문장임을 알 수 있을 것이다.

釋曰。第五結文可知。

b. 원성실圓成實에 의거해서 승의무성을 해석함

경 다시 모든 법들의 원성실상이 있으니 또한 (이것을) '승의무자성성'이라고 한다.

復有諸法圓成[1]相。亦名勝義無自性性。
1) ㉠『解深密經』권2(T16, 694a26)에 '成' 뒤에 '實'이 있다.

석 이하는 두 번째로 원성실에 의거해서 세 번째 무성(승의무성)을 해석한 것이다.[71] 이 중에 네 가지가 있다. 처음은 표장이고, 둘째는 징문이며, 셋째는 해석이고, 넷째는 결론이다.

釋曰。此下第二約圓成實。釋[1]三無性。於中有四。一標。二徵。三釋。四結。
1) ㉠ '釋' 뒤에 '第'가 누락된 듯하다.

---

[71] 삼무성 중에 '승의무성'은 의타기와 원성실에 의거해서 건립된 것이다. 두 번째 자성(의타기)에 의거해서 '승의무성'을 설한 경우는 '의타기에 승의가 없다'는 의미에서 '승의무성'이라 한다. 이하부터는 세 번째 자성(원성실)에 의거해서 '승의 그 자체가 무성'이라는 의미에서 '승의무성'을 건립한 경우를 논한 것이다.

a) 표장

이것은 표장이다. 말하자면 (이 승의무성은) 삼성 중에서 원성실성을 자성으로 삼는다는 것이다.

此卽標也。謂三性中。圓成實性。以爲自性。

b) 징문

경 어째서인가?

何以故。

석 두 번째는 그 이유를 따진 것이다. 어째서 다시 원성실성을 '승의'라고 이름하고, 또한 '무성'이라 이름한다고 설했는가.

釋曰。第二徵所由也。何以復說圓成實性。名爲勝義。亦名無性。

c) 해석

경 일체 제법의 법무아성을 '승의'라고 하고 또한 '무자성성'이라고도 할 수 있으니, 이것은 일체법의 승의제이기 때문이고, 무자성성에 의해 현현되는 것이기 때문이다.

一切諸法法無我性。名爲勝義。亦得名爲無自性性。是一切法勝義諦故。無自性性之所顯故。

석 세 번째는 징문에 의거해서 바로 해석한 것이다. 경문에 두 개의 절이 있다. 처음은 표장이고, 뒤는 해석이다.

말하자면 법무아성法無我性에 두 가지 의미가 있으니, 첫째는 승의勝義라고 하고 둘째는 무자성성無自性性이라 한다. 이것은 모든 법 중에 있는 승의제勝義諦이기 때문이고, 모든 법의 무성無性에 의해 현현되는 이치이기 때문이다.[72] 따라서 『현양성교론』에서는 원성실은 승의무성勝義無性이니, "이 자성의 체가 승의이고 또 제법의 무성이기 때문이다."[73]라고 하였다. 또다시 그 논에서는 "이 자성이 곧 승의이고 또한 무성이니, 희론과 아·법이 없는 성질이기 때문이다."[74]라고 하였다.

『삼무성론』에 의하면 이와는 같지 않다. 따라서 그 논에서는 다음과 같이 말한다. "'진실성眞實性(원성실성)에 있어서는 진실眞實 (그 자체가) 무성無性이기 때문에 무성이라 설한다'고 했는데, 이 진실성에 다시 별도의 자성은 없고 도리어 이전의 두 가지 자성의 무無가 바로 진실성이다. 진실 (그 자체가) 바로 '무상無相'이고 '무생無生'이기 때문이다. 모든 유위법은 이 분별성(변계소집성)·의타성이라는 두 종류 자성을 벗어나지 않고, 이 두 가지 자성이 이미 진실로 무상이고 무생이다.[75] 이런 도리에 따르면, 모든 법들은 '동일한 무성同一無性'이고, 이 동일한 무성에 있어서는 진실이 바로 무無이자 진실이 바로 유有이다. 진실로 '무'인 것은 이 분별성·의타성 두 가지의 '유'이고, 진실로 '유'인 것은 이 분별성·의타성 두 가지

---

72 일체법을 세 가지 자성으로 포괄해서 설명할 때, 원성실성이란 일체법에 내재된 가장 수승한 의미(勝義)를 가리킨다. 그 가장 수승한 의미란 모든 법의 법무아성法無我性에 의해 현현되는 진실을 말하는데, 이때 진실 그 자체가 바로 '무성無性'이다. 이런 의미에서 '승의무성'이라 했다는 것이다.
73 『顯揚聖敎論』 권16(T31, 557b20).
74 『顯揚聖敎論』 권16(T31, 559b15).
75 이 논에 따르면, 분별성(변계소집성)과 의타성에 의해 일체법을 포괄하는데, 분별성이 본래 무상無相이고 의타성이 본래 무생無生이며, 이 두 자성의 '무無'가 바로 진실성이다.

의 '무'이니,[76] 따라서 '무'라고도 말할 수 없고 또한 '유'라고도 말할 수 없다.……이하 생략……"[77]

해 (『삼무성론』은) 통틀어 의타성까지 부정하기 때문에 이 경과 동일한 것은 아니다.[78]

釋曰。第三依徵正釋。文有二節。初標。後釋。謂法無我性。有其二義。一名勝義。二名無自性性。是諸法中勝義諦故。諸法無性所顯理故。故顯揚云。謂圓成實勝義無性。由此自性體是勝義。又是諸法無性性[1)]故。又復彼云。由此自性。卽是勝義。亦是無性。由無戲論我法性故。依三無性論。與此不同。故彼云。約眞實性由眞實無性故說無性者。此眞實性。更無別性。還卽前兩性之無。是眞實性。眞實是無相無生故。一切有爲法。不出此分別依他兩性。此三[2)]性旣眞實無相無生。由此理故。一切諸法。同一無性。此一無性。眞實是無。眞實是有。眞實無。此分別依他二有。眞實有。此分別依他二無。故不可說無。[3)] 不[4)]可說有。[5)] 乃至廣說。解云。通遣依他。故不同此。

1) ㉢『顯揚聖敎論』권16(T31, 557b22)에 따르면, 뒤의 '性'은 잉자다. 2) ㉢『三無性論』권1(T31, 867c16)에 따르면, '三'은 '二'의 오기다. 3) ㉢『三無性論』권1(T31,

---

76 이 논에 따르면, 분별성·의타성의 실재성(有)은 진실로 없다(無)고 부정되지만, 그 두 자성이 '무'라는 사실 자체는 진실로 있다(有)고 긍정된다. 따라서 진실성眞實性(원성실성)에 대해서는 '무' 혹은 '유'로서 규정할 수 없다는 것이다.
77 『三無性論』권1(T31, 867c13).
78 앞의 『三無性論』에 따르면, 진실성眞實性(원성실성)에 의거해서 진실무성眞實無性(승의무성)을 설하는 경우, 의타성과 분별성(변계소집성) 두 가지의 무無에 의해 현현되는 것을 '진실무성'이라 한 것이다. 이와 달리, 『解深密經』 등에서는 '변계소집성(분별성)'은 본래 '무'로서 부정되지만 '의타기성' 자체를 '무'라고 부정하는 것은 아니다. 따라서 원성실의 승의무성은 변계소집의 무無에 의해 현현되는 것이고, 이러한 무성 그 자체가 승의이기 때문에 승의무성이라 한다. 또 이 경에서는 의타기에 의거해서 승의무성을 말하기도 하는데, 이 경우에도 의타기 자체는 인연생因緣生으로서 유有라고 인정되며, 다만 '그 의타기에는 승의(청정한 소연)가 없다'는 의미에서 '승의무성'이라 설한 것이다. 그러므로 『三無性論』에서 진실무성(승의무성)은 변계소집과 의타기의 무에 의해 현현된다고 한 것과는 다르다.

867c19)에 '無'가 '有'로 되어 있다.   4) ㉯『三無性論』권1(T31, 867c19)에 '不' 앞에 '亦'이 있다.   5) ㉯『三無性論』권1(T31, 867c20)에 '有'가 '無'로 되어 있다.

d) 결론

경 이런 인연으로 '승의무자성성'이라고 한다.

由此因緣。名爲勝義無自性性。

석 이것은 네 번째로 결론짓는 문장임을 알 수 있을 것이다.

釋曰。此卽第四結文可知。

＊그 밖의 문제들을 문답으로 결택함

문 이『해심밀경』에 따르면 승의무성勝義無性에는 본래 두 종류가 있다. 첫째는 의타기성이고, 둘째는 원성실성이다. 그런데 어째서 유식30송에서는 후자만 설하고 전자는 설하지 않았는가?[79]

해 실제로는 두 가지 의미를 갖추고 있다. 따라서 이 경문과『현양성교론』에서는 모두 이와 같이 설하길, '의타기성에는 승의가 없기 때문에 또

---

[79] 이『解深密經』「無自性相品」과 마찬가지로『成唯識論』에서는 유식30송 중 제23송~제25송과 장행을 통해 '일체법개무자성一切法皆無自性'이라는 교설의 밀의密意를 설한다. 여기서도 이 경과 마찬가지로 삼성에 의거해서 상相·생生·승의勝義의 세 종류 무성을 밝히는데, 처음의 상무성과 마지막의 승의무성에 대해서는 거의 동일하게 설한다. 단, 두 번째 '생무성生無性'에 대해 '무자연성無自然性'이라고만 하였는데, 말하자면 의타기의 제법 중에 자연생自然生 혹은 자연유自然有와 같은 것은 없다는 의미에서 '생무성'을 설한 것이다. 그런데 이『解深密經』에서는 의타기와 원성실에 의거해서 승의무성을 설했다면,『成唯識論』에서는 오직 원성실성에만 의거해서 승의무성을 설하였다. 이상은『成唯識論』권9(T31, 47c26~48a19) 참조.

한 승의무성이라고도 설할 수 있다'고 한 것이다. 그런데 여러 논들에서 전자를 밝히지 않은 것에 대해,『성유식론』제9권에 나온 호법護法의 해석에서 말하길, "두 번째 것과 혼동될까 해서 여기서는 설하지 않았다."[80]라고 하였다.[81]

問。若依此經。勝義無性。自有二種。一依他起。二圓成實。如何三十唯識。說後非前。解云。據實具有二義。故此經文及顯揚論。皆作是說。依他起性無勝義故。亦得說爲勝義無性。而諸論中不明前者。成唯識第九卷中。護法釋云。而濫第二。故此不說。

문 이『해심밀경』의 뜻은 삼성三性에 의거해서 삼무성三無性을 건립하려는 것이니, (삼무성의) 체는 곧 삼성이다. 어째서『삼무성론』에서는 하나의 진여에서 삼무성을 안립하고, 따라서『삼무성론』제1권에서 "이 삼성에 의거해서 삼무성을 설하였다. 삼무성으로 말미암아 하나의 무성의 이치(一無性理)임을 알아야 한다. 분별성에 의거할 경우는 상의 자성 없음(相無性)으로 인해 '무성無性'이라 하고, 의타기성에 의거할 경우는 생의 자성 없음(生無性)으로 인해 '무성'이라 하며, 진실성의 경우는 진실 그 자체가 자성 없음(眞實無性)으로 인해 '무성'이라 한다."[82]라고 하였는가? 구체적인 것은 그 논에서 설한 것과 같다.

---

80 『成唯識論』권9(T31, 48a17).
81 호법에 따르면, 의타기성은 비록 체가 존재하는 법(有體法)이지만 '승의는 아니다(非勝義)'라는 의미에서 또한 (의타기의) 승의무성을 설할 수도 있지만, 두 번째 것과 혼동될 수 있으므로 여기서는 설하지 않은 것이다. 그런데 여기서 호법이 '두 번째와 혼동될 수 있다'고 한 말에 대해 두 가지 해석이 있다. ① 삼무성 중의 두 번째인 의타기의 생무성生無性과 혼동될 수도 있다는 뜻일 수도 있고, 혹은 ② 두 종류 승의무성 중에 두 번째 원성실의 승의무성과 혼동될 수도 있다는 뜻일 수도 있다. 규기의『成唯識論述記』권9(T43, 555a8), 혜소의『成唯識論了義燈』권7(T43, 791c6) 참조.
82 『三無性論』권1(T31, 867c2).

해 이에 대해 두 가지 해석이 있다.

첫째, 진제 삼장은 다음과 같이 말한다. 〈하나의 진여에서 삼성을 버리기 때문에 세 종류 무자성성을 설한 것이다. 이 중에 원성실성은 안립제安立諦에 속하고 삼무성은 모두 비안립제非安立諦에 속하니,[83] 예를 들면 『삼무성론』에서 설한 것과 같다.〉

둘째, 대당 삼장은 다음과 같이 말한다.

예를 들면 『현양성교론』 등에서 '삼성에 의거해서 삼무성을 건립한다'고 했는데, 이것을 정의로 삼는다. 그 이유는 무엇인가?

세친 보살은 『유식삼십론송』에서 다음과 같이 게송을 지어 말한다. "이 삼성에 의거해서 저 삼무성을 세웠기 때문에 부처님은 밀의로 모든 법의 자성 없음을 설하셨네."[84] (이에 대해) 호법은 해석하길, 유와 무에 대해 총괄해서 '자성 없음'을 설하였기 때문에 '밀의'라고 이름한 것이라 하였다.[85] 또 『현양성교론』은 무착이 지은 것인데, 『섭대승론』 등과 더불어 동일한 의미를 똑같이 나타내었다. 또 『유가사지론』에서는 이 『해심밀경』과 『삼무성론』을 자세히 인용했는데, ('무성'이란) 유有(원성실, 의타기)와 무無(변계소집)에 공통되는 것이다.

---

83 언어나 개념 등을 사용하여 여러 가지 차별적 상들을 시설하는 것을 안립제安立諦라고 하고, 그와 반대로 모든 상대적 차별을 넘어서 있고 언어와 개념 등으로 표시될 수 없는 것을 비안립제非安立諦라고 한다. 진제에 의하면, 삼성의 차원에서 건립된 승의勝義로서의 원성실성圓成實性은 안립제로서 시설된 것이고, 삼성을 버림으로써 드러나는 하나의 진여는 언어로 시설될 수 없는 비안립을 나타낸 것이다.
84 『唯識三十論頌』 권1(T31, 61a22).
85 호법의 해석에 따르면, 삼성 중에 의타기성과 원성실성은 비록 가假·실實의 차이는 있어도 모두 체가 있는 것(有體)이고, 변계소집성은 본래 체가 없는 것(無體)이다. 이처럼 유有와 무無에 모두 의거해서 '자성 없음(無性)'을 총괄적으로 설했기 때문에 '비밀스런 의미(密意)'라고 한다. 이러한 호법의 해석을 앞의 진제의 해석과 비교해 보면, 전자가 의타기와 원성실의 유有를 부정하지 않은 반면 후자는 세 가지 자성을 모두 부정한다는 점에서 차이가 난다. 『成唯識論』 권9(T31, 48a8) 참조.

따라서 『삼무성론』의 (말은) 번역가의 오류임을 알 수 있다. 그 이유는 무엇인가?

「삼십유식三十唯識」(유식30송)과 『삼무성론』은 세친이 지은 것인데, 어떻게 두 논에 이런 차이가 있겠는가? 또 저 세친은 미륵종과 무착 등에 의거하고 있다. 따라서 '동일한 무성(同一無性)'이라 한 것은 진제의 오류일 뿐임을 알 수 있다.[86]

혹은 지금 진제가 (번역한) 『삼무성론』을 살펴보면 이것은 무착이 지은 『현양성교론』「무자성품無自性品」에 해당하는데,[87] 저 진제 역은 별본別本이라 볼 수도 있다.[88]〖목록과 『현양성교론』을 살펴보라. 아직 명료하지가 않다.[89]〗

問。此經意。卽依三性。立三無性。體卽三性。何故三無性論。於一眞如。立三無性。故三無性論第一卷云。約此三性。說三無性。由三無性。應知。是

---

86 『三無性論』에서 "……이 두 가지 자성이 이미 상도 없고 생도 없는 것이라면, 이런 도리에 따라서 모든 법은 '동일한 무성(同一無性)'이다."라고 하거나, 혹은 제1권에서 "삼무성으로 말미암아 하나의 무성의 이치(一無性理)임을 알아야 한다."라고 했던 것을 가리킨다.
87 현존하는 『顯揚聖敎論』 권16(T31, 557b4)에는 「無自性品」이 아니라 「成無性品」으로 되어 있다. 이 품에 삼무성에 관한 자세한 설명이 나온다.
88 진제 역 『三無性論』은 『顯揚聖敎論』「成無性品」의 별도 이역본異譯本이라는 견해는 현장 문하의 법상종 학자들에 의해 일반적으로 받아들여진 견해인 듯하다. 따라서 두 논이 본래 같은 문헌인데, 판본의 문제 혹은 역자의 오류로 인해서 '승의무성'에 대해 해석이 다른 것이라고 하였다.
89 진제 역 『三無性論』 권1(T31, 867b3)의 서두에는 "『無相論』에서 역출함(出無相論)"이라는 문구가 쓰여 있다. 따라서 예로부터 이 『三無性論』은 『無相論』이라는 한 책의 일부를 독립시켜 별도로 역출한 것이라는 학설이 있기는 했지만, 이 『無相論』이 어떤 문헌인지는 분명하지 않다. 그런데 『三無性論』이 『顯揚聖敎論』「成無性品」의 별역본이라고 볼 경우에도 문제가 생길 수 있다. 『顯揚聖敎論』은 게송과 장행으로 이루어졌으나 『三無性論』에는 게송이 나오지 않는다는 차이점이 있다. 이러한 문제들 때문에, 원측은 목록과 『顯揚聖敎論』 등을 살펴보아도 『三無性論』이 그 논의 별역본이라는 주장에 대해서도 '아직 잘 모르겠다'고 결론지은 듯하다.

一無性理。約分別者。由相無性。說名無性。依[1]他起者。由生無性。說名無性。眞實性者。由眞實無性。故說無性。具如彼說。解云。此有兩釋。一眞諦三藏云。於一眞如。遣三性故。說爲三種無自性性。於中。圓成實性。安立諦攝。三無性者。皆非安立。如三[2]性論。二大唐三藏云。如顯揚等。卽依三性。立三無性。以此爲正。所以者何。世親菩薩。三十唯識。作此頌言。卽依此三性。立彼三無性。故佛密意說。一切法無性。護法釋云。於有及無。總說無性。故名密意。又顯揚論。無著所造。與攝大乘等。同顯一義。又瑜伽論。廣引此經及三無性。通有及無。故知三無性論。譯家謬也。所以者何。三十唯識。三無性論。世親所造。如何二論。有此差別。又彼世親。依彌勒宗及無著等。故知同一無性者。眞諦謬耳。或可今勘眞諦三無性論。卽無著所造顯揚論無自性品。然彼眞諦譯爲別本。【須勘目錄及顯揚。未了。】

---

1) ㉯『三無性論』권1(T31, 867c5)에 '依' 앞에 '約'이 있다. 2) ㉯ '三' 뒤에 '無'가 누락된 듯하다.

(나) 비유를 들어 거듭 해석함

경 선남자여, 비유하면 허공 꽃과 같아서 '상무자성성' 또한 이와 같음을 알아야 한다.

善男子。譬如空華。相無自性性。當知亦爾。

석 이하는 두 번째로 비유를 들어 거듭 해석한 것이다. 삼무성을 해석하므로 (경문도) 세 가지로 구분된다.

釋曰。自下第二擧喩重釋。釋三無性。卽分爲三。

㉮ 상무자성성을 해석함

이것은 첫 번째로 '상무자성성'을 해석한 것이다. 비유하면 허공 꽃과 같아서 어른거리는 눈병(眩翳)으로 인해 허공 가운데서 꽃과 흡사한 모양이 나타나지만 실제로 허공에는 본래 꽃은 없으니, 변계소집도 또한 이와 같다. 즉 변계소집을 최초의 무성無性으로 삼았기 때문에 '상무자성성'이라 한 것도 이와 같음을 알아야 한다.

> 此卽第一釋相無自性性。譬如空華。由眩翳故。於虛空中。似華相現。據實空中。本來無華。遍計所執。亦復如是。卽用所執。爲初無性。故言相無自性性。當知亦爾。

㉯ 생무자성성 및 일부의 승의무자성성을 해석함

경 비유하면 마치 환의 형상과 같아서, 생무자성성도 이와 같음을 알아야 하고, 일부의 승의무자성성도 이와 같음을 알아야 한다.

> 譬如幻像。生無自性性。當知亦爾。一分勝義無自性性。當知亦爾。

석 두 번째는 생무성生無性 및 일부의 승의무성(一分勝義無性)을 해석한 것이다.[90] 예를 들면 『아비달마경阿毗達摩經』에서 '환幻' 등의 여덟 가지 비유를 설하여 의타기성을 나타낸 것과 같다.[91] 지금 이 두 번째 생무자성

---

[90] 여기서 말한 '일부의 승의무성(一分勝義無性)'이란, 의타기성과 원성실성에 의거해서 건립된 두 종류 승의무성 중에서 의타기에 의거해서 건립된 승의무성을 가리킨다.
[91] 『阿毗達摩經』은 현존하지 않고 다만 이 경의 주석으로 알려져 있는 『攝大乘論』이 전해진다. 이 논에서는 다른 연들에 의지해서 생하는 의타기의 제법들은 가유假有일 뿐 실체성은 없음을 나타내기 위해 여덟 가지 비유를 말하였다. 이것을 의타팔유依他八喩라고 하는데, 그것은 다음과 같다. ① 환사유幻事喩 : 경계라는 것이 마치 환술사가 마술

성 및 일부의 승의무자성성이 모두 의타기를 자성으로 삼기 때문에 환의 형상과 같다는 것 또한 그와 같음을 알아야 한다.

문 『대반야경』 등에서는 '환' 등을 들어서 그 공空의 의미를 비유했는데, 어째서 이 『해심밀경』에서는 (그 '환'으로) 의타기를 비유했는가?

해 '환' 등에는 본래 두 가지 의미가 있다. 첫째는 실유하지 않음에도 마치 실유처럼 나타난 것(非有似有),[92] 둘째는 실유하지 않는 상像 등이다. 그러므로 두 경은 각기 하나의 뜻에 의거하였으니, 따라서 서로 어긋나는 것은 아니다.

釋曰。第二釋生無性及一分勝義無性。如阿毗達摩經。說幻等八喩。顯依他起。今此第二生無自性性。及一分勝義無自性性。皆用依他。以爲自性。故如幻像。當知亦爾。問。大般若等。卽用幻等。喩其空義。如何此經。喩依他起。解云。幻等自有二義。一非有似有。二無實像等。是故二經各據一義。故不相違。

로 지어낸 갖가지 사물과 같음을 말한다. ② 양염유陽炎喩: 심·심소법의 작용이 마치 아지랑이의 흔들림과 같음을 말한다. ③ 몽경유夢境喩: 좋아하거나 좋아하지 않는 것들을 수용하는 것이 마치 꿈속에서 본래 없는 것을 수용하는 것과 같음을 말한다. ④ 영상유影像喩: 업의 차별에 따라 과의 차별을 내는 것이 마치 거울에 영상이 나타나는 것과 같음을 말한다. ⑤ 광영유光影喩: 갖가지 식들을 일으키는 것이 마치 그림자를 갖고 노는 것과 같음을 말한다. ⑥ 곡향유谷響喩: 갖가지 언설희론을 일으키는 것이 마치 빈 골짜기에 실체 없는 메아리가 울리는 것과 같음을 말한다. ⑦ 수월유水月喩: 맑고 깨끗한 선정의 마음(定心)에서 여실한 지혜가 일어나는 것이 마치 깨끗한 물에 달이 비친 것과 같음을 말한다. ⑧ 변화유變化喩: 진리를 증득한 보살들이 중생들을 가엾게 여겨 여러 가지 변화로 모든 일을 지어내는 것을 말한다. 자세한 것은 『攝大乘論』 권2(T31, 140b17) 참조.

92 유식종에서는 언어를 매개로 하여 집착된 변계소집의 상相들은 이름만 있을 뿐 본래 실체가 없는 것인 반면, 인연으로 생겨난 의타기의 식識은 전혀 없는 것(全無)이 아니라 임시적인 존재성(假有)을 갖는다고 인정된다. 이러한 의타기의 유有를 일컬어 '유는 아니지만 마치 유와 같은 것(非有似有)'이라고 한다. 『解深密經』에서는 이러한 의타기의 유를 비유하기 위해서 '환' 중에서도 '유는 아니지만 마치 유와 같은 것'을 비유로 들었는데, 앞의 주석에서 언급된 '의타팔유依他八喩'가 대표적이다.

㉢ 일부의 승의무자성을 해석함

경 비유하면 허공이 오직 많은 색들의 자성 없음에 의해 현현되고 모든 곳에 편재하는 것처럼, 일부의 승의무자성성도 이와 같음을 알아야 한다. (그것은) 법무아성에 의해 현현되기 때문이고, 모든 것에 편재하기 때문이다.

譬如虛空。唯是衆色無性所顯。遍一切處。一分勝義無自性性。當知亦爾。法無我性之所顯故。遍一切故。

석 이것은 세 번째로 일부의 승의무자성에 대해 해석한 것이다.[93]
'비유하면 허공과 같다'고 한 것은 두 가지 의미가 있다. 첫째로 (허공은) 색의 없음에 의해 현현되고, 둘째로 모든 곳에 편재한다는 것이다. '진여라는 승의무자성성(眞如勝義無自性性)' 또한 이와 같음을 알아야 하니, 첫째는 법무아성法無我性에 의해 현현되기 때문이고, 둘째는 모든 법에 편재하기 때문이다. 따라서 『불지경론』에서는 '첫 번째 허공의 비유는 청정한 법계를 비유한 것'이라 하였는데,[94] 이 (경문도) 또한 이와 같다.

문 『대법론』과 『유가사지론』에서는 '색이 없는 곳'을 비유하여 허공이라 설했고, 『불지경론』과 『성유식론』에 의하면 '오온이 없는 곳'을 허공이라 설했는데, 어떻게 회통시켜 해석하겠는가?

해 『유가사지론』과 『대법론』 등은 수전리문隨轉理門으로 설하였으니 살바다종과 동일하고, 『성유식론』 등의 논은 진실리문眞實理門으로 설한 것이다.[95] 각기 하나의 의미에 의거하였기 때문에 서로 어긋나는 것은 아니다.

---

93 여기서는 의타기성과 원성실성에 의거해서 건립된 두 종류 승의무성 중에서, 원성실성에 의거해서 건립된 승의무성 즉 진여에 대해 설한다.
94 『佛地經論』 권3(T26, 304c6) 참조.
95 수전리문隨轉理門이란 교화되는 대상의 근기에 따라서 방편으로 설한 교법을 가리키

釋曰。此卽第三釋一分勝義無自性。譬如虛空。有其二義。一無色所顯。二遍一切處。眞如勝義無自性性。當知亦爾。一法無我性之所顯故。二遍一切法故。故佛地經。一虛空喩。喩淨法界。此亦如是。問。對法瑜伽。喩色無處。說爲虛空。依佛地論及成唯識。五蘊無處。說爲虛空。如何會釋。解云。瑜伽及對法等。隨轉理門。同薩婆多。唯識等論。眞實理門。各據一義。故不相違。

다) 해석하고 나서 총결지음

경 선남자여, 나는 이와 같은 세 종류 무자성성에 의거해서 밀의로 '모든 법은 다 자성이 없다'고 설하였다.

善男子。我依如是三種無自性性。密意說言。一切諸法。皆無自性。

석 이것은 세 번째로 해석하고 나서 총결한 것이다.

釋曰。此卽第三釋已總結。

나. 처음·마지막의 무성에 의거해서 '일체법무생一切法無生' 등을 해석함[96]

고, 진실리문眞實理門이란 불보살의 본래 뜻을 설한 진실한 교법을 말한다. 원측에 따르면, 색법이 없는 빈 공간을 허공이라 한 것은 단지 교화 대상의 근기에 따라(隨機) 방편으로 설한 것이고, 오온이 없는 곳을 허공이라 한 것은 '무자성공'이라는 진실한 의미(實義)를 설한 것이다.

[96] 이하에서는 '① 一切法皆無自性, ② 無生無滅本來寂靜自性涅槃'이라는 문구 중에서, '② 無生無滅……'에 대해 해석한 것이다. 경에서는 이전의 문구(①)를 세 종류 무성 모두에 의거해서 해석했던 데 비해, 이 문구(②)에 대해서는 상무성相無性과 승의무성勝

경 승의생이여, 마땅히 알라. 나는 '상무자성성'에 의거해서 밀의로 '모든 법들은 생함도 없고 멸함도 없으며 본래 적정하여 자성열반이다'라고 설하였다.

勝義生。當知。我依相無自性性。密意說言。一切諸法。無性。[1] 無生無滅。本來寂靜。自性涅槃。

1) ㉠『解深密經』권2(T16, 694b9)에 따르면, '無性'이라는 두 글자는 잉자다.

석 이하는 두 번째로 처음과 마지막의 무성에 의거해서 '모든 법은 생함이 없다'는 등의 문구를 해석한 것이다. 이 중에 두 가지가 있다. 처음은 상무자성성에 의거해서 '생함이 없다'는 등의 문구를 해석한 것이다. 나중의 "선남자여" 이하는 승의무자성성에 의거해서 '생함이 없다'는 등의 문구를 해석한 것이다.

釋曰。自下第二約初後無性。釋一切法無生等句。於中有二。初約相無自性性。釋無生等句。後善男子下。約勝義無自性性。釋無生等句。

가) 상무자성에 의거해서 '무생無生' 등의 문구를 해석함

전자 중에 네 가지가 있다. 첫째는 표장이고, 둘째는 징문이며, 셋째는 해석이고, 넷째는 결론이다.

前中有四。一標。二徵。三釋。四結。

義無性 두 종류에 의거해서 해석하였다. 이에 관한 경문들은 비교적 명료하다. 여기서는 무엇보다 '무생無生'의 의미를 이해하는 것이 관건인데, 그 요지는 〈본래 생한 적이 없다면 멸할 것도 없고, 생멸이 없는 것은 본래 적정하여 자성열반이다.〉라는 것이다.

(가) 표장

이것은 첫 번째로 이치로써 종지를 표명한 것이다. 말하자면 여러 경들에서 '모든 법들은 생함이 없다'는 등의 말을 설한 것은, 삼무성 중에 상무성에 의거해서 '생함이 없다'는 등을 설한 것이다.

此卽第一以理標宗。謂諸經說一切諸法無生等言。三無性中。約相無性。說無生等。

(나) 징문

경 어째서인가?

何以故。

석 이것은 두 번째로 외인이 되물은 것이다.

釋曰。此卽第二外人反徵。

(다) 해석

경 만약 자상自相들이 전혀 있지 않다면 곧 생함이 있지 않고,[97] 생함이 없

---

[97] 먼저 '상무성相無性'에 의거해서 '무생무멸無生無滅' 등의 문구를 해석하였다. 이 중에서 "만약 자상自相들이 전혀 없다면"이라는 문구는 '생함이 없다(無生)'고 말하는 이유를 밝힌 것이다. 이전 경문에서 언급했듯, 변계소집의 상들은 가립된 언어에 의해 안립된 상이지 '자상'에 의거해서 안립된 상이 아니다. '자상이 전혀 없다'는 것은 본래 실재하지 않는 것(本無)을 뜻한다. 이런 의미에서 변계소집의 상무성을 설하였다. 그런데 본래 없는 것에 대해서는 '생한다'는 말이 성립하지 않는다. 따라서 "만약 자상들이 전

다면 곧 멸함도 없으며, 생함도 없고 멸함도 없다면 곧 본래 적정하고, 본래 적정하다면 곧 자성열반이다. 이 중에 조금이라도 어떤 것이 있어서 다시 그로 하여금 반열반하게 하는 것은 전혀 없기 때문이다.

若諸自相都無所有。則無有生。若無有生。則無有滅。若無生無滅。則本來寂靜。若本來寂靜。則自性涅槃。於中都無少分所有更可令其般涅槃故。

석 이것은 세 번째로 해석한 것이다. 경문에 네 구절이 있다. 첫째는 '생함이 없음'을 해석한 것이고, 둘째는 '멸함이 없음'을 해석한 것이며, 셋째는 '본래 적정함'을 해석한 것이고, 넷째는 '자성열반'을 해석한 것이다. 경문 그대로 알 수 있으므로 번거롭게 해석하지 않겠다.

釋曰。此第三釋。文有四節。一釋無生。二釋無滅。三釋本來寂靜。四釋自性涅槃。如經可知。故不繁釋。

(라) 결론

경 그러므로 나는 상무자성성에 의거해서 밀의로 '모든 법은 생함이 없고 멸함도 없으며 본래 적정하여 자성열반이다'라고 설하였다.

是故我依相無自性性。密意說言。一切諸法。無生無滅。本來寂靜。自性涅槃。

석 이것은 네 번째로 결론짓는 문장이니, 알 수 있을 것이다.

혀 있지 않다면 생함도 없고"라고 하였다.

釋曰。此卽第四結文。可知。

나) 승의무자성성에 의거해서 '무생' 등의 문구를 해석함

경 선남자여, 나는 또한 법무아성에 의해 현현된 승의무자성성에 의거해서 밀의로 '모든 법들은 생함이 없고 멸함도 없으며 본래 적정하여 자성열반이다'라고 설하였다.

善男子。我亦依法無我性所顯勝義無自性性。密意說言。一切諸法。無生無滅。本來寂靜。自性涅槃。

석 이하는 두 번째로 승의무자성성에 의거해서 '생함이 없다'는 등의 문구를 해석한 것이다. 이 중에 네 가지가 있다. 첫째는 표장이고, 둘째는 징문이며, 셋째는 해석이고, 넷째는 결론이다.

釋曰。自下第二約勝義無自性性。釋無生等句。於中有四。一標。二徵。三釋。四結。

(가) 표장

이것은 처음에 해당한다. 말하자면 원성실성이라는 승의제에는 네 가지 의미가 있으니, 첫째는 생함이 없고, 둘째는 멸함이 없으며, 셋째는 본래 적정하고, 넷째는 자성열반이라는 것이다. 따라서 여러 경에서 또한 원성실성이라는 승의무성에 의거해서 '생함이 없다'는 등을 설한 것이다.

此卽初也。謂圓成實實[1]勝義諦中。有其四義。一者無生。二者無滅。三本來寂靜。四自性涅槃。故諸經中。亦依圓成勝義無性。說無生等。

1) ㉠ '實'은 잉자이거나 혹은 '性'의 오기인 듯하다.

(나) 징문

경 어째서인가?

何以故。

석 두 번째는 외인이 되물은 것이다. 말하자면 외인이 되묻기를, '네 가지 뜻을 설하기는 했지만 아직 그 이유(因)를 설명한 것은 아니니, 어떤 이유에서 무생無生 등이라 하는가'라고 한 것이다.

釋曰。第二外人反徵。謂外反徵。雖說四義。未辨其因。依何因故。名無生等。

(다) 해석

경 법무아성에 의해 현현된 승의무자성성은 상상시常常時에 항항시恒恒時에[98] 모든 법들의 법성으로 안주하기 (때문이고), 무위이기 (때문이며), 모든 잡염[99]과 상응하지 않기 때문이다.

---

98 원측에 따르면, "상상시에 항항시에"라고 한 것에 대해 두 가지 해석이 있었다. 첫 번째 해석에 따르면, 이전(前前)에도 늘 그러했다는 의미에서 '상상常常'이라 하였고, 이후(後後)에도 늘 그러할 것이라는 의미에서 '항항恒恒'이라 한 것이다. 두 번째 해석에 따르면, 진실함이 없음을 나타내기 위해 '상상시'라고 하였고, 무자성성임을 나타내기 위해 '항항시'라고 한 것이다. 원측/백진순 옮김, 『해심밀경소 제3 심의식상품·제4 일체법상품』(서울: 동국대학교출판부, 2013), p.283 참조.

99 '모든 잡염'이라 한 것은 번뇌煩惱(惑)·업業·생生 등 세 종류 잡염을 말한다. 이에 대

法無我性所顯勝義無自性性。於常常時。於恒恒時。諸法法性安住無爲。一切雜染不相應故。

석 이하는 세 번째로 징문에 의거해서 바로 해석한 것이다. 경문을 구별하면 두 가지가 있다. 처음은 세 가지 이유를 총괄해 표명함으로써 징문에 답한 것이고, 나중은 세 가지 이유를 들어 '생함이 없다'는 등의 문구를 해석한 것이다.

釋曰。自下第三依徵正釋。文別有二。初總標三因。以答徵詰。後擧三因。釋無生等。

㉮ **세 가지 이유를 총괄해서 표명함으로써 징문에 답함**

이것은 처음에 해당한다. 경문에 두 구절이 있다.

처음에는 승의무성의 체體를 나타냈다. 그에 두 종류가 있으니, 첫째는 의타기이고 둘째는 원성실이다. 지금 이 경에서는 후자를 취한 것이지 전자를 취한 것은 아니다.[100]

뒤의 "상상시에……"란 세 가지 이유를 바로 밝힌 것이다. 첫째, 상상시에 항항시에 제법의 법성으로 안주하기 때문에 무위이다. 둘째, 무위이기 때문에 생함도 없고 멸함도 없다. 이것은 곧 "안주하기 때문에" 및 "무위이기 때문에"라는 두 가지 이유로써 '생함이 없다'거나 '멸함이 없다'는 두 가지 의미를 성립시킨 것이다. "모든 잡염과는 상응하지 않기 때문

해서는 뒤의 '② 삼성관에 의거해서 삼무성을 건립한 뜻을 설명함(約三性觀辨立三無性意)'에서 자세히 설한다.

[100] 위의 경문은 승의무성勝義無性에 의거해서 '무생무멸無生無滅' 등의 문구를 해석한 것이다. 그런데 이 경에서는 '의타기依他起에는 승의勝義가 없다'는 의미에서 승의무성을 설하기도 하고, '원성실圓成實의 승의 그 자체가 무성無性이다'라는 의미에서 승의무성을 설하기도 한다. 지금 위의 경문은 후자의 의미로 '무생무멸' 등을 해석하였다.

이다."라는 것은 세 번째 이유로써 경에서 말한 '본래적정 및 자성열반'이라는 두 가지 의미를 성립시킨 것이다. 하나의 '때문(故)'이라는 글자가 세 가지 의미를 포함하기 때문에 세 가지 이유가 되는 것이다.[101]

此卽初也。文有二節。初出勝義無性體。有其二種。一者依他。二圓成實。今於此中。取後非前。後於常常時等者。正明三因。一於常常時。於恒恒時。諸法法性安住故無爲。二無爲故無生無滅。此卽安住故及無爲故二因。成立無生無滅二義也。一切雜染不相應故者。以第三因。成立經中本來寂靜及自性涅槃二義也。以一故字。含有三義故。成三因也。

㈏ 세 가지 이유를 들어 '무생' 등을 해석함

경 상상시에 항항시에 제법의 법성으로 안주하기 때문에 무위이고, 무위이기 때문에 생함도 없고 멸함도 없는 것이다.[102]

於常常時。於恒恒時。諸法法性。安住故無爲。由無爲故。無生無滅。

---

101 "安住無爲一切雜染不相應故"라는 경문에는 '고故'라는 글자를 한 번만 사용했지만, "안주하기 때문이고, 무위이기 때문이며, 잡염과 상응하지 않기 때문이다."라고 해석해야 한다는 것이다. '안주와 무위'는 '생함이 없고 멸함도 없다'고 설하는 이유이고, '잡염과 상응하지 않는다'는 것은 '본래적정과 자성열반'이라고 설하는 이유에 해당한다.
102 이전의 경문에서는 변계소집상은 자상이 없기(실재하지 않기) 때문에 '무생무멸'이라 했다면, 반대로 이 경문에서는 궁극적 진리(勝義諦)는 언제나 법계에 안주安住하는 무위법無爲法이기 때문에 '무생무멸'이라 하였다. '무위'란 인연因緣에 의해 만들어진 것이 아니라 본래부터 존재하는 것을 말한다. 이런 무위법은 인연에 의지해서 생하는 것이 아니고, 생하지 않으므로 멸하는 일도 없다. 따라서 이 무위법을 '불생불멸不生不滅'이라 한다.

석 이하는 두 번째로 세 가지 인因을 거듭 해석함으로써 '무생' 등을 해석한 것이다. 이 중에 두 가지가 있다. 처음은 두 가지 이유로써 '무생' 등을 해석한 것이고, 나중은 '모든 잡염법과는 상응하지 않는다'는 이유로써 '본래적정 및 자성열반'이 성립함을 해석한 것이다.

釋曰。自下第二重釋三因。釋無生等。於中有二。初以二因。釋無生等。後一切雜染不相應因。釋成本來寂靜及自性涅槃。

a. 두 가지 이유로써 무생 등을 해석함

이것은 처음에 해당한다. 말하자면 법무아法無我라는 승의제勝義諦의 이치는 상상시에 항항시에 모든 법의 법성으로 안주하기 때문에 (그것은) '무위'임을 성립시킬 수 있고, 무위이기 때문에 '생함이 없고 멸함도 없다'는 두 가지 의미가 성립될 수 있다는 것이다.

此卽初也。謂法無我勝義諦理。於常常時。於恒恒時。諸法法性安住故。得成無爲也。由無爲故。無生無滅二義得成也。

b. '모든 잡염과 상응하지 않는다'는 이유로써 '본래적정·자성열반'이 성립함을 해석함

경 모든 잡염과 상응하지 않기 때문에, 본래 적정하여 자성열반이다.

一切雜染。不相應故。本來寂靜。自性涅槃。

석 이것은 두 번째로 '모든 잡염과 상응하지 않는다'는 이유로써 두 가지 의미, 첫째 본래적정과 둘째 자성열반을 성립시킨 것이다.

釋曰。此卽第二一切雜染不相應因。成立二義。一者本來寂靜。二者自性涅槃。

- **'삼무성'의 교설이 부동한 이유를 문답으로 결택함**

　문 경에서 설했던 '생하지 않음(不生)' 등의 말은 어째서 오직 처음의 무성無性(상무성)과 마지막 무성(승의무성)에 의거해서 설했는가?[103]

　답 일반적으로 '무성'에 대해 논하자면 본래 두 종류가 있다. 첫째는 대승·소승의 두 가지 장藏에서 공통으로 설해진 무성이다. 둘째는 오직 보살장에서만 설해진 무성이다.

'공통으로 설한 것'이란, 예를 들면 세친의 『섭대승론석』 제5권에서 다음과 같이 설한다. "'모든 법은 자성이 없다'고 설한 뜻을 이제 현시해 보겠다. '자연무自然無'란, 모든 법에 여러 연緣을 떠나서 자연적으로 존재하는 성질(自然有性)은 없기 때문이다. 이것을 한 종류의 무자성의 뜻이라 한다.[104] '자체무自體無'라는 것은, 법은 멸하고 나면 다시 생기지 않기 때문에 무자성이다. 이것을 다시 한 종류의 무자성의 뜻이라 한다. '자성은 견

103　지금까지 이 「無自性相品」에서는 "① 一切法皆無自性, ② 無生無滅本來寂靜自性涅槃"이라는 문구의 의미를 해석하면서, 앞의 ①에 대해서는 통틀어 세 종류 무성에 의거해서, 뒤의 ②에 대해서는 첫 번째 상무성相無性과 세 번째 승의무성勝義無性에 의거해서 해석하였다. 따라서 이와 같이 질문한 것이다. 이하에서는 그에 대해 긴 지면을 할애하여 답하고 있다. 이하에서 원측은 소승·대승이 공통으로 설하는 무성의 뜻과 대승에서만 설하는 무성의 특수한 뜻을 자세히 소개하는데, 여기에는 삼무성의 교설에 내포된 매우 중요한 내용이 진술된다. 원측에 따르면, 오직 대승에서만 밝힌 '공空'의 특별한 의미는 '변계소집상의 무無', 즉 상무성相無性이다. 대승의 여러 경론들에서는 무성無性·공空을 설할 때 통틀어 삼무성에 의거해서 자세히 설한 경우도 있고 두 종류 무성이나 한 종류 무성에 의거해서 설하는 경우도 있는데, 그 어떤 경우이든 반드시 상무성相無性을 설한다는 것이다. 호법종護法宗에 따르면, 변계소집성遍計所執性은 본래 실체가 없는(本無) 것으로서 반드시 부정되어야 할 것이기 때문이다.
104　'자연무自然無'란 자연유自然有 혹은 자연생自然生이 없다는 뜻이다. 다시 말하면 일체법은 여러 인연을 따라서 생겨나는 것이지 대자재천大自在天과 같은 유일한 승인勝因에서 생겨나거나 원인 없이(無因) 저절로 생겨나지 않음을 뜻한다. 이와 같은 의미는 삼무성설에서는 의타기의 생무성生無性이라 표현되었다.

고하게 머물지 않는다'는 것은, 법은 잠깐 생겨나면 한 찰나 후에도 능히 머무는 힘은 없기 때문에 무자성이다. 이와 같은 제법의 무자성의 이치는 성문과도 공유하는 것이다."[105]

'공통되지 않은 것'에 대해 그 논(『섭대승론석』)에서는 다음과 같이 말한다. "'집착한(執取) 그대로 있는 것은 아니기 때문에 자성이 없음을 인정한다'고 했는데, 이러한 무자성은 성문과 공유하는 것이 아니다. 어리석은 범부에 의해 집착된 그대로의 변계소집자성이 이와 같이 존재하는 것은 아니다. 이런 뜻을 따르기 때문에, 대승의 이치에 의거해서 '모든 법은 다 자성이 없다'고 설한 것이다.[106~107] 『집론』과 『잡집론』 및 『무성론無性論』(무성無性의 『섭대승론석』)의 뜻도 이와 동일하다.[108]

問。經所說不生等言。如何唯依初後無性。答。汎論無性。自有二種。一者大小二藏共說無性。二唯菩薩藏所說無性。言共說者。如世親攝論第五卷說。說一切法無自性意。今當顯示。自然無者。由一切法。無離衆緣自然有性。是名一種無自性意。自體無者。由法滅已。不復更生。故無自性。此後[1]一種無自性意。自性不堅住者。由法纔生。一刹那後。無力能住。故無自性。如是諸[2]無自性理。與聲聞共。言不共者。卽彼論云。如執取不有故許無自性者。此無自性。不共聲聞。以如愚夫所取。遍計所執自性。不如是有。由

---

105 세친의 『攝大乘論釋』 권5(T31, 345c23).
106 여기서는 '무성無性'의 일반적 의미 이외에 좀 더 특수한 의미를 설하고 있다. 범부들에 의해 실재한다고 집착된 상相들은 사실은 가짜 이름(假名)에 의거해서 안립된 상들의 세계이다. 이것을 변계소집상遍計所執相이라 한다. 이 변계소집상은 그것의 실재성에 집착하는 범부의 정情 속에서만 있는 것일 뿐, 집착된 그대로의 것이 실제로 있는 것은 아니다. 이러한 변계소집상에 대해서는 '본래 없다(本無)'는 의미에서 '무성'을 설한다. 이와 같은 무성의 의미는 소승에서는 설한 적이 없고 오직 대승의 보살에게만 설해진 것이다.
107 세친의 『攝大乘論釋』 권5(T31, 345c29).
108 『集論』 권6(T31, 687c29), 『雜集論』 권12(T31, 751c25), 무성無性의 『攝大乘論釋』 권5(T31, 408a27) 등 참조.

此意故。依大乘理。說一切法皆無自性。集論雜集及性³⁾論意亦同此。

1) ⑩『攝大乘論釋』 권5(T31, 345c26)에 따르면, '後'는 '復'의 오기다. 2) ⑩『攝大乘論釋』 권5(T31, 345c28)에 '諸' 뒤에 '法'이 있다. 3) ⑩ '性' 앞에 '無'가 누락된 듯하다.

두 가지 설이 있기는 하지만, 지금 이 경에서는 '공통되지 않은 문'에 의거해서 '자성 없음' 등을 설한 것이다.

그런데 '공통되지 않은 문'으로 '자성 없음' 등을 설한다 해도, 세 종류 무성에 의거해서 (설하는지 아닌지는) 여러 경들이 같지 않다.

雖有二說。今此經中。依不共門。說無性等。然不共門說無性等。依三無性。諸經不同。

본래 어떤 성스런 가르침에서는 처음의 무성(상무자성)에 의거해서 '모든 법은 다 자성이 없고 생함도 멸함도 없다'는 등을 설한다. 예를 들면 『광백론』 제10권에서 다음과 같이 설한다. "부처님께서 스스로 판정하시길, '나는 변계소집자성에 의거하여 그 밖의 경에서 모든 법은 다 자성이 없고 생함도 없고 멸함도 없으며 본래 적정하여 자성열반이라고 설하였다'고 하셨다."[109] 또 『유가사지론』 제74권과 『대승장엄경론』 제5권, 무성과 세친의 『섭대승론석』 제5권에서도 모두 이 논(『광백론』)과 동일하게 설한다.[110] 양본梁本『섭대승론석』에서는 통틀어 세 종류 무자성성에 의거해서 무자성 등을 설명하니, 이 논과는 같지 않다.

自有聖敎。依初無性。說一切法皆無自性無生滅等。如廣百論第十卷云。佛

---

[109] 『大乘廣百論釋論』 권10(T30,248a19).
[110] 『瑜伽師地論』 권74(T30, 706a15), 『大乘莊嚴經論』 권5(T31, 614c29), 세친의 『攝大乘論釋』 권5(T31, 345c23), 무성의 『攝大乘論釋』 권5(T31, 408a28) 참조.

自決判。我依遍計所執自性。於餘經中。說一切法。皆無自性。無生無滅。本來寂靜。自¹⁾涅槃。又瑜伽論第七十四。莊嚴第五。無性世親攝論第五。並同此說。梁本攝論。通依三種無自性性。說無自性等。與此不同。

1) ㉔ '自' 뒤에 '性'이 탈락된 듯하다.

본래 어떤 성스런 가르침에서는 삼무성에 의거해서 '모든 법은 모두 자성이 없다'고 설하거나, 처음의 무성(상무자성)에 의거해서 '자성 없음' 등을 설한다. (예를 들면) 『유가사지론』 제73권이다. 따라서 그 논에서는 다음과 같이 말한다. "🈩 세존께서는 어떤 밀의에서 '모든 법은 다 자성이 없다'고 설하셨는가? 🈺 저 각각의 교화되는 대상의 세력에 의지하기 때문에 세 종류 무자성성을 설하셨다."[111] 또 다음과 같이 말한다. "🈩 세존께서는 어떤 밀의에서 '모든 법은 생함이 없고 멸함도 없으며 본래 적정하여 자성열반이다'라고 설하셨는가? 🈺 상무자성성에 의거해서 이와 같은 말을 설하셨다."[112]

自有聖教。依三無性。說一切法皆無自性。依初無性。說無性等。瑜伽論第七十三。故彼論云。問。世尊依何密意。說一切法皆無自性。答。由依彼彼所化勢力故。說三種無自性性。又云。問。世尊依何密意。說一切法。無生無滅。本來寂靜。自性涅槃。答。依相無自性性。說如是言。

본래 어떤 성스런 가르침에서는 삼무성에 의거해서 '모든 법은 다 자성이 없다'고 설하거나, 처음과 마지막의 두 가지 (무성에) 의거해서 '생함이 없음' 등을 설한다. 예를 들면 이 경과 『심밀해탈경』에 해당한다.

---

111 『瑜伽師地論』 권73(T30, 702b17).
112 『瑜伽師地論』 권73(T30, 702c4).

自有聖敎。依三無性。說一切法皆無自性。依初後二。說無生等。如卽此經
及深密經。

본래 어떤 성스런 가르침에서는 삼무성에 의거해서 '모든 법은 모두 자성이 없고 생함도 멸함도 없다'는 등을 설한다. 예를 들면 『잡집론』 제12권에서 설한 것과 같으니, 그 논에서는 다음과 같이 말한다.

① (가령 방광분方廣分[113]에서는 "모든 법은 다 자성이 없다"라고 설하였는데, 이것은 어떤 밀의에 의거해서 설한 것인가?……)[114] '모든 법'이란 삼자성三自性이니, 변계소집자성과 의타기자성과 원성실자성을 말한다. 변계소집자성은 결정코 자상自相이 없고, 자상이 없기 때문에 '상무성相無性'이라 이름하니, 상이 자성 없기 때문에 '무성'이라 이름한 것이다. 의타기자성은 많은 연을 기다렸다 (생겨나기) 때문에 자연적으로 생긴 것은 아니고, 자연적으로 생기는 성질이 없기 때문에 '생무성生無性'이라 이름하니, 생이 자성 없기 때문에 '무성'이라 설한 것이다. 원성실자성은 청정한 소연이기 때문에, 의타기에서 변계소집상을 없앰으로써 현현되는 그 자체이기 때문에, 승의가 그 자체이고 또 '자성 없음'에 의해 현현되는 것이기 때문에, '승의무성勝義無性'이라 이름하니, 승의 (그 자체가) 자성 없음이기 때문에 '무성'이라 이름한 것이다. 이런 도리를 따르기 때문에 여래께서 '모든 법은 다 자성이 없다'고 설하신 것이

---

113 방광분方廣分([S] vaipulya): 십이분교十二分敎 중의 하나로서, 특히 광대하고 심오한 교의를 설한 것을 가리킨다.
114 원측이 인용한 『雜集論』의 문장은 크게 두 단락으로 나뉜다. 첫째 단락(①)은 "모든 법은 다 자성이 없다.(一切法皆無自性)"라는 문구에 대한 해석이고, 둘째 단락(②)은 "생함도 없고 멸함도 없으며 본래 적정하여 자성열반이다.(無生無滅本來寂靜自性涅槃)"라는 문구에 대한 해석이다. 위 인용문 중 전반부는 첫 번째 문구(①)에 나온 해석임을 나타내기 위해 앞에 『雜集論』의 문구를 추가하였다.

지, 모든 종류의 성性과 상相이 모두 없다는 뜻에서 '자성 없음'을 설하신 것은 아니다.

② 또 그곳(방광분)에서는 "모든 법들은 생함도 없고 멸함도 없으며 본래 적정하여 자성열반이다."라고 설하였다. 이것은 어떤 밀의에 의거해 설한 것인가? (이전의) '자성 없음'에 대해 (설한 것과) 마찬가지로 '생함이 없음' 또한 이러하고, '생함이 없음'과 마찬가지로 '멸함이 없음' 또한 이러하며, '생함도 없고 멸함도 없음'과 마찬가지로 '본래 적정' 또한 이러하고, '본래 적정'과 마찬가지로 '자성열반' 또한 이러하다.[115]

또 그 논에서는 "상비밀相秘密[116]이란 삼자성에서 '모든 법은 다 자성이 없고 생함도 없고 멸함도 없다'는 등을 설한 것이다."[117]라고 하였다.
양梁『섭대승론석』제6권도 또한『잡집론』과 동일하다.

自有聖教。依三無性。說一切法皆無自性無生滅等。如雜集論第十二說。彼云。一切法者。卽三自性。謂遍計所執自性。依他起自性。圓成實自性。遍計所執自性。定無自相。自相無故。名相無相。[1] 相無相[2]故。名爲無性。依他起自性。待衆緣故。非自然生。無自然生。[3] 無自然生性故。名生無性。生無性故。說爲無性。圓成實自性。淸淨所緣故。於依他起中。無遍計所執相所顯自體故。勝義爲自體。又無性所顯故。名勝義無性。勝義無性故。名爲無性。由此道理。是故如來說一切法皆無自性。非一切種性相俱無。說爲無性。又彼說云。一切諸法。無生無滅。本來寂靜。自性涅槃。此依何密意說。

---

115 『雜集論』권12(T31, 752a8).
116 상비밀相秘密 : 십이분교의 방광분方廣分 등에서 설해진 네 종류 비밀 중의 하나이다. 특히 변계소집성·의타기성·원성실성 등 삼성 또는 삼무성에 의거해서 무성無性·공空의 밀의를 설한 것을 말한다. 이 네 종류 비밀에 대해서는 이하의 '㉱ 결론'의 문답에 자세한 해석이 나온다.
117 『雜集論』권12(T31, 752b16).

如無自性。無性[4]亦爾。如無生。無滅亦爾。無[5]生無滅。本來寂靜亦爾。如
本來寂靜。自性涅槃亦爾。又卽彼云。相秘密者。謂於三自性。說一切法皆
無自性。無生無滅等。梁論第六。亦同雜集。

---

1) ㉘『雜集論』권12(T31, 752a11)에 '相'이 '性'으로 되어 있다. 2) ㉘『雜集論』권12(T31, 752a11)에 '相'이 '性'으로 되어 있다. 3) ㉘『雜集論』권12(T31, 752a12)에 따르면, '無自然生'은 잉문이다. 4) ㉘『雜集論』권12(T31, 752a20)에 따르면 '性'은 '生'의 오기다. 5) ㉑ '無' 앞에 '如'가 탈락된 듯하다. ㉘『雜集論』권12(T31, 752a21)에 '無' 앞에 '如'가 있다.

이와 같이 여러 교에서 다르게 말하는 까닭은 다음과 같다.

이 '버려야 할 자성(所遣性)'은 오직 변계소집성임을 (나타낸 것이다.) 따라서『광백론』등에서는 오직 변계소집성에 의거해서 '모든 법은 다 자성이 없고 생함도 멸함도 없다'는 등을 설한 것이다.

'인연생因緣生'의 의미는 없는 것이 아님을 나타내려 하였다. 그러므로 이 경에서는 통틀어 삼무성에 의거해서 '모든 법은 다 자성이 없다'고 설하거나, 단지 처음과 마지막의 두 종류 무성(상무성과 승의무성)에 의거해서 '생함이 없다'는 등의 문구를 설한 것이다.

그런데 의타기는 비록 다른 것에 의지하여 생기하지만, '자연적으로 생긴다거나 원인 없이 생긴다'는 의미는 없다. 따라서『잡집론』등에서는 갖추어서 삼성에 의거해서 '모든 법은 다 자성이 없고 생함도 멸함도 없다'는 등을 설하였다.

삼무성의 의미는 구체적으로『별장』에서 설한 것과 같다.

所以如是諸敎異者。此所遣性。唯所執性。故廣百論等。唯約遍計所執。說
一切法皆無自性。無生滅等。欲顯因緣生義不無。是故此經。通依三無性。
說一切法皆無自性。但約初後二種無性。說無生等句。然依他起。雖依他
起。而無自然無因生義。故雜集等。具約三性。說一切法皆無自性。無生滅

等。三無性義。具如別章。

(라) 결론

경 그러므로 나는 법무아성에 의해 현현되는 승의무자성성에 의거해서 밀의로 '모든 법은 생함이 없고 멸함도 없으며 본래 적정하여 자성열반이다'라고 설하였다.

是故我依法無我性所顯勝義無自性性。密意說言。一切諸法。無生無滅。本來寂靜。自性涅槃。

석 이것은 네 번째로 결론지은 문장이니, 알 수 있을 것이다.

釋曰。第四結文可知。

● 무성을 설한 밀의密意

문 이상에서 설한 것과 같은 모든 밀의의 말은 사비밀四秘密[118] 중에서 어떤 밀의에 의거하는가?

問。如上所說諸密意言。四秘密中。依何密意。

해 『잡집론』의 설에 의하면 네 종류 비밀이 있다. 따라서 그 논에서는

---

[118] 사비밀四秘密 : 여래가 어떤 교법을 설할 때의 비밀스런 의취·의도 등을 네 종류로 구분한 것으로, 영입비밀令入秘密과 상비밀相秘密과 대치비밀對治秘密과 전변비밀轉變秘密을 말한다. 네 종류 비밀의 구체적 의미는 이하의『雜集論』인용문에서 다시 자세히 진술된다.

다음과 같이 말한다.

解云。依雜集說。有四秘密。故彼論云。

첫째는 영입비밀令入秘密이고, 둘째는 상비밀相秘密이며, 셋째는 대치비밀對治秘密이고, 넷째는 전변비밀轉變秘密이다. 이와 같은 네 종류가 대승 안에서 여래가 설하신 모든 비밀스런 도리를 간략하게 포섭한다.

'영입비밀'이란 성문승에게 '색 등의 모든 법들은 다 자성이 있다'고 설한 것을 말하니, 두려움을 없애어 점차로 성스런 가르침에 들어가도록 하기 위해서다.

'상비밀'이란 삼자성에서 '모든 법은 다 자성이 없고 생함이 없고 멸함도 없다'는 등을 설하는 것이다.

'대치비밀'이란 과실이 있는 모든 자들을 조복시키기 위해서 여래가 갖가지 비밀의 (가르침을) 설하는 것이다. 예를 들면 여덟 종류 장애를 대치시키기 위해서 최상승最上乘을 설하는 것과 같다. 어떤 것들이 여덟 가지인가? 첫째는 부처님을 경시하는 것이고, 둘째는 교법을 경시하는 것이며, 셋째는 게으름(懈怠)이고, 넷째는 작은 선행에 희족喜足을 내는 것이며, 다섯째는 탐하는 행(貪行)이고, 여섯째는 거만한 행(慢行)이며, 일곱째는 악작惡作이고, 여덟째는 종성이 일정하지 않은 것(不定性)이다.[119]

一令入秘密。二相秘密。三對治秘密。四轉變秘密。如是四種。於大乘中。略攝如來一切所說秘密道理。令入秘密者。謂於聲聞乘。說色等諸法皆有自性。爲令無怖畏。漸入聖教故。相秘密者。謂於三自性。說一切法皆無自

---

[119] 이상은 『雜集論』 권12(T31, 752b12~21) 참조.

性。無生無滅等。對治秘密者。謂爲調伏諸過失者。如來宣說種種秘密。[1] 如爲對治八種障故。說最上乘。何等爲八。一者輕佛。二者輕法。三[2]懈怠。四者少善生喜足故。五者貪行。六者慢行。七者惡作。八者不定性。

1) ㉠『雜集論』권12(T31, 752b18)에는 '秘密'이 '密教'로 되어 있다. 2) ㉯ '三' 뒤에 '者'가 탈락된 듯하다.

(해)[120] 부처님을 경시하는 장애를 대치하기 위해, '지난날 비바시불이 바로 나 자신이었다'고 설해 준다. 법을 경시하는 장애를 대치하기 위해, 한량없고 항하사처럼 많은 부처님들의 처소에서 대승을 수행해야 이해를 낼 수 있다고 설해 준다. 게으름의 장애를 대치하기 위해, 어떤 중생이 안락국安樂國(극락세계)에 태어나길 원한다면 모두 왕생할 수 있고, 무구월광불無垢月光佛의 이름을 칭념稱念하면 결정코 미래에 무상보리를 얻을 수 있다고 설해 준다. 작은 선행에 만족하는 장애를 대치하기 위해, 보시 등의 행을 어떤 때는 칭찬해 주고 어떤 때는 헐뜯기도 한다. 탐하는 행의 장애를 대치하기 위해, 불토佛土의 부富·낙樂의 장엄을 칭찬한다. 거만한 행의 장애를 대치하기 위해, 제불을 칭찬하거나 혹은 더욱 수승한 자가 있음을 (칭찬한다.) 후회하는 행(悔行)의 장애를 대치하기 위해,[121] 간혹 어떤 중생이 불보살에게 불이익을 주었을 때 그 유정이 비록 경훼輕毀를 행했지만 또한 천天에 태어날 수 있다고 말해 준다. 종성이 일정하지 않은 장애를 대치시키기 위해, 성문聲聞의 하열한 의요意樂를 버리게 하고 '대

---

120 『雜集論』을 인용하여 네 가지 비밀(四秘密)에 대해 설명하는 과정에서, 중간에 원측의 해설이 추가되었다. 이 해설(해)은 앞의 인용문 말미에서 거론된 '대치비밀對治秘密'에 대해 부연해서 설명한 것이다. 이 단락을 제외하면 전후의 인용문은 모두 『雜集論』의 문구다. 따라서 원측이 보완적 설명을 추가한 내용임을 나타내기 위해 중간에 '해'를 추가하였다.
121 '후회하는 행(悔行)을 대치한다'는 것은 이전의 『雜集論』 인용문에서 언급된 일곱 번째 '악작惡作'을 대치하는 것을 말한다.

성문으로서 미래에 부처가 될 수 있다'고 기별해 주며, 또 일승 외에 다시 두 번째 승은 없음을 설해 준다.[122]

爲對治輕佛障故。說往昔毗婆尸佛卽我身是。爲對治輕法障故。說於無量恒沙佛所。修行大乘。乃得生解。爲對治懈怠障故。說有衆生。願生安樂國。一切得往生。稱念無垢月光佛名。決定當得無上菩提。爲對治少善喜足障故。於施等行。或時稱讚。或時毀呰。爲對治貪行障故。稱讚佛土富樂莊嚴。爲對治慢行障故。稱讚諸佛。或有增勝。爲對治悔行障故。或有衆生。於佛菩薩。起不饒益。說彼有情。雖行輕毀。亦得生天。爲對治不定種性故。令捨聲聞下劣意樂。記大聲聞當得作佛。又說一乘更無第二。

'전변비밀轉變秘密'이란 경에서 설한 은밀한 언어(名言)를 말한다. 예를 들면 '견고하지 않은 것에서 깨달아 견고해지고, 전도에 잘 머물며, 극한 번뇌로 시달린 자가 최상의 보리를 얻는다'고 설하는 것과 같다.[123]

이 말의 밀의는, 말하자면 산동되지 않은 것(不散動)에서 견고하고 뛰어난 깨달음(堅固勝覺)을 일으킨다는 것이다. 그 이유는 무엇인가? '견고'에는 두 가지 의미가 있으니, 첫째는 진실이고 둘째는 산동이다.[124] 이

---

122 이상의 원측의 해설은 모두 『大乘莊嚴經論』 권6(T31, 621a4~20)에 의거한 것이다.
123 전변비밀이란 일종의 밀어密語와 유사한 것으로, 언어의 다의성을 이용해서 표면적 의미와는 다른 그 밖의 의미를 설하는 경우를 말한다. 그렇기 때문에 이 비밀스런 언어는 쉽게 이해되지 않고 얼핏 보면 매우 혼란스러운 문구들로 여겨진다.
124 앞에 나온 "견고하지 않은 것에서 깨달아 견고해지고(覺不堅爲堅)"라는 문장의 밀의를 해석하면서, "산동되지 않은 것(不散動)에서 견고하고 뛰어난 깨달음(堅固勝覺)을 일으킨다."라는 말과 같다고 하였다. 이 해석에 따르면, 본래의 게송 문구에서 '견고堅'라는 말이 두 번 사용되었는데, 전후로 상이한 의미로 쓰인 것이다. ① 앞의 '견고하지 않은 것(不堅)'은 '산동되지 않은 것(不散動)'을 뜻하므로, 이때의 '견堅'은 '산동散動'의 의미와 같다. ② 뒤의 '견고해진다'는 것은 '견고하고 뛰어난 깨달음을 일으킨다'는 뜻이므로, 이때의 '견'은 '진실眞實'과 같은 뜻이다. 이처럼 한 문구 안에서 상반되는 밀의를 담아서 동일한 단어를 썼기 때문에 그 문구의 의미가 표면적으로 잘 드

산동으로 인해 마음이 억세게 치닫기(剛逸)[125] 때문에 또한 그것을 '견고'라고 한다.[126]

'전도에 잘 머문다'고 했는데, 상常·낙樂·아我·정淨의 네 가지 전도를 뒤집어서 '무상' 등이라 여기기 때문에 '전도'라고 이름하였고, 여기에서 물러나지 않기 때문에 '잘 머문다'고 하였다.[127]

'극한 번뇌로 시달린 자'라 한 것은, 오랫동안 정근하고 고행한 자는 극도로 피로에 괴롭혀지고 시달렸기 때문이다.

'최상의 보리를 얻는다'는 것은, 앞에서 설했던 것과 같은 세 가지 일을 갖추면,[128] 결정코 빠르게 무상보리를 증득할 것이라는 말이다.[129]

러나지 않는 것이다.
125 여기에 나온 '剛逸'의 정확한 의미는 이 논을 통해서는 알 수 없다. 가령 세친의 『攝大乘論釋』권5(T31, 346b28)에 "覺不堅爲堅者. 不堅. 謂定由不剛强馳散難調. 故名不堅."이라는 해석이 나오는데, 이에 준해 보면 '剛逸'은 구체적으로는 '剛强馳散難調'를 뜻한다. 말하자면 마음이 산동되어 억세게 밖으로 치달리므로 조율되기 힘든 상태를 나타낸다.
126 이것은 밀의密意로 '산동散動'을 일컬어 '견堅'이라 말했던 이유를 설명한 것이다. '산동'이란 마음이 산란되어 외부 경계로 억세게 치달려 가서 조율하기 힘든 상태이기 때문에 '견고하다'고 한다. 이런 의미로 '견'이라 할 경우, '견고하지 않은 것'이란 '산동되지 않는 것', 즉 선정(定)을 뜻한다.
127 '전도에 잘 머문다'는 말은 표면적 의미와는 다르다. 여기서는 상常·낙樂·아我·정淨이라는 네 가지 전도顚倒를 능히 뒤집는 것을 '전도'라고 이름하였다. 구체적으로 말하면, 부정不淨한 몸(身)을 깨끗하다(淨)고 보거나, 감각(受)이란 고苦인데도 낙樂이라고 여기거나, 마음(心)은 무상한데도 영원하다(常)고 보거나, 법法에는 실체가 없는데도(無我) '실체가 있다(我)'고 여기는 등을 네 가지 전도라고 하는데, 여기서는 그 네 가지 전도된 생각을 뒤집어서 부정不淨·고苦·무상無常·무아無我 등이라고 관할 수 있는 것을 일컬어 '전도'라고 표현하였다. 따라서 이러한 전도에 잘 머무는 자가 최상의 보리를 얻는다고 하였다.
128 앞에서 설했던 세 가지 일이란, ① 견고하지 않은 것(선정)에서 깨달아 견고해지고, ② 네 가지 전도를 역전시켜서 무상無常 등을 관하며, ③ 온갖 고행을 다 감수하는 것을 가리킨다.
129 이상은 『雜集論』권12(T31, 752b21~c1) 참조.

轉變祕密者。謂經所說隱密名言。如說。覺不堅。[1] 善[2]住於顛倒。極煩惱所惱。得最上菩提。此中密意。[3] 於[4]不散動。起堅固勝覺。所以者何。堅有二義。一者[5]眞[6]實。二者*散動。由此散動。令心剛逸。故亦名堅。善*住於顛倒者。翻[7]常樂我常[8]四倒。爲無常等。故名顛倒。於此不退。故名善*住。極煩惱所惱者。謂於長時精勤苦行。極爲勞倦所逼惱故。得最上菩提者。若具如上所說三事。定速當證無上菩提。

1) ㉯ '覺不堅' 뒤에 다른 판본에는 '爲堅'이 있다. ㉭『雜集論』권12(T31, 752b22)에 '於不堅堅覺'으로 되어 있고, 교감주에는 '覺不堅爲堅'으로 된 곳도 있다고 하였다. 후자에 의거해서 '覺不堅' 뒤에 '爲堅'을 추가하였다. 2) ㉭『雜集論』권12(T31, 752b23)에 '善'이 '深'으로 되어 있고, 교감주에 따르면 '善'으로 된 곳도 있다. 이하도 동일하다. 3) ㉭『雜集論』권12(T31, 752b24)에 '意' 뒤에 '者'가 있다. 4) ㉭『雜集論』권12(T31, 752b24)에 '於' 앞에 '謂'가 있다. 5) ㉭『雜集論』권12(T31, 752b25)에 '者'가 없다. 이하도 동일하다. 6) ㉭『雜集論』권12(T31, 752b25)에 '眞'이 '貞'으로 되어 있으나, '眞'이 바른 듯하다. 7) ㉭『雜集論』권12(T31, 752b26)에 '翻' 앞에 '謂'가 있다. 8) ㉯ '常'은 '淨'의 오기다.

지금 이 경(『해심밀경』)에서 밀의를 밝혔으니, 가령 세존께서 말씀하셨듯이 한량없는 문으로 일찍이 온蘊 등의 열세 가지 법문으로 모두 자상이 있음을 설하셨던 것은 네 가지 중에 영입비밀에 해당한다.[130]

세존께서 다시 '모든 법은 다 자성이 없고 생함도 멸함도 없다'는 등을 설하셨던 것은 네 가지 중에 상비밀에 해당한다. 무성과 세친의『섭대승론석』제5권에서는 삼자성에 의거해서 상비밀을 설했다고 하였다.『잡집론』제12권과『대승장엄경론』제6권에서는 삼무성에 의거해서 '생함이 없다'는 등을 설하신 것은 상비밀이라 하였으니, 곧 저『잡집론』과『대승장엄경론』의 (설명은) 이 경문과 잘 맞는다.[131]

---

[130] 제1시時의 유성有性의 교설은 성문승에게 두려워하지 않고 점차로 성스런 가르침에 들어가도록 하기 위해서 설한 것이기 때문에 성문승의 영입을 위해 밀의로 설한 것이다.
[131] 제2시의 무성의 교설은 모두 '상비밀'이라는 밀의로 설한 것이다. 그런데 이처럼 '상비

今此經中明密意者。如世尊說。以無量門。曾說蘊等十三法門。皆有自相。
卽當四中令入秘密。世尊復說。一切諸法皆無自性。無生滅等。卽是四中
相秘密也。無性世親攝論第五。約三自性。說相秘密。雜集十二。莊嚴第六。
依三無性。說無生等。名相秘密。卽彼雜集及莊嚴論。順此經文。

② 삼성관三性觀에 의거해서 삼무성三無性을 건립한 뜻을 설명함[132]

경 다시 승의생이여, 유정계에서 모든 유정 부류들이 별도로 변계소집을 관觀해서 자성이라고 여기기 때문에 (세 종류 무자성성을 건립한 것이) 아니고, 또한 저들이 별도로 의타기자성과 원성실자성을 관해서 자성이라고 여기기 때문에 내가 세 종류 무자성성을 건립한 것도 아니다.

밀'에 의해 설하는 경우에도 경론마다 조금씩 차이가 있다. 예를 들어 세친과 무성의
『攝大乘論釋』등에서는 관행자들이 알아야 할(所知) 모든 법상(諸法相)으로서 변계소
집遍計所執·의타기依他起·원성실圓成實 등 삼자성三自性에 대해 설한 것을 일컬어
'상비밀'이라 한다. 반면에 『雜集論』과 『大乘莊嚴經論』은 이 『解深密經』과 마찬가지로
삼무성三無性을 설한 것을 '상비밀'이라 한다. 말하자면 상무성相無性에 의거해서 변
계소집의 상相은 본래 없음을 설하고, 또 '생무성生無性' 및 '승의무성勝義無性' 등에
의거해서 의타기와 원성실에는 그와 같은 변계소집의 증익된 상(增益相)이 없음을 현
시하기 때문에 '상비밀'을 설한 것이다. 세친의 『攝大乘論釋』권5(T31, 346b24), 무성
의 『攝大乘論釋』권5(T31, 408c19), 『雜集論』권12(T31, 752b16) 참조.
132 이하에서는 삼성관三性觀에 의거해서 삼무성을 설한 뜻을 설명하였다. 여기서는 다시
삼무성설을 설한 비밀스런 의도를 밝힘으로써 이 교설의 참다운 의미를 되새겨 보게
한다. 그에 따르면, 변계소집상의 언설이 원인(因)이 되어 집착이 일어나고 다시 그
집착은 결국 미래의 의타기의 잡염법을 생하기 때문에 생사의 세계에서 쉬지 않고 유
전流轉하게 된다. 이러한 생사유전의 인과因果를 끊도록 하기 위해서 삼성에서 삼무
성을 시설하고 그것을 관하게 하는 것이다. 그런데 이 「無自性相品」에서 설한 삼성관
을 이전의 「一切法相品」의 그것과 대조해 보면 그 특징이 드러난다. 이 품에서는 미
래의 의타기의 잡염법을 생하게 되는 가장 중요한 원인으로서 '가립된 언어(假名)'를
강조한다. 다시 말해서 변계소집상의 무無를 안다는 것은, 가립된 언어가 본래 실체
없는 가명에 불과함을 깨닫는 것이다. 따라서 삼무성을 설하는 취지도 일차적으로는
그러한 가립된 언어에 대한 실재론적 집착에서 벗어나게 하는 데 초점이 맞춰져 있다.

復次。勝義生。非由有情界中。諸有情類。別觀遍計所執。[1] 爲自性故。亦非由彼別觀依他起自性。及圓成實自性。爲自性故。我立三種無自性性。

1) ㉠『解深密經』권2(T16, 694b26)에 '執' 뒤에 '自性'이 있다.

석 이하는 두 번째로 삼성문三性門[133]에 의거해서 삼무성을 건립한 뜻을 밝힌 것이다. 이 중에 두 가지가 있다. 처음은 반석反釋[134]이고, 나중의 "오히려(然由)……" 이하는 순해順解[135]이다.

釋曰。自下第三[1] 約三性門。立三無性意。於中有二。初反釋。後然由下順解。

1) ㉠ '三'은 '二'의 오기다.

가. 반석反釋

이것은 처음에 해당한다.

"관觀"이란 '관대觀待'를 말하거나, 혹은 '관찰觀察'을 뜻한다.

이 경문의 뜻은 다음과 같다. 〈모든 유정들이 세 종류 자성을 따로따로 관하여 그 차례대로 삼성을 버리기 때문에 삼무성을 건립한 것은 아니다. 어째서인가? 오직 상무자성성相無自性性만이 변계소집성을 버리는 것이 아니라 그 밖의 두 가지(생무성과 승의무성)도 또한 변계소집성을 버리기 때문이다. 의타기성과 원성실성을 버리고서 뒤의 두 종류 무자성성(생무성과 승의무성)을 건립한 것은 아니니, 의타기성과 원성실성을 버릴 수는 없

---

[133] 앞의 과목 분류에는 '삼성문三性門'이 '삼성관三性觀'으로 되어 있다.
[134] 반석反釋 : 반해反解라고도 하며 뒤의 순해順解와 대칭되는 말이다. 도리와는 상반되는 사례를 들어 그것이 도리에 맞지 않는다는 것을 보여 주는 해석 방식이다.
[135] 순해順解 : 순석順釋이라고도 하며 앞의 반석反釋과는 대칭되는 말이다. 이전의 반석과는 달리, 이 순석은 처음부터 도리와 사실에 수순해서 해석함으로써 그로부터 합당한 결론을 이끌어 내는 것을 말한다.

기 때문이다.〉¹³⁶

해 또는 이 중에서 세 가지 (무성을) 건립한 뜻은 다음과 같다. 〈유정들이 집착하는 바의 과환을 제거하기 위해서 삼무성을 건립하였지, 저 유정들이 삼성에 대해 하나하나 따로따로 세 가지 자성이 있다고 집착하여 그것을 제거하기 위해서 삼무성을 건립한 것은 아니다. 다만 모든 유정들이 의타기성 및 원성실성을 알지 못하고, 두 가지 자성에서 증익增益의 집착을 일으키기 때문에 세 종류 무성을 건립한 것이다.〉¹³⁷

두 가지 설명 중에서 후자의 설명이 뛰어나니, 경문 구조(文相)와 잘 맞기 때문이다.¹³⁸ 『심밀해탈경』에 의하더라도 이 경과 어긋나지 않는다.

此卽初也。觀謂觀待。或觀察義。此中意云。謂諸有情。非由別觀三種自性。如其次第。遣三性故。立三無性。所以者何。非唯相無自性性遣遍計所執。餘二亦遣所執性故。不遣依他及圓成實。立後二種無自性性。依他圓成不可遣故。又解。此中立三意者。爲除有情所執過患。立三無性。非彼有情。

---

136 위의 경문의 뜻에 대해 두 가지 해석이 가능한데, 여기서 진술된 것은 그중 첫 번째 해석이다. 이 첫 번째 해석에 따르면, 변계소집성은 범부의 정情 속에서 실재라고 집착되지만 실은 전혀 존재하지 않는 '무無'이기 때문에 반드시 '버려야할 것(所遣性)'이지만, 의타기성과 원성실성은 '무無'라고 부정되는 것은 아니다. 그러므로 세 종류 무성(三無性)은 단순히 세 종류 자성(三性)의 실재성을 각기 따로 부정하는 것이 아니고, 세 종류 무성이 모두 변계소집성의 무無를 나타낸다는 것이다.

137 이 두 번째 해석(解)에서는 변계소집성의 증익增益된 상相과 의타기·원성실의 관계를 더 명료하게 밝히고 있다. 중생들이 의타기·원성실에 대해 잘 알지 못함으로써 두 자성에다 변계소집상을 증익시킨다. 다시 말하면 범부들은 의타기성과 원성실에는 '두루 분별하는 마음속에 집착된 상(遍計所執相)'과 같은 것은 존재하지 않는데도 그에 대해 실재론적 집착을 일으킨다. 따라서 '의타기성과 원성실성에서 증익增益의 집착을 막기 위해' 삼무성을 설하였다고 하였다. 이러한 해석은 이 『解深密經』의 전후 경문과도 잘 맞는다.

138 두 번째 해석은 바로 뒤에 이어지는 "유정들이 의타기자성 및 원성실자성에다 변계소집자성을 증익시키기 때문에 나는 세 종류 무자성성을 건립하였다."라는 경문과 일치하기 때문에 더 뛰어난 해석이라고 하였다.

於三性中。一一別執有三自性。爲除彼故。立三無性。但諸有情。不了依他
及圓成實。於二性上。起增益執。由此。建立三種三¹⁾無性。於二說中。後說
爲勝。順文相故。依深密經。不違此經。

1) ㉑ '三'은 잉자인 듯하다.

나. 순해順解

경 그런데 유정들이 의타기자성 및 원성실자성에다 변계소집자성을 증익
시키기 때문에 나는 세 종류 무자성성을 건립하였다.

然由有情。於依他起自性。及圓成實自性上。增益遍計所執自性故。我立三
種無自性性。

석 이하는 두 번째로 순해順解(도리에 수순해서 해석한 것)이다. 이 중에 두
가지가 있다. 앞은 표장이고, 나중은 해석이다.

釋曰。此下第二順解。於中有二。先標。後釋。

가) 표장
이것은 표장이다.

이 경문의 뜻은 다음과 같다. 〈두 가지 자성에서 (증익된) 변계소집상
遍計所執相은 자상自相으로 말미암아 상相으로 안립된 것이 아니기 때문에
'상무자성성'이라 건립하였고,¹³⁹ 의타기에는 '자연생自然生'이라는 증익이

---

139 변계소집의 상들은 '자상自相으로 말미암아 상으로 안립된 것이 아니다'라는 말은 '본
래 실재하지 않고 가립된 이름만 있다'는 말과 같다. 이러한 상들은 '본래 무(本無)'라
고 부정하는 맥락에서 '상무성相無性'을 설한 것이다. 자세한 것은 이전의 p.99 '㉮ 상

없기 때문에 '생무자성성'을 건립하였으며,¹⁴⁰ 원성실에는 이러한 변계소집성이 없기 때문에 '승의무자성성'을 건립한 것이지,¹⁴¹ 따로따로 세 종류 자성을 자성으로 관하기 때문에 (그 차례대로) 세 종류 무자성성을 설했다는 말은 아니다.〉

> 此卽標也。此意說云。於二性上遍計所執相。非由自相安立爲相故。立相無自性性。於依他起上。無自然生增益故。立生無自性性。於圓成實上。無此所執性故。立勝義無自性性。非謂別觀三種自性爲自性故。故說三種無自性性。

나) 해석

[경] 변계소집자성의 상相으로 말미암아 저 모든 유정들은 의타기자성 및 원성실자성에 대해 (그 상을) 따라서 언설을 일으킨다.

> 由遍計所執自性相故。彼諸有情。於依他起自性及圓成實自性中。隨起言說。

　　무자성성상無自性性相' 참조.
140 예를 들어 제법은 대자재천大自在天과 같은 유일한 인因으로부터 자연적으로 생한다(自然生)고 여기는 경우, 이것은 다른 연들에 의지해서 생기하는(依他起) 제법에 대해 그것들의 승인勝因이 있다고 증익시킨 것이다. 따라서 생무성生無性을 설하여 연생법緣生法 가운데는 그와 같은 유일한 승인이 없다고 부정하였지만, 연생법 자체가 없다고 부정한 것은 아니다. 자세한 것은 p.103 '㉯ 생무자성성生無自性性' 참조.
141 아공我空·법공法空에 의해 현현된 무성無性의 이치 그 자체가 진여이고, 이러한 진여는 언어를 넘어선 참된 실재이다. 그런데 이러한 '이언진여離言眞如'에 대해 '진여'라는 이름으로 어떤 언어적 표상을 떠올리거나, 혹은 본질적으로 무자성無自性인 제법에 대해 가명假名에 의거해서 두루 헤아림으로써 집착된 상(遍計所執相)들 그 자체가 원성실성(진여)에 대해 증익을 일으킨 것이라고 볼 수도 있다. 이처럼 원성실성(진여)에서 변계소집을 증익시키기 때문에 '승의무성'을 설한 것이지, 원성실성을 '없다(無)'고 부정하기 위해 승의무성을 설한 것은 아니다.

석 이것은 해석이다.

그 뜻을 총괄해서 말하자면 다음과 같다. 〈집착된 상(所執相 : 변계소집자성의 상)으로 인해 능히 언설을 일으키고, 언설로 인해 세 가지 인(三因)을 이루며,[142] 세 가지 인으로 말미암아 모든 집착을 일으키고, 집착으로 인해 의타기의 세 종류 잡염雜染과 육취생사六趣生死에서 유전하는 과실을 생하는 것이다.[143] 그러므로 여기에서는 변계소집상에 의거해서 삼무성을 건립하였다.〉

이 중에 두 가지가 있다. 처음은 집착된 상으로 말미암아 능히 집착을 생한다는 것이고, 나중의 "이러이러한(如如)" 이하는 집착으로 말미암아 유전법을 생하는 것이다.

釋曰。此卽釋也。總說意云。由所執相。能起言說。由言說故。成三種因。由三因故。起諸執著。由執著故。生依他起三種雜染。流轉六趣生死過失。是故。此中約所執相。立三無性。於中有二。初由所執相。能生執著。後如如下。由執著故。生流轉法。

(가) 소집상所執相으로 인해 집착을 생함

전자 중에 두 가지가 있다. 처음은 집착된 상(所執相)으로 인해 능히 언설을 일으키는 것이고, 나중의 "이러이러한" 이하는 언설로 인해 능히 집착을 낸다는 것이다.

前中有二。初由所執相。能起言說。後如如。[1) 由言說故。能生執著。

---

142 이후의 경문에서 언급되듯, 언설훈습言說熏習과 언설수각言說隨覺과 언설수면言說隨眠 등 세 가지 인因이 이루어지는 것을 말한다.
143 이후의 경문에서 언급되듯, 번뇌煩惱(惑)의 잡염, 업業의 잡염, 생生(苦)의 잡염에 의해 더럽혀져 육취의 생사에서 유전하게 되는 것을 말한다.

1) ㉠ '如' 뒤에 '下'가 누락된 듯하다.

㉮ 소집상으로 인해 언설을 일으킴

이것은 처음에 해당한다. 이치상 실로 두 가지 자성自性(의타기와 원성실)은 모두 언어를 떠나 있지만 변계소집상으로 인해 두 가지 (자성의) 상相에서 언설을 일으키게 된다.

此卽初也。理實二性。皆離名言。而由遍計所執相故。於二相中。有言說起。

㉯ 언설로 인해 집착을 생함

경 이러이러한 것을 따라 언설을 일으키니,[144] 이와 같이 이와 같이, 언설에 의해 훈습된 마음 때문에,[145] 언설을 따라 자각하기 때문에,[146] 언설이 수면하기 때문에,[147]

如如隨起言說。如是如是。由言說熏習心故。由言說隨覺故。由言說隨眠故。

---

144 이하 원측의 해석을 보면, '如如隨起言說'이라는 문구는 "隨彼如如。起諸言說。"로 풀이되고, '如如'는 다수의 것을 나타내는 말이다.
145 이것은 마음에 내재된 명언훈습종자名言熏習種子를 가리킨다. 무시이래 반복되어 온 언어적 분별 활동이 마음을 훈습함으로써 그 흔적을 남기는데, 이것이 명언훈습종자다. 이러한 인因이 마음에 내재해 있기 때문에 다시 마음에 언어와 결합되는 제법의 상들이 현현하는 것이다. 이하의 'b. 세 가지 인으로 인해 집착을 생함'에서 진술하듯, 이 명언종자는 집착을 일으키는 직접적 원인(因緣)에 해당한다.
146 '언설을 따라 자각한다(言說隨覺)'는 것은 예를 들어 육도중생 중에 인人·천天처럼 언어를 이해하는 유정들이 언어를 매개로 하여 사물을 분별하는 것을 말한다.
147 '언설이 수면하고 있다(言說隨眠)'는 것은 예를 들어 갓난아이(嬰兒)나 짐승들의 경우처럼 언어를 이해하지 못하고 다만 언어가 잠재된 상태(隨眠)에서 분별을 일으키게 하는 것을 말한다.

석 이것은 두 번째로 언설로 인해 능히 집착을 생한다는 것이다. 이 중에 두 가지가 있다. 처음은 언설로 인해 세 종류 인因을 이룬다는 것이고, 나중은 세 가지 인으로 말미암아 집착을 생한다는 것이다.

釋曰。此即第二由言說故能生執著。於中有二。初由言說故。成三種因。後由三因故。能生執著。

a. 언설로 인해 세 가지 인因을 이룸

이것은 처음에 해당한다.

"이러이러한 것(如如)"이란 언설되는 법(所說法)을 나타낸 것이니, 언설되는 것이 하나가 아니기 때문에 "이러이러한 것"이라 하였다. 그 '이러이러한 것'을 따라서 모든 언설을 일으키기 때문에 거듭해서 "이와 같이 이와 같이(如是如是)"라고 하였다.

모든 언설로 말미암아 세 종류 인因을 이루게 된다. 첫째로 "언설에 의해 훈습된 마음 때문에"라는 것은 세 종류 훈습(三熏習)[148] 중에서 명언훈습名言熏習을 밝힌 것이다.[149] 둘째로 "언설을 따라 자각하기 때문에"라고 한 것은 명언名言을 이해하여 그에 따라 알아차리고 분별하는 것이니, 예

---

148 세 종류 훈습(三熏習) : 세 종류 습기(三習氣)라고도 하며, 일체법을 내는 종자種子를 세 종류로 구분한 것이다. 즉 명언훈습종자名言熏習種子(혹은 '명언습기'라고 칭함), 아집훈습종자我執熏習種子(혹은 '아집습기'라고 칭함), 유지훈습종자有支熏習種子(혹은 '유지습기'라고 칭함)를 말한다. 원측은 이전의 『解深密經疏』「心意識相品」에서 '종자식種子識'에 대해 설명하면서 세 종류 습기를 자세히 해석한 바 있다. 이에 대해서는 원측/백진순 옮김, 『해심밀경소 제3 심의식상품 · 제4 일체법상품』(서울: 동국대학교 출판부, 2013), pp.107~116 참조.

149 유정들이 집착을 내고 생사에서 유전하게 되는 첫 번째 인因은 세 종류 종자 중에서 명언훈습종자名言熏習種子이다. 이 명언훈습종자는 언어적 분별을 반복적으로 행함으로써 훈습되어 이루어진 종자를 말하는데, 이것이 일체법을 생하는 직접적 원인(因緣)으로 간주된다.

를 들면 사람(人)·천天 등처럼 언어를 이해하는 자이다. 셋째, "언설이 수면하기 때문에"라고 한 것은 명언을 이해하지 못하고 수면隨眠(명언이 잠재된 상태)으로 인해 분별을 일으키는 것이니, 예를 들면 소나 양 등이 언설을 이해하지 못하고 단지 수면으로 인해 분별을 일으키는 것과 같다.

이것은 곧 언설을 일으키기 때문에 세 종류 인을 이루게 됨을 나타낸 것이다.

> 此卽初也。言如如者。顯所說法。所說非一。故曰如如。隨彼如如。起諸言說。是故重言如是如是。由諸言說。成三種因。一由言說熏習心故。此明三熏習中名言熏習。二由言說隨覺故。此解名言隨覺分別。如人天等解言說者。三由言說隨眠故。此不解名言。隨眠分別。如牛羊等。不解言說。但由隨眠。而起分別。此卽顯由起言說故成三種因。

b. 세 가지 인으로 인해 집착을 생함

경 의타기자성과 원성실자성에서 변계소집자성의 상을 집착하는 것이다.

> 於依他起自性及圓成實自性中。執著遍計所執自性相。

석 이것은 세 가지 인 때문에 능히 집착함을 밝힌 것이다. 세 가지 인 중에 앞의 한 가지 인은 집착의 인연因緣(직접적 원인)을 나타낸 것이고, 뒤의 두 가지 인은 증상연增上緣(보조적 원인)을 나타낸 것이다. 이 세 가지 인으로 인해 두 가지 자성에서 변계소집자성을 집착하는 것이다.

> 釋曰。此明由三因故能執著。於三因中。前之一因。顯執因緣。後之二因。顯增上緣。由此三因。於二性中。執著遍計所執自性。

(나) 집착으로 인해 유전법流轉法을 생함

경 이러이러한 것에 집착하면서, 이와 같이 이와 같이, 의타기자성과 원성실자성에서 변계소집자성을 집착하니,

如如執著。如是如是。於依他起自性及圓成實自性上。執著遍計所執自性。

석 이하에서는 두 번째로 집착으로 인해 유전법流轉法을 생한다는 것을 밝혔다. 이 중에 두 가지가 있다. 처음은 이전의 집착(能執)을 표시해 놓음으로써 유전의 인因을 나타낸 것이고, 나중은 집착이 유전의 과果를 냄을 바로 밝힌 것이다.

釋曰。此下第二由執著故。生流轉法。於中有二。初牒前能執。顯流轉因。後正明能執生流轉果。

㉮ 이전의 집착을 표시해 놓음으로써 유전流轉의 인因을 나타냄

이것은 처음에 해당한다.

"이러이러한 것"이란 집착되는 경계를 나타낸 것이니, 집착되는 것은 하나가 아니기 때문에 '이러이러한 것'이라고 하였다. 그 '이러이러한 것'을 따라서 모든 집착을 일으키기 때문에 거듭해서 "이와 같이 이와 같이"라고 말하였다. 이 집착으로 인해 두 가지 자성에서 변계소집자성을 집착하게 되니, 이 집착이 유전의 인因이다.

此卽初也。言如如者。顯所執境。所執非一。故曰如如。隨彼如如。起諸執著。是故重言如如是是。[1] 由此執著。於二性中。執著遍計所執自性。以此執著。爲流轉因。

1) ㉯ '如如是是'는 '如是如是'의 오기인 듯하다.

㉭ 집착이 유전流轉의 과果를 냄을 바로 밝힘

경 이런 인연으로 인해 미래세의 의타기자성을 생하는 것이다.

由此¹⁾因緣。生當來世依他起自性。

1) ㉯ 『解深密經』 권2(T16, 694c8)에 '此'가 '是'로 되어 있다.

석 이하에서는 두 번째로 유전의 과를 나타내었다. 이 중에 두 가지가 있다. 처음은 의타기를 생하는 것이고, 나중은 세 가지 잡염을 생하는 것이다.

釋曰。此下第二顯流轉果。於中有二。初生依他起。後生三雜染。

a. 의타기依他起를 생함
이것은 처음에 해당한다.
문 의타와 잡염은 어떤 차이가 있는가?[150]

---

150 위 경문에서는 의타기를 설하면서 잡염법에 국한해서 논하였지만, 이전의 「一切法相品」에서 언급되었듯, 의타기란 잡염법뿐만 아니라 무루無漏의 도제道諦 등과 같은 청정법淸淨法도 포괄하는 용어이기 때문에 이런 질문을 한 것이다. 원측은 이 경의 「一切法相品」에서 설한 삼성설의 차이에 근거해서 두 문을 도출한 바 있는데, 첫째는 소집所執·잡염雜染·부도不倒의 문이고, 둘째는 소집所執·연생緣生·불변不變의 문이다. 두 문은 '집착된 것'을 모두 변계소집으로 본다는 점은 동일한데, 다만 의타기와 원성실의 범위를 어떻게 규정하느냐에 따라 차이가 생긴다. 만약 연생하는 유위법 중에서 오직 잡염법만을 의타기라고 하고, '전도되지 않은 것(不倒)'이라는 포괄적 관점에서 청정한 유위有爲의 도제道諦 및 무위無爲의 진여 등을 모두 '원성실'로 간주하면 첫 번째 문(소집·잡염·부도)이다. '인연에 의지해서 생겨난다(緣生)'는 점에서 모든 유위법有爲法들을 '의타기'로 간주하고 청정한 법 중에서도 오직 변치 않는 무위의

답 총總과 별別 간의 차이가 있다. 혹은 광범위한 것(寬)과 협소한 것(狹) 간의 부동함이라고 할 수도 있다. 의타기는 광범위한 것이니, 연을 따라 생기는 것은 모두 '의타'이기 때문이다. (그러나) 세 가지 잡염 중에는 장양오근長養五根 등을 포함하지 않기 때문이다.[151]

此卽初也。問。依他雜染。有何差別。答。總別有異。或可寬狹不同。依他是寬。從緣生者。皆依他故。三雜染中。不攝長養五根等故。

b. 세 가지 잡염雜染을 생함

경 이런 인연으로 말미암아 혹은 번뇌잡염으로 오염되고, 혹은 업잡염으로 오염되며, 혹은 생잡염으로 오염되어, 생사에서 오랫동안 치달리고 오랫동안 유전하면서 그치는 적이 없는 것이다.

由此因緣。或爲煩惱雜染所染。或爲業[1)]染所染。或爲生雜染所染。於生死中。長時馳騁。長時流轉。無有休息。

---
1) ㉭『解深密經』권2(T16, 694c9)에 '業' 뒤에 '雜'이 있다.

진여에만 국한시키면 두 번째 문(소집·연생·불변)이다. 이 경의 「一切法相品」에서는 삼성의 기본 정의에서는 두 번째 문에서 설했지만, 특히 삼성의 관법觀法을 설명할 때는 첫 번째 문에 의거해서 변계소집상의 언어들이 시설되는 실질적 근거(所依)로서의 잡염법만을 의타기라고 하였다. 지금 이 「無自性相品」에서는 후자와 같은 맥락에서 설하였다. 원측/백진순 옮김, 『해심밀경소 제3 심의식상품·제4 일체법상품』(서울: 동국대학교출판부, 2013), pp.261~263 참조.

151 오근에는 두 종류가 있다. 첫째는 이숙오근異熟五根이니, 이것은 업業으로 인해 감득된 선천적인 것을 말한다. 둘째는 장양오근長養五根이니, 이것은 음식이나 음식과 자조資助(몸에 이로운 오일을 바르거나 목욕하는 것)와 수면睡眠과 등지等持(선정) 등에 의해 후천적으로 길러진 것을 말한다. 의타기법에는 이숙오근뿐만 아니라 장양오근도 포함되지만, 세 종류 잡염법에는 장양오근 등은 포함되지 않는다.

석 이하는 두 번째로 세 가지 잡염을 생함을 밝힌 것이다. 이 중에 두 가지가 있다. 처음은 세 가지 잡염으로 인해 생사에서 유전하는 것이고, 나중은 세 가지 잡염으로 인해 육취에서 유전하는 것이다.

釋曰。此下第二生三雜染。於中有二。初由三雜染。流轉生死。後由三雜染。流轉六趣。

a) 세 가지 잡염으로 인해 생사生死에서 유전함

이것은 처음에 해당한다. 이 집착이 인연이 되기 때문에 세 가지 잡염을 생겨나게 하니, 세 가지 잡염이란 혹惑·업業·생生[152]을 말한다. 소연박所緣縛·상응박相應縛[153]이라는 두 가지 속박에 묶이기 때문에 '잡염'이라 한다. 이 잡염으로 말미암아 분단생사分段生死·변역생사變易生死[154]라는 두 가지 생사에서 치달리고 유전하면서 그치는 적이 없다.【두 종류 생사의 의미는 『별장』에서 설한 것과 같다.】

---

152 혹惑(번뇌)·업業·생生 : 이 세 종류를 '삼잡염三雜染'이라고 한다. 이 중에, 혹잡염은 번뇌잡염이라고도 하며, 모든 번뇌 및 수번뇌를 총칭한 것이다. 업잡염이란 번뇌가 인因이 되어 생겨나거나 혹은 번뇌가 인이 되고 선법의 조장助長이 연緣이 되어 생겨난 것, 즉 삼계의 신업·어업·의업 등을 가리킨다. 생잡염이란 이전의 번뇌와 업이 원인이 되어서 생겨나고 생함이 원인이 되어서 고苦가 있는 것을 말한다. 이 세 종류 잡염은 미혹의 인과因果를 나타내는 것이다. 말하자면 번뇌에 의해 선악의 업을 짓고, 업에 의해 삼계에서 고락의 과보를 받으며 나고 죽는 일이 끊임없이 이어진다.

153 소연박所緣縛·상응박相應縛 : 심식에 의해 인식되는 경계를 소연所緣이라 하고, 이 심식이 경계 때문에 그 작용이 제약되어 속박되는 것을 '소연박'이라 한다. 예를 들면 안식은 색만 인식할 뿐 그 외의 성·향 등을 대경으로 하지 못하는 것과 같다. '상응박'은 마음이 그와 상응해서 일어나는 견혹見惑이나 수혹修惑에 속박되는 것을 말한다.

154 분단생사分段生死·변역생사變易生死 : '분단생사'란 유루의 선악업을 지은 중생들이 수명의 장단이나 육체의 대소 등에 의해 제약되는 '몸'을 과보로서 받으면서 삼계 안에서 생사유전하는 것을 말한다. '변역생사'란 아라한·벽지불·대력보살 등이 삼계 밖에서 뛰어나고 미묘한 과보신 즉 의생신意生身을 받는 것을 말한다. 그 몸은 자비와 원력에 의지하고 있기 때문에 수명이나 육체를 모두 자유롭게 변화시키거나 뒤바꿀 수 있어서 일정한 제한이 없다.

此卽初也。謂由此執爲因緣故。生三雜染。三雜染者。謂或¹⁾業生。所緣相
應二縛所縛。故名雜染。由此雜染。分段變易二生死中。馳騁流轉。無有休
息。【二種生死。義如別章。】

1) ㉭ '或'은 '惑'의 오기다.

b) 세 가지 잡염으로 인해 육취六趣에서 유전함

경 혹은 나락가 중에서 혹은 방생(축생) 중에서 혹은 아귀 중에서 혹은 천에서 혹은 아소락 중에서 혹은 사람 중에서 모든 고뇌를 받는다.

或在那落迦。或在傍生。或在餓鬼。或在天上。或在阿索洛。或在人中。受
諸苦惱。

석 이것은 두 번째로 세 가지 잡염으로 인해 육취에서 유전하는 것이다.
'나락가那落迦⑤ naraka)'라는 것은, 『순정리론』제21권에 의하면 다음과 같다. "'가迦는 '낙樂'의 다른 이름이고 '나那'는 '없음(無)'을 말하며 '락落'은 '준다(與)'는 뜻이니, 즐거움을 서로 나누어 줌이 없는 것(無樂相與)을 나락가라고 한다. 혹은 다시 '락가'는 '구제救濟'를 뜻하고 '나'는 '불가不可'를 말하니, 구제할 수 없는 것을 나락가라고 한다."[155] 『대비바사론』제172권에서는 "'나락'은 '사람'을 말하고, '가'는 '악惡'을 말하니, 악인이 그곳에 태어나기 때문에 나락가라고 한다."[156]라고 하였다. 『잡아비담심론』제8권에서는 "즐거워할 수 없기 때문에 지옥이라 한다."[157]라고 하였다.
'방생傍生'이라 한 것에 대해, 『잡아비담심론』에서는 "몸을 가로누워서

---

155 『順正理論』 권21(T29, 461a15).
156 『大毘婆沙論』 권172(T27, 865b27).
157 『雜阿毘曇心論』 권8(T28, 936b7).

다니기 때문에 축생이라 한다."¹⁵⁸라고 하였다.『순정리론』에서는 "그 취에서는 대부분 몸을 가로누워서 살기 때문이거나, 혹은 그 취에서는 간혹 일부가 옆으로 다니는 것이 있기 때문이다."¹⁵⁹라고 하였다.『대비바사론』에서는 다음과 같이 말한다. "그 형체가 옆으로 되어 있으므로 다니는 것도 옆으로 다니고, 다니는 것이 옆으로 다니기 때문에 형체도 옆으로 되어 있다. 따라서 '방생'이라 한다.……어떤 이는 다음과 같이 말한다.〈두루 모든 곳에 퍼져 있기 때문에 방생이라 한다. 말하자면 이것은 오취五趣에 두루 다 존재하는 것이다.〉"¹⁶⁰

'아귀餓鬼'라고 한 것에 대해,『잡아비담심론』에서는 "다른 이에게서 희구하기 때문에 아귀라고 한다.¹⁶¹"¹⁶²라고 하였다.『순정리론』에서는 "대개 겁약한 마음을 품고 그 외형은 초췌하며 몸과 마음이 경박하기 때문에 아귀라고 한다."¹⁶³라고 하였다.『대비바사론』에서는 다음과 같이 말한다. "기갈이 늘기 때문에 '귀鬼'라고 한다.¹⁶⁴……어떤 이는 다음과 같이 말한다.〈부림을 당하기 때문에 '귀'라고 하니, 언제나 모든 천天을 위해 곳곳에서 부림 당하면서 언제나 질주하기 때문이다.〉"¹⁶⁵

釋曰。此卽第二由三雜染流轉六趣。言那落迦。依順正理二十一云。迦¹⁾是樂²⁾名。那者言無。落是與義。無樂相與。名那落迦。或復落迦。是救濟義。

158『雜阿毘曇心論』권8(T28, 936b7).
159『順正理論』권21(T29, 461a19).
160『大毘婆沙論』권172(T27, 866c16) 참조.
161 오취五趣 중에서 다른 유정에게 많은 것을 갈망하는 자는 이보다 더한 것은 없기 때문에 '아귀餓鬼'라고 한다는 것이다.
162『雜阿毘曇心論』권8(T28, 936b8).
163『順正理論』권21(T29, 461a23).
164 이 아귀는 기갈飢渴의 과보를 감득해 내는 업을 쌓았기 때문에 오랜 세월이 경과해도 '물' 이름조차 듣지 못하거나, 혹은 배는 산만큼 큰데 목구멍은 바늘구멍만 해서 비록 마실 것을 마주해도 넘길 수가 없다고 한다.『大毘婆沙論』권172(T27, 867a27) 참조.
165『大毘婆沙論』권172(T27, 867a27).

那名不可. 不可救濟. 名那落迦. 依大婆沙百七十二云. 捺落名人. 迦名爲惡. 惡人生³⁾處.⁴⁾ 名捺落迦. 依毗曇論第八卷云. 不可樂故名地獄. 言傍生者. 毗曇論云. 身橫行故名畜生. 順正理云. 彼趣多分身橫住故. 或彼趣中. 容有少分傍行者.⁵⁾ 婆沙論云. 其形傍故行亦傍. 以行傍故形亦傍. 故⁶⁾名傍生. 有說. 遍⁷⁾諸處. 故名傍生. 謂此遍於五趣有故.⁸⁾ 言餓鬼者. 毗曇論云. 從他悕⁹⁾求. 故名餓鬼. 順正理云. 多懷¹⁰⁾法¹¹⁾劣. 其形瘦悴. 身心輕躁. 故名餓鬼. 婆沙論云. 飢渴增故. 名爲餓¹²⁾鬼. 有說. 被驅役故名鬼. 恒爲諸天處處驅役. 常馳走故.

1) ㉎『順正理論』 권21(T29, 461a15)에 '迦' 뒤에 '者'가 있다. 2) ㉎『順正理論』 권21(T29, 461a15)에 '樂' 뒤에 '異'가 있다. 3) ㉎『大毘婆沙論』 권172(T27, 865b27)에 '生' 뒤에 '彼'가 있다. 4) ㉎『大毘婆沙論』 권172(T27, 865b27)에 '處' 뒤에 '故'가 있다. 5) ㉎『順正理論』 권21(T29, 461a20)에 '者' 뒤에 '故'가 있다. 6) ㉎『大毘婆沙論』 권172(T27, 865c17)에 '故' 앞에 '是'가 있다. 7) ㉎『大毘婆沙論』 권172(T27, 866c23)에 '遍' 앞에 '流'가 있다. 8) ㉎『大毘婆沙論』 권172(T27, c24)에 '有故'가 '皆有'로 되어 있다. 9) ㉎『雜阿毘曇心論』 권8(T28, 936b8)에 '悕'가 '希'로 되어 있다. 10) ㉎『順正理論』 권21(T29, 461a23)에 '多懷'가 '又多'로 되어 있다. 11) ㉎『順正理論』 권21(T29, 461a23)에 따르면, '法'은 '怯'의 오기다. 12) ㉎『大毘婆沙論』 권172(T27, 867a27)에는 '爲餓'가 없다.

'천天(Ⓢ deva)'이란, 『잡아비담심론』에서는 "광명光明 때문에 천이라 한다.¹⁶⁶~¹⁶⁷라고 하였다. 『순정리론』에서는 "천이란 존고尊高를 말하니, 신묘한 작용이 자재하여 많은 이들이 기도하는 대상이기 때문에 천이라 한다."¹⁶⁸라고 하였다. 『대비바사론』에서는 "광명이 증가하기 때문에 천이라

---

166 천天을 광명光明이라 한 것에 대해, 몇 가지 해석이 있을 수 있다. 뒤의 『大毘婆沙論』의 인용문에서 '천의 자연신自然身 자체가 광명으로 가득 차 있다'고 한 것처럼, 천은 다른 무엇보다도 광명이 증상增上된 존재임을 뜻할 수 있다. 한편 『順正理論』 권21(T29, 461a25)에서는 "천은 광명을 말하니, 위덕이 치성하고 담론을 놀이 삼아 즐기면서 용감하게 서로 능가한다.(天謂光明. 威德熾盛. 遊戱談論. 勇悍相陵.)"라고 하였는데, 이때 '광명'이란 천의 정신적 자질과 능력을 표현한 말일 수도 있다.
167 『雜阿毘曇心論』 권8(T28, 936b8) 참조.
168 『順正理論』 권21(T29, 461a27).

하니, 그들의 자연신自然身의 광명이 항상 밤낮으로 똑같이 비추기 때문이다."[169]라고 하였다.

'아소락阿素洛(⑤ asura)'이란,[170] 『순정리론』에서 다음과 같이 말한다. "'소락'은 천天인데, 이는 '자재'를 뜻한다. '아'는 '아님(非)'을 뜻한다. 그들은 천이 아니고 자재함이 천보다는 덜하다는 것을 나타내려고 '아소락'이라 이름한다."[171] 『대비바사론』에서는 다음과 같이 말한다. "'소락'은 천天이다. 그들은 천이 아니기 때문에 아소락이라 한 것이다. 다시 '소락'은 단정端政이라 한다. 그들은 단정하지 않기 때문에 아소락이라 한 것이다.[172]"[173]

'인人'이라 한 것은, 『잡아비담심론』에서는 "마음(意)이 고요하기 때문에 사람이라 한다."[174]라고 하였다. 『순정리론』에서는 "사려가 많기 때문에 사람이라 한다."[175]라고 하였다. 『대비비사론』에서는 "'마음(意)'을 고요하게 할 수 있기 때문에 사람이라 하니, 오취 중에서 능히 마음을 고요하게 할 수 있는 것은 사람만 한 자가 없기 때문이다."[176]라고 하였다. 자세하

---

169 『大毘婆沙論』권172(T27, 868a20).
170 이하 『順正理論』과 『大毘婆沙論』 등에 따르면, 아소락阿素洛은 본래 천취天趣에 속하는 부류인데 천天과 비교하면 행실과 능력이 천답지 않기 때문에 '비천非天'이라고 부른다. 이는 마치 사람이 사람답지 않을 때 '사람이 아니다(非人)'라고 하는 경우와 같다. 그런데 아소락은 천취나 귀취鬼趣 또는 축생畜生에 속한다는 설이 있다. 따라서 살바다종의 『大毘婆沙論』이나 유식종의 『瑜伽師地論』 등에서는 육취六趣에서 아소락을 빼고 오취五趣(혹은 오도五道)로 분류하기도 한다. 이에 관한 자세한 설명은 원측/백진순 옮김, 『해심밀경소 제3 심의식상품·제4 일체법상품』(서울: 동국대학교출판부, 2013), pp.117~119 참조.
171 『順正理論』권21(T29, 461b21).
172 아소락의 부류들은 대개 용모가 단정端正하지 못하고 추하기 때문에 '부단정不端正'이라 이름하기도 한다.
173 『大毘婆沙論』권172(T27, 868b4).
174 『雜阿毘曇心論』권8(T28, 936b8) 참조.
175 『順正理論』권21(T29, 461a25) 참조.
176 『大毘婆沙論』권172(T27, 867c18).

게 해석하면 저 『순정리론』과 『대비바사론』과 같고, 구체적인 것은 『별장』에서 설한 것과 같다.

> 所言天者. 毗曇論云. 光明故名天. 順正理云. 天謂[1]尊高. 神用自在. 衆所祈告. 故名爲天. 婆沙論云. 光明增故名天. 以彼自然身光. 恒照晝夜等故. 阿素洛者. 正理云. 素洛名天. 是自在義. 阿是非義. 顯彼非天. 自在減天. 名阿素洛. 婆沙論云. 素洛是天. 彼非天故. 名阿素洛. 復次. 素洛名端政. 彼非端政.[2] 名阿素洛. 所言人者. 毗曇論云. 意寂靜故名人. 順正理云. 多思慮故名[3]人. 婆沙論云. 能寂靜[4]故名人. 以五趣中. 能寂靜意. 無如人者. 廣釋如彼正理婆沙. 具如別章.

---

1) ㉠『順正理論』 권21(T29, 461a26)에 '天謂'가 '或復'로 되어 있다.   2) ㉠『大毘婆沙論』 권172(T27, 868b5)에 '政' 뒤에 '故'가 있다.   3) ㉠『順正理論』 권21(T29, 461a25)에 '名' 뒤에 '爲'가 있다.   4) ㉠『大毘婆沙論』 권172(T27, 867c19)에 '靜' 뒤에 '意'가 있다.

③ 지위에 의거해서 삼무성을 건립한 뜻을 설명함[177]

경 다시 승의생이여, 만약 유정들 중에 본래부터 아직 선근을 심지 못했고, 아직 장애를 청정하게 하지 못했으며, 아직 (선근의) 상속을 성숙시키지

---

177 이하에서는 자량위資糧位·가행위加行位·통달위通達位·수습위修習位·구경위究竟位 등 유식오위唯識五位에 의거해서 삼무성三無性을 설한 뜻을 설명하였다. 오위 중에 최초의 자량위(十信에서 十廻向까지)와 십신 이전의 지위에서 해탈분의 선근을 심는 사람들에게는 '생무성生無性'을 설해 준다. 이 지위의 사람들은 복덕·지혜의 선근을 아직 충분히 쌓지 못했기 때문에 먼저 '인연에 의지해서 생기한 법들은 자성이 없다'는 것을 설해 준다. 그런데 이미 선근을 심었다고 해도 제법이 환과 같음을 아직 알지 못하면, 진정으로 그것을 싫어하는 마음을 낼 수 없다. 따라서 가행위 이후의 단계에 있는 사람들에게 변계소집상이 가립된 언어에 불과함을 일깨워 주기 위해 '상무성相無性' 및 '승의무성勝義無性'을 설해 준다. 이하 원측의 해석에 따르면, 유식오위 중에 가행위·통달위·수습위에 의거해서 상무성·승의무성을 관하고, 마지막 통달위(無學位)에서는 인위적으로 닦는 것이 없다.

못했고, 아직 승해를 많이 닦지 못했으며, 아직 능히 복덕·지혜의 두 종류 자량을 쌓지 못한 자라면,

> 復次。勝義生。若諸有情。從本已來。未種善根。未淸淨障。未成熟相續。未多修勝解。未能積集福德智慧二種資粮。

석 이하는 세 번째로 지위에 의거해서 삼무성을 건립한 뜻을 설명한 것이다.

이 중에 두 가지가 있다. 처음은 오위五位에 의거해서 '생무자성성'을 설명한 것이다.[178] 나중의 "그들이 비록 이와 같이" 이하는 가행위 등의 계위에 의거해서 뒤의 두 종류 무자성성을 설명한 것이다.

관문觀門에 대해 논하자면 그에 오위가 있으니, 예를 들면 『성유식론』 제9권에서 다음과 같이 설한다.

> 무엇을 일컬어 유식을 깨달아 들어가는 오위라고 하는가? 첫째는 자량위資粮位이니, 대승의 순해탈분順解脫分[179]을 닦는 것을 말한다.
>
> **해** 십신十信에서 시작해서 십회향十迴向까지다.[180]

---

178 여기서 '오위'라 한 것은, 자량위資糧位·가행위加行位·통달위通達位 등의 유식오위唯識五位를 말하는 것이 아니라, 세 종류 무성 중에 '생무성'을 설해 주어야 할 다섯 부류들을 가리킨다. 이하 원측의 해석에 나타나듯, 가행위 이전에 순해탈분을 닦는 다섯 계위를 가리킨다. 자세한 것은 다음 주석 179 참조.

179 대승의 순해탈분(大乘順解脫分) : 복덕과 지혜라는 조도助道의 자량資糧을 쌓는 단계, 즉 자량위資糧位를 가리킨다. 이 지위에서 선근을 닦아서 해탈의 과과에 수순해 가기 때문에 '순해탈분'이라고 한다.

180 원측은 보살의 52계위 중에 자량위가 어디에 해당하는지를 밝히면서, "십신十信에서 십회향十迴向까지"라고 하였다. 그런데 정확하게 말하면 '십회향의 아홉 번째 마음까지'이고, '십회향의 열 번째 종심終心'은 제외된다. 이 열 번째 종심은 다음의 가행위에 배대시켰다.

둘째는 가행위加行位이니, 대승의 순결택분順決擇分[181]을 닦는 것을 말한다.

해 십회향에서 열 번째 종심終心이다.[182]

셋째는 통달위通達位이니, 보살들이 머무는 견도를 말한다.[183]
넷째는 수습위修習位이니, 보살들이 머무는 수도를 말한다.[184]
다섯째는 구경위究竟位이니, 무상정등보리에 머무는 것을 말한다.[185]

지금은 이 경에 의거하면 두 단락으로 구분된다.

처음은 오위에 의거해서 '생무자성성'을 설명한 것이니, 곧 유식의 최초의 자량위 및 십신 이전에 해탈분의 선근을 심는 지위에 해당한다.[186]

나중은 가행위 등의 지위에 의거해서 뒤의 두 종류 무성(相無性과 勝義無性)을 건립한 뜻을 설명한 것이니, 유식의 (오위에서) 중간의 세 가지 지

---

181 대승의 순결택분(大乘順決擇分): 소승에서는 견도 이전에 닦는 난煖・정頂・인忍・세제일법世第一法의 사선근위四善根位 등을 총칭하는데, 이 단계는 진실한 결택(眞實決擇: 견도)에 수순해 가는 것이기 때문에 '순결택분'이라 한다. 대승에서는 초지初地에 들기 직전, 즉 십회향의 마지막 마음(終心)에 해당한다.
182 원측은 보살의 52계위 중에 가행위는 십회향의 열 번째 종심終心을 가리킨다고 하였다. 종심이란, 십회향 중에 열 번째 회향인 '법계무량회향法界無量廻向'을 가리키는데, 이는 수많은 모든 선근을 수습하는 것을 말한다. 그런데 이후의 해석에서 다시 언급되듯, 가행위에 대해 여러 학설들이 있었던 듯하다. 이것이 보살 수행의 완성에 걸리는 삼아승기겁 중에 제1아승기겁에 속한다는 해석도 있고, 제2아승기겁에 속한다는 해석도 있다. 원측이 말한 '십회향의 열 번째 종심'은 제1아승기겁에 속하는 것이고, 이것이 호법종護法宗의 일반적 해석이다.
183 통달위通達位는 보살의 견도見道에 해당하며, 보살의 계위 중에서는 처음으로 초지初地에 든 마음(初入地心)에 해당한다.
184 수습위修習位는 보살의 수도修道에 해당하며, 보살의 계위 중에서는 초지初地 이상에서 제10지地의 마지막 금강심金剛心까지를 말한다.
185 이상의 인용문 중에서 자량위와 가행위에 추가된 해설(**해**)을 제외하면, 모두 『成唯識論』 권9(T31, 48b11)의 문장과 일치한다.
186 위의 『解深密經』 경문에서는 생무성生無性을 설해 주어야 할 대상들을 모두 다섯 부류로 구분하였는데, 그들은 모두 자량위(십신에서 십회향까지) 및 십신 이전의 지위에 있는 사람들에 해당한다.

위에 해당한다.[187]

무학위를 제외하였으니, (설법의) 대상(所爲)이 아니기 때문이다.[188]

釋曰。自下第三約位辨立三無性意。於中有二。初約五位。說生無自性性。後彼雖如是下。約加行等位。說後二種無自性性。夫論觀門。有其五位。如成唯識第九卷說。何謂悟入唯識五位。一資粮位。謂修大乘順解脫分。解云。始從十信。至十迴向。二加行位。謂修大乘順決擇分。解云。在十迴向第十終心。三通達位。謂諸菩薩所住見道。四修習位。謂諸菩薩所住修道。五究竟位。謂住無上正等菩提。今依此經。分爲兩段。初約五位。辨生無自性性。卽當唯識初資粮位及十信前。種解脫分善根位也。後約加行等位。辨立後二無性。卽當唯識中間三位。除無學位。非所爲故。

가. 오위五位에 의거해서 생무자성성을 설명함

이것은 처음에 해당한다. 이 중에 세 가지가 있다. 처음에는 교의 대상(所爲: 교설을 듣게 될 근기)을 밝힌 것이고, 다음의 "나는 그들을 위해" 이하는 근기에 맞춰 바로 설한 것이며, 마지막의 "그들은 듣고" 이하는 교의 뛰어난 이익을 나타낸 것이다.

此卽初也。於中有三。初明說教所爲。次我爲彼下。對機正說。後彼聞下。辨教勝利。

---

187 뒤의 경문에서 상무성相無性과 승의무성勝義無性에 대해 설해 주는 대상을 언급하는데, 그것은 유식의 오위 중에서는 가행위加行位·통달위通達位·수습위修習位에 해당한다.
188 무학위無學位의 성자들은 더 이상 배울 것이 없는 사람들이기 때문에 그들을 위해서 삼무성의 교설을 설해 주지는 않는다. 여기서 '소위所爲'란 '위하는 대상', 즉 교설을 설해 주는 대상을 가리킨다.

가) 교의 대상(所爲)을 밝힘

이것은 처음에 해당한다.

그런데 그것의 대상에는 다섯 지위가 있다.[189]

첫째는 선근善根을 심는 지위이니, 즉 십신十信 이전에 해탈분解脫分의 선근을 심는 지위를 말한다. 해탈분의 선근을 심는 방법은 예를 들면 『우바새계경』에서 설한 것과 같다.

둘째는 청정한 지위이니, 즉 십신을 말한다. 능히 나름대로 죄업을 청정하게 하기 때문이다. 따라서 『심밀해탈경』 제2권에서는 "아직 죄업을 청정하게 하지 못한 자는 죄업을 청정하게 한다."[190]라고 하였고, 『연기경』에서는 '내법이생內法異生(불교 내의 범부)은 불공무명不共無明[191]을 이미 영원히 끊었기 때문에 죄업을 짓지 않는다'고 하였다.[192]

셋째는 상속을 성숙시키는 지위이니, 즉 십해十解를 말한다. 능히 신信 등의 상속을 성취시키기 때문이다. 『심밀해탈경』에서는 "그에 의지해서 선근의 힘을 성숙시키기 때문이다."[193]라고 하였다.

넷째는 승해勝解[194]를 많이 닦는 지위이니, 즉 십행十行을 말한다. 결정적 승해가 많이 현전하기 때문이다.

다섯째는 복덕·지혜의 자량을 적집하는 지위이니, 즉 십회향十迴向이

---

189 여기서 '그 대상(彼所爲)'이라고 한 것은 '생무성生無性'의 교敎를 설해 줄 대상으로서 자량위資糧位의 사람들을 가리키고, '다섯 가지 지위'란 그 자량위를 다시 다섯 부류로 구분한 것이다.
190 『深密解脫經』 권2(T16, 671b20).
191 불공무명不共無明 : 독두무명獨頭無明이라고도 하며, 그 밖의 탐貪 등의 근본 번뇌와 상응하지 않고 일어나는 무명을 말한다.
192 『分別緣起初勝法門經』 권2(T16, 841c28) 참조.
193 『深密解脫經』 권2(T16, 671b22).
194 승해勝解 : 유식종唯識宗에서는 오별경심소五別境心所 중의 하나로서, 대상 경계에 대해 확정해서 판단하는 정신 작용을 가리킨다. 소승의 살바다종의 경우, 지혜의 간택력에 의해 번뇌를 끊고 해탈을 얻는다고 보는 관점에서는 이 승해를 유위해탈有爲解脫의 자성으로 간주하기도 한다.

다. 복덕·지혜라는 두 가지 자량을 구족하기 때문이다.

이 경문의 뜻을 말하자면, 아직 선근을 심지 못한 자가 선근을 심게 하고, 내지는[195] 아직 자량을 갖추지 못한 자로 하여금 (그것을) 구족하게 하는, 이러한 것들을 위해서 '생무성生無性'을 설했다는 것이다.

해 또는 이 경문은 자량위의 오사五事의 차별을 설명한 것이지, 오위五位를 건립하여 40심心에 배당시킨 것은 아니다.[196] 오사의 차별은 이전에 분별했던 것과 같다.

此卽初也。然彼所爲。有其五位。一種善根位。謂十信前種解脫分善根位也。種解脫分善根之法。如優婆塞戒經中說。二淸淨位。謂卽十信。謂能隨分淨罪業故。故深密經第二卷云。未¹⁾淸淨罪業者。淸淨罪業。緣起經云。內法異生。不共無明。已永斷故。不造罪業也。三成熟相續位。謂卽十解。能令信等相續成就故。深密云。依彼成熟善根力故。四多修勝解位。謂卽十行。決定勝解多現前故。五積集福智資粮位。即十廻向。具足福智二資粮故。此中意說。未種善根。令種善根。乃至未具資粮。令得具足故。爲此等故。說生無性。又解。此文辨資粮位。五事差別。非立五位配四十心。五事差別。如前分別。

1) 옌『深密解脫經』권2(T16, 671b20)에 '未'가 '不'로 되어 있다.

---

[195] 중간의 "내지는"이라는 말로 생략된 내용은 다음과 같다. 〈아직 장애를 청정하게 하지 못한 자가 청정하게 하고, 아직 선근의 상속을 성숙시키지 못한 자가 성숙시키게 하고, 아직 승해를 많이 닦지 못한 자가 많이 닦게 하고, (아직 자량을 갖추지 못한 자가……)〉

[196] 여기서 말하는 '오사五事'란 앞의 경문에서 언급되었던 다섯 가지 사항, 즉 선근을 심고, 장애를 청정하게 하며, 선근의 상속을 성숙시키고, 승해를 많이 닦으며, 복덕·지혜라는 두 가지 자량을 적집하는 것을 말한다. 이 해석(解)에 따르면, 위의 경문에서는 단지 자량위에서의 차별적 수행들을 다섯 가지로 구분한 것일 뿐, 오위五位에 대응시켜 설한 것은 아니다. 반면 이전의 해석에 따르면, 이 오사는 십신十信 이전의 지위, 십신과 십해十解와 십행十行과 십회향十廻向의 네 가지 지위(40심心)에 각기 대응되는 것이다.

나) 근기에 맞춰 바로 설함

경 나는 그들을 위해 '생무자성성'에 의거해서 모든 법에 대해 설하였다.

我爲彼故。依生無自性性。宣說諸法。

석 이것은 두 번째로 근기에 맞춰 바로 설한 것이다. 말하자면 모든 유정들은 본래부터 '제법이 연으로 생기는 도리'를 깨닫지 못하고, 그릇되게 '원인 없이(無因) 자연自然으로 (말미암아) 생긴다'고 집착한다. 그러므로 세존께서는 '생무자성성'에 의거해서 '모든 법은 다 인因에서 생기고 자연으로 말미암은 것이 아니다'라고 설하신 것이다.[197]

釋曰。此卽第二對機正說。謂諸有情。從本已來。未悟諸法緣生道理。妄執無因自然而生。是故。世尊依生無自性性。說一切法。皆從因生。不由自然。

다) 교의 뛰어난 이익을 나타냄

경 그들은 이것을 듣고 나면 능히 일체의 연생하는 행에 대해 나름대로 '항상됨이 없는 것(無常無恒)은 안온하지 않으며 변하여 허물어지는 법이다'라

---

[197] 이 해석에 따르면, 제법의 발생에 대한 그릇된 견해에서 벗어나도록 하기 위해 생무성生無性을 설한 것이다. 그중 하나는 '모든 것이 원인 없이 생긴다'고 하는 무인론無因論을 차단하기 위해 '제법은 인연에 의지해서 생기한다'는 것을 설한다. 또한 이러한 인연에 의지해서 생기하는 제법 중에는 '자연으로 말미암은 것은 없다.' 여기서 '자연으로 말미암아 생하는 것이 아니다(非自然生)'라고 할 때는 특히 '모든 것이 대자재천大自在天과 같은 승인勝因에서 생겨난다'고 하는 집착을 부정한 것이다. 말하자면 '다른 많은 인연들에 의지해서 생기하는 제법 중에는 대자재천과 같은 그릇된 원인에서 생겨난 것은 없다'는 의미에서 '생무성'을 설한 것이다. 이에 대해서는 이전의 p.104 'd.해석'의 해당 번역문과 주석 참조.

고 이해하고 나서,

彼聞是已。能於一切緣生行中。隨分解了無常無恒是不安隱變壞法已。

석 이것은 세 번째로 가르침을 듣는 것의 뛰어난 이익을 밝힌 것이다. 네 종류 뛰어난 이익이 있으므로 (경문은) 네 가지로 구분된다. 첫째는 무상을 이해하게 되는 이익이고, 둘째는 두려워하면서 염환厭患하게 되는 이익이며, 셋째는 악을 그치고 선을 닦게 되는 이익이고, 넷째는 오사五事를 갖추게 되는 이익이다.

釋曰。此卽第三聞敎勝利。四種勝利。卽分爲四。一解了無常利。二怖畏厭患利。三止惡修善利。四五事具足利。

(가) 무상無常을 이해하게 되는 이익

이것은 처음에 해당한다. 말하자면, 세존께서는 '무명無明이 행行의 연이 되는 데서부터 노사老死에 이르기까지 자재천 등에서 생겨난 것은 아니다'라고 설하셨고, 이로 인해 유정들은 각자 나름대로, '일체의 제법은 항상됨이 없고, 항상되지 않으므로 곧 안온安穩하지 않으니, 마치 열반이 생멸을 떠났으므로 곧 평안히 머무는 것과는 같지 않고, 또 모든 유위법은 전의 것이 사라지면 후의 것이 생겨나며 점차로 쇠하여 허물어지거나 변하여 허물어지는 법이다'라고 이해한다는 것이다.

此卽初也。謂世尊說。從無明緣行。乃至老死。不從自在天等所生。由斯。有情隨分解了。一切諸法。無常無恒。是無常故。卽不安穩。非如涅槃離生滅故卽是安住。又諸有爲。前滅後生。漸次衰壞變壞之法。

(나) 두려워하거나 염환厭患하게 되는 이익

경 일체행에 대해 마음에 두려움을 내고 깊이 염환을 일으키니,

於一切行。心生怖畏。深起厭患。

석 이것은 두 번째로 두려워하거나 염환하게 되는 이익이니, 경문 그대로 알 수 있을 것이다.

釋曰。此卽第二怖畏厭患利。如文可知。

(다) 악을 그치고 선을 닦게 되는 이익

경 마음에 두려움을 내고 깊이 염환을 일으키고 나서, 모든 악을 막아 그치고 모든 악법을 능히 짓지 않으며, 모든 선법을 능히 부지런히 수습하는 것이다.

心生怖畏。深厭患已。遮止諸惡。於諸惡法。能不造作。於諸善法。能勤修習。

석 이것은 세 번째로 악을 그치고 선을 닦게 되는 이익이니, 경문 그대로 알 수 있을 것이다.

釋曰。此卽第三止惡修善利。如文可知。

(라) 오사五事를 갖추게 되는 이익

경 선인善因을 수습하기 때문에, 아직 선근善根을 심지 못했어도 능히 선근을 심게 되고, 아직 장애를 청정하게 하지 못했어도 능히 청정해지게 하며, 아직 상속을 성숙시키지 못했어도 능히 성숙시킨다. 이러한 인연으로 인해 승해를 많이 닦고, 또한 복덕·지혜라는 두 종류 자량을 많이 적집하는 것이다.

修[1]習善因故。未種善根。能種善根。未清淨障。能令清淨。未熟相續。令[2]成熟。由此因緣。多修勝解。亦多積集福德智慧二種資粮。

1) ㉠『解深密經』권2(T16, 694c21)에 '修'가 없다.   2) ㉠『解深密經』권2(T16, 694c23)에 '令' 앞에 '能'이 있다.

석 이것은 네 번째로 오사五事를 갖추게 되는 이익을 밝힌 것이다. 오사의 상相을 해석하자면, 앞에 준해서 알아야 한다.[198]

釋曰。此即第四五事具足利。釋五事相。准上應知。

나. 가행위加行位 등에 의거해서 뒤의 두 종류 무자성성을 설명함

경 그들이 비록 이와 같이 모든 선근을 심고 내지는 복덕·지혜 두 종류 자량을 쌓았다고 해도, 생무자성성 가운데서 아직 상무자성성 및 두 종류 승의무자성성을 여실하게 알지 못한다면,

彼雖如是種諸善根。乃至積集福德智慧二種資粮。然於生無自性性中。未能如實了知相無自性性及二種勝義無自性性。

---

[198] 오사五事란 순해탈분順解脫分의 선근善根을 심고, 죄업罪業과 같은 장애를 청정해지게 하며, 신信 등의 선근의 상속相續을 성취하고, 결정적 승해(決定勝解)가 많이 현전하며, 복덕과 지혜 두 종류 자량이 쌓여서 구족되는 것을 말한다.

석 이하는 두 번째로 가행위 등의 지위에 의거해서 나중의 두 종류 무자성성(상무성과 승의무성)에 대해 설명한 것이다. 이 중에 세 가지가 있다. 처음은 교의 대상(所爲)을 밝힌 것이고, 다음의 "여래는 그들을 위해" 이하는 근기에 맞춰 바로 설하신 것이며, 마지막의 "그들은……듣고(彼聞)" 이하는 교의 뛰어난 이익을 설명한 것이다.

> 釋曰。此下第二約加行等位。說後二種無自性性。於中有三。初明說敎所爲。次如來爲彼下。對機正說。後彼聞已下。辨敎勝利。

가) 교의 대상(所爲)을 밝힘

이것은 처음에 해당한다. 이 중에 두 가지가 있다. 처음은 아직 두 종류 무성無性을 알지 못함을 밝힌 것이다. 나중은 (두 종류) 무성을 알지 못함으로 인한 과실을 나타낸 것이다.

> 此卽初也。於中有二。初明未了二種無性。後辨不了無性之性。[1]

---
1) ㉘ 뒤의 '第二明不了失'이라는 문구에 준해 볼 때, '性'은 '失'의 오기인 듯하다.

(가) 두 종류 무성無性을 알지 못함을 밝힘

말하자면 모든 유정들이 '제법이 연을 따라 생기는 것이지 자재천 등에서 생기는 것은 아니다'라고 설하는 것을 듣고서 이로 인해 '무상無常' 등의 의미를 이해하여 복덕·지혜 두 가지 자량 등을 적집하기는 했어도, 아직 모든 유위행有爲行이 모두 환 등과 같아서 실유성이 없다는 것을 알지 못하여 다시 제법에 결정코 실유성이 있다고 집착한다는 것이다. 이것은 대개 상무자성성을 알지 못하거나, 혹은 다시 앞에서 설했던 두 종류 승의무자성성을 알지 못하는 것이다.

謂諸有情。聞說諸法從緣而生。不從自在天等所生。由斯解了無常等義。積集福智二資粮等。而未能了諸有爲行皆如幻等非實有性。便執諸法定有實性。此多不了相無¹⁾性性。或復不了如上所說二種勝義無自性性。

1) ㊈ '無' 뒤에 '自'가 누락된 듯하다.

(나) 무성을 알지 못함으로 인한 과실을 밝힘

경 일체의 행에 대해 아직 진정으로 싫어하지 못하고, 아직 진정으로 이욕하지 못하며, 아직 진정으로 해탈하지 못하고, 아직 두루 번뇌잡염에서 해탈하지 못하며, 아직 두루 모든 업잡염에서 해탈하지 못하고, 아직 두루 모든 생잡염에서 해탈하지 못한다.

> 於一切行。未能正厭。未正離欲。未正解脫。未遍解脫煩惱雜染。未遍解脫諸業雜染。未遍解脫諸生雜染。

석 이것은 두 번째로 '알지 못함'으로 인한 과실을 밝힌 것이다. 말하자면 상무자성相無自性을 아직 알지 못하는 업 때문에 일체의 행에 대해 진정으로 싫어하는 것 등을 못한다는 것이다.

'진정으로 싫어한다'는 것은 가행도加行道이고, '진정으로 이욕한다'는 것은 무간도無間道이며, '진정으로 해탈한다'는 등은 해탈도解脫道 및 승진도勝進道이다.[199]

---

[199] 무간도無間道란 번뇌의 현행을 바로 제거하는 지위로서 해탈도의 직전의 지위를 가리키고, 무간도에서 번뇌를 끊음과 동시에 무간으로 한 순간 정지正智가 생겨나는데 이 정지에 의해 진리를 깨닫는 지위를 해탈도解脫道라고 한다. 이 두 가지 도에다 견도 이전에 선근을 닦는 가행도加行道, 그리고 견도의 해탈도 이후에 다시 진일보하여 수승한 행을 일으켜 해탈을 완성하는 것을 승진도勝進道라고 한다.

번뇌煩惱·업業·생生의 세 종류 잡염에 대해서는 예를 들어 『섭대승론』 및 『성유식론』 등에서 설한 것과 같다.[200]

釋曰。此卽第二明不了失。謂未能了相無自性業故。於一切行。未能正厭等。言正厭[1]是加行道。正離欲者。是無間道。正解脫等是解脫道。及勝進道。煩惱業生三種雜染。如攝大乘及唯識等。

1) ㉢ '厭' 뒤에 '者'가 누락된 듯하다.

나) 근기에 맞춰 바로 설함

경 여래는 그들을 위해 다시 법요를 설하였으니, 상무자성성 및 승의무자성성을 말한다.

如來爲彼。更說法要。謂相無自性性。及勝義無自性性。

석 이하는 두 번째로 근기에 맞춰 바로 설하신 것이다. 이 중에 두 가지가 있다. 처음은 교를 바로 설한 것이고, 나중은 교를 설한 뜻을 밝힌 것이다.

釋曰。此下第二對機正說。於中有二。初正說教。後明說教之意。

(가) 교를 바로 설함

이것은 처음에 해당한다. 십회향의 마지막 가행위 등은 이 교법을 마

---

200 세 종류 잡염에 대해서는 p.157 'a) 세 가지 잡염으로 인해 생사生死에서 유전함' 해당 번역문과 주석 참조.

땅히 들어야 하기 때문에 그것을 설하는 것이다.[201]

此卽初也。謂十迴向終加行位等。宜聞此教。故爲說之。

(나) 교를 설한 뜻을 밝힘

경 그들로 하여금 모든 행에 대해 진정으로 싫어하도록 하고, 진정으로 이욕하도록 하며, 진정으로 해탈하도록 하고, 모든 번뇌잡염을 넘어서도록 하고, 모든 업잡염을 넘어서도록 하며, 모든 생잡염을 넘어서도록 하였기 때문이다.

爲欲令其於一切行能正厭故。正離欲故。正解脫故。超過一切煩惱雜染故。超過一切業雜染故。超過一切生雜染故。

석 이것은 두 번째로 교를 설한 뜻을 밝힌 것이다. 그 가행위 등의 지위에서 빨리 가행도 등의 도를 능히 성취하도록 하려고, 또 세 종류 잡염을 넘어서도록 하려고, 따라서 다시 두 종류 무성을 설하셨다는 것이다.

釋曰。此第二明說教之意。爲欲令其加行等位。速能成辦加行等道。及令超過三種雜染。是故更說二種無性。

다) 교의 뛰어난 이익을 나타냄

---

201 원측의 해석에 따르면, 대승보살의 계위에서 가행위란 십회향十廻向의 열 번째 종심終心에 해당한다. 이 지위에 도달하면 상무성과 두 종류 승의무성에 대해 이해할 수 있기 때문에 그 교법을 설해 준다.

경 그들은 이와 같이 설해진 법을 듣고 나서, 생무자성성 가운데서, 상무자성성 및 승의무자성성을 진정으로 신해할 수 있고 (그에 대해) 간택하고 사유해서 여실하게 통달하여,

> 彼聞如是所說法已。於生無自性性中。能正信解相無自性性及勝義無自性性。簡擇思惟。如實通達。

석 이하는 세 번째로 교의 뛰어난 이익을 설명한 것이다. 이 중에 두 가지가 있다. 처음은 가행위에서 얻는 뛰어난 이익을 밝힌 것이다. 나중의 "의타기자성에서" 이하는 지상地上의 두 지위(통달위·수습위)에서 얻는 뛰어난 이익을 설명한 것이다.

> 釋曰。此下第三辨教勝利。於中有二。初明加行位中所得勝利。後於依他起下。辨地上二地所得勝利。

(가) 가행위에서 얻는 뛰어난 이익을 밝힘

이것은 처음에 해당한다. 이 경문에서는 가행위에서 얻는 뛰어난 이익을 바로 밝혔다.

그런데 가행위에 대해 여러 학설들이 같지 않다.[202]

---

[202] 이전의 원측의 해석에서 이미 언급되었듯, 유식오위唯識五位 중에 자량위資糧位는 십신十信·십해十解·십행十行·십회향十迴向 등의 40위에 해당하고, 가행위加行位는 십회향의 종심終心에 해당한다. 그런데 진제 역 『攝大乘論』 권3(T31, 126c2) 등에 따르면, 지전보살地前菩薩에 해당하는 십신·십해·십행·십회향 등의 40위는 제1아승기겁에 속하고, 십지十地 중 초지初地에서 제7지까지는 제2아승기겁에 속하며, 제8지에서 제10지까지는 제3아승기겁에 속한다고 한다. 이런 구분에 따를 때, 가행위에 해당하는 '십회향의 종심'은 제1아승기겁과 제2아승기겁 중에 어디에 속하는지 애매해진다. 따라서 가행위가 제1겁에 속하는지 제2겁에 속하는지에 대해 이견이 생긴 것이다.

어떤 이는 다음과 같이 말한다. 〈이것은 제2승기僧祇²⁰³에 속하니, 극환희지極歡喜地(십지 중 제1지)에 근접한 방편도方便道이기 때문이다. 마치 미지정未至定²⁰⁴이 초선初禪에 속하는 것과 같다.〉²⁰⁵ 어떤 이는 다음과 같이 말한다. 〈이것은 바로 열 번째 회향으로서 첫 번째 아승기에 있는 것이니, 아직 초지에 들지 못했기 때문이다.〉²⁰⁶ 비록 두 가지 학설이 있지만, 호법 보살은 두 번째 해석을 지지하였으니,『성유식론』제9권에서 "견도에 근접해 있기 때문에 가행이라는 이름을 세웠다."²⁰⁷라고 한 것과 같다.²⁰⁸

이 가행위에서는 뒤의 두 종류 무성의 가르침을 들었기 때문에 사심사四尋思·사여실四如實의 관觀²⁰⁹을 지어서, 능연식能緣識은 보존하고 소취공

---

203 제2승기僧祇 : 보살의 수행이 원만해지는 데 소요되는 시간을 '삼아승기겁三阿僧祇劫'이라고 하는데, 그중에 두 번째 아승기겁을 말한다. 아승기(Ⓢ asaṃkhya)란 여기 말로 '무수無數'라고 번역한다.

204 미지정未至定 : 색계4선과 무색계4선에는 모두 근본정根本定에 들기 직전의 예비 단계인 근분정近分定이 있는데, 초선初禪의 근분정의 경우는 욕계를 벗어나서 본격적인 선정 단계에 들어간 상태는 아니므로 특별히 '미지정'이라 한다.

205 이 해석에 따르면, 십회향의 열 번째 종심終心은 극환희지極歡喜地(십지 중의 초지)에 아주 근접해 있는 방편도方便道이고, 극환희지가 제2아승기겁에 속하기 때문에 십회향의 종심도 제2아승기겁에 속한다고 보아야 한다. 이것은 마치 색계의 4선 중에 이제 막 초선初禪에 들기 직전의 예비적 단계인 '미지정未至定'을 초선에 소속시키는 경우와 같다.

206 이 해석에 따르면, 십회향 중에서 열 번째의 종심終心은 어쨌든 아직 초지初地에 들어간 상태가 아니다. 초지에 들어가야 제2아승기겁에 해당하는데, 그렇지 않기 때문에 제1아승기겁에 속한다는 것이다.

207『成唯識論』권9(T31, 49a29).

208『成唯識論』의 해석에 따르면, 이전의 자량위에도 전혀 가행이 없는 것은 아니지만 견도에 근접해 있기 때문에 따로 '가행위'라는 이름을 건립했을 뿐, 실제로는 자량위나 가행위나 모두 제1아승기겁에 속하는 것이다. 따라서 '호법종은 두 번째 해석을 지지한다'고 하였다.

209 사심사四尋思·사여실四如實의 관觀 : 두 번째 가행위加行位에서 닦는 관법을 말한다.『成唯識論』권9(T31, 49b2)에 따르면, "사심사란 명名·의義·자성自性·차별差別이 가립된 존재일 뿐 실제로는 존재하지 않는다고 사유하는 것을 말한다. 이 네 가지 법이 식을 떠나서는 (존재하지 않고) 또 그 식도 존재하지 않음을 여실하게 두루 아는 것을 일컬어 여실지라고 한다.(四尋思者. 尋思名義自性差別假有實無. 如實遍知此四離識及識非有. 名如實智.)" 사심사관의 대상이 되는 네 가지 법 중에, '명'이란 가령 '색色'

所取空은 버린다.²¹⁰ 이것이 '상무자성성'이고, 그 무성에 의해 현현되는 승의勝義를 '승의무자성성'이라 한다. 자세하게 분별하면, 『성유식론』 제9권에서 설한 것과 같다.

따라서 지금 경문에서 '두 가지 무성에 대해 간택하고 사유한다'고 설한 것은 사심사에 해당하고, '여실하게 통달한다'고 한 것은 사여실지四如實智에 해당한다.

해 또는 '간택하고 사유한다'는 것은 사심사위四尋思位이고, '여실하게 통달한다'는 한 것은 초지初地 이상의 통달위通達位다.

此卽初也。此中正明於加行位所得勝利。然加行位。諸說不同。有說。卽屬第二僧祇。極歡喜地近方便故。如未至定。卽屬初禪。有說。正在第十迴向第一僧祇。未入地故。雖有兩說。護法菩薩存第二解。如成唯識第九卷說。近見道故。立加行名。於此位中。聞後二種無性教故。作四尋思四如實觀。存能緣識。遣所取空。卽是相¹⁾自性性。卽彼無性所顯勝義。名爲勝義無自性性。若廣分別。如成唯識第九卷說。故今說云。於二無性。簡擇思惟。卽四尋思。如實通達。卽四如實智也。又解。簡擇思惟者。四尋思位。如實通達者。初地已上通達位也。

이나 '수受'와 같이 모든 법을 언표하는(能詮) 명칭을 가리키고, '의'란 그런 명칭들에 의해 언표되는(所詮) 사물 자체를 가리킨다. '자성'이란 가령 색色·수受 등과 같은 각각의 고유한 체를 가리키고, '차별'이란 그러한 색·수 등이 갖는 상相과 용用을 가리킨다. 또 이와 같은 명·의·자성·차별 등 소취所取의 네 가지 법이 식識을 떠나서는 실유하지 않고 또 능취能取의 식도 실유하는 것이 아님을 여실하게 관하는 것을 일컬어 사여실관四如實觀 혹은 사여실지四如實智라고 한다.

210 사심사·사여실의 관에서는 그 파악되는 대상(所取)인 명名·의義·자성自性·차별差別 등 네 종류 법은 식識이 변현해 낸 것이므로 불가득不可得이라 관하고, 나아가서는 그 파악되는 대상이 실체가 없기 때문에 그것을 능히 파악하는(能取) 식識 또한 실체가 없음을 관한다. 그런데 가행위加行位에서는 능히 파악하는 식마저 실체가 없다는 것까지는 완전히 깨닫지 못하기 때문에 "능연식能緣識은 보존하고 소취공所取空을 버린다."라고 하였다.

1) ㉤ '相' 뒤에 '無'가 탈락된 듯하다.

(나) 지상地上의 두 지위에서 얻는 뛰어난 이익을 나타냄

경 의타기자성 가운데서 능히 변계소집자성의 상에 집착하지 않는 것이다.

於依他起自性,[1] 能不執著遍計所執自性相。

1) ㉠ 『解深密經』 권2(T16, 695a8)에 '性' 뒤에 '中'이 있다.

석 이하는 두 번째로 지상地上의 두 지위(통달위·수습위)에서 얻는 뛰어난 이익을 나타낸 것이다.[211] 여섯 가지 뛰어난 이익이 있으므로 (경문은) 여섯 가지로 구분된다. 첫째는 소집상을 버리는 것이고, 둘째는 세 가지 인因을 일으키지 않는 것이며, 셋째는 의타기를 소멸시키는 것이고, 넷째는 미래의 고통의 원인을 끊는 것이며, 다섯째는 능히 세 가지 도를 이끌어 내는 것이고, 여섯째는 세 가지 잡염을 떠나는 것이다.

釋曰。此下第二辨地上二位所得勝利。有六勝利。卽分爲六。一遣所執相。
二不起三因。三滅依他起。四斷當苦因。五能引三道。六離三雜染。

㉮ 소집상所執相을 버림

이것은 처음에 해당한다. 말하자면 지상의 두 지위에서는 앞서 말했던 두 종류 무성(상무성·승의무성)에 대해 들었기 때문에 능히 변계소집에 집착하지 않는다는 것이다.

---

211 십지十地 중 초지初地에 들면 보살의 견도見道에 들었다고 한다. 따라서 '지상地上의 두 지위'란 유식오위唯識五位 중에서는 견도에 해당하는 통달위通達位와 수도修道에 해당하는 수습위修習位를 가리킨다.

此卽初也。謂地上二位。聞前所說二無性故。能不執著遍計所執。

④ 세 가지 인因을 일으키지 않음

경 언설로 훈습되지 않은 지智로 인해, 언설을 따라 지각하지 않는 지로 인해, 언설의 수면을 떠난 지로 인해,

由言說不熏習智故。由言說不隨覺智故。由言說離隨眠智故。

석 이것은 두 번째로 세 가지 인因을 일으키지 않는 것이다. 말하자면 집착하지 않기 때문에 세 가지 인이 성립하지 않고, 인이 성립하지 않기 때문에 세 종류 지智가 생긴다는 것이다. '세 종류 지'란 첫째는 언설로 훈습되지 않은 지이고, 둘째는 언설을 따라 지각하지 않는 지이며, 셋째는 언설의 수면을 떠난 지이다.[212]

그런데 이 세 종류 지에 대해 본래 두 가지 설이 있다.

한편에서는 다음과 같이 말한다. 〈경계로부터 이름을 얻은 것이다. 말하자면 후소득지後所得智[213]는 세 가지 경계를 반연해서 생겨나므로 세 종

---

[212] 이 세 종류 '지智'는 이전의 경문에서 언급했던 세 가지 원인을 떠남으로써 획득된 지혜를 말한다. 이전의 경문에 따르면, 변계소집의 집착을 일으키는 직접적 원인은 '언설로 훈습된(言說熏習)' 종자, 즉 명언훈습종자名言熏習種子가 마음에 내재해 있기 때문이다. 그중에서 가령 사람처럼 언어를 이해하는 중생들은 '언설을 따라서 알아차리고(言說隨覺)', 가령 짐승들이나 갓난아이처럼 언어를 이해하지 못하는 유정들은 '언어가 잠재된 상태(言說隨眠)'에서 사물을 알아차린다. 그런데 언설을 분명하게 이해하면서 분별하든 혹은 언설의 수면 상태에서 분별하든 이것은 모두 '언어적인 것'으로 간주되며, 이 경문에서 말한 세 종류 지는 모두 그런 언어적 분별을 떠난 지를 가리킨다.

[213] 후소득지後所得智 : 후득지後得智라고도 하고, 근본지根本智와 대칭되는 말이다. 진리에 계합하여 능연能緣(인식하는 마음)과 소연所緣(인식되는 대상) 간의 차별을 떠난 무분별지無分別智가 생겨나면, 이것을 근본지라고 하고 이 근본지 이후에 획득되는 지를 일컬어 '후소득지'라고 한다. 이 후소득지에는 분별 작용이 있어서 세속적 사

류 지의 이름을 세운 것이다.〉²¹⁴

한편에서는 다음과 같이 말한다. 〈인因으로부터 이름을 얻은 것이다. 말하자면 두 종류 무자성에 대한 지는 세 종류 인으로부터 생겨난 것이기 때문에 세 종류 이름을 세운 것이다.〉²¹⁵

釋曰。此即第二不起三因。謂不執故。三因不成。因不成故。生三種智。言三智者。一言說不熏習智。二言說不隨覺智。三言說離隨眠智。然此三智。自有二說。一。¹⁾ 從境得名。謂後所得智。緣三境生。立三智名。一云。從因得名。謂卽二種無自性智。從三種因之所生故。立三種名。

1) ㉔ '一' 뒤에 '云'이 누락된 듯하다.

㉑ 의타기依他起를 소멸시킴

경 의타기상을 소멸시킬 수 있고,

能滅依他起相。

事의 차별들에 대해 잘 분별한다.
214 이 해석에 따르면, 세 종류 지智는 모두 '후소득지後所得智'를 가리키는 말이다. 지상보살地上菩薩은 이미 견도見道에 들고 나서 곧바로 후소득지를 일으켜 변계소집·의타기·원성실의 경계를 반연한다. 그 각각의 경계에 대응해서 세 종류 지의 이름을 건립하였으므로, 그 순서대로 변계소집상의 언어에 집착함이 없는 지를 일컬어 '언설로 훈습되지 않은 지'라 하였고, 언설을 따라 분별(의타의 식識)을 일으키지 않는 지를 일컬어 '언설을 따라 지각하지 않는 지'라 하였으며, 명언으로 훈습된 종자까지 소멸시켜서 모든 종류의 잡염에서 해탈한 지를 일컬어 '언설의 수면을 떠난 지'라 한 것이다.
215 이 해석에 따르면, 세 종류 지智는 초지初地 이상의 보살이 획득한 두 종류 무성(相無性·勝義無性)을 터득한 지혜를 가리키는 말이다. 이 두 종류 무성에 대한 지혜는 앞서 말한 세 종류 인因을 관해서 그로부터 벗어남으로써 획득된 지혜이기 때문에 세 가지 이름을 부여한 것이다.

석 이것은 세 번째로 의타기를 소멸시키는 것이다. 말하자면 세 가지 인因을 일으키지 않기 때문에 세 종류 지智를 성취하고, 세 종류 지로 인해 의타기를 소멸시킬 수 있다는 것이다.

釋曰。此卽第三滅依他起。謂不起三因。成三種智。由三智故。能滅依他也。

㉣ 미래의 고통의 인을 끊음

경 현법 중의 지력智力에 의해 유지되므로 미래세의 인因을 영구히 단멸시킬 수 있다.

於現法中智力所持。能永斷滅當來世因。

석 이것은 네 번째로 미래의 고통의 인을 끊은 것이다. 이전의 세 종류 지智로 의타기를 소멸시켰기 때문에[216] 현재의 몸 가운데 방편지方便智[217]가 있고, 방편지에 의해 섭지攝持되기 때문에 저 근본지根本智[218]가 능히 미래의 인을 영구히 끊어 없애는 것이다.

釋曰。此卽第四斷當苦因。由前三智滅依他故。於現身中。有方便智。以方便智所攝持故。彼根本智。能永斷除當來世因。

---

[216] 현재의 의타기의 식識(분별)이 훈습하여 미래의 과보果報를 낼 명언종자名言種子를 이루는데, 세 종류 지혜로 의타기의 분별을 소멸시킴으로써 영구히 미래의 과를 낼 인因이 사라진다는 것이다.
[217] 방편지方便智 : 여기서는 뒤의 '근본지根本智(無分別智)'와 대칭되는 후소득지後所得智를 가리키며, 현상 세계의 차별을 잘 아는 지혜를 말한다.
[218] 근본지根本智 : 앞의 주석 213 참조.

㉒ 세 가지 도道를 이끌어 냄

경 이런 인연으로 인해 일체의 행에 대해 진정으로 염환할 수 있고, 진정으로 이욕할 수 있으며, 진정으로 해탈할 수 있고,

由此因緣。於一切行。能正厭患。能正離欲。能正解脫。

석 이것은 다섯 번째로 세 가지 도를 이끌어 내는 것이니, 이른바 가행도와 무간도와 해탈도이다.[219]

釋曰。此卽第五引三道。所謂加行無間解脫也。

㉓ 세 종류 잡염雜染을 떠남

경 두루 번뇌·업·생 세 종류 잡염에서 해탈할 수 있다.

能遍解脫煩惱業生三種雜染。

석 이것은 여섯 번째로 세 종류 잡염을 떠나는 것이니, 경문 그대로 알 수 있을 것이다.

釋曰。此卽第六離三雜染。如文可知。

---

219 이전의 해석에 따르면, '진정으로 환난을 싫어하는 것(正厭患)'은 가행도加行道에 해당하고, '진정으로 이욕하는 것(正離欲)'은 무간도無間道에 해당하며, '진정으로 해탈한다(正解脫)'는 것은 해탈도解脫道에 해당한다.

④ 삼무성관三無性觀에 의거해서 일승一乘의 의미를 설명함[220]

경 다시 승의생이여, 모든 성문승종성聲聞乘種姓의 유정들 또한 이 도道와 이 행적行迹으로 말미암아 위없는 안은한 열반을 증득하고, 모든 독각승종성獨覺乘種姓의 유정들과 모든 여래승종성如來乘種姓의 유정들 또한 이 도와 이 행적으로 말미암아 위없는 안은한 열반을 증득한다.

復次。勝義生。諸聲聞乘種姓有情。亦由此道此行迹故。證得無上安隱涅槃。諸獨覺乘種姓有情。諸如來乘種姓有情。亦由此道此行迹故。證得無上安隱涅槃。

석 이하는 네 번째로 삼무성관三無性觀에 의거해서 일승一乘의 의미를 설명한 것이다. 이 중에 세 가지가 있다. 처음은 성도聖道에 의거해서 일승의 의미를 설명한 것이다. 다음의 "선남자여" 이하는 취적성문趣寂聲聞은 결정코 성불할 수 없음을 밝힌 것이다. 마지막의 "만약 회향" 이하는 회향성문迴向聲聞은 결정코 성불할 수 있음을 밝힌 것이다.

---

[220] 이하에서는 원측교학의 주요한 주제들의 하나, 즉 '일승一乘'의 문제를 다루고 있다. 원측은 이 부분을 크게 ① 성도에 의거해서 일승의 뜻을 설명한 부분(約聖道辨一乘義), ② 취적성문은 결코 성불하지 못함을 밝힌 부분(明趣寂聲聞定不成佛), ③ 회향성문은 반드시 성불할 수 있음을 밝힌 부분(明迴向聲聞定得成佛)으로 구분하였다. 원측의 해석에 따르면, 첫 번째 단락에서는 '방편일승方便一乘과 진실삼승眞實三乘'을 설하였고, 세 번째 단락에서는 '진실일승眞實一乘과 방편삼승方便三乘'을 설하였는데, 이처럼 가假·실實의 일승·삼승을 모두 갖추어 설했기 때문에 이 경의 일승 사상이 최상의 요의(最了義)라고 총평하였다. 나아가 원측은 일승의 두 가지 의미를 논란의 소지 없이 명료하게 해석하기 위해 오히려 가장 논쟁이 될 만한 두 학설을 자세히 검토하였다. 그것이 바로 진제 삼장의 일체개성설一切皆成說과 대당 삼장의 오성각별설五性各別說이다. 두 학설은 각기 위의 진실일승眞實一乘과 진실삼승眞實三乘을 강조하는데, 두 학설을 회통시켜 해석함으로써 이 경에서 설한 '일승'의 총체적 의미를 드러내고자 한다.

(경문의) 뜻을 총괄해서 해석하겠다.

① 첫 번째 단락에서는 세 가지 종성에 의거해서 여래가 방편으로 일승을 설하셨는데, 진실한 정리正理에 의하면 삼승이 갖추어져 있고 각각의 무여구경열반無餘究竟涅槃[221]을 증득하는 것이다.[222] 『승만경』의 뜻도 이 설과 동일하다.

② 두 번째 단락의 뜻은, 정성이승定性二乘[223]은 오직 이승의 무여열반(二乘無餘涅槃)[224]을 증득할 뿐 결코 '이후의 시기에 성불할 수 있다'는 뜻은 없다는 것이다. 따라서 『유가사지론』에서는 '이승에 의해 증득된 무여열반이란 (결국) 오직 진여라는 청정한 법계가 있을 뿐'이라 하였다.

③ 세 번째 단락의 뜻은, 부정종성不定種姓의 회향성문은 반드시 미래에 성불한다는 것이다. 그러므로 『법화경』「방편품」에서는 이승종성을 위해 이치상 실로 결정코 성불의 과를 얻을 수 있다고 설하였다. 이 설에 의하면 방편으로 삼승을 설하였지만 실제로는 일승이다.[225] 따라서 『법화

---

[221] 무여구경열반無餘究竟涅槃 : 이승二乘에서는 의지하는 몸(所依身)마저 사라진 회신멸지灰身滅智의 경지를 무여열반無餘涅槃이라 하는데, 이와 구별해서 대승大乘의 무여열반을 일컬어 무여구경열반이라 하였다. 뒤의 『瑜伽師地論』에서도 언급하듯, 진여眞如라는 청정한 법계(淸淨法界)를 가리키는 말이다.

[222] 첫 번째 단락에서는 성문·연각·보살 등 세 종류 종성 '일체一切'에 의거해서 일승·삼승을 논하였다. 이 경우, 세 종류 종성은 실제로는 차별되지만 '하나의 성도聖道를 공유한다'는 점에서 방편으로 일승이라 설한 것이다. 이런 의미에서 이 단락에서는 진실삼승眞實三乘·방편일승方便一乘을 설한 것이다.

[223] 정성이승定性二乘 : 종성이 성문聲聞·독각獨覺 등 이승二乘에 결정되어 있는 자를 말한다.

[224] 이승의 무여열반(二乘無餘涅槃) : 이승의 경우 열반에 들었으나 아직 소의신所依身이 남아 있는 상태를 유여열반有餘涅槃이라 하고, 이미 목숨이 끊어져 소의신마저 사라진 상태를 무여열반이라 한다.

[225] 세 번째 단락에서는 부정종성不定種性이라는 '소분少分의 일체'에 의거해서 일승·삼승을 논하였다. 이 경우, 부정종성은 각각의 이문異門들에서 때로 성문·연각으로 불리고 때로 보살로 불리지만 그들은 궁극에는 성불할 수 있는 자들이다. 그러므로 실제로는 하나의 불승佛乘(대승大乘과 동의어)만 있고 삼승의 이름은 방편으로 설한 것이다. 이런 의미에서 이 단락에서는 진실일승眞實一乘·방편삼승方便三乘을 설한 것

경』에서는 "시방의 불토에는 오직 일승법만 있으니, 부처님의 방편설을 제외하면 두 번째도 없고 세 번째도 없다네."[226]라고 하였다.

『법화경』과 『승만경』은 각기 하나의 의미에 의거하였고, 지금 이 한 부(『해심밀경』)는 (두 가지) 의미가 갖추어져 있기 때문에 『해심밀경』이 최상의 요의(最了義)다.[227]【의미는 『별장』에서 설한 것과 같다.】

釋曰。此下第四約三無性。[1] 辨一乘義義。[2] 於中有三。初約聖道。辨一乘義。次善男子下。明趣寂聲聞定不成佛。後若迴向下。明迴向聲聞定得成佛。總釋意云。第一段中。約三種姓。如來方便。說爲一乘。就實正理。具有三乘。各證無餘究竟涅槃。勝鬘經意。亦同此說。第二段意。定性二乘。唯證二乘無餘涅槃。必無後時得成佛義。故瑜伽云。二乘所證無餘涅槃。唯有眞如淸淨法界。第三段意。不定種姓迴向聲聞。必當成佛。是故法華方便品說。爲二乘種姓。理實決定得成佛果。若依此說。方便說三。就實爲一。故法華云。十方佛土中。唯有一乘法。無二亦無三。除佛方便說。法華勝鬘。各據一義。今此一部義俱有。故解深密是最了義。【義如別章。】

---
1) ㉺ 이전의 과목 분류에 의거해서 '性' 뒤에 '觀'을 보입하였다.   2) ㉠ '義'는 잉자인 듯하다.

이다.
226 이 문구는 『妙法蓮華經』 권1 「方便品」(T9, 8a17)에 나온다. 이 게송에서 특히 '無二亦無三'이라는 문구에 대해 고래로 해석이 분분하였다. 그런데 원측은 이 게송은 부정종성에 의거해서 진실일승眞實一乘·방편삼승方便三乘을 설했던 대표적 사례로 간주하였다. 말하자면 부정종성은 결국 성불하는 자이기 때문에 '성문승' 혹은 '연각승'이라 불리긴 해도 실제로 하나의 불승佛乘(一乘)만 있음을 설한 것이다. 이러한 원측의 관점에 따르면, '無二亦無三'에서 '無二'와 '無三'은 각기 성문승과 연각승을 부정한 것이다. 따라서 여기서는 편의상 "두 번째도 없고 세 번째도 없다네."라고 번역하였다.
227 첫 번째 단락에서는 성문종성·연각종성·불종성 등 세 종성에 대해서 '방편일승方便一乘·진실삼승眞實三乘'을 설했는데, 이는 『勝鬘經』의 설과 같다. 세 번째 단락에서는 '부정종성'에 대해서 '진실일승眞實一乘과 방편삼승方便三乘'을 설하였는데, 이는 『法華經』 「方便品」의 설과 같다. 이 『解深密經』은 가假·실實의 일승·삼승을 모두 구비해서 일승의 一乘義를 설하였기 때문에 최상의 요의了義라고 하였다.

가. 성도聖道에 의거해서 일승의 의미를 설명함

처음 단락에서는 다시 세 가지로 구분된다. 처음은 삼승이 각기 자승自乘의 무여열반을 증득함을 밝힌 것이다. 다음은 성도에 의거해서 방편으로 일승을 설했다는 것이다. 마지막은 이치상 실로 삼승이 차별됨을 밝힌 것이다.

> 就初段中。復分爲三。初明三乘各證自乘無餘涅槃。次約聖道方便說一。後明理實三乘差別。

가) 삼승이 각기 자승自乘의 무여열반無餘涅槃을 증득함을 밝힘

이것은 첫 번째이다. 말하자면 삼승의 종성은 각기 '자성 없음이라는 오묘하고 청정한 도道'로써 무여의無餘依의 오묘한 열반계를 증득한다는 것이다.

그런데 저 성도聖道는 능히 '다닌다(通)'는 뜻이 있기 때문에 그것을 '도(길)'라고 하였다. 곧 저 성도는 모든 성인들이 밟아 간 길이므로 또한 '행적行迹'이라고도 한다. 이 도의 행적을 따라서 모든 번뇌와 유루의 고신苦身을 떠나서 상주하는 적멸의 즐거움을 증득하였기 때문에 '안은한 열반'이라 설한 것이다.

> 此卽第一。謂三乘種姓。各以無性妙淸淨道。證無餘依妙涅槃界。然彼聖道。能通義故。名之爲道。卽彼聖道。諸聖遊履。亦名行迹。由此道迹。離諸煩惱有漏苦身。證得常住寂滅之樂。是故說爲安隱涅槃。

나) 성도에 의거해서 방편으로 일승을 설함

경 모든 성문과 독각과 보살은 모두 이 하나의 오묘하고 청정한 도를 함께하고, 모두 이 궁극의 청정을 함께하며, 다시 두 번째 승이란 없으니, 이에 의거해서 밀의로 오직 일승만 있다고 설하였다.

一切聲聞獨覺菩薩。皆共此一妙淸淨道。皆同此究竟淸淨。更無第二乘。依此故密意。說言唯有一乘。

석 이것은 두 번째로 방편으로 일승을 설하였다는 것이다.
'성문'이라 한 것은, 모든 부처님의 성스런 가르침은 음성(聲)을 우선(上首)으로 삼는데 스승과 벗이 있는 곳에서 이 가르침의 음성을 듣고 전전展轉하면서 수증修證하여 영원히 세간을 벗어나게 되는 소행小行·소과小果의 (사람이기) 때문에 성문이라 한다. '독각'이라 한 것은, 항상 적정함을 즐기고 섞여 살려 하지 않고 가행을 닦아 원만해지면 스승과 벗의 가르침이 없이도 자연히 홀로 깨달아서 영원히 세간을 벗어나게 되는 중행中行·중과中果의 (사람이기) 때문에 독각이라 한다. 혹은 연에 상대해서(觀待) 성스런 과를 깨달으므로 또한 연각緣覺이라고도 한다. '보살'이라 한 것은, 대각을 희구하면서 유정을 가엾게 여기고, 혹은 보리를 구하면서 뜻과 원이 굳세고 오랫동안 수증하여 영원히 세간을 벗어나는 대행大行·대과大果의 (사람이기) 때문에 보살이라 한다. 구체적인 것은 『유가석론瑜伽釋論』에서 자세하게 해석한 것과 같다.[228]
(경문의) 뜻을 총괄해서 말하겠다. 〈저 삼승이 모두 이 하나의 오묘한 무성無性의 도를 함께하니, 이 도를 설하여 '궁극의 청정'이라 한 것이다. 오직 이 도가 있을 뿐 다시 두 번째 도는 없기 때문에 '하나의 도'라는 점에서 '일승'이라 설한 것이다. 따라서 『심밀해탈경』에서는 "오직 하나의

---

228 이상 성문聲聞·독각獨覺·보살菩薩에 대한 설명은 모두 『瑜伽釋論』, 즉 최승자最勝子 등이 짓고 현장이 번역한 『瑜伽師地論釋』 권1(T30, 887b20)에 의거한 것이다.

청정한 도가 있을 뿐 다시 두 번째는 없다."²²⁹라고 하였고, 별도로 '궁극의 청정'이라 설하지 않았다. 따라서 '궁극의 청정'이란 바로 이 오묘하고 청정한 도에 해당한다는 것을 알 수 있다.〉

또 말하면 다음과 같다.²³⁰ 〈'하나(一)'라는 말은 본래 세 종류가 있다. 첫째, 도道가 하나이기 때문에 하나라고 한다. 둘째, 과果가 하나이기 때문에 하나라고 한다. 셋째, 이치(理)가 하나이기 때문에 하나라고 한다. 지금 이 경문에 의하면 그에 두 종류가 있다. "오묘하고 청정한 도"란 도가 하나라는 것이고, "궁극의 청정"이란 과가 하나라는 것이다. 이 두 종류의 '하나'에 의거하되 다시 두 번째 것은 없기 때문에 심오한 밀의로 '오직 일승만 있다'고 설한 것이다. 그런데 이는 다음의 제4권에서 '이치에 차별이 없다는 점에서 일승이라 설한다'고 한 것과는 같지 않다.²³¹〉

釋曰。此卽第二方便說一。言聲聞者。諸佛聖教。聲爲上首。從師友所。聞此敎聲。展轉修證。永出世間。小行小果。故名聲聞。言獨覺者。常樂寂靜。不欲雜居。修加行滿。無師友敎。自然獨悟。永出世間。中行中果。故名獨覺。或觀待緣而悟聖果。亦名緣覺。言菩薩者。悕求大覺。悲愍有情。或求菩提。志願堅猛。長時修證。永出世間。大行大果。故名菩薩。具如瑜伽釋論廣解。總說意云。謂彼三乘。皆其¹⁾此一妙無性道。卽說比²⁾道。名究竟淨。

---

229 『深密解脫經』 권2(T16, 671c18).
230 이 해석에 따르면, 위 경문에서는 삼승의 도道와 그들에 의해 증득된 과果 두 가지가 동일하다는 의미에서 '일승'이라 설한 것이다. 즉 "이 하나의 오묘하고 청정한 도"라고 한 것은 성도聖道를 말하고, "이 궁극의 청정"이란 증득된 과과를 말한다. 이러한 해석은 '오묘하고 청정한 도'와 '궁극의 청정'이 모두 성도를 뜻한다고 보았던 이전의 해석과는 차이가 난다.
231 이것은 『解深密經』 권4(T16, 708a13~18)에서 "觀自在菩薩復白佛言。如世尊說。若聲聞乘。若復大乘。唯是一乘。此何密意。佛告觀自在菩薩曰。善男子。如我於彼聲聞乘中。宣說種種諸法自性……於大乘中。卽說彼法同一法界。同一理趣。故我不說乘差別性。"이라고 했던 것을 가리킨다.

唯有此道。更無第二。故約一道。說爲一乘。故深密云。唯有³⁾一淸淨道。更
無第二。而不別說究竟淸淨。故知究竟淸淨卽是妙淸淨道也。又云。一言自
有三種。一道一故名一。二果一故名一。三理一故名一。今依此文。有其二
種。妙淸淨道。卽是道一。究竟淸淨。卽是果一。依此二一。更無第二。故深
密意說唯有一乘。而不同下第四卷中約理無別故說一乘。

1) ㉔ '其'는 '共'인 듯하다. 2) ㉭ '比'는 '此'의 오기다. 3) ㉭ 『深密解脫經』 권2(T16, 671c18)에는 '有'가 없다.

*두 종류 일승―乘²³²

① 그런데 일승이란 오직 하나의 불승佛乘이다. 따라서 『승만경』에서는 '성문과 연각은 모두 대승에 들어가니, 대승이 곧 불승이다'라고 하였고,²³³ 또 『법화경』에서는 "시방의 불국토 중에는 오직 일승법만 있을 뿐 둘도 없고 또한 셋도 없다."²³⁴라고 하였다. ② 혹은 법신으로써 일승을 밝혔다고 볼 수도 있으니, 따라서 『법화론』에서는 "여래의 법신은 저 성

232 여기서 언급된 일승의 두 가지 용법은, 이후의 진제 삼장의 일체개성설一切皆成說과 대당 삼장의 오성각별설五性各別說에 대한 논의를 이해하는 데 중요하다. 원측에 따르면, ① '이승(성문·연각)이 모두 불승(대승)에 들어간다'는 의미에서 일승이라 한다. 이러한 의미의 '일승'은 부정종성不定種性이라는 일부(少分)의 종성에 의거해서 설해진 것이다. 부정종성은 '궁극에 성불하는 자'이므로 실제로는 하나의 불승佛乘이지만 임시방편으로 성문·연각이라 부르거나 혹은 보살이라 부른다. 이 경우 일승은 진실이고 삼승은 방편이다. 그런데 이런 맥락에서 진제의 일체개성설이 진술되었다면, 원측의 오성각별설과 직접적으로 배치되는 것은 아니다. 왜냐하면 삼승의 종성 전체에 대해서는 여전히 '삼승의 차별이 진실이고 일승은 방편의 설이다'라는 주장도 가능하기 때문이다. ② 또 '평등한 진여법신眞如法身은 오성각별한 모든 유정들에게 갖추어져 있다'는 의미에서 일승이라 한다. 이러한 의미의 일승은 진제 삼장의 일체개성이나 대당 삼장의 오성각별의 관점에서 모두 인정되는 것이다.
233 『勝鬘師子吼一乘大方便方廣經』 권1(T12, 220c19)에서는 "聲聞緣覺乘。皆入大乘。大乘者卽是佛乘。是故三乘卽是一乘。"이라고 하였다.
234 이 『法華經』 권1 「方便品」(T9, 8a17)의 문구는 해석이 분분하지만, 여기서는 '無二亦無三'이라는 문구를 '두 번째 승(연각승)도 없고 세 번째 승(성문승)도 없으며 오직 하나의 대승(불승)만 있다'는 뜻으로 해석하였다.

문의 법신과 차이가 없으므로 수기를 준 것이다."²³⁵라고 하였다. 일승에 대해서는 뒤에서 분별하겠다.

이것은 육합석六合釋²³⁶ 중에서 대수석帶數釋에 해당한다.²³⁷

(일승의) 체성을 논하겠다. 수용신이라면 사지심품四智心品²³⁸에 속하는 온蘊 등을 체로 삼고, 법신이라면 진여를 체로 삼는다.²³⁹ 총상總相으로 체를 나타내면, 일승문에서는 교敎·이理·행行·과果를 일승으로 삼는다.²⁴⁰

然一乘者。唯一佛乘。故勝鬘經云。聲聞緣覺。皆入大乘。大乘卽佛乘也。又法華經云。十方佛土中。唯有一乘法。無二亦無三。或可法身以明一乘。故法華論云。以如來法身。與¹⁾聲聞法身法身²⁾無異。故與授記。後當分別。此卽六中帶數釋也。論體性者。若受用身。四智心品所攝蘊等。以爲體性。若就法身。眞如爲體。總相出體。於一乘門。教理行果。以爲一乘。

1) 옝『法華論』권1(T26, 18a25)에 '與' 뒤에 '彼'가 있다. 2) 옝『法華論』권1(T26, 18a25)에 따르면, '法身'은 잉자다.

● '일승一乘'에 대한 해석²⁴¹

235『妙法蓮華經論憂波提舍』권1(T26, 18a25).
236 육합석六合釋 : 앞의 각주 33 참조.
237 '일승一乘'이라는 단어는 수식하는 앞 단어가 수數로 되어 있는 복합어이므로 대수석帶數釋에 해당한다.
238 사지심품四智心品 : 사지와 상응하는 심품(四智相應心品)이라고도 하고, 간단히 '사지四智'라고도 한다. 유식종에 의하면, 전의轉依를 이루고 불과佛果를 획득했을 때 제8식과 제7식과 제6식과 전오식前五識이 각기 순서대로 대원경지大圓鏡智, 평등성지平等性智, 묘관찰지妙觀察智, 성소작지成所作智 등 네 종류 무루지無漏智로 전환된다고 한다.
239 수용신의 차원에서 '일승'이라 했다면, 그때의 일승이란 '사지四智와 상응하는 심품'을 법체로 삼는 것이다. 법신의 차원에서 '일승'이라 했다면, 그때의 일승이란 '진여'를 법체로 삼는 것이다.
240 위의 경문에서는 성도聖道에 의거해서 '일승'을 설했지만, 총괄적으로는 교敎와 이치(理)와 행行과 과果의 차원에서 '일승'을 설할 수 있다는 말인 듯하다.
241 이하에서 원측은 진제 삼장의 '일체개성설一切皆成說'과 대당 삼장의 '오성각별설五性

그런데 이 '일승'의 성교聖敎는 매우 많고, 번역자도 한 사람이 아니며, (일승을 설하는) 의취意趣도 심원하다. 그러므로 신新·구舊의 (학자들이) 다투어 논쟁을 일으켰다.

然此一乘聖敎甚多。譯者非一。意趣深遠。是故新舊競興諍論。

⊙ 진제 등의 일체개성설一切皆成說[242]

첫째, 진제 등의 한 부류 논사들은 『법화경』 등 여러 경과 논에 의거해서 모두 다음과 같이 '일체의 중생은 모두 불성을 갖고 있다'는 설을 제기한다.

◎ 경전적 근거[243]

❶[244] 따라서 『열반경』 제7권에서는 다음과 같이 말한다. "이십오유

各別說'을 소개하였다. 이 두 학설은 각기 진실일승眞實一乘과 진실삼승眞實三乘을 강조하였고, 그로 인해 정성이승定性二乘과 무종성無種性에게 성불의 의미가 있는가라는 문제에서 상반된 주장을 펼친다. 이하에서 원측은 진제 삼장처럼 '일승'을 강조하는 입장에서는 어떤 의미에서 정성이승이나 무종성도 성불할 수 있다고 하는지, 이와는 반대로 대당 삼장처럼 '오성이 각기 차별되며 성불하지 못하는 중생도 있다'는 점을 강조하는 입장에서는 과연 '일승'의 의미와 조화될 수 있는지를 자세히 검토하였다.

242 이하에서는 진제 삼장의 '일체개성一切皆成'의 교리적 근거를 검토한다. 원측은 먼저 ⊡ '일체가 성불할 수 있다'고 말하는 여러 경론의 문구들을 제시하고, 그 다음에 ② '무종성과 정성이승도 성불할 수 있다'고 주장할 수 있는 교리적 근거들을 검토해 보았다.

243 이하에서 인용된 '일체개성一切皆成'의 경전적 근거는 다시 대당 삼장의 오성각별五性各別의 관점에서 하나하나 회통시켜 해석하기 때문에 이후에 다시 거론되는 문장들에 각기 일련번호 ❶, ❷ 등을 부여하였다.

244 이하의 단락 ❶에서 원측은 『涅槃經』 제7권과 제27권에 의거해서 '불성佛性'을 이성理性과 행성行性으로 구분하였다. 이성이란 진여법신眞如法身으로서의 불성을 가리키고, 행성이란 수행을 통해 발현되는 불성을 가리킨다. 이성으로서의 불성은 모든 유정들에게 본래 갖추어진 것이므로 진제는 이런 의미에서 '일체개성'을 주장할 수 있다. 그런데 행성은 현실적으로 없는 자도 있으므로, 단지 부정종성이라는 '소분少分

二十五有²⁴⁵에는 아我가 있습니까, 없습니까? 부처님께서 말씀하셨다. 선남자여, '아'라는 것은 여래장을 뜻한다. 모든 중생은 다 불성이 있으니, 이것이 '아'의 뜻이다."²⁴⁶라고 하였다. 또 제27권에서는 "중생의 불성은 하나인 것도 아니고 다른 것도 아니다. 제불은 평등하여 마치 허공과 같으니, 모든 중생들이 똑같이 그것을 공유하고 있다."²⁴⁷【이것은 이성理性을 말한 것이다.】 또 제27권에서는 "사자후獅子吼란 결정설決定說²⁴⁸이라 하니, (예를 들면) '모든 중생들은 다 불성이 있다'고 하는 것이다."²⁴⁹라고 하였다. 또 말하길, "비유하면 어떤 사람의 집에 유乳·낙酪이 있는데 어떤 사람이 '그대에게 소蘇가 있느냐'고 물으면 '나에게 낙은 있어도 실제로 소는 있지 않다'고 답하는 것과 같다.²⁵⁰ 교묘한 방편으로써 반드시 얻어야 할 것이

의 일체'에 대해서만 '일체가 다 불성(행성)을 갖고 있다', 다시 말하자면 '일체개성'을 주장할 수 있다. 원측이 여기서 두 가지 불성을 구분한 것은, 진제 삼장의 일체개성과 대당 현장의 오성각별이 동일한 경전적 근거에 의거해서 양립할 수 있음을 보이기 위해서다. 이 점은 뒤에서 대당 삼장의 관점에서 경문 ❶을 재해석할 때 분명해진다.

245 이십오유二十五有 : '유有'란 각기 인因에 반드시 과과果가 뒤따르는 생사윤회의 세계에서 획득되는 이숙의 과체를 가리키며, 그것을 25종류로 나눈 것을 말한다. 육취 중에서 지옥유地獄有, 축생유畜生有, 아귀유餓鬼有, 아수라유阿修羅有 등 사취 중에 각기 하나의 유가 있고, 인취人趣 중의 사주四洲에 불파제유弗婆提有, 구야니유瞿耶尼有, 울단월유鬱單越有, 염부제유閻浮提有 등의 네 가지 유가 있다. 또 그 이외에 사천처유四天處有, 삼십삼천처유三十三天處有, 염마천유炎摩天有, 도솔천유兜率天有, 화락천유化樂天有, 타화자재천유他化自在天有, 초선유初禪有, 대범천유大梵天有, 이선유二禪有, 삼선유三禪有, 사선유四禪有, 무상유無想有, 정거아나함유淨居阿那含有, 공처유空處有, 식처유識處有, 불용처유不用處有, 비상비비상처유非想非非想處有 등이 있다. 이것은 천취天趣 중에서 육욕천六欲天과 사선四禪과 사무색四無色에 각기 하나의 '유'가 있고, 특별히 세분해서 초선의 대범, 사선의 무상·정거를 각기 하나의 유로 삼았다. 따라서 욕계에는 모두 14종류, 색계에는 7종류, 무색계에는 4종류가 있게 된다.
246 『大般涅槃經』 권7(T12, 407b7).
247 『大般涅槃經』 권27(T12, 784a25).
248 결정설決定說 : 사자후라는 표현에는 몇 가지 의미가 담겨 있는데 그중의 하나가 '결정설'로서, 부처님께서 궁극의 이치에 의거해서 설하신 궁극적인 말씀을 가리킨다. 여기서는 '모든 중생에게 불성이 있다'는 것이 그 결정설에 해당한다.
249 『大般涅槃經』 권27(T12, 522c23).
250 여기서 말하는 유乳·낙酪·소蘇(酥) 등은 우유를 숙성 단계에 따라 분류한 것이다.

기 때문에 일부러 '소가 있느냐'라고 말한 것이다. 중생도 이와 같아서 모두 마음을 갖고 있으니, 무릇 마음을 갖고 있는 자는 결정코 아뇩다라삼먁삼보리를 이룰 수 있을 것이다. 이런 의미에서 나는 결정해서 '모든 중생들은 다 불성을 갖고 있다'고 설하였다."251라고 하였다.【이것은 행성行性을 말한 것이다.】 또 제32권에서는 "모든 중생은 똑같이 불성을 갖고 있어서, 모두 동일한 승乘이고 동일하게 해탈하며 동일한 인因으로 동일한 과果를 (얻고) 동일한 감로甘露를 (얻으며), 모두 상·락·아·정을 얻을 것이다. 이것을 일미一味라고 한다."252라고 하였다.【이것은 이성理性과 행성行性을 통틀어 설한 것이다.】

❷253 또 『법화경』에서 "시방의 불토에는 오직 일승법만 있으니, 부처님의 방편설을 제외하면 둘도 없고 또한 셋도 없다."254라고 하였고, 또 말하길, "오직 이 하나의 사실이 있을 뿐 그 밖의 두 가지 승은 진실이 아니다."255라고 하였다. 또 『승만경』에서는 "성문승·연각승은 모두 대승에 들어간다."256라고 하였다.

또 『수진천자소문경須眞天子所問經』에서는 다음과 같이 말한다. "문수사

'유'는 소에서 나온 젖을 말하고, 유에서 추출된 것이 '낙'이고, 낙에서 나온 것이 '소'다. 소는 특히 생소生酥와 숙소熟酥 등으로 구분되고 그 마지막 최상품을 제호醍醐라고 한다. 이것을 오미五味라고 하는데, 유는 성문, 낙은 연각, 생소와 숙소는 보살, 제호는 불세존을 비유한다.

251 『大般涅槃經』 권27(T12, 524c5).
252 『大般涅槃經』 권32(T12, 559a21).
253 단락 ❷에서 인용된 『法華經』 「方便品」과 『勝鬘經』에서는 모두 '일승一乘'이라는 말을 대승大乘(佛乘)과 같은 의미로 사용하였다. 특히 『法華經』의 "오직 일승법만 있으니 둘도 없고 또한 셋도 없다.(唯有一乘法無二亦無三)"라는 문구에 대한 다양한 해석이 있지만, 원측은 이 게송에서 '이승二乘(성문·연각)이 불승(대승)에 들어간다'는 의미에서 일승을 설한 것이라고 보았다. 이전에 언급했듯, 이런 의미의 일승은 오직 부정종성에 의거해서 설해진 것이다.
254 『妙法蓮華經』 권1(T9, 8a17).
255 『妙法蓮華經』 권1(T9, 8a21).
256 『勝鬘師子吼一乘大方便方廣經』 권1(T12, 220c19).

리가 말하였다. 일체가 다 마땅히 부처가 될 수 있으니, 마땅히 부처가 될 것이라 알고 그대는 의심하지 말라. 그 이유는 무엇인가? 일체가 여래의 깨달음을 얻을 것이기 때문이다."²⁵⁷ 자세히 설하면 그 경과 같다.

또 『입능가경』 제2권에서는 오승五乘의 종성種性에 대해 다음과 같이 설명한다. 〈천제闡提는 두 종류가 있다. 첫째는 모든 선근을 태워 버린 자이고, 둘째는 모든 중생들을 불쌍히 여기면서 (중생계를) 다하겠다고 원을 세운 자이다. 둘 중의 하나에 따르므로 결코 성불하지 않는 것이다.〉²⁵⁸ 구체적으로 설하면 그 경과 같다. 4권 『능가경』 제1권의 설도 언어는 비록 차이가 있지만 뜻은 이전 판본과 동일하다. 이러한 경들에 준해 보면, 종성이 없는 유정도 또한 성불할 수 있다.

一眞諦等一類諸師。依法華等諸經及論。皆作此說。一切衆生皆有佛性。故涅槃經第七卷云。二十五有。有我不耶。佛言。善男子。我者卽是如來藏義。一切衆生悉有佛性。卽是我義。又第二十五¹⁾云。衆生佛性不一不異。諸佛平等。猶如虛空。一切衆生。同共有之【此說理性】又第二十七云。師子吼者。名決定說。一切衆生悉有佛性。又云。譬如有人。家有乳酪。有人問言。汝有蘇耶。答言。我有酪實非蘇。以巧方便。定當得故。故言有蘇。衆生亦爾。悉皆有心。凡有心者。定當得成阿耨多羅三貌三菩提。以是義故。我定²⁾說一切衆生悉有佛性【此說行性】又三十三³⁾云。一切衆生。同有佛性。皆

---

257 『須眞天子經』 권3(T15, 104c26) 참조.
258 마지막 『楞伽經』의 인용문은 특히 보살천제菩薩闡提 개념을 도입하여 '무종성의 일천제一闡提도 성불할 수 있음'을 설한 것이다. 이 경에서 '두 번째 천제闡提'라고 한 것은 '보살'을 가리킨다. 보살은 모든 법이 본래 열반에 들어 있다는 것을 잘 알고 있고, 또한 그들은 모든 중생들이 다 열반에 들기 전까지는 열반에 들지 않겠다고 서원하였기 때문에 열반에 들지 않는다. 이처럼 보살은 언제까지나 열반에 들지 않는다는 점에 의거해서 '천제'라고 하였지만, 실제로는 본래 성불할 수 있는 사람이다. 이상은 『入楞伽經』 권2(T16, 527b2) 참조.

同一乘。同一解脫。一因一果。同一甘露。一切當得常樂我淨。是名一味。【通說理行。】又法華經云。十方佛土中。唯有一乘法。無二亦無三。除佛方便說。又云。唯此一事實。餘二則非眞。又勝鬘經。聲聞緣覺4) 皆入大乘。又須眞天子所問經云。文殊師利言。一切皆得。5) 審當作佛。卿莫疑也。所以者何。一切當得如來覺故。廣說如彼。又入楞伽第二。明五乘性云。闡提二種。一者焚燒一切善根。二者憐愍一切衆生。作盡6)願。二中從一定不成佛。具說如彼。四卷楞伽第一卷說。言雖有異。意同前本。准此等經。無姓有情。亦得成佛。

---

1) ⓝ 다음의 인용문은 『大般涅槃經』권27과 권29에 나오는 구절이다. '五'는 '七'이나 '九'의 오기인 듯하다. 2) ⓔ 『大般涅槃經』권27(T12, 524c9)에는 '定'이 '常宣'으로 되어 있다. 3) ⓝ '三'은 '二'의 오기인 듯하다. 다음 인용문은 『大般涅槃經』권32에 나온다. 4) ⓔ 『勝鬘經』권1(T12, 220c20)에 '覺' 뒤에 '乘'이 있다. 5) ⓔ 『須眞天子經』권3(T15, 104c27)에 '得'이 '當得佛'로 되어 있다. 6) ⓝ 누락된 문구가 있어 의미가 불분명하다. 『入楞伽經』권2(T16, 527b4)에 '盡' 뒤에 '一切衆生界'가 있다.

◎ 각 논서에 나온 전거들259

❸260 또 양梁 『섭대승론석』 제15권에서는 다음과 같이 말한다.

> 다섯째는 승승을 구제救濟하는 것을 업으로 삼는다. ……중간 생략

---

259 이하는 특히 정성이승定性二乘이나 무성유정無性有情도 성불한다고 말할 수 있는 논리적 근거를 여러 논서들을 통해 상세하게 고찰한 것이다. 그런데 이하의 인용문들도 뒤에서 다시 대당 삼장의 오성각별설의 관점에서 회통시켜 해석한다. 따라서 그에 해당하는 인용문에 ❸, ❹, ❺ 등의 일련번호를 부여하였다.

260 단락 ❸에서 인용된 진제 역 『攝大乘論釋』문구는 종성이 결정된 이승(定性二乘)이 성불할 수 있는 이유를 제시한 것이다. 그 논에 따르면, '결정된 종성(定性)'이란 사선근위四善根位 중 인위忍位에 의거해서 안립된 것이다. 또 '종성이 결정되지 않은 자'라는 것도 아직은 보살도를 전념해서 닦지 않는 자를 가리키며, 그런 사람들로 하여금 대승을 수행하게 하려고 이러한 부정종성을 안립하였다. 이러한 해석에 따르면, 종성이란 단지 도道의 단계에 의거해서 안립되었기 때문에 모든 성문종성들은 다 대승종성으로 전환될 수 있다. 그러므로 이승종성에 결정되었다 해도 끝내 성불하지 못한다고 할 수는 없다.

……²⁶¹ 아직 근성이 정해지지 않은 성문들을 위해 능히 그것(不定種性)을 안립하여 대승을 수행하게 하기 때문이다.²⁶²

석 ……중간 생략…… 만약 신근信根 등의 다섯 가지 근을 얻었다면 결정된 근기(定根)라고는 하지 않으니, 아직 성도聖道를 얻지 못했기 때문이다. 만약 미지욕지근未知欲知根 등 세 가지 근을 얻었다면 결정된 근기라고 하니, 성도를 얻었기 때문이다.²⁶³ 만약 정위頂位에 이르렀다면 결정된 종성(定性)이라 하지 않으니, 네 가지 악도惡道를 면할 수 없기 때문이다.²⁶⁴ 만약 인위忍位에 이르렀다면 결정된 종성이라 하니, 네 가지 악도를 면하기 때문이다.²⁶⁵

소승의 해석에 의하면, 아직 근성이 결정되지 않은 자는 곧 소승에서 대승으로 전환될 수 있다. 만약 결정된 근성을 얻었다면 전환될 수 없으니, 이와 같은 성문은 소승에서 대승으로 바뀐다는 의미가 있지 않은데, 어떻게 일승을 설할 수 있겠는가? 지금 대승의 해석에 의하면, 아직 보

---

261 원문은 '乃至彼云'이라 되어 있는데, 전후의 문장이 모두 『攝大乘論釋』의 본문이기 때문에 "……중간 생략……"으로 처리하였다.
262 이것은 『攝大乘論』 본문에서 제불여래諸佛如來가 항상 현시하는 다섯 가지 공동의 업業 중에서 그 다섯 번째에 해당한다. 그에 따르면, 제불여래는 아직 종성이 결정되지 않은 보살이나 성문들이 대보리를 얻도록 하기 위해 '종성이 결정되지 않은 자'를 안립해서 그들로 하여금 대승의 수행에 전념하도록 한다는 것이다.
263 신信·근勤·염念·정定·혜慧의 다섯 가지는 무루의 성도聖道에 들어가게 해 주는 역할을 하므로 '근根'이라 한다. 그런데 오근의 단계에서는 아직 성도를 얻지 못했으므로 '결정된 근기(근성)'라고 할 수 없고, 미지당지근未知當知根·이지근已知根·구지근具知根의 세 가지 무루근을 획득했을 때는 이미 성도의 지위에 들어간 상태이므로 '결정된 근기'라고 이름한다.
264 견도 이전에 닦는 사선근위四善根位의 두 번째를 정위頂位(Ⓢ mūrdhāna)라고 한다. 아직 불안정한 선근을 닦는 가운데 최상의 선근을 내는 절정의 지위를 말한다. 수행하여 이 지위에 이르고도 다시 퇴락하여 지옥에 떨어지기도 하는데, 그러나 선근은 단절되지 않는다고 한다.
265 견도 이전에 닦는 사선근위의 세 번째를 인위忍位(Ⓢ kṣānti)라고 한다. 사제四諦의 이치를 확인하게 되고 선근은 이미 확정되어 더 이상 동요하지 않는 지위이다. 이 지위에 이르면 다시 악취에 떨어지지 않는다고 한다.

살도를 전념해서 닦지 않는 자를 모두 '아직 근성이 결정되지 않은 자'라고 한다. 따라서 모든 성문들이 다 소승에서 대승으로 전환될 수 있다는 의미가 있다. 이와 같은 대승·소승의 사람을 안립해서 대승을 수행하도록 한 것이다.²⁶⁶

❹²⁶⁷ 『대지도론』 제84권에서는 다음과 같이 말한다. "네 종류 도가 있다. 인천도人天道와 삼승도三乘道를 (합하면) 네 종류다. 보살법菩薩法(보살의 법기를 가진 자)은 중생을 인도하면서 대도大道 안에 머물러야 한다. 대도에 들어갈 수 없는 자라면 이승에 머문다. 열반에 들어갈 수 없는 자라면 인천의 복락에 머물면서 열반의 인연을 짓는다."²⁶⁸

❺²⁶⁹ 또 『법화론』에서는 다음과 같이 말한다. 〈성문은 네 종류가 있다. 첫째는 결정성문決定聲聞이고, 둘째는 증상만성문增上慢聲聞이며, 셋째는 퇴보리심성문退菩提心聲聞이고, 넷째는 응화성문應化聲聞이다.²⁷⁰ 두 종류

---

266 진제 역 『攝大乘論釋』 권15(T31, 264c22).
267 단락 ❹에서 『大智度論』 문구를 인용한 이유는, 무성유정無性有情에 대한 특별한 언급이 담겨 있기 때문이다. 인용문 마지막에서 "열반에 들어갈 수 없는 자라면 인천의 복락에 머물면서 열반의 인연을 짓는다."라고 한 것은, 곧 무성유정이라 불리는 자도 언젠가 열반에 들 수 있음을 말한 것이다.
268 『大智度論』 권84(T25, 649a6).
269 단락 ❺에 인용된 『法華論』의 문구는 결정성문決定聲聞과 증상만성문增上慢聲聞도 결국 성불할 수 있음을 말한 것이다. 특히 마지막 문구에서 "결정·증상만 두 종류 성문은 근기가 미숙하기 때문에 여래께서 수기를 주지 않고 보살이 수기를 준다."라고 한 것은, 어쨌든 결정성문 등도 미래에 성불할 수 있음을 뜻한다.
270 여기에 나열된 네 종류 성문은 『法華論』과 『瑜伽師地論』 등에서 분류한 것이다. 첫째, 결정성문決定聲聞은 일향취적성문一向趣寂聲聞·종성성문種性聲聞이라고도 한다. 오랫동안 소승의 법만을 익히고 닦아 소승의 과를 증득하지만 대승의 법에로는 나아가지 못하는 성문을 말한다. 둘째, 퇴보리성문退菩提聲聞이란 회향보리성문迴向菩提聲聞이라고도 한다. 이는 본래 보살이었지만 보리심을 낸 이후 오래 수도하다가 생사의 세계에 염증을 느끼고 대도의 마음을 잃고 소과를 증득한 사람을 말한다. 셋째, 응화성문應化聲聞은 변화성문變化聲聞이라고도 한다. 이 성문은 본래 불보살이었는데 내면으로는 비밀스럽게 진실한 행을 하면서도 밖으로는 성문의 몸을 나타내는 자인데,

성문에게는 여래는 수기를 내려 주니, 응화성문과 퇴전했다가 다시 보리심을 낸 자를 말한다. 결정·증상만 두 종류 성문은 근기가 미숙하기 때문에 여래께서 수기를 주지 않고, 보살이 수기를 준다. 보살이 수기를 주는 것은 방편으로 발심하도록 하기 위해서다.〉[271]

＊총결

이러한 문장들에 준해 보면, 결정코 종성이 없는(無性) 유정이란 있지 않고 또한 종성이 결정된(定性) 성문·독각이라도 결코 성불하지 못하는 것은 아니다. 그런데 『심밀해탈경』과 『유가사지론』 등에서 '결코 성불하지 못한다'고 한 것은, 근기가 아직 무르익지 않은 시기에 의거해서 말한 것이지, 결정코 성불할 수 없음을 말한 것은 아니다. 따라서 『보성론寶性論』 제3권에서는 다음과 같이 말한다. "예전에 '일천제는 언제나 열반에 들지 못하고 열반의 종성이 없는 자'라고 설했는데, 이 의미는 무엇인가? 대승을 비방하는 인因을 보여 주려 하였기 때문이고,……중간 생략……(열반하기까지) 한량없는 시간이 (든다는 데) 의거해서 이와 같이 말한 것이다.[272] (그러나) 그들은 실로 청정한 성품을 갖고 있다. 따라서 '그들은 언제나 끝내 청정한 마음이 없다'고는 말할 수 없다."[273]

又梁攝論第十五云。五救濟乘爲業。乃至彼云。未定根性聲聞。能安立彼。

이전의 두 종류 성문을 인도해서 대승으로 귀의시킬 수 있는 자이다. 넷째, 증상만성문增上慢聲聞이란 스스로 증상된 법을 얻었다고 다른 이를 경시하는 자를 말한다. 이 성문은 계·정·혜를 닦아서 조금 얻은 것이 있으면 '과를 증득했다'고 말하므로 증상만성문이라 한다.

271 늑나마제勒那摩提와 승랑僧朗 등 역 『妙法蓮華經論優波提舍』 권1(T26, 18b9) 참조.
272 어떤 유정들은 대승을 믿지 않고 비방하기만 하고, 그런 이유로 열반에 이르기까지 무량한 시간이 걸린다는 점을 강조하기 위해서 '일천제는 열반의 종성이 없다'고 말했지만, 그들에게 진실로 열반의 종성이 없다는 뜻은 아니라고 하였다.
273 『究竟一乘寶性論』 권3(T31, 831b5).

爲修行大乘故。釋曰。乃至。若得信等五根。不名定根。以未得聖故。若得未知欲知等三根。則名定根。以得聖故。若至頂位。不名定性。以不勉[1]四惡道故。若至忍位。名爲定性。以免四惡道故。若依小乘解。未得定根性。則[2]轉小爲大。若得定根性。則不可轉。如此聲聞。無有改小爲大義。云何[3]說一乘。今依大乘解。未專修菩薩道。悉名未定根性。故一切聲聞。皆有可轉小[4]爲大義。安立如此大小乘人。令修行大乘。智度論八十四云。有四種道。人天道並三乘道爲四。菩薩法。應引導衆生。著大道中。若爾[5]任入大道者。著三[6]乘中。若不任入涅槃者。著人天福樂中。作涅槃因緣。又法華論云。聲聞有四種。一者決定。二者增上慢。三者退菩提[7]。四者應化聲聞。二種聲聞。如來與授記。謂應化聲聞。退已還發菩提心者。決定增上[8]二種聲聞。根未熟故。如來不與授記。菩薩與授記[9]者。方便令發心故。准此等文。決定無有無性有情。亦無定性聲聞獨覺必不成佛。而深密經及瑜伽等。定不成者。約根未熟時分而說。非謂決定不成佛也。故實性論第二[10]卷云。向說一闡提常不入涅槃無涅槃性者。此義云何。爲欲示現謗大乘因故。乃至。依無量時。故如是說。以彼實有淸淨性故。不得說言彼常畢竟無淸淨心。

---

1) '勉'과 '免'의 음은 통한다. ㉠『攝大乘論釋』권15(T31, 265a11)에 '免'으로 되어 있다.　2) ㉠『攝大乘論釋』권15(T31, 265a12)에 '則' 뒤에 '可'가 있다.　3) 『攝大乘論釋』권15(T31, 265a13)에 '何' 뒤에 '得'이 있다.　4) 『攝大乘論釋』권15(T31, 265a15)에 '小'가 없다.　5) ㉠『大智度論』권84(T25, 649a8)에 따르면, '爾'는 '不'의 오기이다.　6) ㉠『大智度論』권84(T25, 649a9)에 따르면, '三'은 '二'의 오기다.　7) 『妙法蓮華經論優波提舍』권1(T26, 18b10)에 '菩提' 뒤에 '心'이 있다.　8) 『法華論』권1(T26, 18b12)에 '上' 뒤에 '慢'이 있다.　9) 『法華論』권1(T26, 18b13)에 '記' 뒤에 '菩薩授記'가 있고, 이를 따랐다.　10) '二'는 '三'의 오기인 듯하다.

◎ 일체개성의 난제를 문답으로 결택함[274]

---

274 이하의 문답은 '종성이 결정된 이승의 성불 가능성'과 연관된 난제를 결택한 것이다. 비록 정성이승定性二乘이 대승종성으로 전환된다는 의미가 있음을 인정한다 해도, 만약 그가 이미 회신멸지灰身滅智의 무여열반에 들었다면 이후로는 끝내 무상보리에 대한 발심 등을 일으킬 수가 없다. 이런 경우에 어떻게 성불의 의미가 성립하는가라

문 『유가사지론』 제80권에 의하면 "무여의열반계無餘依涅槃界에서는 모든 사업의 발기發起를 멀리 떠나고 일체의 공용功用이 모두 다 그친다."275라고 하였는데, 만약 상술했던 것처럼 '결정성문도 또한 성불할 수 있다'고 한다면 그『유가사지론』의 문장과 어떻게 회통시켜 해석하겠는가?

답 ❻276 『법화경』 제3권에서는 다음과 같이 말한다. "내가 멸도한 후에 다시 어떤 제자가 이 경(『법화경』)을 듣지 못하고 보살이 행해야 할 것을 알지도 못하고 깨닫지도 못한 채 스스로 획득된 공덕에 대해 '멸도滅度한다'는 생각(想)을 내어 열반에 들 것이다. 나는 다른 나라에서 부처가 되어 다시 다른 이름을 갖게 되고, 이 사람은 비록 '멸도한다'는 생각을 내어 열반에 들었다고 해도 그 땅에서 부처의 지혜를 구할 것이다."277 『대지도론』 제93권에서도 또한 이와 동일하게 설한다.

❼278 또 『열반경』 제23권에서는 다음과 같이 말한다. "성문·독각이 8만·6만·4만·2만·1만 (겁 동안) 머무는 곳(住處)은 열반이라 이름하고, 무상법주無上法主이신 성왕聖王이 머무는 곳이라야 대반열반이라 이름할

는 물음이 생길 수 있다. 이하의 문답에서는 『瑜伽師地論』의 문구를 발단으로 삼아서 그 문제를 다루었다. 그런데 여기에 나온 인용문들도 뒤에서 다시 대당 삼장의 오성 각별설의 관점에서 회통하여 해석하였기 때문에 서로 대조하기 위해 이전과 마찬가지로 일련번호 ❻, ❼, ❽을 부여하였다.

275 『瑜伽師地論』 권80(T30, 749a8).
276 단락 ❻의 『法華經』과 『大智度論』의 문구는 '성문이 무여열반에 든 후에도 성불할 수 있는 이유'를 나타낸 것이다. 그에 따르면, 성문이 비록 '멸도滅度한다'는 상상을 내어 무여열반에 들었다 해도 오랜 시간이 지난 후에 다른 곳에 다시 태어나 다시 부처님의 지혜를 구하게 된다. 말하자면 그들의 무여열반은 궁극적인 것이 아니기 때문에 나중에 다시 태어나서 여래의 대반열반을 추구하게 된다는 것이다.
277 『妙法蓮華經』 권3(T9, 25c14).
278 단락 ❼의 『涅槃經』의 문구는 앞의 『法華經』의 논리를 보완한 것이다. 『法華經』에서는 성문의 열반은 궁극적인 것이 아니기 때문에 다시 여래의 대열반을 추구하게 된다고 하였는데, 그 논리를 보완하기 위해 다시 『涅槃經』을 인용해서 이승의 열반涅槃과 여래의 대반열반大般涅槃의 차이를 설명하였다.

수 있다."²⁷⁹

❽²⁸⁰ 또 『능가경』 제4권의 게송에서는 다음과 같이 말한다.

비유하면 바다에 떠 있는 나무가
파도를 만나서 떠돌듯이
모든 성문들 또한 이러하여
상相의 바람에 표류하나니

모든 수번뇌를 떠나고
훈습번뇌의 속박을 떠났어도
삼매의 즐거움에 애착하며
무루의 세계에 편안히 머무네

궁극에로 나아감도 없고
또한 다시 물러나지도 않으며
모든 삼매의 몸을 얻어서
무한한 겁 동안 깨닫지 못하니

비유하면 술 취한 사람이
술기운 사라진 후에야 깨어나듯
부처님의 위없는 몸을 얻어야

---

279 『涅槃經』 권23(T12, 502b27).
280 단락 ❽에서 인용된 『楞伽經』・『法華論』 등의 문구는 앞의 『涅槃經』과 마찬가지로 이승의 열반과 여래의 대반열반의 차이를 논한 것이다. 그에 따르면, 이승이 삼매락정三昧樂定에 오랫동안 머무는 것을 일컬어 '이승의 무여열반'이라 가립한 것이고, 여래가 참된 법신에 머무는 것을 대열반이라 한다. 그러므로 이승은 반드시 다시 대열반을 구하게 되고, 결국에는 성불하게 된다는 것이다.

이것이 나의 참된 법신이라네[281]

제2권에서도 이와 동일하게 설한다.

또 『법화론』에서는 다음과 같이 말한다. "실로 없는데도 있다고 하면 증상만을 가진 사람이다. 세간의 삼매三昧·삼마발제三摩跋提[282]는 있지만 실로 열반은 없는데도 '열반'이라는 생각을 내니, 이것을 대치시키기 위해서 '화성化城의 비유'[283]를 설하였음을 알아야 한다."[284] 또 다음과 같이 말한다. "네 번째 사람은[285] (여래가) 방편으로써 열반의 성에 들어가게 하기 때문이다. 열반의 성이란 모든 선삼매禪三昧의 성이니, 그 성을 지나서 대반열반의 성에 들어가게 되기 때문이다."[286]

이러한 문장들에 준해 보면, 『유가사지론』에서 설했던 무여열반이란 저 『능가경』에서 설했던 삼매락정三昧樂定에 해당한다. (그것이) 분단생사

---

281 『入楞伽經』 권4(T16, 540b1).
282 삼매三昧·삼마발제三摩跋提 : 삼매(S samādhi)는 등지等持·정정·정정正定 등으로 의역하며, 마음을 한곳에 집중하고 있는 상태를 가리킨다. 이 용어는 정위定位와 산위散位에 모두 통용되고 다만 유심위有心位에 국한되고 무심위無心位에는 통용되지 않는다. 삼마발제(S samāpatti)는 등지等至·정수正受·정정현전正定現前 등으로 의역하며, 혼침惛沈·도거掉擧의 상태를 멀리 떠나서 심신이 안락해진 경지를 말한다. 이 용어는 유심有心·무심無心에 모두 통용되지만 오직 정위定位에 국한해서 사용되고 산위散位에서는 사용되지 않는다.
283 화성化城의 비유 : 『法華經』에 나오는 일곱 가지 비유 중의 하나. '화성化城'이란 '변화해 낸 성읍(變化之城邑)'이라는 뜻으로 이승의 열반을 비유한다. 어떤 사람들이 오백 유순由旬의 험난한 악도를 거쳐서 보처寶處에 도달할 즈음에 피로가 극에 달해 되돌아가려 하자, 그 인도자가 사람들을 분발시키기 위해 방편력으로 도중에 삼백 유순되는 곳에다 변화로 하나의 성을 만들어서 그들로 하여금 끝내 보처를 향해 전진하게 했다. 이 화성의 비유는 이승이 얻은 열반이 진실이 아니고 부처님이 방편으로 그들을 위대한 열반의 성에 도달하게 하려는 방편의 가설임을 말한다.
284 『妙法蓮華經論憂波提舍』 권1(T26, 17c6).
285 여기서 '네 번째 사람'이라 한 것은 『法華經』의 일곱 가지 비유 중에서 네 번째 '화성'의 비유라는 방편의 가설을 통해 열반으로 이끌려고 했던 대상, 즉 이승의 사람들을 가리킨다.
286 『妙法蓮華經論憂波提舍』 권1(T26, 18a4).

分段生사死를 떠났기 때문에 '무여'라고 한 것이지, 진실한 무여열반은 아니니, 변역생사變易生死가 있기 때문이다.287

『승만경』에서는 '무여는 없다'고 설하니, 따라서 그 경에서는 다음과 같이 말한다. "그러므로 아라한과 벽지불은 '유여有餘의 생법生法(변역생사)'이 다하지 않았으므로 생이 있고, 유여의 범행梵行이 이루어지지 않았으므로 순수하지 않으며, 사事가 궁극적이지 않으므로 마땅히 지어야 할 것이 있고, 그것을 제도하지 못했으므로 마땅히 끊어야 할 것이 있으며, 끊지 못했으므로 열반의 세계와는 거리가 멀다.288……중간 생략……(그러나 이승이) '열반을 얻는다'고 한 것은 부처님이 방편으로 (설한 것이니), 오직 여래만이 반열반을 얻을 수 있다."289

이에 준해 보면, 8만 겁 등 (동안에) 삼매락에 드는 것을 '무여'라고 가짜로 이름한 것이지, 몸(身)과 지智가 둘 다 소멸한 무여열반은 실재하지 않는다.290【그런데 수다원須陀洹 등은 근본을 따라 이름한다면 실로 무학無學이다.】

그러므로 이승도 결정코 성불할 수 있다. 이로 인해 여러 경들에서는 실제로 일승을 설하면서 이승을 가설한 것이다.291

---

287 삼매락정三昧樂定의 상태에서 수명·크기 등에 제약되는 '신체'를 업의 과보로서 받지 않기 때문에 '무여열반'이라는 가명假名을 세웠지만, 이 삼매락정에서도 여전히 미세한 의생신意生身을 받으며 생사유전하기 때문에 참다운 대열반은 아니라고 하였다.
288 소승의 성자인 아라한과 벽지불은 비록 분단생사는 떠났어도 변역생사의 인과因果 속에 있기 때문에 '범행이 순수하지 않다'고 하였고, 마찬가지로 분단생사는 대치시켰지만 변역생사는 대치시키지 못했기 때문에 '마땅히 지어야 할 것이 있다'고 하였으며, 변역의 인因을 아직 끊지 못했기 때문에 '끊어야 할 것이 있다'라고 하였다.
289 『勝鬘師子吼一乘大方便方廣經』 권1(T12, 219c1).
290 원측은 이전의 『涅槃經』 인용문에서 "성문·독각이 8만·6만·4만·2만·1만 (겁 동안) 머무는 곳(住處)은 열반이라 이름하고, 무상법주無上法主이신 성왕聖王이 머무는 곳이라야 대반열반이라 이름할 수 있다."라고 한 것을 염두에 두고, 이승에서 말하는 이른바 '회신멸지灰身滅智의 무여열반'이란 존재하지 않고 단지 8만 겁 동안 삼매락에 드는 상태에 대해 '무여열반'이라는 이름을 가립한 것이라고 하였다.
291 이상으로 각 논서들을 인용해서 진제 삼장의 '일체개성'의 교리적 타당성을 검토하였다. 요컨대, '일정한 시기(時分) 동안에 여전히 근기가 성숙하지 못한 사람들에 의거

問。依瑜伽第八十云。於無餘依涅槃界中。遠離一切發趣[1]事業。一切功用。皆悉止息。若如上說。決定聲聞。亦得成佛。彼瑜伽文。如何會釋。答。依法華第三卷云。我滅度後。復有弟子。不聞是經。不知不覺菩薩所行。自於所得功德。生滅度想。入於[2]涅槃。我於餘國作佛。更有異名。是人雖生滅度之想入於涅槃。而於彼土。求佛智慧。大智論第九十三。亦同此說。又涅槃經二十三云。聲聞獨[3]覺。八萬六萬四萬二萬一萬住處。名爲涅槃。無上法主聖王住處。乃得名爲大般涅槃。又楞伽第四頌云。譬如海浮木。當隨波浪轉。諸聲聞亦爾。[4] 相風所漂蕩。離諸隨煩惱。薰習煩惱縛。味著三昧樂。安住無漏界。無有究竟趣。亦復不退還。得諸三昧身。無量劫不覺。譬如昏[5]醉人。酒消然後寤。得佛無上體。是我眞法身。第二第二[6]亦同此意。又法華論云。實無而有。增上慢人。以有世間[7]三摩跋提。實無涅槃。而生涅槃想。對治此故。說化城譬喩應知。又云。第四人者。方便令入涅槃城故。涅槃城者。諸禪三昧城。過彼城已。令入大般涅槃城故。准此等文。瑜伽所說無餘涅槃。即彼楞伽所說三昧樂定。離分段故。名爲無餘。非實無餘。有變易故。勝鬘經說無無餘。故彼經云。是故阿羅漢辟支佛。有餘生法不盡故有生。有餘梵行[8]成故不純。事不究竟故。當有所作。不度彼故。當有所斷。以不斷故。去涅槃界遠。乃至。言得涅槃者。是佛方便。唯有如來得般涅槃。准此應知。八萬劫等。入三昧樂。假名無餘。無實身智俱滅無餘涅槃【然須陀洹等者。從本爲名。實是無學。】是故二乘定得成佛。由此諸經。實說一乘。假說二乘。

---

1) ㉮『瑜伽師地論』권80(T30, 749a9)에 '趣'가 '起'로 되어 있다. 2) ㉮『妙法蓮華經』권3(T9, 25c16)에 '入於'가 '當入'으로 되어 있다. 3) ㉮『大般涅槃經』권23(T12, 502b27)에 '獨'이 '緣'으로 되어 있다. 4) ㉮『入楞伽經』권4(T16, 540b2)에 '爾'가 '然'

해서 무종성無種性과 정성이승定性二乘은 성불하지 못한다고 말했지만 결국에는 그들도 모두 성불할 수 있다. 또 이승의 무여열반이란 단지 삼매락의 가명일 뿐이며, 오직 여래의 대열반이 구경열반究竟涅槃이다. 이상의 경론에 의거할 때, 삼승의 차별이란 가설假說이고 실제로는 일승一乘만 있는 것이다.

으로 되어 있다. 5) ㉲『入楞伽經』권4(T16, 540b7)에 따르면, '昏'은 '惛'의 오기다. 6) ㉲ '第二'는 오기인 듯하다. 7) ㉲『法華論』권1(T26, 17c7)에 '間' 뒤에 '三昧'가 있다. 8) ㉲『勝鬘經』권1(T12, 219c3)에 '行' 뒤에 '不'이 있다.

⊙ 대당 삼장의 오성각별설五性各別說[292]

둘째, 대당 삼장은 여러 경론에 의거해서 다섯 가지 종성이 있다고 건립하였다. 종성이 없는 유정은 열반의 성품이 없고, 종성이 결정된 이승은 결코 성불할 수 없다.

◎ 경전적 근거[293]

따라서『선계경善戒經』제1권에서는 "보살 종성이 없는 자는 비록 다시 발심하여 부지런히 닦아 정진한다 해도 끝내 아뇩다라삼먁삼보리를 얻을 수 없다."[294]라고 하였다. 또『지지론地持論』제1권에서는 "종성을 갖지 않은 사람은 종성이 없기 때문에 비록 다시 발심하여 부지런히 닦아 정진한다 해도 결코 궁극의 아뇩보리阿耨菩提(무상보리)를 얻지 못한다."[295]라고 하였다.『유가사지론瑜伽師地論』제35권에서도『지지론』과 동일하게 설한다.

또 이 경에서는 "한결같이 적멸에로 나아가는 성문종성의 보특가라는 비록 여러 부처님들이 시설해 주신 갖가지 용맹스런 가행방편의 교화·인

---

[292] 이하에서는 대당 삼장의 '오성각별설五性各別說'의 타당성을 검토하였다. 먼저 ①'무종성과 정성이승은 성불할 수 없다'고 강조하는 경론의 전거들을 제시하고, 다시 ② 오성각별설의 관점에서 어떻게 일승의 의미가 성립하는가를 모색해 본다. 그런데 원측은 이 부분에서 진제의 일체개성의 전거로서 인용했던 경론의 문구들을 다시 검토의 대상으로 삼았다. 이를 통해서 동일한 경론의 문구에 근거해서 일체개성과 오성각별의 관점이 공존할 수 있다는 것을 보여 주고자 한다.
[293] 이하의 인용문들은 모두 '오성각별설'의 교리적 근거들을 고찰한 것이다. 먼저 '무종성과 정성이승은 결코 성불하지 못한다'고 설하는 경문들을 인용하였고, 그 다음에는 '종성의 차별이 엄연하여 각기 자승自乘의 과果를 증득한다'고 설하는 경문들을 인용하였다.
[294]『菩薩善戒經』권1(T30, 962c4).
[295]『菩薩地持經』권1(T30, 888a23).

도를 받더라도 끝내 미래에 도량에 앉아 아뇩다라삼먁삼보리를 증득하게 할 수는 없다."[296]라고 하였다. 또 『심밀해탈경』 제2권에서도 "제일의第一義의 적멸을 성취한 성문종성의 사람은 모든 부처님들이 온 힘을 다해 교화하더라도 그들로 하여금 도량에 앉아 무상보리를 증득하게 할 수 없으니,……나는 (그들을) 적멸성문이라 이름한다."[297]라고 하였다.

또 『대보살장경大菩薩藏經』[298] 제5권에서는 다음과 같이 말한다. 〈정정正定의 중생은 바른 법기法器이니, 여래가 설법해 주든 설법해 주지 않든 다 해탈할 수 있다. 사정邪定의 중생은 바른 법기가 아니니, 여래가 그를 위해 설법해 주든 설법해 주지 않든 끝내 해탈을 증득할 수 없다. 여래는 그 유정이 법기가 아님을 여실하게 알기에 그냥 내버려 둔다.[299]〉[300]

『앙굴마라경』 제2권에서는 다음과 같이 말한다. 〈세 무리의 중생을 구별하는 것은 성문승이다.[301] 대승은 오직 두 무리로 나누니, 치유될 수 있는 자와 치유될 수 없는 자이다. 이른바 사정邪定이란 저 일천제를 말하고, 정정正定이란 여래와 보살과 이승을 말한다.〉[302]

---

296 『解深密經』 권2(T16, 695a22).
297 『深密解脫經』 권2(T16, 671c20).
298 『대보살장경大菩薩藏經』: 이 경은 당대唐代의 보리유지菩提流志가 번역한 『大寶積經』 권35~권54 안에 편입되어 있는 「菩薩藏會」를 가리킨다.
299 이 경에서는 중생을 크게 '정정正定·사정邪定·부정不定'의 세 부류로 나누어 설명하였는데, 중간의 '부정'에 관한 내용은 생략되었다. 모든 번뇌를 다 끊고 반드시 열반에 들어갈 수 있는 이를 '정정'이라 하고, 무간지옥에 떨어질 큰 죄를 지어 반드시 지옥에 떨어질 자를 '사정邪定'이라 하며, 그 나머지 사람들은 인연에 따라 깨칠 수도 있고 아닐 수도 있으므로 '부정不定'이라 한다.
300 『大寶積經』「菩薩藏會」 권38(T11, 219c8) 참조.
301 세 무리(三聚)의 중생을 구별한다는 것은 세간의 병자의 비유를 들어 중생을 세 부류로 구별했던 것을 가리킨다. 말하자면 의사가 있으면 치유되는 자, 의사를 만나지 못해도 치유되는 자, 의사를 만나도 치유될 수 없는 자 등의 세 종류 병자로 중생을 구별하는 것은 성문승의 관점이라는 말이다. 『央掘魔羅經』 권2(T2, 529c1) 참조.
302 『央堀摩羅經』 권2(T2, 529c7) 참조.

二者。大唐三藏。依諸經論。立有五姓。無姓有情。無涅槃性。定性二乘。必不成佛。故善戒經第一卷云。若無菩薩性。[1] 雖復發心勤修精進。終不能得阿耨多羅三藐三菩提。又地持論第一卷云。非種姓人。無種性故。雖復發心勤修精進。必不究竟阿耨菩提。瑜伽第三十五。亦同地持。又此經云。一[2]向趣寂靜[3]聲聞種姓補特伽羅。雖蒙諸佛施設種種勇猛加行方便化導。終不能令當坐道場證得阿耨多羅三藐三菩提。又深密解脫經第二云。成就第一義寂滅聲聞性人。一切諸佛盡力教化。不能令其坐於道場得無上菩提。我說名爲寂滅聲聞。又大菩薩藏經第五卷云。正定衆生。是正法器。如來說法。若不說法。皆得解脫。邪定衆生。非正法器。若使如來爲彼說法。若不說法。終不堪任證於解脫。如來如實知彼有情非法器已。而便棄捨。央堀摩羅經第三[4]卷云。三聚衆生別。卽是聲聞乘。大乘唯二聚。可治不可治。所言邪定者。謂彼一闡提。正定謂如來菩薩及二乘。

1) ㉠『菩薩善戒經』권1(T30, 962c4)에 '性' 뒤에 '者'가 있다.　2) ㉠『解深密經』권2(T16, 695a22)에 '一' 앞에 '若'이 있다.　3) ㉠『解深密經』권2(T16, 695a22)에 '靜'이 없다.　4) ㉠ '三'은 '二'의 오기인 듯하다.

또 『선계경』 제3권에서는 다음과 같이 말한다. "중생을 조복調伏시키는 데는 네 가지가 있다. 첫째, 성문종성이 있는 자는 성문도聲聞道를 얻는다. 둘째, 연각종성이 있는 자는 연각도緣覺道를 얻는다. 셋째, 불성이 있는 자는 불도佛道를 얻는다. 넷째, 인천人天의 종성이 있는 자는 인천의 즐거움을 얻는다. 이것을 네 종류라고 이름한다."303

『승만경』에서는 다음과 같이 말한다. "또 대지大地가 네 가지 무거운 짐을 지고 있는 것과 같으니, 네 가지란 무엇인가? 첫째는 큰 바다이고, 둘째는 모든 산이며, 셋째는 초목이고, 넷째는 중생이다. 이와 같이 정법을 섭수하는 선남자와 선여인을 '대지'라고 건립하니, 네 종류 무거운 짐을

---

303 『菩薩善戒經』 권3(T30, 974a19).

질 수 있으므로 그 대지에 비유한 것이다. 네 종류 (무거운 짐이란) 어떤 것들인가? 말하자면 선지식을 떠나서 (정법을) 듣지 못한 비법非法의 중생에게는 인천人天의 선근으로써 그들을 성숙시키고, 성문을 구하는 자에게는 성문승을 가르쳐 주며, 연각을 구하는 자에게는 연각승을 가르쳐 주고, 대승을 구하는 자에게는 대승을 가르쳐 준다."[304]

또 『대반야경』 제593권에서는 다음과 같이 말한다. "만약 유정의 부류 중에 성문승의 종성에 결정된 자라면 이 법을 듣고 나서 빠르게 자승自乘(성문승)의 무루지無漏地를 증득할 것이다.……독각승의 종성에 결정된 자라면 이 법을 듣고 나서 빠르게 자승(독각승)에 의지해서 출리出離할 수 있다.……무상승無上乘의 종성에 결정된 자라면 이 법을 듣고 나서 빠르게 무상정등보리를 증득할 것이다. 만약 유정의 부류 중에 아직 정성리생正性離生(견도)에 깨달아 들어가지 못했지만 삼승의 (종성에) 결정되지 않은 자라면 이 법을 듣고 나서 모두 무상정등각심을 발할 것이다."[305] 『십륜경十輪經』 제9권에서 설한 뜻도 『대반야경』과 동일하다.

『보살지지경』 제3권에 따르면 다음과 같다. "사람을 성숙시키는 것에 대해 대략 네 가지로 말한다. 성문종성이 있으면 성문승으로써 그를 성숙시킨다. 연각종성이 있으면 연각승으로써 그를 성숙시킨다. 불종성이 있으면 무상대승無上大乘으로써 그를 성숙시킨다. 종성이 없는 자는 선취善趣(천·인·아수라)를 통해 그를 성숙시킨다."[306]

『유가사지론』 제37권에서도 『보살지지경』과 동일하게 설한다.

> 又善戒經第三卷云。衆生調伏。有其四種。一者有聲聞性。得聲聞道。二[1)] 緣覺性。得緣覺道。三[2)] 有佛性。卽得佛道。四者有人天性。得人天樂。是名

---

304 『勝鬘經』 권1(T12, 218b7).
305 『大般若波羅蜜多經』 권593(T7, 1066a29).
306 『菩薩地持經』 권3(T30, 900a16).

爲四。勝鬘經云。又如大地。持四重擔。何等爲四。一者大海。二者諸山。三者草木。四者衆生。如是攝受正法善男子善女人。建立大地。堪能荷負四種重任。喩彼大地。何等爲四。謂離善知識無聞非法衆生。以人天善根而成就[3]之。求聲聞者。授聲聞乘。求緣覺者。授緣覺乘。求大乘者。授以大乘。又大般若五百九十三云。若有情類於聲聞乘性決定者。聞此法已。速能證得自無漏地。於獨覺乘性決定者。聞此法已。速依自乘而得出離。於無上乘性決定者。聞此法已。速證無上正等菩提。若有情類。雖未證[4]人[5]正性離生。而於三乘不定者。聞此法已。皆發無上正等覺心。十輪經第九意。同大般若。依菩薩地持第二[6]卷云。人成就[7]者。略記[8]四種。有聲聞種性。以聲聞乘。而成就*之。有緣覺種性。以緣覺乘。而成就*之。有佛種性。以無上大乘。而成就*之。無種性者。則以善趣。而成就*之。瑜伽三十七。亦同地持。

1) ㉑『菩薩善戒經』권3(T30, 974a20)에 '二' 뒤에 '者有'가 있다. 2) ㉑『菩薩善戒經』권3(T30, 974a21)에 '三' 뒤에 '者'가 있다. 3) ㉑『勝鬘經』권1(T12, 218b12)에 '就'가 '熟'으로 되어 있다. 4) ㉑『大般若經』권593(T7, 1066b4)에 '證'이 '已'로 되어 있고, 이 경문이 인용된 논소들에는 '證'으로 된 곳도 있고 '已'로 된 곳도 있다. 5) ㉑ '人'은 '入'의 오기다. 6) ㉑ '二'는 '三'의 오기인 듯하다. 7) ㉑『菩薩地持經』권3(T30, 900a16)에 '就'가 '熟'으로 되어 있다. 이하도 동일하다. 8) ㉑『菩薩地持經』권3(T30, 900a16)에 따르면, '記'는 '說'의 오기다.

◎ 유식학 논서들의 전거[307]

또『유가사지론』제2권에서는 '열반법이 없는 자(無涅槃法)'란 곧 세 종류 보리 종자가 결여된 자라고 하였다.[308] 또『유가사지론』제67권에서는 "무

---

307 이하에서는 특히 유식학 논서들을 인용해서 '무종성無種性에게 성불의 의미가 없음'을 논하였다.
308 『瑜伽師地論』에서는 열반의 종성이 없는 자들(無涅槃法)에 대해 '세 종류 보리 종자가 결여된 자'라고 했는데, 여기서 '세 종류'란 욕계·색계·무색계를 말한다. 그 논에 따르면, 삼계 중에 어떤 처소에 태어나든 자기가 태어난 계의 일체종자식의 체에는 그 밖의 계의 일체종자가 뒤따라 다닌다(隨逐). 따라서 열반의 종성이 없다는 것은 결국 이 삼계의 보리 종자가 없다는 말과 같다.『瑜伽師地論』권2(T30, 284b1) 참조.

종성에 머무는 사람을 '끝내 반열반법이 없는 자(畢竟無般涅槃法)'라고 하니,……이하 생략……"³⁰⁹라고 하였다. 또 제52권에서는 "진여라는 소연연을 통달하는 데 있어 끝내 장애의 종자가 있는 자를 '반열반법의 종성이 없는 보특가라(不般涅槃種性補特伽羅)'라고 건립하고, 이렇지 않은 자를 '반열반법종성의 보특가라'라고 건립한다."³¹⁰라고 하였다.

또 『대승장엄경론』 제1권에서는 다음과 같이 말한다. 〈종성이 없는 자는 두 종류가 있다. 첫째는 일시적으로 반열반법이 없는 자(時邊無般涅槃)이고,³¹¹ 둘째는 끝내 반열반법이 없는 자(畢竟無般涅槃)이다.³¹² '일시적으로 반열반법이 없는 자'는 네 종류가 있다. 첫째는 한결같이 악행을 저지르는 자이다. 둘째는 널리 모든 선법을 끊어 버린 자이다. 셋째는 해탈분解脫分의 선근이 없는 자이다. 넷째는 선근을 조금도 구족하지 않은 자이다. '끝내 완전한 열반법이 없는 자'는 (열반의) 인因이 없기 때문에 반열반의 종성이 없는 것이니, 단지 생사만을 구하고 열반을 구하지 않는 사람이다.〉³¹³

또 양조梁朝『섭대승론석』제14권에서는 다음과 같이 말한다.

---

309 『瑜伽師地論』 권67(T30, 669b9).
310 『瑜伽師地論』 권52(T30, 589a22).
311 '時邊無般涅槃'은 『大乘莊嚴經論』 원문에는 '時邊般涅槃'으로 되어 있다. 이는 일정기간 동안 종성이 끊어진 사람을 가리키므로, 의미를 완전하게 진술할 경우에는 '無' 자를 넣어도 무방하다. 예를 들어 규기의 『成唯識論掌中樞要』 권1(T43, 610c13)에는 다음과 같은 설명이 나온다. "이 중에 '시변時邊'은 '잠시暫時'라고 해야 한다. 범어로 '열가라아파리닐박남달마涅迦羅阿波利暱縛喃達磨'라고 하는데, '열涅'은 '잠暫'이고 '가라迦羅'는 '시時'이며 '아阿'는 '무無'를 말하고 '파리波利'는 '원圓'이며 '닐박남暱縛喃'은 '적寂'이고 '달마達磨'는 '법法'이니, 즉 '잠시 원적법(열반법)이 없어진 자(暫時無圓寂法)'이다."
312 '시변무반열반時邊無般涅槃'이란 '잠시暫時' 동안 어떤 이유로 인해 반열반의 가능성이 없어진 것을 말하고, '필경무반열반畢竟無般涅槃'이란 아예 열반의 인因이 없어서 아무리 시간이 지나도 절대로 열반하지 못하는 것을 뜻한다.
313 『大乘莊嚴經論』 권1(T31, 595a24) 참조.

장애를 받았거나 인을 갖추지 못했거나
모든 중생계에서
두 종류 결정[314]에 머무는 자라면
제불도 자재하지 못하네[315]

천친天親(世親)은 다음과 같이 해석하였다. "중생에게 열반의 종성이 없다면 '인을 갖추지 않았다'고 하고, 제불도 이런 상태에서는 그를 반열반에 들게 할 수 없고 신통·지혜로 또한 자재할 수 없으니,……말하자면 (그는) 생사에 탐착하면서 대승을 믿지도 좋아하지도 않는다."[316]

또 대당大唐 『섭대승론』에서는 다음과 같이 말한다.

유정계에서 두루
장애를 갖추었고 인이 결여되었으며
두 종류 결정에서 전전하는 자라면【업을 짓고 과보를 받는 두 종류가 결정된 자.】
제불도 자재할 수 없네[317]

세친世親(天親)의 『섭대승론석』 제10권에서는 다음과 같이 말한다. "유

---

[314] 두 종류 결정(二種定) : '정定'은 결정의 뜻이다. 두 가지 결정이란, 첫째는 짓는 업의 결정(所作業定)이고, 둘째는 받는 과보의 결정(受果報定)이다. 전자는 범부들이 짓는 십악十惡 등의 업을 말하는데, 이 업은 결정적으로 사악도四惡道를 초감해 낸다. 후자는 지극히 둔한 근기를 가진 전도(顚狂)된 중생의 몸을 받거나 사악도의 과보를 바로 받는 것을 말한다. 이와 같이 두 가지 결정에 제약되어 있는 모든 중생들에 대해서는 여래라고 할지라도 자재하게 구제할 수 없다.

[315] 진제 역, 세친의 『攝大乘論釋』 권14(T31, 261c13).

[316] 진제 역, 세친의 『攝大乘論釋』 권14(T31, 261c17).

[317] 현장 역, 『攝大乘論本』 권3(T31, 150c24). 이 게송은 앞서 인용한 구역舊譯 『攝大乘論釋』(梁朝 『攝論』)의 게송과 동일한 것이다.

정들 중에 열반법이 없는 자를 '인이 결여되었다'고 한다. 이 뜻을 말하자면, 저 열반의 인이 없는 자는 종성이 없기 때문에 제불도 그에 대해서는 자재할 수 없다는 것이다."³¹⁸ 또 『대업론大業論』³¹⁹의 (해석도) 이 뜻과 동일하다. 또 무성無性은 (해석하길), "말하자면 번뇌·업·이숙의 장애를 갖추고 있기 때문에 '장애를 갖추었다'고 하고,……열반의 인이 없고 종성이 없기 때문에 '인이 결여되었다'고 하니,……제불은 앞에서 말한 유정들에 대해서는 모두 자재하게 열반을 얻도록 할 수가 없다."³²⁰라고 하였으니, 자세하게 설하면 그 논과 같다.

『불지경론』에 의하면 다섯 가지 종성이 있는데 그 의미는 일반적으로 설하는 것과 같다. 나아가 그 논에서는 "다섯 번째 종성은 세간을 벗어날 공덕의 인이 없기 때문에 끝내 멸도할 기약이 없다."³²¹라고 하였다.

또 『십지경론』 제11권에서는 사정취邪定聚를 '반열반의 종성이 없는 자'라고 하였다.³²²

又瑜伽論第二卷云。無¹⁾涅槃法者。便闕三乘²⁾菩提種子。又瑜伽六十七云。住無種性人。是名畢竟無般涅槃法。乃至廣說。又五十二云。若於通達眞如所緣緣中。有畢竟障種子。³⁾建立⁴⁾不般涅槃種性補特伽羅。若不爾者。建立爲般涅槃法種性補特伽羅。又莊嚴論第一卷云。無性有二。一時邊無⁵⁾般涅槃。二畢竟無般涅槃。時邊無*般涅槃法有四。一者一向行惡行。二者普斷

---

318 현장 역, 세친의 『攝大乘論釋』 권10(T31, 376b12).
319 『대업론大業論』: 급다笈多와 행구行矩 등이 번역한 세친의 『攝大乘論釋論』 권10을 가리킨다.
320 무성의 『攝大乘論釋』 권10(T31, 445b5).
321 『佛地經論』 권2(T26, 298a17).
322 『十地經論』 권11(T26, 189a18)에서 "論曰。衆生三聚行稠林差別有五種。一有涅槃法無涅槃法三乘中一向定差別。如經是菩薩如實知衆生三聚正定相邪定相離此二不定相故……"라고 했던 것을 말한다.

諸善法。三者無解脫分善根。四者善因⁶⁾少不具足。畢竟無涅槃法者。以無因故。無般涅槃性。但求生死。不求涅槃人。又梁朝攝論第十四云。彼⁷⁾障因不具。一切衆生界。住二種定中。諸佛無自在。天親釋曰。衆⁸⁾生無涅槃性。名因不具。諸佛於此位中。不能令⁹⁾般涅槃。神通¹⁰⁾亦無自在。諸¹¹⁾貪著生死。不信樂大乘。又大唐攝論云。有情界周遍。具障而闕因。二種決定轉。【造業受果二種決定】諸佛無自在。世親釋論第十卷云。若諸有情界¹²⁾無涅槃法。名爲闕因。此意說。彼無涅槃因。無種姓故。諸佛於彼無有自在。又大業論。亦同此意。又無性云。謂具煩惱業異熟障。故名具障。無涅槃因。無種姓故。名爲闕因。諸佛於上所說有情。皆無自在令得涅槃。廣說如彼。依佛地論。有五種姓。義如常說。乃至彼云。第五種姓。無有出世功德因故。畢竟無有滅度之¹³⁾期。又十地論第十一云。邪定聚。名無般涅槃性。

1) ㉠『瑜伽師地論』권2(T30, 284b1)에 '無'가 '不'로 되어 있다. 2) ㉠『瑜伽師地論』권2(T30, 284b1)에 따르면, '乘'은 '種'의 오기다. 3) ㉠『瑜伽師地論』권52(T30, 589a23)에 '子' 뒤에 '者'가 있다. 4) ㉠『瑜伽師地論』권52(T30, 589a23)에 '立' 뒤에 '爲'가 있다. 5) ㉠『大乘莊嚴經論』권1(T31, 595a25)에 '無'가 없다. 이하도 동일하다. 6) ㉠『大乘莊嚴經論』권1(T31, 595a28)에는 '因'이 '根'으로 되어 있다. 7) ㉠『攝大乘論釋』권14(T31, 261c13)에 따르면, '彼'는 '被'의 오기다. 8) ㉠『攝大乘論釋』권14(T31, 261c17)에는 '衆' 앞에 '若'이 있다. 9) ㉠『攝大乘論釋』권14(T31, 261c18)에 '令' 뒤에 '彼'가 있다. 10) ㉠『攝大乘論釋』권14(T31, 261c18)에 '神通'이 '通慧'로 되어 있다. 11) ㉠『攝大乘論釋』권14(T31, 261c19)에 따르면, '諸'는 '謂'의 오기다. 12) ㉠『攝大乘論釋』권10(T31, 376b12)에 '界'가 없다. 13) ㉠『佛地經論』권2(T26, 298a18)에 '之'가 없다.

◎ 대당 삼장의 관점에서 일체개성의 전거들을 재해석함³²³

323 이하에서는 진제의 일체개성설一切皆成說의 전거들을 다시 대당 삼장의 오성각별설五性各別說의 관점에서 해석한 것이다. 그 본래의 목적은 대당 삼장의 관점에서 어떻게 '일승의 의미'가 성립하는지를 살펴보려는 것이다. 그런데 원측은 이전의 일체개성설의 전거들을 검토의 대상으로 채택함으로써, 결과적으로 일체개성의 전거들이 대당 삼장의 '오성각별설'과 배치되지 않고 양립할 수 있음을 드러내게 된다. 이하의 단락 ❶~❽에 진술된 경론의 인용문들은 모두 진제의 일체개성설의 전거로서 제시되었던 것이고, 이전과 대조하기 위해 동일한 일련번호 ❶~❽을 부여하였다.

이상의 문장들에 준해 보면, 종성이 없는 유정은 열반의 인이 없고, 종성이 결정된 이승은 결코 성불할 수 없다. 그렇다면 어떻게 일승이라고 설할 수 있고, 이전에 인용했던 교설들과 어떻게 회통시켜 해석하겠는가?

해 ❶[324] 예를 들어『열반경』에서 "선남자여, 아我라는 것은 여래장을 뜻한다."[325]라고 하였고, 또 "모든 중생에게는 다 불성이 있고 여래는 상주하며 변함이 없다."[326]라고 하였다. 또『보성론』제1권에서는 다음과 같이 말한다. 〈문 어떻게 모든 중생들에게 여래장이 있다는 것을 알 수 있는가? 답 모든 부처님들의 평등한 법성신法性身에 의거해서 모든 중생들에게 다 여래장이 있음을 알 수 있다.〉[327] 이와 같은 문장들에서는 모두 진여법신의 불성을 (설하는데,) 이것은 곧 다섯 종성들이 모두 불성을 갖고 있다는 것이다.

또『열반경』에서 "비유하면 어떤 사람이……중간 생략……반드시 결코 획득할 것이기 때문이다."[328]라고 했는데, 이와 같은 교설은 모두 행성

---

324 단락 ❶에서 거론된『涅槃經』제7권과 제27권의 문구는 모두 진제의 일체개성설의 첫 번째 전거 ❶로서 인용되었던 것이다. 원측은 이『涅槃經』에 의거해서 불성佛性을 이성理性으로서의 불성과 행성行性으로서의 불성으로 구분한 바 있다. 그 둘을 구분한 의도는 여기서 분명해지듯 두 삼장의 학설이 동일한 경문에 근거해서 양립할 수 있음을 보이기 위해서다.『涅槃經』제7권과 제27권 및『寶性論』제1권의 문구는 '모든 중생이 본래 갖추는 이성을 설한 것이다. 이러한 불성은 본래부터 상주하는 진여법신眞如法身을 말하기 때문에 다섯 종성도 모두 갖추고 있다. 따라서 진제 삼장의 일체개성과 대당 삼장의 오성각별의 관점에서도 모두 인정될 수 있다. 한편, 행성은 수행을 통해 발현되는 불성으로서, 현재 일시적으로 결여된 자도 있다. 진제 삼장의 일체개성이 행성의 차원에서 설해진 것이라면, 이는 부정종성이라는 '소분少分의 일체'에 의거해서 말한 것이다. 이 경우 일승은 진실이고 삼승은 방편이라는 주장도 가능하다. 그렇다면 진제의 일체개성은 대당 삼장의 오성각별과는 상충하는 것은 아니다. 왜냐하면 삼승의 종성 (혹은 오성) 일체에 대해서는 여전히 '삼승(오성)의 차별이 진실이고 일승은 방편이다'라는 주장도 가능하기 때문이다.
325 『大般涅槃經』권7(T12, 407b9).
326 『大般涅槃經』권27(T12, 522c24).
327 『究竟一乘寶性論』권1(T31, 813c23) 참조.
328 이것은『大般涅槃經』권27(T12, 524c5)에서 "어떤 사람의 집에 유락乳酪이 있는데 누

行性을 (설한 것이니, 이것은) 결정코 획득할 것이기 때문이다. (이 경우는) 부정종성不定種姓이라는 일부분에 의거해서 설한 것이다.³²⁹

准此等文。無性有情。無涅槃因。定性二乘。必不成佛。若爾。如何說爲一乘。前所引敎。如何會釋。解云。如涅槃云。善男子。我者卽是如來藏義。又,¹⁾ 一切衆生悉有佛性。常²⁾住無有變易。又寶性論第一卷云。問。云何得知一切衆生有如來藏。答。依一切諸佛。平等法性身。知一切衆生。皆有如來藏。如此等文。皆是眞如法身佛性。此卽五性皆有佛性。又涅槃云。譬如有人乃至定當得故者。如此等敎。皆是行性。定當得故。約不定姓少分而說。

---

1) ㉠ '又' 뒤에 '云'이 누락된 듯하다.   2) ㉠『大般涅槃經』권27(T12, 522c24)에 의거해서 '常' 앞에 '如來'를 보입하였다.

❷³³⁰ 또『법화경』에서는 "시방의 불토에는 오직 일승법만 있으니, 부처

군가 '당신에게 소蘇가 있느냐'라고 물으면 '나에게 낙은 있지만 실로 소가 있는 것은 아니다'라고 답할 것이다. 교묘한 방편으로 결정코 장차 획득할 것이기 때문에 일부러 '소가 있느냐'라고 말한 것이다. 중생 또한 이러하여, 모두 다 마음이 있다. 무릇 마음이 있는 자는 장차 아뇩다라삼먁삼보리를 성취할 수 있을 것이다. 이런 의미에서 나는 항상 '일체중생은 다 불성이 있다'고 설하였다.(譬如有人家有乳酪。有人問言。汝有蘇耶。答言。我有酪。實非蘇。以巧方便定當得故。故言有蘇。衆生亦爾。悉皆有心。凡有心者。當得成阿耨多羅三藐三菩提。以是義故。我常宣說一切衆生悉有佛性。)"라고 했던 것을 가리킨다.

329 이『涅槃經』제27권의 비유 또한 일체개성설의 첫 번째 전거(❶)로 인용되었던 것이다. 이 비유에서 '소蘇'는 '행성行性으로서의 불성', 즉 성도聖道의 수행을 통해 장차 발현될 불성을 말한다. 그런데 하나의 이치(理)로서의 이성理性(진여법신)은 모든 중생들에게 갖추어졌다고 할 수 있는 반면, 그러한 행성은 현실적으로 갖추지 못한 자도 있다. 그럼에도 '일체가 다 성불한다'고 했다면, 이때의 '일체一切'란 삼승의 종성 전체를 가리키는 것이 아니라 '소분少分의 일체', 즉 부정종성을 가리키는 것이다. 이 부정종성에 대해 '일체가 다 성불할 수 있다'고 한 것이다. 그런데 가령 경문에서 '회향성문은 이문異門에서 보살이라 불린다'고 했듯이, 실제로는 하나(一)이지만 방편으로 성문·연각·보살 등의 세 가지를 구분한 것이다. 이런 의미에서 보면, 이『涅槃經』의 경문도 반드시 오성각별설과 배치되는 것은 아니다.

330 단락 ❷의『法華經』의 게송은 진제의 일체개성설의 전거 ❷로 인용했던 것이다. 이 게

님의 방편설을 제외하면 둘도 없고 또한 셋도 없다."³³¹라고 하였는데, 이 경문에 대한 해석에서 여러 설들이 부동하다.

구마라집 등은 다음과 같이 말한다. 〈'둘이 없다(無二)'는 것은 성문·연각이 없다는 것이다. '셋도 없다'는 것은 성문과 연각, 그리고 대승 가운데 육도六度(육바라밀)만을 치우쳐 행하는 독선보살獨善菩薩이 없다는 것이다.〉

다시 어떤 사람은 다음과 같이 말한다. 〈'둘이 없다'는 것은 두 번째 승 곧 연각이 없다는 것이다. '셋도 없다'는 것은 세 번째 성문승이 없다는 것이다.〉³³²

한편에서는 다음과 같이 말한다. 〈이 앞의 두 종류 해석은 오직 인승因乘에 대한 것이니, 그래서 불승佛乘에는 극과極果의 성품이 있다고 보고 일부러 논파하지 않았다.〉³³³

송에서 특히 '無二亦無三'이라는 구가 '일승'의 의미와 직결된다. 여기에서 그에 대한 다양한 해석들이 소개되었는데, 원측은 최종적으로 그 문구는 이승(성문·연각)을 논파하여 일승을 밝힌 것이지 삼승을 논파한 것은 아니라고 평하였다. 그런데 '이승이 불승佛乘(대승)에 들어간다'는 의미에서 일승이라 할 경우, 일승이란 불승을 가리킨다. 앞서 언급했듯, 이러한 의미의 '일승'은 부정종성不定種性이라는 '소분少分의 일체'에 대해서만 설해질 수 있다. 말하자면 부정종성은 궁극에 성불할 수 있으므로 실제로는 하나의 불승만 있지만, 방편으로 때로는 성문·연각이라 부르고 때로는 보살이라 부른다. 그런데 진제의 일체개성이 이런 맥락에서 설해졌다면, 이것은 대당 삼장의 오성각별설과 배치되는 것은 아니다. 왜냐하면 삼승의 종성 (혹은 오성) 전체에 대해서는 여전히 '삼승(혹은 오성)의 차별이 진실이고 일승은 방편이다'라는 주장도 가능하기 때문이다.

331 『妙法蓮華經』 권1(T9, 8a17).
332 길장吉藏의 『法華遊意』 권1(T34, 647b6)에는 다음과 같은 해석이 나온다. "若爾。則一乘猶是三乘中之佛乘也。故文云。十方佛土中。唯有一乘法。無二亦無三。此以一二三爲數。則以一乘爲一。緣覺爲二。聲聞爲三。則知一乘猶是三中一也。"
333 이것은 제3의 해석이라기보다는 아마도 앞의 구마라집과 유인有人의 해석에 대한 총평인 듯하다. 앞의 두 해석에 따르면, 모두 '無二亦無三'이라는 경문은 오직 인승因乘에 해당하는 성문승聲聞乘·연각승緣覺乘 혹은 독선보살獨善菩薩 등을 부정한 것이지, 극과極果에 해당하는 '불승佛乘'을 부정한 것은 아니다.

지금의 사람들은 '둘도 없고 셋도 없다'는 것에 대해 바로 판석하면서, 부처님의 세 가지 몸에 의거해서 이 의미를 나타낸다. 이른바 '둘이 없다'는 것은 오직 여래보불如來報佛의 일승만 있을 뿐 저 성문·연각의 이승은 없다는 것이다. 『승만경』에서 "성문승과 연각승은 모두 대승에 들어간다."[334]라고 한 것은 이 불승을 말한 것이고, 『법화경』에서도 "오직 이 하나의 사실만 있을 뿐 그 밖의 이승은 진실이 아니다."[335]라고 하였다.[336] 이른바 '셋도 없다'는 것은 오직 여래법신如來法身의 일승만 있을 뿐 성문승·연각승·불승의 세 가지 승은 없다는 것이다. 『섭대승론석』에서는 "보살이 아직 제2지에 들어가지 못했다면 이와 같이 '삼승인은 세 가지 행의 차별이 있다'는 생각을 내니, 이는 일승의 이치에 미혹한 것이다.[337]"[338]라고 하였고, 『법화경』에서는 "오히려 이승도 없는데 하물며 삼승이 있겠는가."[339]라고 하였으며, 『열반경』에서는 여래와 성문과 연각은 동일한 불성이고 동일한 무루라고 하였다.[340] 앞의 ('무이無二'는) '이二'를 논파하여 '일一'에 귀속시킨 것이니, 이는 소승(성문·연각)을 논파하여 대승에 들어가게 한 것이다. 뒤의 ('무삼無三'은) '삼三'을 논파하여 '일一'에 귀속시킨 것이니, 이는 사事를 없애고 이理에 돌아간 것이다.

비록 세 가지 해석이 있으나 두 번째 설이 바르다.[341] 따라서 『법화론』

---

334 『勝鬘師子吼一乘大方便方廣經』 권1(T12, 220c19).
335 『妙法蓮華經』 권1(T9, 8a21).
336 여기서 거론된 『勝鬘經』과 『法華經』의 문구 또한 모두 진제의 일체개성설의 전거 ❷로서 인용되었던 것이다. 모두 공통적으로 '이승은 없고 일승만 있음'을 강조한 것이다.
337 이것은 인법人法의 무아성無我性을 깨달아서 초지初地에 들어간 보살이 여전히 신업身業 등에 의거해서 모든 중생들에 대해 사행邪行을 일으키는 장애를 말한 것이다. 말하자면 그는 '성문·연각·보살이라는 삼승의 사람들이 각각 차별된 수행을 한다'라는 견해를 갖는데, 이는 아직 일승의 이치에 미혹했기 때문이다.
338 진제 역, 세친의 『攝大乘論釋』 권10(T31, 221b22).
339 『妙法蓮華經』 권1(T9, 7b22).
340 『大般涅槃經』 권9(T12, 664a15)에는 "聲聞緣覺菩薩亦爾. 同一佛性. 猶如彼乳. 所以者何. 同盡漏故."라는 문구가 나온다.

끝에서 '두 번째 방편품은 이승을 논파하고 일승을 밝혔음을 보여 준 것'이라고 하였다.[342]【혹은 어떤 판본에는 삼승을 논파하고 일승을 밝힌 것이라고 하지만, 여러 판본에서 대부분 이승을 논파하고 일승을 밝힌 것이라고 하였다.】 또 『화엄경』 제12권, 제18권, 제60권 등에서는 다 '이승의 이름은 없다'고 하였다. 또 『법화경』 제3권에서는 "세간에서 이승이 멸도를 얻는 일은 없고 오직 하나의 불승이 멸도를 얻을 뿐이다."[343]라고 하였고, 또 "오직 하나의 불승만 있으니, 식처息處이기 때문에 이승의 (열반을) 설한 것이다.[344]"[345]라고 하였다.

---

341 이상으로 '無二亦無三'이라는 『法華經』의 문구에 대해 "비록 세 종류 해석이 있지만 두 번째가 바르다.(雖有三釋第二爲正)"라고 했는데, 이 문장의 의미가 분명하지 않다. 우선 ① 예전의 해석이 세 종류이고 지금의 해석이 한 종류라고 간주하면 모두 '네 종류 해석이 있다'고 해야 한다. 이 경우 '三'은 '四'의 오기일 수 있다. 그러나 오기가 아니라면, 앞의 네 가지 중에 세 번째 "한편에서 다음과 같이 말한다……"의 내용은 이전의 두 해석에 대한 총평이기 때문에 별도의 해석으로 간주하지 않았을 수도 있다. 그런데 이 총평을 중간에 삽입한 것은, 이것의 전후 해석에 결정적인 차이가 있기 때문이다. 다시 말하면, 예전의 두 해석에 따르면 『法華經』 문구는 오직 인승因乘에 해당하는 이승을 부정한 것이지만, 당시(今者)의 해석자들에 따르면 이승뿐만 아니라 불승佛乘(혹은 大乘)까지 부정한 것이다. ② 그 다음에 문제가 되는 것은, "두 번째가 바르다(第二爲正)"고 할 때 어떤 해석을 가리키는가 하는 것이다. 이 경우에도 '두 번째'를 오기로 볼 수도 있다. 그러나 이어지는 원측의 해석을 살펴보면, 오자는 아닌 듯하다. 원측의 평가와 부합하는 해석은 위에서 언급된 두 번째, 즉 "'둘이 없다(無二)'는 것은 두 번째 연각승을 부정한 것이고 '셋이 없다(無三)'는 것은 세 번째 성문승을 부정한 것이다."라는 해석이기 때문이다. 원측은 그렇게 판단한 이유를 다음에 진술하였다. 『法華論』 등에 따를 때, '無二亦無三'이라는 문구는 결국 이승을 논파하여 일승을 밝힌 것이지, 대승(佛乘)까지 포함해서 삼승을 모두 논파한 것이 아니다. 그런데 첫 번째 해석에서는 '성문·연각·독선보살'을 부정했다고 보았고 마지막에 진술된 지금의 해석자들은 '성문과 연각과 대승(불승)'을 모두 부정한 것이라 보았기 때문에, 원측의 견해와는 어긋난다.
342 보리유지 역 『妙法蓮華經論憂波提舍』 권2(T26, 10b22) 참조.
343 『妙法蓮華經』 권3(T9, 25c22).
344 이 문장은 이승二乘의 멸도滅度 즉 열반에 대해 진술한 것이다. 여기서 '식처息處'란 소식처蘇息處 즉 소승에서 말하는 회신멸지灰身滅智의 경지를 가리키는데, 소승은 그것을 참된 열반이라고 한다. 그러나 대승의 입장에서 보면 이러한 이승의 열반은 방편으로 시설한 화성化城에 불과해서 다시 오랜 수행을 거쳐야 불도에 들어갈 수 있다.
345 『妙法蓮華經』 권3(T9, 27b2).

又法華經云。十方佛土中。唯有一乘法。無二亦無三。除佛方便說者。釋此
經文。諸說不同。羅什等云。言無二者。無聲聞緣覺。無三者。無聲聞緣覺
及大乘中偏行六度獨善菩薩。復有人云。言無二者。謂無第二卽是緣覺。言
無三者。謂無第三聲聞乘也。一云。此前兩解唯因乘。仍見佛乘有極果性。
不故破焉。今者正判無二無三。約佛三身。以顯此義。所言無二。唯有如來
報佛一乘。無彼聲聞緣覺二乘。勝鬘經云。聲聞緣覺乘皆入大乘者。卽是
佛乘。法華經云。唯此一事實。餘二則非眞。所言無三。唯有如來法身一乘。
而無聲聞緣覺及佛三乘。攝大乘云。菩薩未入二地。生如是[1]想。謂三乘人
三行差別。迷一乘理。法華經云。尚無二乘。何況有三。涅槃云。如來聲聞
緣覺。同一佛性。同一無漏。前破二皈一。是破小入大。後破三皈一。是泯
事歸理。雖有三釋。第二爲正。故法華論末云。第二方便品。示現破二明一。
【或有本云破三明一。然諸本中多云破二明一。】又華嚴經第十二十八第六十
等。皆云無二乘之名。又法華經第三卷云。世間無有二乘而得滅度。唯一佛
乘得滅度耳。又云。唯有一佛乘。息處故說二。

---
1) ㉠『攝大乘論釋』권10(T31, 221b23)에는 '是'가 '此'로 되어 있다.

❸[346] 양梁『섭대승론석』에서는 "신근信根 등의 오근五根을 얻었더라도
결정된 근기(定根)라고 하지 않고……"[347]라고 했는데, 『대업론』과 대당의

---
346 단락 ❸의 진제 역『攝大乘論釋』의 문구는 이전의 일체개성설의 전거 ❸으로 인용되
었던 것이며, 여기서는 그중의 일부 문구만 거론하였다. 그에 따르면, 종성이란 도도
에 의거해서 안립된 것이고, 부정종성을 건립한 의도는 대승의 수행에 더욱 전념하
게 하기 위해서다. 구체적으로 말하면, 사선근위四善根位 중 인위忍位에 의거해서 '결
정된 종성(定性)'을 안립하였고, '아직 보살도를 전념해서 닦지 않는 자'를 일컬어 '종
성이 결정되지 않은 자'라고 한다. 그러므로 이승종성에 결정된 자라 해도 결정코 성
불하지 못하는 것은 아니다. 그런데 그런 내용은 진제가 번역한 세친의『攝大乘論釋』
에만 나오고, 현장이 번역한 무성과 세친의『攝大乘論釋』이나 급다笈多 등이 번역한
『攝大乘論釋論』에는 나오지 않기 때문에 전거로 삼을 만한 것이 아니라고 하였다.
347 진제 역, 세친의『攝大乘論釋』권15(T31, 265a8).

두 본本의 『섭대승론석』에는 모두 이런 말이 없기 때문에 의거할 만한 것은 아니다.

梁攝論云。信[1]等五根不名定根等者。大業大唐二本攝論。皆無此言。故不可依。

---
1) ⓔ『攝大乘論釋』권15(T31, 265a7)에 '信' 앞에 '若得'이 있다.

❹[348] 『대지도론』에서는 "열반에 들어갈 수 없는 자는 인천人天의 복락 가운데 머물면서 열반의 인연을 짓는다."[349]라고 했는데, 인천의 즐거움에 (머무는 자는) 본래 두 종류가 있다. 첫째는 끝내 열반의 종성이 없는 자(畢竟無涅槃性)이니, 다만 인·천의 도道로써 그를 성취시킨다. 둘째는 일시적으로 열반의 종성이 없는 자(暫時無涅槃性)이니, 인·천의 도로써 성취시키고 열반의 인을 짓게 한다. 비록 두 종류가 있지만 그 논에서는 우선 '일시적으로 종성이 없는 자'라는 한 측면에 의거해서 설한 것이다. 혹은 그 논은 보살이 비원悲願으로 다 무여열반에 들게 하고 싶어 함을 나타낸 것이지, (실제로) 일체가 다 열반에 든다는 것은 아니다.

智度論云。若不任入涅槃者。著人天福樂中。作涅槃因緣者。人天樂中。自有二種。一者畢竟無涅槃性。但以人天而成就之。二者暫時無涅槃性。人天成就。作涅槃因。雖有二種。彼論且依暫時無性一邊而說。或可彼顯菩薩悲

---
348 단락 ❹에서 진술된 『大智度論』의 인용문은 이전의 일체개성설의 전거 ❹로 인용되었던 것이며, 여기서는 그중 마지막 문구만 거론하였다. 이 인용문에서 특히 '무성유정無性有情도 인천人天의 복락을 누리면서 열반의 인을 짓는다'고 했기 때문에 무성유정도 성불할 수 있다는 주장의 근거가 되었다. 원측은 무성유정을 '끝내 열반의 종성이 없는 자(畢竟無涅槃性)'와 '일시적으로 열반의 종성이 없는 자(暫時無涅槃性)' 두 부류로 구분하고, 『大智度論』에서는 후자에 의거해서 설했을 뿐이라고 하였다. 그러므로, 대당 삼장의 관점에서 '무성유정은 열반에 들 수 없다'는 주장도 가능하다.
349 『大智度論』권84(T25, 649a9).

願。欲令盡無餘涅槃。非悉一切皆入涅槃。

❺³⁵⁰ 『법화론』에서 "결정·증상만 두 종류 성문은 근기가 미숙하기 때문에 여래께서 수기를 주지 않고, (보살이 수기를 준다.) 보살이 수기를 내려 주는 것은 방편으로 발심하도록 하기 위해서다."³⁵¹라고 했는데, 보살이 성불의 기약을 내려 준 것은 그로 하여금 대승에 대해 신심을 내도록 하기 위해서다. 이것은 방편이지, (그 성문이) 진실로 성불하는 것은 아니다.

法華論云。決定增上¹⁾二種聲聞。根未熟故。如²⁾不與授記。菩薩與授記者。方便令發心故者。菩薩與授成佛之記。爲欲令彼於大乘中發信心故。此卽方便。非實成佛。

─────────

1) ㉯ '上' 뒤에 '慢'이 누락된 듯하다.   2) ㉯ '如' 뒤에 '來'가 누락된 듯하다.

- 문답에서 인용되었던 전거들에 대한 재해석³⁵²

❻³⁵³ 『법화경』에서 "이 사람이 비록 '멸도'의 상상을 내고 열반에 든다

---

350 단락 ❺의 『法華論』의 문구는 이전의 일체개성설의 전거 ❺로 인용되었던 것이다. 그 인용문에 따르면, '결정성문決定聲聞과 증상만성문增上慢聲聞은 여래가 아니라 보살이 수기를 내려 준다'고 하는데, 이것이 결정성문도 성불할 수 있다는 주장의 근거가 되었다. 대당 삼장의 관점에서 반론하자면, '보살이 결정성문 등에게 성불의 수기를 준다'고 한 것은 방편으로 설한 것이지 실제로 성불한다는 말은 아니다.

351 『妙法蓮華經論憂波提舍』 권1(T26, 18b13) 참조.

352 이하의 단락 ❻, ❼, ❽에서 재해석되는 경론의 문구들은 일체개성설의 난제를 회통시키는 문답에서 인용되었던 것들이다. 원측은 『瑜伽師地論』 제80권의 교설에 의거해서 '가령 무여열반에 든 결정성문의 경우는 무상보리 또는 대열반을 구하려고 발심하는 일 따위가 없을 텐데 그가 장차 성불한다는 의미가 있는가'라고 묻고서, 그 대답으로서 이하의 『法華經』과 『涅槃經』과 『楞伽經』 등의 문구를 제시한 바 있다.

353 단락 ❻의 『法華經』 문구는 진제의 관점에서 '무여열반에 든 결정성문도 성불할 수 있다'는 주장의 첫 번째 전거(❻)로 제시되었다. 그에 따르면, 결정성문이 무여열반에 들었다 해도 그것은 궁극적인 여래의 대열반과는 다르기 때문에 그는 미래에 다시 부

해도 그 나라³⁵⁴에서 부처님의 지혜를 구할 것이다."³⁵⁵라고 한 것은, 『정법화경』 제4권에서는 "모든 뜻이 무위無爲에 대한 생각(想), 말하자면 '마땅히 멸도하여 아무개는 다른 부처님의 세계에 갈 것이다'라는 (생각에) 있는 것이다."³⁵⁶라고 하였고, 또 제3권에서는 "멸도하려 할 즈음 부처님이 그 앞에 머물면서 중요한 법을 가르쳐 주면 보살의 뜻을 발하여 생사에 있지 않고 멸도에 머물지도 않으면서 삼계의 공함을 이해한다."³⁵⁷라고 하였다. 제4권 문장의 의미는 이것과 동일하다. 이 문장에서 이미 "멸도하려 할 즈음"이라고 했으니, 이에 준해 보면 무여의無餘依³⁵⁸에 머물며 무여열반에 들려 할 즈음에 보리심을 발한 것이지, 이미 (열반에) 들고 나서 발심할 수 있는 것은 아님을 알아야 한다.

『대지도론』의 문장을 해석하여 회통시키는 것도 이에 준해서 알아야 한다.

法華經云。是人雖生滅度之想。入於涅槃。而於餘¹⁾國。求佛智慧者。依正法華第四卷云。一切志在無爲之想。謂當滅度。甫當往至他佛世界。又第三云。臨欲滅度。佛在前住。誨以要法。發菩薩意。不在生死。不住滅度。解三

처님의 지혜를 구하게 된다는 것이다. 그런데 대당 삼장의 관점에서 그런 해석에 대해 이의를 제기할 수 있다. 우선 진제가 인용한 그 『法華經』의 문구를 『正法華經』의 내용과 대조해 보면, 그것은 '이미 무여열반에 든 성문이 발심한다'는 말이 아니라 '이제 막 무여열반에 들어가기 직전에 성문이 발심한다'는 말이다. 따라서 이 경문을 전거로 해서 무여열반에 든 결정성문까지도 성불한다고 할 수 없다.

354 '그 나라'란 이 경의 앞 문구에서 언급된 나라, 즉 지금 이 법문을 설하는 부처님이 다시 태어나서 다른 이름을 가진 불佛로서 계시게 될 나라를 가리킨다.
355 『妙法蓮華經』 권3(T9, 25c17).
356 『正法華經』 권4(T9, 92b14).
357 『正法華經』 권3(T9, 85c14).
358 여기서 말한 '무여의無餘依'란 『瑜伽師地論』 권80(T30, 749a8)에서 언급된 '무여의열반계無餘依涅槃界'를 가리킨다. 이 무여의열반계에서는 일체의 사업事業을 전혀 발기發起하지 않고 모든 공용功用이 그친다.

界空。第四卷文意同此也。此文旣云臨欲滅度。准此應知。住無餘依。臨入
無餘。發菩提心。非是已入而能發心。釋通智度。准此應知。

---
1) ㉄『妙法蓮華經』권3(T9, 25c18)에는 '餘'가 '彼'로 되어 있다.

❼[359] 또『열반경』에서 "8만 겁 동안 머무는 곳(八萬劫住處)" 등이라 한 것
에 대해, 삼장은 다음과 같이 해석하였다. 〈예류 등의 지위에서 대승으로
회심하여 변역생變易生[360]을 받고서 보살행을 행하다가 십신위十信位에 이
르러 8만·6만 겁 등을 머무는 것을 '머무는 곳(住處)'이라고 한 것이다.〉
진제 삼장은『구식장』에서 다음과 같이 말한다. 〈문 대본大本에서는 연각
은 만 겁에 도달한다고 했는데,[361] 어떤 지위에 도달하고 이는 어떤 종宗
인가? 답 이것은 객종客宗[362]의 뜻이니, 삼계의 미혹을 제거하고 회심하
여 대승을 배워서 십신의 지위에 들어가 법法의 여여함을 믿는 것이다.〉
이에 준해 보면, 진제도 또한 십신의 지위를 '도달되는 곳'이라고 설했음
을 알 수 있다.

---
359 단락 ❼의『涅槃經』의 문구는, 진제의 관점에서 앞의『法華經』의 교설을 보완하기 위
해 인용되었던 것이다. 그에 따르면, 성문이 8만 겁 동안 머무는 삼매락三昧樂을 열
반이라 하고, 오직 부처님이 머무는 법신法身을 대열반이라 이름한다. 이처럼 이승의
무여열반無餘涅槃은 여래의 대반열반大般涅槃과는 다르기 때문에 무여열반에 든 이
승이라도 언젠가 다시 대반열반을 구하게 된다는 것이다. 그런데 대당 삼장의 입장에
서 해석하자면, 이 경에서 말한 '8만 겁 동안 머무는 곳'이란 이승의 열반을 말하는 것
이 아니라 사실은 십신十信의 지위에 불과하다. 대당 삼장의 관점에서 반론하면 다
음과 같다. 〈이승의 무여열반이란 실제로 존재하지 않는다. 그렇다면 '무여열반에 든
결정성문'이라는 전제 자체가 성립하지 않고, 따라서 '무여열반에 든 결정성문도 성불
할 수 있다'는 주장도 성립하지 않는다.〉
360 변역생變易生: 아라한·벽지불·대력보살 등이 삼계 밖에서 뛰어나고 미묘한 과보신
즉 의생신意生身을 받는 것을 말한다. 그 몸은 자비와 원력에 바탕하고 있기 때문에
수명이나 육체를 모두 자유롭게 변화시키거나 뒤바꿀 수 있어서 일정한 제한이 없다.
361 '대본大本'은 아마도『大般涅槃經』을 가리키는 듯하다. 예를 들면『大般涅槃經』권
21(T12, 491c1) 등에는 "須陀洹者。八萬劫到。斯陀含者。六萬劫到。阿那含者。四萬劫
到。阿羅漢者。二萬劫到。辟支佛者。十千劫到。"라는 문장이 나온다.
362 '객종客宗'의 정확한 의미를 알 수 없다. 아마도 오탈자가 있는 듯하다.

🔵 그렇다면 어째서 '열반'이라고 설했는가?

🔴 부처님께서 대승으로 회심한 성문의 (몸에) 의지해서 불로 몸을 태워 열반을 시현하신 것을 열반이라고 설하셨지만 진실한 열반은 아니다. 이것은 예를 들어 『유가사지론』 제80권에서 설한 것과 같다. "그는 이미 이와 같이 수명(壽行)을 늘리고 나서 유근신有根身(감각기관을 가진 몸)을 머물게 하고, 별도로 화신을 지어서 동법자同法者 앞에서 방편으로 무여의반열반계에서 반열반하는 것을 시현한다. 이 인연으로 모두 다 '아무개 존자가 무여의반열반계에서 이미 반열반했다'고 생각한다. (그러나) 그는 (수명을 늘림으로써) 남겨진 유근실신有根實身(근이 달린 실재의 몸)으로 이 세계의 섬부주 안에서 그가 원하는 대로 멀리 떠나서 머무니, 모든 천天조차 오히려 (그것을) 볼 수 없는데 하물며 그 밖의 중생들이 볼 수 있겠는가?"[363]

이 말의 뜻을 설하자면, 의심을 없애기 위해 동법자 앞에서 무여열반에 드는 것을 시현했기 때문에 '열반'이라 한 것이지, 그가 실제로 무여열반을 감당한 것은 아니다. 혹은 여러 불보살들이 화현해서 무여열반에 든 것은, 한 부류를 이끌어 주기 위해 또 그 밖의 부류를 맡아 지키기 위해[364] 그 두 가지 과果가 궁극이 아님을 나타낸 것이라 볼 수도 있다. 예를 들면 『수능엄삼매경』에서 "사리불이여, 보살은 이와 같이 벽지불승(연각승)의 몸으로 열반에 들지만 영원히 멸도한 것은 아니다.……이하 생략……"[365]라고 하였다.

又涅槃云。八萬劫住處等者。三藏釋云。預流等位。迴心向大。受變易生。行

---

[363] 『瑜伽師地論』 권80(T30, 749a20).
[364] '한 부류를 이끌어 준다'는 것은 부정성문不定聲聞을 이끌어 들여서 대승에 의지해서 반열반하게 하는 것을 말하고, '그 밖의 부류를 맡아 지킨다'는 것은 부정보살不定菩薩을 책임지고 맡아서 대승에 정진하며 퇴보하지 않도록 하는 것을 말한다. 『攝大乘論釋』 권10(T31, 447a25) 참조.
[365] 『首楞嚴三昧經』 권2(T15, 642c13).

菩薩行。至十信位。住於八萬六萬劫等。名爲住處。眞諦三藏九識章云。問。
大本云。緣覺十千劫到。到何位。是何宗。答。此是客[1]宗意。除三界或。[2]
迴心學大乘。入十信。信法如如。准知眞諦亦說十信爲所到處。問。若爾。
如何說爲涅槃。答。佛依迴心向大聲聞。以火燒身。示現涅槃。說爲涅槃。
非實涅槃。此如瑜伽論第八十云。彼旣如是增壽行已。留有根身。別作化
身。同法者前。方便示現。於無餘[3]涅槃界。而[4]涅槃。由此因緣。皆作是念。
其[5]名尊者。於無餘依[6]涅槃界。已般涅槃。彼以所留有根實身。卽於此界
贍部洲中。隨其所樂。遠離而住。一切諸天。尙不能覩。何況其餘衆生能見。
此意說云。爲除疑情。同法者前。示現入於無餘涅槃。故名涅槃。非彼實任
無餘涅槃。或可諸佛菩薩化入無餘。爲引攝一類及任持所餘。顯彼二果非
究竟。如首楞嚴三昧經云。舍利弗。菩薩如是。以辟支佛乘。入於涅槃。而
不永滅。乃至廣說。

1) ㉮ '客'은 다른 판본에는 '寂'으로 되어 있다. 2) ㉠ '或'은 '惑'의 오기인 듯하다. 3) ㉠『瑜伽師地論』권80(T30, 749a22)에 '餘' 뒤에 '依般'이 있다. 4) ㉠『瑜伽師地論』권80(T30, 749a22)에 '而' 뒤에 '般'이 있다. 5) ㉠『瑜伽師地論』권80(T30, 749a23)에 따르면, '其'는 '某'의 오기다. 6) ㉠『瑜伽師地論』권80(T30, 749a23)에 '依' 뒤에 '般'이 있다.

❽[366]『능가경』제2권과 제4권에서 설한 바에 따르면, '삼매락문三昧樂門'이란 예류 등이 대승으로 회심하여 몸을 오랫동안 머물게 하면서, 변제정邊際定(색계 사정려의 최상품)에 의지해서 유루업有漏業을 자량으로 삼아 변역생變易生을 받고, 8만 겁이나 6만 겁 등을 거쳐서 십신의 지위에 이르면,

[366] 단락 ❽에서 언급된『楞伽經』제2권과 제4권도 진제의 관점에서 '이승의 열반과 여래의 대반열반의 차이'를 강조하기 위해 인용되었던 것이다. 그런데 대당 삼장의 관점에서 이 문구를 다시 해석한다면, 그 요지는 앞의 단락 ❼과 동일하다. 말하자면, '이승이 오랜 겁 동안 머무는 곳'으로서의 '삼매락三昧樂'은 무여열반이 아니라 결국은 십신十信의 지위를 가리킨다. 따라서 이러한 삼매락에 머무는 성문이 여래의 대열반을 구한다 해도, 그것은 무여열반에 든 성문이 다시 대열반을 구한다는 것을 뜻하지 않는다.

곧 그 선정을 삼매락이라 이름한 것이지, 이미 무여열반에 머무는 것을 삼매락이라 이름한 것은 아니다.

> 楞伽第二第四所説。三昧樂門者。謂預流等。迴心向大。令身久住。依邊際定。資有漏業。受變易生。經八萬劫。或六萬等。至十信位。卽說彼定。名三昧樂。而非已住無餘涅槃名爲三昧。

이런 이치와 교설에 따르면, "8만 겁……중간 생략……만 겁 동안 머무는 곳"이라 한 것은 이미 무여열반에 들어서 발취發趣가 사라진 (상태를 말하는 것이) 아니다. 따라서 『유가사지론』 제80권에서는 다음과 같이 말한다. "〈문〉 보리로 회향한 성문은 무여의열반계에 머물면서 아뇩다라삼먁삼보리로 발심하여 나아갈 수 있는가, 아니면 유여의열반계에 머물면서 (그렇게 하는가?) 〈답〉 오직 유여의열반계에 머물 때만 이런 일이 있을 수 있다. 그 이유는 무엇인가? 무여의열반계에서는 모든 사업의 발기發起를 멀리 떠나고 일체의 공용功用이 모두 다 그친다."[367] 또 다음과 같이 말한다. 〈문 무여의열반계에서 획득된 전의轉依는 어떤 상相이라 말해야 하는가? 답 희론이 없는 상이고, 또 아주 청정한 법계를 상으로 삼는다.〉[368] 또 『해심밀경』 제3권과 『심밀해탈경』에서도 모두 "무여의열반계에서 모든 수受는 남김없이 영원히 멸한다."[369]라고 하였으니, 자세하게 설하면 그 경과 같다. 그러므로 삼승의 차별이 없는 것은 아니다.[370]

---

367 『瑜伽師地論』 권80(T30, 749a5).
368 『瑜伽師地論』 권80(T30, 748b12) 참조.
369 『解深密經』 권3(T16, 702c24).
370 이상으로 일체개성설의 문답에서 인용되었던 전거들을 다시 재조명하고 나서 그에 대해 총평하였다. 그 문답에서는 '무여열반에 든 결정성문도 결국 성불할 수 있다'는 주장을 정당화하기 위해, 한결같이 이승의 열반이 여래의 대열반과는 다르다는 점을 강조하는데, 특히 '이승의 열반'을 설명하기 위해 "성문·독각이 8만·6만·4만·2만·1

由此理教。言八萬劫乃至十千劫住處者。卽非已入無餘涅槃而沒癈¹⁾趣。故瑜伽第八十云。問。回向菩提聲聞。爲住無餘依涅槃界中。能發趣阿耨多羅三藐三菩提耶。爲住有餘依涅槃界耶。答。唯住有餘依涅槃界中。可有此事。所以者何。以無餘依涅槃界中。遠離一切發趣²⁾事業。一切功用皆悉止息。又云。問。於無餘依涅槃界中。所得轉依。當言何相。答。無戲論相。又善淸淨法界爲相。又解深密經第四。³⁾及深密解脫。皆云。於無餘依涅槃界中。一切諸受。無餘永滅。廣說如經。是故三乘非無差別。

1) ㉻ 다음의 『瑜伽師地論』 문답에 의거해 볼 때, '癈'는 '發'의 오기인 듯하다. 2) ㉻ 『瑜伽師地論』 권80(T30, 749a9)에 '趣'가 '起'로 되어 있다. 3) ㉻ '四'는 '三'의 오기다.

⊙ 일승·삼승의 가假·실實

가假와 실實을 판별해 보자면 여러 교설이 같지 않다.

어떤 곳에서는 진실로 일승을 설하고 가짜로 삼승을 설한다. 예를 들면 『법화경』에서는 "시방의 불토에는 오직 일승법만 있으니, 부처님의 방편설을 제외하고는 둘도 없고 또한 셋도 없다."³⁷¹라고 하였고, 또 "오직 이 하나의 사실만 있을 뿐 그 밖의 이승은 진실이 아니다."³⁷²라고 하였다. 또 『승만경』에서는 "성문승과 연각승은 모두 대승에 들어간다."³⁷³라고 하였다. 또 『열반경』 제25권에서는 "모든 중생은 다 하나의 도道에 돌아가니, 하나의 도란 대승을 말한다. 불보살들은 중생을 위해서 그것을

만 겁 머무는 곳(住處)은 열반이라 이름한다."라는 『涅槃經』의 문구를 인용하였다. 그런데 대당 삼장의 관점에서는 이 경에서 말한 '8만 겁 동안 머무는 곳'이란 십신十信의 지위에 해당할 뿐, 뒤의 『瑜伽師地論』 제80권에서 말하는 이른바 '모든 사업의 발기發起가 사라진 무여의열반계'를 가리키는 것이 아니다. 그러므로 결정성문이 무여열반에 들고 나서도 성불할 수 있음을 보여 주는 전거로는 부적절하다. 그렇다면 여전히 '결정성문은 성불하지 못한다'는 주장도 가능하다. 따라서 '삼승의 차별이 없는 것은 아니다'라고 총결지었다.

371 『妙法蓮華經』 권1(T9, 8a17).
372 『妙法蓮華經』 권1(T9, 8a21).
373 『勝鬘師子吼一乘大方便方廣經』 권1(T12, 220c19).

삼승으로 구분하였다.……"³⁷⁴라고 하였다.

어떤 곳에서는 진실로 삼승을 설하고 가짜로 일승을 설한다. 예를 들면 이 『해심밀경』 제2권에서 "모든 성문과 연각과 보살은 다 이 하나의 묘하고 청정한 도를 함께하므로……"³⁷⁵라고 하였고, 또 제4권에서는 "가령 세존께서는 '성문승이든 또 대승이든 오직 일승이다'라고 설하셨는데 이것은 어떤 밀의입니까.……"³⁷⁶라고 하였다. 또 『출생보리심경』에서는 다음과 같이 말한다. "이때 가섭 바라문이 부처님께 말하였다. '세존이시여, 해탈과 해탈은 차별이 있지 않습니까?' 부처님께서 말씀하셨다. '해탈은 해탈과는 차별이 없고 도는 도와는 차별이 없지만, 승은 승과는 차별이 있다. 비유하면 왕로王路에 코끼리 수레를 가진 자도 있고 말 수레를 가진 자도 있으며 당나귀 수레를 가진 자도 있는데, 그들이 차례로 그 길을 가서 똑같이 하나의 성에 이르는 것과 같다.'"³⁷⁷ 이와 같은 교설의 진실한 증거는 하나가 아니다.

辨假實者。諸教不同。有處。實說一乘。假說三乘。如法華經云。十方佛土中。唯有一乘法。無二亦無三。除佛方便說。又云。唯此一事實。餘二則非眞。又勝鬘云。聲聞緣覺。¹⁾ 皆入大乘。又涅槃經第二十五云。一切衆生。皆歸一道。一道者。謂大乘也。諸佛菩薩。爲衆生故。分之爲三等。有處。實說三乘。假說一乘。如卽此經第二卷云。一切聲聞獨覺菩薩。皆共此一妙清淨道等。又第四卷云。如世尊說。若聲聞乘。若復大乘。唯是一乘。此何密意等。又出生菩薩²⁾心經。爾時。迦葉波羅門白佛言。世尊。解脫解脫有差別不。佛言。解脫於解脫無有差別。道於道無有差別。乘於乘而有差別。譬如

---

374 『大般涅槃經』 권25(T12, 515b11).
375 『解深密經』 권2(T16, 695a18).
376 『解深密經』 권4(T16, 708a13).
377 『出生菩提心經』 권1(T17, 893c1).

王路。有象轝³⁾者。有馬轝[*]者。有驢轝[*]者。等⁴⁾次第。行於彼路。同至一城。
如是等敎。誠證非一。

---

1) ㉒『勝鬘經』권1(T12, 220c20)에 '覺' 뒤에 '乘'이 있다. 2) ㉑ '薩'은 '提'의 오기다.
3) ㉑『出生菩提心經』에 '轝'가 '輿'로 되어 있다. 이하도 동일하다. 4) ㉑『出生菩提心經』권1(T17, 893c4)에 '等' 앞에 '彼'가 있다.

◉ 일승을 설한 의취

그런데 일승을 설한 의취意趣가 같지 않기 때문에 여러 성스런 가르침에 갖가지 차이가 있다.

『현양성교론』제20권에 의하면 여섯 가지 이유로 일승을 설한 뜻을 해석한다. 따라서 그 논에서는 다음과 같이 말한다.

문 어째서 여래께서는 일승을 설하셨는가?
답 여섯 가지 이유 때문이다.

첫째, 저 제법은 차별적 모습이 없다는 데에 의거했기 때문이다.【이것은 증득되는 일미의 진여(所證一味眞如)가 차별이 없다는 데 의거했기 때문이다.】

둘째, 무분별의 행상行相에 의거했기 때문이다.【이것은 증득하는 평등한 지혜(能證平等智)에 의거해서 설한 것인데, 그 뜻은 이『해심밀경』에서 '도가 하나이므로 일승이라 설한다'고 했던 것과 동일하다. 이상으로 말한 하나의 의미는『섭대승론』에는 없다.³⁷⁸】

378『攝大乘論本』권3(T31, 151b19)의 게송에서는 '일승을 설한 뜻'을 일곱 가지 이유로 해석하였다. 그 논에서는 "① 법과 ② 무아와 ③ 해탈이 평등하기 때문에, ④ 근성이 같지 않기 때문에, ⑤ 두 가지 의요를 얻었기 때문에, ⑥ 변화이기 때문에, ⑦ 궁극적인 것이기 때문에, 일승이라 설한다.(法無我解脫。等故性不同。得二意樂化。究竟說一乘。)"고 하였다. 이 일곱 가지 이유 중에서『顯揚聖敎論』에서 말한 두 번째 이유, 즉 "무분별의 행상行相에 의거했기 때문이다."라는 것은 그『攝大乘論』의 일곱 가지에는 포함되지 않는다. 그 밖에『攝大乘論』에서 "① 법이 평등하기 때문에"라고 한 것은『顯揚聖敎論』에서 "첫째, 저 제법은 차별적 모습이 없다는 데 의거했기 때문이다."라고 한 것과 동일하고, "④ 근성이 같지 않기 때문에"라고 한 것은『顯揚聖敎論』에는

셋째, 중생무아(인무아)와 법무아가 평등하기 때문이다.【이것은 두 종류 무아에 의거해서 일승을 설한 것이다. 이것은 『섭대승론』에서 '법이 평등하고(法等) 무아가 평등하다(無我等)'고 한 것을 합해서 세 번째 이유로 삼은 것이다.[379]】

넷째, 해탈이 평등하기 때문이다. 말하자면 차별적으로 구하는 자가 유사번뇌有事煩惱·허망분별번뇌虛妄分別煩惱를 대치對治해서 (증득하는) 소연법성所緣法性은 상위하지 않기 때문이다.【이것은 『섭대승론』에서 말한 '해탈의 평등'에 해당한다. '차별적으로 구하는 자'란 증득하는 사람(能證人)을 든 것이니, 삼승이 같지 않으므로 '차별적으로 구한다'고 하였다. '유사번뇌'란 수도에서 끊어지는 번뇌이고 '허망분별번뇌'란 견도에서 끊어지는 번뇌이며, 두 가지 미혹을 끊는 견도·수도를 '대치'라고 하였다. 증득되는 해탈을 '소연법성'이라 하였다. 이 말의 뜻을 설하자면, 구하는 자로서의 삼승은 비록 차별이 있지만 견도·수도에 의해 증득되는 열반은 차별이 없기 때문에 '상위하지 않는다'고 하였다.】

다섯째, 잘 변화하면서 머물기 때문이다.【이것은 『섭대승론』에서 '변화에 의거해서 일승을 설한다'고 한 것에 해당한다.[380]】

여섯째, 행이 구경究竟이기 때문이다.【이것은 『섭대승론』에서 '구경이므로 일승이라 설한다'고 한 것과 동일하다.[381]】[382]

然說一乘意趣不同。故諸聖教。種種有異。若依顯揚第二十卷。以六因釋說

없으며, 나머지 그 밖의 것은 동일하다.
[379] 앞의 각주 참조.
[380] '변화'라는 것은 부처님이 성문승 등으로 화작한 것을 말한다. 가령 세존께서는 '나는 과거에 무수히 성문승으로서 반열반했던 일이 기억난다'고 말씀하신 적이 있는데, 이런 점에서 성문승도 불승佛乘과 다름없으므로 일승이라 설하셨다는 것이다. 세친의 『攝大乘論釋』 권10(T31, 378a16) 참조.
[381] 성문승 등은 그 이외에 더 뛰어난 승이 있지만 불승은 그 이외에 더 뛰어난 승이 없는 가장 궁극적인 것이므로 '일승'이라 설했다는 말이다. 세친의 『攝大乘論釋』 권10(T31, 378a19) 참조.
[382] 『顯揚聖教論』 권20(T31, 581b20).

一乘意。故彼論云。問。何以[1]故如來宣說一乘。答。由六因故。一卽彼諸法。約無差別相[2]故。【故[3]約所證一味眞如無差別故。】二約無分別行相[4]故。【此約能證平等智說。意同此經道一故說一乘。此上一義攝論所無。】三衆生無我及法無我平等故。【此依二種無我故說一乘。此卽攝論法等無我等。合爲第三。】四解脫平等故。謂差別求者。有事虛妄分別煩惱對治。所緣法性。不相違故。【此當攝論解脫平等。差別求者。擧能證人。三乘不同。名差別求。有事煩惱者。卽修所斷。虛妄分別煩惱者。卽見所斷。能斷二惑見修二道。名爲對治。所證解脫。名所緣法性。此意說云。能求三乘。雖有差別。而見修所證涅槃。無差別故。名不相違也。】五善能變化主[5]故。【此卽攝論依變化故。說爲一乘。】六行究竟故。【此同攝論究竟說一乘。】

1) ㉠『顯揚聖敎論』권20(T31, 581b20)에 '以'가 없다.　2) ㉠『顯揚聖敎論』권20(T31, 581b21)에 '相' 뒤에 '說'이 있다.　3) ㉠ 이하의 협주는 모두 '此~'로 시작되므로, '故'는 '此'의 오기인 듯하다.　4) ㉠『顯揚聖敎論』권20(T31, 581b21)에 '相' 뒤에 '說'이 있다.　5) ㉠『顯揚聖敎論』권20(T31, 581b24)에 따르면, '主'는 '住'의 오기다.

『장엄경론』에 의하면 열 가지 의미로 일승을 해석한다. 그『장엄경론』의 게송을 지은 이는 자씨慈氏(미륵보살)이고 해석한 이는 세친인데, 함께 묶어 한 부로 만든 것이다.[383]【예로부터 서로 전해 오길, 무착 보살이 (이 논의) 저자라고 한 것은 오류이다.】

그런데 그 논에서는 먼저 여덟 가지 의미로 여러 경에서 부처님이 일승이라 설한 뜻을 해석하고 나서,[384] 다음에 '이끌어 들이고(引攝) 맡아 지

383 『大乘莊嚴經論』은 송頌과 석釋을 합하여 총 13권으로 되어 있는 논서이다. 이것은 전통적으로 무착 보살의 저술로 알려져 있는데, 원측은 그것은 오류라고 말한다. 그에 따르면, 이 논의 게송은 자씨보살이 지었고 해석은 세친이 지은 것이다.
384 이하에서는『大乘莊嚴經論』의 열 가지 의미 중에서 여덟 가지는 생략하고 이후에 추가된 두 가지만 설하였다. 생략된 여덟 가지는 "법과 무아와 해탈이 같기 때문에, 근성이 다르기 때문에, 두 가지 의意와 변화 때문에, 구경이기 때문에 일승이라 설한다.(法無我解脫。同故性別故。得二意變化。究竟說一乘)"라는 게송에 나타나 있는데, 이 중에 '두 가지 의意'를 둘로 간주했기 때문에 여덟 가지라고 한 것이다. 이 여덟 가지

킨다(任持)'는 두 가지 의미로 모든 여래가 일승을 설했던 뜻을 해석하였다. 따라서 그 논에서는 다음과 같이 말한다.

이와 같이 경전 곳곳에서 여덟 가지 의취로 부처님은 일승을 설하셨지만, 그러나 또한 삼승이 없는 것은 아니다. 문 그렇다면 다시 어떤 의미가 있기에 그러그러한 의취를 가지고 일승을 설하셨는가? 게송으로 말한다.

모든 성문들을 이끌어 주기 위해
모든 보살들을 거두어 머물게 하기 위해
이 두 가지 승에 결정되지 않은 자에게
모든 부처님은 일승을 설하셨네[385]

자세한 설명은 그 논과 같다.

依莊嚴論。以十種義。以釋一乘。其莊嚴論。頌是慈氏。釋卽世親。共成一部【舊相傳云。無著菩薩造者謬也。】然彼論中。先以八義。釋諸經中佛說一乘。後以引攝任持二義。釋諸如來說一乘意。故彼論云。如是處處經中。以此八意。佛說一乘。而亦不無三乘。問。若爾。復有何義。以彼[1]意而說一乘。偈曰。引接諸聲聞。攝住諸菩薩。於此二不定。諸佛說一乘。廣說如彼。

---
1) ㉠『大乘莊嚴經論』권5(T31, 615b23)에 '彼' 뒤에 '彼'가 있다.

의미는 다시 뒤에 진술된『攝大乘論』에서 자세히 소개된다.
[385]『大乘莊嚴經論』권5(T31, 615b21). 이 게송에 따르면, 종성이 결정되지 않은 성문승과 보살승을 각기 인도하려고 일승을 설하셨다. 말하자면 부처님은 성문승을 '이끌어들여서(引接)' 대승에 들어가도록 하기 위해, 또 보살승을 '거두어 머물게 하여(攝住)' 다시 퇴전하지 않도록 하려고 일승을 설하신 것이다.

제5 무자성상품 • 233

나중에 무착 보살이 『섭대승론』을 지으면서 『장엄경론』의 게송을 인용해서 열 가지 의미를 설명하였고, 그 후에 세친과 무성이 각기 『섭대승론석』을 지어서 열 가지 의미를 해석하였다.

따라서 무착 보살의 『섭대승론』에서는 다음과 같이 말한다.

논 만약 이러한 공덕의 원만함과 상응하는 제불의 법신을 성문승·독각승과는 공유하지 않는다면, 어떤 의취에서 부처님은 일승이라 설하셨는가? 이에 대해 두 송이 있다.

한 무리 사람들을 이끌어 들이기 위해
또 그 밖의 사람을 맡아 지키기 위해
부정종성으로 인해
제불은 일승을 설하였네.

법과 무아와 해탈이 평등하기 때문에
종성이 같지 않기 때문에
두 가지 의요를 얻었고, 변화이기 (때문에)
궁극이기 (때문에) 일승을 설하였네[386]

後無著菩薩造攝大乘論。引莊嚴頌。以明十義。後世親無性。各造釋論。以釋十義。故無著菩薩攝大乘論云。論曰。若此功德圓滿相應諸佛法身。不與聲聞獨覺乘共。以何意趣。佛說一乘。此中有二頌。爲引攝一類。及任持所餘。由不定種姓。諸佛說一乘。法無我解脫。等故姓[1)]不同。得二意樂化。究竟說一乘。

---

[386] 현장 역 『攝大乘論本』 권3(T31, 151b15).

1) ㉣ 현장 역 『攝大乘論本』 권3(T31, 151b19)에 '姓'은 '性'으로 되어 있는데 의미는 같다. 이하도 동일하다.

(이에 대해) 세친은 다음과 같이 말한다.

世親說云。

[석] 여기서의 두 송은 제불이 일승을 설한 의취를 설명한 것이다.

"한 무리 사람들을 이끌어 주기 위해"라는 것은, 부정종성의 모든 성문 등을 끌어들여서 대승에 나아가게 하는 것이니, 어떻게 해야 마땅히 부정종성의 모든 성문 등이 다 대승을 따라 반열반하게 할 수 있을까? "또 그 밖의 사람을 맡아 지키기 위해"라는 것은 부정종성의 모든 보살중을 맡아 지키면서 대승에 머물게 하는 것이니, 어떻게 해야 부정종성의 모든 보살중이 대승을 버리지 않고 성문승으로서 반열반하지 않도록 할까? 이런 의미에서 부처님은 일승을 설하신 것이다.[387]

"부정不定" 등의 구의句義로 이미 "법과 무아와 해탈이……중간 생략……"를 설한 것이다.[388]

【이상의 두 가지 의미는 『대업론』과 무성無性의 (『섭대승론석』)과 『장엄경론』에서도 또한 동일하게 말한다. 『양론梁論』(진제 역 세친의 『섭대승론석』)의 뜻은 다르다. 따라서 그 논의 본송本頌에서는 "아직 종성이 결정되지 않은 성문과 그 밖의 모든 보

---

[387] 이 문장에 따르면, 종성이 결정되지 않은 성문승과 보살승들이 모두 대승에 의지해서 반열반하도록 하기 위한 의도에서 부처님이 모두 '하나의 승(一乘)'이라고 설한 것이다.
[388] 본론의 제2송頌에서 "법과 무아와 해탈이 평등하기 때문에, 종성이 같지 않기 때문에, 두 가지 의요를 얻었고 변화이기 때문에, 궁극이기 때문에 일승을 설하였네."라고 했던 것은, 모두 제1송의 두 번째 구句 "부정종성으로 인해 제불은 일승을 설하였네.(由不定種姓。諸佛說一乘。)"라는 말에 의해 이미 총괄적으로 설해졌다는 것이다. 이하의 세친의 해석을 보면, "법과 무아와 해탈이 평등하기 때문에……" 등의 일곱 가지 의취는 모두 부정종성을 성불시키려는 부처님의 의취와 연관되어 있다.

살들을 대승에 끌어들여 거두기 위해, 종성이 결정된 이를 위해 일승을 설하셨네."
라고 하였다. (세친은 다음과 같이) 해석한다. "성문들 중에 소승에 근성이 결정되지 않은 자가 있으니, (그들을) 끌어들여서 대승을 믿고 받아들이게 하고, 거두어서 대승을 수행하도록 하려는 것이다.……중간 생략……부처님은 일승을 설하여 (그들을) 끌어들여서 대승에 들어가 머물게 한다. 보살들 중에 대승에 근성이 결정되지 않은 자가 있으니, 어떻게 하면 그를 대승에 안립하고 대승을 버리지 않게 할까?……중간 생략……부처님은 일승을 설하여 (그들을) 끌어들여 거두어서 대승에 들어가 머물게 한다. 보살들 중에 대승에 종성이 이미 결정되어서 물러나려는 다른 뜻이 없는 자가 있으니, 이 보살을 위해 일승을 설한 것이다."³⁸⁹ 해 본론 및 해석에 따르면, 부처님은 세 사람을 위해서 일승을 설한 것인데, 앞의 둘은 종성이 결정되지 않은 자이고 세 번째는 이미 결정된 자이다. (이 내용은) 여러 논들에 모두 없기 때문에 의거할 만한 것은 아니다.³⁹⁰]

釋曰。此中二頌。辨¹⁾諸佛說一乘意趣。爲引攝一類者。謂爲引攝不定種姓²⁾聲聞等。令趣大乘。云何當令不定種姓諸聲聞等。皆由大乘而般涅槃。及任持所餘者。謂爲任持不定種姓諸菩薩衆。令住大乘。云何當令不定種姓諸菩薩衆。不捨大乘。勿聲聞乘而般涅槃。爲此義故。佛說一乘。由不定等句義。已說法無我解脫。乃至廣說【已上二義。大業及無性。莊嚴論亦同。梁論意別。故彼論本頌云。未定姓聲聞。及諸餘菩薩。於大乘引攝。定姓說一乘。釋曰。有諸聲聞等。於大³⁾乘根姓未定。攝⁴⁾引令信受大乘。攝令修行大乘。乃至。佛說一乘。引攝令入住大乘。有諸菩薩。於大乘根姓未定。云何安立彼於大乘。

---

389 진제 역, 세친의 『攝大乘論釋』 권15(T31, 265b23).
390 다른 논들에서는 '종성이 결정되지 않은 성문'과 '보살'을 위해 일승을 설한다고 하는 반면에, 양(梁) 『攝論』에는 세 종류 대상이 나오는데 아직 종성이 결정되지 않은 성문과 보살들은 이전의 경우와 같고 세 번째 부류로서 보살들 중에 '종성이 결정된 자(定姓)'가 추가되어 있다. 원측은 이것이 다른 논들에는 나오지 않는 문구이므로 의거할 만한 것은 아니라고 하였다.

令不捨於大乘。乃至。佛說一乘。引攝令入住大乘。有諸菩薩。於大乘根性已
定。無退異意。爲此菩薩。故說一乘。解云。本論及釋。佛爲三人。說爲一乘。前
二未定。第三已定。諸論皆無。故不可依也。】

1) ㊀ 현장 역, 세친의 『攝大乘論釋』 권10(T31, 377c19)에 '辨'이 '辯'으로 되어 있다. 2) ㊀ 현장 역, 세친의 『攝大乘論釋』 권10(T31, 377c20)에는 '姓' 뒤에 '諸'가 있다. 3) ㊀ 『攝大乘論釋』 권15(T31, 265b25)에 '大'가 '小'로 되어 있고, 교감주에 '大'로 된 판본도 있다고 하였다. 전후 문맥상 '小'가 바른 듯하다. 4) ㊀ 『攝大乘論釋』 권15(T31, 265b25)에 따르면, '攝'은 '欲'의 오기다.

여기에서 다시 '별도의 의취력(別意趣力)'으로 오직 일승이라고 설하였다. 어떤 것이 별도의 의취인가? "법이 평등하기 때문"이라 한 것 등을 말한다.【양梁『섭대승론석』에서는 "일승을 설한 뜻을 나타내기 위해 게송을 설하였으니, 앞의 게송은 요의了義로 일승을 설하였고, 뒤의 게송은 밀의密義로 일승을 설하였다."[391]라고 하였다.】

"법이 평등하기 때문"이라고 했는데, 법은 진여를 말한다. 이는 모든 성문들이 똑같이 돌아가야 할 곳이니, 돌아가야 할 곳이 평등하기 때문에 일승이라 설한 것이다.[392]

"무아가 평등하기 때문"이라 했는데, 말하자면 성문 등의 보특가라는 '아'가 모두 없고, 아가 없기 때문에 '이는 성문이다, 이는 보살이다'라고 하는 것은 도리에 맞지 않는다. 이러한 '무아의 평등'이라는 의취에서 일승이라 설한 것이다.

"해탈이 평등하기 때문"이라 했는데, 말하자면 성문 등은 번뇌장에서 똑같이 해탈할 수 있기 때문에 일승이라 설하였다. 예를 들어 세존께서 '해탈과 해탈은 차별이 없다'고 설한 것과 같다.【이상의 세 가지 의미는 여러

---

391 진제 역, 세친의 『攝大乘論釋』 권15(T31, 265b20).
392 성문승과 연각승이 대승과 동일한 것은 아니지만 그들이 궁극적으로 기반하고 있는 토대가 바로 진여라는 점에서 모두 일승이라고 설했다는 것이다.

논에서 다 똑같이 설한다.】

此中復由別意趣力。唯說一乘。何別意趣。謂法等故等。【梁論。爲顯論[1]一乘意。是故說偈。前偈以了義說一乘。後偈以秘[2]密義說一乘。】法等故者。法謂眞如。諸聲聞等同所歸趣。所趣平等。故說一乘。無我等故者。謂聲聞等補特伽羅。我皆無有。由無我故。此是聲聞。此是菩薩。不應道理。由此無我平等意趣。故說一乘。解脫等故者。謂聲聞等。於煩惱障。同得解脫。故說一乘。如世尊言解脫解脫無有差別。【已上三義。諸論皆同。】

---
1) ㉡『攝大乘論釋』권15(T31, 265b20)에 따르면, '論'은 '說'의 오기다. 2) ㉡『攝大乘論釋』권15(T31, 265b21)에는 '秘'가 없다.

"종성이 같지 않기 때문"이라고 했는데, 종성이 차별되기 때문에 부정종성의 모든 성문 등도 마땅히 성불할 수 있다.[393] 이런 의취에서 일승이라 설한 것이다.【『대업론』과 무성의 『섭대승론석』의 뜻도 이 논과 동일하다. 양梁『섭대승론석』에서는 다음과 같이 말한다. "이승인 중에 자승自乘의 지위에서 근성이 부동한 자가 있는데, 이 사람은 비록 이승의 도를 구하면서도 아직 이승의 도를 얻지 못하였고 아직 이승의 근성도 결정되지 않았기 때문에 대승의 근성에로 전환될 수 있다. 이런 사람을 교화하기 위해 일승을 설한 것이다."[394] 『장엄경론』에서는 "대승에 끌어들이기 위해 일승을 설한다."[395]라고 했는데, 뜻은 양梁『섭대승론석』과 동

---
[393] 세친의 해석을 통해서는 본론의 "종성이 같지 않기 때문"이라는 문구의 의미가 분명하게 이해되지 않는다. 다음에 나온 원측의 협주에 따르면, 이 세친의 해석은 무성의 해석과 취지가 같다. 그 무성의『攝大乘論釋』권10(T31, 447b8)에서는 다음과 같이 말한다. "'종성이 같지 않기 때문'이라 한 것은, 성문들 중에 부정종성은 차별되기 때문이다. 말하자면 보리로 회향한 성문의 몸에는 성문종성과 불종성이 갖추어져 있으니, 이런 도리에서 일승이라 설한 것이다.(性不同故者。謂諸聲聞不定種性有差別故。謂迴向菩提聲聞身中。具有聲聞種性及佛種性。由此道理故說一乘。)"
[394] 진제 역, 세친의『攝大乘論釋』권15(T31, 265c17).
[395] 『大乘莊嚴經論』권5(T31, 615b11).

일하다. 해 이 뜻은 '부정의 (종성을) 끌어들인다'는 것인데, 즉 첫 번째 구인 '한 무리의 사람들을 끌어들인다'는 것과 동일하다. 여러 논과는 차이가 나므로 의거할 만한 것은 아니다.³⁹⁶】

姓不同故者。種姓差別故。以不定姓諸聲聞等。亦當成佛。由此意趣。故說一乘。【大業無性意同此論。梁論云。有二乘人。於自乘位。根性未¹⁾同。此人雖求二乘道。未得二乘。根²⁾性未定故。可轉作大乘根性。爲化此人。故說一乘。若莊嚴論。引入大乘。故說一乘者。意同梁論。解云。此意引攝不定。即同第一引攝一類。與諸論異。故不可依也。】

1) ㉠ 진제 역, 세친의『攝大乘論釋』권15(T31, 265c18)에 '末'가 '不'로 되어 있고, 교감주에 '末'로 된 곳도 있다고 하였다.   2) ㉠ 진제 역, 세친의『攝大乘論釋』권15(T31, 265c18)에 '根' 앞에 '由二乘'이 있다.

"두 가지 의요를 얻었기 때문"이라 한 것은, (다음과 같은) 두 종류 의요를 얻었기 때문이다. 첫째는 섭취평등의요攝取平等意樂이다. 이로 인해 모든 중생을 거두어들이면서 '그가 바로 나이고, 내가 바로 그이다'라고 말한다. 이와 같이 거두고 나서, 이 사람(자기)이 이미 성불하였으니 그 사람 또한 성불한다고 한다. 이러한 의취에서 일승이라 설한다.【여러 판본들이 거의 동일하다. 그런데 양梁『섭대승론석』에서는 '성문 등의 사람은 모든 중생에 대해 평등의요를 얻었다'고 하였고,³⁹⁷ 무성의 (『섭대승론석』과)『장엄경론』에

396 양梁『攝大乘論釋』과『大乘莊嚴經論』권5(T31, 615b11) 등에서는 '종성이 같지 않기 때문에 일승을 설한다'고 한 것에 대해, 모두 '부정종성을 대승으로 끌어들이기 위해 일승을 설하였다'는 식으로 해석하였다. 그런데 이것은 첫 번째 "한 부류의 사람들을 끌어들이기 위해"라는 문구에 대한 해석과 거의 동일하다. 이러한 해석은 다른 논들의 해석과는 차이가 있으므로 의거할 만한 것이 아니라고 하였다.
397 '모든 중생에 대해 평등의요平等意樂를 얻었다'는 것은 앞서 언급했던 것처럼 '그가 바로 나이고, 내가 바로 그이다(彼卽是我我卽是彼)'라고 보는 의요를 가리킨다. 단, 양梁『攝大乘論釋』에서는 이러한 평등의요를 획득한 주체를 '성문'이라고 했다는 점에서 차이가 있다. 진제 역, 세친의『攝大乘論釋』권10(T31, 378a11) 참조.

서는 '제불은 모든 중생에 대해 자체평등의自體平等意를 얻었다'고 하였으며,³⁹⁸ 『대업론』과 당본唐本에서는 '제불 및 성문' 등이라 하지 않았다.³⁹⁹】

둘째는 법성평등의요法性平等意樂이다. 모든 성문들은 법화회法華會에서 부처님의 수기를 받고 부처님의 법성평등의요를 얻는다. 아직 법신을 얻지 못했지만 이와 같은 평등의요를 얻음에 따라 다음과 같이 사유한다. '제불의 법성이 곧 나의 법성이다.'【여러 논이 모두 동일한데, 오직 『장엄경론』에서만 다음과 같이 말한다. "성문은 '부처가 되려는 뜻(作佛意)'을 얻었기 때문이다. 말하자면 성문들은 옛적에 대보리를 수행하던 무리였을 때는 결정코 부처가 될 성품(作佛性)이 있었다. 그때 부처님의 가호가 있었기 때문에, 수승하게 거두어 주셨기 때문에, 스스로 '부처가 되려는 뜻'을 알 수 있었으니, 이 사람이 전후로 상속하면서 달라짐이 없기 때문에 일승이라 설한 것이다."⁴⁰⁰ 해 번역가가 같지 않아서 회통시킬 수가 없다.】 다시 별도의 뜻이 있다. 말하자면 그 대중들 가운데서 어떤 보살들은 그 (성문과) 이름이 똑같은 자이고 부처님의 수기를 받게 되니, 이 법여法如(법성진여)의 평등의요로 인해 일승이라 설한 것이다.⁴⁰¹【여러 논들이 모두 동일한데, 오직 『장엄경론』에만 이 단락이 없는 것 같다.】

---

398 '모든 중생에 대해 자체평등의自體平等意를 얻었다'는 것은, 중생과 나를 동체同體라고 생각하는 것을 말한다. 예를 들어 무성의 『攝大乘論釋』 권10(T31, 447b11)에서는 "諸佛於一切有情得同體意樂"라고 하였는데, 여기서 '동자체의요同自體意樂를 얻었다'는 것은 '그가 바로 나이고 내가 바로 그'라고 생각하는 것을 말한다. 또 『大乘莊嚴經論』 권6(T31, 615b12)에서 "諸佛得同自意故"라고 하였는데, 여기서 '동자의同自意을 얻었다'는 것은 '중생이 바로 자신'이라고 생각하는 것을 말한다. 그런데 이러한 두 논에서는 이러한 평등의요를 획득한 주체를 '제불諸佛'이라고 했다는 점에서 차이가 있다.
399 여기에 인용된 당본唐本(현장 역) 세친의 『攝大乘論釋』, 그리고 『大業論』(급다笈多 등이 번역한 세친의 『攝大乘論釋論』) 권10(T31, 319a24)에서는 섭취평등의요를 획득한 주체를 표기하지 않았다.
400 『大乘莊嚴經論』 권5(T31, 615b14).
401 부처님은 법화회에 있던 보살들 중에서 성문과 동일한 이름을 가진 보살들에게 수기를 주신다. 이로 인해 동명의 성문들도 덩달아 '부처가 되려는 의요'를 획득한다. 그리고 이처럼 성문들이 부처가 되려는 평등의요를 획득했다는 점에서는 그들도 일승으로 간주될 수 있다는 것이다.

得二意樂故者。得二種意樂故。一攝取平等意樂。由此。攝取一切有情。言彼即是我我即是彼。如是取已。此¹⁾旣成佛。彼亦成佛。由此意趣。故說一乘。【諸本大同。然梁論云。聲聞等人。於一切衆生。得平等意。無性莊嚴。諸佛於一切衆生。得自體平等意。大業唐本。不云諸佛及聲聞等也。】二法性平等意樂。謂諸聲聞。法華會上。蒙佛授記。得²⁾法性平等意樂。未得法身。由得如是平等意樂。作如³⁾是思惟。諸佛法性卽我法性。【諸論皆同。唯莊嚴論云。聲聞得作佛意。⁴⁾謂諸聲聞。昔行大菩提聚時。有定作佛性。彼時佛加故。勝攝故。得自知作佛意。由此人前後相續無別。故說一乘。解云。譯家不同。不可會也。】復有別義。謂彼衆中。有諸菩薩與彼名同。蒙佛授記。由此法如平等意樂。故說一乘。【諸論皆同。唯莊嚴論。似無此段。】

1) ㉕『攝大乘論釋』권10(T31, 378a9)에 '此'가 '自'로 되어 있고, 자체 교감주에 따르면 '此'로 된 판본도 있다. 2) ㉕『攝大乘論釋』권10(T31, 378a12)에 '得' 뒤에 '佛'이 있다. 3) ㉕『攝大乘論釋』권10(T31, 378a13)에 '如'가 없다. 4) ㉕『大乘莊嚴經論』권5(T31, 615b14)에 '意' 뒤에 '故'가 있다.

"변화이기 때문에"라고 한 것은 부처님이 성문승 등으로 화작하신 것을 말한다. 예를 들면 세존께서 '내가 옛날에 한량없이 여러 번 반복해서 성문승에 의지해서 반열반했던 것이 기억난다'고 하신 것과 같다. 이런 의취에서 일승이라 설한 것이다. 성문승으로 교화되는 유정들은 이것을 보았기 때문에 반열반을 증득한다. 따라서 이런 변화를 나타낸 것이다.【여러 논이 모두 동일하다. 양梁『섭대승론석』에서는 "다시 부처님이 사리불 등의 성문을 화작해 내어 그에게 수기하셨으니, 이미 근성이 결정된 성문은 더욱 근성을 단련해서 보살이 되게 하고, 아직 근성이 결정되지 않은 성문은 곧장 불도를 닦아서 불도를 따라 반열반하도록 하기 위해서다."⁴⁰²라고 하였는데, 그 밖의 판본에는 없는 문구다.】

---

402 진제 역, 세친의『攝大乘論釋』권15(T31, 266a3).

"궁극이기 때문"이라고 한 것은 오직 이 일승이 가장 궁극적이고 이것을 벗어나서 그 밖의 더 뛰어난 승乘은 없기 때문이다. 성문승 등에게는 그 밖의 더 뛰어난 승이 있으니, 이른바 불승이다. 이런 의취에서 제불세존은 일승이라 설하신 것이다.【여러 본이 모두 동일하다. 『대업본大業本』에서는 "이것은 바로 이 일승이니, 궁극적인 것으로서 달리 나아갈 곳이 없기 때문이다. 그런데 차별이 있으니, 성문승 등은 불승과는 다르기 때문이다."403라고 하였다. 해 이는 번역가가 같지 않기 (때문이다.)】404

言化故者。謂佛化作聲聞乘等。如世尊言。我憶往昔。無量百返。依聲聞乘。而般涅槃。由此意趣。故說一乘。以聲聞乘所化有情。由見此故。得般涅槃。故現此化。【諸論皆同。梁論云。復次。佛化[1)]舍利弗等聲聞。爲其受記。欲令已定根性聲聞。更練根性[2)]爲菩薩。未得定根性聲聞。令直修佛道。由佛道般涅槃。餘本無也。】究竟故者。唯此一乘最爲究竟。過此更無餘勝乘故。聲聞乘等有餘勝乘。所謂佛乘。由此意趣。諸佛世尊。宣說一乘。【諸本皆同。大業本云。此即是一乘。以究竟無有別趣故。然有差別。以聲聞乘等。異於佛乘。解云。譯家不同。】

---

1) 영『攝大乘論釋』 권15(T31, 266a3)에 '化' 뒤에 '作'이 있다. 2) 영『攝大乘論釋』 권15(T31, 266a4)에 '性'이 없다.

다) 이치상 실로 삼승이 차별됨을 밝힘

경 모든 유정계 안에 갖가지 유정의 종성의 (차별이) 없는 것은 아니다. 혹은 둔한 근성이고 혹은 중간 근성이며 혹은 예리한 근성으로서 유정은 차별된다.

---

403 세친의 『攝大乘論釋』 권10(T31, 319b5).
404 이상은 '일승을 설한 취지'에 대한 세친의 해석이다. 세친의 『攝大乘論釋』 권10(T31, 377c19).

非於一切有情界中。無有種種有情¹⁾性。或鈍根性。或中根性。或利根性。
有情差別。

1) 逾『解深密經』권2(T16, 695a21)에 '情' 뒤에 '種'이 있다.

석 이것은 세 번째로 삼승의 차별을 설명한 것이다. 경문에는 두 구절이 있다. 처음은 (종성이) 하나가 아님을 표명한 것이고, 나중은 근성에 의거해서 셋으로 나눈 것이다.

＊첫 번째 구절

(이 경문에서 '종성은) 하나가 아니다'라고 한 것은 모든 유정수有情數 가운데 다섯 종성의 차별이 없는 것이 아니라는 말이다. 다섯 종성이란 이른바 삼승三乘(성문·연각·보살)과 부정不定과 무성無性이다. '무성'이란 몸에 삼승의 열반의 종성이 없는 자를 말한다. '유성'에도 네 종류가 있다. 첫째는 성문종성이니, 몸에 오직 성문의 열반의 종성만 있는 자이다. 둘째는 독각종성이고, 셋째는 보살종성이니, 이 두 종성은 오직 성문종성의 경우와 같다. 넷째는 부정종성이니, 몸 안에 삼승의 열반의 종성이 갖추어 있어서 그가 회심하면 결정코 불과佛果로 나아가는 자이다. 불보살의 대비大悲의 방편으로 거두어지기 때문이다.

그런데 저 종성에는 본래 두 종류가 있으니, 첫째는 성종성性種姓이고 둘째는 습종성習種姓이다. 이 종성을 해석하는 데 있어 서방의 여러 논사들의 여러 설들이 같지 않다.⁴⁰⁵

---

405 선천적으로 갖고 태어난 근성을 성종성性種姓이라 하였고, 후천적으로 습득되는 근성을 습종성習種姓이라고 하였다. 그런데 이 종성이라는 것은, 유식설의 '종자種子' 개념과 밀접하게 연관된다. 따라서 이하에서는 『成唯識論』에 나온 본유종자本有種子와 신훈종자新熏種子에 관한 논쟁을 중심으로 '종성'에 대한 세 가지 해석을 소개하였다. 이 세 가지 해석을 간략히 '본호本護·신난新難·합호법合護法'이라고 한다. 그 차례대로 종자는 오직 본유本有일 뿐이라는 호월護月 등의 주장, 종자는 오직 새롭게 훈습

첫째는 (종성은) 오직 본래 있는 것이지 새로 습득된 것이 아니라는 것이다. 예를 들면 호월護月 보살은 또한 월장月藏이라 불리는데, 그는 오직 법이종자法爾種子(자연적으로 타고난 종자)가 있을 뿐 신훈종자新熏種子(새로 훈습된 종자)는 없다고 건립하였다.[406]

둘째는 오직 새로 습득된 것이지 본래 있는 것은 아니라는 것이다. 예를 들면 난타難陀와 승군勝軍 등의 (설이니), 그들은 오직 신훈종자만 있을 뿐 법이종자는 없다고 건립하였다.[407]

셋째는 본래 있는 것도 있고 새로 습득된 것도 있다는 것이다. 예를 들면 호법護法 보살은 신훈·법이라는 두 가지 종자를 둘 다 건립하는데, (본래 있는 종자는) 성종성이고 새로 훈습된 종자는 습종성이다.[408] 자세하게 분별하면, 예를 들어 『성유식론』 제2권의 설과 같다.[409] 이와 같은 다섯 종성을 구체적으로 설명하자면 『별장』과 같다.

혹은 이 경문에서 '종성은 하나가 아니다'라고 한 것은 삼승三乘과 부정不定을 말한다고 볼 수 있으니, 네 가지 종성이 동일하지 않기 때문에 (경문에서) "갖가지"라고 한 것이다.

되어(新熏) 생성된다는 난타難陀 등의 주장, 종자는 본유도 있고 신훈도 있다는 호법護法의 주장을 가리킨다.

[406] 호월護月 등의 주장에 따르면, 종자 혹은 종성이란 본래 존재하는 것이고, 훈습의 힘에 의해서는 생겨나는 것이 아니라 다만 증장할 뿐이라고 한다. 자세한 설명은 『成唯識論』 권2(T31, 8a21) 참조.

[407] 난타難陀 등의 주장에 따르면, 종자는 무시이래로 이어져 온 능훈能熏·소훈所熏의 상호 관계를 통해 생성되는 것이다. 또 종자의 다른 이름인 '습기習氣'에서도 나타나듯, 종자란 본래부터 훈습에 의해 생겨난다고 주장한다. 자세한 설명은 『成唯識論』 권2(T31, 8b6) 참조.

[408] 호법護法에 따르면, 무시이래 이숙식異熟識 안에 자연적으로 존재하면서 온蘊·처處·계界를 발생시키는 차별적 공능이 내재해 있다. 이것이 '본유本有'에 해당하며, '본성으로서 머무는 종자(本性住種)'이다. 이에 대조해서, 자주 반복적으로 현행하여 훈습됨으로써 존재하게 된 것은 '시유始有'에 해당하며, 이것은 '훈습에 의해 이루어진 종자(習所成種)'이다. 자세한 설명은 『成唯識論』 권2(T31, 8b23) 참조.

[409] 종자의 본유本有·신훈新熏에 대한 자세한 설명은 『成唯識論』 권2(T31, 8a21) 참조.

* 두 번째 구절

근성에 의거해서 세 종류로 나누었다고 했는데, 모든 성자들 중에는 근기의 예리함과 둔함에 따라 상·중·하가 있기 때문에 삼승을 건립한다. 이런 도리에 따라 밀의로 '일승'이라 설한 것이지, 삼승의 (차별이) 없기 때문에 일승이라 설한 것은 아니다.【『심밀해탈경』의 뜻도 이와 동일하다.】

釋曰。此卽第三辨三乘差別。文有二節。初標非一。後約根分三。言非一者。謂於一切有情數中。非無五種種性差別。言五姓者。所謂三乘不定無性。言無性者。謂於身中。無有三乘涅槃種性。就有性中。有其四種。一聲聞種性。謂於身中。唯有聲聞涅槃種性。二獨覺種性。三菩薩種姓。此二種姓。唯同聲聞。四不定種姓。謂於身中。具有三乘涅槃種姓。而彼迴心。定趣佛果。由佛菩薩大悲方便所攝受故。然彼種姓。自有二種。一性種姓。二習種姓。釋此種姓。西方諸師。諸說不同。一唯本非新。如護月菩薩亦名月藏。彼立唯有法爾種子而無新熏。二唯新非本。如難陀及勝軍等。彼立唯有新熏種子。而無法爾。三亦本亦新。如護法菩薩。具立新熏法爾二種子。爲[1]性種姓。新所熏種爲習種性。若廣分別。如成唯識第二卷。如是五姓。具如別章。或可此云非一種姓者。三乘不定。四性非一。故言種種。約根分三者。謂諸聖者。隨根利鈍。有上中下。故立三乘。由此道理。密意說一。非無三乘故說一乘。【深密解脫意亦同此。】

1) ㉈ 전후 문맥상 '爲' 앞에 '本有種子'나 '法爾種子'라는 문구가 누락된 듯하다.

나. 취적성문趣寂聲聞은 결코 성불하지 못함을 밝힘

경 선남자여, 한결같이 적멸로 나아가는 성문종성의 보특가라는 비록 제불이 시설해 주신 갖가지 용맹스런 가행·방편의 교화·인도를 받는다 해도 끝내 미래에 도량에 앉아서 야뇩다라삼먁삼보리를 증득하도록 할 수가 없다.

善男子。若有[1]一向趣寂聲聞種性補特伽羅。雖蒙諸佛施設種種勇猛加行方便化導。終不能令當坐道場。證得阿耨多羅三藐三菩提。

1) ㉑『解深密經』권2(T16, 695a22)에 '有'가 없다.

석 이하는 두 번째로 취적성문은 결정코 성불하지 못함을 밝힌 것이다. 이 중에 네 가지가 있다. 처음은 표장이고, 둘째는 징문이며, 셋째는 해석이고, 넷째는 결론이다.

釋曰。此下第二明趣寂聲聞定不成佛。於中有四。一標。二徵。三釋。四結。

가) 표장
이것은 표장이다. 말하자면 저 취적성문은 결정된 종성이기 때문에 비록 제불이 교화한다 해도 결정코 성불할 수 없다는 것이다.

此卽標也。謂彼趣寂。是定性故。雖諸佛化。定不成佛。

나) 징문

경 어째서인가?

何以故。

석 이것은 두 번째로 징문한 것이다.

釋曰。此第二徵。

다) 해석

경 그는 본래부터 오직 하열한 종성을 갖고 있기 때문이고, 한결같이 자비가 박약하기 때문이며, 한결같이 온갖 고통을 두려워하기 때문이다.

由彼本來。唯有下劣種性故。一向慈悲薄弱故。一向怖畏衆苦故。

석 이것은 세 번째로 해석한 것이다. 이 중에 세 가지가 있다. 처음은 세 가지 이유를 총괄해서 표명한 것이다. 다음은 앞의 두 가지 이유를 표시해 놓고 두 가지 과실을 나타낸 것이다. 마지막은 앞의 두 가지 과실을 들어서 성불하지 못한다고 해석한 것이다.

釋曰。此第三釋。於中有三。初總標三因。次牒前二因。顯二過失。後擧前二失。釋不成佛。

(가) 세 가지 이유를 총괄해서 표명함

이것은 처음에 해당한다. 말하자면 저 정성이승定性二乘의 종성은 모두 본래부터 하열한 종성이기 때문이다. 이것은 총괄적 이유다. '한결같이 자비가 박약하기 때문'이란 독각의 장애이고, '한결같이 온갖 고통을 두려워하기 때문'이란 성문의 장애이다. 따라서 『무상의경無上依經』 제1권에서는 다음과 같이 말한다. 〈네 종류 장애가 있다. 첫째는 대승을 저버리는 것이니, 이는 일천제의 장애다. (둘째는) 아견에 집착하는 것이니, 이는 외도의 장애다. (셋째는) 피로의 극심함을 싫어하고 두려워하는 것이니, 이는 성문의 장애다. (넷째는) 남에게 이익 주는 일을 저버리는 것이니, 이는 연각의 장애다.〉[410] 따라서 뒤의 두 가지는 이승의 장애임을 알 수 있다.[411] 이치상 실로 이승은 모두 두 가지 장애를 갖추고 있지만, 『무

『상의경』에서는 구체적으로 (어떤) 상相이 현저한가에 따라 각기 하나의 장애를 설한 것이다.

此卽初也。謂彼定性二乘種性。皆是本來劣種性故。此節[1])總因。一向慈悲薄弱故者。是獨覺障。一向怖畏衆苦故者。此是聲聞障。故無上依經第一卷云。有四種障。一棄背大乘。是闡提障。執著我見。是外道障。厭畏疲極。是聲聞障。背利益他。是緣覺障。故知後二是二乘障。理實二乘。皆具二障。無上依經。其依相顯。各說一障。

1) ㉠ '節'은 '卽'의 오기다. 『韓國佛敎全書』의 저본인 『卍新續藏』의 『解深密經疏』(X21, 273b10)에 '卽'으로 되어 있다.

(나) 앞의 두 가지 이유를 내걸어 놓고 두 가지 과실을 나타냄

경 그는 한결같이 자비가 박약하기 때문에 한결같이 모든 중생들을 이익되게 하는 일을 저버린다. 그는 한결같이 온갖 고통을 두려워하기 때문에 한결같이 제행을 발기해서 지어야 할 바를 저버린다.

由彼一向慈悲薄弱。是故一向棄背利益諸衆生事。由彼一向怖畏衆苦。是故一向棄背發起諸行所作。

석 이것은 두 번째로 두 가지 과실을 나타낸 것이니, 경문 그대로 알

---

410 『無上依經』 권1(T16, 471b24) 참조.
411 앞의 경문에서는 단지 '일향취적성문一向趣寂聲聞은 미래에 도량에 앉아 무상보리를 증득할 수 없다'고 했는데, 이어지는 경문에서 "한결같이 자비가 박약하기 때문"이라 하고 또 "한결같이 온갖 고통을 두려워하기 때문"이라 한 것은, 『無上依經』에 의거해 보면 연각과 성문의 장애에 해당한다. 따라서 이 경에서는 실은 '정성이승定性二乘이 모두 성불할 수 없음'을 설한 것이다.

수 있을 것이다.

釋曰。此卽第二顯二過失。如經可知。

(다) 앞의 두 가지 과실을 들어 성불하지 못한다고 해석함

경 나는 끝내 한결같이 중생을 이익되게 하는 일들을 저버린 자와 한결같이 제행을 발기해서 지어야 할 바를 저버린 자가 미래에 도량에 앉아 아뇩다라삼먁삼보리를 증득할 수 있다고는 설하지 않는다.

我終不說一切[1]棄背利益衆生事者。一向棄背發起諸行所作。[2] 當坐道場。能得阿耨多羅三藐三菩提。

1) ㉲『解深密經』 권2(T16, 695a29)에 따르면, '切'는 '向'의 오기다.   2) ㉲『解深密經』 권2(T16, 695b1)에 '作' 뒤에 '者'가 있다.

석 세 번째는 성불하지 못함을 밝힌 것이다. 두 가지 과실 때문에 끝내 정각을 성취할 수 있다고 설하지 않는다.

釋曰。第二[1]顯不成佛。由二過故。終不說言得成正覺。

1) ㉲ '二'는 '三'의 오기다.

라) 결론

경 그러므로 그를 일컬어 '한결같이 적멸로 나아가는 성문'이라 이름하였다.

是故說彼。名爲一向趣寂聲聞。

석 네 번째 총괄적 결론이니, 알 수 있을 것이다.

釋曰。第四總結可知。

다. 회향성문迴向聲聞은 결정코 성불할 수 있음을 밝힘

경 보리로 회향한 성문종성의 보특가라라면 나는 또한 다른 문에서 (그를) 보살이라 설하였다.

若迴向菩提聲聞種性補特伽羅。我亦異門說爲菩薩。

석 이하는 세 번째로 회향성문은 반드시 성불할 수 있음을 밝힌 것이다. 이 중에 네 가지가 있다. 첫째는 표장이고, 둘째는 징문이며, 셋째는 해석이고, 넷째는 결론이다.

釋曰。此下第三迴向聲聞定得成佛。於中有四。一標。二徵。三釋。四結。

가) 표장

이것은 표장이다. 말하자면 회향성문은 바로 『유가사지론』에서 말한 다섯 종성 가운데 부정성不定性(부정종성)에 해당하고, 혹은 점漸·돈頓 두 보살 중에 점오보살漸悟菩薩에 속하는 자이니, 그는 결정코 성불하기 때문이다.[412] 『법화경』에서는 "그대들이 행한 것이 바로 보살도이다."[413]

---

[412] 본래 보살종성으로서 보리를 구하는 자를 일컬어 돈오보살頓悟菩薩이라 하고, 부정종성不定種性의 회향성문迴向聲聞을 일컬어 점오보살漸悟菩薩이라 한다. 부정종성의 성문은 본래 성문이었다가 대승으로 회심하여 보리를 구하게 되기 때문에 '점오보살'이라고 하였다.

라고 한 것은, 모두 이 (두 보살) 중에 부정종성에 의거해서 말한 것이다.[414] 또 『장엄경론』 제6권에서는, 부정의 장애를 대치하기 위해 대승 경전에서는 '제불은 성문에게 마땅히 부처가 될 수 있다고 수기하신다'고 설하였고 또 '일승일 뿐 다시 두 번째 승은 없다'고 설했다고 한다.[415] 『잡집론』 제12권에서도 똑같이 설한다.

此卽標也。謂廻向聲聞。卽是瑜伽五種姓中不定性者。或是漸鈍[1]二菩薩中漸悟所攝。彼定成佛故。法華云。汝等所行。是菩薩道。皆依此中不定者說。又莊嚴論第六卷云。爲對治不定障故。大乘經說諸佛授記聲聞當得作佛。及說一乘更無第二。雜集十二亦同。

1) ㉠ '鈍'은 '頓'의 오기인 듯하다.

나) 징문

【경】 어째서인가?

何以故。

【석】 이것은 두 번째로 징문한 것이다.

釋曰。此第二徵。

---

413 『妙法蓮華經』 권3(T9, 20b23).
414 『法華經』에서 "그대들이 행한 것이 바로 보살도이다."라고 할 때 '그대들'이란 바로 대승으로 회심한 부정종성의 회향성문廻向聲聞 혹은 점오보살漸悟菩薩을 가리킨다.
415 『大乘莊嚴經論』 권6(T31, 621a18) 참조.

다) 해석

경 그는 이미 번뇌장에서 해탈하였으니, 제불 등의 깨우쳐 주심을 받을 때라면 소지장에서 그 마음이 또한 마땅히 해탈할 수 있을 것이다.

彼旣解脫煩惱障已。若蒙諸佛等覺悟時。於所知障。其心亦可當得解脫。

석 세 번째는 자세히 해석한 것이다. 말하자면 부처님이 (그 회향성문을) 교화·인도하면 소지장을 끊고 점차로 무주열반을 증득하게 되니, 이런 도리 때문에 결정코 성불할 수 있다는 것이다.

釋曰。第三廣釋。謂佛化導。斷所知障。漸次證得無住涅槃。由斯理故。決定成佛。

라) 결론

경 그는 처음에는 자기 이익을 위해 수행하고 가행하여 번뇌장에서 해탈하니, 이로 인해 여래는 그를 '성문종성'이라고 시설한 것이다.

由彼最初。爲自利益。修行加行。脫煩惱障。是故如來施設彼爲聲聞種性。

석 이것은 네 번째로 그의 본명本名에 대해 결론 내린 것이다.
그런데 성문에 대해 설하자면, 여러 교설들이 같지 않다.
어떤 곳에서는 두 종류를 설하니, 이른바 취적성문趣寂聲聞과 회향성문回向聲聞이다. 예를 들면 이 『해심밀경』과 『심밀해탈경』이다.
어떤 곳에서는 세 종류를 설하니, 퇴보리성문退菩提聲聞과 적멸성문寂

滅聲聞과 증상만성문增上慢聲聞을 말한다. 예를 들면『입능가경』제7권에서 단지 그 이름을 열거하고 해석하지는 않았다. 혹은 (또 다른) 세 종류가 있는데 이른바 변화성문變化聲聞과 서원성문誓願聲聞과 법성성문法性聲聞이니, 예를 들면『유가사지론』제73권이다. 따라서 그 논에서는 다음과 같이 말한다.

다시 어째서 성문승을 건립하는가? 말하자면 세 가지 인연 때문이다. 첫째는 변화 때문이고, 둘째는 서원 때문이고, 셋째는 법성 때문이다.

'변화 때문'이라 한 것은, 저 각각의 교화 대상의 세력에 수순해서 여래가 변화성문을 화작해 낸 것을 말한다.

'서원 때문'이라 한 것은, 어떤 보특가라가 성문승에서 이미 서원을 발했다면 그를 '성문'이라 건립하는 것을 말한다.

'법성 때문'이라 한 것은, 어떤 보특가라는 본성에서부터 자비가 박약하고, 모든 고통스런 일에 대해 깊이 두려움을 낸다. 이런 두 가지 이유로 타인을 이롭게 하는 일을 깊이 좋아하지도 않고, 이 일을 위해 즐겁게 생사에 처하지도 않으며, 그는 이 법성에만 안주하기 때문에 (그를) '성문'이라 건립한 것이다. 또는 법성을 깨닫기 때문이니, 모든 안립제 안에서 대부분 수습하면서 포외행怖畏行을 굴리고 이런 인연으로 증득이 원만해지는 것을 말한다.

성문승과 마찬가지로 독각승도 이와 같다. (다만 독각은) 부처님이 없는 세상에 태어나 정각을 증득한다는 것이 이 성문과는 차별된다. 곧 이상과 상반되는 세 가지 인연 때문에 '보살'이라 함을 알아야 한다.[416]

釋曰。此卽第四結其本名。然說聲聞。諸敎不同。有處說二。所謂趣寂回向

---

[416]『瑜伽師地論』권73(T30, 702a8).

聲聞。如卽此經深密解脫。有處說三。謂退菩提寂滅聲聞及增上慢。如入楞伽第七。但列其名。而不解釋。或有三種。所謂變化誓願法性。如瑜伽論第七十三。故彼論云。復次。云何立聲聞乘。謂三因緣故。一變化故。二誓願故。三法性故。變化故者。謂隨彼彼所化勢力。如來化作變化聲聞。誓願故者。謂有補特伽羅。於聲聞乘。已發誓願。卽建立彼以爲聲聞。法性故者。謂有補特伽羅。本性已來。慈悲薄弱。於諸苦事。深生怖畏。由此二因。於利他事。不深愛樂。非爲是事樂處生死。彼由安住此法性故。立爲聲聞。又覺法性故。謂於一切安立諦中。多分修習。怖畏行縛。[1]由此因緣。證得圓滿。如聲聞乘。獨覺亦爾。出無佛世。而證正覺。與此差別。卽上相違三因緣故。應知菩薩。

---

1) ㈎『瑜伽師地論』권3(T30, 702a17)에 따르면, '縛'은 '轉'의 오기다.

어떤 곳에서는 네 종류를 설하니, 첫째는 결정성문決定聲聞이고 둘째는 증상만성문增上慢聲聞이며 셋째는 퇴보리성문退菩提聲聞이고 넷째는 응화성문應化聲聞이다. 예를 들면『법화론』에서 이름만 나열하고 해석하지 않았다.

혹은 네 종류를 설하니, 첫째는 변화성문이고 둘째는 증상만성문이며 셋째는 회향보리성문迴向菩提聲聞이고 넷째는 일향취적성문一向趣寂聲聞이다. 예를 들면『유가사지론』제80권이니, 그 논에서는 다음과 같이 말한다.

> 네 종류 성문이란 무엇을 말하는가? 첫째는 변화성문이다.【『법화론』에서는 응화성문應化聲聞이라 하였고,『보적론』에서는 응성문應聲聞이라 하였다.】둘째는 증상만성문이다.【『보적론』에서는 아만성문我慢聲聞이라 하였다.】셋째는 회향보리성문이다.【『법화론』에서는 퇴보리심退菩提心이라 하였고,『보적론』에서는 작보리원作菩提願이라 하였다.】넷째는 일향취적성문이다.【『법화론』에서는 결정성문決定聲聞이라 하였고,『보적론』에서는 정멸성성문定滅性聲聞이라 하였다.】

'변화성문'이란, 교화하기 위해서 저 교화되는 유정들을 따르기 때문에, 혹은 보살들이나 혹은 여래들이 성문을 화작해 낸 것이다.【제73권에서는 단지 '여래들'이라 하였고 '보살'을 말하지 않았다.】

'증상만성문'이란, 다만 보특가라무아지補特伽羅無我智 및 사견에 집착하는 법무아지(執著邪法無我智)로 말미암아 '청정하다'고 헤아리는 것을 말한다.[417]

'회향보리성문'이란, 본래부터 지극히 자비심이 미열한 종성이지만 친히 여래 가까이에 머물기 때문에 광대한 불법 안에서 위대한 공덕의 상想을 일으키고 (그것을) 훈습하여 닦아서 상속시킨 자를 말한다. (그는) 비록 구경究竟에 이르러 무루계無漏界에 머물지만 제불들이 깨우쳐 주고 이끌어 주며 방편으로 개도해 주심을 받는다. 이런 인연으로 인해 곧 광대한 보리에 발심하여 나아갈 수 있지만, 적멸을 좋아하기 때문에 이 가행에 있어 지극히 느리고 둔해서, 처음 비로소 발심한 불종성佛種性의 소유자만은 못하다.

'일향취적성문'이란, 본래부터 지극히 자비심이 미열한 종성이기 때문에, 한결같이 중생을 이익되게 하는 일을 저버리기 때문에, 생사의 고통을 극히 두려워하기 때문에, 오직 열반에 안주하려는 의요만 있을 뿐 끝내 대보리에 나아가지 못하는 자를 말한다.[418]

혹은 네 종류를 설하니, 응성문應聲聞과 아만성문我慢聲聞과 작보리원성문作菩提願聲聞과 정멸성성문定滅性聲聞을 말한다. 예를 들면 『보적론』 제3

---

[417] 대승의 교설에 의하면 성문승의 지위에서는 인무아지人無我智(보특가라무아지)의 증득을 만족시켰어도 법무아지法無我智를 배우는 것은 아직 성취되지 않는다. 따라서 '사견에 집착하는 법무아지(執著邪見法無我智)'라고 하였다. 그래서 실로 아직 청정하지 않은 것을 '청정함이 있다'고 헤아리니, 즉 이것이 아직 증득하지 않았는데도 '증득했다'고 말하는 증상만增上慢이다. 『瑜伽論記』 권21(T42, 797b3) 참조.
[418] 『瑜伽師地論』 권80(T30, 744a19).

권의 설과 같다.

해 차례대로 『유가사지론』에서 말한 네 종류 성문에 해당한다.[419] 이름은 차이가 있지만 의미는 『유가사지론』과 동일하므로 번거롭게 서술하지 않겠다.

有處說四。一者決定。二增上慢。三退菩提。四者應化。如法華論。列名不釋。或說四種。一者變化。二增上慢。三迴向菩提。四一向趣寂。如瑜伽八十。彼云。云何名爲四種聲聞。一者變化聲聞【法華論應化。寶積論應聲聞。】二者增上慢聲聞【寶積論云。我慢聲聞。】三者迴向菩提聲聞【法華退菩提。[1] 寶積作菩提。[2]】四者一向趣寂聲聞【法華決定聲聞。寶積寂[3]滅性。】變化聲聞者。爲欲化度。由彼所化諸有情故。或諸菩薩。或諸如來。化作聲聞。【七十三。但云諸如來。不言菩薩也。】增上慢聲聞者。謂但由補特伽羅無我智。及執著耶[4]法無我智。計爲淸淨。迴向菩提聲聞者。謂從本來。是極微劣慈悲種性。由親近如來住故。於廣大佛法中。起大功德想。熏修相續。雖到究竟住無漏界。而蒙諸佛覺悟引入方便開導。由此因故。便[5]發趣廣大菩提。由樂寂故。於此加行。極成遲鈍。不如初始發心有佛種姓者。一向趣寂聲聞者。謂從本來。是最極微劣慈悲種姓故。一向棄背利益衆生事故。於生死苦。極怖畏故。唯有安住涅槃意樂。究[6]竟不能趣大菩提。或說四種。謂應聲聞。我慢聲聞。作菩提願聲聞。及定滅性聲聞。如寶積論第三。解云。如次卽當瑜伽四種聲聞。名雖有異。義同瑜伽。故不繁述。

---

1) 영『妙法蓮華經憂波提舍』권2(T26, 9a16)에 '提' 뒤에 '心'이 있다. 2) 영『大寶積經論』권3(T26, 220a29)에 '提' 뒤에 '願'이 있다. 3) 영『大寶積經論』권3(T26, 220a29)에 따르면, '寂'은 '定'의 오기다. 4) 영 '耶'는 '邪'와 같다. 5) 영『瑜伽師

419 응성문應聲聞과 아만성문我慢聲聞과 작보리원성문作菩提願聲聞과 정멸성성문定滅性聲聞은, 그 차례대로 위의 『瑜伽師地論』 제80권에서 언급했던 변화성문變化聲聞과 증상만성문增上慢聲聞과 회향보리성문迴向菩提聲聞과 일향취적성문一向趣寂聲聞에 해당한다. 『大寶積經論』 권3(T26, 220a28) 참조.

地論』권80(T30, 744a28)에 '便' 뒤에 '能'이 있다.   6) ㉢『瑜伽師地論』권80(T30, 744b5)에 '究'가 '畢'로 되어 있다.

어째서 여러 교설에서 개수(多少)의 차이가 있는가?

실제로는 네 종류를 갖추고 있으니, 예를 들어『유가사지론』등과 같다. 그런데 차별점이 있다.

『유가사지론』등에서 설한 네 종류는 성문을 다 포괄하지만,『법화론』에서는 '보리에서 물러나는 자(退菩提者)'를 설하고 '본래 물러나지 않는 자(本不退者)'는 포함시키지 않았다는 것이다. 따라서 지금은『보적론』과『유가사지론』의 설이 뛰어나다고 한다. 혹은『법화론』에서 말한 '퇴보리'란 개별을 들어 전체를 나타낸 것이라 할 수도 있으니, 그는 회향한 자들 중의 일부이기 때문이다.[420] 이는 마치 사수思數(사심소)라고 설함으로써 행온行蘊을 포괄하는 경우와 같다.[421]

『능가경』의 세 종류는 변화성문을 제외한 것인데, 실재의 성문이 아니기 때문에 생략하고 설하지 않은 것이다.[422]

그런데『유가사지론』제73권의 '변화성문'은 여러 논의 변화성문에 해당하고, '법성성문'은 결정성문에 해당하며, '서원성문'은 회향성문에 해당한다. 성문승에서 이미 서원한 후에 아직 대원을 발하지 않은 자를 서원성문이라 하고, 또한 회향성문이라고도 한다. 이미 대보리심을 발한 자

---

[420] 엄밀하게 말하면『法華論』의 퇴보리성문은『瑜伽師地論』의 회향성문 중 일부에 해당하는데, 이『法華論』에서는 회향성문의 일부(퇴보리성문)를 거론함으로써 실제로는 회향성문 전체를 가리킨 것이라고 볼 수도 있다.

[421] 오위백법五位百法을 오온五蘊에 배대시키면 모든 심소법과 불상응법不相應法 등은 행온行蘊에 포함된다. 그런데 심소법 중에서 조작하는 작용을 하는 것이 '사思'이고, 행온이란 본래 무엇인가를 조작해 내는 힘을 가리키기 때문에 사수思數를 들어서 행온을 가리키는 경우가 있다. 이와 마찬가지로 '퇴보리'를 언급함으로써 실제로는 대승으로 회심한 성문 전체를 지칭했을 수도 있다는 것이다.

[422]『瑜伽師地論』의 네 종류와 비교해 보면,『入楞伽經』제7권에서 열거한 '퇴보리성문과 적멸성문과 증상만성문' 등 세 종류는『瑜伽師地論』에서 변화성문을 제외시킨 것이다.

라면 곧 보살의 서원에 포함되므로 성문이라고 하지 않는다. '증상만성문'은 서원성문에 포함되거나 혹은 서원·법성 두 종류 성문에 포함된다고 할 수 있으니, 따라서 이 논에서는 설하지 않았다.

이『해심밀경』에서는 변화성문과 증상만성문을 설하지 않았는데, 뜻은 이전의 해설과 동일하다.[423]

如何諸敎多少異。據實具四。如瑜伽等。而差別者。瑜伽等四。攝聲聞盡。法華論說退菩薩[1]者。便不攝本不退者。故今寶積瑜伽爲勝。或可法華退菩提者。擧別顯總。以迴向中是一分故。如說思數。以攝行蘊。楞伽三中。除變化者。非實聲聞。故略不說。然七十三。變化卽是諸論變化聲聞。法性卽是決定聲聞。誓願卽當迴向聲聞。於聲聞乘。已誓願後。未發大願。名爲誓願。亦名迴向。若已發大菩提者。卽是菩薩誓願所攝。不名聲聞。增上慢者。卽誓願攝。或可誓願法性二攝。故此不說。此經不說變化增上。[2] 義同前說解。

1) ⓔ '薩'은 '提'의 오기인 듯하다. 2) ⓔ '上' 뒤에 '慢'이 누락된 듯하다.

⑤ 무성교無性敎에 의거해서 이해의 부동함을 밝힘[424]

---

423 『瑜伽師地論』의 네 종류와 비교해 보면, 『解深密經』에서는 일향취적성문一向趣寂聲聞과 회향보리성문廻向菩提聲聞만 설하고 변화성문과 증상만성문을 설하지 않았다. 변화성문을 설하지 않은 뜻은, 『入楞伽經』 제7권의 경우와 마찬가지로, 실재의 성문이 아니기 때문이다. 또 '증상만성문'을 설하지 않은 뜻은, 『瑜伽師地論』 제74권의 경우와 마찬가지로, 서원성문誓願聲聞(회향성문)에 포함되거나, 혹은 서원성문과 법성성문(결정성문) 두 종류에 포함되기 때문이다.

424 이후의 경문에서는 오사五事를 전부 갖춘 자와 그렇지 못한 자들을 크게 네 부류로 나누어서 '무성無性'의 교설에 대한 이해에 차이가 있음을 설명하였다. 이 경에 따르면, 무성의 교설에 내재된 밀의密意를 제대로 이해하려면 적어도 '오사'를 갖추어야 하고, 유식오위唯識五位 중에 가행위加行位의 사람들이 오사를 갖춘 자이다. 그 밖의 세 부류 사람들은 오사를 제대로 갖추지 못한 자로서, 모두 가행위 이전의 사람들이다. 이전의 경문(③)에서 언급했듯, 자량위資糧位에서는 먼저 '생무성生無性'을 관하여 해탈

해심밀경소 권5【경본 제2】
서명사 사문 원측 찬술하다
무자성상품 제5의 나머지

解深密經疏卷第五【經本第二】
西明寺沙門 圓測撰
無自性相品第五之餘

경 다시 승의생이여, 이와 같이 나의 선설과 선제법과 비나야라는[425] 가장 청정한 의요로 설해진 선교법에 대해 모든 유정의 부류들의 이해는 갖가지 차별이 있을 수 있다.

復次。勝義生。如是於我善說善制法毗奈耶。最極淸淨意樂所說善敎法中。諸有情類意解。種種差別可得。

의 선근을 심고, 그 결과 자량이 성숙하여 지혜·복덕의 선근善根 등 오사를 구족하게 되면 다시 가행위에서 상무성相無性 및 승의무성勝義無性을 관한다. 가행위에서는 사심사관四尋思觀 등을 본격적으로 수습함으로써 변계소집의 상무성, 즉 변계소집상의 본질은 본래 실체가 없는 가립된 언어에 불과하다는 것을 깨달을 수 있다. 그러나 자량이 부족한 사람들은 무성의 교에 대한 그릇된 이해로 인해 오히려 과실을 일으키게 된다. 이하에서는 그러한 과실의 상相들을 자세히 설한 것이다.

425 이하의 원측의 주석에서 언급하듯, '善說善制法毗奈耶'라는 문구는 세 가지로 해석될 수 있다. ① 선설과 선제법과 비나야, ② 선설과 선제법비나야, ③ 선설선제법과 비나야 등이다. 첫 번째 해석에 따르면, 선설과 선제법과 비나야는 각기 경과 논과 율을 별칭하는 말이다. 두 번째 해석에 따르면, 선설은 경·논을 가리키고 선제법비나야는 율을 가리킨다. 세 번째 해석에 따르면, 선설선제법과 비나야라는 두 구는 각각 경·율·논의 삼장을 총칭하는 말이다. 원측은 이 세 가지 해석 중 어느 것이 더 뛰어나다고 판정하지는 않았는데, 우선 편의상 첫 번째 해석에 의거해서 번역하였다.

석 이하는 다섯 번째로 밀의교密意教에 대한 이해가 차별됨을 해석한 것이다.[426] 이 중에 세 가지가 있다. 처음은 교에 의거한 이해가 차별됨을 간략하게 표명한 것이다. 다음의 "선남자여" 이하는 교에 의거한 이해가 부동함을 자세하게 설명한 것이다. 마지막의 "선남자여, 이와 같이" 이하는 교에 의거한 이해가 차별된다고 총결지은 것이다.

釋曰。自下第五釋密意教意解差別。於中有三。初略標依教意解差別。次善男子下。廣辨依教意解不同。後善男子如是已下。總結依教意解差別。

가. 교에 의거한 이해가 차별됨을 간략히 표명함

이것은 처음에 해당한다. 이 경문을 해석하자면, 본래 세 가지 해석이 있다.

한편에서는 다음과 같이 말한다. 〈'선설善說'이란 삼장 중에서 소달람장素怛纜藏이고, '선제법善制法'이란 달마장達摩藏이며, '비나야毗奈耶'란 곧 비나야이다.〉

한편에서는 다음과 같이 말한다. 〈'선설'이란 삼장 중에서 소달람장과 아비달마장이고, '선제법비나야'란 비나야이다.〉

한편에서는 다음과 같이 말한다. 〈'선설선제법'이란 삼장을 통틀어 든 것이니, 여래가 잘 설하고 잘 제정한 법이기 때문이다. '비나야'란 여기 말로 조복調伏이라 하니, 삼장이 모두 악을 조복시키는 작용이 있기 때문에 비나야라고 한다. 또한 멸滅이라 하니, 삼장이 모두 악을 소멸시킨다는 의미가 있기 때문이다. 무성의 『섭대승론석』에서는 "혹은 모든 선은 온갖 악을 소멸시킬 수 있으므로 비나야라고 한다."[427]라고 하였다.〉

---

[426] 이전의 과목 분류에서는 "五復次勝義生下。約無性教。辨取解不同。"이라고 하였다. 위에서 '밀의교密意教'라 한 것은 '무성교無性教' 즉 삼무성의 교설을 가리킨다.
[427] 무성의 『攝大乘論釋』 권7(T31, 427a6).

"선설·선제법"이라 한 것에 대해 『유가사지론』 제83권에서 다음과 같이 말한다.[428] 〈도리에 속하는 것이기 때문에, 뛰어난 공덕을 담지하고 있기 때문에, 문文·의義가 교묘하기 때문에, 말하자면 문구가 아주 원만하기 때문에, '선설'이라고 한다. 모든 소응학처所應學處[429]를 제정했기 때문에 '선제법'이라고 한다.〉[430] "비나야"라는 것에 대해 『유가사지론』 제98권에서는 "팔성도지는 바른 이치와 부합하기 때문에 '법'이라 이름하고, 모든 번뇌를 소멸시킬 수 있기 때문에 '비나야'라고 이름한다."[431]라고 하였다.

此卽初也。釋此經文。自有[1]釋。一云。善說。卽三藏中。素怛纜藏。善制法者。是達摩藏。毘奈耶者。卽毘奈耶。一云。善說。卽是三中。素怛纜藏。阿毘達摩。善制法毘奈耶者。卽毘奈耶。一云。善說善制法者。通擧三藏。如來善說善制法故。毘奈耶者。此云調伏。三藏皆有調惡之用。名毘奈耶。又亦名滅。三藏皆有滅惡之義故。無性攝論云。或一切善能滅衆惡。名毘奈耶。言善說善制多[2]瑜伽八十三云。道理所攝故。任持勝德故。文義巧妙故。謂文句善圓滿故。故名善說。制立一切所應學處故。名善制法。毘奈耶者。瑜伽九十八云。八聖道支。會正理故。說名爲法。能滅一切諸煩惱故。

---

428 이하에 진술된 『瑜伽師地論』 제83권과 제98권의 해석은 위의 세 번째 해석에 유사하다. 그에 따르면, '선설·선제법'이라는 용어는 삼장을 통칭하고, 또 '비나야'는 '바른 이치와의 부합'이나 '조복調伏'이나 '멸滅' 등과 같은 삼장의 뛰어난 공덕을 나타내는 말이다.

429 소응학처所應學處 : 소학처所學處 또는 학처學處라고 하는데, 예를 들면 오계五戒·팔계八戒·십계十戒 등처럼 비구나 비구니들이 학습하고 준수해야 할 계율의 조목(戒條)을 가리킨다.

430 이것은 『瑜伽師地論』 권83(T30, 760a15)의 "師第一二慧。四種善說等。亦有因緣等。施戒道廣說。"이라는 온타남嗢拕南에 대한 해석을 요약한 것이다. 같은 책 권83(T30, 761a28)에서 "復次善說法者。道理所攝故。任持勝德故。"라고 하였고, 또 같은 책 권83(T30, 761c12)에서 "復次言善說者。謂諸文句善圓滿故。"라고 하였으며, 또 같은 책 권83(T30, 761c24)에서는 "復次佛世尊法有因緣者。謂有緣起。制立一切所學處故。"라고 하였다.

431 『瑜伽師地論』 권98(T30, 865c12).

名毗柰耶。

1) ㉑ '有' 뒤에 '三'이 탈락된 듯하다. 2) ㉓ '多'는 오기인 듯하다. '善說善制法'이라는 경문을 가리키므로 '法' 혹은 '法者'로 수정해야 한다.

"가장 청정한 의요로 설해진"이라 한 것은 설하는 자의 설법의 의요를 밝힌 것이다. 그런데 설법의 의요에 대해 여러 설들이 같지 않다.

용맹龍猛(용수)에 따르면 설법에는 두 종류가 있다. 첫째는 생사인生死人의 설법이니, 이것은 반드시 심尋·사伺에 의지해야 한다.[432] 둘째는 법신보살法身菩薩의 설법이니, 이것은 심·사에 의지하지 않는다. 따라서 『대지도론』 제17권에서는 다음과 같이 말한다.

다시 이때 보살이 항상 선정에 들어서 마음을 거두어 움직이지 않게 하고 각覺·관觀(심尋·사伺의 구역)을 내지 않고도 또한 시방의 일체 중생을 위해 한량없는 음성으로 설법하여 그들을 제도하고 해탈시키니, 이것을 선바라밀禪波羅蜜이라 한다.

❓ 예를 들어 경에서 설하길, '먼저 각·관의 사유가 있은 이후에야 설법할 수 있다'고 했는데, 선정에 든 동안에는 언어와 각관이 없으므로 마땅히 설법할 수 없을 것이다. 그대는 지금 어찌하여 '선정 중에서 각·관을 내지 않고도 중생을 위해 설법한다'고 말하는가?

💡 생사인生死人의 법으로는 선정에 들면 먼저 언어와 각관이 있은 이후에 설법한다. 법신보살은 생사의 몸을 떠나서, 모든 법이 상주하는 것이 마치 선정에서의 상相과 같음을 알고, 산란이 있는 것을 보지 않는

---

[432] 생사의 세계에 있는 자가 설법하는 경우는 반드시 언어에 의지해서 사유하는 작용이 있어야만 법을 설할 수 있다. 그러한 사유 활동을 가리키는 불교 용어가 심尋·사伺인데, 구역에서는 각覺·관觀으로 번역하였다. 이것은 각기 심구尋求하는 정신 작용과 사찰伺察하는 정신 작용을 가리키는데, 전자는 대상을 거칠게 분별하는 작용이고, 사는 미세하게 분별하는 작용이다.

다. 법신보살은 한량없는 몸을 변화해 내어 중생을 위해 설법하지만 보살의 마음에는 분별되는 것이 없다. 이것은 마치 아수라의 거문고가 항상 저절로 소리를 내어 뜻하는 대로 짓는데도 연주하는 사람은 없는 것과 같다. 이것도 또한 산심散心도 없고 또한 섭심攝心도 없으니, 이는 복덕의 보생報生[433]이기 때문에 사람의 뜻한 대로 소리를 내는 것이다. 법신보살도 또한 이와 같아서 분별되는 것이 없고 또한 산심도 없으며 또한 설법의 상도 없다. 이 한량없는 복덕과 선정과 지혜의 인연 때문에, 이 법신보살은 갖가지 법음法音을 응하는 대로 내는 것이다.[434]

자세한 것은 그 논과 같다.

最極淸淨意樂所說者。辨能說者說法意樂。然說法意樂。諸說不同。若依龍猛。說法有二。一生死之[1]說法。必依尋伺。二法身菩薩說法。不依尋伺。故智度論第十七云。復次。爾時菩薩。常入禪定。攝心不動。不生覺觀。亦能爲十方一切衆生。以無量音聲說法。而度脫之。是名禪波羅蜜。問。[2] 如經中說。先有覺觀思惟。然後能說法。入禪定中。無語覺觀。不應得說法。汝今云何言。禪[3]定中。不生覺觀。而爲衆生說法。答曰。生死人。[4] 入禪定。先以語覺觀。然後說法。法身菩薩。離生死身。知一切諸法常住。如禪定相。不見有亂。法身菩薩。變化無量身。爲衆生說法。而菩薩心無所分別。如阿羅漢[5]琴。常自出聲。隨意而作。無人彈者。此亦無散心。亦無攝心。是福德報生故。隨人意出聲。法身菩薩。如[6]是。無所分別。亦無散心。亦無說法相。是無量福德禪定智慧因緣故。是法身菩薩。種種法音。隨應而出。廣說如彼。

1) ㉠ 뒤의 『大智度論』 인용문에 준할 때 '之'는 '人'의 오기인 듯하다.   2) ㉠ 『大

---

433 보생報生 : 수습修習으로 얻은 과보가 아니라 전생의 업에 대한 과보로서 태어남과 동시에 얻는 생득적 과보를 가리킨다.
434 『大智度論』 권17(T25, 188c9).

智度論』권17(T25, 188c12)에 '問' 뒤에 '曰'이 있다.   3) ㉢『大智度論』권17(T25, 188c14)에 '禪' 앞에 '常在'가 있다.   4) ㉢『大智度論』권17(T25, 188c15)에 '人' 뒤에 '法'이 있다.   5) ㉢『大智度論』권17(T25, 188c19)에 따르면, '羅漢'은 '修羅'의 오기다.   6) ㉢『大智度論』권17(T25, 188c21)에 '如' 앞에 '亦'이 있다.

심·사가 없이 설법하는 무리 중에서는 여래가 가장 뛰어나기 때문에 "가장 청정한 의요로 설해진"이라 한 것이다.

친광親光에 의하면, 팔지八地 이상은 모두 심·사가 없이 설법할 수 있다. 그 논에서는 심·사가 오직 유루라고 설하기 때문이다. 심·사가 없이 설법하는 무리 중에 여래가 가장 뛰어나기 때문에 "가장 청정한 의요로 설해진"이라 한 것이다.

호법종護法宗에 의하면, 금강유정金剛喩定[435] 이전까지의 모든 보살 대중은 다른 이를 위해 설법할 때 반드시 심·사를 빌려야 하니, 약과 병 등에 대해 아직 두루 알지 못하기 때문이다. 이런 도리에 따를 때, 팔지 이상은 무루의 심·사에 (의지해서) 또한 설법할 수 있다. 불과佛果의 지위는 이미 구경究竟이기 때문에 공용功用(의식적인 노력)이 없이 설하며 심·사를 빌리지 않고 설법할 수 있다. 따라서『성유식론』제7권에서는 다음과 같이 말한다. "아직 구경이 아닌 지위에서는 약과 병 등에 대해 아직 두루 알지 못하므로 후득지 가운데서 남에게 법을 설하기 위해서는 반드시 심·사를 빌려야 한다. 이는 불지佛地에서 공용이 없이 설하는 것과는 같지 않다."[436] 그러므로 "가장 청정한 의요로 설해진"이라 한 것이다.

❓ '십지보살은 심·사에 의지해서 설한다'고 하는『대지도론』의 설과는 어떻게 회통시켜 해석하겠는가?

---

435 금강유정金剛喩定 : 대승보살의 지위에서는 십지十地 마지막 마음에서 현전하는 선정을 말한다. 이 선정으로 마지막 미세한 번뇌를 끊고 불과를 얻게 되는 것이 마치 금강이 강하고 날카롭게 다른 것을 잘라 버리는 것과 같기 때문에 '금강'에 비유하였다.
436『成唯識論』권7(T31, 36c16).

답 논자의 뜻이 다르므로 회통시켜 해석할 수는 없다. 예를 들어 『대지도론』에서는 심과 사가 '동시에 일어난다(俱起)'고 설하기도 하지만, 미륵종 등에서는 반드시 동시에 일어난다고 하지 않는다. 이러한 차이가 있고, 그 사례가 하나가 아니기 때문에 반드시 회통시킬 필요는 없다.

문 호법종에 의하면, 십지 이전까지는 모두 심과 사에 의지하는데, 금강유정은 제4정定이고 이미 심과 사가 없으므로 마땅히 설법할 수 없을 것이다.[437]

답 제4정려에는 심·사가 없지만 상지上地로부터[438] 하지下地의 심·사를 일으킬 수 있으니, 등각위等覺位에서도 설법할 수 있는 것이다.[439] '멸진정滅盡定에서 일어나지 않고도 모든 위의威儀를 나타낼 수 있다'는 것도 오직 이렇게 해석할 수 있다.[440]

---

[437] 색계의 제2정려第二靜慮에서부터 무색계의 유정지有頂地까지는 심과 사와 상응하지 않는 무심무사지無尋無伺地라고 하는데, 이 무심무사의 지디에서는 분별 작용이 거의 일어나지 않기 때문에 '심도 없고 사도 없는 지'라고 한다. 그런데 금강유정은 색계의 제4정려에 속한다고 하기 때문에, 어떻게 그 지위에서 심과 사에 의지해서 법을 설할 수 있는가라고 물은 것이다.
[438] 원측 소의 원문은 '由元起下地尋伺'라고 되어 있는데, 의미가 통하지 않는다. 전후 문맥상 '상지로부터 하지의 심·사를 일으킨다'는 의미인 듯하다. 이에 의거해서, '由元'의 '元'을 '上'으로 수정하였다.
[439] 설법이 가능하려면 우선 설법자의 마음에서 언어적 분별이 가능해야 하는데, 색계 제2선禪부터는 언어적 분별의 전제가 되는 심사尋伺의 작용이 일어나지 않는다. 그런데 상지上地에서 하지下地의 심사를 일으킬 수 있기 때문에 제4선에서 초선初禪의 심사를 일으켜서 언어적 분별을 할 수 있다. 따라서 등각위等覺位에서 설법하는 것도 가능하다는 것이다.
[440] 멸진정滅盡定은 멸수상정滅受想定이라고도 하며, 심尋·사伺가 없을 뿐만 아니라 모든 선정에 수반되는 미세한 수受·상想마저 일어나지 않는 무심정無心定을 말한다. 이 선정은 무소유처無所有處의 번뇌를 멀리 떠나 있고, 그 경지는 무여열반無餘涅槃의 적정寂靜에 비유되기도 한다. 그런데 경론에서 '여래는 멸진정에서 일어나지 않고도 온갖 위의를 일으킨다'고 설하기도 하는데, 이 경우도 '상지에 의지해서 하지의 심사를 일으킨다'는 도리에 준해서 해석할 수 있다는 것이다.

無有尋伺說法衆中。如來最勝。故言最極淸淨意樂所說。若依親光。八地已上。皆無尋伺。而能說法。彼說尋伺唯有漏故。無有尋伺說法衆中。如來最勝。故言最極淸淨意樂所說。依護法宗。金剛已還諸菩薩衆。爲他說法。必假尋伺。於藥病等。未遍知故。由此道理。八地已上。無漏尋伺。亦能說法。於佛果位。已究竟故。無功用說。不假尋伺。而能說法。故成唯識第七卷云。未究竟位。於藥病等。未[1)]遍知故。[2)] 後得智中。爲他說法。必假尋伺。非如佛地無功用說。是故說言最極淸淨意樂所說。問。十地菩薩。依尋伺說。智度所說。如何會釋。答。論者意異。不可會釋。如智度說。尋伺俱起。彌勒等宗。必不俱起。如是等異。其例非一。故不須會。問。依護法宗。十地已還。皆依尋伺。金剛喩定。是第四定。旣無尋伺。應不說法。答。雖無第四靜慮尋伺。而由元[3)]起下地尋伺。於等覺位。亦得說法。不起滅定。現諸威儀。亦唯此釋。

1) ㉠『成唯識論』권7(T31, 36c17)에 '未' 뒤에 '能'이 있다.   2) ㉠『成唯識論』권7(T31, 36c17)에 '故'가 없다.   3) ㉠ '元'은 '上'의 오기인 듯하다. 자세한 것은 해당 번역문 역주 참조.

"선교법에 대해"라는 것은 설해진 교설을 말한다.『유가사지론』제94권에서는 다음과 같이 말한다. "네 가지 상으로 인해 세존께서 설하신 성스런 가르침을 '선설법善說法'이라 함을 알아야 한다. 첫째는 능히 적정으로 나아가서 능히 유여의열반계를 증득하도록 해 주기 때문이다. 둘째는 능히 반열반에 들어서 능히 무여의열반계를 증득하도록 해 주기 때문이다. 셋째는 능히 보리로 나아가서, 능히 성문·독각의 (과果, 보살의) 무상정등삼보리를 증득하도록 해 주기 때문이다. 넷째는 선서善逝의 분별은 가장 지극하고 궁극적인 현량現量에 의해 현현된 것이며, 무상대사無上大師에 의해 개시된 것이기 때문이다."[441] 이상의 모든 의미를 갖추고 있기 때

441 『瑜伽師地論』권94(T30, 836b28).

문에 "선교법에 대해"라고 하였다.

"모든 유정의 부류들의 이해는 갖가지 차별이 있을 수 있다."라고 한 것은 이해가 부동함을 바로 밝힌 것이다. 그에 네 종류가 있다. 첫째는 교(敎)와 의미(義)를 믿고 이해하는 것이고, 둘째는 교와 의미를 오직 믿기만 하는 것이며, 셋째는 교는 믿지만 의미는 믿지 않는 것이고, 넷째는 교와 의미를 모두 믿지 않는 것이다. 따라서 "갖가지"라고 하였다. 뒤에 가서 해석할 것이다.[442]

言善教法中者。是所說教。瑜伽九十四云。由四種相。應知。世尊所說聖教。名善說法。一能趣寂靜。能定[1]證得有餘依涅槃界故。二能般涅槃。能令證得無餘依涅槃界故。三能趣菩提。能令證得聲聞獨覺無上正等三菩提故。四善遊[2]分別。最極究竟現量所顯。無上大師所開示故。具上諸義。故言善教法中。言諸有情類意解種種差別可得者。此即正明意解不同。有其四種。一信解教義。二唯信教義。三信教不信義。四教義俱不信。故言種種。如後當釋。

1) ㉝『瑜伽師地論』권94(T30, 836b29)에 따르면, '定'은 '令'의 오기다.   2) ㉝『瑜伽師地論』권94(T30, 836c3)에 따르면, '遊'는 '逝'의 오기다.

나. 교에 의거한 이해가 부동함을 자세히 해석함

경 선남자여, 여래는 단지 이와 같은 세 종류 무자성성에 의거하여,

善男子。如來但依如是三種無自性性。

---

442 이에 관해서는 다음에 이어지는 p.270 '나) 유정의 이해가 부동함을 바로 해석함' 참조.

석 이하는 두 번째로 교설에 의거한 이해가 부동함을 자세하게 해석한 것이다. 이 중에 두 가지가 있다. 처음은 교의 소의를 든 것이고, 나중의 "이 경에 대해" 이하는 유정의 이해가 부동함을 바로 해석한 것이다.

釋曰。自下第二廣釋依敎意解不同。於中有二。初舉[1]所依。後敎[2]於是經下。正釋有情意解不同。

[1] ㉠ '擧' 뒤에 '敎'가 누락된 듯하다.   [2] ㉠ '敎'는 앞의 '擧' 뒤로 옮겨서 "初擧敎所依。後於是經下…"로 수정하였다.

가) 교의 소의所依를 듦

전자 중에 두 가지가 있다. 처음에는 교의 소의가 되는 이치를 밝혔고, 나중의 "심오한 밀의를 따라서" 이하는 이치에 의거해서 교를 설했음을 밝혔다.

前中有二。初明敎所依理。後由深密意下。明依理說敎。

(가) 교의 소의가 되는 이치를 밝힘

이것은 처음에 해당한다. 말하자면 (앞에서) 설했던 삼무자성에 의거하였으니, (그것이) 불요의의 은밀상의 교에 대해 의지처가 된다는 것이다.

此卽初也。謂依所說三無自性。於不了義隱密相敎。爲所依止。

(나) 이치에 의거해서 교를 설했음을 밝힘

경 심오한 밀의를 따라, 선설한 바의 불요의경에서 은밀한 상으로 모든 법요法要, 즉 '모든 법은 다 자성이 없으니 생함도 없고 멸함도 없으며 본래

적정하여 자성열반이다'라고 설하였다.

由深密意。於所宣說不了義經。以隱密相。說諸法要。謂一切法。皆無自性。無生無滅。本來寂靜。自性涅槃。

석 이것은 두 번째로 이치에 의거해 교를 설한 것이다. 경문에 세 구절이 있다. 처음에는 교를 설한 뜻을 (밝혔고,) 다음은 교의 은밀함을 설명하였으며, 마지막에는 은밀한 교설을 바로 제시하였다.

"심오한 밀의를 따라"라고 한 것은, 교를 설한 뜻, 즉 세 종류 무성을 증지證知할 수 있는 심오한 밀의를 말한다.

"선설되었던 불요의경에서 은밀한 상으로 모든 법요를 설하셨으니"라고 한 것은 교가 은밀함을 나타낸 것이다. 말하자면 모든 성스런 가르침의 은隱·현顯이 부동한데, 지금 이곳에서는 유有를 숨기고 무無를 설했기 때문에 '은밀'이라 한 것이다. '법요法要'라고 했는데, '요'는 요약要略을 말한다.

이 경문의 뜻은, 심오한 밀의를 따라서 불요의경에서 세 종류 무성에 의거해서 은밀한 상으로 '모든 법은 다 자성이 없고……'라는 모든 법요의 언어들을 설했다는 것이다.

"모든 법은 다 자성이 없으니……"라고 했는데, 이것은 세 번째로 은밀한 교를 바로 제시한 것이니, 이전에 자세히 설했던 것과 같다.

釋曰。此卽第二依理說教。文有三節。初說教之意。次辨教隱密。後正示密教。言由深密意者。說教之意。謂能證知三種無性甚深密意。言於所宣說不了義經以隱密相說諸法要者。辨教隱密。諸謂¹⁾聖教隱顯不同。今於此中。隱有說無。故言隱密。言法要者。要謂要略。此中意者。由深密意。於不了經。依三²⁾性。以隱密相。說一切法無自性等諸法要言。言謂一切法皆無自性等者。此卽第三正示密敎。如前廣說。

---

1) ㉠ '諸謂'는 '謂諸'의 도치인 듯하다.　2) ㉠ '三' 뒤에 '無'가 누락된 듯하다.

나) 유정의 이해가 부동함을 바로 해석함

경 이 경에 대해, 만약 유정들 중에 이미 상품의 선근을 심었고, 이미 모든 장애를 청정하게 했으며, 이미 상속을 성숙시켰고, 이미 승해를 많이 닦았으며, 이미 능히 상품의 복덕·지혜의 자량을 쌓은 자라면,

於是經中。若諸有情。已種上品善根。已淸淨諸鄣。已成熟相續。已多脩勝解。已能積集上品福德智慧資粮。

석 이하는 두 번째로 유정의 이해(意解)가 부동함을 바로 밝힌 것이다. 이 중에 네 가지가 있다. 첫째는 오사五事를 구족하고 신해하는 사람이다. 둘째는 오사를 구족하지 않았지만 능히 믿는 사람이다. 셋째는 믿음을 내지만 언설을 따라 집착하는 사람이다. 넷째는 오사가 전부 없고 믿지도 않는 사람이다.
　그런데 이 네 종류 사람은 선근을 심는 등의 오사를 몇 개 (갖추었는가에 따라) 여섯 부류 사람으로 구분된다. 첫째는 오사를 구족한 자이고, 둘째는 네 개는 있고 하나가 빠진 자이며, 셋째는 세 개는 있고 두 개가 빠진 자이고, 넷째는 두 개는 있고 세 개가 빠진 자이며, 다섯째는 하나만 있고 네 개가 빠진 자이고, 여섯째는 오사가 전부 없는 자이다.

釋曰。自下第二正明有情意解不同。於中有四。一五事具足信解人。二五事不具能信人。三生信隨言執著人。四五事全無不信人。然此四人。種善根等五事多少。分成六人。一五事具足。二有四闕一。三有三闕二。四有二闕三。

五有一闕四。六五事全無。

(가) 오사五事를 구족하고 신해信解하는 사람

이것은 처음에 해당한다. 이 중에 두 가지가 있다. 처음에는 오사를 성취한 자임을 밝혔고, 나중의 "그가 만약" 이하는 교를 듣고 이해함을 밝힌 것이다.

此卽初也。於中有二。初明成就五事。後彼若下。聞敎解悟。

㉠ 오사를 성취했음을 밝힘

이것은 처음에 해당한다.

此卽初也。

㉡ 교를 듣고 해오解悟함을 밝힘

경 그가 만약 이와 같은 법을 청문하고 나서 나의 심오한 밀의의 언설을 여실하게 이해한다면,

彼若聽聞如是法已。於我甚深密意言說。如實解了。

석 이하는 두 번째로 교를 듣고 이해함을 밝혔다. 이 중에 두 가지가 있다. 처음에는 교를 듣고 이해함을 밝혔고, 나중의 "이와 같은 법에 대해" 이하는 이해의 수승한 이익을 밝힌 것이다.

釋曰。自下第二聞敎解了。於中有二。初明聞敎解了。後於如是下。解了勝利。

a. 교를 듣고 이해함을 밝힘

이것은 처음에 해당한다. 말하자면 (그가) 법을 듣고 나서 부처님이 설하셨던 밀의의 언설에 의해 나타내려 했던 법法·의義[443]를 여실하게 이해한다는 것이다.

此卽初也。謂聞法已。於佛所說密意言說所顯法義。如實解了。

b. 이해의 수승한 이익을 밝힘

경 이와 같은 법에 대해 깊이 신해를 내고, 이와 같은 의미에 대해 전도 없는 지혜로 여실하게 통달하니, 이러한 통달에 의거해서 잘 수습하기 때문에, 빠르게 최극最極의 구경究竟을 증득할 수 있다.

於如是法。深生信解。於如是義。以無倒慧。如實通達。依此通達。善脩習故。速疾能證最極究竟。

석 이하는 두 번째로 이해의 뛰어난 이익을 밝혔다. 이 중에 두 가지가 있다. 처음에는 법과 의미를 이해하는 것의 수승한 이익을 밝혔고, 나중의 "또한(亦於)" 이하에서는 부처님을 믿는 것의 수승한 이익을 밝혔다.

釋曰。自下第二解了勝利。於中有二。初明解了法義勝利。後亦於下。信佛勝利。

---

443 법法·의義 : 이하 원측의 해석에 따르면, '법法을 믿고 이해하는 것'과 '의義를 믿고 이해하는 것'을 따로 구분하였지만, 그 차이에 대해서는 자세히 해석하지 않았다. '법'과 '의'가 철학적으로 어떻게 구분되는지는 이후의 「分別瑜伽品」에서 자세히 다루어진다. 여기서 간단히 언급하면, '법'이란 능전能詮의 언어로서 교법 자체를 가리키고, '의'란 그 교법에 의해 나타내려 했던 소전所詮의 의미·이치·대상을 가리키는 것이다.

a) 법法 · 의義를 이해하는 것의 수승한 이익을 밝힘

이것은 처음에 해당한다. 경문에는 두 개의 절이 있다. 처음은 법을 신해하는 것이고, 나중은 의미를 신해하는 것이다.

의미의 신해를 밝힌 곳에서 경문은 다시 세 개의 절로 구분된다.[444] 처음은 견도에서 여실하게 통달하는 것이고, 다음은 수습위에서 이러한 통달에 의지해서 잘 수습하는 것이며, 마지막은 구경위에서 빠르게 보리와 열반을 증득하는 것이다.

> 此卽初也。文有兩節。初於法信解。後於義信解。就信義中。文復三節。初於見道。如實通達。次脩習位。依此通達。能善脩習。後於究竟。速疾能證菩提涅槃。

b) 부처님을 믿는 것의 수승한 이익을 밝힘

경 또한 나의 것(我所)에 대해 깊이 청정한 믿음을 내고, 이 여래응정등각께서 모든 법에 대해 정등각을 실현하였음을 알게 된다.

> 亦於我所。深生淨信。知是如來應正等覺。於一切法。現正等覺。

석 이하는 두 번째로 부처님을 믿는 것의 수승한 이익을 밝힌 것이다.

> 釋曰。自下第二信佛勝利。

---

[444] 원측은 위의 경문 중에서 "① 이와 같은 의미에 대해 전도 없는 지혜로 여실하게 통달하니, ② 이러한 통달에 의거해서 잘 수습하기 때문에, ③ 빠르게 최극最極의 구경究竟을 증득할 수 있다."라는 세 구절을 유식오위唯識五位 중에서 각기 통달위通達位와 수습위修習位와 구경위究竟位에 배대해서 해석하였다.

(나) 오사를 구족하지 못했지만 믿을 수 있는 사람

경 만약 유정들 중에 이미 상품의 선근을 심었고, 이미 모든 장애를 청정하게 했으며, 이미 상속을 성숙시켰고, 이미 승해를 많이 수습했지만, 아직 상품의 복덕·지혜의 자량을 쌓지 못하였는데,

若諸有情。已種上品善根。已淸淨諸郭。已成熟相續。已多修習勝解。未能積集上品福德智慧資粮。

석 이하는 두 번째로 오사를 다 갖추지는 못했지만 능히 믿는 사람을 밝힌 것이다. 이 중에 두 가지가 있다. 처음에는 오사를 다 갖추지 못했음을 밝혔고, 나중에는 능히 신심을 낸다는 것을 밝혔다.

釋曰。自下第二五事不具能信人。於中有二。初明不具五事。後能生信心。

㉮ 오사를 구족하지 못했음을 밝힘

이것은 처음에 해당한다. 이것은 수행인이 비록 오사를 다 갖추지는 않았지만 네 가지 사를 성취함에 따라 능히 믿음을 낸다는 것을 밝힌 것이다. 네 가지 사의 차별은 앞서 이미 설한 것과 같다.[445]

此卽初也。此明行人。雖不具五。由成四事。而能生信。四事差別。如前已說。

---

[445] 이전 '③ 지위에 의거해서 삼무성을 건립한 뜻을 설명함' 이하의 경문에서 유식오위唯識五位에 의거해서 삼무성三無性을 설한 뜻을 해석하면서 위와 같은 다섯 가지 사(五事)를 설하게 된 배경을 설명하였고, 그 중 다섯 번째로 '(라) 오사五事를 갖추게 되는 이익'에 대해서도 자세히 설한 바 있다.

㉞ 신심을 낼 수 있음을 밝힘

경 그 성질이 질직하다면, 이 질직한 부류는 비록 사택하여 폐하거나 건립할 능력은 없어도 자기의 견취에 안주하지 않는다.[446]

其性質直。是質直類。雖無力能思擇廢立。而不安住自見取中。

석 이하는 두 번째로 신심을 낼 수 있음을 밝힌 것이다. 이 중에 세 가지가 있다. 처음은 자기 견취見取에 머물지 않고 신심을 낼 수 있음을 밝힌 것이다. 다음의 "이 경전에서" 이하는 신심을 내기 때문에 스스로 낮추면서 머문다는 것이다. 마지막 "이 경전을" 이하는 스스로 낮추기 때문에 능히 복덕과 지혜를 닦는다는 것이다.

釋曰。自下第二明能生信心。於中有三。初明不住自見能生信心。次於此經下。由生信心故。自輕而住。後於此經下。由自輕故。能修福智。

a. 자기 견취見取에 머물지 않고 신심을 낼 수 있음을 밝힘

전자 중에 세 가지가 있다. 처음에는 자기 견취에 머물지 않음을 밝혔고, 다음은 교를 듣고 믿음을 냄을 밝혔으며, 마지막에는 그 믿음의 상을 나타냈다.

前中有三。初明不住自見。次辨聞教生信。後顯其信相。

---

446 사택思擇한다는 것은 깊이 숙고하고 추리해서 어떤 것이 옳은지 그른지를 판단하는 것을 말한다. 이런 사유와 판단에 의거해서 어떤 이론을 정립하기도 하고 폐기하기도 하는데, 비록 이러한 능력은 없다 해도 성질이 질직한 사람은 자기 견해에 집착하지 않기 때문에 더 궁극적인 진리에 대한 신심을 낼 수 있다.

a) 자기 견취에 머물지 않음을 밝힘

이것은 처음에 해당한다.

'성질이 질직하다'는 것은 믿음을 말한다. 따라서 『유마경』에서는 "직심直心이 도량이다."[447]라고 하였으니, '직심'이라 한 것이 바로 신심이다. 『대지도론』에서 '불법의 바다에 믿음으로써 들어갈 수 있다'고 하였기 때문에,[448] 질직하다는 것이 바로 신심임을 알 수 있다.

이 말의 뜻을 설하자면, 성질이 질직하기 때문에 비록 지혜의 힘으로 성스런 가르침의 옳고 그름의 도리를 간택簡擇하지 못한다 해도 자기의 견취에 안주하지 않고 다시 더 나아가서 요의경을 구하기 때문에 이와 같이 그 밖의 불요의경에 대해 그 문자 그대로 집착을 내지 않는다는 것이다.

此卽初也。性質直者。謂卽是信。故維摩云。直心是道場。言直心者。卽是信心。智度論云。佛法海中。信能入故。故知質直卽是信心。此意說云。性質直故。雖無慧力。簡擇聖敎是非道理。而不安住自見所[1]中。更復進求了義經故。如是於餘不了義經。不如眞[2]文而生執著。

1) ㉰ '所'는 '取'인 듯하다. 2) 전후 문맥상 '眞'은 어색하다. '其'나 '言'의 오기로 간주하였다.

b) 교를 듣고 믿음을 냄을 밝힘

경 그는 만약 이와 같은 법을 듣고 나면, 나의 심오하고 비밀스런 언설에 대해 비록 여실하게 이해하는 능력은 없지만, 이 법에 대해 승해를 내고 청정한 믿음을 발한다.

---

447 『維摩詰所說經』 권1(T14, 542c15).
448 『大智度論』 권1(T25, 63a1)에는 "佛法大海。信爲能入。智爲能度。"라는 문장이 나온다.

彼若聽聞如是法已。於我甚深祕密言說。雖無力能如實解了。然於此法。能
生勝解。發淸淨信。

석 이하는 두 번째로 교법을 듣고 믿음을 냄을 밝힌 것이다. 그는 자기의 견취에 안주하지 않기 때문에, 그가 교법을 듣고 나면 비록 언설을 이해하는 능력은 없어도 이 교법에 대해 신심을 발한다.

釋曰。自下第二明聞教生信。由彼不住自見取故。彼聞法已。雖無力能解了
言說。然於此教。而發信心。

c) 그의 믿음의 상을 나타냄

경 '이 경전은 여래의 설로서 그것은 심오하고, 심오함을 현현했으며,[449] 공성空性과 상응하고, 보기 어렵고 깨닫기 어려우며, 심사尋思할 수 없는 것이고 모든 심사가 행해지는 경계가 아니니, 미세하고 자세히 아는 총명한 지혜를 가진 자가 이해할 수 있는 것'이라고 믿는다.

信此經典。是如來說。是其甚深。顯現甚深。空性相應。難見難悟。不可尋
思。非諸尋思所行境界。微細詳審聰明智者之所解了。

석 이하는 세 번째로 그의 믿음의 상을 나타낸 것이다. 말하자면 이 경전은 여섯 가지 의미를 갖추기 때문에 그 심오함을 믿는다는 것이다.
첫째 "이 경전은……믿는다.(信此經典)"[450]라고 했는데, 이 경전이 바로

---

449 '심오함을 현현했다'는 것은 심오한 이치를 은밀하게 설하지 않고 분명하게 드러내어 설했다는 말이다.
450 첫 번째 해석의 대상이 되는 경문은 "이 경전은 여래의 설로서 그것은 심오하고"에 해

부처님의 설이기 때문에 이것의 심오함을 믿는다는 것이다.

둘째 "심오함을 현현했으며"라고 했는데, 이 경전이 심오한 의미를 분명하게 현현했기 때문에 '심오함을 현현했다'고 하였다.

셋째 "공성과 상응하고"라고 했는데, 이 성스런 가르침은 공성을 언표한 것이기 때문에, 공空과 서로 일치하기(相稱) 때문에, '공성과 상응한다'고 하였다.

넷째 "보기 어렵고 깨닫기 어려우며"라고 한 것은, 이 경전이 범부들은 능히 보지 못하고 이승이 능히 깨닫지 못하는 것임을 말한다. 해 또는 범부와 이승이 모두 보지도 깨닫지도 못하기 때문에 '보기 어렵고 깨닫기 어렵다'고 한 것이다.

다섯째 "심사尋思할 수 없는 것이고……"라고 했는데, 이 성스런 가르침은 심사의 경계를 넘어섰기 때문에 심사할 수 없다는 것이다. '심사'는 곧 삼계의 유루의 심법·심소법을 가리킨다. 혹은 심사란 부정不定 심소 중에서 심尋·사伺 두 가지 법에 해당한다고 볼 수도 있다.⁴⁵¹

여섯째 "미세하고……"라 했는데, 말하자면 이 성스런 가르침은 지상보살地上菩薩처럼 미세하고 상세하게 아는 총명한 지혜를 가진 자가 이해할 수 있는 것이다.

釋曰。自下第三顯其信相。謂信此經。具六義故。是其甚深。一信此經典等者。謂信此經典等者。¹⁾ 謂信此經。是佛說故。是其甚深。二顯現甚深者。謂此經典。分明顯現甚深義。故名顯現甚深。三空性相應者。謂此聖教。詮空性故。與空相稱故。名空性相應。四難見難悟者。謂此經典。凡夫不能見。

당한다.
451 유식종에서는 회悔(惡作), 면면(睡眠), 심尋, 사伺 등의 네 종류 부정不定 심소법을 세운다. 이 심소법들은 선한 마음 혹은 오염된 마음에 모두 상응해서 일어날 수 있으므로 '부정'이라 하는데, 이 중의 심尋과 사伺를 통칭해서 심사尋思라고 했다는 말이다.

二乘不能悟。又解。凡夫二乘皆不見悟。故名難見難悟。五不可尋思等者。
謂此聖教。超尋思境故。不可尋思也。尋思。卽是三界有漏心心所法。或可
尋思。卽不定中尋伺二法。六微細等者。謂此聖教。他[2]上菩薩。微細詳審
聰明智者。所解了也。

---
1) ㉔ '謂信此經典等者'는 잉문인 듯하다.　2) ㉔ '他'는 '地'의 오기인 듯하다.

b. 신심을 낼 수 있기에 자기를 낮추면서 머묾

경 이 경전에서 설해진 의미에 대해 자기를 낮추어 머물면서 다음과 같이 말한다. 〈제불의 보리는 가장 심오하고, 제법의 법성 또한 가장 심오하니, 오직 불여래만이 잘 요달할 수 있는 것이지 우리들이 이해할 수 있는 것이 아니다.

於此經典所說義中。自輕而住。作如是言。諸佛菩提。爲最甚深。諸法法性。
亦最甚深。唯佛如來。能善了達。非是我等所能解了。

석 이하는 두 번째로 신심을 내기 때문에 자기를 낮추어 머문다는 것이다. 이 중에 두 가지가 있다. 처음은 설해진 바의 의미에 대해 자기를 낮추어 머무는 것이고, 나중은 교를 설하는 자에 대해 자기를 낮추어 머무는 것이다.

釋曰。自下第二由生信故。自輕而住。於中有二。初於所說義。自輕而住。
後於能說敎。自輕而住。

a) 설해진 바의 의미에 대해 자기를 낮추며 머묾

이것은 처음에 해당한다. 이 경에서 설해진 바의 의미에 대해 자기를 낮추면서 자기의 지혜로 능히 이해하지 못하므로 곧 다음과 같이 말한다.

〈제불이 가진 바의 보리를 능히 증득하는 진眞·속俗의 두 종류 지혜는 가장 심오하고, 증득된 바의 제법의 진·속의 두 종류 성품 또한 가장 심오하다. 파악되는 것(所取)과 파악하는 자(能取)라는 (이분의) 성질을 멀리 떠났기 때문에, 오직 불여래라야 요달할 수 있는 것이지 나의 조그만 지혜로 알 수 있는 것이 아니다.〉

예를 들면 『비바사론』에서 설하길, "제법의 성性·상相은 심오하고 미묘해서 오직 일체지一切智라야 다 궁구할 수 있다."[452]라고 하였다. 또 『승만경』에서는 "만약 선남자·선여인이 모든 심오한 법에 대해 스스로 알지 못한다면, 세존을 추앙하면서 '나의 경계는 아니고 오직 부처님만 알 수 있는 것'이라 한다."[453]라고 하였다. 이와 같은 말이 있는 교설들이 하나가 아니다.

此卽初也。於此經所說義中。自輕己智不能解了。便作是言。諸佛所有能證菩提眞俗二智。爲最甚深。所證諸法眞俗二性。亦最甚深。遠離所取能取性故。唯佛如來而能了達。非我少智之所能知。如婆沙說。諸法性相。甚深微妙。唯一切智。乃可窮[1]盡。又勝鬘云。若善男子。[2] 於諸深法。不自了知。仰推世尊。非我境界。唯佛所知。有如是等諸敎非一。

1) ㉥『阿毘曇毘婆沙論』권1(T28, 1b27)에 '可窮'이 '能究'로 되어 있다. 2) ㉥『勝鬘經』권1(T12, 222c23)에 '子' 뒤에 '善女人'이 있다.

b) 교를 설하는 자에 대해 자기를 낮추며 머묾

경 모든 불여래께서는 저 갖가지 승해를 가진 유정을 위해서 정법의 가르침을 굴리셨는데, 제불여래의 가없는 지견智見에 비하면 우리들의 지견은 마

---

452 『阿毘曇毘婆沙論』권1(T28, 1b26).
453 『勝鬘師子吼一乘大方便方廣經』권1(T12, 222c23).

치 소 발자국 같은 것이다.〉

諸佛如來。爲彼種種勝解有情。轉正法敎。諸佛如來無邊智見。我等智見。猶如牛跡。

석 이것은 두 번째로 교를 설하는 자에 대해 자기를 낮추면서 머문다는 것이다. 그런데 모든 여래는 거두어들이는 바의 유정의 의요意樂를 따라서 법의 가르침을 굴리시는데, 능히 설하는 자의 지혜는 무량무변하지만 우리들의 지견을 부처님의 지견에 비하면 마치 소 발자국을 큰 바다에 견주는 것과 같다.【『심밀해탈경』에서는 "모든 여래의 한량없는 지혜로 아시는 것은 마치 바다와 같은데, 우리의 지견은 소 발자국에 고인 물과 같다."⁴⁵⁴라고 하였다.】

釋曰。此卽第二約¹⁾能說敎。自輕而住。然諸如來。隨所攝受有情意樂。轉法敎。而能說智無量無邊。我等智見。比佛智見。猶如牛跡。等于大海【深密經云。諸²⁾如來無邊³⁾智慧所知如海。而我知見如牛跡水。】

1) ㉢ '約'은 '於'의 오기인 듯하다.   2) ㉠『深密解脫經』 권2(T16, 672a28)에 '諸' 앞에 '以'가 있다.   3) ㉠『深密解脫經』 권2(T16, 672a29)에 '邊'이 '量'으로 되어 있다.

c. 자기를 낮추기 때문에 복덕·지혜를 닦을 수 있음

경 이 경전을 비록 능히 공경하고, 남에게 설해 주며, 베껴 쓰고, 호지하며, 펼쳐 보고, 유포하며, 정성스럽게 공양하고, 수지독송하며, 다시 익힌다고 해도, 아직은 그런 수행의 모습으로 가행을 일으키지 못한다.

---

454 『深密解脫經』 권2(T16, 672a28).

如[1]此經典。雖能恭敬。爲他宣說。書寫。護持。披閱。流布。殷重供養。受誦。溫習。然由未能以其脩相發起加行。

1) ⑳『解深密經』권2(T16, 695c7)에 따르면, '如'는 '於'의 오기다.

석 이것은 세 번째로 자기를 낮추기 때문에 복덕·지혜를 생할 수 있다는 것이다. 이 중에 두 가지가 있다. 처음은 자기를 낮추기 때문에 아직 통달하지 못한다는 것이고, 나중은 아직 통달하지 못했기 때문에 다시 복덕·지혜를 닦는다는 것이다.

釋曰。此卽第三由自輕故。能生福智。於中有二。初由自輕故。未能通達。後未通達故。更脩福智。

a) 자기를 낮추기 때문에 아직 통달하지 못함
전자 중에 두 가지가 있다. 앞은 해석이고, 나중은 결론이다.

前中有二。先釋。後結。

(a) 해석
이것은 처음에 해당한다. 말하자면 저 보살은 자기를 낮추기 때문에 이 경전에 대해 공경하는 등 열 가지 법행法行을 일으키지만,[455] 아직 그런 수행의 모습으로는 복덕·지혜를 (쌓는) 두 종류 가행을 일으킬 수 없

---

[455] 십법행十法行은 경론마다 조금씩 차이가 난다. 위의 경문에 나온 십법행이란 ① 공경恭敬, ② 남에게 설해 주기(爲他宣說), ③ 베껴 쓰기(書寫), ④ 호지護持, ⑤ 펼쳐 보기(披閱), ⑥ 유포流布, ⑦ 정성스럽게 공양하기(殷重供養), ⑧ 수지독송(受誦), ⑨ 다시 익히기(溫習), ⑩ 가행을 일으키기(其脩相發起加行) 등으로 구분한 것이다. 이 중에서 ③ 베껴 쓰기(書寫)와 ④ 호지護持를 하나로 보기도 하고, 둘로 보기도 한다.

다는 것이다.

열 가지 법행에 대해 여러 교설이 같지 않다.

『대반야경』 제573권에 의하면, 다만 그 이름을 열거하고 해석하지는 않았다. 따라서 그 경에서는 다음과 같이 말한다. "부처님께서 아난타에게 말씀하셨다. '이 경을 수지하는 열 가지 법행이 있다. 첫째는 베껴 쓰는 것이고, 둘째는 공양하는 것이며, 셋째는 남에게 베푸는 것이고, 넷째는 자세히 듣는 것이며, 다섯째는 펼쳐 보는 것이고, 여섯째는 수지하는 것이며, 일곱째는 자세히 설하는 것이고, 여덟째는 풍송하는 것이며, 아홉째는 사유하는 것이고, 열째는 닦아 익히는 것이다.'"[456]

『대반야경』 제400권 및 제427권, 『장엄경론』 제13권, 『승천왕경』 제7권, 『무상의경』 제2권에서도 단지 이름만 나열하였다.

> 此卽初也。謂彼菩薩。以自輕故。於此經典。起恭敬等十種法行。然由未能以其俯相發起福智二種加行。十法行者。諸敎不同。依大般若五百七十三。但列其名。而不解釋。故彼經云。佛告阿難。[1] 受持此經。有十法行。一者書寫。二者供養。三者施他。四者諦聽。五者披讀。六者受持。七者廣說。八者諷誦。九者思惟。十者俯習。大般若第四百。及四百二十七。莊嚴論第十三。勝天王第七。無上依經第二。亦但列名。
>
> 1) ㉳『大般若經』권573(T7, 963a11)에 '難' 뒤에 '陀言'이 있다.

『유가사지론』 제74권, 『변중변론』 제3권, 『현양성교론』 제2권의 이와 같은 교에서 자세히 해석하였는데, 비록 전후의 차례는 같지 않지만 의미는 차이가 없다.

따라서 『현양성교론』에서는 다음과 같이 말한다.

---

456 『大般若波羅蜜多經』 권573(T7, 963a11).

첫째는 보살장의 법에 대해 많든 적든 간에 존중하고 공경하며 베껴서 지니는 법행이다.

둘째는 보잘것없든 훌륭하든 간에 모든 공양거리로 공양하는 법행이다.

셋째는 자기가 베껴 쓰고 나서 불쌍히 여기는 마음에서 남에게 베풀어 주는 법행이다.

넷째는 남이 뜻을 발하여 공경하고 존중하며 미묘한 음성으로 선양하고 펼쳐 읽으면, 종宗을 숭앙하는 것이므로 잘 들어 주는 법행이다.

다섯째는 청정한 신해를 발하여 공경하고 존중하는 마음으로 펼쳐 읽는 법행이다.

여섯째는 법수법행法隨法行[457]을 수습하고자 하여 스승에게 전수받고 나면 풍송하는 법행이다.

일곱째는 이미 풍송하고 나서는 굳게 간직하기 위해서 크고 묘한 음성으로 다시 익히는 법행이다.

여덟째는 남을 가엽게 여기기 때문에 그에게 전수해 주고 그가 자세함과 간략함 (중에 좋아하는 것을) 따라서 연설해 주는 법행이다.

아홉째는 홀로 한적한 곳에 처해서 극진히 잘 연구하고 이치에 맞게 관찰하고 사유하는 법행이다.

열째는 사유한 그대로 사마타와 비발사나를 수행하여 취입하려 하거나 내지는 구하려 했던 모든 의미들이 성취되도록 하려는 법행이다.[458]

『장엄경론』 제13권은 이와는 조금 차이가 나는데, 따라서 그 논에서는 다음과 같이 말한다. "첫째는 베껴 쓰기(書寫), 둘째는 공양供養, 셋째는 유

---

457 법수법행法隨法行 : 보살이 설법하여 중생들로 하여금 여법하게 행하게 하고, 법에 수순해서 어긋남이 없이 수승한 행을 닦는 것을 말한다. 보살은 스스로 경전을 펼쳐 보고 잘 결택하고 사유하는데, 이로 인해 법에 맞게 잘 수행하는 것이다.
458 『顯揚聖敎論』 권2(T31, 491a14).

전류전傳流傳, 넷째는 듣고 받아들이기(聽受), 다섯째는 전독轉讀,[459] 여섯째는 남에게 가르쳐 주기(敎他), 일곱째는 익히고 암송하기(習誦), 여덟째는 해설解說, 아홉째는 사택思擇, 열째는 수습修習이다."[460]

해 저 논(『장엄경론』)이 『현양성교론』과 같지 않은 점은, 『현양성교론』 등에 나온 여섯 번째 '풍송諷誦하기'와 일곱 번째 '다시 익히기(溫習)'를 합해서 '익히고 암송하기(習誦)'라고 하고 일곱 번째로 삼았고, 다시 '남에게 가르쳐 주기(敎他)'를 추가하여 여섯 번째로 삼았는데, 그 밖의 교에는 모두 이런 내용이 없다. 그런데 저 논의 뜻을 말하자면, 남에게 간략히 설해 주는 것을 '남에게 가르쳐 주기'라 하고, 남에게 자세히 설해 주는 것을 '해설'이라 한다는 것이다. 그 밖의 교의 뜻을 말하자면, 간략하든 자세하든 모두 남에게 설해 주는 것이므로 합해서 하나로 삼는다는 것이다. 따라서 서로 어긋나는 것은 아니다.

瑜伽七十四。辨中邊論第三。顯揚第二。如是等敎廣釋。雖有前後次第不同。而義無異。故顯揚云。一於菩薩藏法。若多若少。尊重恭敬。書持法行。二若劣若勝。諸供養具。供養法行。三若自書已。由矜愍心。施他法行。四若他發意。恭敬尊重。以微妙聲。宣揚闡讚。[1] 由宗仰故。諦聽法行。五發淨信解。恭敬重心。披讚[2]法行。六爲欲脩習法隨法行。從師受已。諷誦法行。七現[3]諷誦已。[4] 爲堅持故。以廣妙音。溫習法行。八悲愍他故。傳授與彼。隨其廣略。開演法行。九獨處閑靜。極善硏尋。稱理觀察。思惟法行。十如所思惟。修行奢摩他毘鉢舍那。爲欲起[5]入。乃至爲令諸所求義成就法行。莊嚴十三。與此稍異。故彼論云。一書寫。二供養。三流傳。四聽受。五轉讀。

---

[459] 전독轉讀: 경전을 읽는 방법 중의 하나로 경문의 글자를 낱낱이 읽는 것이 아니라 권마다 처음·중간·마지막의 몇 줄씩만 읽고 나머지는 책장만 넘기는 것을 말한다. 혹은 기원 등을 할 때 많은 경전을 읽으며 넘기는 것을 말한다.
[460] 『大乘莊嚴經論』 권13(T31, 659c13).

六教他。七習誦。八解說。九思擇。十脩習。解云。彼論與顯揚義不同者。於顯揚等。第六諷誦。第七溫習。合爲習誦。以爲第七。更加敎他。卽爲第六。於餘敎中。皆無此義。然彼論意。爲他略說。名爲敎他。名⁶⁾他廣說。名爲解說。餘敎意者。若略若廣。皆爲他說。卽合爲一。故不相違。

1) ㉔『顯揚聖敎論』 권2(T31, 491a18)에 따르면, '讚'은 '讀'의 오기다. 2) ㉔『顯揚聖敎論』 권2(T31, 491a19)에 따르면, '讚'은 '讀'의 오기다. 3) ㉔『顯揚聖敎論』 권2(T31, 491a20)에 따르면, '現'은 '旣'의 오기다. 4) ㉔『顯揚聖敎論』 권2(T31, 491a20)에 따르면, '己'는 '已'의 오기다. 5) ㉔『顯揚聖敎論』 권2(T31, 491a24)에 따르면, '起'는 '趣'의 오기다. 6) ㉔ '名'은 '爲'의 오기인 듯하다.

지금 이『해심밀경』에 의하면 또한『대반야경』과 동일하게 열 가지 법행을 갖추고 있지만, 이 경문에는 그 일곱 가지가 있다. 첫째 남에게 설해 주는 것(爲他宣說)은 (『대반야경』의) '자세히 설하기(廣說)'에 해당한다. 둘째 베껴 쓰고 호지하기(書寫護持)는 '베껴 쓰기(書寫)'에 해당한다. 혹은 '호지'가 하나의 법행이라 할 수 있다. 셋째 펼쳐 보기(披閱)는 '펼쳐 읽기(披讀)'에 해당한다. 넷째 유포流布는 '남에게 베풀기(施他)'에 해당한다. 다섯째 정성스럽게 공양하기(殷重供養)는 '공양供養'에 해당한다. 여섯째 수지독송하기(受誦)는 '풍송諷誦'에 해당하거나 혹은 '수지受持'에 해당한다. 일곱째 다시 익히기(溫習)는 '수지'에 해당하거나 혹은 '풍송'에 해당한다. 그런데 청문聽聞(諦聽)과 사유思惟와 수습修習에 해당하는 것은 없다.⁴⁶¹

이 품의 뒤 경문에는 여덟 종류가 갖추어져 있다. 첫째는 듣고 나서 신해하는 것이고, 둘째는 베껴 쓰고 호지하는 것이며, 셋째는 공양하는 것이고, 넷째는 유포하는 것이며, 다섯째는 수지독송하는 것이고, 여섯째

---

461 이상은『解深密經』에 나온 법행을『大般若經』에 나온 열 종류 법행, 즉 서사書寫, 공양供養, 시타施他, 체청諦聽, 피독披讀, 수지受持, 광설廣說, 풍송諷誦, 사유思惟, 수습脩習과 비교한 것이다.『解深密經』에는『大般若經』에서 언급했던 '체청과 사유와 수습'에 해당하는 항목이 없다.

는 다시 익히는 것이며, 일곱째는 이치에 맞게 사유하는 것이고, 여덟째는 그런 수행의 상으로 가행을 일으키는 것이다.⁴⁶² 그런데 '자세하게 설하기, 펼쳐 읽기' 두 종류는 없다. 예를 들어 뒤의 일곱 번째「지바라밀다품」에서는 다만 '열 종류 법행'이라고만 하고 이름을 인용하지 않는다.⁴⁶³

『대지도론』 제56권에는 (열 종류를) 구족해서 말하지 않았지만, 간략하게 그 모습을 해석하였다.

『유가사지론』에 의하면 이 열 가지 법행은 세 가지 도道를 낼 수 있다. 따라서 제74권에서 다음과 같이 말한다. "문 이와 같은 열 종류 법행은 몇 개가 광대한 복덕을 낼 수 있는 도인가? 답 모든 것이다. 문 몇 개가 가행도인가? 답 한 개다. 아홉 번째를 말한다.⁴⁶⁴ 문 몇 개가 장애를 청정하게 하는 도인가? 답 한 개다. 열 번째를 말한다.⁴⁶⁵" ⁴⁶⁶

자세하게 분별하면 양梁『섭대승론석』제10권, 구역『중변분별론』제2권, 신역『변중변론』제3권, 『유가사지론』제74권과 같다.

今依此經。亦同般若。俱十法行。然此文中。有其七種。一爲他宣說。卽是廣說。二書寫護持。卽是書寫。或可護持。卽是一行。三者披聞。¹⁾ 卽是披讀。

---

462 『解深密經』권2(T16, 697b12).
463 『解深密經』권4「地波羅蜜多品」(T16, 705a22)에서 "善男子。由五種相應當修學。一者。最初於菩薩藏波羅蜜多相應微妙正法教中。猛利信解。二者。次於十種法行。以聞思修所成妙智。精進修行。三者。隨護菩提之心。四者。親近眞善知識。五者。無間勤修善品。"이라고 했던 것을 말한다.
464 『瑜伽師地論』권74(T30, 706c23)에서는 "何等爲十。謂於大乘相應菩薩藏攝契經等法。① 書持。② 供養。③ 惠施於他。④ 若他正說。恭敬聽聞。⑤ 或自翫讀。⑥ 或復領受。⑦ 受已廣音而爲諷誦。⑧ 或復爲他廣說開示。⑨ 獨處空閑。思量觀察。⑩ 隨入修相。"이라고 하였다. 여기서 말한 '아홉 번째 법행'이란 홀로 한적한 곳에 처해서 사량하고 관찰하는 것이다.
465 '열 번째 법행'이란『瑜伽師地論』에서 '隨入修相'이라 한 것을 말한다. 즉 이전에 사량하고 관찰했던 그대로 지·관을 수행하는 것이다.
466 『瑜伽師地論』권74(T30, 706c27).

四者流布。卽是施他。五殷重供養。此卽供養。六者受誦。卽是諷誦。或是受持。七者溫習。是卽受持。或是諷誦。而無聽聞思惟脩習。此品下文。具有其八種。一聞已信解。二書寫護持。三供養。四流布。五受誦。六溫習。七如理思惟。八以其脩相發起加行。而無廣說披讀二種。如下第七地波羅蜜多品中。但云十種法行。而不引名。智度論五十六。雖不具足。略釋其相。依瑜伽論。此十法行。能生三道。故七十四云。問。如是十種法行。幾是能生廣大福德道。答一切。問。幾是加行道。答一。謂第九。問。幾是淨障道。答一。謂第十。若廣分別。如梁攝論第十。舊中邊第二。新中邊第三。瑜伽七十四。

1) ㉠ 앞의 경문에 준해 보면, '聞'은 '閱'의 오기다.

(b) 결론

경 그러므로 나의 심오한 밀의로 설해진 언사에 대해 통달하지 못한다.

是故於我甚深密意所說言辭。不能通達。

석 이것은 두 번째로 결론지은 것이다. 그는 아직 가행을 일으키지 못하기 때문에 나의 심오한 (밀의로) 설했던 바의 언사를 능히 통달하지 못한다.

釋曰。此第二結。由彼未能起加行故。於我甚深所說言辭。不能通達。

b) 아직 통달하지 못하기 때문에 다시 복덕·지혜를 닦음

경 이런 인연으로 인해, 저 유정들은 또한 복덕·지혜 두 종류 자량을 증장시킬 수 있으니, 후상속^{467}에서는 아직 성숙하지 못한 자도 또한 성숙할 수 있다.

由此因緣。彼諸有情。亦能增長福德智慧二種資糧。於後$^{1)}$相續。未成熟者。亦能成熟。

1) ㊅『解深密經』권2(T16, 695c11)에 '後'가 '彼'로 되어 있으나, 교감주에 따르면 '後'로 된 판본도 있다. 이하 원측의 해석에 준해 보면, '後'가 바른 듯하다.

석 이것은 두 번째로 아직 통달하지 못했기 때문에 다시 복덕과 지혜를 닦는 것이다. 말하자면 이 보살은 아직 두 가지 가행을 수습할 수 없기 때문에 밀의의 언사에 통달할 수 없지만, 이 열 종류 행의 인연의 힘으로 인해 다시 복덕·지혜 두 종류 자량을 수습할 수 있으니, 후신後身에서는 아직 성숙되지 않았던 것들을 모두 성숙시킬 수 있다는 것이다.

지금 '성숙'이라 한 것은 하나하나의 지위에서 닦았던 바가 구족되는 것을 '성숙'이라 한 것이지, 다섯 가지 사事가 상속하여 성숙한다는 말은 아니다.^{468} 혹은 남을 이롭게 하여 남이 성숙하도록 하는 것이라 할 수 있다.

또 "이런 인연으로 인해……"라고 했는데, '믿음을 냄'을 밝힌 곳에서 경문을 두 가지로 구별하였다. 처음에는 믿음을 내는 것을 자세히 해석하고, 나중에는 믿음의 작용에 대해 총결짓는다. 이상으로 믿음을 내는 것을 자세히 해석하였으니, 이것은 두 번째인 총결에 해당함을 알 수 있다.

---

467 후상속後相續 : 상속相續이란 소의신所依身을 말하고, '후상속'이란 이후로 상속하는 몸 즉 '후신後身'을 말한다.

468 이전 경문에서 말했던 것처럼 '신해信解'를 낼 수 있기 위해서는 상품의 선근을 심거나 모든 장애를 청정하게 하는 등의 다섯 가지 일이 갖추어져야 한다. 지금 이 경문에서 말한 '성숙'이란 그런 다섯 가지 일들이 점점 성취된다는 말이 아니라, 그것들이 갖추어진 다음에 본격적인 수행에 들어선 이후에 각 수행의 지위에서 닦았던 것들이 성취되는 것을 말한다.

釋曰。此卽第二未通達故。更修福智。謂此菩薩。未能修習二加行故。不能通達密意言辭。由此十行因緣力故。便能修習福德智慧二種資粮。於後身中。所未成熟。皆能成熟。今言成熟。於一一位所修具足。名爲成熟。非五事相續成熟。或可利他令他成熟。又云由此因緣等者。熟[1]生信中。文別有二。初廣釋生信。後總結信用。上來廣釋生信。此卽第二總結可知。

1) ㉑ '熟'은 '就'의 오기인 듯하다.

(다) 믿음을 내지만 언설을 따라 집착하는 사람

경 만약 유정들 중에……중간 생략……아직 상품의 복덕·지혜의 자량을 쌓아 모으지 못한 자가 성질이 질직하지 않다면, 질직하지 않은 부류는 비록 사택하여 폐하거나 건립하는 능력은 있어도 다시 자기의 견취에 안주하게 된다.

若諸有情。廣說乃至。未能積集上品福德智慧資粮。性非質直。非質直類。雖有力能思擇廢立。而復安住自見取中。

석 이하는 세 번째로 믿음을 내지만 언설을 따라 집착하는 사람을 밝힌 것이다. 이 중에 두 가지가 있다. 처음은 스승의 계탁을 밝힌 것이고, 나중은 제자의 (계탁을) 밝힌 것이다.

釋曰。自下第三生信隨言執著人。於中有二。初明師計。後辨弟子。

㉮ 스승의 계탁을 밝힘

전자 중에 두 가지가 있다. 처음에는 이전 사람과 대비해서 차이를 설명하였고, 나중에는 언설 그대로 집착을 일으킴을 밝혔다.

前中有二。初對前辨異。後明如言起執。

a. 이전 사람과 대비해서 차이를 설명함

이것은 처음에 해당한다. 경문에 네 개의 구절이 있다. 첫째는 다섯 가지 사事가 있는가 없는가, 둘째는 (성질이) 질직한가 질직하지 않은가, 셋째는 (사택하는) 능력이 있는가 능력이 없는가, 넷째는 자기의 견취에 안주하는가 안주하지 않는가를 (밝힌 것이다.)

"……중간 생략……"이라 했는데, 이 경문을 해석하자면 본래 네 가지 설이 있다.⁴⁶⁹

한편에서는 다음과 같이 말한다. 〈이 경문에서는 오직 다섯 가지 사를 전부 결여한 자만 다룬 것이다. 따라서 『심밀해탈경』에서는 '선근을 심지 않고……중간 생략……복덕과 지혜를 성취할 수 없는 자'라고 하였다.⁴⁷⁰ 그런데 네 번째 사람과 차이점이 있으니, 여기서 (말한 사람은) '법을 믿지만 의미를 믿지 않는 자'이고, 네 번째 사람은 법과 의미를 모두 믿지 않

---

469 위의 경문은 '오사五事를 구족하지 않았지만 믿음을 내는 자'를 총괄해서 말한 것이다. '오사를 갖춘 자'란 이전 경문에서 제시되었듯 "유정들 중에 ① 이미 상품의 선근을 심었고, ② 이미 모든 장애를 청정하게 했으며, ③ 이미 상속을 성숙시켰고, ④ 이미 승해를 많이 닦았으며, ⑤ 이미 상품의 복덕·지혜의 자량을 쌓은 자"이다. 그런데 지금 이 경문에서는 "유정들 중에……중간 생략……아직 상품의 복덕·지혜의 자량을 쌓아 모으지 못한 자"라고 하였는데, 이처럼 앞의 네 가지 사事에 대한 문구를 "중간 생략(廣說乃至)"으로 처리함으로써 여러 가지 해석을 낳게 되었다. 말하자면 오사 중에 '아직 상품의 복덕·지혜의 자량을 쌓는 일'을 성취하지 못한 것은 분명한데, 그 밖의 네 가지 사의 유무有無를 기준으로 여러 부류가 있을 수 있다. 가령 다섯 번째를 제외하고 나머지 네 가지 사를 모두 갖춘 사람, 세 가지만 갖춘 사람, 두 가지만 갖춘 사람, 한 가지만 갖춘 사람, 그리고 네 가지를 모두 다 결여한 사람(즉 오사를 전혀 갖추지 못한 사람) 등이 있을 수 있다. 따라서 이 경문의 해석에서 여러 가지 이설異說들이 생겨난 것이다.
470 『深密解脫經』권2(T16, 671b13)의 원문은 다음과 같다. "隨所有眾生。不種善根。不能清淨一切罪業。不能成就諸善根力。不多信法。不集功德智慧之業。我爲彼說諸法不生。"

는 자이다.⁴⁷¹⟩

한편에서는 다음과 같이 말한다. ⟨이 경문에는 모두 세 종류 사람이 있다. 첫째는 처음의 하나만 있고 네 개는 결여된 자이고, 둘째는 처음의 두 개는 있지만 세 개는 결여된 자이며, 셋째는 처음의 세 개는 있지만 두 개는 결여된 자이다.⟩

한편에서는 다음과 같이 말한다. ⟨이 경문에는 모두 네 종류 사람이 있으니, 앞의 세 종류에다 다시 '처음의 네 개는 있지만 하나는 결여된 자'를 더한 것이다. 그런데 두 번째 사람과 차이점이 있다. 저 두 번째 사람은 그 성질이 질직한 자이지만 이 세 번째 사람은 성질이 질직하지 않은 자이다.⁴⁷²⟩

한편에서는 다음과 같이 말한다. ⟨이 경문에는 모두 다섯 종류 사람이 있으니, 이전의 네 종류에다 다시 '다섯 가지 사를 모두 결여한 자'를 추가한 것이다. 그런데 두 번째 사람과 네 번째 사람과는 차이가 있으니, 이전에 준해서 해석해야 한다.⁴⁷³⟩

비록 네 가지 해석이 있지만 네 번째 것이 바르니, 문맥에 잘 맞기 때문이다.

此卽初也。文有四卽。¹⁾ 一五事有無。二質非質直。三有力無力。四安立²⁾不

---

471 이 경문에서 말한 세 번째 사람((다) 믿음을 내지만 언설을 따라 집착하는 사람)과 다음 경문에서 말한 네 번째 사람((라) 오사가 전부 없고 믿지도 않는 사람)의 차이를 법法과 의義의 차원에서 구분하였다. 언어 자체로서의 '교법(法)'과 그 언어에 의해 나타내려 했던 '의미(義)'를 구분해서 논했을 때, 세 번째 사람은 교법은 믿어도 그 진정한 의미를 모르는 자이고, 네 번째 사람은 법과 의미를 모두 믿지 않는 자이다.

472 이전 경문에서 말한 두 번째 사람((나) 다섯 가지 사를 구족하지는 못했지만 믿을 수 있는 사람)과 이 경문에서 말한 세 번째 사람((다) 믿음을 내지만 언설을 따라 집착하는 사람)은 모두 오사五事를 다 갖추지는 못한 사람들로서 교법을 신해信解하는 자들인데, 둘 간의 결정적 차이는 그 성질이 질직質直한가 아닌가 하는 것이다.

473 이 경문에 나온 세 번째 사람을 앞의 두 번째 사람과 뒤의 네 번째 사람과 비교했을 때 차이점은, 이전의 첫 번째 해석과 세 번째 해석에 준해서 알아야 한다는 말이다.

安立*自見取中。言廣說等者。然釋此文。自有四說。一云。此中唯取總闕五事。故深密云。不種善根。乃至不能成就福智。然與第四。有差別云。此中信法不信義。第四法義俱不信也。一云。此中總有三人。一有初一闕四。二有初二闕三。三有初三闕二。一云。此中總有四人。於前三中。更加有初四闕一。而與第二異者。彼第二人。其性質直。此第三人。性非質直。一云。此中總有五人。於前四中。更加五事俱闕。而與第二第四人異。准前應釋。雖有四釋。第四爲正。順文相故。

1) ㉠ '卽'은 '節'의 오기다. 2) ㉡ 경문과 대조해볼 때 '立'은 '住'의 오기인 듯하다. 이하도 동일하다.

"다시 자기의 견취에 안주하게 된다."라고 한 것은 다시 더 나아가 요의了義의 대승을 구하지 않고 항상 언설 그대로의 불요의不了義의 교에 집착하기 때문이다.

따라서 『잡집론』 제12권에서는 다음과 같이 말한다.

(문) 다시 어떤 인연으로 일부의 중생은 방광분方廣分[474]의 광대하고 심오한 (교법에) 대해 비록 승해勝解를 내면서도 출리出離할 수 없는가?

(답) 깊이 자기의 견취에 안주하기 때문이고, 항상 언설 그대로의 의미에 굳게 집착하기 때문이다. 깊이 자기의 견취에 안주하는 자는 다시 진전하여 요의경了義經을 구하지 않기 때문이다. 항상 언설 그대로 의미에 굳게 집착하는 자는 항상 굳게 불요의경不了義經에 집착하기 때문이다. 예를 들어 '모든 법은 필경 자성이 없다'는 말을 들었기 때문에 곧 일체 제법의 성性과 상相이 다 있는 바가 없다고 부정해 버리는 것처럼, 이와 같이 그 밖의 불요의경에 대해 언설 그대로의 의미에 굳게 집착하는 것

---

[474] 방광분方廣分 : 십이분교十二分敎 중에서 방광方廣(Ⓢ vaipulya)을 가리키며, 특히 광대하고 심오한 교의를 설한 부분을 말한다.

도 그러하다. 그러므로 비록 대승을 믿으면서도 출리할 수 없다. 대승경은 갖가지 의취에서 설해진 것이기 때문이다.⁴⁷⁵

言而復安住自見取中者。更不進求了義大乘。恒執如言不了教故。故雜集論第十二云。復次。何緣一分衆生。於方廣分廣大甚深。雖生信¹⁾解。而不得出離耶。答。²⁾由深安住自見取故。常堅執著如言義故。由³⁾深安住自見取者。更不進求了義經故。常堅執著如言義者。恒堅封執不了義經故。如聞一切法畢竟無自性言故。便撥一切諸法性相皆無所有。如是於餘不了義經。堅執如言義亦爾。是故雖信大乘。而不得出離。以大乘經由種種意說故。

1) ㉚『雜集論』 권12(T31, 751a8)에 따르면, '信'은 '勝'의 오기다.   2) ㉚『雜集論』 권12(T31, 751a8)에 '答'이 없다.   3) ㉚『雜集論』 권12(T31, 751a9)에 '由'가 없다.

b. 언설 그대로 집착을 일으킴을 밝힘

경 그는 이와 같은 법을 청문하고 나면, 나의 심오한 밀의의 언설에 대해 여실하게 이해하지 못한다.

彼若聽聞如是法已。於我甚深密意言說。不能如實解了。

석 이하는 두 번째로 언설 그대로 집착을 일으킨다는 것이다. 이 중에 두 가지가 있다. 처음에는 언설 그대로 집착함을 밝혔고, 나중의 "이런 (인연으로) 인해" 이하에서는 집착의 과실을 나타냈다.

釋曰。自下第二如言起執。於中有二。初明如言執。後由此已下。顯執過失。

---

475 『雜集論』 권12(T31, 751a7).

a) 언설 그대로 집착을 일으킴을 밝힘

전자 중에 두 가지가 있다. 처음은 듣고서도 알지 못한다는 것이고, 나중은 믿으면서도 집착한다는 것이다.

前中有二。初聞而不了。後信而執著。

(a) 듣고서도 알지 못함

이것은 처음에 해당한다. 말하자면 저 보살은 이 교를 듣고 나면 성질이 질직하지 않아서 자기 견취에 안주하기 때문에 나의 심오한 밀의의 교에서 여실하게 밀의의 언어를 이해할 수 없다는 것이다.

此卽初也。謂彼菩薩。聞此敎已。性非質直。住自見故。於我甚深密意敎中。不能如實解了密言。

(b) 믿으면서도 집착함

경 이와 같은 법에 대해 신해를 내기는 하지만 그 의미에 대해 언설을 따라 집착하면서,

於如是法。雖生信解。然於其義。隨言執著。

석 두 번째는 믿으면서도 집착한다는 것이다. 이 중에 두 가지가 있다. 처음은 집착함을 바로 밝힌 것이고, 나중은 집착의 상을 나타낸 것이다.

釋曰。第二信而執著。於中有二。初正明執著。後顯執著相。

ⓐ 집착함을 바로 밝힘

이것은 처음에 해당한다. 밀의의 교에 대해 비록 신해를 내기는 하지만, 알지 못하기 때문에 언설 그대로 집착한다는 것이다.

此即初也。於密意敎。雖生信解。由不了故。如言執著。

ⓑ 집착의 상을 나타냄

경 '모든 법은 결정코 다 자성이 없고, 결정코 생함도 없고 멸함도 없으며, 결정코 본래 적정하고, 결정코 자성열반이다'라고 말한다.

謂一切法。決定皆無自性。決定不生不滅。決定本來寂靜。決定自性涅槃。

석 이것은 두 번째로 집착의 상을 나타낸 것이다.
진실한 도리에 의거하면 이 경문 중에 네 구가 있다. 첫째로 '모든 법은 다 자성이 없다'고 했는데, 앞의 경문에 준해 보면 통틀어 세 종류 무자성에 의거해서 설하였고, (삼무성은) 삼성을 자성으로 삼는 것이다. 둘째 생함이 없고 멸함도 없으며, 셋째 본래 적정하고, 넷째 자성열반이라고 했는데, 이 세 구는 앞의 경문에 준해 보면 오직 두 종류 무자성성, 즉 상무자성성과 승의무자성성에 의거해서 (설하였다.)[476]

---

[476] 이전의 「一切法相品」에서는 '일체법一切法'이라고 통칭된 법들을 크게 변계소집성遍計所執性과 의타기성依他起性과 원성실성圓成實性 등 세 가지 차원으로 구분하였다. 다시 이 「無自性相品」에서는 그 삼성에 의거해서 상무성相無性과 생무성生無性과 승의무성勝義無性 등 세 종류 무성을 건립하였다. 이 세 종류 무성에 의거해서, 제2시時에 설했던 "① 一切諸法皆無自性. ② 無生無滅。本來寂靜。自性涅槃。"이라는 교의 밀의密意를 구체적으로 해석한다. 이를 통해 '자성 없음'이라는 말의 의미는 변계소집성의 상무성, 의타기성의 생무성, 원성실성의 승의무성이라는 세 가지 차원에서 이해되

『광백론』 등에 의하면 네 구는 모두 처음의 무성에 의거해서 설한 것이고, 『집론』과 『잡집론』에 의하면 네 구는 모두 통틀어 삼무성에 의거해서 설한 것이니, 이전에 분별했던 것과 같다.[477]

그래서 부처님은 밀의密意로 불요의의 교에서 단지 '모든 법은 다 자성이 없다', 내지는 다시 '자성 열반이다'라고 설하셨다. 그런데 저 자기의 견취에 안주하는 사람은 여래의 비밀스런 의취를 이해하지 못하기 때문에 비록 신해를 내기는 해도 언설 그대로 집착을 일으켜서 '모든 법은 결정코 자성이 없다', 내지는 '결정코 자성열반이다'라고 말한다.

釋曰。此卽第二顯執著相。據實道理。於此經中。有其四句。一一[1)]諸法。皆無自性。准上經文。通約三種無自性說。卽用三性。以爲自性。二無生無滅。三本來寂靜。四自性涅槃。此之三句。准上經文。唯約二種無自性性。謂相

어야 한다. 원측에 따르면, 대승 경론에서 '자성 없음'을 설할 때는 이 세 종류 무성을 모두 갖추어 설하기도 하지만 그렇지 않은 경우도 있다. 이 『解深密經』「無自性相品」의 경우, 첫 번째 구(①)의 뜻에 대해서는 세 종류 무성에 모두 의거해서 설하였고, 두 번째 구(②)의 뜻에 대해서는 변계소집성遍計所執性의 상무성相無性과 원성실성圓成實性의 승의무성勝義無性 두 가지에 의거해서 설명하였다. 자세한 것은 p.97 '가. 삼무성에 의거해서 일체법개무자성一切法皆無自性을 해석함' 참조.

[477] 이전의 문답에서 원측은 소승·대승이 공통으로 설하는 무성의 뜻과 대승에서만 설하는 무성의 특수한 뜻을 자세히 설명하였다. 그에 따르면, 대승의 여러 경론들에서는 무성無性·공空을 설할 때 통틀어 삼무성에 의거해서 자세히 설한 경우도 있지만 때로는 두 종류 무성이나 한 종류 무성에 의거해서 설한 경우도 있는데, 삼무성을 갖추어 설하든 그렇지 않은 간에 반드시 상무성相無性을 설한다는 것이 특징이다. 그 중에서 오직 '상무성'에 의거해서 '무자성'의 뜻을 설한 대표적 사례가 바로 『廣百論釋論』 권10(T30, 248a19)에서 "부처님께서 스스로 판정하시길, '나는 변계소집자성에 의거하여 그 밖의 경에서 모든 법은 다 자성이 없고 생함도 없고 멸함도 없으며 본래 적정하여 자성열반이다'라고 설했다고 하셨다."라고 한 것이다. 또 『雜集論』 권12(T31, 752a8) 등에서는 모두 세 종류 무성에 의거해서 해석하고 나서, "이런 도리를 따르기 때문에 여래께서 '모든 법은 다 자성이 없다'라고 설한 것이지, 모든 종류의 성性과 상相이 다 없다는 뜻에서 '자성 없음'을 설한 것은 아니다."라고 하였다. 자세한 것은 p.131 'b. 모든 잡염과 상응하지 않는다는 이유로써 본래적정本來寂靜·자성열반自性涅槃이 성립함을 해석함' 참조.

自性性。勝義無自性性。依廣百論等。四句總依初無性說。集論雜集。四句
皆通三無性說。如前分別。然佛密意不了教中。但言諸法皆無自性。乃至復
云。自性涅槃。然彼安住自見取人。不解如來密意趣故。雖生信解。如言起
執。謂一切法決定無性。乃至決定自性涅槃。

1) ㉑ '一' 뒤에 '切'가 탈락된 듯하다.

그런데 저 집착하는 사람에 대해 여러 교설이 같지 않다.

『대지도론』 제18권에 의하면 세 종류 사견邪見이 있다. 첫째는 과과를 깨뜨리지만 인因을 깨뜨리지 않는 것이고, 둘째는 인·과를 모두 깨뜨리지만 일체법을 깨뜨리지는 않는 것이며, 셋째는 일체법을 깨뜨리면서 모두 없다고 하는 것이다. 곧 세 번째에 의거하는 자는 악취인惡取人(나쁜 사견을 취하는 사람)이다.[478] 자세한 것은 그 논에서 설한 것과 같다.

『승만경』에서는 (그런 자들을 가리켜) '모든 외도를 익히는 자(習諸外道)'라고 설하였다.[479]

『집론』 제6권과 『잡집론』 제12권에 의하면, 모두 "만약 여러 보살들이 언설을 따라서 의미를 취한다면, (이는) 정리正理에 맞게 법을 사택하는 것은 아니기 때문이다."[480]라고 하였으니, 자세한 것은 그 논의 해석과 같다.

지금 이 경에 의하면, (그런 자들을) 단지 '유정'이라고만 하고 또한 '보살'이나 '외도'라고 말하지 않았지만, 의미에 준해 보면 『집론』 등의 설과

---

[478] '과과를 깨뜨린다'는 것은 죄罪와 복福의 과보를 부정하는 경우이고, '인因을 깨뜨린다'는 것은 그 과보를 내는 인연으로서의 죄와 복 자체를 부정하는 경우다. '일체법을 깨뜨린다'는 것은 가령 사견을 가진 자가 '진짜 공하여 아무 것도 없다'는 희론을 일으키는 것을 말한다. 이에 대한 자세한 설명은 『大智度論』 권18(T25, 193c21) 참조.

[479] 『勝鬘師子吼一乘大方便方廣經』 권1(T12, 222c28)에서 "諸餘衆生。於諸甚深法。堅著妄說。違背正法。習諸外道。腐敗種子者。當以王力。及天龍鬼神力。而調伏之。"라고 한 것을 말한다.

[480] 『集論』 권6(T31, 687c20), 『雜集論』 권12(T31, 751a15).

동일하다. 비록 (오사 중에) 다섯 번째 복덕·지혜의 자량을 결여했지만 앞의 네 가지 '선근' 등을 갖추었기 때문이다.

> 然彼執人。諸敎不同。依智度論第十八卷。有三邪見。一破果不破因。二因果俱破。不破一切法。三破一切法皆無所有。卽依第三。是惡取人。廣如彼說。依勝鬘經。卽說名爲習諸外道。若依集論第六雜集十二。皆言若諸菩薩隨言取義。不如正理思擇法故。廣如彼釋。今依此經。但言有情。亦不說名菩薩外道。准義卽同集論等說。雖闕第五福智資粮。而具前四善根等故。

b) 집착의 과실을 나타냄

경 이런 인연으로 인해, 모든 법에서 **무견과 무상견**을 획득한다.

> 由此因緣。於一切法。獲得無見及無相見。

석 이하는 두 번째로 집착의 과실을 나타낸 것이다. 이 중에 두 가지가 있다. 처음은 집착의 과실을 바로 나타낸 것이고, 나중의 "비록(雖於)" 이하는 숨겨진 비난(伏難)을 해석해서 회통시킨 것이다.

> 釋曰。自下第二顯執過失。於中有二。初正顯執失。後雖於下。釋通伏難。

(a) 집착의 과실을 바로 나타냄

전자 중에 다섯 가지가 있다. 첫째는 두 가지 과실을 간략히 표명한 것이다. 둘째 "(무견과 무상견을) 얻음에 따라" 이하는 두 가지 과실의 상을 밝힌 것이다. 셋째는 외인이 따져 물은 것이다. 넷째는 따져 물은 것에 의거하여 자세히 해석한 것이다. 다섯째는 해석하고 나서 총결지은 것이다.

前中有五。一略標二失。二由得下。辨二失相。三外人徵詰。四依徵廣釋。
五釋已總結。

ⓐ 두 가지 과실을 간략히 표명함

이것은 처음에 해당한다.

이 집착이 인연이 되기 때문에 모든 법에 대해 두 가지 견을 획득하니, 첫째는 무견無見이고 둘째는 무상견無相見이다. 그런데 이 두 가지 견에 대해 본래 두 가지 해석이 있다.

한편에서는 다음과 같이 말한다. 〈무견이란 의타기와 원성실을 없다고 부정하는 것이고, 무상견이란 변계소집을 마치 명언名言의 상처럼 없다고 부정하는 것이다.〉

한편에서는 다음과 같이 말한다. 〈'무견'이란 『대법경경大法鏡經』 제28권의 부정견不正見 중의 첫 번째인 상견相見이다. '무상견'이란 그 다음의 세 가지 견, 말하자면 손감시설견損減施設見과 손감분별견損減分別見과 손감진실견損減眞實見이다.⁴⁸¹ 따라서 『잡집론』 제12권에서는 그 경을 해석하면서 다음과 같이 말한다. "상견이란 대승경에서 설해진 '모든 법은 다 자성이 없고 생함도 없고 멸함도 없으며 본래 적정하여 자성 열반이다'라는 등의 말을 듣고 밀의를 잘 알지 못한 채 다만 이 말 (그대로의) 의미를 따라서 곧장 승해를 내서는 '부처님이 설하셨듯 모든 법은 결정코 자성이 없고

---

481 『大法鏡經』 제28권의 내용은 현재는 확인할 수 없다. 그런데 뒤의 『雜集論』 해석에 따르면, 그 경에서 말하는 '상견'이란 '제법의 자성 없음' 등의 상相에 언설 그대로 집착하는 것이고, 나중의 세 가지 견은 모두 삼성三性의 도리를 모두 무無라고 부정하는 것이다. 특히 '손감시설견損減施設見'이란 변계소집자성을 부정하는 것이고, '손감분별견損減分別見'은 의타기성을 부정하는 것이며, '손감진실견損減眞實見'은 원성실성을 부정하는 것이다.

결정코 생함이 없고……'라고 한다. 이와 같은 무성無性 등의 상에 집착하는 것을 '상견'이라 한다. 그가 이와 같은 무성 등의 상에 집착할 때 곧 삼성三性(변계소집·의타기·원성실)을 비방한다. 이 삼성에 대해 비방하는 행을 일으키는 것이 곧 다음의 세 가지 견해, 말하자면 손감시설견과 손감분별견과 손감진실견이다."482 자세한 것은 저 논의 해석과 같다. 저 논과 이 『해심밀경』에서 (열거한) 이름이 차별된다. 저 논에서는 무성 등의 상에 집착한다는 점에 의거하여 '상견'이라 이름하였고, 이 경에서는 행해行解에 의해 유有를 무無라고 집착한다는 점에 의거하여 '무견'이라 이름하였다. 저 논에서는 삼성의 이치를 손감損減483시킨다는 점에 의거했으므로 '손감견'이라 이름하였고, 이 경에서는 삼성의 모습이 없다고 부정한다는 점에 의거했으므로 '무상견'이라 이름하였다.〉

此卽初也。由此執著爲因緣故。於一切法。獲得二見。一者無見。二無相見。然此二見。自有兩釋。一云。無見者。撥無依他及圓成實。無相見者。撥無所執如名言相。一云。無見者。卽大法鏡經二十八。不不1)正見中。第一相見。無相見者。卽次三見。謂損減施設見。損減分別見。損減眞實見。故雜集論第十二卷。釋彼經云。言2)相見者。謂聞大乘經中所說。一切諸法。皆無自性。無生無滅。本來寂靜。自性涅槃等言。不善密意。但隨此言義。便生勝解。謂佛所說。一切諸法。定無自性。定無生等。執著如是無性等相。是名相見。執3)著如是無性4)相時。便謗三5)性。於此三性。起誹謗行。卽次三見。謂損減施設見。損減分別見。損減眞實見。廣如彼釋。彼與此經。名差別者。彼據執著無性等相。名爲相見。此就行解執有爲無。名爲無見。彼據損減三性理故。名損減見。此據撥無三性相故。名無相見。

---

482 『雜集論』 권12(T31, 751a24).
483 손감損減 : 있는 것을 없다고 집착하는 것을 '손감'이라고 하고, 반대로 없는 것을 있다고 집착하는 것을 증익增益이라고 한다.

1) ㉯ 두 개의 '不' 자 중 하나는 잉자인 듯하다.   2) ㉠『雜集論』 권12(T31, 751a24)에 '言'이 없다.   3) ㉠『雜集論』 권12(T31, 751a28)에 '執' 앞에 '彼'가 있다.   4) ㉠『雜集論』 권12(T31, 751a28)에 '性' 뒤에 '等'이 있다.   5) ㉠『雜集論』 권12(T31, 751a29)에 '三' 뒤에 '自'가 있다.

ⓑ 두 가지 과실의 상을 밝힘

경 무견과 무상견을 획득함으로 인해 모든 상들이 다 '무상'이라 부정하고, 제법의 변계소집상과 의타기상과 원성실상을 부정하는 것이다.

由得無見無相見故。撥一切相皆是無相。誹撥諸法遍計所執相依他起相圓成實相。

석 이것은 두 번째로 두 가지 과실의 상을 해석한 것이다. 그런데 이 경문을 해석하면 또한 두 가지 해석이 있다.

한편에서는 말한다. 〈"무견과 무상견을 획득함으로 인해"라는 것은 두 가지 견을 짝지어 표시한 것이다. "모든 상은 다 무상이라 부정하고"라는 것은 두 가지 견에 의해 성립되는 과실을 총괄해서 나타낸 것이니, 말하자면 일체의 세 종류 성·상이 모두 '무상'이라 부정한다는 것이다. "제법……을 비방하며 부정하는 것이다."라고 한 것은 삼상을 부정하는 과실을 따로 나타낸 것이다.〉

한편에서는 말한다. 〈"무견과 무상견을 획득함으로 인해"라는 것은 두 가지 견을 짝지어 표시한 것이다. "모든 상들이 다 무상이라 부정한다."라는 것은 무견을 따로 나타낸 것이고, "제법……을 비방하며 부정하는 것이다."라고 한 것은 무상견을 따로 해석한 것이다.

釋曰。此卽第二釋二失相。然釋此文。亦有兩解。一云。由得無見無相見故者。雙牒二見。撥一切相皆是無相者。總顯二見所成過失。謂撥一切三種性相皆是無相。誹撥諸法¹⁾者。別顯撥三相失。一云。由得無見無相見故者。雙牒二見。撥一切相皆是無相者。別顯無見。誹撥諸法等者。別釋無相見。

1) ㉠ '法' 뒤에 '等'이 누락된 듯하다.

ⓒ 외인이 따져 물음

[경] 어째서인가?

何以故。

[석] 이것은 세 번째로 징문이다.
 징문에는 두 가지 뜻이 있다. 한편으로는 어째서 먼저 의타기와 원성실이 없다고 하고 나중에 변계소집이 없다고 하는가라는 것이다. 한편으로는 앞의 두 가지 자성은 있는 것이므로 '없다고 부정한다(撥無)'는 말이 가능하지만, 뒤의 변계소집은 (본래) 없는 것인데 '없다고 부정한다' 해서 어떤 과실이 있는가라는 것이다.

釋曰。此第三徵。徵有二意。一云。何以先無依他圓成。後無所執。一云。前二性有。可說撥無。後所執無。撥無何失。

ⓓ 물음에 의거해 자세히 해석함

[경] 의타기상과 원성실상이 있음으로 인해 변계소집상도 비로소 시설될 수 있으니,

由有依他起相及圓成實相故。遍計所執相。方可施設。

석 이하는 네 번째로 징문에 의거해서 자세히 해석한 것이다. 이 중에 두 가지가 있다. 처음은 먼저 삼성이 시설된 차례를 믿는 것이고, 나중은 그 차례에 의거해서 외도의 징문에 답한 것이다.

釋曰。自下第四依徵廣釋。於中有二。初先信三性施設次第。後依次第。以答外徵。

ㄱ. 삼성三性이 시설된 차례를 믿음

이것은 처음에 해당한다. 앞에서 설했던 것처럼 모든 유정들이 두 가지 자성 상에서 변계소집을 증익시키기 때문에 세 종류 무자성을 건립했는데, 이것 또한 거기에서 설했던 차례와 동일하다.[484]

此卽初也。如上所說。由諸有情。於二性上。增益所執。故立三種無自性。此亦同彼所說次第。

ㄴ. 앞의 차례에 맞춰 외도의 징문에 답함

경 만약 의타기상과 원성실상에 대해 '무상'이라 보게 되면, 그는 또한 변

---

[484] 이전의 경문에 따르면, 유정들이 의타기성 및 원성실성에다 변계소집성을 증익增益시키기 때문에 상相·생生·승의勝義의 세 가지 무성無性을 건립한 것이지, 유정들이 변계소집성과 의타기성과 원성실성을 각기 차례로 따로 관한 다음 그것들을 차례로 버리게 하려고 세 종류 무성을 설했던 것은 아니다. 의타기자성 및 원성실자성 자체를 '무無'라고 부정하면, 변계소집된 상相의 증익이 일어나는 근거를 부정하는 것이기 때문에 결국 변계소집자성도 부정하게 된다. 이와 관련해서는 p.145 '② 삼성관三性觀에 의거해서 삼무성三無性을 건립한 뜻을 설명함' 참조.

계소집상도 비방하며 부정하는 것이다.

若於依他起相圓成實相。見爲無相。彼亦誹撥遍計所執相。

[석] 이것은 두 번째로 앞의 차례에 의거해 외도의 징문에 답한 것이다. 뒤의 징문에 의하면,[485] 경문에는 두 개의 절이 있다. 처음에는 두 가지 자성에 의거하기 때문에 실재성이 없는데도 집착하는 정情을 따라서 가짜로 '유'라고 시설하였음을 밝힌다.[486] 나중에는 정을 따라서 '유'라고 시설하였기 때문에 그것을 '무'라고 집착하면 또한 비방하며 부정하는 것임을 밝힌 것이다.[487]

이런 도리 때문에 『유가사지론』 제74권에서는 다음과 같이 말한다. "[문] 만약 변계소집자성이 없다고 하면 무슨 과실이 있게 되는가? [답] 의타기자성에 대해 마땅히 명언도 없을 것이고 명언에 대한 집착도 없을 것이니, 이것이 없다면 마땅히 잡염과 청정에 대해서도 알 수 없을 것이다."[488]

『불성론』에 의하면, 세 가지 자성에 대해 손감방·증익방 두 가지가 모두 있다.[489]

---

485 '뒤의 징문'이란 앞서 징문한 의도를 두 가지로 해석한 것 중에서 후자를 가리킨다. 그에 따르면, 의타기상과 원성실상은 본래 있는 것이므로 '없다'고 부정하면 과실이 되겠지만, 변계소집상은 본래 없는 것인데 '없다'고 부정한다고 해서 무슨 과실이 되겠는가라고 반문할 수도 있는데, 이 경문은 그에 대한 대답이다.
486 의타기상과 원성실상이 있음으로 인해 범부의 정情에서 그에 대한 집착도 일어나는 것이다. 이런 의미에서 변계소집상은 실재성이 없음에도 불구하고 범부의 정을 따라 가짜로 '유有'라고 시설된다.
487 변계소집상은 범부의 정情을 따라 가짜로 시설된 '유'라는 점을 이해해야지 그것을 오로지 '무'라고 집착하면 아예 부정해 버리는(撥無) 셈이다. 이러한 집착이 실천적으로 어떤 모순에 귀결되는가는 다음의 『瑜伽師地論』 문답에 소개되어 있다.
488 『瑜伽師地論』 권74(T30, 705b26).
489 유식종에 따르면, '없는 것을 있다'고 하는 것을 증익방增益謗이라 하고, '있는 것을 없

釋曰。此卽第二依前次第。以答外徵。若依後徵。文有二節。初明依二性故。雖無實性。而隨執情。假施設有。後明隨情施設有故。執彼爲無。亦成誹撥。由斯理故。瑜伽七十四云。問。若無遍計所執自性。當有何過。答。於依他起自性中。應無名言無名言執。此若無者。應不可知雜染淸淨。依佛性論。三自性中。皆有損減增益二謗。

ⓔ 해석하고 나서 총결지음

경 그러므로 그가 세 가지 상을 비방하여 부정한다고 말한 것이다.

是故說彼誹撥三相。

석 다섯 번째는 총결지은 것임을 알 수 있을 것이다.

釋曰。第五總結可知。

- 악취공惡取空과 선취공善取空[490]

다'고 하는 것을 손감방損減謗이라 한다. 이에 따르면, '본래 없는 것'에 대해서는 손감방이 성립하지 않고, '본래 있는 것'에 대해서는 증익방이 성립되지 않는다고 볼 수도 있다. 따라서 가령 변계소집자성처럼 '본래 없는 것'을 '없다'고 부정한다 해도 무슨 과실이 있는가라고 반문할 수도 있다. 그런데『佛性論』등에 따르면, 변계소집·의타기·원성실 등의 세 가지 자성에 대해서 손감·증익의 집착이 모두 발생할 수 있다. 말하자면 어떤 것이 결정코 실유한다고만 주장하는 것은 증익이고, 어떤 것이 결정코 없다고만 주장하는 것은 손감이다. 예를 들어 변계소집상이 비록 '무'라고는 해도 그것을 결정코 없다고만 하면 그것은 손감방에 해당하고, 원성실상이 비록 진실한 '유'라고 해도 그것을 결정코 있다고만 하면 그것은 증익방에 해당한다.

490 이상으로 경문을 따라가며 해석하였고, 이하에서는 별도로 용맹종(중관학파)과 호법종(유식학파) 간에 공空·유有에 대한 관점의 차이를 서술하였다. 원측은 여러 논서들에서 발견되는 그 두 학파 간의 오랜 공·유의 논쟁의 흔적들을 찾아내어, 그들 서로

이 경에서 '세 가지 상을 비방하며 부정한다'고 설했던 것이 여러 경전 등에서 말한 '악취공惡取空'에 해당한다. '악취'에 대해 설한 성스런 가르침은 하나가 아니다.

『보적경』에서는 다음과 같이 말한다.

"이와 같이 가섭아, 정녕 아견을 일으켜 수미산같이 쌓을지언정 공견空見으로 증상만을 일으키지 않아야 한다. 그 이유는 무엇인가? 모든 견들은 공으로써 벗어날 수 있는데, 만약 공견을 일으킨다면 그것을 제거할 수가 없다. 가섭아, 비유하면 의사가 약을 주어서 병을 나아지게 하는데 이 약이 몸 안에서 배출되지 않는다면, 네 생각에는 어떻겠는가? 이와 같은 병자가 정녕 다시 치유되겠는가, 않겠는가?"

"(치유되지) 않습니다. 세존이시여, 이 약이 배출되지 않는다면 그 병은 점점 더할 것입니다."

"이와 같이 가섭아, 모든 견들은 오직 공으로써 소멸시킬 수 있지만, 만약 공견을 일으킨다면 그것을 제거할 수가 없다."[491]

『무상의경』 제1권에서는 다음과 같이 말한다.

다시 증상만을 가진 사람이 있으니, 정법 안에서 공을 관하여 유견·무견 두 가지 견을 낸다. 이 참된 공은 곧바로 무상보리로 향하는 일도一道의 청정한 해탈문이다.

여래는 (그에 대해) 명료하게 드러내어 개시하고 정설하시며, '이에 대해 공견을 낸다면 나는 (그것을) 치유할 수 없다'고 설한다.

간에 구체적으로 어떤 논쟁이 오고 갔는지를 소개하였다.
[491] 『大寶積經』 권112(T11, 634a13).

아난아, 만약 어떤 사람이 아견에 집착하는 것이 수미산처럼 크다 해도 나는 놀라거나 괴이해하지 않고 또한 헐뜯지도 않겠지만, 증상만을 가진 사람이 공견에 집착하는 것이 16분의 1 터럭만큼 된다 해도 나는 허가하지 않을 것이다.[492]

此經所說誹撥三相。卽諸經等惡取空也。說惡取聖敎非一。寶積經云。如是迦葉。寧山了[1)]起我見。積若須彌。非以空見起增上慢。所以者何。一切諸見。以空得解[2)]脫。若起空見。則不可除。譬如迦葉。[3)]醫師授藥。令病擾動。是藥在內。而不出者。於意云何。如是病人。寧復差不。不也。世尊。是藥不出。其病轉增。如是迦葉。一切諸見。唯空能滅。若起空見。則不可除。無上依經第一卷云。復有增上慢人。在正法中觀空。生於有無二見。是眞空者。直向無上菩提一道淨解脫門。如來顯了開示正說。於中生空見。我說不可治。阿難。若有人執我見。如須彌山大。我不驚恠[4)]亦不毀呰。增上慢人。執著空見。如一毫髮作十六分。我不許可。

1) ㉑ '山了'는 잉자인 듯하다. ㉐ 『大寶積經』 권112(T11, 634a14)에 '山了'가 없다.
2) ㉐ 『大寶積經』 권112(T11, 634a15)에 '解'가 없다. 3) ㉐ 『大寶積經』 권112(T11, 634a16)에 따르면, '譬如迦葉'은 '迦葉譬如'의 도치다. 4) ㉐ 『無上依經』 권1(T16, 471b9)에 '恠'가 '怪'로 되어 있는데, 뜻은 같다.

이와 같은 경들에 의하면 본래 두 가지 설이 있다.

⊙ 용맹종
청변 등과 같이 용맹종에 의거해서 공空·유有를 설하는 자들은 (말한다.) 세속제에 의하면 공과 불공이 있지만, 승의제에 의하면 어떤 법도 공하지 않은 것은 없다. 만약 공에 집착한다면, 악취공이라 이름한다. 따라

---
492 『無上依經』 권1(T16, 471b5).

서 『반야등론석』 제8권에서는 다음과 같이 말한다.

> 논자가 말하였다. 제일의第一義 가운데 음陰(오온) 등이 있다고 하면, 이 실유하는 사물(有物)을 제거하기 위해 공법空法을 세우겠지만, 제일의에서는 실로 어느 한 법도 공하지 않은 것이 없다. 가령 게송에서 말한다.
>
> 한 법이라도 공하지 않은 것이 있다면
> 이것을 관하기 때문에 공이 있다 하지만
> 한 법도 공하지 않은 것이 없는데
> 어디에서 공을 얻을 수 있으리오
>
> **석** 공과 불공은 세속제에서는 법체에 의거하여 이와 같이 분별한 것이다. 이 의미는 무엇인가? 마치 집이 있고 사람이 살고 있기 때문에 집이 비지 않았다고 하고, 사람이 살지 않기 때문에 집이 비었다고 하는 것과 같다. 지금 제일의에서는 한 법도 공하지 않은 것이 없는데, 어디에 공법이 있다고 할 수 있겠는가?[493]【이미 선취공을 설했으므로 악취공을 설해야 할 것이다.】

또 (그 『반야등론석』에서) 가령 게송으로 말한다.

> 여래께서 공법을 설하신 것은
> 모든 견에서 벗어나게 하기 위함이니
> 공을 보는 모든 자를 일컬어
> 치유될 수 없다고 설하셨네

---

[493] 『般若燈論釋』 권8(T30, 91b6).

석 어떤 것을 일컬어 '공을 보는 자'라고 하는가. 말하자면 공에 집착해서 이 공이 있다고 말하는 것이다. 이처럼 공에 집착하면 어떤 과실이 있는가? 여래께서 저 공견空見의 중생은 치료할 수 없다고 설했다. 이 의미는 무엇인가? 마치 약을 복용해서 여러 병들을 나아지게 하지만, 다시 몸 밖으로 배설하지 않으면 도리어 중병이 되는 것과 같다. 이와 같이 공법을 설한 것은 모든 악견을 없애기 위함인데, 도리어 공에 집착한다면 그를 치료할 수 없다고 설한 것이다. 이런 의미에서는 공을 버려도 과실이 없다.[494]

해 소취공所取空이라 했는데, 가령 유가사들에 의해 안립된 바의 공의 이치를 진리라고 여기는 것을 악취공이라 하는 경우다.[495] 따라서 『반야등론석』에서는 다음과 같이 말한다.

다시 십칠지론자(유가사)[496]는 말한다. 〈가령 분별되는 대상(所分別) 자체가 무無이기 때문에 분별 자체도 공한 것이다.[497] 이러한 제법의 공함

---

494 『般若燈論釋』권8(T30, 91c23)에는 "如來說空法爲出離諸見"과 "諸有見空者"와 "說彼不可治"라는 세 구를 구분해서 각기 해석을 붙이고 있지만, 원측은 게송과 해석을 각기 합해서 진술하였다.
495 직전에 진술된 『般若燈論釋』의 인용문은 용맹종의 관점에서 공空·유有를 해석하는 학자들의 주장을 소개한 것이다. 용맹종의 관점에서 보면, 가령 유가사瑜伽師들이 공의 이치(空理: 원성실성)를 진실眞實로 간주하는 경우가 바로 '소취공所取空'의 사례에 해당한다. 말하자면 유가사들처럼 '공' 그 자체는 진실이자 '유有'라고 보는 것은 공에 취하는 것이고, 그것이 바로 '악취공惡取空'이다.
496 십칠지론자十七地論者: 『瑜伽師地論』을 학습하는 사람들, 즉 유가사瑜伽師들을 가리킨다. 그들은 유가사의 지위를 십칠지十七地로 구분했기 때문에 십칠지론자라고 불린다.
497 십칠지론자(유가사)들이 말하는 '분별分別'이란 '식識'을 가리키고, '소분별所分別'이란 그 식에 의해 분별되는 대상(경계)을 말한다. 그들의 논리에 따르면, 분별되는 대상들은 두루 헤아리는 식에 의해 집착된 대상들(遍計所執)이고, 그와 같이 집착되어진 대상으로서는 실재하지 않는다. 이처럼 분별되는 대상들이 실재하지 않는다면, 그와 같

은 진실이고 유有이다. (그것은) 어째서 진실인가? 작자作者를 관하지 않기 때문이다.〉

논자가 말한다. 〈그대가 이처럼 보는 것을 일컬어 '공에 집착하는 견(著空見)'이라 한다.〉

외인이 말한다. 〈어째서 나에게 공에 집착한다고 하는가?〉

논자가 말한다. 〈모든 법은 실체가 없기 때문에 공하고, 공하므로 실재하는 법이 아니니, 집착해서는 안 된다.〉[498]

자세하게 설하면 그 논과 같다.

依此等經。曰[1]有兩說。若清辨等。依龍猛宗。說空有者。依世俗諦。有空不空。依勝義。無法不空。若執著空。名惡取空。故般若燈論第八卷云。論者言。若第一義中有陰等者。除此有物。立於空法。而第一義中。實無一法是不空者。如偈曰。若一法不空。觀此故有空。無一法不空。何處空可得。釋曰。空不空者。於世諦中。依止法體。如是分別。此義云何。如有舍宅。有人住故。名舍不空。人不住故。則名舍空。今第一義中。無一法不空。何處得有空法可得【已說善取空。當說惡取空。】又如偈曰。如來說空法。爲出離諸見。諸有見空者。說彼不可治。釋曰。云何名見空者。謂執著於空。言有此空。此執著空。有何過失。如來說彼空見眾生不可療治。此義云何。如服下藥。動作諸病。而復不泄。反成重病。如是說空法。爲捨諸惡見。若還執空者。說彼不可治。以此義故。捨空無過。解云。所取空者。如瑜伽師。所立空理。以爲眞理。名惡取空。故般若燈云。復次。十七地論者言。如所分別。體[2]無故。分別體空。此諸法空。眞實是有。云何眞實。不觀作者。[3] 論者意。[4] 汝

이 분별하는 식 자체도 공하다.
498 『般若燈論釋』권8(T30, 91b16).

此見者。名著空見。外人言。何故名我以爲著空。論者言。由一切法無體故
空。空非實法。不應執著。廣說如彼。

1) ㉮ '曰'은 '自'인 듯하다. 2) ㉠『般若燈論釋』권8(T30, 91b16)에 '體' 앞에 '自'가 있다. 3) ㉠『般若燈論釋』권8(T30, 91b18)에 '者' 뒤에 '故'가 있다. 4) ㉮ '意'는 다른 본에는 '言'으로 되어 있다. ㉠『般若燈論釋』권8(T30, 91b18)에 '言'으로 되어 있다.

⊙ 호법종

호법 등과 같이 미륵종에 의거해서 공·유를 설하는 자들은 (말한다.) 선취공자는 '의타기성에서 변계소집성은 무無이고 이곳(의타기)에서 무아성(공성)은 유有이니, 이와 같은 유와 무를 총괄해서 '공'이라 설한다.[499] 악취공자는 '의타기 상에서 변계소집성은 무이고, 또 의타기 상에서 원성실성은 유이다'라는 것을 모두 믿지도 받아들이지도 않으면서 '모든 법은 전혀 있는 바가 없다'고 하는 이러한 집착을 일으킨다. 이것이 악취공이다.

若護法等。依彌勒宗。說空有者。善取空者。謂於依他。所執性無。卽於此
無我性有。如是有無。總說爲空。惡取空者。於依他上。所執性無。及於依
他。圓成性有。俱不信受。而作此執。一切諸法。都無所有。是惡取空。

따라서 『선계경』 제2권에서는 다음과 같이 말한다. "두 종류 사람이 있으니, 불법佛法을 멀리 떠났고 불제자가 아니며 영원히 불법을 상실한 자

---

499 호법 보살은 공空과 유有에 대한 두 가지 집착을 짝지어 논파하면서, 의타기성依他起性 상에서 공과 유를 총괄하는 중도적中道的 공空의 의미가 성립한다고 하였다. 의타기하는 식識(분별)의 세계에는, 두루 헤아리는 분별에 의해 '실재'라고 집착된 존재들(遍計所執性)은 본래 무(本無)고, 오직 모든 법의 '무아성無我性'이라고 하는 원만하게 성취된 진실(圓成實性)은 유有다. 이러한 의타기성은 단지 '무'도 아니고 '유'도 아니며 그 두 가지 의미를 포괄하는 중도中道라는 의미에서 '공'이라 한다.

이다. 첫 번째 사람은 색 내지는 열반까지 진실한 자성【변계소집성】이 있다고 하는 자이다. 두 번째 사람은 세간에 유포되는 자성【의타기성】을 믿지 않는 자이다. 이와 같은 두 사람은 보살금계菩薩禁戒를 수지하지 못할 것이다. 가령 그 받는 자는 계사戒師를 얻지 못하니, 곧 죄가 있는 것이다. 어째서 얻지 못하는가? 진실한 법을 비방하고 그릇된 법에 집착하기 때문이다. 보살계란 입으로 얻는 것이 아니라 마음과 입이 화합한 이후에야 획득하는 것이다."[500]

다시 (그 경에서) 다음과 같이 말한다. "만약 어떤 이가 '대승경에서 일체법은 공하다'고 했다고 말한다면 그 또한 대죄를 얻을 것이다. 대승경의 의미를 잘 이해하지 못하면서 교만한 마음을 내어 '나는 잘 이해한다'고 말하고 자기 마음대로 망상해서 사유하여 남에게 자세히 설해 주는 자 또한 대죄를 얻는다. 만약 '모든 법의 자성이 없는데 어떻게 세간에 유포되는 일이 있을 수 있겠는가'라고 말한다면 또한 대죄를 얻을 것이다. 어째서인가? (일체법을 비방하였기 때문이다.) 일체법을 비방하는 자는 곧 외도인 부란나[501] 등의 진짜 제자다. 부란나는 제법의 자성이 없다고 말하지만, 불법 중에서는 있기도 하고 없기도 한 것이다. 만약 어떤 사람이 '일체법은 공하다'고 말한다면, 이 사람과는 함께 머물거나 함께 말하거나 포살설계布薩說戒[502]를 논의해서는 안 된다는 것을 알아야 한다. 만약 그와 함께 머물거나 내지는 계를 설해 준다면 대죄를 얻을 것이다. 어째서

---

500 『菩薩善戒經』 권2(T30, 969c7).
501 부란나富蘭那 : 부처님 당시 육사외도 중의 한 명인 부란나가섭富蘭那迦葉(ⓢ Pūraṇa-kāśyapa)을 가리킨다. 그는 사위국舍衛國의 바라문사婆羅門師로서 500명의 제자가 있었고, 일찍이 부처님과 더불어 도력을 견주었다가 패한 이후 물에 빠져 죽었다고 한다. 혹은 그는 노예의 자식이고 항상 나체를 하고 있었다는 설도 있다. 그는 일종의 무인론無因論과 무도덕론無道德論을 주장했다. 그에 따르면, 중생의 미혹과 깨달음은 모두 인연이 없이 일어나는 것이고 선악의 모든 업에는 과보도 없다.
502 포살설계布薩說戒 : 함께 거주하는 비구들이 매번 보름마다 한곳에 모여 계경을 읽으면서 계를 범한 자가 있으면 참회하게 하는 의식을 말하는데, 이 포살의 날에 계를 범

인가? 공의 의미를 이해하지 못했기 때문이다."⁵⁰³

나아가 그 경에서는 다음과 같이 말한다. "바른 이해란 어떤 것인가? 예를 들어 색을 색이라 설하고 내지는 열반을 (열반이라 설하는) 것처럼, 갖가지 상相·성性이 없는 것을 일컬어 '색이 공함(色空)'이라 분별하고, 색이 진실하여 세간에 유포되어 있는 것을 일컬어 '색이 공하지 않음(色不空)'이라(고 분별하는 것이다.) 이런 의미에서 색은 하나의 법으로서 있기도 하고 없기도 하다고 설한 것이다. 이 두 가지를 이해하기 때문에 법이기도 하고 공이기도 한 것인데, 끝내 이 중에서 그릇되게 계착計著을 내지 않는다면, 이것을 일컬어 '공의 의미를 참으로 이해했다'고 한다."⁵⁰⁴

구체적으로 설하면 그 경과 같다.

故善戒經第二卷云。有二種人。遠離佛法。非佛弟子。永失佛法。一者。說色乃至涅槃有眞實性【所執性也】二者。不信世流布性【依他性也】如是二人。不任受持菩薩禁戒。如其受者。不得戒師則有罪也。¹⁾ 何故不得。誹謗實法。著非法故。菩薩戒者。非口所得。心口和合。然後乃獲。復言。若有說言。大乘經中一切法空。亦得大罪。不能善解大乘經義。生憍慢心。言我善解。隨其自心。忘²⁾想思惟。爲人廣說。亦得大罪。若言一切諸法性無。云何得有流布於世。亦得大罪。何以故。³⁾ 謗一切法者。卽是外道富蘭那等眞弟子也。富蘭那。謂諸法性無。而佛法中。亦有亦無。若有人說一切法空。當知。是人不中⁴⁾共住共語論議布薩說戒。若與共住。乃至說戒。則得大罪。何以故。不解空義故。乃至彼云。云何正解。如色說色乃至涅槃。分別無有種種相性。是名色空。以色眞實。流布於世。是名不空。以是義故。說色一

한 비구가 대중들 앞에서 참회하는 것을 '설계說戒'라고 한다. 혹은 설계란 계를 받을 사람에게 계법을 일러주는 것을 말한다.
503 『菩薩善戒經』 권2(T30, 969c22).
504 『菩薩善戒經』 권2(T30, 970a21).

法亦有亦無。解此⁵⁾二故。亦法亦空。終不於中妄生計著。是名眞解空義。
具說如彼。

---

1) ㉠『菩薩善戒經』권2(T30, 969c10)에는 '不得戒師則有罪也'가 '受者不得師則有罪'로 되어 있다.   2) ㉮ '忘'은 '妄'인 듯하다.(編) ㉠『菩薩善戒經』권2(T30, 969c24)에 따르면, '妄'이 바르다.   3) ㉠『菩薩善戒經』권2(T30, 969c26)에 '故' 뒤에 '謗一切法故'가 있고, 전후 문맥상 이 문구를 넣어야 의미가 분명하다.   4) ㉮ '中'은 '可'인 듯하다. ㉠『菩薩善戒經』권2(T30, 969c29)에 '中'으로 되어 있다.   5) ㉠『菩薩善戒經』권2(T30, 970a24)에는 '此'가 '是'로 되어 있다.

또『유가사지론』제36권에서는 다음과 같이 말한다. "다시 선취공이란 어떤 것을 말하는가? 이것에는 그것이 있지 않으므로, 곧 그것을 따르기 때문에 '공'이라고 바르게 관한다.⁵⁰⁵ 다시 이것에는 그 밖의 것이 진실로 있으므로, 그 밖의 것을 따르기 때문에 여실하게 '유'라고 안다.⁵⁰⁶ 이와 같은 것을 이름하여 '공성空性을 여실하게 전도 없이 깨달아 들어간다'⁵⁰⁷고 한다."⁵⁰⁸

『지지론』제2권에서도 또한 이와 동일하게 설한다.

『잡집론』제6권에서는 다음과 같이 말한다. "공의 모습이란, 말하자면

---

505 '이것에는 그것이 있는 바가 없다'는 것은 의타기의 사事에서 변계소집의 공함을 관하는 것을 말한다. 다시 말하면 이 색 등의 '사'에는 '색' 등이라는 언어를 매개로 하여 집착된 대상(변계소집성)의 실체는 없기 때문에, 그 사실에 초점을 맞춰 '변계소집된 대상은 공하다'고 바르게 관한다. 이것이 '공을 잘 취한다(善取空)'는 말의 첫 번째 의미다.
506 '이것에는 그 밖의 것이 있다'는 것은 의타기에서 원성실을 관하는 것을 말한다. '그 밖의 것(餘)'이란 색 등이라는 언어적 가설의 근거가 되는 것 즉 '사事' 자체를 말한다. 이 색 등의 사에 있어서, 변계소집의 언어적 허구를 제외하고 그 밖의 사는 진실로 있기 때문에, 그 사에 초점을 맞춰 그것은 '있다'고 바르게 관한다. 이것이 '공을 잘 취한다'는 말의 두 번째 의미다.
507 오직 '사'만이 존재하고, 또 이 사에는 변계소집의 자성에 해당하는 실체는 없고 다만 가립된 언어만 존재한다고 알 때, 있는 것을 없다고 하는 손감損減의 집착, 그리고 없는 것을 있다고 하는 증익增益의 집착을 모두 차단할 수 있다. 이러한 두 가지 의미가 갖추어졌을 때, 공을 여실하게 전도 없이 안다고 한다.
508 『瑜伽師地論』권36(T30, 488c28).

만약 여기에 이것이 있지 않다면 이런 도리에 따라서 '공'이라고 바르게 관하고, 만약 여기에 그 밖의 것이 있다면 이런 도리에 따라서 '있다'고 여실하게 하는 것이다. 이것을 일컬어 '공성에 잘 깨달아 들어간다'고 한다. '여실하게 안다'는 것은 전도가 없다는 뜻이다."⁵⁰⁹

『현양성교론』제15권에서는 다음과 같이 말한다. "공의 자상自相이란, 결정적으로 있는 것도 없는 것도 아니다. '결정적으로 있는 것이 아니다'라는 것은 제행 중에 중생의 자성 및 법의 자성이 필경 있지 않기 때문이다. '결정적으로 없는 것이 아니다'라는 것은 이 (제행) 중에 중생무아와 법무아는 실성實性이 있기 때문이다."⁵¹⁰

『불성론』제1권에서는 다음과 같이 말한다. "이제二諦를 유라고 설할 수도 없고, 무라고 설할 수도 없다. 유도 아니고 무도 아니기 때문이다. 진제를 유라고 설할 수도 없고 무라고 설할 수도 없으니, 인人·법法이 없기 때문에 유라고 설할 수 없고, 두 가지 공(인공·법공)을 현현하기 때문에 무라고 설할 수도 없다. 속제도 이러하니, 분별성(변계소집성)이기 때문에 유라고 설할 수도 없고 의타성이기 때문에 무라고 설할 수도 없다.⁵¹¹ 다시 진제는 결정적으로 유라거나 무라고 설할 수 없으니, 인과 법은 무이면서도 무가 아니고, 두 가지의 공은 유이면서도 유가 아니다.⁵¹² 속제도 또한 이러해서, 분별성이기 때문에 결정적으로 무인 것도 아니고, 의타성이기 때문에 결정코 유인 것도 아니다."⁵¹³

---

509 『雜集論』권6(T31, 720c17).
510 『顯揚聖教論』권15(T31, 553b23).
511 분별성이란 변계소집성을 말한다. 이 분별성은 범부의 정情 상에서는 유有이지만 이 치상으로는 무無이다. 따라서 '분별성이기 때문에 유라고 할 수 없다'고 하였다. 또 의타성이란 의타기성을 말한다. 이 의타기의 존재는 비록 자성이 없어서 공하지만 연생緣生이기 때문에 전혀 없는 것이 아니다. 따라서 '의타성이기 때문에 무라고 할 수 없다'고 하였다.
512 인人과 법法은 이치상으로는 무無지만 범부의 정 속에서는 유有다. 반면에 인공人空과 법공法空은 이치상으로는 유지만 범부의 정 속에서는 무다.

【이미 선취공善取空을 설했으므로 악취공惡取空을 설하겠다.】

又瑜伽三十六云。云何復名善取空者。謂由於此。彼無所有。卽由彼故。正觀爲空。復由於此。餘實是有。卽由餘故。如實知有。如是名爲悟入空性如實無倒。地持第二。亦同此說。雜集第六云。空相者。謂若於是處此非有。由此理正觀爲空。若於是處餘是有。由此理如實知有。是$^{1)}$善入空性。如實$^{2)}$者。不顚倒義。顯揚十五云。空自相者。非定有無。非定有者。謂於諸行中。衆生自性及法自性。畢竟無所有故。非定無者。謂於此中。衆生無我及法無我。有實性故。佛性論第一云。二諦不可說有。不可說無。非有非無故。眞諦不可說有。不可說無者。無人法故。不可說有。顯二空故。不可說無。俗諦亦爾。分別性故。不可說有。依他性故。不可說無。復次。眞諦不定有無。人法無不無。二空有不有。俗諦亦爾。分別性故。非決定無。依他性故。非決定有。【已說善取空。當說惡取空。】

1) ㉥『雜集論』권3(T31, 675a23)에 '是' 뒤에 '名'이 있다.　2) ㉥『雜集論』권3(T31, 675a23)에 '實' 뒤에 '知'가 있다.

『유가사지론』제36권에서는 다음과 같이 말한다. "무엇을 일컬어 악취공자惡取空者라고 하는가? 말하자면 어떤 사문이나 바라문이 '그것을 따르기 때문에 공함'을 또한 믿지도 받아들이지도 않고,[514] '이것에 있어서의 공함'을 또한 믿지도 받아들이지도 않으니,[515] 이와 같은 것을 일컬어 '악

---

[513] 『佛性論』권1(T31, 793c25).
[514] 이 문장은 앞서 『瑜伽師地論』 제36권에서 '선취공자'에 대해 언급했던 첫 번째 내용과 연관된다. 그에 따르면, 선취공자善取空者는 "이것에는 그것이 있지 않으므로, 곧 그것으로 인해서 '공'이라 바르게 관한다."라고 하였다. 말하자면 선취공자는 이 의타기의 사사에는 그 변계소집의 상상이 실재하지 않으므로, 곧 그 변계소집의 상을 따라서 '그 상이 공하다'고 바르게 관한다. 이런 의미의 공은 삼무성三無性 중에서 상무성相無性을 뜻한다. 이런 의미의 무성·공은 변계소집의 '없음(無)'을 뜻한다. 악취공자는 이런 의미의 공을 받아들이지 않는다는 것이다.

취공자'라고 한다. 어째서인가? '그것을 따르기 때문에 공함', 그것은 실로 없는 것이다.[516] '이것에 있어서의 공함', 이것은 실로 있는 것이다.[517] 이런 도리에 따라서 '공'이라 설할 수 있다. 만약 모든 것이 전혀 있는 바가 없다면, 어떤 곳에 대해 어떤 자가 어떤 이유에서 (그것을) '공'이라고 하겠는가? 또한 '이것을 따라서, 이곳에 있어서, 공이라 설한다'는 말도 해서는 안 될 것이다. 그러므로 악취공자라고 이름한 것이다."[518]

瑜伽三十六云。云何名爲惡取空者。謂有沙門。惑[1]婆羅門。由彼故空亦不信受。於此而空亦不信受。如是名爲惡取空者。何以故。由彼故空。彼實是無。於此而空。此實是有。由此道理。可說爲空。若說一切都無所有。何處者何[2]何故名空。亦不應言由此於此卽說爲空。是故名爲惡取空者。

1) ㉠『瑜伽師地論』 권36(T30, 488c22)에 따르면, '惑'은 '或'의 오기다. 2) ㉠『瑜伽師地論』 권36(T30, 488c26)에 따르면, '者何'는 '何者'의 도치다.

또 『유가사지론』 제75권에서는 다음과 같이 말한다.

다시 대승 중에서 간혹 한 무리들이 공을 잘못 파악하기 때문에 다음과 같이 〈세속을 따르기 때문에 모든 것은 다 있고, 승의를 따르기 때문에 모든 것은 다 없다.〉고 말한다면, 마땅히 그들에게 〈장로여, 무엇이

---

515 '이것에 있어서의 공함(於此而空)'이란 앞서 『瑜伽師地論』 제36권에서 '선취공자'에 대해 언급했던 두 번째 내용과 연관된다. 그에 따르면, "이것에는 그 밖의 것이 진실로 있으므로, 그 밖의 것을 따르기 때문에 여실하게 '유'라고 안다."라고 하였다. 말하자면 선취공자는 이 의타기의 사사에는 변계소집상은 본래 없었고 진실로 그 밖의 것(공空, 원성실성)이 있음을 안다. 이런 의미의 공은 삼무성三無性 중에서 승의무성勝義無性을 뜻한다. 이런 의미의 무성·공은 공성空性 그 자체, 즉 진여를 가리킨다. 악취공자는 이런 의미의 공도 받아들이지 않는다는 것이다.
516 이런 의미의 공空은 변계소집성의 '무無'를 가리키는 것이다.
517 이런 의미의 공空은 원성실성, 즉 승의勝義 그 자체가 공성空性임을 뜻한다.
518 『瑜伽師地論』 권36(T30, 488c22).

세속이고 무엇이 승의인가?〉라고 말해야 한다.

　이와 같이 묻고 나서 그가 만약 답하길, 〈일체법이 다 자성이 없다면 이를 승의라고 하고, 제법의 자성 없음 가운데서 자성을 얻을 수 있다면 이를 세속이라 한다. 어째서인가? 있는 바가 없는 가운데 세속제를 건립하고 명언을 가짜로 시설해서 언설을 일으키기 때문이다.〉라고 한다면, 마땅히 그에게 〈그대는 어느 쪽을 원하는가? 명언·세속은 인因을 따라 있으므로 자성을 얻을 수 있다는 것인가, 아니면 오직 명언일 뿐인 것을 세속에서 있다고 말하는 것인가?[519] 만약 명언·세속이 인을 따라 있는 것이라면, 명언·세속은 인을 따라 생긴 것이므로 이것이 있지 않다는 것은 도리에 맞지 않는다. 만약 오직 명언일 뿐인 것을 세속에서 있다고 한 것이라면, 명언·세속은 사事(명언이 시설되는 근거)가 없는데도 (그 명언이) 있다는 것은 도리에 맞지 않는다.〉고 말해야 한다.

　또 그에게 〈장로여, 어떤 이유에서 얻을 수 있는 모든 것이 자성이 없는가?〉라고 말해야 한다.

　이와 같이 묻고 나서 그가 만약 답하길, 〈전도된 사事이기 때문이다.〉라고 한다면, 다시 말하기를, 〈그대는 어느 쪽을 원하는가? 이 전도된 사는 유인가 무인가? 유라고 말한다면, '모든 법은 승의를 따르기 때문에 다 자성이 없다'고 설하는 것은 도리에 맞지 않는다. 무라고 말한다면, '전도된 사이기 때문에 얻을 수 있는 모든 것은 자성이 없다'는 것

---

[519] 세속제란 '병'이나 '옷'과 같은 명언들의 시설을 통해 건립된다고 할 때, 다시 반론자는 이 명언의 시설을 가능하게 해 주는 실질적 근거가 과연 무엇인가를 반문하고 있다. 만약 이 명언들이 어떤 '인因'에 의거해서 시설되었고 그래서 그에 해당하는 자성이 있다면, 이 언어적 시설로서의 세속제는 인을 따라 생긴 것이므로 '무'라고 해서는 안 된다. 반대로 단지 빈 이름에 불과한 것에 대해 세상 사람들이 관행적으로 그것이 있다고 말할 뿐이라면, 그 언어에는 아무런 실질적 근거가 없는데도 그런 것이 있다고 말하는 것이므로 도리에 맞지 않는다.

은 도리에 맞지 않는다.〉고 해야 한다.[520]

又瑜伽七十五云。復次。於大乘中。或有一類惡取空故。作如是言。由世俗故。一切皆有。由勝義故。一切皆無。應告彼言。長老。何者世俗。何者勝義。如是問已。彼若答言。若一切法皆無自性。是名勝義。若於諸法無自性中。自性可得。是名世俗。何以故。無所有中。建立世俗。假設名言。而起說故。應告彼曰。汝何所欲。名言世俗。爲從因有。自性可得。爲唯名言世俗說有。若名言世俗從因有者。名言世俗。從因而生。而非是有。不應道理。若唯名言世俗說有。名言世俗。無事而有。不應道理。又應言[1]彼[2]言。長老。何緣諸可得者。此無自性。如是問已。彼若答言。顚倒事故。復應告言。汝何所欲。此顚倒事。爲有爲無。若言有者。說一切法。由勝義故。皆無自性。不應道理。若言無者。顚倒事故。諸可得者。此無自性。不應道理。

----

1) ㉠『瑜伽師地論』권75(T30, 713b13)에 따르면, '言'은 잉자다. 2) ㉠『瑜伽師地論』권75(T30, 713b13)에 '彼'가 '告'로 되어 있다.

『불성론』제1권도『유가사지론』과 동일하게 말한다. 또 그 논의 제2권에서는 다음과 같이 말한다. "다시 어떤 증상만增上慢의 사람은 공을 취해 견으로 삼아서 이것이 참된 공해탈문空解脫門이라 하고, 이 공해탈문에 의지해서 공집空執을 일으켜서 '모든 유와 무가 모두 다 공이다'라고 말한다. 이처럼 공에 집착하는 자에게는 있는 바가 없으니, 있는 바가 없으므로 인과因果와 이제二諦의 도리를 모두 놓쳐 버린다. 이러한 공에 집착하는 과실 때문에 곧 삿된 무(邪無)에 떨어진다. 이와 같은 집착은 공에서 일어난 것이기 때문에 삿된 집착을 이루게 된다. 모든 삿된 집착은 공으로 제거하지 못할 것이 없지만, 이 집착은 이미 공에 의지해서 일어났으므로

520『瑜伽師地論』권75(T30, 713b2).

치유될 수가 없다. 이런 사람들 때문에 일부러 부처님께서는 가섭에게 말씀하셨다. "어떤 사람이 아견의 집착을 일으켜서 마치 수미산처럼 크다 해도 나는 또한 그것을 허용하겠다. 어째서인가? 없앨 수 있기 때문이다. 이 증상만의 사람에 의해 일으켜진 공집이 마치 터럭의 4분의 1만큼이라 해도 나는 급히 꾸짖으며 결정코 허용하지 않겠다."[521]

佛性第一。亦同瑜伽。又彼論第二云。復次。增[1]上慢人。取空爲見。是眞空[2]解脫門。約此空解脫門。起於空執。謂一切有無。並皆是空。此空執者。卽無所有。無所有故。因果二諦道理並失。執此空過故。卽墮耶[3]無。是等執者。由空而起。故成耶*執。一切耶*執。莫不由空故能滅除。此執旣依空起。故不可治。由[4]此人故。佛[5]語迦葉。若人起我見執。如須須[6]山大。我亦許之。何以故。以可滅故。若此增上慢人所起空執。猶如髮端四分之一。我急呵責。決定不許。

1) ⓔ『佛性論』 권2(T31, 797b14)에 '增' 앞에 '有'가 있다. 2) ⓔ『佛性論』 권2(T31, 797b15)에 '空' 뒤에 '實'이 있다. 3) '耶'는 '邪'의 뜻이다. 이하도 동일하다. 4) ⓔ『佛性論』 권2(T31, 797b20)에 '由'가 '因'으로 되어 있다. 5) ⓔ『佛性論』 권2(T31, 797b20)에 '佛' 앞에 '故'가 있다. 6) ⓔ『佛性論』 권2(T31, 797b21)에 따르면, '須'는 '彌'의 오기다.

또『광백론』 제6권에서는 다음과 같이 말한다.

又廣百第六卷云。

〈다시 제법의 진리란 어떤 것인가?〉[522]

---
521 『佛性論』 권2(T31, 797b14).
522 이하『廣百論』의 인용문은 논주가 가상의 문답을 설정하여 서술한 것이다. 따라서 하나의 질문과 대답에 해당하는 문장을 임의로 구분해서 각기 〈 〉로 묶어 주었다.

〈일체법의 공무아의 이치를 말한다.〉

〈그렇다면 이 이치도 과실이 있다.〉

〈그 이유는 무엇인가?〉

〈어떤 한 부류의 사람은 '공무아'라는 말을 듣고서 '법은 다 없다'고 하면서 모든 인과의 바른 이치를 부정해 버리고 나아가서는 모든 선근을 단멸시킨다.〉

〈이것은 자기의 견見에 과실이 있는 것이지 공무아의 허물은 아니다. 악취공으로 인해 허망하게 사견邪見을 일으켜 모든 악행을 행한다. 공무아의 이치를 심언心言으로 헤아리지 못하니, 그가 증득할 수 있는 바가 아니다. 어리석은 범부는 '제법이 다 공하다'고 설하는 것을 들으면 성인의 뜻을 알지 못하고 곧 세속의 인과 또한 없다고 부정하고 모든 선법을 끊어 버리니, 이것이 어찌 공무아의 과실이겠는가?〉

復次。諸法眞理。何者是耶。[1] 謂一切法空無我理。若爾。此理亦有過失。所以者何。如有一類。聞空無我。謂法皆無。誹撥一切因果正理。乃至斷滅一切善根。此自見有過。非空無我咎。由惡取空。妄起耶[2]見。行諸惡行。空無我理。心言不倒。[3] 非彼所證。愚夫聞說諸法皆空。不知聖意。便撥世俗因果亦無。滅諸善法。此豈是空無我過失。

1) ㉠『廣百論釋論』권6(T30, 219b10)에 '耶'가 '邪'로 되어 있으나, '耶'가 바른 듯하다. 2) ㉠ '耶'는 '邪'의 뜻이다. 3) ㉠『廣百論釋論』권6(T30, 219b15)에 따르면, '倒'는 '測'의 오기다.

〈성인이 공의 가르침을 설한 것은 어떤 뜻이 있는가?〉

〈모든 허망한 유에 대한 집착을 버리게 하기 위해서다.〉

〈그렇다면 또한 모든 법은 다 있다고 설해야 하니, 모든 법이 공하다는 그릇된 집착을 버리게 하기 위해서다.〉

〈실로 이러하다. 만약 모든 법이 공하다고 집착함이 있다면 여래께서

는 또한 모든 법이 있다고 설하신다.〉

〈이미 집착을 버리게 하기 위해서 '유'를 설하고 '공'을 설했다면, 제법의 진리는 공인가, 아니면 유인가?〉

〈제법의 진리는 유도 아니고 공도 아니니, 분별희론으로는 모두 미칠 수 없는 것이다.〉

〈어떤 이유에서 성인의 말씀은 허망하지 않은가?〉

〈그릇된 집착을 제거하기 위한 것이기 때문에 허망하지 않다. 공교와 유교 두 가지로 모두 집착을 제거할 수 있다.〉

〈어째서 여래께서는 대부분 공의 가르침을 설하셨는가?〉

〈모든 유정들은 대부분 유에 집착하고 생사는 대부분 유에 대한 집착으로부터 생긴다. 그러므로 여래께서는 유에 대한 집착을 제거하고 생사의 고통을 없애기 위해서 대부분 공의 가르침을 설하셨다.〉

聖說空敎。有何意耶。爲遣一切虛妄有執。若爾。亦應說諸法有。爲遣妄執諸法空故。實爾。若有執諸法空。如來亦說諸法是有。既爲遣執。說有說空。諸法眞理。爲空爲有。諸法眞理。非有非空。分別戱論。皆不能及。何緣聖說非虛妄耶。爲除耶[1])執。故非虛妄。空有二敎。俱能除執。何故如來多說空敎。以諸有情多分執有。空[2])說空。生死多分。從有生執[3]) 是故如來爲除有執。滅生死苦。多說空敎。

1) ㉠ '耶'는 '邪'의 뜻이다. 2) ㉯ '空'은 잉자인 듯하다. ㉠ 『廣百論釋論』 권6(T30, 219b24)에 따르면, '空說空' 세 글자는 모두 잉자이다. 3) ㉠ 『廣百論釋論』 권6(T30, 219b24)에 따르면, '生執'은 '執生'의 도치다.

〈공이나 유는 모두 교문敎門인데, 어째서 앞에서는 공이 진리라고 설했는가?〉

〈방편으로 가설한 것이므로 또한 서로 어긋나는 것이 아니다. 또 이 '공'이라는 말은 차전遮詮이지 표전表詮은 아니다.[523] 단지 유가 공할 뿐

제5 무자성상품 • 323

만 아니라 또한 다시 공도 공한 것이다. 집착하는 마음을 두루 막아 버리고, 제법은 유도 아니고 공도 아니라는 궁극의 진리와 계합하도록 한 것이다. 제법의 진리는 실로 공성空性이 아니지만, 공을 교문으로 삼았기 때문에 공이라고 가설한 것이다.〉

〈진리가 공은 아니지만 공을 교문으로 삼은 것이라면, 진리는 유가 아니지만 마땅히 유를 교문으로 삼아도 될 것이다.〉

〈근기에 따라 설하는 문(隨機說門)에서는 유라고 해도 또한 과실이 없다. 그런데 그 교문의 의미는 공에 수순해 있는 것이다. '유를 유가 되게 하는 유' 등은 모두 집착하는 마음에 수순하는 것이고,[524] '공을 공하게 하는 공' 등은 모두 허망한 집착과는 상반되는 것이다.[525] 따라서 지혜가 있는 자는 공을 설하는 말을 들으면 마땅히 모든 유·무 등에 대한 집착을 떠나야 하니, 법의 진리는 유도 아니고 무도 아님을 깨달아서 유·무에 대한 분별희론을 일으키지 말아야 한다.〉[526]

若空若有。皆是敎門。何故前說空爲眞理。方便假說。亦不相違。又此空言。是遮非表。非唯空有。亦復空空。遮¹⁾遣執心。令契諸法非有非空究竟眞理。諸法眞理。實非空性。空爲門故。假說爲空。眞理非空。空爲門者。眞理非有。應有爲門。隨機說門。有亦無過。然其門義。順在於空。有有有等。皆順執心。空空空等。皆違妄執。故有智者。開²⁾說空言。應離一切有無等執。悟

---

523 유에 대한 집착을 제거하기 위해 방편으로 설한 '공'은 그 자체를 긍정하는 표현(表詮)이 아니라 단지 '유가 아닌 것(非有)'을 나타내는 부정적 표현(遮詮)이다.
524 '유를 유가 되게 하는 유(有有有)'란 공에 대한 집착을 제거하기 위해 설한 '유'가 아니라, 유를 유로서 긍정하기 위해 설해진 유를 말한다. 따라서 이런 의미의 유는 집착하는 마음에 순응하는 것이라고 하였다.
525 '공을 공하게 하는 공(空空空)'이란 모든 유를 없다고 부정하는 '공'이 아니라, 공마저 공하다고 하는 공을 말한다. 따라서 이런 의미의 공은 집착하는 마음과는 상반되는 것이라고 하였다.
526 『大乘廣百論釋論』 권6(T30, 219b10).

法眞理非有非無。勿起有無分別戱論。

1) ㉠『廣百論釋論』권6(T30, 219b28)에 따르면, '遮'는 '遍'의 오기다. 2) ㉠『廣百論釋論』권6(T30, 219c4)에 따르면, '開'는 '聞'의 오기다.

● 악취공의 과실

공을 잘못 취함으로 인한 과실의 모습을 설명하자면, 예를 들어『유가사지론』제36권에서 설한 것과 같다. 따라서 그 논에서는 다음과 같이 말한다.

辨惡趣[1])過失相者。如瑜伽論三十六說。故彼論云。

1) ㉠ '趣'는 '取'의 오기인 듯하다.

어떤 한 부류들은, 난해한 대승과 상응하고 (공성과 상응하며) 아직은 비밀스런 의취의 의미를 지극히 명료하게 드러내지 않은 심오한 경전을 설하는 것을 듣고서, 여실하게 그 설해진 바의 의미를 이해하지 못하고 이치에 맞지 않는 허망한 분별을 일으킨다. 선교방편으로 이끌어 낸 것이 아닌 심사尋思를 따라서 다음과 같은 견見을 일으키고 다음과 같은 논論을 세우면서, '모든 것은 오직 가짜(假)이고 이것이 진실이다'라고 한다. 이러한 관을 일으키면 바른 관이라 한다. 그는 허망한 가짜(虛假)의 의지처로서 실유하는 '유일한 사(唯事)'에 대해 '있는 것이 아니다(非有)'라고 부정해 버린다.

이렇다면 모든 허망한 가짜가 다 없는데, 어떻게 '모든 것은 오직 가짜이고 이것이 진실이다'라는 것이 있을 수 있는가? 이런 도리에 따라서, 그가 참된 실재와 허망한 가짜 두 종류를 모두 비방하면서 '전혀 있는 바가 없다'고 한다면, 참된 실재와 허망한 가짜를 비방하기 때문에 이를 '최극무자最極無者'라고 함을 알아야 한다.

如有一類。聞說難解大乘相應。[1] 未極顯了密意趣義甚深經典。不能如實解所說義。起不如理虛妄分別。由不巧便所引尋伺。[2] 起如是見。立如是論。一切唯假。是爲眞實。若作是觀。名爲正觀。彼於虛假所依處所實有唯事。撥爲非有。是則一切虛假皆無。何當得有一切唯假是爲眞實。由此道理。彼[3] 眞實及以虛假二種俱謗。都無所有。由謗眞實及虛假故。當知。是名最極無者。

1) ⓐ『瑜伽師地論』권36(T30, 488b28)에 '應' 뒤에 '空性相應'이 있다. 2) ⓐ『瑜伽師地論』권36(T30, 488c2)에 '伺'가 '思'로 되어 있다. 3) ⓐ『瑜伽師地論』권36(T30, 488c6)에 '彼' 뒤에 '於'가 있다.

이와 같이 무를 말하는 자와는, 지혜가 있고 범행을 함께하는 모든 자들은 함께 말해서도 안 되고 함께 머물러서도 안 된다. 이와 같이 무를 말하는 자는 자신을 무너뜨리고 또한 세간을 무너뜨린다. 그런 견해을 따르는 자에게, 세존은 저 밀의에 의거해 말씀하시길, '차라리 한 부류의 아견을 일으키는 자와 같을지언정 한 부류의 악취공자와 같아서는 안 된다'고 하셨다.

어째서인가? 아견을 일으키는 것은 오직 알아야 할 경계(所知境界)에 미혹한 것이지, 모든 알아야 할 경계를 비방하는 것은 아니다. 이런 이유로 (그들이) 모든 악취에 떨어지지는 않으니, 다른 것에서 법을 구하고 고통의 해탈을 구하며, 속이지 않고 주저함도 없어서 법과 진리(諦)를 또한 건립할 수 있으며, 모든 학처學處(계율)에 대해 해이함을 내지 않는다. (그러나) 악취공자는 또한 알아야 할 경계에 미혹하기도 하고 또한 모든 알아야 할 경계를 비방하기도 한다. 이런 이유로 (그들은) 모든 악취에 떨어지니, 다른 곳에서 법을 구하고 고통의 해탈을 구하면서 능히 속이기도 하고 주저하기도 하여, 법과 진리를 건립할 수 없고 모든 학처에서 극히 해이함을 낸다. 이와 같이 실유하는 사事를 손감損減시키는 자는 부처님이 설하신 법·비나야(율律)를 심하게 무너뜨리는 것이다.[527]

如是無者。一切有智同梵行者。不應共語。不應共語。[1] 不應共住。如是無者。能自敗壞。亦壞世間。隨彼見者。世尊依彼密意說言。寧如一類起我見者。不如一類惡取空者。何以故。起我見者。唯於所知境界迷惑。不謗一切所知境界。不由此因墮諸惡趣。於他求法。求苦解脫。不爲虛誑。不作稽留。於法於諦。亦能建立。於諸學處。不生慢緩。惡取空者。亦於所知境界迷惑。亦謗一切所知境界。由此因故。墮諸惡趣。於他求法。苦[2]解脫。能爲虛誑。亦作稽留。於法於諦。不能建立。於諸學處。極生慢緩。如是損減實有事者。於佛所說法毘奈耶。甚爲失壞。

1) ㉔『瑜伽師地論』권36(T30, 488c9)에 따르면, '不應共語' 네 글자는 잉문인 듯하다.　2) ㉔『瑜伽師地論』권36(T30, 488c18)에 '苦' 앞에 '求'가 있다.

『광백론』 제6권도 『유가사지론』과 동일하다. 따라서 그 논에서는 다음과 같이 말한다.

廣百論第六卷。亦同瑜伽。故論云。

　다시 하열한 지혜를 가진 자 앞에서는 갑자기 공무아의 이치를 설하여 그의 악견惡見을 증가시켜서는 안 된다. 그 이유는 무엇인가? 따라서 다음에 게송으로 말하겠다.

　차라리 그는 아집을 일으킬지언정
　공무아견을 일으키면 안 되니
　뒤의 것은 아울러 악취로 향하지만
　처음 것은 오직 열반을 등질 뿐이네

527 『瑜伽師地論』권36(T30, 488b28).

논 '그'란 세간의 모든 하열한 지혜를 가진 자를 말한다. '아집'이란 살가야견薩迦耶見[528]에 해당한다. 그 아소견我所見 또한 아집을 띠기 때문에, 아집이라는 말은 또한 그 견(아소견)도 포함한다. 아집은 비록 바른 이치에 맞지 않기는 해도 차라리 그가 일으킨 과실은 가볍기 때문에, (이에 반해) 공무아견은 비록 바른 이치에 맞기는 해도 그가 여실하게 요달하지 못하여 이로 인해 '모든 법은 다 없다'고 비방하게 되는 과실이 무겁기 때문에, 차라리 그것은 일으키지 않는다.

復次。劣慧者前。不應輒說空無我理。增其惡見。所以者何。故次頌曰。寧彼起我執。非空無我見。後兼向惡趣。初唯背涅槃。論曰。彼謂世間諸劣慧者。我執卽是薩迦耶見。其我所見。亦帶我執。故我執言。亦攝彼見。我執雖復不稱正理。而寧起彼[1]過失輕故。實[2]無我見。雖稱正理。然彼不能如實了達。因斯誹撥諸法皆無。過失重故。寧彼不起。

1) ㉓『廣百論釋論』권6(T30, 219c12)에 따르면, '起彼'는 '彼起'의 도치다. 2) ㉓『廣百論釋論』권6(T30, 219c12)에 따르면, '實'은 '空'의 오기다.

〈이 두 가지 과실의 경중은 어떠한가?〉[529]

〈말하자면 처음의 아집은 오직 열반을 등질 뿐이지만, 뒤의 악취공은 (열반을 등질 뿐만 아니라) 아울러 악취로 향하게 된다. 저 하열한 지혜를 가진 자가 공을 잘못 취할 때도 오히려 선근을 싫어하는데, 하물며 모든 유정(含識)들은 어떻겠는가? 그는 선과 세간을 싫어하고 등짐에 따라 선근을 단멸시키고 유정들에게 손해를 끼치니, 단지 청량한 열반을

---

528 살가야견薩迦耶見: 유신견有身見이라고도 하는데, 중생들이 오음五陰 등으로 이루어진 몸에 대해 그릇되게 헤아려서 '아견我見'을 일으키는 것을 말한다.
529 이하의 인용문은 가상의 문답을 설정하여 진술하였다. 따라서 하나의 질문과 대답에 해당하는 문장을 임의로 구분해서 각기 〈 〉로 묶어 주었다.

등질 뿐만 아니라 또한 자기 몸을 가지고 지옥 불에 내딛는 것이다. 아견을 일으키는 자에게는 이와 같은 일은 없다.〉

〈그 이유는 무엇인가?〉

〈그는 아락我樂을 탐하여 '아'가 고통에서 떠나길 바라니, 많은 죄를 짓지 않고 널리 모든 복을 닦아서 모든 악취惡趣로부터 벗어나며 인천人天의 (도道를) 상실하지 않는다. 다만 열반을 두려워해서 해탈을 증득하지 못하는 것이다. 따라서 계경에서 '차라리 아견을 묘고산妙高山(수미산)만큼 일으킬지언정 악취공의 증상만을 가진 자는 안 된다'고 설한 것이다.〉

〈그렇다면 제법의 공무아의 이치는 험난한 취(險趣)에 가까운 것이니 성인께서 하열한 지혜를 가진 자 앞에서는 마땅히 설해서는 안 될 것이다.〉

〈실로 설해서는 안 된다. 그런데 뛰어난 지혜를 가진 자는 이에 따라 수행하여 큰 이익(義利)을 얻기 때문에 반드시 설해 주어야 한다.〉[530]

云何此二過失輕重。謂一切[1]我執。唯背涅槃。後惡取空。兼向惡趣。彼劣慧者。惡趣[2]空時。尙厭善根。況諸含識。彼由厭背善及世間。斷滅善根。損害含識。非唯棄背清凉涅槃。亦持自身之[3]地獄火。起我見者。無如是事。所以者何。彼貪我樂。欲我離苦。不造衆罪。廣脩諸福。脫諸惡趣。不失人天。但怖涅槃。不證解脫。故契經說。寧起我見。如妙高山。非惡取空增上慢者。若爾。諸法空無我理。隣近險趣。聖不應說劣慧者前。實不應說。而勝慧者。隨此脩行。獲大義利。故須爲說。

1) ㉴『廣百論釋論』권6(T30, 219c15)에 따르면, '一切'는 '初'의 오기다. 2) ㉴『廣百論釋論』권6(T30, 219c16)에 따르면, '趣'는 '取'의 오기다. 3) ㉴『廣百論釋論』권6(T30, 219c18)에 따르면, '之'는 '足'의 오기다.

---

530 『大乘廣百論釋論』권6(T30, 219c6).

(b) 숨겨진 비난(伏難)을 해석하여 회통함

경 (그는) 비록 나의 법에 대해 '법'이라는 생각을 일으키기는 해도, 그릇된 의미에 대해 '의미'라는 생각을 일으킨다.

雖於我法。起於法想。而非義中。起於義想。

석 이하는 두 번째로 숨겨진 비난(伏難)[531]을 해석하여 회통시킨 것이다. 두 가지 숨겨진 비난을 회통시켰으니, 곧 (경문도) 두 가지로 구분된다. 처음에는 '법을 믿으므로 과실이 되지 않을 것이다'라는 비난을 회통시킨다. 나중에는 '법을 믿으므로 복덕과 지혜를 갖출 것이다'라는 비난을 회통시킨다.

釋曰。自下第二釋通伏難。通二伏難。卽分爲二。初通信法不應成過難。後通信法應具福智難。

ⓐ 법을 믿으므로 과실이 되지 않을 것이라는 비난을 회통시킴

전자 중에 두 가지가 있다. 처음에는 숨겨진 비난을 바로 회통시켰고, 나중에는 그 이유를 해석한 것이다.

前中有二。初正通伏難。後釋所由。

ㄱ. 숨겨진 비난을 바로 회통시킴

---

531 숨겨진 비난(伏難) : 『解深密經』의 경문에서 분명하게 문장으로 표현된 것은 아니지만 그 저변에 깔려 있는 외인의 반박을 말한다. 위의 경문은 그런 반박을 염두에 두고 하신 말씀이라는 것이다.

이것은 처음에 해당한다. 말하자면 저 보살은 비록 나의 교법에 의거해서 '교법'이라는 생각을 일으키기는 해도 바른 의미가 아닌 것에 대해 '바른 의미'라는 생각을 일으키니, 비록 교법을 믿을 수 있다 해도 과실이 된다는 것이다.

此卽初也。謂彼菩薩。雖依我敎。起於敎想。非正義中起正義想。雖能信敎。而成過失。

ㄴ. 그 이유(所由)를 해석함

경 나의 법에 대해 법이라는 생각을 일으키면서도 또 그릇된 의미에 대해 의미라는 생각을 일으키기 때문에, 바른 법에 대해 바른 법이라고 지지하면서도 바르지 않은 의미에 대해 바른 의미라고 지지하는 것이다.

由於我法。起法想故。及非義中。起義想故。於是法中。持爲是法。於非義中。持爲是義。

석 이것은 두 번째로 그 이유를 해석한 것이다. 나의 교법에 대해 교법이라는 생각을 일으키기 때문에 바른 법을 정법正法이라고 믿지만, 그릇된 의미에 대해 '의미'라는 생각을 일으키기 때문에 바르지 않은 의미에 대해 정의正義라고 집착한다는 것이다.

釋曰。此卽第二釋其所由。由於我法。起法想故。於是法中。信爲正法。而於非義。起義想故。非正義中。執爲正義。

ⓑ 법을 믿으므로 복덕·지혜를 갖추었을 것이라는 비난을 회통시킴

경 그는 비록 법에 대해 신해를 일으키기 때문에 복덕을 증장하기는 해도, 그릇된 의미에 대해 집착을 일으키기 때문에 지혜를 잃어버리니, 지혜를 잃어버리기 때문에 광대하고 한량없는 선법을 잃어버리는 것이다.

> 彼雖於法。起信解故。福德增長。然於非義。起執著故。退失智慧。智慧退故。退失廣大無量善法。

석 이것은 두 번째로 법을 믿으므로 복덕·지혜를 갖추었을 것이라는 비난을 회통시킨 것이다. 말하자면 외인은 비난하길, '이 지위의 보살은 네 가지 사事를 구족하였으므로 교법을 들으면 믿을 수 있는데 어째서 복덕·지혜의 자량을 갖추지 않았겠는가'라고 한다. 따라서 회통시키길, '그는 비록 교법에 대해 청정한 믿음을 일으키기 때문에 복덕을 증장하기는 해도 바르지 않은 의미에 대해 집착을 일으키기 때문에 지혜를 잃어버리고, 지혜를 잃어버리기 때문에 한량없는 선을 잃어버린다'고 하였다.

> 釋曰。此第二通信法應具福智難。謂外難云。此位菩薩。四事具足。聞敎能信。如何不具福智資粮。故作此通。彼雖於法。起淨信故。福德增長。於非義中。起執著故。退失智慧。由退智故。失無量善。

● 종성보살種姓菩薩의 퇴退·불퇴不退

문 종성보살은 퇴전하는 수가 있지 않은가?[532] 설사 그렇다면 무슨 과실이 있는가?

---

[532] 종성이 결정되지 않은 보살(不定菩薩)과는 달리 종성이 결정된 보살(種性菩薩)인 경우에도 과연 '종성에서 물러나는(退) 경우가 있는지 혹은 결코 물러나지 않는지(不退)'를 물었다. 그런데 '종성이 결정된 보살'이 어떤 계위에 해당하는지에 대해서는 경론마다 해석이 다르다.

만약 퇴전함이 있다고 하면 『낙광장엄경樂廣莊嚴經』의 말과 어떻게 회통시켜 해석하겠는가? 그 경에서는 다음과 같이 말한다. "성지보살性地菩薩(종성보살)이 만약 일시에 염부제의 중생을 죽인다면, 비록 이런 죄가 있어도 지옥에 떨어지지 않는다. 만약 사천하 내지는 삼천대천세계의 중생을 죽인다 해도 또한 지옥에 떨어지지 않는다. 어째서인가? 이 사람은 광겁曠劫 동안 수행하면서 제불을 많이 공양했고, 공덕·지혜의 선근이 완전히 무르익었으니, 비록 무거운 죄를 짓더라도 복덕이 크기 때문에 죄는 점차 소멸되어 지옥에 떨어지지 않는 것이다."[533] 또 무성의 『섭대승론석』 제7권에서는 '최초의 무수겁'[534]을 (거치는 보살에 대해) 다음과 같이 말한다. "견고한 마음으로 승진해 가는 자는, 비록 나쁜 친구를 만나더라도 방편으로 무너뜨리고 끝내 대보리심을 버리지 않으며, 현재와 미래에 닦은 선법이 가면 갈수록 증장해서 끝내 감소하지 않는 것이다."[535] 세친의 『섭대승론석』 제7권에서도 무성과 동일하게 설한다.

만약 퇴전함이 없다고 한다면, 『지지경地持經』에서 '성지보살도 지옥 등에 떨어진다'고 설한 것과는 어떻게 회통시켜 해석하겠는가?[536]

---

[533] 위의 인용문은 『樂廣莊嚴經』의 경문이다. 그런데 이 경은 현존하지 않고 다만 『仁王經疏』나 『金剛仙論』 등에서 『樂莊嚴經』이라는 이름으로 인용되고 있다. 다음의 협주에서 언급되는 것처럼, 원측은 이 경문을 『金剛仙論』에서 재인용하였다.
[534] 최초의 무수겁(初無數劫) : 보살의 수행이 완전하게 충족되는 기간인 삼아승기겁三阿僧祇劫 중에서 첫 번째 아승기겁을 가리킨다.
[535] 무성의 『攝大乘論釋』 권7(T31, 426a17).
[536] 예를 들어 『菩薩地持經』 권1(T30, 889b6)에는 다음과 같은 말이 나온다. "종성보살 중에 선하고 깨끗한 법을 성취한 자는 네 종류 번뇌에 의해 오염되지 않는다. 만약 오염되었다면 선하고 깨끗한 법이 현전하지 않고, 간혹 악도에 태어나기도 한다. 종성보살은 오랫동안 생사에 처하면서 간혹 악도에 떨어지는데, 악도에 떨어진 자도 빠르게 해탈할 수 있고, 비록 악도에 처하더라도 큰 고통을 받지는 않는다.(種性菩薩。成就白淨法者。不爲四種煩惱之所染汚。若染汚者。白淨之法不現在前。或生惡道。種性菩薩久處生死。或墮惡道。墮惡道者。疾得解脫。雖處惡道。不受大苦。)"

問。種姓菩薩。有退以不。設爾何失。若言退者。樂廣莊嚴經。如何會釋。經云。性地菩薩。若一時煞閻浮提衆生。雖有此罪。不墮地獄。若煞四天下乃至三千大千衆生。亦不墮地獄。何以故。此人曠劫修行。多供養諸佛。功德智慧善根純熟。雖造重罪。以福德大故。罪卽消滅。不墮地獄。又無性攝大乘釋第七卷。初無數劫云。堅固心勝¹⁾進。²⁾雖遇惡友。方便破壞。終不棄捨大菩提心。現世當來所脩善法。運運增長。終不³⁾退減。世親第七。亦同無性。若不退者。地持經說。性地菩薩。墮地獄等。如何會釋。

1) ⓔ『攝大乘論釋』권7(T31, 426a17)에 따르면, '勝'은 '昇'의 오기다. 2) ⓔ『攝大乘論釋』권7(T31, 426a17)에 '進' 뒤에 '者'가 있다. 3) ⓔ『攝大乘論釋』권7(T31, 426a19)에 '不'이 '無'로 되어 있다.

해 이 의미에 대해 본래 두 가지 설이 있다.

첫째, 용수종에서는 종성보살은 퇴전하지 않는다고 한다. 그러므로 『보만론寶鬘論』에서, 어떤 사람이 용수에게 "『지지경地持經』에서 종성보살도 아비지옥阿毗地獄에 떨어진다고 했는데 이것은 무슨 뜻인가."라고 묻자 용수가 다음과 같이 답하였다. "비록 이런 말이 있지만 나는 감히 이런 말은 하지 않겠다. 어째서인가?『부증불감경』에서 성지보살性地菩薩은 끝내 지옥에 떨어지지 않는다고 밝혔으니, 이는『낙장엄경樂莊嚴經』과 동일하다. (그런데)『지지경』등에서 들어간다고 설한 것은 지전보살地前菩薩을 재촉하고 겁주어서 그로 하여금 두려움을 내서 속히 초지初地를 증득하게 하려는 것이지, 실제로 아비지옥에 들어간다는 말은 아니다."〔이 단락에서 인용한 경문은『금강선론』에서 설한 것과 같다.⁵³⁷〕

마명보살의『기신론』에서도 위와 동일하게 해석한다. 따라서 그 논에

---

537 이 단락의 내용은 용수가 자신의 저서『寶鬘論』에서 몇 개의 경전을 인용하여 대론자에게 답변한 것인데, 원측은 이『寶鬘論』의 인용문을 모두『金剛仙論』에서 재인용한 듯하다. 자세한 것은『金剛仙論』권1(T25, 803b15) 참조.

서는 다음과 같이 말한다. "가령 수다라에서 간혹 퇴전하여 악취에 떨어지는 자도 있다고 설한 것은 그가 실제로 퇴전한다는 것이 아니라 다만 초학의 보살로서 아직 정위正位에 들어가지 못하고[538] 게으름을 피우는 자가 두려워하면서 용맹하게 나아가도록 하기 위해서다."[539]

解云。於此義中。自有兩說。一龍樹宗。種姓不退。是故寶鬘論中。有人問龍樹云。地持經說種姓菩薩墮阿毗地獄。此義云何。龍樹答云。雖有此言。我不敢作如是說。何以故。不增不減經中。明性地菩薩畢竟不墮地獄。同樂莊嚴經。而地持等說言入者。催[1)]恐地前菩薩。令其生怖。速證初地。非謂實入阿毗地獄【此段引經。如金剛仙說。】馬鳴菩薩起信論。亦同上釋。故彼論云。如修多羅中。或說有退墮惡趣者。非其實退。但爲初學菩薩未入正信[2)]而懈怠者。恐怖[3)]勇猛故。

――――――
1) ㉤ '催'는 다른 본에는 '權'으로 되어 있다. ㉥『金剛仙論』권1(T25, 803b27)에 따르면, '催'가 바르다. 2) ㉥『大乘起信論』권1(T32, 581a12)에 따르면, '信'은 '位'의 오기이다. 3) ㉥『大乘起信論』권1(T32, 581a13)에 '怖' 뒤에 '令使'가 있고, 교감주에 따르면 두 글자가 없는 판본도 있다.

둘째, 미륵종에는 본래 두 설이 있다.
한편에서는 용수종과 동일하게 설한다.
한편에서는 『본업경本業經』에 의거해서 십주十住 이상을 종성위種姓位라고 하는데, 십주 중에서 앞의 여섯 개 주를 '퇴退'라고 하고 일곱 번째 주를 '불퇴不退'라고 한다. 따라서 종성에도 또한 '물러난다(退)'는 뜻이 있음을 알 수 있다. 또 『유가사지론』 제47권에서는, "또 모든 보살의 승해행주

――――――
538 '아직 정위正位에 들어가지 못했다'고 한 것에 대해, '아직 초주初住에 들지 못했다'고 보는 해석과 '아직 제7주의 지위에 이르지 못했다'고 보는 해석 등이 있다. 『大乘起信論筆削記』 권17(T44, 389b25) 참조.
539 『大乘起信論』 권1(T32, 581a11).

勝解行住540는 보살의 수행에 있어서 짓는 것이 협소하고 짓는 것에 모자람이 있으며 짓는 것이 일정하지 않고 얻은 것을 놓쳐 버리기도 한다."541라고 하였다. 또 말하길, "해행보살解行菩薩(勝解行住)은 혹은 한때 대보리에 대해 이미 발심했었다 해도 다시 물러나는 수가 있다."542라고 하였다. 『선계경』 제8권과 『지지경』 제9권에서 또한 이와 동일하게 설한다. 또 『유가사지론』 제37권에서는 "만약 보살들이 승해행지에 머물면서……중간 생략……오히려 악취에 가는데, 이 지에서 (3아승기겁 중에) 첫 번째 무수겁의 변제가 다한다."543라고 하였다. 『선계경』 제3권과 『지지경』 제2권도 이와 동일하게 설한다. 그런데 『낙광장엄경』과 『섭대승론』에서 '퇴전하지 않는다'고 한 것은 대다수를 따라 말한 것이니, 이치를 다한 설은 아니다.

二彌勒宗。自有兩說。一云。同龍樹宗。一云。依本業經。十住已上。名種姓位。於十住中。前六名退。第七不退。故知種姓亦有退義。又瑜伽論四十七云。又諸菩薩勝解行位。1) 於菩薩修。所作狹小。所作有缺。所作不定。所得有退。又云。解行菩薩。或於一時。於大菩提。雖以2)發心。而復退捨。善戒經第八。地持第九。亦同此說。又瑜伽三十七云。若諸菩薩住勝解行地。乃至。猶往惡起。3) 此盡第一無數劫邊際。善戒經第三。地持第二。亦同此說。然樂廣莊嚴經。及攝大乘論。言不退者。從多分說。而非盡理。

1) ㉥『瑜伽師地論』 권47(T30, 553c16)에 따르면, '位'는 '住'의 오기다. 2) ㉥『瑜伽師地論』 권47(T30, 554b3)에 '以'가 '已'로 되어 있다. 3) ㉥『瑜伽師地論』 권37(T30, 498b8)에 따르면, '起'는 '趣'의 오기다.

---

540 승해행주勝解行住 : 보살의 수행 계위 중 하나로서 승해행지勝解行地, 해행지解行地, 해행주解行住라고도 하며, 승해勝解에 의지해서 수행하는 단계를 말한다. 아직 진여를 증득하지 못한 지전보살地前菩薩이 초지初地에 들어가기 이전에 '사유의 힘'이라는 방편으로 모든 선근을 닦는 지위를 말한다.
541 『瑜伽師地論』 권47(T30, 553c16).
542 『瑜伽師地論』 권47(T30, 554b2).
543 『瑜伽師地論』 권37(T30, 498b5).

㈏ 제자의 계탁을 밝힘

경 다시 어떤 유정이 타인에게서 '(어떤) 법이 법이고 그릇된 의미가 (그것의) 의미다'라고 말하는 것을 듣고서 그의 견見을 따른다면, 그 (유정은) 곧 법에 대해 법이라는 생각(想)을 일으키고 그릇된 의미에 대해 의미라는 생각을 일으켜서, 법은 법이고 그릇된 의미가 의미라고 집착하게 된다.

復有有情。從他聽聞。謂法爲法。非義爲義。若隨其見。彼卽於法。起於法想。於非義中。起於義想。執法爲法。非義爲義。

석 이하는 두 번째로 제자의 계탁을 밝힌 것이다. 이 중에 두 가지가 있다. 처음은 두 가지 계탁을 따로따로 해석한 것이고, 나중의 "이런 인연 때문에" 이하는 두 가지 계탁에 대해 총결지은 것이다.

釋曰。自下第二明弟子計。於中有二。初別釋二計。後由是緣下。總結二計。

a. 두 가지 계탁을 따로따로 해석함

전자 중에 두 가지 계탁이 있으니, (경문도) 두 가지로 구분된다. 처음은 (스승의 말을) 들음에 의해 언설을 따라 집착하는 사람이고, 나중은 그 (스승의) 견見을 따르지도 않고 믿지도 않는 사람이다.

前中二計。卽分爲二。初依聞隨言執著人。後不隨其見不信人。

a) 들음에 의해 언설을 따라 집착하는 사람

전자 중에 두 가지가 있다. 처음은 언설 그대로 집착을 일으킴을 밝힌 것이고, 나중은 집착의 과실을 나타낸 것이다.

前中有二。初明如言起執。後顯執過失。

(a) 언설 그대로 집착을 일으킴을 밝힘

이것은 처음에 해당한다. 말하자면 이 유정은 제3의 스승에게서 (법을) 설하는 것을 듣고 그 스승의 견해를 따라서 법을 법이라 여기고 그릇된 의미를 의미라고 여기니, 그와 본사本師는 별다른 이견이 없다. 그런데 차이점은 그 제3의 스승은 부처님의 가르침을 청문한 자이고, 이 네 번째 사람은 남(스승)에게 전해 듣고서 스승과 똑같이 헤아린다는 것이다.

『대법론』에 준하면, 이전에 분별했던 것처럼, 제3의 스승에 대해 '보살'이라 설하였다.[544] 『심밀해탈경』에 의하면, 제3의 스승에 대해 '사견인邪見人'이라 설하니, 따라서 『심밀해탈경』에서는 "다시 어떤 중생은 저 사견인에게 치우쳐서 법을 듣는다."[545]라고 하였다.

此卽初也。謂此有情。從第三師。聽聞所說。隨其師見。於法爲法。非義爲義。彼與本師。無別異見。而差別者。其第三師。聽聞佛敎。此第四人。從他傳聞。與師同計。若准對法。如前分別。說第三師。以爲菩薩。依深密經。說第三師。名邪見人。故深密云。復有衆生。於彼耶[1]見人邊聞法也。

1) 옙 '耶'는 '邪'의 뜻이다.

---

544 지금 이 경문은 누군가 제3자로부터 전해 듣고 그릇되게 집착하는 경우를 설한 것이다. 그런데 그 제3자에 대해 여러 가지 설이 있다. 이 『解深密經』에서는 단지 '유정'이라고만 하였지만, 이역본 『深密解脫經』에서는 '사견인'이라 하였다. 원측은 앞서 '그 집착하는 자'에 대한 여러 해석들을 검토한 바 있는데, 가령 『大智度論』에서는 '사견을 가진 자'라고 하였고, 『勝鬘經』에서는 '외도를 익히는 자'라고 하였으며, 『雜集論』(『對法論』이라 칭함)에서는 '보살'이라고 해석하였다. 원측에 따르면, 이 경문에서는 비록 '유정'이라고 했지만 그 뜻은 『雜集論』 등과 동일하다. 왜냐하면 그는 비록 오사五事 중에 다섯 번째 복덕·지혜의 자량을 결여했어도 앞의 네 가지 '선근' 등을 갖춘 자이기 때문이다. 자세한 것은 p.296 'ⓑ 집착의 상을 나타냄' 참조.
545 『深密解脫經』 권2(T16, 672c2).

(b) 집착의 과실을 나타냄

경 이런 인연으로 인해, 그와 마찬가지로 선법을 잃어버린다는 것을 알아야 한다.

由此因緣。當知。同彼退失善法。

석 이것은 두 번째로 집착의 과실을 나타낸 것이다. 이전의 제3자(스승)와 마찬가지로 무량한 선법을 잃어버리게 된다.

釋曰。此卽第二顯執過失。同前第三。失無量善。

b) 그 스승의 견見을 따르지도 않고 믿지도 않는 사람

경 어떤 유정은 그의 견見을 따르지 않다가, 그에게서 갑자기 '모든 법은 다 자성이 없으니 생함도 없고 멸함도 없으며 본래 적정하여 자성열반이다'라는 말을 듣고는 곧 공포심을 낸다.

若有有情。不隨其見。從彼歘聞。一切諸法。皆無自性。無生無滅。本來寂靜。自性涅槃。便生恐怖。

석 이하는 두 번째로 그 (스승의) 견해를 따르지도 않고 믿지도 않는 사람이다. 이 중에 두 가지가 있다. 처음은 교법을 듣고도 믿지 않음을 밝힌 것이고, 나중의 "이런 (인연으로) 인해" 이하는 불신의 과실을 나타낸 것이다.

제5 무자성상품 • 339

釋曰。自下第二不隨其見不信人。於中有二。初明聞敎不信。後由此下。顯不信失。

(a) 교를 듣고도 믿지 않음을 밝힘

전자 중에 세 가지가 있다. 처음은 교법을 듣고 두려움을 내는 것이고, 다음은 그로 인해 삿된 이해를 내는 것이며, 마지막은 그 이해로 인해 비방을 일으키는 것이다.

前中有三。初聞敎生怖。次[1]生耶[2]解。後因解起謗。

---
1) ㉠ 뒤의 '因生邪解'에 준하면 '次' 뒤에 '因'이 누락된 듯하다.　2) ㉠ '耶'는 '邪'의 뜻이다.

ⓐ 교를 듣고서 두려움을 냄

이것은 처음에 해당한다. 말하자면 이 유정은 제3의 스승에게서 그가 설하는 것을 듣고서 그 전 스승의 소견, 즉 '모든 법은 결정코 다 자성이 없다'는 등의 견해를 따르지 않다가, 그에게서 갑자기 '모든 법은 자성이 없다'는 등의 말을 듣고서 마음에 공포가 생겨나서 '어째서 제법은 자성이 없다는 등을 (설하는가)'라고 하면서, 이로 인해 교법에 대해서도 또한 공포심을 낸다는 것이다.

세 종류 사람이 있어서 교법에 대해 공포심을 내니, 예를 들어 『잡집론』 제12권에서 다음과 같이 말한다. "다시 어떤 인연으로 일부 중생들은 방광분方廣分(대승경전)의 광대하고 심오한 가르침에 대해 승해를 내지 않고 도리어 공포심을 품는가? 법성을 멀리 떠났기 때문이고, 아직 선근을 심지 못했기 때문이며, 나쁜 친구에게 포섭되었기 때문이다. '법성'이란 보살종성을 말하니, 이는 그 사람 자체이기 때문이다. 일부 중생은 보살종성이 없기 때문에 심성이 하열하여 광대하고 심오한 가르침을 승해할 수 없으니, 이로 인해 두려워하는 것이다. 또 일부 중생은 보살종성이 있다 해도 대보리에 대해 아직 바른 원(正願) 등의 선근들을 심지 않았기 때문에 이에 대해 승해할 수 없으니, 이로 인해 두려워하는 것이다. 또 일부 중생은 이미 선근을 심었다 해도 대승을 비방하는 중생인 나쁜 친구에게 포섭되었기 때문에 이것을 승해할 수 없으니, 이로 인해 두려워하는 것이다."⁵⁴⁶

此卽初也。謂此有情。從第三師。聞彼所說。而不隨其前師所見。言一切法決定皆無自性等見。從彼欻聞一切諸法無性等言。心生怖畏。如何諸法無自性等。因此於敎。亦生恐怖。有三種人。於敎生怖。如雜集論第十二云。復次。何緣一分衆生。於方廣分廣大甚深。不生勝解。反生¹⁾怖畏耶。由遠離法性故。未種善根故。惡友所攝故。法性者。謂菩薩種性。是彼自體故。由一分衆生。無菩薩種姓故。心性下劣。於廣大甚深敎。不能勝解。是故怖畏。又一分衆生。雖有菩薩種性。而於大菩提。未種正願等諸善根故。於此不能勝解。是故怖畏。又一分衆生。雖已種善根。而爲誹謗大乘衆生惡友所攝故。於此不能勝解。是故怖畏。

1) 옌『雜集論』 권12(T31, 750c28)에 '生'은 '懷'로 되어 있다.

ⓑ 그로 인해 삿된 이해를 냄

경 공포심을 내고 나서는 이런 말을 한다. '이것은 부처님 말씀이 아니고 마구니가 설한 것이다.'

恐¹⁾怖已。作如是言。此非佛語。是魔所說。

1) 옌『解深密經』 권2(T16, 696a7)에 '恐' 앞에 '生'이 있다.

546『雜集論』 권12(T31, 750c27).

석 이것은 두 번째로 (공포로) 인해 삿된 이해를 내는 것이다. 말하자면 공포심을 내고 나서 그 공포심으로 인해 곧 삿된 이해를 내어 '이것이 부처님의 가르침이라는데 결정코 부처님의 말씀이 아니다'라고 하면서, 곧 이런 말을 한다. '이것은 부처님의 말씀이 아니라 마구니가 설한 것이다.'

釋曰。此卽第二因生耶¹⁾解。謂生怖已。因其怖畏。便生耶[*]解。言是佛敎。定非佛說。卽作是言。此非佛語。是魔所說。

1) ㉑ '耶'는 '邪'의 뜻이다. 이하도 동일하다.

ⓒ 삿된 이해로 인해 비방을 일으킴

경 이런 이해를 일으키고 나서는 이 경전에 대해 비방하고 헐뜯는다.

作此解已。於是經典。誹謗毀罵。

석 이것은 세 번째로 (삿된) 이해로 인해 비방을 일으키는 것이다.
그런데 교법을 업신여기는 인연에는 두 종류가 있거나 혹은 네 종류가 있다. 따라서 『대반야경』 제559권에서는 다음과 같이 말한다.

구수具壽[547] 선현善現이 다시 부처님께 말하였다.
"저 어리석은 사람은 몇 가지 인연 때문에 심오한 법(반야)을 헐뜯는 것입니까?"
부처님께서 선현에게 말씀하셨다.

---

547 구수具壽(Ⓢ āyuṣmat) : 불제자나 아라한 등을 부르는 존칭. 현자賢者·성자聖者·존자尊者·정명淨命·장로長老·혜명慧命 등으로도 의역한다. 지혜와 덕행을 구족하였으므로 존경의 대상이 되는 사람을 가리킨다.

"두 가지 인연 때문이다. 첫째는 삿된 마구니가 부추기고 미혹시켰기 때문이고, 둘째는 심오한 법을 신해할 수 없기 때문이다. 다시 선현이여, 네 가지 인연으로 인해 심오한 법을 헐뜯는다. 첫째는 나쁜 친구에게 꾀이고 속았기 때문이고, 둘째는 선법을 부지런히 닦을 수 없기 때문이며, 셋째는 나쁜 생각을 품고 남의 허물을 찾기를 즐기기 때문이고, 넷째는 질투로 자기를 칭찬하면서 남을 헐뜯기 때문이다. 이와 같은 여러 인연을 갖추었기 때문에 저 어리석은 사람은 심오한 법을 헐뜯으면서 끝없는 극히 무거운 악업을 일으키는 것이다."[548]

또 『대반야경』 제370권과 제435권, 『대품경』 제18권, 『대지도론』 제63권에서도 법을 비방하는 네 가지 인연에 대해 이전과 거의 동일하게 설한다.

釋曰。此卽第三因解起謗。然慢法緣。有其二種。或有四種。故大般若五百五十九云。具壽善現。復白佛言。彼愚癡人。幾因緣故。毀謗深法。[1] 佛言善現。由二因緣。一爲耶[2]魔之所扇惑。二於深法不能信解。復次。善現。由四因緣。毀謗深法。* 一爲惡友之所誘誑。二爲不能勸[3]修善法。三爲懷惡喜求他過。四爲嫉妬自讚毀他。由具如是法[4]因緣故。彼愚癡人。毀謗深法。* 發起無邊極重惡業。又大般若三百七十。四百三十五。大品經十八。智度論六十三。諦[5]法四緣。大同前說。

---

1) ㉥『大般若經』 권559(T7, 885a19)에는 '毀謗深法'은 모두 '毀謗拒逆甚深般若'로 되어 있다. 이하도 동일하다. 2) ㉯ '耶'는 '邪'의 뜻이다. 3) ㉥『大般若經』 권559(T7, 885a20)에 따르면, '勸'은 '勤'의 오기다. 4) ㉥『大般若經』 권559(T7, 885a21)에 따르면, '法'은 '諸'의 오기다. 5) ㉯ '諦'는 '謗'의 오기인 듯하다.

---

548 『大般若波羅蜜多經』 권559(T7, 885a15).

(b) 불신의 과실을 나타냄

경 이런 인연으로 인해, 그는 큰 손상을 입고 큰 업장에 부딪힐 것이다.

由此因緣。獲大衰損。觸大業障。

석 이것은 두 번째로 불신의 과실을 나타낸 것이다. 말하자면 이전에 설했던 '법을 비방하는 인연'으로 말미암아 큰 손상을 입고 큰 업장에 부딪힌다는 것이다.

釋曰。此卽第二顯不信失。謂由前說謗法因緣。獲大衰損。證¹⁾大業障。

1) ㉠ '證'은 의미가 통하지 않고, 이전 경문에 준할 때 '觸'의 오기인 듯하다.

b. 두 가지 계탁에 대해 총결지음

경 이런 인연 때문에 나는 '만약 일체의 상에 대해 무상견을 일으키고 그릇된 의미에 대해 그 의미라고 설하는 경우가 있다면

由是緣故。我說。若有於一切相。起無相見。於非義中。宣說爲義。

석 이하는 두 번째로 두 가지 계탁에 대해 총결지은 것이다. 이 중에 두 가지가 있다. 처음은 앞의 계탁을 결론지은 것이고, 나중은 뒤의 계탁을 결론지은 것이다.

釋曰。自下第二總結二計。於中有二。初結前計。後結後計。

a) 앞의 계탁을 결론지음

이것은 처음에 해당한다. 이것은 남에게서 법을 듣고 집착을 일으킨 것이 인연이 되었기 때문이다. 세존께서 스스로 '삼성의 상에 대해 무상견을 일으키고 그릇된 의미에 대해 그 의미라고 설하는 것은 곧 사견이다'라고 설하셨다.

此卽初也。由是從他聞法起執。以爲緣故。世尊自說。於三性相。起無相見。非義之中。宣說爲義。便成耶[1]見。

1) ㉠ '耶'는 '邪'의 뜻이다.

b) 뒤의 계탁을 결론지음

경 광대한 업장을 일으키는 방편이다'라고 설하였다. 그는 한량없는 중생들을 추락시켜서 그들로 하여금 큰 업장을 획득하게 만들기 때문이다.

是起廣大業障方便。由彼陷墜無量衆生。令其獲得大業障故。

석 이것은 두 번째로 뒤의 계탁에 대해 결론지은 것이다. 경문 그대로 알 수 있을 것이다.

釋曰。此卽第二結後計也。如文可知。

혹은 언설 그대로 집착을 일으키는 것에 대해, 경문을 두 가지로 구별하기도 한다. 처음은 언설 그대로 집착을 일으키는 것에 대해 자세히 해석한 것이고, 나중의 "이런 인연 때문에" 이하는 총결지은 것이다. 비록 두 가지 해석이 있지만 뒤의 해석이 뛰어나다.

或如言起執。文別有二。初廣釋如言起執。後由是緣故下總結。雖有兩釋。後解爲勝。

(라) 오사五事가 전부 없고 믿지도 않는 사람

경 선남자여, 만약 유정들 중에 아직 선근을 심지 못했고, 아직 장애를 청정하게 하지 못했으며, 아직 (선근의) 상속을 성숙시키지 못했고, 승해를 많이 (닦지) 않았으며, 아직 복덕·지혜의 자량을 쌓지 못한 자라면, 성질이 질직하지 않으니, 질직하지 않은 부류는 비록 사택해서 폐하거나 건립하는 능력이 있다 해도, 항상 자기의 견취에 안주한다.

善男子。若諸有情。未種善根。未淸淨障。未熟相續。無多勝解。未集福德智慧資粮。性非質直。非質。直¹⁾有力能思擇癈立。而常安住自見取中。

1) ㉔ '直' 뒤에 경에는 '類雖'가 있다.

석 이하는 네 번째로 자기의 견취見取에 안주하면서 믿지 않는 자를 밝혔다. 이 중에 두 가지가 있다. 처음은 다섯 가지 사를 갖추지 못했음을 밝힌 것이고, 나중은 그가 믿지 않음을 나타낸 것이다.

釋曰。自下第¹⁾安住自見不信人。於中有二。初明不具五事。後顯其不信。

1) ㉔ '第' 뒤에 '二'가 탈락된 듯하다. ㉠ '第' 뒤에 '四'가 탈락되었다.

㉮ 오사를 갖추지 못했음을 밝힘

이것은 처음에 해당한다. 경문에 두 개의 절이 있다. 처음은 다섯 가지 사를 갖추지 않았음을 밝힌 것이고, 나중은 세 부류의 차별을 설명한 것이니, 앞에 준해 알 수 있을 것이다.⁵⁴⁹

此卽初也。文有二節。初明五事不具。後辨三類差別。准前可知。

④ 그의 불신을 나타냄

경 그가 이와 같은 법을 듣고 나면, 여실하게 나의 심오한 밀의의 언설을 이해할 수 없고 또한 이 법에 대해 신해를 내지도 않는다.

彼若聽聞如是法已。不能如實解我甚深密意言說。亦於此法。不生信解。

석 이하는 두 번째로 그가 믿지 않음을 나타낸 것이다. 이 중에 다섯 가지가 있다. 첫째는 경을 듣고도 믿지 않는 것이다. 둘째는 두 종류 생각을 일으키는 것이다. 셋째는 두 종류 집착을 내는 것이다. 넷째는 이로 인해 삿된 이해를 내는 것이다. 다섯째는 비방을 일으킴을 바로 밝힌 것이다.

釋曰。自下第二顯其不信。於中有五。一聞經不信。二起二種想。三生二種執。四因生耶[1]解。五正明起謗。

---
1) ㉎ '耶'는 '邪'의 뜻이다.

a. 경을 듣고도 믿지 않음

이것은 처음에 해당한다. 말하자면 자기의 견취에 안주하기 때문에 이

---
549 위의 경문 중에 "만약 유정들 중에 아직 선근을 심지 못했고,……중략……아직 복덕·지혜의 자량을 쌓지 못한 자라면"이라는 문구는 다섯 가지 사의 유무(五事有無)를 밝힌 것이고, "성질이 질직하지 않으니, 질직하지 않은 부류는 비록 사택해서 폐하거나 건립하는 능력이 있다 해도, 항상 자기의 견취에 안주한다."라는 문구는, 그 사람이 질직한 부류인지 아닌지(質非質直), 사택할 능력이 있는지 없는지(有力無力), 자기 견취에 안주하는지 안주하지 않는지(安住不安住自見取中)를 밝힌 것이다. 이에 대해서는 p.291 'a.이전 사람과 대비해서 차이를 설명함' 참조.

비밀스런 가르침을 듣고서 신해를 내지 않는다는 것이다.

此卽初也。謂由安住自見取故。聞此密敎。不生信解。

b. 두 종류 생각을 일으킴

경 이 법에 대해 그릇된 법이라는 생각을 일으키고, 이 의미에 대해 그릇된 의미라는 상을 일으켜서,

於是法中。起非法想。於是義中。起非義想。

석 이것은 두 번째로 두 종류 생각을 일으키는 것에 대해 해석한 것이다. 앞서 가르침을 듣고도 신해하지 않았기 때문에, 법과 의미에 대해 두 종류 그릇된 생각을 일으킨다.

釋曰。此第二釋起二種想。由前聞敎不信解故。於法義中。起二耶[1]想。

---
1) ㉠ '耶'는 '邪'의 뜻이다.

c. 두 종류 집착을 냄

경 이 법에 대해 그릇된 법이라고 집착하고, 이 의미에 대해 그릇된 의미라고 집착한다.

於是法中。執爲非法。於是義中。執爲非義。

석 이것은 세 번째로 두 종류 집착을 내는 것에 대해 해석한 것이다.

이전의 두 가지 생각이 두 종류 집착을 일으키기 때문이다.

釋曰。此第三釋生二種執。由前二想。起二執故也。

d. 이로 인해 삿된 이해를 냄

경 대놓고 다음과 같이 주장한다. '이것은 부처님의 말씀이 아니라 마구니가 설한 것이다.'

唱如是言。此非佛語。是魔所說。

석 이것은 네 번째로 그로 인해 삿된 이해를 내는 것에 대해 해석한 것이다. 법과 의미에 대해 두 가지 집착을 일으키기 때문에, 이런 인연으로 이런 삿된 이해를 일으킨다.

釋曰。此第四釋因生耶[1]解。由於法義。起二執故。以因此[2]緣。起斯耶*解。
1) ㉠ '耶'는 '邪'의 뜻이다. 이하도 동일하다.　2) ㉠ '因此'는 '此因'의 도치인 듯하다.

e. 비방을 일으킴을 바로 밝힘

경 이렇게 이해하고 나서, 이 경전을 비방하고 헐뜯으며 허위라고 부정하고, 한량없는 문으로 이와 같은 경전을 허물어뜨리고 꺾어 버리려 하면서,

作此解已。於是經典。誹謗毀罵。撥爲虛僞。以無量門。毀滅摧伏如是經典。

석 이것은 다섯 번째로 비방을 일으킴을 바로 밝힌 것이다. 이 중에

세 가지가 있다. 처음은 경을 비방함을 바로 밝힌 것이고, 다음은 경을 믿는 자를 증오함을 밝힌 것이며, 마지막은 법을 비방하게 된 인연을 설명한 것이다.

釋曰。此第五釋[1]正明起謗。於中有三。初正明謗經。次憎信經者。後辨謗法緣。

---
1) ㉮ '釋'은 잉자인 듯하다.

a) 경을 비방함을 바로 밝힘
이것은 처음에 해당한다.

此卽初也。

b) 경을 믿는 자를 증오함을 밝힘

경 이 경전을 신해하는 모든 자들에 대해 원수의 가문이라는 생각을 일으킨다.

於諸信解此經典者。起怨家想。

석 이것은 두 번째로 경을 믿는 사람을 증오하는 것에 대해 해석한 것이다.

釋曰。此第二釋憎信經人也。

c) 법을 비방하게 된 인연을 설명함

(a) 법을 비방하게 된 인연을 밝힘

■경■ 그는 우선 모든 업장에 장애 받은 것이니,

彼先爲諸業障所障。

■석■ 이것은 세 번째로 법을 비방하게 된 인연을 설명한 것이다. 〔이 중에 두 가지가 있다. 처음은 법을 비방하게 된 인연을 밝힌 것이고, 나중은 비방의 과실을 나타낸 것이다. 이것은 처음에 해당한다.〕[550] 말하자면 세 가지 장애[551] 중에 업장業障 때문에 법을 비방한다는 것이다.

釋曰。此卽第三辨謗法緣。[1] 謂三障中。爲業障故。所以謗法。

1) ⓔ '緣' 이하에 많은 문구가 누락된 듯하다. 여기에 최소한 "於中有二。初明謗法緣。後顯謗過失。此卽初也。"라는 문구를 추가해야 뒤의 세부 과목과 일치한다.

(b) 비방의 과실을 나타냄

■경■ 이런 인연으로 다시 이와 같은 업장에 장애 받으니, 이와 같은 업장은 처음에는 시설하기 쉽지만 나아가 백천의 구지·나유다 겁 정도 되기까지 벗어날 기약이 없는 것이다.

---

550 〔 〕 속의 문장은 이하의 원측 해석을 참조하여 보완한 것이다.
551 세 가지 장애(三障) : 성도聖道와 그 이전의 가행위加行位의 선근善根을 장애하는 세 종류 장애로서, 즉 번뇌장煩惱障과 업장業障과 이숙장異熟障을 가리킨다. 이 중에서 번뇌장이란 본성이 치성해서 탐·진·치 삼독三毒을 구비하고 있어서 그것을 염리厭離하는 마음을 내기도 어렵고 그로부터 해탈하기도 어려우며, 항상 일어나는 번뇌를 가리킨다. 업장이란 신身·구口·의意로 지은 불선업不善業을 가리킨다. 이숙장이란 번뇌와 업을 원인으로 해서 초감된 삼악취三惡趣 등의 과보를 가리킨다.

由此因緣。復爲如是業障所障。如是業障。初易施設。乃至齊於百千俱胝那
庾多劫。無有出期。

석 이것은 두 번째로 비방의 과실을 나타낸 것이다. 말하자면 선세先
世의 업장에 장애 받고 다시 현재에도 법을 비방한 업장에 의해 장애 받
는데, 이와 같은 업장은 처음 지을 때는 시설하기가 쉽지만, 장차 받게 될
고통스런 과보를 백천의 구지·나유다 겁을 지나도록 벗어날 기약이 없다
는 것이다.

"구지俱胝·나유다那庾多"라고 한 것에 대해, 예를 들면『구사론』제12
권에서는 경을 인용하여 다음과 같이 말한다. "하나가 있고 그 밖의 것이
없는 수의 시작을 일一이라 한다. 일의 열 배를 십十이라 한다. 십의 열 배
를 백百이라 한다. 백의 열 배를 천千이라 한다. 천의 열 배를 만萬이라 한
다. 만의 열 배를 낙차洛叉라고 한다. 낙차의 열 배를 도락차度洛叉라고 한
다. 도락차의 열 배를 구지俱胝라고 한다. 구지의 열 배를 말타末陀라고 한
다. 말타의 열 배를 아유다阿庾多라고 한다. 아유다의 열 배를 대아유다大
阿庾多라고 한다. 대아유다의 열 배를 나유다那庾多라고 한다."[552] 이와 같
이 점차로 연속해서 60개의 수가 채워지니, 자세한 것은 그 논에서 설한
것과 같다.[553]

혹은 "처음에는 시설하기 쉽지만"이라 한 것은, 과거의 업장은 처음에

---

[552] 『俱舍論』권12(T29, 63b14).
[553] 『俱舍論』에 나오는 60수數는 고대 인도에서 쓰던 수의 단위를 말한다. 이 중에서 처음
시작되는 가장 작은 수의 단위는 1이고, 그것의 열 배를 십, 십의 열 배를 백, 백의 열
배를 천, 천의 열 배를 만이라 한다. 다시 10만은 낙차洛叉, 10낙차는 도락차度洛叉,
10도락차는 구지俱胝, 10구지는 말타末陀, 10말타는 아유다阿庾多, 10아유다는 대아
유다大阿庾多, 10대아유다는 나유다那庾多 등으로 열 배씩 증가하여 모두 60개의 수
의 단위가 있다. 『俱舍論』에 따르면, 그 당시 뒤의 8종류는 망실되고 52종류가 있다고
하였는데, 그 52번째 수가 아승기阿僧祇(Ⓢ asaṅkya)다. 『俱舍論』권12(T29, 63b13)
참조.

지어졌기 때문에 업장의 경중輕重의 상을 시설하기 쉽지만, 지금 법을 비방하는 업으로 받게 될 고통은 끝이 없어서 분별하기가 어렵다는 것이다. 그 법을 비방하는 과실은 구체적으로는 『대반야경』 제181권과 『법화경』 제2권 등에서 설한 것과 같다.

> 釋曰。此即第二顯謗過失。謂由先世業障所障。復爲現在謗法業障之所覆障。如是業障。初造時。雖易施設。當受苦果。逕於百千俱胝那庾多劫。無有出期。言俱胝那庾多者。如俱舍論第十二卷。引經說云。有一無餘數始爲一。十一[1]爲十。十十爲百。十百爲千。十千爲萬。十萬爲洛叉。十洛叉爲度洛叉。十度洛叉爲俱胝。十低[2]胝爲末陀。十末陀爲阿庾多。十阿庾多爲大阿庾多。十大阿庾多爲那庾多。如是展轉。滿六十數。具如彼說。或可初易施設者。過去業障。初所造故。易可施設輕重之相。今謗法業受苦無窮。難可分別。其謗法失。具如大般若一百八十一。法華第二等。

1) ㉠ 『俱舍論』 권12(T29, 63b15)에 '十一'이 '一十'으로 되어 있다. 2) ㉠ '低'는 '俱'의 오기다.

● 네 종류 사람에 대한 총결

그런데 이상의 모든 설명에는 차별이 있다.

처음의 두 사람은 교와 의미를 모두 믿는 자이다.[554] 세 번째 사람 중에서는 (스승) 및 두 제자를 합해서 세 사람이 있는데, 처음의 두 사람은 교는 믿지만 의미를 놓치는 자이고, 뒤의 한 사람은 의미를 닦아 익히지만 교를 놓친 자이다.[555] 네 번째인 한 사람은 교와 의미를 모두 놓친 자

---

[554] '처음의 두 사람'이란 다섯 가지 사를 구족하고 신해하는 사람(五事具足信解人), 그리고 다섯 가지 사를 구족하지 못했지만 믿을 수 있는 사람(五事不具能信人)을 가리킨다. 이 두 부류는 교법과 그 의미를 모두 믿는 자에 해당한다.

[555] '세 번째 사람'이란 오사五事를 갖추지 못한 상태에서 '믿음을 내지만 언설을 따라 집착하는 사람(生信隨言執著人)'을 가리킨다. 이 경에서는 이런 부류에 대해 '스승의 계

이다.[556]

또 네 사람 중에서 앞의 두 사람은 모두 보살이지만 차이점이 있으니, 처음 사람은 다섯 가지 사를 다 갖춘 자이고 나중 사람은 네 가지 사를 갖춘 자라는 것이다. 세 번째인 한 사람에 대해, 『심밀해탈경』에서는 다섯 가지 뜻(五義 : 오사五事를 뜻함)이 전부 없는 자이므로 '사견인邪見人'이라 하였고, 이 경(『해심밀경』)에서는 네 가지 사를 갖춘 자이므로 단지 '유정'이라고만 하였으며, 『대법론』과 『대품경』에서는 '보살'이라고 하였다.[557] 그래서 이와 같이 여러 교설들이 같지 않은 것이다.

然上諸說。有差別者。初之二人。敎義俱信。第三人中。及二弟子。合有三人。初之二人。信敎失義。後之一人。修義失敎。第四一人。敎義俱失。又四人中。前之二人。並是菩薩。而差別者。初具五事。後具四事。第三一人。依深密經。五義俱無。名爲耶[1]見。若依此經。具有四事。但言有情。依對法論及大品。名爲菩薩。所以如是諸敎不同。

1) ㉠ '耶'는 '邪'의 뜻이다.

탁과 '제자의 계탁'으로 나누어 설명하였다. ① '스승'이란 부처님께 직접 들었던 자를 가리키고, 제자란 제3자로부터 전해 들은 자를 가리킨다. 이 경에서는 후자(제자)를 다시 두 부류로 구분했는데, ② 제3자에게 전해 들음에 의해 언설을 따라서 집착하는 사람(依聞隨言執著人)이 있고, 또 ③ 그 제3자의 견을 따르지도 않고 믿지도 않는 사람(不隨其見不信人)이 있다. 앞의 두 사람(①·②)은 교법을 설하는 것을 듣고 언설에만 집착하기 때문에 의미를 놓친 사람이다. 세 번째 사람(③)은 들은 것을 따르지도 믿지도 않기 때문에 법을 놓치고 그릇된 의미에 대해서만 사유하는 사람이다.
556 '네 번째 사람'은 오사를 하나도 갖추지 못한 상태에서 믿지도 않기 때문에 교법과 그 의미를 모두 놓친 자이다.
557 '세 번째 사람'은 믿음을 내지만 언설을 따라 집착하는 사람(生信隨言執著人)이고, '세 번째의 한 사람'이란 스승과 제자 중에 스승을 가리킨다. 원측에 따르면, '이 집착하는 자(스승)'에 대한 해석이 경론마다 다르다. 앞서 언급했듯, 『勝鬘經』에서는 '외도를 익히는 자(習諸外道)'라고 하였고, 『集論』·『雜集論』에서는 '보살'이라고 하였으며, 『深密解脫經』 등에서는 '사견인邪見人'이라고 하였고, 이 『解深密經』에서는 단지 '유정'이라고만 하였다. 이에 관한 설명은 p.296 'ⓑ 집착의 상을 나타냄' 참조.

다. 교에 의거한 이해의 차별에 대해 총결지음

【경】 선남자여, 이와 같이 나의 선설과 선제법과 비나야라는, 가장 청정한 의요로 설해진 선교법에 대해, 이와 같은 모든 유정의 부류들의 이해는 갖가지 차별이 있을 수 있다.

善男子。如是於我善說善制法毗奈耶。最極淸淨意樂所說善敎法中。有如是等諸有情類意解種種差別可得。

【석】 이해가 부동함을 밝힌 곳에서 경문을 세 가지로 구별했었다. 처음은 총괄해서 표시한 것이고, 다음은 따로따로 해석한 것이며, 마지막은 총결지은 것이다. 이상으로 이미 두 단락의 경문에 대한 해석을 마쳤다. 이것은 세 번째로 총결지은 것임을 알아야 한다.

釋曰。就意解不同。文別有三。初總標。次別釋。後總結。上來已釋二段文訖。此卽第三總結應知。

(2) 게송을 들어 거듭 설함

【경】 이때 세존께서 이런 의미를 거듭 펼치시고자 게송을 설하셨다.

爾時世尊。欲重宣此義。而說頌曰。

【석】 이하는 두 번째로 게송으로 거듭해서 설한 것이다. 이 중에 두 가지가 있다. 처음은 게송을 설한 뜻을 총괄해서 표명한 것이고, 나중은 게송을 들어 바로 해석한 것이다.

釋曰。此下第二以頌重說。於中有二。初總標頌意。後擧頌正釋。

① 게송을 설한 뜻을 총괄해서 표명함

이것은 처음에 해당한다.

此卽初也。

② 게송을 들어 바로 해석함

경 모든 법은 다 자성이 없고
　생함도 없고 멸함도 없어 본래 적정하여
　모든 법의 자성은 항상 열반이니
　지혜로운 자 그 누가 밀의를 없다 하리오

一切諸法皆無性　無生無滅本來寂
諸法自性恒涅槃　誰有智言無密意

석 이하는 두 번째로 게송을 들어 바로 해석한 것이다. 이 중에 두 가지가 있다.

처음의 두 송은 앞에서 '모든 법은 다 자성이 없다'는 등을 (설했던 것에 대해) 읊었고, 뒤에서 '밀의의 가르침에 의거해서 미혹함과 깨달음이 부동함'을 설했던 것에 대해 반복해서 읊은 것이다. 나중의 "모든 청정한 도에 의지하는" 이하에 세 개의 송이 있는데, 비밀스런 가르침에 의거해서 일승一乘의 의미를 설했던 것에 대해 읊은 것이다.

혹은 두 가지로 구분할 수도 있다. 처음에 두 송이 있으니, 앞에서 '모든 법은 다 자성이 없다'는 등을 설했던 뜻에 대해 읊은 것이다. 나중에 세 송이 있으니, 앞에서 '일승' 이하의 두 차례 '부차復次'에서 (설했던 것에 대해) 읊은 것이다.[558]

釋曰。此下第二擧頌正釋。於中有二。初之兩頌。頌上一切諸法皆無性等。反頌後說依密意敎迷悟不同。後依諸淨道下。有其三頌。頌依密敎說一乘義。或可分爲二。初有二頌。頌上一切無性等意。後有三頌。頌上一乘已下二復次文。

가. 앞에서 설한 '일체제법개무성一切諸法皆無性' 등에 대해 읊음

전자 중에 두 가지가 있다. 처음에 한 송이 있는데, 경의 네 구의 비밀스런 의취에 대해 해석한 것이다. 나중에 한 송이 있는데, 삼무성에 의거해서 밀의를 바로 나타낸 것이다.

前中有二。初有一頌。釋經四句密意趣。後有一頌。約三無性。正顯密意。

가) 경의 네 구의 비밀스런 의취意趣에 대해 해석함

(이것은 처음에 해당한다.) 말하자면 경에서 설했던 '자성 없음' 등의 말은 '결정코 자성이 없다'는 등의 이유에서 자성이 없다고 한 것이 아니

---

[558] "두 차례 부차復次"란 '일승一乘'을 설한 경문 중에서 두 번에 걸쳐 "다시, 승의생이여!(復次。勝義生)……"라고 설했던 것을 가리킨다. 『解深密經』 권2(T16, 695a13)에서 "復次。勝義生。諸聲聞乘種性有情。亦由此道此行迹故。證得無上安隱涅槃。諸獨覺乘種性有情。諸如來乘種性有情。亦由此道此行迹故。證得無上安隱涅槃。一切聲聞獨覺菩薩。皆共此一妙淸淨道。皆同此一究竟淸淨。更無第二。我依此故。密意說言。唯有一乘……이하 생략……"이라고 하였고, 다시 같은 책 권2(T16, 0695b9)에서 "復次。勝義生。如是於我善說善制法毘奈耶。最極淸淨意樂所說善敎法中。諸有情類意解種種差別可得……이하 생략……"이라고 하였다.

라, 다만 세 종류 자성 없음이라는 의미에서 자성 없음을 설한 것이니,[559] 구체적으로 분별하면 앞에서 자세히 설했던 것과 같다. 따라서 "지혜로운 자 그 누가 밀의가 없다 하리오."라고 말한 것이다.

謂[1]經所說無性等言。非決定無自性等故名爲無性。但依三種無自性義。說名無性。若具分別。如上廣說。故言誰有智言無密意也。

1) ㉢ '謂' 앞에 '此卽初也'가 누락된 듯하다.

나) 삼무성三無性에 의거해서 밀의密意를 바로 나타냄

경 상과 생과 승의의 자성 없음을
　　이와 같이 나는 모두 현시하였으니
　　부처님의 이 밀의를 알지 못하면
　　바른 도를 실괴하여 나아갈 수 없으리라

相生勝義無自性　　如是我皆已顯示
若不知佛此密意　　失壞正道不能往

석 이것은 두 번째로 삼무성에 의거해서 밀의를 바로 나타낸 것이다. 말하자면 이전에 설했던 '자성 없음' 등의 말은 불요不了의 언사言辭이고,

---

559 '무성無性'이라는 말은 모든 법에 결정코 자성이 없다는 단편적 주장이 아니라, 변계소집성·의타기성·원성실성이라는 삼성의 차원에서 다시 상무자성相無自性·생무자성生無自性·승의무자성勝義無自性 등 세 종류의 '자성 없음'으로 구분해서 설했다는 것이다. 뒤에서 인용된 『攝大乘論釋』 제1권에서는, 이러한 세 종류 자성 없음을 설한 비밀스러운 뜻은 '유有를 무無로 손감損減시키거나 무를 유로 증익增益시키는 집착을 막고 중도中道를 드러내기 위해서'라고 하였다. 뒤의 '나) 삼무성三無性에 의거해서 밀의密意를 바로 나타냄' 참조.

나는 상·생·승의의 자성 없음으로써 '자성 없음' 등을 설했던 의취를 현시하였으니, 만약 이 밀의를 알지 못하는 자라면 정도를 놓쳐 버리기 때문에 무상보리로 나아갈 수 없다는 것이다.

이와 같이 '실괴失壞한다'는 것에 대해, 예를 들어 무성의 『섭대승론석』 제1권에서는 다음과 같이 말한다. "무에 대해 이유 없이 억지로 유라고 건립하기 때문에 증익이라 한다. 유에 대해 이유 없이 억지로 무라고 부정하기 때문에 손감이라 한다. 이와 같은 증익과 손감을 모두 '변邊'이라 설하고, 이것이 '떨어진다(墜墮)'는 뜻이다. 이 두 가지가 일어날 때 중도를 실괴한다."[560]

釋曰。此卽第二約三無性。正顯密意。謂前所說無性等言。不了言辭。我以相生勝義無性。顯示所說無性等意。若不了知此密意者。失正道故。不能趣往無上菩提。如是失壞。如無性攝論第一卷云。於無無因強立爲有。故名增益。於有無因強撥爲無。故名損減。如是增益及與損減。俱說爲邊。是墜墮義。此二轉時。失壞中道。

나. 밀교密敎에 의거해서 일승一乘의 의미를 설한 것에 대해 읊음

> 경 모든 청정한 도에 의지하는 청정한 자는
> 오직 이 하나에 의지할 뿐 두 번째는 없으니
> 따라서 그 안에서 일승을 건립했지만
> 유정의 종성은 차별 없는 것이 아니다

依諸淨道淸淨者　唯依此一無第二

---

560 무성의 『攝大乘論釋』 권1(T31, 382b20).

故於其中立一乘　非有情性無差別

석 이하에 두 번째로 3행의 게송이 있으니, 무성관無性觀에 의거해서 일승一乘의 뜻을 해석한 것이다. 이 중에 네 가지가 있다. 처음의 한 송은 삼승인에 의거해서 은밀하게 일승을 설한 것이다. 둘째로 반 송이 있는데, 종성이 결정된 사람은 오직 자신만 제도한다고 읊은 것이다. 셋째로 반 송이 있으니, 종성이 결정되지 않은 사람은 대열반을 증득함을 읊은 것이다. 넷째로 한 송이 있으니, 열반의 상을 해석한 것이다.

釋曰。自下第二有三行頌。約無性觀。釋一乘義。於中有四。初之一頌。約三乘人。密說一乘。二有半頌。頌定姓人唯度自身。三有半頌。頌不定姓證大涅槃。四有一頌。釋涅槃相。

가) 삼승인三乘人에 의거해서 은밀하게 일승을 설함

이것은 첫 번째로 삼승인에 의거해서 은밀하게 일승을 설한 것이다. 말하자면 삼승인은 모두 '무성無性'이라는 무루의 성도聖道에 의지해서 각기 열반을 증득하는 것이지 (그 외에) 두 번째 도는 없기 때문에 '일승'이라 설했지만 저 삼승에 차별이 없는 것은 아니라는 것이다.[561]

此卽第一約三乘人。密說一乘。謂三乘人。皆依無性無漏聖道。各證涅槃。無第二道。故說一乘。非彼三乘無有差別。

---

[561] 이 『解深密經』뿐만 아니라 다른 경론에서도 '일승一乘'과 '삼승의 차별(三乘差別)'을 설하는데, 경론에 따라 어느 쪽을 가假 혹은 실實로 간주하는지는 다르다. 원측에 따르면, 이 경에서는 '삼무성관三無性觀'이라는 '하나의 성도聖道를 공유한다'는 점에서 방편으로 '일승'이라 설한 것이다. 따라서 이 경의 관점에서는 삼승은 실實이고 일승은 가假라고 하였다. 이에 대해서는 p.228 '⊙ 일승·삼승의 가假·실實' 참조.

나) 정성인定姓人은 오직 자신만 제도함을 읊음

경 중생계 안의 한량없는 중생들은
오직 한 몸만을 제도하여 적멸로 나아간다

衆生界中無量生　唯度一身趣寂滅

석 이것은 두 번째로 종성이 결정된 사람은 오직 자신만 제도함을 읊은 것이다. 말하자면 (그는) 소의신所依身(의지하는 몸)에 결정코 여래의 자비의 종자가 없기 때문에 끝내 무상보리를 이루지 못한다는 것이다. 자세히 설하면 이전과 같다.

釋曰。此卽第二頌定性人唯度自身。謂依身中。定無如來慈悲種故。畢竟不成無上菩提。廣說如前。

다) 부정성不定姓은 대열반을 증득함을 읊음

경 대비와 용맹으로 열반을 증득하고서
중생도 버리지 않기란 매우 힘들다

大悲勇猛證涅槃　不捨衆生甚難得

석 이것은 세 번째로 종성이 결정되지 않은 자(不定性)는 대열반을 증득함을 읊은 것이다. 그 종성이 결정되지 않은 사람은 몸 안에 부처님의 종성이 갖추어져 있기 때문에 용맹정진하여 부처님의 열반을 증득하고서도 중생에게 이익 주는 일을 저버리지 않으며 네 종류 지혜(四種智)[562]를 갖추고서 곧 구경의 열반을 증득할 수 있다는 것이다. 이것은 종성이 결정된 사람에게는 매우 힘든 일이다.

> 釋曰。此卽第三頌不定性證大涅槃。彼不定人。身中具有佛種姓故。勇猛精進。證佛涅槃。不捨衆生利益之事。具四種智。便能證得究竟涅槃。此定性人。甚難得也。

라) 열반의 상을 해석함

경 미묘하고 사유하기 힘든 무루계
　그 안에서 해탈은 동등하여 차별이 없으며
　모든 의미가 성취되고 혹·고를 떠나니
　두 종류를 달리 말하면 상·낙이라 한다

　　微妙難思無漏界　　於中解脫等無差
　　一切義成離惑苦　　二種異說謂常樂

석 이것은 네 번째로 열반의 모습을 해석한 것이다.
"미묘하고 사유하기 힘든 무루계"란 열반의 체를 말한다. '계界'란 체體이다. 말하자면 열반의 체는 모든 상을 떠나 있기 때문에 미묘하고 사유하기 힘들다는 것이다.
"그 안에서 해탈은 동등하여 차별이 없으며"라는 것은 열반의 과는 동

---

562 사종지四種智: 대원경지大圓鏡智·평등성지平等性智·묘관찰지妙觀察智·성소작지成所作智를 뜻한다. 유식종에 따르면, 전의轉依를 이루고 불과佛果를 획득했을 때 제8식과 제7식과 제6식과 전오식前五識이 각기 순서대로 대원경지, 평등성지, 묘관찰지, 성소작지 등 네 종류 무루지無漏智로 전환된다.

등해서 차별이 없음을 나타낸 것이다. 하나의 진여에는 두 가지 신身의 의미가 있다. 첫째는 해탈신이니, 진여에 의지해서 번뇌장을 끊고 해탈을 증득한 것을 해탈신이라고 한다. 둘째는 법신이니, 부처님의 법신은 역力·무외無畏 등과 같은 공덕[563]의 소의이기 때문에 법신이라고 한다. 이 중에 법신은 오직 여래에게만 있고, 해탈신은 삼승인도 차별이 없기 때문에 '해탈은 동등하여 차별이 없다'고 한 것이다.

따라서 다음의 제5권에서 다음과 같이 설한다. "선남자여, 해탈신으로 인해 모든 성문과 독각은 모든 여래와 더불어 평등하고 평등하다고 설한 것이다. 법신으로 인해 차별이 있다고 설하니, 여래의 법신은 (삼승과는) 차별이 있기 때문이다. 무량한 공덕의 가장 수승한 차별은 (계산이나 비유로는 미칠 수 없는 것이다.)"[564]

『유가사지론』에 의하면 삼승의 무여열반은 상품·중품·하품의 차별이 없다. 따라서 『유가사지론』 제80권에서는, 이 무여열반계 안에서 상품·중품·하품, 높음과 낮음, 뛰어남과 하열함, '이는 여래이고 이는 성문 등이다'라고 안립할 수 있는 것이 아니라고 하였다.[565] 자세하게 설하면 그 논과 같다.

釋曰。此卽第四釋涅槃相。微妙難思無漏界者。謂涅槃體。界者體也。謂涅槃體。離諸相故。微妙難思。於中解脫等無差者。顯涅槃果等無差別。於一眞如。有二身義。一解脫身。謂依眞如。斷煩惱障。證得解脫。名解脫身。二者法身。謂佛法身。力無畏等功德所依。故名法身。於中法身。唯如來有。解脫身者。三乘無別。故言解脫等無差。故下第五卷中說云。善男子。由解

---

563 역力·무외無畏 등과 같은 공덕 : 부처님만이 갖춘 열여덟 종류의 공덕, 즉 십력十力과 사무외四無畏와 삼념주三念住와 대비大悲 등을 가리킨다.
564 『解深密經』 권5(T16, 708b23).
565 『瑜伽師地論』 권80(T30, 748b27) 참조.

脫身故。說一切聲聞獨覺。與諸如來。平等平等。由法身故。說有差別。如來法身有差別故。無量功德最勝差別。若依瑜伽。三乘無餘涅槃。無有上中下品差別。故瑜伽論第八十云。非此無餘涅槃界中可得安立上中下品高下勝劣。此是如來。是聲聞等。廣說如彼。

"모든 의미가 성취되고……"라고 했는데, '의미(義)'란 의리義利를 말한다. 말하자면 무여열반이라는 진여의 체에는 모든 무위의 공덕이라는 의미가 성취되어 있고 번뇌의 소의인 고통스런 몸을 멀리 떠났으니, 이는 유여열반이 오직 번뇌만을 떠난 것과는 같지 않다. 이 열반에 의지하는 두 종류를 달리 설하면, 이른바 상常과 낙樂이다.[566] 미혹을 떠났기 때문에 그것을 '상'이라 하고, 고통을 떠났기 때문에 그것을 '낙'이라 한다.

『유가사지론』에 따르면 세 가지 의미가 있기 때문에 그것을 '상'이라 하고, 두 가지 의미가 있기 때문에 그것을 '낙'이라 한다. 따라서 그 논의 제80권에서는 다음과 같이 말한다. "문 어떤 인연 때문에 이것은 '상'이라고 말해야 하는가? 답 청정한 진여에 의해 현현된 것이기 때문이고, 연으로 생긴 것이 아니기 때문이며, 생하거나 멸함이 없기 때문이다. 문 이것은 '낙'이라고 말해야 하는가, 낙이 아니라고 말해야 하는가? 답 승의勝義의 낙이기 때문에 이는 낙이라고 말해야 한다. 감각적 즐거움(受樂)으로 인해 낙이라 설한 것은 아니다. 어째서인가? 모든 번뇌와 (그로 인해) 생긴 고통을 다 초월해 있기 때문이다."[567]

이『유가사지론』에 준해 보면, 세 가지 '상'의 의미와 두 가지 '낙'의 의미에 의거해서 이 상과 낙 두 종류는 의미가 차별되기 때문에 "두 종류를 달리 말하면"이라고 말한 것이다.

---

[566] 열반의 세계는 첫째로 모든 혹惑를 떠나 있고 둘째로 모든 고고를 떠나 있는데, 그 두 가지를 다른 말로 표현하면 '상常'과 '낙樂'이라 한다는 것이다.
[567]『瑜伽師地論』권80(T30, 748b19).

一切義成等者。義謂義利。謂於無餘涅槃眞如體上。一切無爲功德義成。遠離煩惱所依苦身。不同有餘唯離煩惱。依此涅槃二種異說。所謂常樂。以離惑故。說之爲常。離苦故。說之爲樂。若依瑜伽。有三義故。說之爲常。有二義故。名之爲樂。故八十云。問。何因緣故。當言是常。答。淸淨眞如之所顯故。非緣生故。無生滅故。問。當言是樂。當言非樂。答。由勝義樂。當言是樂。非由受樂。說名爲樂。何以故。一切煩惱及所生苦。皆超越故。准此瑜伽。依三常義。二種樂義。由此常樂二種義別。故作此言。二種異說。

3. 영해수지분領解受持分[568]

경 이때 승의생보살이 다시 부처님께 말하였다. "세존이시여, 제불여래의 밀의의 언어는 매우 기이하고 희유한 것입니다. 내지는 미묘한 것 중에 가장 미묘한 것이고, 심오한 것 중에 가장 심오한 것이며, 통달하기 어려운 것 중에 가장 통달하기 어려운 것입니다.

爾時。勝義生菩薩。復白佛言。世尊。諸佛如來密意語言。甚奇希有。乃至微妙最微妙。甚深最甚深。難通達最難通達。

석 이하는 세 번째로 보살이 영해하여 수지하는 부분이다. 이 중에 두 가지가 있다. 처음은 보살이 영해한 것이고, 나중의 "이때 세존께서" 이

---

[568] 영해수지분領解受持分은 지금까지 여래가 설했던 삼무성의 교설을 듣고 나서 보살이 이해한 바(領解)를 다시 진술한 것이다. 이전의 보살청문분菩薩請問分과 여래정설분如來正說分, 그리고 영해수지분을 통해서 '공空·무자성無自性의 밀의密意'에 대한 설법은 완결된다. 이 세 부분은 하나의 완결된 논증 체계를 이루고 있는데, 그 논리적 구조를 주의 깊게 살펴보면 이「無自性相品」에서 해명하고자 했던 중요한 과제가 무엇인지를 알 수 있다. 먼저 서두의 보살청문분에서 승의생보살勝義生菩薩은 세존이 제1시時에 온·처·계 등 열세 가지 법문으로 설했던 유성有性의 교敎와 제2시에 설해진 무성無性의 교가 서로 모순된다는 점을 지적하면서, '어떤 의미에서 무성을 설하는가'라고 묻는다. 따라서 다음의 여래정설분에서 세 종류 무성(三無性)의 교설을 통해 '무성' 혹은 '공'이라는 말에 내포된 대승적 밀의密意를 더 명료하고 자세하게 설명해 준다. 그런데 보살의 의문은 본래 제1시의 유교有敎(유성을 설한 교)와 제2시의 공교空敎(무성을 설한 교)가 서로 모순된다는 데서 비롯된 것이다. 여기서 짐작할 수 있듯, 삼무성의 교설은 일차적으로는 '공' 혹은 '무자성'의 밀의를 명료하게 드러내기 위해 설해진 것이지만, 그와 동시에 제1시와 제2시의 설법 간의 모순을 회통시키려는 의도에서 설해진 것이다. 이 영해분은 바로 그 점에 초점을 맞춰 진술된 것이다. 따라서 여기에서는 온·처·계 법문 등과 같은 유성의 법문과 삼무성의 교설을 결합시켜 해석하였다. 이를 통해 '삼무성'이라는 요의교了義敎가 삼과三科 법문 등과 같은 모든 불요의교不了義敎에도 이미 내재되어 있다는 것을 보여 준다.

하는 여래께서 수지하라고 권하신 것이다.

釋曰。自下第三菩薩領解受持分。於中有二。初菩薩領解。後爾時世尊下。
如來勸持。

1) 보살의 영해

전자 중에 세 가지가 있다. 처음은 교의 심오함을 찬탄한 것이고, 다음의 "이와 같이" 이하는 자신의 영해를 진술한 것이며, 마지막의 "세존이시여, 비유하면" 이하는 비유를 들어 거듭 나타낸 것이다.

前中有三。初讚敎甚深。次如是下。申自領解。後世尊譬如下。擧喩重顯。

(1) 교의 심오함을 찬탄함

이것은 첫 번째로 가르침의 심오함을 찬탄한 것이다. 경문에 두 개의 절이 있다. 처음은 공능이 희유함을 총괄해서 찬탄한 것이고, 나중의 "내지는" 이하는 따로따로 찬탄한 것이다.

'미묘하다'는 것과 '심오하다'는 것과 '통달하기 어렵다'는 것은 그 차례대로 범부와 이승과 보살을 넘어서 있음을 말하니, 세 종류 사람의 지위는 차별되기 때문이다. 혹은 성문과 연각과 보살의 지위를 넘어서 있기 때문에, 혹은 3아승기(보살 수행이 완성되는 데 걸리는 시간)의 지위인 보살의 경계를 넘어서 있기 때문에,[569] 이 세 가지 이름을 설했다고 할 수도 있다.

---

[569] 이 해석에 따르면, '미묘微妙'와 '심심甚深'과 '난통달難通達'이라는 문구는 그 차례대로

此卽第一讚敎甚深。文有二節。初總讚歎功能希有。後乃至下別讚歎也。言微妙甚深難通達者。如其次第。超過凡夫二乘菩薩。三位別故。或可超過聲聞緣覺菩薩位故。或可超過三僧祇位菩薩境故。說此三名。

(2) 자신의 영해를 진술함570

경 다음과 같이 저는 지금 세존께서 설해 주셨던 의미를 영해했습니다.

如是我今領解世尊所說義者。

석 이하는 두 번째로 자신의 영해를 진술한 것이다. 이 중에 두 가지가 있다. 처음은 온蘊 등의 다섯 문에서 삼무성을 설했음을 영해한 것이고, 나중은 제諦 등의 두 문에서 삼무성을 설했음을 영해한 것이다.571

釋曰。自下第二1)自領解。於中有二。初領蘊等五門說三無性。後領諦等二門說三無性。

각기 제1아승기겁, 제2아승기겁, 제3아승기겁의 단계에 있는 보살의 능력을 초월해 있음을 표현했다고 볼 수도 있다.
570 이하에서는 본격적으로 이전의 보살청문분菩薩請問分에서 거론했던 오온五蘊 등 열세 종류 법문에 대해 차례대로 삼무성의 교의敎義를 적용시켜 논한다. 이후의 진술은 모두 동일한 구조로 되어 있다. 먼저 ① 변계소집상의 차원에서 상무성相無性을 설하였고, 의타기성依他起性의 차원에서 생무성生無性과 일부의 승의무성勝義無性을 설하였음을 상기시키고, 다음에 ② 의타기성과 원성실성 두 종류에 의거해서 승의무성을 설하였음을 상기시킨다. 이러한 두 가지 영해의 내용은 모두 이전의 여래정설분의 삼무성에 관한 정의에 준하는 것이다.
571 이하에서는 거론된 유성有性의 법문들은 모두 이전의 보살청문분에서 언급했던 것들이다. 그 차례대로 온蘊, 처處, 연기緣起, 식食, 제諦, 계界, 염주념住, 정단正斷, 신족神足, 근根, 역力, 각지覺支, 팔지성도八支聖道 등의 법문에 세 종류 무성의 의미를 적용시켜 해석하였다.

1) ㉡ 이전의 '次如是下申自領解'라는 문구에 맞춰서 '二' 뒤에 '申'을 추가하였다.

① 오온五蘊 등의 다섯 문에서 삼무성三無性을 설했음을 영해함

전자 중에 두 가지가 있다. 처음은 색온에 의거해서 삼무성을 설한 것이고, 나중은 그 밖의 온 등에 대해 견주어 밝힌 것이다.

前中有二。初約色蘊。說三無性。後類餘蘊等。

가. 색온色蘊에 의거해서 삼무성을 설함
색온을 밝힌 곳에서 다시 두 가지로 구분된다. 처음은 앞의 두 가지 자성(변계소집성과 의타기성)에 대해 영해한 것이고, 나중은 세 번째 자성(원성실성)에 대해 영해한 것이다.

就色蘊中。復分爲二。初領前二性。後領第三性。

가) 앞의 두 가지 자성에 대해 영해함
전자 중에 두 가지가 있다. 처음은 영해하였음을 총괄해서 표명한 것이고, 나중은 영해한 것을 따로따로 해석한 것이다.

前中有二。初總標領解。後別釋領解。

(가) 영해하였음을 총괄해서 표명함
이것은 처음에 해당한다.

此卽初也。

(나) 영해한 것을 따로 해석함[572]

경 〈'분별소행分別所行인 변계소집상遍計所執相의 소의행상所依行相'[573]에서, 가명으로 색온의 자성상 혹은 차별상을 안립하고, 가명으로 색온의 생, 색온의 멸, 또 색온의 영단·변지의 자성상 혹은 차별상을 안립했다면, 이것은 변계소집상이라 이름합니다.

若於分別所行遍計所執相所依行相中。假名安立。以爲色蘊。或自性相。或差別相。假名安立。爲色蘊生。爲色蘊滅。及爲色蘊永斷遍知。或自性。[1] 或差別相。是名遍計所執相。

1) ㉠『解深密經』권2(T16, 696b18)에 '性' 뒤에 '相'이 있다.

---

[572] 이하에서는 색온에 의거해서 변계소집성遍計所執性의 상무성相無性과 의타기성依他起性의 생무성生無性을 설한 것이다. 두 가지 무성의 뜻은 이전에 설한 것과 같다. 이 경문에서 특히 '소의행상所依行相에 의거해서 온蘊 등의 갖가지 자성상自性相·차별상差別相이 가립假立되었다'고 한 것은, 의타기성이 변계소집성이 시설되는 실질적 근거임을 밝힌 것이다. 이후에 반복적으로 등장하는 '소의행상'과 '자성상·차별상' 등은 각기 의타기상과 변계소집상을 대변하는 용어고, 이 영해분에서는 그 두 가지 차원에서 각기 '무성'을 시설한 것임을 다시 환기시킨다.

[573] 분별소행分別所行인 변계소집상遍計所執相의 소의행상所依行相 : 변계소집의 경계상境界相들이 시설되는 실질적 근거(所依)로서의 의타기依他起의 행상行相, 즉 '소의행상'을 가리키는 것이다. 그런데 '소의행상' 앞에 긴 수식어가 붙었는데, 여기서는 우선 "분별소행인 변계소집상의 소의행상"이라고 번역하였다. 그런데 이하 원측의 해석에 따르면, '① 分別所行 + ② 遍計所執相'의 복합어에 대해 두 가지 해석이 있을 수 있다. 첫 번째 해석은 '① 分別所行'이 '② 遍計所執相'과 동격 관계에 있는 복합어로 간주하는 것인데, 이 경우 '分別所行 그 자체가 遍計所執相'이라는 의미에서 "분별소행인 변계소집상……"이라 한 것이다. 두 번째 해석은 '① 分別所行'이 '② 遍計所執相'이 아니라 뒤의 '③ 所依行相'과 동격 관계에 있는 복합어로 간주하는 것인데, 이 경우 '분별소행'과 '소의행상'은 모두 의타기성을 가리키는 단어이므로 "분별소행인,……소의행상"이라는 의미로 해석될 수 있다. 또 '② 遍計所執相 + ③ 所依行相'의 복합어는 앞 단어에 의해 뒤 단어가 한정되는 관계에 있는 복합어이다. 이 중 '행상'에 대한 두 가지 해석의 차이는 있지만, 어쨌든 '변계소집상이 시설되는 실질적 근거(所依)가 바로 소의행상이다'라는 의미에서 "변계소집상의 소의행상"이라 했다는 점에서는 차이가 없다. 자세한 것은 이하의 경문 해석 참조.

석 이하는 두 번째로 영해한 것을 따로 해석한 것이다. 이 중에 두 가지가 있다. 처음은 변계소집상을 밝힌 것이고, 나중은 의타기성을 밝힌 것이다.

釋曰。自下第二別釋領解。於中有二。初明所執相。後明依他性。

㉮ 소집상所執相을 밝힘

변계소집상을 밝힌 곳에서 경문은 두 가지로 구별된다. 처음은 의타기성에 의거해서 소집성을 건립했다는 것이고, 나중의 "세존께서는 이에 의거해서" 이하는 소집성에 의거해서 '상무성'을 설했다는 것이다.

就所就[1]中。文別有二。初依依他。立所執性。後世尊依此下。依所執性。說相無性。

---
1) ㉠ '就'는 '執'의 오기인 듯하다.

a. 의타성依他性에 의거해서 소집성所執性을 건립함

이것은 처음에 해당한다. 경문에 세 개의 절이 있다. 첫째는 '분별소행의 소의행상分別所行所依行相'에 대해 밝힌 것이다. 둘째는 색온의 자성·차별에 대해 밝힌 것이다. 셋째는 색온의 생·멸·영단·변지에 대해 설명한 것이다.

"분별소행分別所行"이라 했는데, '분별分別'이란 능히 두루 계탁하는 심과 심소를 말하고, '소행所行'이라는 말은 저 변계소집성인 '실유하는 색온(實色蘊)' 등을 나타내니, 이것은 저 분별의 소행경所行境(경계)이기 때문에 '소행'이라 한 것이다.[574]

---
574 이 해석에 따르면, 일상적 분별에서는 경계의 상들은 모두 실유實有하는 것으로 집착

해 또는 '소행'이란 의타기성인 '가짜의 색온(假色蘊)' 등을 말하니, 이것은 저 분별의 소연연所緣緣(대상·경계)이기 때문에 '소행'이라고 한 것이다.[575]

"변계소집상의 소의행상에서"라고 했는데, '행상'이라 한 것에 대해 본래 두 가지 설이 있다. 한편에서는 다음과 같이 말한다. 〈'행'은 견분見分을 말하니, 능연能緣으로서의 행해行解이다. '상'은 상분相分을 말하니, 소연所緣으로서의 상相이다.〉 한편에서는 다음과 같이 말한다. 〈행상이란 유위의 행상에 해당하니, 의타기를 행상이라 총괄해서 설한 것이다.〉 두 가지 설명 중에 뒤의 설명이 뛰어나다. 앞의 설명에 따르면, 의타기의 견분 등은 포함되지 않기 때문이다.[576]

'색온의 자성과 차별을 안립한다'고 했는데, 총상總相으로 체를 나타내서 '자성'이라 하고 자성에 있어서의 유루·무루, 가견·불가견 등의 (차이

되는데, 그 실유의 상들은 실제로는 '두루 헤아리는 마음(遍計)에 의해 집착된 것(所執)'에 불과하므로 '변계소집상'이라고 한다. 여기서 '소행所行[S] gocara)'이란 본래 소(牛)가 걸어 다니는 목초지牧草地를 뜻하는데, 인식론적으로는 감각이나 지智에 의해 인식되는 영역 혹은 범위 등을 뜻한다. 이 경문에서는 '경계' 혹은 '인식 대상'과 거의 같은 의미로 쓰였다. 요컨대, 분별소행이란 변계소집상이고, 구체적으로는 '실유라고 집착되는 경계의 상'을 말한다.

575 이전의 해석에서는 '분별소행'을 변계소집성이라고 간주했던 반면, 이 해석(해)에서는 의타기성으로 간주했다는 점에서 차이가 난다. 그에 따르면, '분별'은 의타기依他起의 식識이고 '소행'은 그 식에 현현된 인식대상(所緣緣)이다. 따라서 '분별소행'은 곧 '식의 인식 대상'을 가리킨다. 유식종에서는 '식識'은 연을 따라 생하기 때문에 '의타기'로 간주된다. 이 식이 대상을 인식할 때는 대상 그 자체가 아니라 그것의 영상影像을 현현해 내어 그것을 인식대상으로 삼는데, 이 영상도 그 식과 마찬가지로 '의타기'라고 간주하기도 한다. 이런 의미에서 "소행이란 의타기성인 가짜 색온 등을 말한다."라고 하였다.

576 전자의 해석에 따르면, '행상行相'이라는 복합어는 '행해의 대상(行之相)'으로 해석되며, 이 단어가 지칭하는 것은 '~의 대상' 즉 소연所緣의 상분相分이다. 후자의 해석에 따르면, '행상'은 의타기의 모든 유위행상有爲行相을 총칭하는 말이기 때문에 능연能緣의 견분見分과 소연所緣의 상분相分을 모두 포함하는 말이다. '소의행상所依行相'이 변계소집상이 시설되는 근거로서 의타기상을 가리킨다면, 후자의 해석이 그에 더 부합한다고 하였다.

를) 일컬어 '차별'이라 한다.[577]

'색온의 생·멸(··영단·변지의 자성과 차별)을 안립한다'고 했는데, 아직 있지 않다가 있게 되면 그것을 '생'이라 하고, 이미 있었다가 다시 없어지면 그것을 '멸'이라 한다. 생멸을 총괄해서 밝힐 때는 '자성'이라 하고, 찰나의 생멸이나 한 시기 동안의 생멸 등의 (차이를) 일컬어 '차별'이라 한다. 오염된 색온에 대해서는 '영구히 끊는다(永斷)'고 하고, 오염되지 않은 색온에 대해서는 '두루 안다(遍知)'고 한다.[578] 혹은 집제集諦의 의미를 갖는 쪽에 대해 '영구히 끊는다'고 하고, 고제苦諦의 의미를 갖는 쪽에 대해 '두루 안다'고 한다.[579] 이와 같은 영단과 변지에 대해, 영단을 총괄해서 분별할 때는 '영단의 자성'이라 하고, 견도와 수도 등에서의 단멸 등의 (차이를) 일컬어 '영단의 차별'이라 한다. 색온의 자성을 총체적으로 아는 것을 '변지의 자성'이라 하고, 색온의 차별을 개별적으로 아는 것을 '변지의 차별'이라 한다. 이와 같이 안립을 일컬어 변계소집상이라 한다.

此卽初也。文有三節。一明分別所行所依行相。二明色蘊自性差別。三辨色

---

[577] 이 경문에서는 어떤 법法의 총상總相을 일컬어 자성自性이라 하였고 그 법체에서의 여러 가지 차별적 상태를 일컬어 차별差別이라 하였다. 예를 들어 질애·부피를 가진 법들의 총체적 상을 '자성상自性相'이라 하며 그것에 대해 '색온'이라는 가명을 안립한다. 또 이 색온 상에는 유루와 무루 혹은 보이는 색과 보이지 않는 색 등의 갖가지 차별이 있는데, 그러한 차별에 의거해서 '유루' 등과 같은 가명을 안립한다. 마찬가지로 색온의 생生과 멸滅 등에 대해서도 자성상과 차별상을 안립한다. 이와 같이 안립된 자성과 차별에 의거해서 실재론적 집착이 일어나기 때문에 그러한 자성·차별을 변계소집상이라 하였다.
[578] 오염된 색온은 영원히 단멸시켜야 할 대상이므로 '오염된 색온의 영단永斷'이라는 말을 시설하였고, 오염되지 않은 색온은 두루 알아야 할 대상이므로 '오염되지 않은 색온의 변지遍知'라는 말을 시설했다는 것이다.
[579] 고제는 두루 알아야 할 대상이므로 '고제를 변지한다(苦諦遍知)'고 하고, 집제는 영원히 단멸시켜야 할 대상이므로 '집제를 영단한다(集諦永斷)'고 한다. 또 멸제는 반드시 증득해야 할 것이므로 '멸제를 작증한다(滅諦作證)'고 하고, 도제는 반드시 닦아 익혀야 할 것이므로 '도제를 수습한다(道諦修習)'고 한다.

蘊生滅永斷遍知。分別所行者。分別。卽是能遍計度心及心所。所行言。顯
彼所執性實色蘊等。是彼分別所行境故。名爲所行。又解。所行是依他假色
蘊等。卽彼分別所緣緣故。名爲所行。言遍計所執相所依行相中者。所說行
相。自有兩說。一云。行謂見分。能緣行解。相卽相分。是所緣相。一云行相。
卽是有爲行相。總說依他。以爲行相。兩說之中。後說爲勝。若依前說。不
攝依他見等分故。安立色蘊自性差別者。總相出體。名爲自性。卽自性上。
有漏無漏。可見不可見等。名爲差別。安立色蘊生滅等者。未有而有。名之
爲生。已有還無。稱之爲滅。總辨生滅。名爲自性。刹那生滅及一期等。名
爲差別。染汙色蘊。名爲永斷。不染色蘊。名曰遍知。或集義邊。名爲永斷。
苦諦義邊。名曰遍知。如是永斷遍知。若總辨永斷。名永斷自性。若見脩等
斷。名永斷差別。總者¹⁾色蘊自性。名遍知自性。別知色蘊差別。名遍知差
別。如是安立。名爲遍計所執相。

---

1) ㉯ '者'는 '知'의 오기인 듯하다. 다음의 '別知色蘊差別'이라는 문구에 준할 때 여기에 '總知~'가 나와야 한다.

문 「승의제상품」에는 모두 여섯 가지 상相이 있으니, 말하자면 "온을 증득했기 때문에(得蘊故), 온의 상을 증득했기 때문에(得蘊相故), 온의 일어남을 증득했기 때문에(得蘊起故), 온의 다함을 증득했기 때문에(得蘊盡故), 온의 멸을 증득했기 때문에(得蘊滅故), 온의 멸을 작증하는 것을 증득했기 때문에(得蘊滅作證故)"라고 하였다.⁵⁸⁰ 이 「무자성상품」의 초반부에서는 단

---

580 이전의 「勝義諦相品」에서는 증상만增上慢을 가진 비구들이 오온五蘊 등 열세 가지 법문에 대해 말 그대로 의미에 집착하면서 '무소득의 일미(無所得一味)'를 깨달았다고 자만한다는 사실을 지적하면서 다음과 같이 말한다. "이 중에 한 부류는 온蘊을 증득했기 때문에, 온의 상相을 증득했기 때문에, 온의 일어남(起)을 증득했기 때문에, 온의 다함(盡)을 증득했기 때문에, 온의 멸滅을 증득했기 때문에, 온의 멸을 작증作證하는 것을 증득했기 때문에, (그에 의거해 자기가) 이해한 바를 기별해 주었습니다.(於中一類。由得蘊故。得蘊相故。得蘊起故。得蘊盡故。得蘊滅故。得蘊滅作證故。記別所解。)" 여기서 총상總相으로서의 자성상에 해당하는 것은 '온蘊'이고, 그 온에서의 다양한 차

지 다섯 가지 상만 설했고, 이 영해분에서는 여섯 구가 있다고 설한다.[581] 어째서 전과 후에 이런 차이가 있는가?

【해】 전과 후를 통틀어 논하면 모두 열 가지 상이 있다. 「승의제상품」에서는 여섯 가지 상이 있다고 설하였다. 「무자성상품」의 초반부(보살청문분)에서는 다시 두 가지 상을 추가하였으니, 영단과 변지를 말한다. 이 영해분에서는 다시 두 가지 상을 추가하였으니, '자성'과 '차별'을 말한다. 이 열 가지 상 중에 '자성과 차별 그리고 상相' 때문에 그 수가 일정하지 않다. 개별을 폐하고 전체를 논하면 오직 하나의 상만 있고, 전체를 폐하고 개별을 논하면 오직 두 개의 상이 있으며, 전체와 개별을 통틀어 논하면 세 가지 상이 있다.[582] 그러므로 전후로 늘기도 줄기도 하여 같지 않은 것이다. 지금 영해분은 이 품(「무자성상품」)의 첫 부분을 영해한 것이기 때문에 이 여섯 구를 설한 것이다. 혹은 이 품의 첫 부분에 또한 여섯 가지 상이 있다고 볼 수도 있으니, "일찍이 모든 온을 설하셨습니다."라는 것은 「승의제상품」에서 "온을 증득했기 때문에"라고 했던 것에 해당한다.[583]

별상에 해당하는 것은 '상相, 일어남(起), 다함(盡), 멸滅, 멸의 작증(滅作證)' 등이다. 이처럼 勝義諦相品에서 여섯 가지 상으로써 '오온'에 대해 설했던 것을 말한다. 자세한 것은 원측/백진순 옮김, 『해심밀경소 제2 승의제상품』(서울: 동국대학교출판부, 2013), pp.405~415 참조.

581 「無自性相品」 서두의 '보살청문분'에서 "일찍이 오온五蘊의 모든 자상과 생상·멸상과 그것의 영단·변지에 대해 설하셨습니다."라는 문장에서는 오온의 자상, 생상, 멸상, 영단, 변지라는 다섯 가지 상을 언급했다. 한편, 이 '보살영해분'에서는 색온의 자성과 차별, 생함, 멸함, 영단, 변지 등의 여섯 가지 상을 언급했다.

582 '상相'이 전체에 해당한다면, 그것을 두 가지 측면으로 구분한 것이 '자성상'과 '차별상'이다. 따라서 전체만 논하는 경우는 '상'만 언급하고, 개별을 논하는 경우는 자성과 차별 두 가지 상으로 구분하며, 전체와 개별을 통틀어 논하는 경우는 상과 자성과 차별의 세 가지를 모두 언급한다. 따라서 각 품에서 설해진 상의 개수가 일정하지 않다.

583 이 「無自性相品」의 서두에는 "세존께서는 한량없는 문으로 일찍이 모든 온의 모든 자상과 생상·멸상과 영단·변지에 대해 설하셨습니다.(世尊。以無量門。曾說諸蘊所有自相。生相。滅相。永斷。遍知)"라는 문구가 나온다. 이 중에서 "일찍이 모든 온의……을 설하셨습니다(曾說諸蘊)"라는 문구에 나온 '온'을 별도의 항목으로 간주하면 여섯 가지 상이 된다는 것이다.

(마찬가지로) 이 영해분에는 일곱 가지 상이 있으니, '색온'이 최초의 상이기 때문이다.[584]

문 어째서 두 번째 품(『승의제상품』)에서는 온 등의 법에 대해서 '멸'과 '멸의 작증'을 설하면서 영단과 변지는 설하지 않았고, 이 품에서는 영단과 변지를 설하면서도 '멸'과 '멸의 작증'을 설하지 않았는가?

해 영원히 끊어야 할 것은 집제이고, 두루 알아야 할 것은 고제이며, '멸'이란 멸제이고, (그 멸을) 작증하는 것은 도제다. 실제로는 온 등에는 통틀어 사제가 있는데, 각기 한쪽만 들어서 영략影略해서 서로 나타낸 것이다.[585]

問。勝義諦品。總有六相。謂得蘊故。得蘊相故。得蘊起故。得蘊盡故。得蘊滅故。得蘊滅作證故。依此品初。但說五相。此領解中。說有六句。如何前後。有此差別。解曰。前後通論。總有十相。勝義諦品。說有六相。無性品初。更加二相。謂永斷遍知。此領解中。復加二相。謂自性差別。此十相中。自性差別。及以相故。其數不定。瘦別論總。唯有一相。瘦總論別。唯有二相。總別通論。卽有三相。所以前後增減不同。今領解中。領結初故。說此六句。或可品初亦有六相。曾說諸蘊。卽勝義諦品由得蘊故也。此領解中。卽有七相。以爲色蘊卽初相故。問。何故第二品。於蘊等法。說滅滅作證。無永[1]遍知。此品卽說永斷遍知。而不說滅及滅作證。解云。永斷是集。遍知卽苦。滅是滅諦。作證是道。據實蘊等通有四諦。各擧一邊。影略互顯。

---

584 영해수지분領解受持分에서 '색온의 자성과 차별, 생함, 멸함, 영단, 변지'에서 '색온'을 별도의 항목으로 간주하면 일곱 가지 상이 된다는 것이다.
585 서로 연관되는 사실 중에서 각기 한 측면만 나타내고 다른 한 측면은 생략함으로써 서로 미루어 알게 하는 설명 방식을 '영략호현影略互顯'이라 한다. 예를 들어 오온에 대해 설할 때 사실은 고·집·멸·도라는 사제를 모두 적용시켜 설하려는 것인데,「勝義諦相品」에서는 멸제·도제만 설하였고 반대로 이「無自性相品」에서는 고제·집제만 설함으로써 서로 미루어 알도록 했다는 것이다.

1) ⓔ '永' 뒤에 '斷'이 누락된 듯하다.

b. 소집성에 의거해서 상무성相無性을 설함

경 세존께서는 이에 의거해서 모든 법의 상무자성성을 시설하셨습니다.

世尊依此。施設諸法相無自性性。

석 이것은 두 번째로 변계소집성에 의거해서 상무성相無性을 설하였다는 것이니, 경문 그대로 알 수 있을 것이다.[586]

釋曰。此卽第三¹⁾依所執性。說相無性。如文可知。
1) ⓔ '三'은 '二'의 오기다.

㉴ 의타기依他起를 밝힘

경 '분별소행인 변계소집상의 소의행상'을 의타기상이라 이름합니다.

若卽分別所行遍計所執相所依行相。是名依他起相。

석 이하는 두 번째로 의타기를 따로 나타낸 것이다. 이 중에 두 가지가 있다. 처음은 소집성의 소의所依가 의타기임을 밝힌 것이고, 나중은 의타기에 의거해서 두 가지 무성을 설명한 것이다.

---

[586] 이전의 여래정설분如來正說分에 따르면, 변계소집의 상들은 그 자체가 본래 없다(本無)는 의미에서 '상무성相無性'이라 설한 것이다.

釋曰。自下第二別顯依他。於中有二。初明所執所依是依他起。後依依他起。辨二無性。

a. 소집성의 소의가 의타기임을 밝힘
이것은 처음에 해당한다.

此即初也。

b. 의타기에 의거해서 두 가지 무성을 설명함

경 세존께서는 이에 의거해서 모든 법의 생무자성성과 일부의 승의무자성성을 시설하셨습니다.〉

世尊依此。施設諸法生無自性性。及一分勝義無自性性。

석 이것은 두 번째로 의타기에 의거해 두 가지 무성을 설명한 것이다.[587]

釋曰。此即第二依依他起。辨[1]無性。

---
1) ㉭ '辨' 뒤에 '二'가 누락되었다.

나) 세 번째 자성에 대해 영해함

---
[587] 이전의 여래정설분에 따르면, 의타기성에 의거해서 생무성生無性과 일부의 승의무성勝義無性을 건립한다. 이 중에서 제법은 다른 것에 의지해서 생기는(依他起) 것이지 '자연적으로 생기한 것은 없다(無自然生)'는 의미에서 '생무성'이라 설하였고, 또 이 의타기의 유위법에는 '승의勝義가 없다'는 의미에서 '승의무성'이라 설하였다.

경 다음과 같이 저는 지금 세존께서 말씀하신 의미를 영해했습니다.

如是我今領解世尊所說義者。

석 이하는 두 번째로 세 번째 자성을 영해했다는 것이다. 이 중에 두 가지가 있다. 처음은 영해하였음을 총괄해서 표명한 것이고, 나중은 영해한 것을 따로따로 해석한 것이다.

釋曰。自下第二領第三性。於中有二。初總標領解。後別釋領解。

(가) 영해하였음을 총괄해서 표명함
이것은 처음에 해당한다.

此卽初也。

(나) 영해한 것을 따로따로 해석함

경 〈이 '분별소행인 변계소집상의 소의행상'에 변계소집상이 실재하지 않기 때문에 곧 이 자성의 무자성성에 (의해 현현된) 법무아·진여라는 청정소연을 원성실상이라 이름합니다.

若卽於此分別所行遍計所相[1]依行相中。由遍計所執相不成實故。卽此自性無自性性。法無我眞如淸淨所緣。是名圓成實相。

---
1) ㉠『解深密經』 권2(T16, 696b24)에 '相' 뒤에 '所'가 있다.

석 이하는 두 번째로 영해한 것을 따로따로 해석한 것이다. 이 중에 두 가지가 있다. 처음은 의타기에 의거해서 원성실을 밝힌 것이고, 나중은 원성실에 의거해서 일부의 승의무성을 설한 것이다.

釋曰。自下第二別釋領解。於中有二。初依依他。辨圓成實。後依圓成。說一分勝義無性。

㉮ 의타기에 의거해서 원성실圓成實을 밝힘

이것은 처음에 해당한다. 말하자면 변계소집상의 소의인 의타기성(유위의 행상들)에서 변계소집을 버리기 때문에 (그러한) 무성에 의해 현현된 법무아성을 일컬어 원성실이라 한다는 것이다.[588]

此卽初也。謂所執相所依依他起性上。遣所執故。無性所顯法無我性。名圓成實。

㉯ 원성실에 의거해서 일부의 승의무성勝義無性을 설함

경 세존께서는 이에 의거해서 일부의 승의무자성성을 시설하셨습니다.

世尊依此。施設一分勝義無自性性。

석 이것은 두 번째로 원성실성에 의거해서 일부의 승의무성을 설했다는 것이다.[589]

---

[588] 앞서 여래정설분에서 설했듯, 원성실성圓成實性이란 '의타기성에는 본래 변계소집성이 없다는 사실에 의해 현현되는 진여'를 말하며, 간단히 '두 가지 공(人空·法空)에 의해 현현되는 진여(二空所顯眞如)'라고 한다. 이 진여의 다른 이름으로서, 승의勝義, 진여眞如, 공성空性, 법무아성法無我性 등이 있다.

釋曰。此卽第二依圓成實。說一分勝義無性。

나. 그 밖의 온蘊 등에 대해 견주어 나타냄

경 마치 색온에서 설한 것처럼, 이와 같이 그 밖의 온에서도 모두 자세하게 설해야 합니다.

如於色蘊。如是於餘蘊。皆應廣說。

석 이하는 두 번째로 그 밖의 온 등에 대해 견주어 나타낸 것이다. 이 중에 다섯 가지가 있다. 첫째는 그 밖의 온에 대해 견주어 나타낸 것이고, 둘째는 십이처에 대해 견주어 나타낸 것이며, 셋째는 십이연기에 대해 견주어 나타낸 것이고, 넷째는 사식四食에 대해 견주어 나타낸 것이며, 다섯째는 육계와 십팔계에 대해 견주어 나타낸 것이다.

釋曰。自下第二類餘蘊等。於中有五。一類餘蘊。二類十二處。三類十二緣。四類四食。五類六界十八界。

가) 그 밖의 온에 대해 견주어 나타냄
이것은 처음에 해당한다.

此卽初也。

---

589 이 경에서는 원성실성에 의거해서 승의무성을 설할 뿐만 아니라 의타기성에 의거해서 승의무성을 설하기도 하기 때문에 '일부의 승의무성'이라 하였다. 이전의 여래정설분에 따르면, 원성실성에 의거해서 승의무성을 시설한 경우, '승의 그 자체가 무성'이라는 의미에서 '승의무성'이라 설한 것이다.

나) 십이처十二處에 대해 견주어 나타냄

경 모든 온에서 설한 것처럼, 이와 같이 십이처의 하나하나 처에서도 모두 자세하게 설해야 하고,

如於諸蘊。如是於十二處一一處中。皆應廣說。

석 이것은 두 번째로 십이처에 대해서도 견주어 자성 없음을 영해하였다는 것이니, 앞에 준해서 알아야 한다.

釋曰。此卽第二類十二處。領解無性。准上應知。

다) 십이연기十二緣起에 대해 견주어 나타냄

경 십이지의 하나하나 지에서도 모두 자세하게 설해야 하며,

於十二支一一支中。皆應廣說。

석 이것은 세 번째로 십이지에 대해서도 견주어 자성 없음을 영해하였다는 것이니, 앞에 준해서 알아야 한다.

釋曰。此卽第三類十二支。領解無性。准上應知。

라) 사식四食에 대해 견주어 나타냄

경 네 종류 식식食의 하나하나 식에 대해서도 모두 자세하게 설해야 하고,

於四種食一一食中。皆應廣說。

석 이것은 네 번째로 네 종류 식에 대해서도 견주어 자성 없음을 영해하였다는 것이니, 위에 준해서 알아야 한다.

釋曰。此卽第四類四種食。領解無性。准上應知。

마) 육계六界와 십팔계十八界에 대해 견주어 나타냄

경 육계와 십팔계의 하나하나 계에서도 모두 자세하게 설해야 합니다.〉

於六界十八界一一界中。皆應廣說。

석 이것은 다섯 번째로 육계와 십팔계에 대해서도 견주어 자성 없음을 영해하였다는 것이다.
"육계六界"란 지·수·화·풍 및 공空과 식識을 말한다. 이 영해분에 준해 볼 때, 품(『무자성상품』)의 초반부에서 설했던 "종종계種種界" 등은 여섯 가지 계를 통틀어 말한 것이다.[590]

釋曰。此卽第五類六界及十八界。領解無性。六界。卽是地水火風及以空

---

[590] 이것은 이 품 서두의 보살청문분菩薩請問分에서 '십팔계'의 교설을 밝히면서 "한량없는 문으로 일찍이 십팔계의 모든 자상과 종종계성種種界性과 비일계성非一界性, (그것의) 영단·변지에 대해 설하셨습니다.(以無量門。曾說諸界所有自相。種種界性。非一界性。永斷遍知。)"라고 했던 것을 가리킨다. 원측의 해석에 따르면, 십팔계의 전전하는 이상(展轉異相)들을 "종종계種種界"라고 하였고, 십팔계의 한량없는 유정의 소의(有情所依)의 차별을 "비일계非一界"라고 한 것이다. 자세한 것은 p.80 '다. 십팔계十八界의 교를 밝힘' 참조.

識。准此領解。品初所說種種界等。通說六界。

② 사제四諦 등의 두 문에서 삼무성을 설했음을 영해함

경 다음과 같이 저는 지금 세존께서 말씀하신 의미를 영해했습니다.

我[1]今領解世尊所說義者。
1) ㉘ '我' 앞에 경에는 '如是'가 있다.

석 이하는 두 번째로 사제 등의 두 문에서 삼무성을 설했음을 영해한 것이다. 이 중에 두 가지가 있다. 처음은 고제에 의거해서 자성 없음을 영해한 것이고, 나중은 그 밖의 제 등에 의거해서 자성 없음을 영해한 것을 견주어 나타낸 것이다.

釋曰。自下[1]二領諦等二門。說三無性。於中有二。初約苦諦。領解無性。後類餘諦等。領解無性。
1) ㉘ '下' 뒤에 '第'가 누락된 듯하다.

가. 고제苦諦에 의거해서 무성을 영해함

전자 중에 두 가지가 있다. 처음은 두 가지 자성에 의거해서 두 가지 무성을 영해한 것이고, 나중은 원성실성에 의거해서 승의무성을 영해한 것이다.

前中有二。初依二性。領二無性。後依圓成實。領勝義無性。

가) 두 가지 자성에 의거해서 두 가지 무성을 영해함

전자 중에 두 가지가 있다. 처음은 영해하였음을 총괄해서 표시한 것이고, 나중은 영해한 것을 따로따로 해석한 것이다.

前中有二。初總標領解。後別釋領解。

(가) 영해하였음을 총괄해서 표시함
이것은 처음에 해당한다.

此卽初也。

(나) 영해한 것을 따로따로 해석함

경 〈'분별소행인 변계소집상의 소의행상'에서 가명으로 고제의 (자성상 혹은 차별상을 안립하고), 고제의 변지의 자성상 혹은 차별상을 안립했다면, 이것은 변계소집상이라 이름합니다.

若於分別所行遍計所執相所依行相中。假名安立。以爲苦諦。苦諦遍知。或自性相。或差別相。是名遍計所執相。

석 이하는 두 번째로 영해한 것을 따로따로 해석한 것이다. 이 중에 두 가지가 있다. 처음은 변계소집성에 의거해서 상무자성성을 영해했다는 것이다. 나중은 의타기성에 의거해서 생무자성성 및 일부의 승의무자성성을 영해했다는 것이다.

釋曰。自下第二別釋領解。於中有二。初約所執性。領相無自性性。後依依他起。領生無自性性及一分勝義無自性性。

㉑ 소집성에 의거해서 상무성을 영해함

전자 중에 두 가지가 있다. 처음은 의타기성에 의거해서 변계소집성을 안립한 것이고, 나중은 변계소집성에 의거해서 무성을 시설한 것이다.

前中有二。初依依他起。安立所執。後依所執。施設無性。

a. 의타기에 의거해서 소집성을 안립함

이것은 처음에 해당한다. 말하자면 소집성의 소의행상인 의타기에서 가명으로 '고제苦諦'라고 안립하거나 혹은 '고제의 변지遍知'를 안립했다면, 이것은 변계소집상이라 한다. 이와 같은 두 종류는 모두 자성상 혹은 차별상이 있으니, 말하자면 '핍박逼迫'을 '고'라고 하고 고제의 자성이라 하며, 삼고와 팔고 등을 고의 차별이라 한다.[591] 고제의 자상을 아는 것을 변지의 자성이라 하고, 고의 차별을 아는 것을 변지의 차별이라 한다.

此卽初也。謂於所執所依行相依他起上。假名安立。以爲苦諦。或立苦諦遍知。是名遍計所執相。如是二種。皆有自性或差別相。謂逼迫名苦。名苦諦自性。三八苦等。名苦差別。知苦諦自相。名遍知自性。知苦差別。遍[1])知差別。

1) ㉲ '遍' 앞에 '名'이 누락된 듯하다.

---

[591] 고제苦諦의 '고苦'는 본래 핍박逼迫의 뜻으로서, 무상無常한 색심色心 등 제법들이 핍박을 주는 것을 말한다. 이것은 고의 자성상自性相에 해당한다. 이 고를 세 가지 고(三苦) 또는 여덟 가지 고(八苦) 등으로 세분하기도 하는데, 이것은 고의 차별상差別相에 해당한다. 이 중에서 삼고란 고고苦苦, 괴고壞苦, 행고行苦를 말한다. 좋아하지 않는 대상에 대해서 고통을 느끼는 것을 '고고'라고 하고, 좋아하는 것이 파괴되는 것에 대해 고통을 느끼는 것을 '괴고'라고 하며, 세간의 모든 무상함에서 고통을 느끼는 것을 '행고'라고 한다. 그 밖의 팔고에는 생로병사 등의 네 가지 고통에 애별리고愛別離苦·원증회고怨憎會苦·구부득고求不得苦·오음치성고五陰熾盛苦 등을 더한 것이다.

b. 소집성에 의거해서 무성을 시설함

경 세존께서는 이에 의거해서 모든 법의 상무자성성을 시설하셨습니다.

世尊依此。施設諸法相無自性性。

석 이것은 두 번째로 변계소집성에 의거해서 무성을 시설하였다는 것이다. 말하자면 변계소집상 때문에 상무성을 안립하였으니, 앞에 준해서 알아야 한다.

釋曰。此卽第二依所執性。施設無性。謂所執相故。立相無性。准上應知。

④ 의타기에 의거해서 생무성 및 일부의 승의무성을 영해함

경 '분별소행인 변계소집상의 소의행상'을 의타기상이라 이름합니다.

若卽分別所行遍計所執相所依行相。是名依他起相。

석 이하는 두 번째로 의타기성에 의거해서 생무성 및 일부의 승의무성을 영해한 것이다. 이 중에 두 가지가 있다. 처음은 의타기를 설명한 것이고, 나중은 의타기에 의거해서 무성을 설한 것이다.

釋曰。自下第二依依他起。領生無性及一分勝義無性。於中有二。初辨依他起。後依依他說無性。

a. 의타기를 설명함

이것은 처음에 해당한다.

此卽初也。

b. 의타기에 의거해서 무성을 설함

경 세존께서는 이에 의거해서 모든 법의 생무자성성 및 일부의 승의무자성성을 시설하셨습니다.〉

世尊依此。施設諸法生無自性性。及一分勝義無自性性。

석 이것은 두 번째로 의타기에 의거해서 두 가지 무성을 설하셨다는 것이다.

釋曰。此卽第二依依他起。說二無性。

나) 원성실에 의거해서 승의무성을 영해함

경 다음과 같이 저는 지금 세존께서 말씀하신 의미를 영해했습니다.

如是我今領解世尊所說義者。

석 이하는 두 번째로 원성실성에 의거해서 일부의 승의무성을 시설하였다는 것이다. 이 중에 두 가지가 있다. 처음은 영해하였음을 총괄해서 표명한 것이고, 나중은 영해한 것을 따로따로 해석한 것이다.

釋曰。自下第二依圓成實。施說¹⁾一分勝義無性。於中有二。初總標領解。
後別釋領解。

---
1) ㉓ '說'은 '設'의 오기다.

(가) 영해하였음을 총괄해서 표명함
이것은 처음에 해당한다.

此卽初也。

(나) 영해한 것을 따로따로 해석함

경 〈이 '분별소행인 변계소집상의 소의행상'에 변계소집상이 실재하지 않기 때문에 곧 이 자성의 무자성성에 (의해 현현된) 법무아 · 진여라는 청정소연은 원성실상이라 이름합니다.

若卽於此分別所行遍計所執相所¹⁾行中相。²⁾由遍計所執相不³⁾實故。卽此
自性無自性性。法無我眞如淸淨所緣。是名圓成實相。

---
1) ㉓『解深密經』권2(T16, 696b24)에 '所' 뒤에 '依'가 있다.　2) ㉓『解深密經』권2(T16, 696b24)에 따르면, '中相'은 '相中'의 도치다.　3) ㉓『解深密經』권2(T16, 696b24)에 '不' 뒤에 '成'이 있다.

석 이하는 두 번째로 영해한 것을 바로 밝힌 것이다. 이 중에 두 가지가 있다. 처음은 원성실의 상을 설명한 것이고, 나중은 일부의 승의무성을 시설한 것이다.

釋曰。自下第二正明領解。於中有二。初辨圓成實相。後施設一分勝義無性。

제5 무자성상품 • 389

㉮ 원성실의 상을 설명함
이것은 처음에 해당하니, 앞에 준해서 알아야 한다.

此卽初也。准上應知。

㉯ 일부의 승의무성을 시설함

경 세존께서는 이에 의거해서 일부의 승의무자성성을 시설하셨습니다.

世尊依此。施設一分勝義無自性性。

석 이것은 두 번째로 (일부의 승의)무성을 시설했다는 것이니, 문장 그대로 알 수 있을 것이다.

釋曰。此卽第二施設無性。如文可知。

나. 그 밖의 제諦 등에 의거해서 무성을 영해했음을 견주어 나타냄

경 고제에서 설한 것처럼, 이와 같이 그 밖의 제에서도 모두 자세히 설해야 합니다.

如於苦諦。如是於餘諦。皆應廣說。

석 이것은 두 번째로 그 밖의 제諦 등에 대해 견주어 해석한 것이다. 이 중에 두 가지가 있다. 처음에는 그 밖의 제에 대해 견주어 나타냈고, 나중에는 도품道品에 대해 견주어 나타냈다.

釋曰。此卽第二類釋餘諦等。於中有二。初類餘諦。後類道品。

가) 그 밖의 제에 대해 견주어 나타냄

이것은 처음에 해당한다. 말하자면 고제가 삼성을 갖추고 있고 저 삼성에 의거해서 삼무성을 건립했던 것처럼, 이 세 가지 '제'도 모두 삼성을 갖추고 있고 저 삼성에 의거해서 삼무성을 건립했음을 견주어 나타낸 것이다. 그러므로 총괄해서 말하길, '고제에서 설한 것처럼 하나하나의 제마다 모두 삼성을 갖춘다'고 하였다. 자세한 것은 『변중변론』과 『성유식론』제8권에서 설한 것과 같다.[592] 그런데 이 경(『해심밀경』)에는 차이점이 있으니, 고제에 의거해서 '변지'라고 이름하였고 집제에 의거해서 '영단'이라 이름하였으며 멸제에 의거해서 '작증'이라 이름하였고 도제에 의거해서 '수습'이라 이름하였으니, 예를 들면 이전의 권에서 설한 것과 같다.[593]

---

[592] 『成唯識論』 제8권 등에서는 고제苦諦 등의 사제에 각기 상무성相無性·생무성生無性·승의무성勝義無性 등 삼무성을 적용시켜 상세하게 설명하였다. 그에 따르면, 고제의 무상無常·고苦·공空·무아無我 등의 네 종류 행상行相뿐만 아니라 그 밖의 제의 네 종류 행상들도 각기 삼성을 갖춘다. 예를 들어 고제의 '무상'은 무성무상無性無常과 기진무상起盡無常과 구정무상垢淨無常 등을 갖춘다. '무성무상'이란 그 자체가 항상 없는 것, 즉 첫 번째 변계소집성遍計所執性에 해당하며, 이처럼 실체가 없음을 일컬어 '무상'이라 한다. '기진무상'이란 생함과 멸함이 있는 것, 즉 두 번째 의타기성依他起性에 해당하며, 이처럼 연을 따라 일어났다 사라짐을 일컬어 '무상'이라 한다. '구정무상'이란 지위가 전변해서 때를 여읜 청정함, 즉 마지막 원성실성圓成實性을 일컫는 말이다. 그 밖의 제에서도 마찬가지로 삼성을 논할 수 있다. 이에 관한 자세한 설명은 『成唯識論』 권8(T31, 47b5~22), 『辯中邊論』 권2(T31, 469a20~b23) 참조.

[593] 이 『解深密經』의 「勝義諦相品」과 「一切法相品」과 「無自性相品」 등에서는 변지遍知·영단永斷·작증作證·수습修習 등의 네 항목을 각기 사제四諦에 대응시켰다. 말하자면 고제는 두루 알아야 할 대상이므로 '변지한다'고 하고, 집제는 영원히 단멸시켜야 할 대상이므로 '영단한다'고 하며, 멸제는 반드시 증득해야 할 것이므로 '작증한다'고 하고, 도제는 반드시 닦아 익혀야 할 것이므로 '수습한다'고 하였다. 이와는 조금 달리, 『成唯識論』 등에서는 '변지' 등을 도제道諦의 삼성에 대응시켜 설명한다. 예를 들어

此卽初也。謂如苦諦具有三性。依彼三性。立三無性。類此三諦。皆具三性。
依彼三性。立三無性。是故總言。如於苦諦。於一一諦。皆具三性。廣如中
邊。及成唯識第八說。然於此經。有差別者。依於苦諦。說名遍知。依於集
諦。名爲永斷。依於滅諦。說名作證。依於道諦。名爲修習。如前卷說。

나) 도품道品에 대해 견주어 나타냄

경 성스런 사제에서 설한 것처럼, 이와 같이 모든 염주와 정단과 신족과
근과 역과 각지에서도 하나하나 모두 자세히 설해야 합니다.〉

如於聖諦。如是於諸念住。正斷神足。根力覺支中。一一皆應廣說。

석 이하는 두 번째로 도품들에 의거해서 자성 없음을 영해했다는 것
이다. 이 중에 두 가지가 있다. 처음은 일곱 문에 의거해서 영해했음을 총
괄해서 밝힌 것이다. 나중의 "이와 같이 저는 지금" 이하는 따로 팔도지八
道支에 의거해서 그가 영해한 것을 밝힌 것이다.

釋曰。自下第二依諸道品。領解無性。於中有二。初約七門。總明領解。後
如是我今下。別約八道支。明其領解。

(가) 일곱 문에 의거해서 영해했음을 총괄해서 밝힘

그 논의 권8(T31, 47b19)에서는 "도제의 삼성이란 다음과 같다. 첫째는 변지의 도이
니, 능히 변계소집을 알기 때문이다. 둘째는 영단의 도이니, 능히 의타기를 끊기 때문
이다. 셋째는 작증의 도이니, 능히 원성실을 증득하기 때문이다. 그런데 변지의 도는
뒤의 두 자성(의타기·원성실)에도 통하는 것이다.(道諦三者。一遍知道。能知遍計所執
故。二永斷道。能斷依他起故。三作證道。能證圓成實故。然遍知道亦通後二。)"라고 하였다.

이것은 첫 번째에 해당한다. 모두 일곱 문의 도품에서도 사성제와 유사하게 삼성의 뜻에 의거해서 삼무성을 설명했음을 (영해했다는 것이니,) 앞에 준해서 알아야 한다.

此卽第一總約七門道品。類四聖諦。約三性義。辨三無性。准上應知。

(나) 따로 팔도지八道支에 의거해서 그가 영해한 것을 밝힘

경 다음과 같이 저는 지금 세존께서 말씀하신 의미를 영해하였습니다.

如是我今領解世尊所說義者。

석 이하는 두 번째로 별도로 팔도지 중의 여덟 번째 정정正定에 의거해서 그가 영해한 것을 밝힌 것이다. 이 중에 두 가지가 있다. 처음은 두 가지 자성에 의거해서 두 가지 무성을 영해한 것이고, 나중은 원성실성에 의거해서 승의무성을 영해한 것이다.

釋曰。自下第二別約道支中第八正定。明其領解。於中有二。初依二性。領二無性。後依圓成。領勝義無性。

㉮ 두 가지 자성에 의거해서 두 가지 무성을 영해함

전자 중에 두 가지가 있다. 처음은 영해했음을 총괄해서 표명한 것이고, 나중은 영해한 것을 따로 해석한 것이다.

前中有二。初總標領解。後別釋領解。

a. 영해했음을 총괄해서 표명함

이것은 처음에 해당한다.

此卽初也。

b. 영해한 것을 따로 해석함

경 〈분별소행인 변계소집상의 소의행상에서, 가명으로 정정正定의 (자성상이나 혹은 차별상을 안립하고), 또 정정에서의 대치시키는 것(能治)과 대치되는 것(所治)의 (자성상이나 혹은 차별상을 안립하며), 만약 바른 수행으로 아직 생기지 않은 것을 생기게 하는 것, 생기고 나서 견고히 머물게 하는 것, 잊지 않고 갑절로 닦아서 증장시키고 광대해지게 하는 것의 자성상이나 혹은 차별상을 안립했다면, 이것을 변계소집상이라 합니다.

若於分別所行遍計所執相所依行相中。假名安立。以爲正定。及爲正定能治所治。若正脩未生令生。生已堅住。不忘倍脩。增長廣大。或自性相。或差別相。是名遍計所執相。

석 이하는 두 번째로 영해한 것을 따로 해석한 것이다. 이 중에 두 가지가 있다. 처음은 소집상에 의거해서 상무성을 영해한 것이고, 나중은 의타기에 의거해서 생무성 및 일부의 승의무성을 영해한 것이다.

釋曰。自下第二別釋領解。於中有二。初約所執。領相無性。後依依他。領生無性及一分勝義無性。

a) 소집상에 의거해서 상무성을 영해함

전자 중에 두 가지가 있다. 처음은 소집상을 안립한 것이고, 나중은 무성을 시설한 것이다.

前中有二。初立所執相。後施設無性。

(a) 소집상을 안립함

이것은 처음에 해당한다. 팔도지 중에서 여덟 번째는 정정正定이다. 정정에 대해 분별하면 나머지는 준해서 알 수 있기 때문에 지금 여덟 번째 정정을 분별한 것이다.

경문에 두 개의 절이 있다. 처음의 "분별······에서"라고 한 것은 변계소집성의 근거가 되는 의타기를 설명한 것이다.[594] 나중의 "가명으로······안립했다면"이라 한 것은 의타기에 의거해서 변계소집상을 안립한 것이다.[595]

변계소집상을 밝힌 곳에서 다섯 가지 사事를 안립하였다.

첫째로 정정의 자성과 차별을 안립하였으니, 말하자면 정정의 체를 총괄해서 나타내면 정定의 자성이라 하고, 미지정未至定과 중간정中間定과 사정려四靜慮를 정의 차별이라 한다. 둘째로 정정에서의 대치시키는 것(能治)과 대치되는 것(所治)의 자성과 차별을 안립하였으니, 말하자면 팔도지 중의 여덟 번째 정정을 '대치시키는 것'이라 하고, 팔사八邪[596] 중에서 여덟 번째 사정邪定을 '대치되는 것'이라 한다. 자성과 차별은 앞에 준해서 생각해 보아야 한다.[597]

---

594 "분별소행······소의행상"이란 변계소집상이 시설되는 근거로서 의타기의 행상을 가리킨 것이다. 자세한 것은 앞의 각주 573 참조.
595 변계소집상이란 가명으로 안립된 제법의 자성상과 차별상을 가리킨다.
596 팔사八邪: 사견邪見·사사邪思·사어邪語·사업邪業·사명邪命·사정진邪精進·사념邪念·사정邪定을 말한다. 이와 반대되는 것이 팔정도다.
597 법체法體의 총상總相을 가리키는 말은 '자성상'에 해당하고, 그 법체에서의 다양한 차

셋째로 바른 수행으로 아직 생기지 않은 것을 생기게 하는 것을 안립하고, 넷째로 생기고 나서 견고히 머물게 하는 것을 (안립하며), 다섯째로 잊지 않고 갑절로 닦아서 증장하고 광대해지게 하는 것을 (안립한다.) 이상의 세 가지 문에도 모두 자성과 차별이 있으니, 생각해 보면 알 수 있을 것이다.

이와 같은 다섯 가지 상으로 정정에 대해 안립한 것을 변계소집상이라 한다.

此卽初也。八道支中。第八正定。分別正定。餘准可知。故今分別第八正定。文有二節。若於分別等者。辨所執性所依依他。後假名安立等者。依依他起。安立所執。就所執中。安立五事。一安立正定自性差別。謂總出定體。名定自性。未至中間及四靜慮。名定差別。二安立正定。能治所治自性差別。謂八道支中。第八正定。名爲能治。八耶[1]之中。第八耶[*]定。名爲所治。自性差別。准上應思。三安立正修未生令生。四生已堅住。五不忘位[2]脩增長廣大。此上三門。皆有自性差別。尋卽可知。如是五相安立正定。名所執相。

1) ㉠ '耶'는 '邪'의 뜻이다. 이하도 동일하다. 2) ㉢ '位'는 '倍'인 듯하다.

(b) 무성을 시설함

경 세존께서는 이에 의거해서 모든 법의 상무자성성을 시설하셨습니다.

世尊依此。施設諸法相無自性性。

별적 상태에 의거해서 시설된 말들은 '차별상'에 해당한다.

석 이것은 두 번째로 상무성을 설명한 것이니, 앞에 준해서 알아야 한다.

釋曰。此卽第二辨相無性。准上應知。

b) 의타기에 의거해서 생무성 및 승의무성을 영해함

경 분별소행인 변계소집상의 소의행상을 의타기상이라 이름합니다.

若卽分別所行遍計所執相所依行相。是名依他起相。

석 이하는 두 번째로 의타기에 의거해서 (생·승의의 두 가지) 무성을 영해한 것이다. 이 중에 두 가지가 있다. 처음은 의타기를 설명한 것이고, 나중은 의타기에 의거해서 두 가지 무성을 설명한 것이다.

釋曰。自下第二依依他起。領解無性。於中有二。初辨依他起。後依依他。辨二無性。

(a) 의타기를 설명함
이것은 처음에 해당한다.

此卽初也。

(b) 의타기에 의거해서 두 가지 무성을 설명함

경 세존께서는 이에 의거해서 모든 법의 생무자성성 및 일부의 승의무자성성을 시설하셨습니다.〉

제5 무자성상품 • 397

世尊依此。施設諸法生無自性性。及一分勝義無自性性。

석 이것은 두 번째로 의타기에 의거해서 두 가지 무성을 설명한 것이니, 앞에 준해서 알 수 있을 것이다.

釋曰。此卽第二依依他起。辨二無性。准上可知。

㉯ 원성실에 의거해서 승의무성을 영해함

경 **다음과 같이 저는 지금 세존께서 말씀하신 의미를 영해하였습니다.**

如是我今領解世尊所說義者。

석 이하는 두 번째로 원성실성에 의거해서 무성을 영해한 것이다. 이 중에 두 가지가 있다. 처음은 영해했음을 총괄해서 표명한 것이고, 나중은 영해한 것을 따로 해석한 것이다.

釋曰。自下第二依圓成實。領解無性。於中有二。初總標領解。後別釋領解。

a. 영해했음을 총괄해서 표명함

이것은 처음에 해당한다.

此卽初也。

b. 영해한 것을 따로 해석함

경 〈이 분별소행인 변계소집상의 소의행상에는 변계소집상이 실재하지 않기 때문에 곧 이 자성의 무자성성에 (의해 현현된) 법무아·진여라는 청정한 소연을 원성실상이라 이름합니다.

若卽於此分別所行遍計所執相所依行相中。由遍計所執相不成實故。卽此自性。[1] 法無我眞如清淨所緣。是名圓成實相。

1) ㉠『解深密經』권2(T16, 696c26)에 '性' 뒤에 '無自性性'이 있다.

석 이하는 영해한 것을 따로 해석한 것이다. 이 중에 두 가지가 있다. 처음은 원성실을 설명한 것이고, 나중은 무성을 설명한 것이다.

釋曰。自下第二別釋領解。於中有二。初辨圓成實。後辨無性。

a) 원성실성을 설명함
이것은 처음에 해당하니, 위에 준해서 알아야 한다.

此卽初也。准上應知。

b) 무성을 설명함

경 세존께서는 이에 의거해서 모든 법의 일부의 승의무자성성을 시설하셨습니다.〉

世尊依此。施設諸法一分勝義無自性性。

석 이것은 두 번째로 무성을 시설한 것이니, 위에 준해서 알아야 한다.

釋曰。此卽第二施設無性。准上應知。

(3) 비유를 들어 거듭 나타냄

경 세존이시여, 비유하면 비습박약을 모든 산약散藥과 선약仙藥의 처방에 다 넣을 수 있는 것처럼,

世尊。譬如毗濕縛藥。一切散藥仙藥方中。皆應安處。

석 이하는 세 번째로 비유를 들어 거듭 나타낸 것이다. 이 중에 네 가지 비유가 있으니 곧 네 단락이 된다.

釋曰。自下第三擧喩重顯。於中四喩。卽爲四段。

① 비습박약의 비유

이것은 첫 번째로 비습박약의 비유다. 이 중에 두 가지가 있다. 앞은 비유이고, 뒤는 (법과 비유의) 결합이다.

此卽第一毗濕縛藥喩。於中有二。先喩。後合。

가. 비유
이것은 비유를 든 것이다.
"비습박약"이란 단지 이 약에 많은 공능이 있다는 것만 알 뿐 이 지역에는 그 이름이 없다. 따라서 그것을 번역하지 않았다. 이 약을 모든 약 안에 넣거나 모든 약초와 합하면 다 신기한 효험이 있다.『심밀해탈경』에서

'비서파약초毗舒婆藥草'라고 한 것은 번역가가 다르기 때문이다.】

此卽擧喩。毗濕縛藥者。但知此藥有多功能。此方無名。故不翻之。若以此藥。置諸藥中。合諸藥草。皆有神驗。【深密經云。毗舒婆藥草者。譯家別也。】

나. 법동유法同喩[598]

경 이와 같이 세존이시여, 이러한 '모든 법은 다 자성이 없으니 생함도 없고 멸함도 없으며 본래 적정하여 자성열반이다'라는 무자성성의 요의了義의 언교를 두루 모든 불요의경 안에 두루 넣어 두어야 합니다.

如是世尊。依此諸法皆無自性。無生無滅。本來寂靜。自性涅槃。無自性性了義言敎。遍於一切不了義經。皆應安置。[1]

1) ㉯ '置'는 경에는 '處'로 되어 있다.

석 두 번째는 법동유를 든 것이다. 말하자면 '무성' 등의 말씀을 모든 불요의경 안에 넣어 두었으니, 마땅히 그 경의 밀의를 다 알아야 한다는 것이다.

釋曰。第二擧法同喩。謂無性等言。安置一切不了義中。應皆了知彼經密意。

② 채화지와 같다는 비유

---

598 법동유는 앞서 말한 '결합(合)'에 해당한다. 비유를 든 다음에 그것과 이전의 교법을 결합시키는 것을 말한다.

경 세존이시여, 마치 채화지[599]는 두루 모든 채화의 사업에서 모두 똑같은 한맛을 내어, 청색이든 황색이든 적색이든 흰색이든 다시 능히 채화 사업을 드러낼 수 있는 것처럼,

世尊。如彩畵地。遍於一切彩畵事業。皆同一味。或靑或黃。或赤或白。復能顯發彩畵事業。

석 이하는 두 번째로 마치 채화지와 같다는 비유를 든 것이다. 이 중에 두 가지가 있다. 앞은 비유이고, 뒤는 법동유이다.

釋曰。自下第二如彩畵地喩。於中有二。先喩。後法。[1]

1) ㉢ '法' 뒤에 '同喩'를 넣거나, 혹은 '合'으로 수정해야 한다.

가. 비유

이것은 처음에 해당한다. 말하자면 마치 채화에 (쓰이는) 청靑·황黃 등의 '지地(물감·염료)'가 두루 일체의 많은 상像의 (채화) 사업에 두루 쓰여서 그 사업들이 모두 청색 등의 한맛의 지(一味地)로 서로 같아지게 하기 때문에 다시 능히 상을 채화하는 일체의 사업을 드러낼 수 있는 것과 같다는 것이다.

---

599 채화지彩畵地 : 이것은 모든 채색彩色에 쓰이는 물감을 뜻하는 듯하다. 마치 청·황 등의 물감이 갖가지 형상들을 채화彩畵하는 일에 골고루 쓰여 그 형상을 분명하게 드러낼 수 있는 것처럼, 삼무성의 요의了義는 모든 불요의경不了義經에 전제되어 있다는 것이다. 예를 들어 『瑜伽論記』 권20(T42, 776c26)에서는 "둘째는 그림의 비유를 든 것이니, 마치 그림을 그리려 할 때 먼저 분지粉地를 모든 채색에 고루 넣는 것과 같다. 이 분지로 말미암아 다시 능히 채화 사업彩畵事業의 상모相貌들을 분명하게 드러낼 수 있다.(二擧畵喩。如欲畵時。先必粉地遍諸彩色。由此粉地。復能顯發彩畵事業相貌分明。)"라고 하였다.

此卽初也。謂如彩畵靑黃等地。遍於一切衆像事業。能令事業。皆同靑等一味地故。復能顯發一切彩畵像事業。

나. 법동유

경 이와 같이 세존이시여, 이처럼 '모든 법은 다 자성이 없으니……중간 생략……자성 열반이다'라는 무자성성의 요의의 언교는 두루 모든 불요의경에서 모두 똑같은 한맛이니, 다시 저 모든 경들 안에서 불요의인 곳을 드러낼 수 있습니다.

如是世尊。依此諸法皆無自性。廣說乃至。自性涅槃。無自性性了義言敎。遍於一切不了義經。皆同一味。復能顯發彼諸經中所不了義。

석 이것은 두 번째로 법동유를 든 것이니, 경문 그대로 알 수 있을 것이다.

釋曰。第二擧法同喩。如文可知。

③ 숙소의 뛰어난 맛의 비유

경 세존이시여, 비유하면 일체의 숙성된 맛있는 모든 병과餠果들에 숙소를 넣으면 더 뛰어난 맛이 나는 것처럼,

世尊。譬如一切成熟珍羞諸餠果內。投之熟蘇。[1] 更生勝味。

---
1) ㉠『解深密經』권2(T16, 697a9)에 '蘇'가 '酥'로 되어 있다.

석 이하는 세 번째로 숙소의 뛰어난 맛의 비유다. 이 중에 두 가지가 있다. 앞은 비유이고, 뒤는 법동유이다.

釋曰。自下第三熟蘇勝味喩。於中有二。先喩。後法。[1]

---
[1] ㉠ '法' 뒤에 '同喩'를 넣거나, 혹은 '合'으로 수정해야 한다.

가. 비유
이것은 비유에 해당한다.

此卽喩也。

나. 법동유

경 이와 같이 세존이시여, 이러한 '모든 법은 다 자성이 없으니……중간 생략……자성열반이다'라는 무자성성의 요의의 언교를 모든 불요의경에 넣으면 뛰어난 환희를 내게 합니다.

如是世尊。依此諸法皆無自性。廣說乃至。自性涅槃。無自性性了義言敎。置於一切不了義經。生勝歡喜。

석 이것은 법동유를 든 것이니, 경문을 생각해 보면 알 수 있을 것이다.

釋曰。此卽擧法同喩。尋文可知。

④ 허공의 일미의 비유

경 세존이시여, 비유하면 허공이 모든 곳에 두루 미쳐서 모두 똑같은 한맛이고 일체의 지어야 할 사업을 장애하지 않는 것처럼,

世尊。譬如虛空。遍一切處。皆同一味。不障一切所作事業。

석 이하는 네 번째로 허공의 일미一味로 비유한 것이다. 이 중에 두 가지가 있다. 앞은 비유이고, 뒤는 법동유다.

釋曰。自下第四虛空一味喩。於中有二。先喩。後法。[1]

1) ㉯ '法' 뒤에 '同喩'를 넣거나, 혹은 '合'으로 수정해야 한다.

가. 비유

이것은 비유에 해당한다.

此卽喩也。

나. 법동유

경 이와 같이 세존이시여, 이러한 '모든 법은 다 자성이 없고……중간 생략……자성열반이다'라는 무자성성의 요의의 언교는 모든 불요의경에 두루하여 모두 똑같은 한맛이니, 일체의 성문·독각 및 대승들이 닦아야 할 사업들을 장애하지 않습니다." 이와 같이 말하고 나자,

如是世尊。依此諸法皆無自性。廣說乃至。自性涅槃。無自性性了義言教。遍於一切不了義經。皆同一味。不障一切聲聞獨覺及諸人乘[1]所偹事業。說是語已。

1) ㉠『解深密經』권2(T16, 697a17)에 '乘'이 '衆'으로 되어 있으나 '乘'이 바른 듯하다. 전후 문맥상 '大乘'이 나와야 하고, 또 이 경문이 실려 있는 『瑜伽師地論』권76(T30, 722c20)에도 '乘'으로 되어 있다.

석 이것은 법동유를 든 것이다. 말하자면 무자성성의 요의의 언교는 모든 불요의경에 두루하여 모두 다 똑같이 이 하나의 '무성'이라는 맛을 내고 모든 삼승의 사업을 장애하지 않는다는 것이다.

釋曰。此卽擧法同喩。謂無[1]性性了義言敎。遍於一切不了義經。皆悉同此一無性味。不障一切三乘事業。

1) ㉠ '無' 뒤에 '自'가 누락된 듯하다.

2) 여래께서 수지를 권함

경 이때 세존께서 승의생보살을 칭찬하시며 말씀하셨다. "훌륭하다, 훌륭하다.

爾時。世尊歎勝義生菩薩曰。善哉善哉。

석 이하는 두 번째로 여래께서 수지를 권하신 것이다. 이 중에 네 가지가 있다. 첫째는 '훌륭하다'고 총괄해서 칭찬한 것이다. 둘째는 심오한 의미를 영해했음을 칭찬한 것이다. 셋째는 잘 비유했음을 칭찬한 것이다. 넷째는 승의생을 칭찬하며 배우길 권한 것이다.

釋曰。自下第二如來勸持。於中有四。一總讚善哉。二讚領深義。三讚能作喩。四歎勝勸學。

(1) '훌륭하다'고 총괄해서 칭찬함

이것은 첫 번째로 '훌륭하다'고 총괄해서 칭찬한 것이다.

此卽第一總讚善哉。

(2) 심오한 의미를 영해했음을 칭찬함

경 선남자여, 그대는 이제 능히 여래가 설했던 심오한 밀의 언설의 의미를 잘 이해하였다.

善男子。汝今乃能善解如來所說甚深密意言義。

석 이것은 두 번째로 심오한 의미를 영해했음을 칭찬한 것이다.

釋曰。此卽第二讚領深義。

(3) 잘 비유했음을 칭찬함

경 다시 이 의미에 대해 이른바 세간의 비습박약, 잡다한 채화지, 숙소, 허공으로 잘 비유하였다.

復於此義。善作譬喩。所謂世間毗濕縛藥。雜彩畫池。[1] 熟蘇虛空。

---
1) ㉠ '池'는 '地'의 오기다.

석 이것은 세 번째로 잘 비유했음을 칭찬한 것이다.

釋曰。此卽第三讚能作喩。

(4) 인가하며 수지를 권함

경 승의생이여, 이와 같고, 이와 같다. 다시 다를 것이 없다. 이와 같고, 이와 같다. 그대는 마땅히 수지해야 한다."

勝義生。如是如是。更無有異。如是如是。汝應受持。

석 이것은 네 번째로 인가하면서 수지를 권한 것이다.

釋曰。此卽第四印可勸持。

4. 교량탄승분校量歎勝分[600]

경 이때 승의생보살이 다시 부처님께 말하였다. "세존께서는 처음 제1시에 바라니사의 선인타처[601] 시록림에 계시면서 오직 성문승에 발심해서 나아가는 자를 위해 사제의 상으로 정법륜을 굴리셨습니다.

爾時。勝義生菩薩。復白佛言。世尊。初於一時。在婆羅痆斯仙人墮處施鹿林中。唯爲發趣聲聞乘者。以四諦相。轉正法輪。

석 이하는 네 번째로 비교해서 그 뛰어남을 찬탄한 것이다. 이 중에 두 가지가 있다. 처음은 보살이 청문한 것이고, 다음의 "이때" 이하는 세존께서 바로 설하신 것이다.

釋曰。自下第四校量嘆[1]勝分。於中有二。初菩薩請問。後爾時下。世尊正說。

---
1) ⑲ '嘆'은 '歎'의 오기다.

---

600 이하의 교량탄승분校量歎勝分은 세존의 일대의 설법을 삼시三時의 교교, 즉 제1시時의 사제법륜四諦法輪, 제2시의 무상법륜無相法輪, 제3시의 요의대승了義大乘 등으로 구분하여 그 승勝·열劣을 판정하였다. 여기에 진술된 삼시교三時敎의 설은 일종의 교판론敎判論이라고 볼 수 있는데, 그에 따르면 제1시·제2시의 교는 불요의不了義이지만 제3시의 교는 요의了義다. 그런데 이전의 영해수지분領解受持分과 이 교량탄승분을 비교할 때 그 차이점이 있다. 그 영해수지분에서는 삼무성三無性의 교설이 결국 제1시의 유성교有性敎와 제2시의 무성교無性敎의 모순을 회통시키고 종합한 것임을 부각시켰다면, 이 교량탄승분에서는 삼시교의 우열을 분명히 하면서 제3시의 요의교了義敎의 무한한 공덕을 찬탄한다는 것이다.
601 바라니사의 선인타처仙人墮處: 바라니사婆羅痆斯(ⓢ Vārāṇasī)는 오늘날 인도의 바라나시를 가리키고, 선인타처는 녹원鹿苑을 가리킨다. 선인집처仙人集處, 선인주처仙人住處, 선인논처仙人論處, 선인녹원仙人鹿苑 등 여러 이름으로 불리는데, 이곳이 선인仙人들과 연관된 일화가 다양하기 때문이다.

1) 보살의 청문

전자 중에 두 가지가 있다. 처음에는 삼전三轉의 승勝·열劣이 부동함을 밝힌 것이다. 나중의 "세존이시여, 만약 선남자" 이하는 묻는 말을 바로 일으켜 복福의 승·열을 밝힌 것이다.

前中有二。初明三轉勝劣不同。後世尊若善男子下。正發問辭。辨福勝劣。

(1) 삼전三轉의 승勝·열劣이 부동함을 밝힘

전자 중에 세 가지 법륜이 있으니, (경문도) 세 가지로 구분된다.

前中三輪。卽分爲三。

① 사제법륜四諦法輪

이것은 첫 번째 사제의 법륜에 해당한다. 이 중에 두 가지가 있다. 처음은 법륜을 바로 밝힌 것이고, 나중의 "비록 이것은" 이하는 교가 하열함을 나타낸 것이다.

此卽第一四諦法輪。於中有二。初正明法輪。後雖是下。顯敎是劣。

가. 법륜을 바로 밝힘

이것은 처음에 해당한다. 경문에 다섯 개의 절이 있다. 첫째는 문답한 자를 나타낸 것이다. 둘째는 설한 때를 밝힌 것이다. 셋째는 설한 곳을 나타낸 것이다. 넷째는 (설법의) 대상(所爲)에 대해 해석한 것이다. 다섯째는 법륜에 대해 해석한 것이다.

此即初也。文有五節。一辨問答者。二明說時。三顯說處。四解所爲。五釋法輪。

● 묻고 답한 자, 설법한 때
"이때……"라고 한 것은 묻고 답한 자를 나타낸 것이다.
"처음 제1시에"라고 한 것은 경을 설한 때이니, 삼법륜 중에 최초의 법륜을 설했던 때를 말한다.

言爾時等者。辨問答人也。言初於一時者。說經時也。謂三法輪中。說初輪時。

● 설법한 처소
"바라니사……에 계시면서"라고 한 것은 경을 설한 처소이다.
『심밀해탈경』에서는 "바라나성의 선인들이 모이는 곳(仙人集處), 모든 금수들이 노니는 곳에서"[602]라고 하였고, 진제의 『해절기解節記』에서는 다음과 같이 말한다.

제1시에는 '바라나 녹원鹿園의 선인들이 모이는 곳에서'라고 했는데, 이곳은 세 가지 덕이 있기 때문에 세 종류 사람이 항상 이곳에 모인다.
'세 가지 덕'이란 다음과 같다. 첫째는 숲의 덕이다. 나뭇가지의 그늘이 가려 주니, 봄이면 비를 막아 주고 여름이면 열을 막아 주며, 겨울엔 다시 바람을 막아 준다. 둘째는 물의 덕이다. 항상 다섯 가지를 갖추고

---
[602] 『深密解脫經』 권2(T16, 673c18).

있으니, 경쾌함, 시원함, 부드러움, 아름다움, 향기 등이다. 셋째는 땅의 덕이다. 숲 밖의 광야에 사는 모든 새와 짐승들이 다 와서 모여 있으면서 두려워하지 않고 마시고 먹는다. 또 이 땅 밑에는 큰 보배 창고가 있으니, 넓이가 40리이고 깊이가 40리이며, 어떤 때는 출현하기도 하는데 다만 사람은 가질 수 없고 윤왕輪王이 세상에 나와야 이 보배를 쓸 수 있다.

그런데 '녹원'에 본래 두 가지 의미가 있다. 첫째, 옛적에 이 땅에 한량없는 사슴이 있었다. 국왕이 사슴을 잡으려고 하니까 사슴 왕이 말하였다. "날마다 한 마리씩 죽이면 한량없는 시간 동안 고깃국을 먹을 것입니다." 후일에 한 마리 새끼 밴 사슴이 죽을 차례가 되자 사슴 왕이 불쌍히 생각해서 자기가 대신 죽으려고 나갔다. 국왕이 그것을 보고, 이로 인해 서로 방문하는 사이가 되었다. 사슴 왕이 이에 보살도를 설해 주었는데, 국왕이 그것을 듣고는 곧 해오解悟를 얻어서 마침내 모든 사슴을 놓아주었다고 한다.【사슴 왕이 사슴 어미를 대신해서 죽으려 했다는 것에 대해 자세히 설하자면, 『대지도론』 제16권에서 설한 것과 같다.】 둘째, 법륜을 굴리실 때 세 마리 사슴이 있었는데 항상 부처님 처소에 와서 법을 들었다고 한다.

'세 종류 사람'이란 다음과 같다. 첫째, 부처님이 아직 세상에 나지 않았을 때는 세간의 선인은 모두 이 지역에 모여 선도仙道를 수학했다. 둘째, 부처님이 아직 세상에 나지 않으셨을 때 모든 연각들이 다 이곳에 모여서 연각도緣覺道를 닦았다. 셋째, 부처님이 이미 세상에 나셨을 때 여러 성문들과 함께 이곳에 모였다.

言在婆羅痆斯等者。說經處也。深密經云。於婆羅奈城仙人集處諸禽獸遊處。若依眞諦解節記云。第一時。於婆羅㮈鹿園仙人集處。此處有三德故。三種人恒集此處。言三德者。一謂林德。樹枝蔭覆。春則遮雨。夏能遮熱。

冬復遮風。二謂水德。恒具有五。輕冷軟美香。三謂他¹⁾德。林外曠野。一切
鳥獸。皆來集聚。飲食無畏。又此地下。有大寶藏。廣四十里。深四十里。有
時出現。但人不得取。若輪王出世。得用此寶。而鹿園。自有二義。一謂昔
時此地。有無量鹿。國王欲取鹿。鹿王白。日日煞一。可得無量時羮。後日
煞次一懷胎鹿。鹿王愍念。自代就死。國王見之。因相顧訪。鹿王仍爲說菩
薩道。國王聞之。卽得解悟。遂放諸鹿【廣說鹿王代鹿母死。如智度論第十六
說也】二謂轉法輪時。有三鹿。恒來佛所聽法。三種人者。佛²⁾未出世。世間
仙人。皆集此地。脩學仙道。二佛未出世。一切緣覺。皆集此地。脩緣覺道。
三佛旣出世。與諸聲聞。共集此處。

1) ㉠ '他'는 '地'의 오기다.　2) ㉠ '佛' 앞에 '一'이 누락된 듯하다.

『대엄경』에 의하면 '선인타처仙人墮處 및 시록림施鹿林'이라고 하니, 그 경의 제1권에서는 다음과 같이 말한다.

일생보처보살[603]이 막 하생하려 할 때 어떤 천자가 염부제에 내려와서 벽지불에게 말하였다. '그대는 이 땅을 버려야 한다. 어째서인가? 12년 후에 어떤 보살이 강신하여 태에 들 것이기 때문이다.'

이때 바라나국의 오백 벽지불들이 천자의 말을 듣고 나서 자리에서 일어나서 뛰어올라 7다라수多羅樹[604] 되는 높이의 허공에서 불을 내어 몸을 태우고 열반에 들었고, 오직 남겨진 사리들만 허공에서 떨어졌다. 그러므로 이 땅을 '선인타처'라고 이름한다.

---

603 일생보처보살一生補處菩薩: '일생보처一生補處(Ⓢ eka-jāti-pratibaddha)'란 일생소계一生所繫라고도 하며, 예를 들어 도솔천에 있는 미륵보살처럼 이번 생만 거치면 내생에서는 반드시 세간에서 성불할 수 있는 이를 말한다.
604 다라수多羅樹(Ⓢ tāla): 인도나 버마 등의 열대지방에 나는 종려과棕櫚科의 나무다. 이 나무의 높이는 70~80척 정도 되는데, 인도에서는 나무로 척도의 단위를 삼기 때문에 '7다라수'라고 한 것이다.

다시 과거에 어떤 인자한 왕이 있었는데 사슴 무리들에게 두려움 없는 장소를 베풀어 주었다. 그러므로 그 땅을 또한 '선인녹원仙人鹿苑'이라 이름한다.[605]

구체적으로 설하면 그 경과 같다.

依大嚴經。名仙人墮處及施鹿林。彼第一云。一生補處菩薩。將欲下生。有天子。下閻浮提。告辟支佛言。仁者。應捨此土。何以故。十二年後。當有菩薩降神入胎。是時。波羅奈國五百辟支佛。聞天語已。從座而起。踊在虛空。高七多羅樹。作[1)]火燒身。入於涅槃。唯有[2)]舍利。從空而下。是故此地。名仙人墮處。復有[3)]過去。有仁慈王。施於群鹿無畏之處。是故彼地。亦名仙人鹿苑。具說如彼。

1) 영『方廣大莊嚴經』권1(T3, 541c9)에 '作'이 '化'로 되어 있다.   2) 영『方廣大莊嚴經』권1(T3, 541c9)에 '有'가 '餘'로 되어 있다.   3) 『方廣大莊嚴經』권1(T3, 541c13)에 '有'가 '以'로 되어 있다.

『대비바사론』제183권에서는 다음과 같이 말한다.

부처님은 바라니사의 선인논처仙人論處 시록림施鹿林에서 교진나憍陳那[606] 등을 위해 정법륜을 굴리셨다.

---

605 『方廣大莊嚴經』권1(T3, 541c4) 참조.
606 교진나憍陳那(⑤ Kauṇḍinya) : 교진여憍陳如 · 아약교진여阿若憍陳如 · 아약구린阿若拘鄰 등으로 번역한다. 부처님이 녹원에서 최초로 법륜을 굴리실 때 제도했던 다섯 비구 중의 한 사람으로서, 부처님의 최초의 제자이다. 전하는 말에 따르면, 교진나는 실달타悉達多 태자가 출가하여 구도할 초창기에 그 밖의 네 사람과 더불어 정반왕淨飯王의 명을 받아 직접 고행하는 태자를 모셨다. 그는 후에 태자가 고행을 폐하는 것을 보고 마침내 다른 네 사람과 함께 떠나 버렸다가 석존釋尊이 성도成道했을 때 처음으로 교화를 받았다. 그 이후의 행적은 자세하지 않지만, 단 그가 교단의 최고 장로長老가 되어 항상 상좌上座에 앉았다고 한다.

문 어째서 '바라니사'라고 하는가?

답 이것은 강의 이름이다. 거기에서 거리가 멀지 않은 곳에 왕의 성을 지었기 때문에 이 성을 또한 '바라니사'라고 부른다.

문 어째서 '선인논처'라고 하는가?

답 만약 이와 같이 '제불은 결정코 이곳에서 법륜을 굴리신다'고 말하는 자라면, 그가 말하는 것은 '부처님이 가장 뛰어난 선인이고 모두 이곳에서 최초로 법륜을 굴리셨기 때문에 선인논처(선인이 논한 곳)라고 한다'는 것이다. 만약 이와 같이 '제불이 결코 이곳에서 법륜을 굴리신 것은 아니다'라고 말하는 자라면, 그가 말하는 것은 '마땅히 선인주처仙人住處(선인이 머무는 곳)라고 해야 한다'는 것이다. 말하자면 부처님이 세상에 나오셨을 때는 불대선佛大仙과 성스런 제자 선인들이 머물던 곳이고, 부처님이 세상에 나오시지 않았을 때는 독각선獨覺仙이 머물던 곳이며, 독각이 없을 때라면 세속의 오통선五通仙(오신통을 가진 선인)이 머물렀다. 이곳은 항상 선인들이 있으면서, 이미 머물렀거나 지금 머물고 있거나 미래에 머물 것이기 때문에 선인주처라고 한 것이다.

어떤 이는 다음과 같이 설한다. 〈마땅히 '선인타처仙人墮處(선인이 추락한 곳)'라고 해야 한다. 옛날에 오백 선인이 있었는데 공중을 날아가다가 이곳에 이르러 물러날 인연을 만나서 일시에 추락했다.[607]〉

문 어째서 '시록림'이라 하는가?

답 항상 사슴들이 이 숲에 노닐고 있기 때문에 '녹림'이라 한다. 옛날에 범달다梵達多라는 이름의 국왕이 있었는데 이 숲을 사슴 무리들에게 베풀어 주었기 때문에 '시록림'이라고 한다. 예를 들면 갈란탁가 장자가 왕사성의 죽림원에다 연못 하나를 파서 갈란탁가 새들에게 주어서 그

---

[607] '물러날 인연을 만났다'는 것은 공중을 비행하던 오백 선인들이 이곳에서 왕이 채녀婇女들을 데리고 정원에서 놀고 있는 것을 보고 욕심을 내자 곧 신통을 잃어버리고 여기에 추락했던 것을 말한다.『瑜伽論記』권20(T42, 777a8) 참조.

새들이 놀 수 있게 해 주었는데, 이로 인해 '시갈란탁가지施羯蘭鐸迦池(갈란탁가 새들에게 베풀어 준 연못)'라고 이름했던 것처럼, 이것도 또한 이와 같기 때문에 '시록림'이라 이름한 것이다.[608]

依大婆沙百八十三云。佛於波羅疷斯仙人論處施鹿林中。爲憍陳那等。轉正法輪。問。何故名波羅疷斯。答。此卽[1]是河名。去其不遠。造立王城。是故此城。亦名波羅疷斯。問。何故名仙人論處。答。若作是說。諸佛定於此處轉法輪者。彼說佛是最勝仙人。皆於此處。初轉法輪。故名仙人論處。若作是說。諸佛非定於此轉法輪者。彼說應言仙人住處。謂佛出世時。有佛大仙及聖弟子仙衆所住。佛不世[2]時。有獨覺仙人[3]所住。若無獨覺時。有世俗五通仙住。以此處恒有諸仙。已住今住當住。故名仙人住處。有說。應言仙人墮處。昔有五百仙人。飛行空行。[4]至此遇退因緣。一時墮落。問。何故名施鹿林。答。恒有諸鹿。遊止此林。故名鹿林。昔有國王。名梵達多。以此林施與群鹿故。名施鹿林。如羯蘭鐸迦長者。於王舍城竹[5]園中。穿一池。以施羯蘭鐸迦鳥。令其遊戲。因名施羯蘭鐸迦池。此亦如是。故名施鹿林。

1) ㉡『大毘婆沙論』권183(T27, 917a19)에 '卽'이 없다. 2) ㉤ '世'는 '出'인 듯하다. ㉡『大毘婆沙論』권183(T27, 917a25)에 '世' 앞에 '出'이 있다. 3) ㉡『大毘婆沙論』권183(T27, 917a26)에 '人'이 없다. 4) ㉡『大毘婆沙論』권183(T27, 917a29)에 따르면, '行'은 '中'의 오기이다. 5) ㉡『大毘婆沙論』권183(T27, 917b4)에 '竹' 뒤에 '林'이 있다.

세친 보살의 『전법륜론』에 의하면, 네 가지 인연이 있기 때문에 그 숲에 의지해서 법륜을 굴린 것이다. 따라서 그 논에서는 다음과 같이 말한다.

어떤 의미에서 (세존께서는) 수승한 장소의 많은 대중들이 모인 곳을

---

608 『大毘婆沙論』 권183(T27, 917a17).

내버려 두고 바라나라는 적은 사람들이 모인 곳, 파타리 나무 그늘 아래의 녹원에서 법륜을 굴리셨는가?

그 의미를 지금 해석하겠다. 세존께서는 옛적에 (이미 그곳에서) 60천억 나유타의 모임으로 널리 보시를 행했기 때문이다. (또 그곳에서) 이미 일찍이 60천억 나유타의 부처님들을 공양하였다. 또 그곳에서 이미 91억천의 부처님들이 계시면서 법륜을 굴리셨다. 또 그곳은 항상 적정寂靜의 선인을 키워 냈다. 이와 같은 큰 공덕들을 갖고 있기 때문이다.[609]

자세하게 설하면 그 논과 같다.

若依世親菩薩轉法輪論。有其四緣故。依彼林而轉法輪。故彼云。以何義故。捨於勝處多衆集處。於波羅奈小[1]人衆處。在波吒離樹影蔭下鹿苑之中。而轉法輪。彼義今釋。世尊往昔。六十千億那由他會廣行[2]施故。以[3]曾供養六十千億那由他佛。又於彼處。已有九十一億千佛。轉於法輪。又[4]彼處常饒寂靜仙人。有如是等諸[5]功德故。廣說如彼。

1) ㉠『轉法輪經憂波提舍』 권1(T26, 358b9)에 따르면, '小'는 '少'의 오기다. 2) ㉠『轉法輪經憂波提舍』 권1(T26, 358b11)에 '行' 뒤에 '布'가 있다. 3) ㉠『轉法輪經憂波提舍』 권1(T26, 358b11)에 '以'는 '又於彼處已'라고 되어 있고, 후자를 따랐다. 4) ㉠『轉法輪經憂波提舍』 권1(T26, 358b13)에 '又'가 없다. 5) ㉠『轉法輪經憂波提舍』 권1(T26, 358b14)에 '諸' 뒤에 '大'가 있다.

● 설법의 대상(所爲)

"오직 성문승에 발심하여 나아가는 자를 위해"라고 한 것은 (어떤) 사람을 위한 것인지를 해석한 것이다. 삼승 중에서 오직 성문승을 위한 것

---

[609] 이상은『轉法輪經憂波提舍』 권1(T26, 358b7~14) 참조.

이다.

『대비바사론』과 『구사론』과 『순정리론』과 『전법륜론』에 따르면 다섯 비구를 위한 것이다.【다섯 비구란, 『사분율』에 의하면, 첫째는 교진여憍陳如이고 둘째는 아습비阿濕卑이며 셋째는 마하남摩訶男이고 넷째는 바제婆提이며 다섯째는 바부婆敷다. 『오분율』에서는 교진여, 발제跋提, 바파婆頗, 알비頞鞞, 마하납摩訶納이라 하였다.】

『유가사지론』 제95권에 의하면 '교진나를 위해' 설하였고, 지금 이 경에 의하면 통틀어 '모든 성문승에 (나아가는) 자를 위해' 사제의 법을 굴리신 것이다.

言唯爲發趣聲聞乘者。解所爲人。三乘之中。唯爲聲聞人也。依大婆沙俱舍正理轉法輪論。爲五比丘【五比丘者。依四分律。一憍陳如。二阿濕卑。三摩訶男。四婆提。五婆敷。五分律云。憍陳如。跋提。婆頗。頞鞞。摩訶納。】依瑜伽論第九十五。爲憍陳那。今依此經。通爲一切聲聞乘者。轉四諦法。

● 법륜에 대한 해석

"사제의 상으로 정법륜을 굴리셨습니다."라는 것은 법륜에 대해 바로 해석한 것이다. 말하자면 세 번 돌아가며 십이행상의 법륜을 바로 굴리신 것이니, 예를 들어 『전법륜경』에서 설한 것과 같다.[610]

그런데 이 법륜은 대략 네 문으로 분별하겠다. 첫째로 이름을 해석하

---

610 이하에서 '법륜'에 대한 다양한 해석들이 이어지는데, 이 해석들의 경전적 근거가 된 것은 『轉法輪經』이다. 이 경은 『雜阿含經』 권15(T2, 103c13~104a29)의 내용에 해당한다. 여기에서 세존은 교진여 등에게 사성제四聖諦의 삼전십이행三轉十二行에 대해 설법해 주고, 이러한 삼전십이행에 대해 바르게 사유함으로써 안眼·지智·명明·각覺이 발생할 때 해탈과 보리를 획득할 수 있다고 말한다. 세존은 이 법륜을 설하고 나서 먼저 교진여에게 '교법을 알겠는가(知法未)'라고 물었고, 교진여는 '알았다(已知)'고 답한다. 그러자 다시 지신地神과 천신天神들이 '세존께서 세 번 십이행상을 굴렸다'고 제창하며 사방에 알린다.

고, 둘째로 (법륜의) 체성을 나타내며, 셋째로 문답으로 해석하고, 넷째로 십이행상을 해석한다.

言以四諦相轉正法輪者。正釋法輪。謂三周正轉十二行相法輪。如轉法輪經。然此法轉。略以四門分別。一釋名字。二出體性。三問答解釋。四釋十二行。

⊙ 이름의 해석
이름을 해석하겠다.
계경에서 설하길 '세존께서 법륜을 굴리셨다'고 했는데, (이에 대해) 『대비바사론』 제182권에서 다음과 같이 말한다.

言釋名者。如契經說。世尊轉法輪。毗婆沙一百八十二云。

🞑 문 어째서 법륜이라 하는가?
🞑 답 이 바퀴(輪)가 법으로 이루어졌고 법을 자성으로 삼기 때문에 법륜이라 한다. 예를 들면 세간의 바퀴가 금 등으로 이루어진 것은 금 등을 자성으로 삼기 때문에 금륜 등으로 불리는 것처럼 이것 또한 이와 같다.
어떤 사람은 말하길, 이 바퀴는 능히 성스런 지혜의 법안을 청정하게 하기 때문에 법륜이라 한다고 하였다.
어떤 사람은 말하길, 이 바퀴는 능히 그릇된 법륜을 다스릴 수 있기 때문에 법륜이라 하고, '그릇된 법륜'이란 포랄나布剌拏[611] 등의 육사외

---

611 포랄나布剌拏: 부란나가섭富蘭那迦葉(Ⓢ Pūraṇa-kāśyapa, 또는 Pūraṇa-kassapa)을 가리킨다. 부처님 당시에 육사외도六師外道 중의 한 명이다. 전하는 바에 따르면, 사위성舍衛國 바라문사婆羅門師로서 오백 제자를 거느리고 일찍이 부처님과 도력을 겨루었다가 낙패한 후 강에 투신하여 죽었다고도 한다. 그는 무인론無因論·무도덕론無

도가 굴리는 팔사지륜八邪支輪612을 말한다고 하였다.

🔲 어째서 바퀴라고 하고, 바퀴란 무슨 의미인가?

🔲 '움직여 굴러가면서 머물지 않는다'는 의미가 바로 바퀴의 의미다. '이것을 버리고 저기로 나아간다'는 의미가 바로 바퀴의 의미다. '능히 원수를 굴복시킨다'는 의미가 바로 바퀴의 의미다. 이와 같은 의미들을 가졌기 때문에 '바퀴'라고 하였다.613

問。何故名法輪。答。此輪是法所成。法爲自性。故名法轉。[1] 如世間輪。金等所成。金等爲性。名金等輪。此亦如是。有說。此輪能淨聖慧法眼。故名法輪。有說。此輪能治非法輪。故名法輪。非法輪者。謂布刺㮈[2]等六師所轉八耶[3]支輪。問。何故名輪。輪是何義。答。動轉不住[4]是轉義。捨此趣彼[5]是輪義。能伏怨敵義是輪義。如是[6]等義。故名爲輪。

1) ㉠『大毘婆沙論』권182(T27, 911b21)에 따르면, '轉'은 '輪'의 오기다. 2) ㉠『大毘婆沙論』권182(T27, 911b26)에 따르면, '㮈'는 '拏'의 오기다. 3) ㉠ '耶'는 '邪'의 뜻이다. 4) ㉠『大毘婆沙論』권182(T27, 911b28)에 '住' 뒤에 '義'가 있다. 5) ㉠『大毘婆沙論』권182(T27, 911b28)에 '彼' 뒤에 '義'가 있다. 6) ㉠『大毘婆沙論』권182(T27, 911b29)에 '如是'가 '由斯'로 되어 있다.

(앞의 문답에서) '움직여 굴러가면서 머물지 않는다'고 한 것은, 견도見道는 신속한 도(速疾道)이고,614 기약한 마음(期心)을 넘어서지 않는 도이

道德論 등을 주장하면서, 중생의 미혹과 깨달음 등은 다 원인이 없는 것(無因緣)이고 선악善惡의 모든 업에도 또한 과보가 없다고 인정하였다.
612 팔사지륜八邪支輪 : 팔지성도八支聖道(팔정도)와 상반되는 여덟 가지 삿된 지(八邪支)를 뜻하니, 즉 사견邪見·사사유邪思惟·사어邪語·사업邪業·사명邪命·사정진邪精進·사념邪念·사정邪定 등을 말한다. 이에 대한 자세한 설명은『大毘婆沙論』권45(T27, 235a18~236b12) 참조.
613 이상은『大毘婆沙論』권182(T27, 911b20~29) 참조.
614 성문사과聲聞四果 중의 첫 번째 과인 예류과豫流果부터는 수도修道에 속하고, 수도에 들기 직전 욕계欲界와 상계上界의 사제四諦에 대한 인忍·지智가 일어나면 이것을 견도見道 16심心이라 한다. 이 견도 16심 중에 마지막 찰나의 마음(제16심)은 이미 과를

며,^615 움직여 굴러가면서 머물지 않는다는 점에 가장 잘 수순하기 때문이다.^616

'이것을 버리고 저기로 나아간다'는 것은, 견도 중에서는 고苦의 현관現觀^617을 버리고 집集의 현관으로 나아가며 내지는 멸滅의 현관을 버리고 도道의 현관으로 나아가기 때문이다.^618

'능히 원수를 굴복시킨다는 의미'라고 한 것은, 마치 전륜왕이 가진 모든 윤보輪寶들이 사주四洲의 모든 원수를 항복시키는 것처럼, 이와 같이 행자는 견도의 바퀴로써 사제의 모든 번뇌를 항복시키기 때문에 법륜이라 한다는 것이다.^619

바퀴라는 것은 '굴려서 움직인다(轉動)는 의미'에 의거한다고 했는데, 타인의 몸 안에서 성도聖道가 일어나도록 하기 때문에^620 그것을 일컬어 '굴린다'고 한다. 따라서 『대비바사론』에서는 다음과 같이 말한다.

획득한 것이고 그 전의 15심에 대해 '예류향豫流向'이라는 지위를 설정한다. 이러한 15찰나 마음으로 사제四諦를 현관하기 때문에 견도의 15심을 '신속한 도(極速疾道)'라고 하였다.

615 '기약한 마음을 넘어서지 않는 도(不越期心道)'라는 문구는 『大毘婆沙論』 권182(T27, 912a1)에는 '不起期心道'라고 되어 있는데, 그 밖의 다른 문헌들에는 '不起'가 아닌 '不越'로 된 곳들도 많다. 어쨌든 모두 '기약한 마음에서 벗어나지 않는다'는 뜻이다. 여기서 '기약한 마음(期心)'이란, 예를 들어 보살이 '나는 이런 활명活命의 일로써 스스로 살아가겠다'고 기약하거나 또는 보리수 아래 앉아서 '나는 34년에 성도하리라'라는 등의 결심을 일으킨 것을 말한다. 이러한 기약한 마음들 중에 계율에 맞는 것도 있고 계율에 맞지 않는 것도 있는데, 위 인용문에서 '기약한 마음을 벗어나지 않는다'고 한 것은 특히 성자가 청정한 율의律儀를 갖추고서 무루의 성도에 이르기까지 그것을 벗어나지 않겠다고 결심한 것을 말한다.
616 이 해석은 『大毘婆沙論』 권182(T27, 911c29~912a2)의 문답에 의거한 것이다.
617 현관現觀 : 구사종俱舍宗에서는 견도見道의 계위階位에서 무루지無漏智로 고집멸도의 사제四諦의 경계를 관하는 것을 말하며, 이런 관법을 성제현관聖諦現觀이라 한다.
618 이것은 『大毘婆沙論』 권182(T27, 912a3~5)에 나온 어떤 설(有說)을 소개한 것이다.
619 이것은 『大毘婆沙論』 권182(T27, 912a26~29)에 나온 어떤 설(有說)을 소개한 것이다.
620 '타인의 몸 안에서 성도가 일어났다'는 것은, 부처님이 교진여 등에게 사성제의 법을 설해 주었고 교진여 등은 그 법에 대해 깨친 것을 말한다.

🔷 만약 그의 몸 안에서 성도가 생겨날 때 곧 그것을 일컬어 '법륜을 굴린다'고 했다면, 어째서 (그가 굴린다고 하지 않고) 부처님이 법륜을 굴린다고 말하는가?

🔶 굴리는 원인에 의거해서 이렇게 말한 것이다. 말하자면 그의 몸 안의 모든 성도는 세존께서 언설의 손으로 그것을 굴리지 않으셨다면 그의 성도는 생겨날 원인이 없는 것이다. 그의 성도가 생기는 것은 모두 부처님의 힘 때문이다. 그러므로 부처님이 처음으로 법륜을 굴리셨다고 한다.[621]

살바다종의 뜻은 이상의 해석과 같다.

言動轉不住者。見道是速疾道。不越期心道。於動轉不住。最爲隨順故。言捨此趣彼者。見道中。捨苦現觀。趣集現觀。乃至。捨滅現觀。趣道現觀故。言能伏怨敵義者。如轉輪王所有輪寶。降伏四洲所有怨敵。如是行者。以見道輪。降伏四諦所有煩惱。故名法輪。所言輪者。依轉動義。令他身中聖道起故。名之爲轉。故婆沙。問。若彼身中。聖道生時。卽彼名爲轉法輪者。何故說佛轉法輪耶。答。依能轉因。故作是說。謂彼身中所有聖道。世尊若不以言說手爲其轉者。卽彼聖道。無因得生。彼聖道生。皆由佛力。是故說佛初轉法輪。薩婆多宗。義如上釋。

경부經部에 따르면 그 ('굴린다'는 말에) 두 가지 의미가 있다. 첫째는 성스런 교이고, 둘째는 성스런 도이다. 이 성스런 교가 다른 상속신相續身(타인의 몸) 안으로 가기 때문에 '굴린다'고 하였다. 따라서 『구사론』 제24권에서는 다음과 같이 말한다.

---

621 『大毘婆沙論』 권182(T27, 912c12).

모든 법문을 법륜이라 해야 정리正理에 맞는다고 할 것이다.[622]

어째서 '굴린다'고 하는가?

이 법문이 다른 상속신 안으로 가서 의미를 이해하도록 하였기 때문이다. 혹은 모든 성도는 다 법륜이고 (그것이) 교화되는 중생의 몸으로 굴러갔기 때문이다.[623] 다른 상속신에서 견도가 생겨날 때 이미 최초의 굴림에 이른 것이기 때문에 '이미 굴렸다'고 하였다.[624]

대승도 또한 이러해서 두 가지 의미를 갖추고 있다. 예를 들면『유가사지론』에서 설한 것과 같으니, 뒤에 가서 분별할 것이다.

若依經部。有其二義。一者聖敎。二者聖道。由此聖敎。往他相續。故名爲轉。故俱舍二十四云。所有法門。名[1]法輪。應可[2]正理。云何名轉。由此法門。往他相續。令解義故。或諸聖道。皆是法輪。於所化生身中轉故。於他相續。見道生時。已至轉初。故名已轉。大乘亦爾。具有二義。如瑜伽說。後當分別。

1) ㉠『俱舍論』권24(T29, 128c16)에 '名' 뒤에 '爲'가 있다. 2) ㉠『俱舍論』권24(T29, 128c16)에 따르면, '應可'는 '可應'의 도치다.

[622] 『俱舍論』권24(T29, 128b26)에 따르면, 유부有部의 논사들은 오직 견도에서의 팔지성도八支聖道만을 법륜이라고 주장한다. 이에 대해 경부經部의 입장에서 '견도뿐만 아니라 수도修道·무학도無學道의 모든 법문을 다 법륜이라고 해야 이치에 맞지 않는가'라고 힐문한 것이다.

[623] 이것은 경부經部의 입장에서 답한 것이다. 그에 따르면, 성교聖敎와 성도聖道에 의거해서 '법륜을 굴린다(轉法輪)'고 말할 수 있다. 우선 세존이 법문을 설함에 따라 그 법문이 교진여 등의 상속신相續身에 옮겨 가서 그 뜻을 이해하도록 하였기 때문이다. 이 경우는 '굴린다(轉)'는 것은 성스런 교를 굴린다는 뜻이다. 혹은 모든 성도가 모두 법륜이니, 교화되는 중생의 상속신에서 전생轉生하였기 때문이다. 이 경우는 '굴린다'는 것은 '성스런 도가 굴러가서 생겨났다(轉生)'는 것을 뜻한다. 이상의 원측의 해석은 보광寶光의 『俱舍論記』권24(T41, 371a2~29)의 설명과 일치한다.

[624] 『俱舍論』권24(T29, 128c16) 참조.

⊙ 법륜의 체體625

체를 나타낸다(出體)고 했는데, (이에 대해) 여러 설이 같지 않다.

첫째는 살바다종이다.626 『구사론』 등에 의하면 (법륜이란) 오직 팔성도를 자성으로 삼는다. 따라서 『구사론』 제24권에서는 다음과 같이 말한다.

🔲 송 (앞에서) 설한 사문의 본성을
또한 바라문이라 하고
또한 범륜梵輪이라 하니
진실한 범梵이 굴린 것이기 때문이네627

이 중에서 오직 견도만을
법륜이라 이름하니
신속함 등이 바퀴와 유사하고
혹은 바퀫살 등을 갖추었기 때문이네628

---

625 이하에서 법륜의 체體에 대한 소승과 대승의 다양한 해석이 제시되는데, 그것을 크게 성도聖道와 성교聖敎 중에 어느 것을 '법륜의 본질'로 간주하는가에 따라 구분해 볼 수 있다. 살바다종에서 '팔지성도八支聖道가 법륜의 자성이다'라고 한 것은 성스런 도를 법륜의 본질로 본 것이고, 대중부大衆部 등의 네 부파에서 '부처님의 말씀이 법륜이다'라고 한 것은 부처님의 성스런 교설 자체를 법륜의 본질로 본 것이다. 다른 한편, 경부經部나 대승의 유식종에서는 성도와 성교를 모두 법륜으로 간주한다.

626 살바다종은 성도聖道를 법륜으로 간주하지만, 세부적으로 오직 견도에만 해당하는지 아니면 수도·무학도까지 포함하는지에 대해서는 견해의 차이가 있다.

627 원측 소에는 『俱舍論』의 게송 중 '진실한 범梵이 굴린 것이기 때문이네(眞梵所轉故)'라는 한 개의 구가 누락되었다. 이 한 구를 포함하는 전반부의 한 송頌에 대해 원측은 별다른 해설을 하지 않았는데, 이 게송의 의미는 다음과 같다. 참된 사문의 본성을 또한 바라문성婆羅門性 즉 범성梵性이라 하고, 이것을 또한 범륜梵輪이라 설하는 경우가 있다. 범륜이란 진실된 범왕의 힘에 의해 구르는 것을 말한다. 그런데 부처님이야말로 이러한 범梵의 덕을 갖추고 있는 범왕이라 불릴 만하고, 그러한 부처님이 스스로 깨닫고서 또한 다른 이를 깨닫게 하기 위해 이 범성(바라문성)을 굴린 것이기 때문에, 법륜을 또한 '범륜'이라고도 이름한다는 것이다.

628 『俱舍論』 권24(T29, 128b18).

해 "이 중에서 오직 견도만을 법륜이라 이름하니"라는 말에 준해 보면 (법륜이란) 오직 견도에서의 팔지성도를 체로 삼는다는 것을 알 수 있다.[629]

『잡심론』제10권도 『구사론』과 동일하다. 따라서 그 논의 게송에서 다음과 같이 말한다.

석가모니께서 설하시길 견도는
신속하기 때문에 법륜이라 하고
혹자는 설하길 학學의 팔지가
굴러서 타인의 마음에 이른 것이라 하네[630]

해 앞의 반 송은 살바다종의 주장(宗義)이고, 뒤의 반 송은 존자 구사瞿沙[631]가 건립했던 주장을 나타낸 것이니, (법륜은) 수도에 통한다는 것이다.[632] 대당 삼장은 (구사를) '묘음妙音'이라 번역했는데, 자세한 설명은 그 논과 같다.

또 『대비바사론』제182권에서는 다음과 같이 말한다. "법륜이란 무엇인가? 답 팔성도지. 만약 상응相應하는 것과 수전隨轉하는 것을 겸해서

---

[629] 이 게송의 문구만 놓고 보면, 설일체유부에서는 오직 견도見道에서의 팔지성도八支聖道만 '법륜'이라 한 것이다. 그 주된 근거는, 뒤의 게송 문구에서 말하듯, 견도에서는 유난히 팔지성도를 신속하게 닦는 것이 마치 바퀴가 굴러가는 것과 같고, 또 마치 바퀴에 바큇살 등이 구비되어 있는 것처럼 팔지성도 역시 그러하기 때문이다. 이에 대해서는 『俱舍論』권24(T29, 128c2)에 나온 존자 묘음妙音의 설명 참조.

[630] 『雜阿毘曇心論』권10(T28, 950b9).

[631] 구사瞿沙[S] Ghoṣa): 묘음妙音이라고 의역한다. 인도의 설일체유부說一切有部의 학자로서, 법구法救·세우世友·각천覺天 등과 함께 바사婆沙 4대 논사로 불린다.

[632] 앞의 반 송에서 '견도는 신속하기 때문에 법륜이라 한다'는 것은 살바다종의 본래 주장이다. 뒤의 반 송에서 '학의 팔지가 굴러서 타인의 마음에 이른다'는 것은 존자 구사瞿沙의 설이니, 즉 유학有學의 팔지성도가 굴러서 타인의 마음에 이른 것을 일컬어 '법륜'이라 한다. 이러한 존자 구사의 해석에 따르면, 법륜은 수도에도 통한다. 『雜阿毘曇心論』권10(T28, 950b22) 참조.

말하면 곧 오온성五蘊性이다.⁶³³⁻⁶³⁴ 내지는 그 논에서는 '오직 견도만을 법륜이라 이름한다'고 하는데, 구체적으로 설하면 그 논과 같다.⁶³⁵

言出體者。諸說不同。一薩婆多宗。依俱舍等。唯八聖道。以爲自性。故俱舍二十四云。頌曰。所說沙門性。亦名婆羅門。亦名爲梵輪。¹⁾ 於中唯見道。說名爲法輪。由速等似輪。或具輪²⁾等故。解云。於中唯見道。說名爲法輪。准此故知。唯在見道八支爲體。雜心第十。亦同俱舍。故彼頌曰。牟尼說見道。疾故名法輪。或說覺³⁾八枝。⁴⁾ 轉至於他身。⁵⁾ 解云。上半薩婆多義。下半頌。顯尊者瞿沙所立宗義。通於脩位。大唐三藏。翻爲妙音。廣說如彼。又大婆沙一百八十二云。云何法輪。答。八聖道支。若兼相應隨轉。卽五蘊性。乃至彼云。唯說見道。名爲法轉。具說如彼。

1) ⓥ『俱舍論』권24(T29, 128b19)에 '輪' 뒤에 '眞梵所轉故'라는 한 구가 더 있다. 2) ⓥ『俱舍論』권24(T29, 128b21)에 '輪'이 '輻'으로 되어 있고, 교감주에 '轉'으로 된 판본도 있다고 하였다. 여기서는 '輻'으로 번역하였다. 3) ⓥ『雜阿毘曇心論』권10(T28, 950b10)에 따르면, '覺'은 '學'의 오기다. 4) ⓥ『雜阿毘曇心論』권10(T28, 950b10)에 '枝'가 '支'로 되어 있는데, 교감주에 '枝'로 된 판본도 있다고 하였다. 5) ⓥ『雜阿毘曇心論』권10(T28, 950b10)에 '身'이 '心'으로 되어 있다.

그런데 비바사사毘婆沙師⁶³⁶가 '삼전십이행三轉十二行'⁶³⁷이라 한 것은, 순

---

633 이 해석에 따르면, 법륜의 체는 팔성도이고, 그것과 상응相應하는 법들과 그에 수전隨轉하는 법들도 아울러 포괄해서 말한다면, 오온 전체를 법륜의 자성으로 삼는다.
634 『大毘婆沙論』권182(T27, 911b17).
635 이상은『大毘婆沙論』권182(T27, 911c29)의 문답 참조.
636 비바사사毘婆沙師:『俱舍論記』권1(T41, 11a15)에 따르면, '비毘(Ⓢ vi)'는 '광廣' 혹은 '승勝' 혹은 '이異'를 뜻하고, '바사婆沙(Ⓢ bhāṣa)'란 '설說'을 뜻한다. 말하자면 비바사毘婆沙란 그 논에서 의미를 자세하게 분별하기 때문에 '자세한 설(廣說)'이라 하고, 의미를 뛰어나게 설명하기 때문에 '뛰어난 설(勝說)'이라 하며, 오백아라한五百阿羅漢(『大毘婆沙論』을 지은 저자)이『發智論』을 각기 다른 의미(異義)로 해석하였기 때문에 '상이한 설(異說)'이라 한다. 이런 세 가지 의미를 보존하기 위해서 '비바사사'라는 범음을 그대로 두었다고 하였다.
637 삼전십이행三轉十二行 : 사제四諦 하나하나마다 각각 세 번 굴려서(三轉) 열두 종류 행

서대로 견도 등의 세 가지 도를 말한 것이지 오직 견도만 말한 것은 아니다. 그러므로 세친은 '삼전십이행'에 의거해서 살바다종이 오직 견도만을 법륜이라 설하는 것을 논파하였다. 따라서 『구사론』 제24권에서 다시 다음과 같이 말한다.[638]

이에 따를 때, 삼전이란 순서대로 견도와 수도와 무학도의 세 가지를 나타내니, 비바사사가 설한 것은 이와 같다.【이것은 살바다의 주장을 서술한 것이다.】
그렇다면, 삼전십이행상은 오직 견도에만 해당하는 것은 아닌데 어째서 오직 견도에 대해서만 법륜이라는 이름을 건립할 수 있는가?【이것은 경부종이 살바다종을 논파한 것이거나, 혹은 세친이 스스로 논파한 것이라고 할 수 있다.】 그러므로 오직 당연히 이러한 삼전십이행상의 모든 법문을 법륜이라 해야 한다는 것만이 바른 도리에 부합할 수 있을 것이다.[639]

구체적으로 설하면 그 논과 같다.【**해** (이상은) 경부가 자기의 주장을 진술한 것이거나, 혹은 세친이 자기 주장을 진술한 것일 수 있다.】
『순정리론』 제67권에서는 살바다종을 변론하며 다음과 같이 말한다.

비바사사의 본의는 '모든 성도를 다 법륜이라 한다'고 총괄해서 설한 것이니, 삼전三轉이 삼도三道(견도·수도·무학도)를 포섭한다고 설하기 때문이다. 타인의 상속신(몸)에서 견도가 생길 때 이미 최초의 굴림에 이

상行相을 갖추는 것을 말한다. 이에 대한 자세한 설명은 뒤의 '⊙ 십이행상十二行相에 대한 해석'에서 후술된다.
638 이하에 진술된 『俱舍論』의 인용문은 '오직 견도에 의거해서 법륜을 설하였다'고 한 것에 대해 논주論主인 세친世親 혹은 경부經部의 관점을 제시한 것이다.
639 『俱舍論』 권24(T29, 128c12).

른 것이기 때문에 '이미 굴렸다'고 한다. 그런데 오직 견도는 법륜의 최초에 해당하기 때문에 '법륜은 오직 견도다'라고 설한 것이다.

모든 천신의 부류는 최초의 도(견도)에 의거해서 '법륜을 굴리셨다'고 말하였지,[640] 두 가지 도(수도·무학도)에 의거해서 말한 것은 아니다.[641]

然毗婆沙師。三轉十二行。如次顯示見等三道。非唯見道。是故世親。約三轉十二行。破薩婆多。唯說見道。名爲法輪。故俱舍論第二十四。復作是言。由此三轉。如次顯示見道脩道無學道三。毗婆沙師所說如是。【此敘薩婆多義。】若爾。三轉十二行相。非唯見道。如何可說唯於見道立法輪名。【此是經部[1)]薩婆多。或可世親自破也。】是故唯應卽此三轉十二行相所有法門。名爲法輪。可應正理。具說如彼。【解云。經部申自宗。或可世親申自宗義也。】依順正理第六十七。救薩婆多云。毗婆沙師本意。總說一切聖道。皆名法輪。以說[2)]三道攝故。於他相續。見道生時。已至轉初。故名已轉。然唯見道是法輪初。故說法輪唯是見道。諸天神類。卽就最初。言轉法輪。不依二道。

1) ㉘ '部' 뒤에 '破'가 탈락된 듯하다. 2) ㉠『順正理論』권67(T29, 709a28)에 '說' 뒤에 '三轉'이 있다.

마하승기부[642]에서는 법륜의 체에 대해 '말(語)을 자성으로 삼는다'고 설

---

640 이것은『轉法輪經』(『雜阿含經』권15(T2, 103c13~104a29))에 나온 다음과 같은 일화를 가리킨다. 세존은 교진여憍陳如 등에게 사성제四聖諦의 상相을 설하고 나서, 먼저 교진여에게 '법을 이해했는가(知法未)'라고 묻자 교진여는 '이해했습니다(已知)'라고 답하고, 세존이 다시 '이해했는가'라고 묻자 다시 '이해했다'고 대답하였다. 그러자 지신地神과 천신天神들이 '세존께서 정법륜을 굴리셨다'고 외치면서 사방에 알린다. 이때 천신들이 '법륜을 굴리셨다'고 한 것은 교진여가 법을 깨달은 단계, 즉 견도見道에 의거해서 말했다는 것이다.
641 『順正理論』권67(T29, 709a27).
642 마하승기부摩訶僧祇部(⑤ Mahāsaṅghika) : 소승 20부파 중의 하나인 대중부大衆部를 가리킨다. 상좌부上座部와 더불어 최초의 양대 부파를 이루었다.『異部宗輪論』에 따르면, 불멸후 100년에 대천비구大天比丘가 오조교의五條敎義를 제출한 후에 그에 찬

한다.⁶⁴³ 따라서 『대비바사론』 제182권에서는 "그들은 이와 같이 '모든 부처님 말씀은 모두 법륜이다'라고 설한다."⁶⁴⁴라고 하였다.

경부종에 의하면, 『구사론』 제24권에서 말한 것처럼, 법륜의 체에는 두 종류가 있다. 첫째는 (성스런) 교를 체로 삼는 것이고, 둘째는 모든 성스런 도를 체로 삼는 것이다. 인용되는 성스런 교는 가령 (법륜의) 이름을 다루면서 설했던 것과 같다.⁶⁴⁵

『이부종륜론』에 의하면, 대중부와 일설부와 설출세부와 계윤부 등 네 부파는 동일하게 '모든 여래의 말씀은 모두 전법륜이다'라고 설한다.⁶⁴⁶ 다문부에 의하면 부처님의 다섯 가지 언음言音은 출세간적 교설이니, (그 언음이란) 첫째는 '무상無常'이고 둘째는 '고苦'이며 셋째는 '공空'이고 넷째는 '무아無我'이며 다섯째는 '열반적정涅槃寂靜'이다. 이 다섯 가지 언음은 출리出離의 도를 이끌어 낼 수 있고, 여래의 그 밖의 언음은 세간의 교설이다.⁶⁴⁷ 이와 같은 설들에서는 모두 성스런 교를 법륜으로 삼는다.

성하는 혁신파 비구들과 그와 반대되는 보수파 비구들이 서로 대립하였는데, 전자가 대중부를 이루고, 후자가 상좌부를 이루었다고 한다. 이 부파는 '생사와 열반이 모두 가명假名이고, 사람의 심성은 본래 청정함' 등을 주장했는데, 후대 대승불교의 선구로 간주된다.

643 마하승기부(대중부)는 법륜의 본질을 '성스런 교(聖敎)'로 본다는 점에서 이전의 살바다종과 구분된다.
644 『大毘婆沙論』권182(T27, 912b8).
645 이전에 '⊙ 이름의 해석' 부분에서 『俱舍論』 제24권의 문장을 인용하여 경부종의 관점을 서술했던 것을 말한다.
646 대중부大衆部에서 일설부一說部와 설출세부說出世部와 계윤부雞胤部 등이 파생되어 나왔는데, 이 네 부파는 모두 '여래의 모든 성스런 교가 모두 법륜이다'라고 본다는 점에서 동일하다. 『異部宗輪論』권1(T49, 15b25) 참조.
647 다문부多聞部도 대중부에서 파생된 부파로서, '성스런 교를 법륜으로 본다'는 점에서는 동일하다. 단, 차이점은 '고苦·공空·무상無常·무아無我·열반적정涅槃寂靜' 등 다섯 가지 언음은 성스런 도를 이끌어 내기 때문에 출세간의 교설이고 그 밖의 다른 언음들은 세간적 교설이라고 보았다는 것이다. 『異部宗輪論』권1(T49, 16a12) 참조.

依摩訶僧祇部。說法輪體。語爲自性。故婆沙一百八十二云。彼作是說。一切佛語。皆是法輪。依經部宗。如俱舍第二十四。體有二種。一教爲體。二用一切聖道爲體。所引聖教。如名中說。若依異部宗輪論。大衆部。一說部。說出世部。雞胤部。四部同說。諸如來語。皆轉法輪。依多聞部。謂佛五音。是出世教。一無常。二苦。三空。四無我。五涅槃寂靜。此五能引出離道故。如來餘音是世間教。如是等說。皆用聖教。以爲法輪。

이제 대승에 의하면, 통틀어 성스런 도와 저 성스런 교를 법륜의 체로 삼는다. 따라서 이 『해심밀경』에서는 처음의 두 법륜은 불요의경이고 세 번째 법륜은 요의경이라고 하였고, 『심밀해탈경』에서는 두 번째는 불요의수다라이고 세 번째는 요의수다라라고 하였다.[648] 그런데 첫 번째의 불요의경에 대해 설하지 않은 것은 번역가가 생략했기 때문이다.

이 『해심밀경』 등에 준해 보면, 모두 성스런 교를 법륜이라 설한다.

『유가사지론』에 의하면, 통틀어 교敎와 행行을 법륜이라 설한다.[649] 따라서 『유가사지론』 제95권에서 다음과 같이 말한다. "정견 등의 법에 의해 이루어지는 성질이기 때문에 법륜이라 이름하고, 여래응공의 (말씀은) 이 청정한(梵) 증어增語[650]로서 그에 의해 굴려진 것이기 때문에 또한 범륜梵輪이라고도 한다."[651]

今依大乘。通用聖道及彼聖教。爲法輪體。故此經云。初二法輪。是不了義。

---

648 『深密解脫經』 권2(T16, 673c22) 참조.
649 '교敎와 행行'이란 성스런 교와 성스런 도를 가리킨다. 이어지는 『瑜伽師地論』 인용문에서 '정견正見 등에 의해 이루어진 성질'이라 한 것은 팔지성도八支聖道를 말하고, '범의 증어(梵增語)'라고 한 것은 성스런 교를 가리킨다.
650 증어增語 : 여러 가지 의미가 있지만, 특히 의식의 경계가 되는 명名을 가리킨다. 이 명은 언어를 증상시켜서 더욱 훌륭한 언어적 기능을 일으키기 때문에 증어라고 한다.
651 『瑜伽師地論』 권95(T30, 843c6).

第三法輪。是了義經。依深密經。第二不了義修多羅。第三了義修多羅。而
不說第一不了義者。譯家略故。准此經等。皆說聖教。名爲法輪。若依瑜伽。
通說教行。故瑜伽九十五云。正見等法所成性故。說名法輪。如來應供。是
梵增語。彼所轉故。亦名梵輪。

◎ 『유가사지론』의 총괄적 결론

그런데 그 『유가사지론』에서는 다섯 종류 상으로 전법륜을 설명한다.[652]
따라서 이제 그에 대해 서술하겠다. 그 논에서는 다음과 같이 말한다.

然彼瑜伽。以五種相。辨轉法輪。故今叙之。彼云。

다시 다섯 종류 상을 따라 법륜을 굴리는 것을 '법륜을 잘 굴린다'고
함을 알아야 한다. 첫째는 세존이 보살이었을 때 얻어야 할 바의 소연경
계를 얻은 것이다. 둘째는 얻어야 할 바의 방편을 얻은 것이다. 셋째는
자기가 마땅히 증득해야 할 바를 증득한 것이다. 넷째는 이미 증득하고
나서 다른 상속신(몸)에 심어서 자기의 증득에 대해 깊이 신해를 내도록
한 것이다. 다섯째는 타인으로 하여금 타인이 증득했던 바에 대해 깊이
신해를 내게 한 것이다.[653]

---

652 이하에 진술된 『瑜伽師地論』의 긴 인용문은 '전법륜轉法輪'에 대한 가장 종합적 해석
에 해당한다고 할 수 있다. 이 논에서는 '전법륜'의 전형을 오상五相으로 정리하여 제
시하는데, 이 오상은 특히 『轉法輪經』에 나온 초전법륜初轉法輪의 상相을 다섯 가지
로 정리한 것이다. 그 경에 따르면, 세존은 깨닫고 나서 자신이 깨달았던 사성제四聖
諦의 법을 삼전십이행상三轉十二行相으로 교진여 등 다섯 비구에게 설해 주었다. 세
존은 그것을 설하고 나서 교진여에게 재차 '이해했는가'라고 묻고 교진여는 거듭 '이
해하였다'고 대답한다. 이에 지신地神·천신天神들이 '세존께서 법륜을 굴리셨다'고
소리쳐서 사방에 알린다.
653 이상의 오상五相을 앞서 언급된 『轉法輪經』의 초전법륜의 상과 대비하면 다음과 같
다. ① '얻어야 할 경계를 얻었다'는 것은 사성제四聖諦를 관觀의 경계로 삼는 것을 말
한다. ② '얻어야 할 방편을 얻었다'는 것은 세 번 돌아가며 십이행상을 굴린 것이다.

復次。由五種相。轉法輪者。當知名爲善轉法輪。一者。世尊爲菩薩時。爲[1] 所得[2] 緣境界。二者。爲得所得方便。三者。證得自所應得。四者。得已樹他相續。令於自證。深生信解。五者。令他於他所證。深生信解。

1) ㉠『瑜伽師地論』권95(T30, 843b3)에 '爲' 뒤에 '得'이 있다.   2) ㉯ '得'은 잉자인 듯하다. ㉡『瑜伽師地論』권95(T30, 843b3)에 '得' 뒤에 '所'가 있다.

마땅히 알라. 이 중에서 '소연경계'란 사성제를 말한다.

'방편을 얻었다'는 것은 이 사성제에 의거해서 세 번 돌아가며 열두 가지 행상의 지를 바로 굴리는 것(三周正轉十二相智)을 말한다.[654]

최초의 굴림(最初轉 : 제1전)이란, 예전에 보살이 현관에 들어갈 때 여실하게 '이는 고성제다……중간 생략……이는 도성제다'라고 알아서, 이 중에 있는 모든 현량現量[655]의 성스런 지혜로 능히 견도소단의 번뇌를 끊는 것을 말한다. 이때를 성스런 혜안慧眼이 생겼다고 설하고, 곧 이것은 과거세와 미래세와 금세의 차별이 있기 때문에 그 차례대로 지智·명明·각覺이라 이름한다.[656]

---

③ '자기가 마땅히 증득해야 할 바를 증득했다'는 것은 무상보리無上菩提를 증득한 것이다. ④ '다른 사람의 몸 안에 심어서 자기가 증득했던 것에 대한 믿음(信解)을 내게 한다'는 것은, 세존께서 교진여 등에게 법을 설해 주어 그들이 그 법을 모두 깨우친 것을 말한다. ⑤ '타인으로 하여금 타인의 증득에 대해 신해를 내게 한다'는 것은, 천신 등이 이와 같은 사실을 사방으로 소리쳐서 알린 것을 말한다.

654 이하에서 진술되듯, 제1전과 제2전과 제3전에서 각각 고제·집제·멸제·도제에 대한 네 가지 행상을 굴리는 것을 일컬어 '세 번 돌아가며 열두 행상을 굴린다'고 한다.

655 현량現量 : 언어에 의거하지 않고 감각기관으로 경계를 직접 지각하거나, 혹은 선정 속에서 무분별지無分別智 등에 의거해서 경계를 직접 체득하는 것을 말한다.

656 첫 번째 굴림(第一轉)에서 발생한 안眼·지智·명明·각覺이란 다음과 같다. 보살이 사제를 현관하면서 사제에 대한 현량現量의 성스런 지혜로써 견도소단의 번뇌를 끊었을 때 성스런 혜안慧眼이 생겼다고 한다. 또 이러한 혜안으로 과거 경계를 아는 것을 '지'라고 하고, 미래 경계를 아는 것은 '명'이라 하며, 현재 경계에 아는 것은 '각'이라 한다. 여기서 '안'이 삼세의 소연의 경계에 대한 총체적 혜안을 가리킨다면, 지·명·각은 삼세의 소연의 경계에 대한 각각의 지혜를 일컫는다고 할 수 있다. 이것은 제2전과 제3전에 대해서도 그대로 적용될 수 있다.

두 번째 굴림(第二轉)이란, 유학有學이 그의 묘한 지혜로 여실하게 '나는 마땅히 후에 여전히 지어야 할 것이 있으니, 마땅히 아직 알지 못했던 고제를 두루 알아야 하고, 마땅히 아직 끊지 못했던 집제를 영원히 끊어야 하며, 마땅히 아직 작증하지 못했던 멸제를 작증해야 하고, 마땅히 아직 닦지 못했던 도제를 수습해야 한다'고 통달하는 것을 말한다. 이와 같은 것에 또한 네 종류 행상이 있으니, 이전과 같이 알아야 한다.

세 번째 굴림(第三轉)이란, 무학無學이 이미 진지盡智와 무생지無生智를 얻었기 때문에 '마땅히 지어야 할 것을 나는 다 이미 지었다'고 말하는 것이다.657 이와 같은 것에 또한 네 종류 행상이 있으니, 이전과 같이 알아야 한다.

이 (세 종류 굴림의) 차이점을 말하자면, 이전의 두 종류 굴림의 4종 행상은 그 유학의 참되고 성스런 혜안이고, 최후의 한 종류 굴림의 (4종행상은) 그 무학의 참되고 성스런 혜안이다.【이것은 보살이 견도 등 세 종류 도에서 '세 번에 걸쳐 돌아가며 십이행상의 지智를 바로 굴리는 것'을 해석한 것이다.658 말하자면 무상보리를 위한 방편이 되는데, 이 『유가사지론』에 준할 때 안眼·지智·명명·각覺을 십이행상으로 삼는다.】

---

657 진지盡智와 무생지無生智는 사성제를 관함으로써 얻게 되는 무학의 지를 말한다.『俱舍論』권26(T29, 135a23)에 의하면, 진지와 무생지의 네 종류 행상은 다음과 같다. "무엇을 진지라고 하는가? 말하자면 무학위에서 '나는 이미 고苦를 알았다, 나는 이미 집集을 끊었다, 나는 이미 멸滅을 작증하였다, 나는 이미 도道를 닦았다'라고 스스로 알게 되는데, 이에 따라 소유하게 된 지智와 견見과 명명과 각覺과 해解와 혜慧와 광光과 관觀을 바로 진지라고 한다. 무엇을 무생지라고 하는가? 말하자면 '나는 이미 고를 알았으므로 더 이상 알아야 할 것이 없다, 나는 이미 집을 알았으므로 더 이상 끊어야 할 것이 없다, 나는 이미 멸을 작증하였으므로 더 이상 작증할 것이 없다, 나는 이미 도를 닦았으므로 더 이상 닦아야 할 것이 없다'고 스스로 알게 되는데, 이에 따라 소유하게 된 지와 견 등을 바로 무생지라고 한다."

658 이상의『瑜伽師地論』의 설명에 따르면, 제1전은 견도見道, 제2전은 수도修道, 제3전은 무학도無學道에 해당한다.

當知。此中所緣境者。謂四聖諦。得方便者。謂卽依此四聖諦中。三周正轉
十二相智。最初轉者。謂昔菩薩入現觀時。如實了知是苦聖諦。廣說乃至。
是道聖諦。於中所有現量聖智。能斷見道所斷煩惱。爾時說名生聖慧眼。卽
此由依去來今世有差別故。如其次第。眼[1]智明覺。第二轉者。謂是有學。
以其妙慧。如實通達。我當於後猶有所作。應當遍知未知苦諦。應當永斷未
斷集諦。應當作證未證滅諦。應當脩習未脩道諦。如是亦有四種行相。如前
應知。第三轉者。謂是無學已得盡智無生智故。言所應作。我皆已作。如是
亦有四種行相。如前應知。此差別者。謂前二轉四種行相。是其有學眞聖慧
眼。最後一轉。是其無學眞聖慧眼【此釋菩薩見等三道三周正轉十二相智。謂
爲無上菩提之方便。准此瑜伽。以眼智明覺。爲十二行相。】

---

[1] 옉『瑜伽師地論』권95(T30, 843b14)에 따르면, '眼'은 '名'의 오기다.

'증득해야 할 바를 증득했다'는 것은 무상정등보리를 증득하는 것을
말한다.【이것은 세 번째 무학위를 해석한 것이니, 이 중에 본래 두 가지 의미가 있
다. 첫째 삼도의 차별은 방편이 되고, 둘째 '보리'라는 측면(義邊)에서 보면 무학은 자
기의 증득해야 할 바를 증득한 것이다.】

'다른 상속신에 심어서 자기의 증득에 대해 깊이 신해를 내게 했다'는
것은, 예를 들어 장로 아약교진阿若憍陳[659]이 세존의 처소에서 정법을 듣
고 나서 최초로 사성제의 법을 깨달아 이해하였고, 또 (세존의) 물음에
답하며 '나는 이미 법을 이해하였습니다'라고 하였고, 이 이후로 이전에
설했던 것처럼 행상(삼전십이행상)을 끝까지 궁구하여 다섯 모두 아라한

---

[659] 아약교진阿若憍陳 : 부처님이 최초로 설법해 주셨던 다섯 비구 중의 한 사람인 아약
교진여阿若憍陳如, 즉 교진여를 말한다. '아약阿若($\overline{S}$ Ājñāta)'이란 '이해한다(了解)'는
뜻이며, 초지初知·이지已知·요교了敎 등으로 번역한다. 세존께서 사제의 상을 설한
후 교진여에게 '이해했느냐'고 묻자 그가 '이미 이해하였다(已知)'라고 한 데서 유래한
이름이다.

과를 증득하고 해탈처가 생긴 것을 말한다.【이것은 여래가 시록림에서 법륜을 굴리실 때 다섯 명이 득도했던 일에 대해 해석하였다.】

최후로는 '타인으로 하여금 타인이 증득했던 바에 대해 신해를 내게 한다'는 것은, 예를 들어 장로 아약교진여가 세간적 마음을 일으켜 '나는 이미 법을 이해했다'고 하자, 여래께서 알아차리시고 나서 세간적 마음을 일으켜 '아약교진여가 이미 나의 법을 이해하였다'고 하셨다. 지신地神이 알아차리고 나서 소리쳐서 다시 알리니, 찰나·순식瞬息·수유須臾를 거치는 사이에 그 소리가 연속적으로 퍼져 범세梵世까지 이르렀던 것을 말한다.【이것은 교진여가 득도한 후에 지신이 전전해서 알려 주어 범세까지 이르렀던 일을 해석한 것이다.】

得所得者。謂得無上正等菩提。【此釋第三無學位中。自有二義。一三道差別。以爲方便。二菩提義邊。即無學爲證自所得也。】樹他相續令於自證生信解者。謂如長老阿若憍陳。從世尊所。聞正法已。最初悟解四聖諦法。又答問言。我已解法。從此已後。如前所說。究竟行相。五皆證得阿羅漢果。生解脫處。【此釋如來施鹿林中。轉法輪時。五人得道。】最後令他於他所證生信解者。謂如長老阿若憍陳。起世間心。我已解法。如來知已。起世間心。斷[1]阿若憍陳已解我法。地神知已。擧聲轉告。逕[2]於刹那。瞬[3]息便實。[4] 其聲展轉。乃至梵世。【此釋陳如得道後。地神轉告。至於梵世也。】

---
1) ㉑『瑜伽師地論』권95(T30, 843c1)에 따르면, '斷'은 잉자다. 2) ㉑『瑜伽師地論』권95(T30, 843c2)에 따르면, '逕'은 '經'의 오기다. 3) ㉑『瑜伽師地論』권95(T30, 843c2)에 '瞬'이 '瞚'으로 되어 있다. 4) ㉑ '便實'은 '須臾'인 듯하다.

마땅히 알라. 세존께서 이해하신 법을 굴려서 아약교진여의 몸 안에 넣어 주었고, (교진여는) 이것을 다시 따라 굴려서 그 밖의 사람의 몸 안에 넣어 주었으며, 그는 다시 따라 굴려서 그 밖의 사람의 몸 안에 넣어 주었으니, 이렇게 연속적으로 따라 굴린다는 의미 때문에 '굴린다'고 이름한 것이다.

정견 등의 법으로 이루어진 성질이기 때문에 법륜이라 이름하고, 여래응공의 (말씀은) 청정한(梵) 증어增語660로서 그에 의해 굴려진 것이기 때문에 또한 법륜梵輪이라고도 이름한다.661

【이 『유가사지론』의 다섯 가지 상에 준해서 『해심밀경』의 종의宗意를 해석해 보면 잘 알 수 있을 것이다.】662

當知。世尊轉所轉¹⁾法。置於阿若憍陳身中。次²⁾復隨轉。置餘身中。彼復隨轉。置餘身中。以是展轉隨轉義故。說名爲轉。正見等法所成性故。說名法輪。如來應供。是梵增語。彼所轉故。亦名梵輪【准此瑜伽五相之義。釋經宗意。應可了知也。】

1) ㉢『瑜伽師地論』권95(T30, 843c3)에 따르면, '轉'은 '解'의 오자다. 2) ㉢『瑜伽師地論』권95(T30, 843c4)에 '次'가 '此'로 되어 있다.

⊙ 법륜에 대해 문답으로 해석함

세 번째로 문답으로 해석하겠다.663

🔲 살바다종에서는 어째서 오직 견도만을 법륜이라 설하는가?664

---

660 증어增語 : 앞에 나온 『瑜伽師地論』 제95권의 인용문과 그 주석 참조.
661 앞서 말했듯이 『瑜伽師地論』에서는 성도聖道와 성교聖敎를 모두 법륜의 본질로 간주한다. 가령 "정견正見 등의 법으로 이루어진 성질이기 때문"이라 한 것은 법륜의 체를 성도(八支聖道)로 간주한 것이고, 또 "청정한 증어增語로서 그에 의해 굴려진 것이기 때문"이라 한 것은 법륜의 체를 또한 성교로도 간주한 것이다.
662 『瑜伽師地論』 권95(T30, 843b2).
663 이하에서 원측은 다섯 종류의 문답을 설정하여 지금까지 논의해 왔던 '법륜'에 대한 해석들의 요점을 정리하고, 의문점들을 다시 해석한다. 이 중에 『大毘婆沙論』에서 이미 결택된 것은 그에 의거해서 문답하였고, 그렇지 않은 경우는 그 밖의 다른 논에 의거해서 적절한 해답을 찾는다.
664 이하에는 '오직 견도만을 법륜이라 설하는 이유'에 대해 세 종류 해석이 나오는데, 그

답 견도는 신속한 도이고, 기약한 마음(期心)을 넘어서지 않는 도이며, 움직여 굴러가며 머물지 않는다는 점에 가장 잘 수순하기 때문에, 유독 (견도만을) 법륜이라 이름한 것이다.⁶⁶⁵

해 (견도) 16찰나는 각기 오직 일념이기 때문에 '신속하다'고 하고,⁶⁶⁶ 다른 마음이 사이에 끼어들지 않기 때문에 '기약한 마음을 넘어서지 않는다'고 하였다. 『잡심론』과 『구사론』과 『순정리론』은 이 해석과 거의 동일하다.

혹은 어떤 이는 다음과 같이 설한다.⁶⁶⁷ 〈견도는 마치 바큇살(輻)과 바퀴통(轂)과 바퀴 테(輞)라는 법과 유사하기 때문에 바퀴(輪)라고 설한다. 마치 수레바퀴에서 바퀴통이 가장 중앙에 있고 바큇살이 바퀴통에 의지해서 고정되고 바퀴 테가 바큇살을 단단히 둘러싸는 것처럼, 이와 같이 견도의 고인苦忍·고지苦智와 집인集忍·집지集智는 바큇살과 같고, 멸인滅忍·멸지滅智는 바퀴통과 같으며, 도인道忍·도지道智는 바퀴 테와 같아서 (그것들이) 두루 도道의 연이 되기 때문이다.〉

혹은 어떤 이는 다음과 같이 설한다.⁶⁶⁸ 〈정견과 정사유와 정근은 마치

것들은 모두 『大毘婆沙論』 권182(T27, 911c29 이하)의 내용에 의거한 것이다.
665 첫 번째 설은 『大毘婆沙論』 권182(T27, 911c29~912a2)의 견해를 진술한 것이다.
666 '견도 16찰나는 각기 오직 일념이다'라는 것은 견도의 16심心을 말한다. 견도의 성자는 이 16찰나 이후에 곧바로 수도에 들어간다. 견도에서 사제四諦의 이치를 관하여 무루의 인忍과 지智가 일어나는데, 욕계에서 사제를 관찰하여 네 가지 법지法智가 일어나고, 색계·무색계에서의 사제를 관찰해서 네 가지 유지類智가 일어난다. 또 이러한 지가 일어나기 직전에 욕계와 색·무색계의 사제를 인가忍可하고 인증忍證하는 팔인八忍이 일어난다. 이와 같은 16심을 보통 팔인八忍·팔지八智라고 한다. 이 16심 중에서 앞의 열다섯 가지는 견도에 속하고, 제16심인 도류지道類智에서는 사제법을 이미 한번에 두루 관하여 안 것이기 때문에 수도에 속한다. 이러한 열여섯 종류의 마음들은 각기 오직 한 찰나이며, 특히 마지막 찰나를 제외한 15찰나에 사제의 이치를 통달한다는 점에서 견도를 '신속한 도'라고 하였다.
667 이 두 번째 설은 『大毘婆沙論』 권182(T27, 912a16)에 나온 '어떤 학설(有說)'을 진술한 것이다.
668 이 세 번째 설은 『大毘婆沙論』 권182(T27, 912a22)에 나온 '어떤 학설(或有說者)'을 진술한 것이다.

바큇살과 같고, 정어와 정업과 정명은 바퀴통과 같으며, 정념과 정정은 바퀴 테와 같다.〉

자세한 것은 『대비바사론』에서 여섯 번의 '부차復次'에 의해 해석했던 것과 같다.[669]

第三問答解釋。問。依薩婆多。何故唯說見道。名法輪耶。答。見道是速疾道。不越期心道。於動轉不住。最爲隨順故。獨名法輪。解云。十六刹那各唯一念。故名速疾。無餘心間。故言不越期心。雜心俱舍及順正理。大同此釋。或有說者。見道猶如輻[1]輞法。故說爲輪。猶如車輪。轂*最居中。輪[2]依轂*住。輞攝於輪。[3] 如是見道苦集忍智如輻。滅忍滅智如轂*。道忍道智如輞。遍緣道故。或有說者。正見正思惟正勤如輻。正語業命如轂*。正念正定如輞。應[4]如婆沙六復次釋。

1) ㉠ '穀'은 '轂'인 듯하다. 이하도 동일하다. ㉡ 『大毘婆沙論』 권182(T27, 912a17)에 따르면, '轂'이 바르다. 이하도 동일하다. 2) ㉡ 『大毘婆沙論』 권182(T27, 912a17)에 따르면, '輪'은 '輻'의 오기다. 3) ㉡ 『大毘婆沙論』 권182(T27, 912a18)에 따르면, '輪'은 '輻'의 오기다. 4) ㉠ '應'은 '廣'의 오기인 듯하다.

문 만약 오직 견도만을 법륜이라 한다면 어째서 '세 번에 걸쳐 12행상의 지智를 굴린 것'을 모두 법륜이라 하는가?

답 『구사론』 등에서는 이러한 논란을 해석하지 않고, 『순정리론』의 논사가 이런 논란을 해석하여 회통시켰으니, 예를 들어 (법륜의) 체를 다루면서 설했던 것과 같다.[670]

669 『大毘婆沙論』에서는 여섯 번에 걸쳐 "다시 또(復次)"라고 반복하면서 '견도가 바큇살(輻)·바퀴통(轂)·바퀴 테(輞) 등으로 이루어진 수레바퀴와 구조적으로 유사하다'는 것을 설명하였다. 『大毘婆沙論』 권182(T27, 912a16~26) 참조.
670 pp.427~428의 '⊙ 법륜의 체體'를 설한 곳에서 나온 『順正理論』 제67권의 인용문 참조.

問. 若唯見道名法輪者. 如何三周十二行智. 皆名法輪. 答. 依俱舍等. 不釋此難. 正理論師. 釋通此難. 如體中說.

🈷 만약 '성스런 도가 법륜이다'라고 말한다면, 보리수 아래서 이미 법륜을 굴린 것인데 어째서 바라니사에 이르러 비로소 법륜을 굴렸다고 하는가?⁶⁷¹

🈸 법륜을 굴린다는 것은 두 종류가 있다. 첫째는 자기의 상속신相續身에서 굴리는 것이고, 둘째는 타인의 상속신에서 굴러가게 하는 것이다. 보리수 아래서는 스스로 법륜을 굴린 것이고, 바라니사에서는 타인으로 하여금 법륜을 굴리게 한 것이다. 부처님은 다른 이에게 이익을 주는 것을 바른 일로 여기기 때문에 타인으로 하여금 굴리게 한 것에 의거해서 '처음으로 법륜을 굴렸다'고 설한 것이다. 자세하게 설하면 저 논(『대비바사론』)과 같다.

問. 若謂聖道是法輪者. 卽菩提樹下. 已轉法輪. 何故至波羅痆斯. 方名轉法輪. 答. 轉法輪有二種. 一自相續中轉. 二令他相續中轉. 菩提樹下. 是自轉法輪. 波羅痆斯. 是令他轉法輪. 佛以饒益他爲正事故. 依令他轉. 說初轉法輪. 廣說如彼.

살바다 논사가 마하승기부에게 묻는다. 〈만약 부처님 말씀을 법륜이라고 한다면 마땅히 보리수 근처에서 상인에게 법을 설해 주시었을 때 '법륜을 굴렸다'고 해야 하는데, 어째서 나중에 바라니사국에 이르러서야 '법륜을 굴렸다'고 하는가?〉

🈸 『대비바사론』에서는 이 비난에 대해서는 해석하지 않았다.⁶⁷² 『이부

---

671 이하의 문답 또한 『大毘婆沙論』 권182(T27, 912b16~21)의 문답에 의거한 것이다.

종륜론』에 준해 보면, 그들은 '모든 부처님의 말씀은 다 전법륜이다'라고 설하기 때문에 상인에게 설하신 것도 또한 법륜임을 알 수 있다. 그런데 지금 녹야원에서 비로소 법륜을 굴리셨다고 말했던 것은 '세 번에 걸쳐 십이행상을 굴리신 것'에 의거해서 이렇게 말한 것이다.

> 薩婆多師。問摩訶僧祇部。若是佛語名法輪者。則應菩提樹邊。爲商人說法已。名轉法輪。何故後至波羅痆斯國。乃名轉法輪耶。答。依毗婆沙。不釋此難。若准異部宗輪論。彼說一切佛語皆轉法輪。故知爲賈客說亦是法輪。而今所說鹿野苑中方轉法輪者。約三轉十二行相。故作此說。

문 경부와 대승은 모든 성도聖道의 삼전십이행상을 다 법륜이라 하는데, 어째서 '보리수 아래서 법륜을 굴렸다'고 말하지는 않으면서 '녹야원에서 법륜을 굴렸다'고 말하는가? 만약 모든 교敎가 다 법륜이라면, 어째서 바라나국에서 견도가 생길 때 '이미 굴렸다(已轉)'고 하는 것인가?[673]

답 이 비난의 뜻을 해석하자면, 『구사론』에서 설한 것과 같다. 십이행상의 모든 법문을 법륜이라고 이름하니, 이 법문이 타인의 상속신相續身

---

[672] 앞서 언급했듯, 마하승기부(대중부)는 성도聖道와 성교聖敎 중 후자에 의거해서 법륜을 해석하기 때문에 "모든 법륜은 말(語)를 자성으로 삼는다."라고 하였다. 이러한 마하승기부의 관점에서는 '그렇다면 왜 보리수 아래서 상인에게 설했을 때 법륜을 굴렸다고 하지 않는가'라는 힐문詰問도 가능하다. 그러나 『大毘婆沙論』에서는 이 힐문에 대해서는 해석하지 않았다. 그 대신에 같은 책 권182(T27, 912b12)에서는 어떤 이의 설(有說)을 소개하면서, 상인에게 설했을 때 법륜을 굴린다고 하지 않고 바라니사에서 다섯 비구에게 설했을 때 비로소 법륜을 굴린다고 한다는 사실에 의거해서 오히려 '법륜의 체는 성스런 도이다'라고 하였다.

[673] 앞서 언급했듯, 경부와 대승은 성도와 성교를 모두 법륜의 체로 간주한다. 여기서는 그들이 대답해야 하는 두 가지 난제를 물었다. 견도見道만이 아니라 수도修道·무학도無學道 등 모든 성도가 다 법륜이라면 부처님이 보리수 아래서 성도를 이루었을 때도 법륜을 굴린 것인데 어째서 '녹야원에서 법륜을 굴렸다'고 하는가? 또 모든 부처님의 말씀 자체가 법륜이라면 왜 반드시 견도가 일어났을 때 '이미 굴렸다'는 표현을 쓰는가?

으로 옮겨 가서 의미를 이해하도록 하기 때문이다. 혹은 모든 성도가 다 법륜이니, 교화되는 중생의 몸 안에서 굴러가기 때문이다. 타인의 상속신에서 견도가 생길 때 이미 최초의 굴림에 이르렀기 때문에 '이미 굴렸다'라고 한 것이다.

해 경부는 모든 교와 모든 도가 다 법륜이라고 한다. 그런데 굴림의 시초에 의거하기 때문에 '이미 굴렸다'고 말한 것이지, 그 밖의 도와 그 밖의 교는 법륜이 아니기 때문에 '이미 (굴렸다)'고 말한 것은 아니다. 대승종에 의하면, 마땅히 이에 준해 해석해야 하니, 이치상에 어긋나는 것은 없다.

問. 經部大乘一切聖道三轉十二行皆名法輪者. 如何不說菩提樹下名轉法輪. 而言鹿苑名轉法輪. 若一切教皆名法輪者. 如何波羅奈國. 見道生時. 名已轉耶. 釋此難意. 如俱舍論. 十二行相所有法門. 名爲法輪. 由此法門. 往他相續令解義故. 或諸聖道皆是法輪. 於所化生身中轉故. 於他相續. 見道生時. 已至轉初. 故名已轉. 解云. 經部諸教諸道. 皆名法輪. 而約轉初. 故言已轉. 非謂餘道餘教非法輪故. 而說已言. 依大乘宗. 應准此釋. 於理無違.

◉ 십이행상+二行相에 대한 해석

네 번째는 '십이행'에 대해 해석하는 것이다. '삼전십이행상'에 대해 여러 종파가 다르게 설한다.

第四釋十二行者. 三轉十二行相. 諸宗不同.

◎ 살바다종

살바다종은 예를 들어 『대비바사론』 제79권에 나온 것처럼 세 논사의 설이 있다. 따라서 그 논에서는 다음과 같이 말한다.

薩婆多宗。如毗婆沙第七十九。有三師說。故彼論云。

예를 들면 계경에서 설하였다. 〈부처님께서 비구들에게 말씀하셨다. 이 고성제는 내가 예전에는 듣지 못했던 것이고 이 법에 대해 이치에 맞게 작의하면 이로 인해 곧 안眼·지智·명明·각覺이 생길 것이다. '이 고성제를 지혜로 두루 알아야 한다'는 것은 내가 예전에는 듣지 못했던 것이고……중간 생략[674]……'이 고성제를 지혜로 이미 두루 알았다'는 것은 내가 예전에는 듣지 못했던 것이고……중간 생략……집제와 멸제와 도제에 대해 자세히 설하면 또한 이와 같다.〉[675]

'이 고성제는 내가 예전에는 듣지 못했던 것' 등의 말은 미지당지근未知當知根을 나타낸 것이다. '이 고성제를 지혜로 두루 알아야 한다'는 등의 말은 이지근已知根을 나타낸 것이다. '이 고성제를 지혜로 이미 알았다'는 등의 말은 구지근具知根을 나타낸 것이다.[676] 집제와 멸제와 도제

---

[674] "중간 생략(乃至廣說)"에 생략된 문구는 "이 법에 대해 이치에 맞게 작의하면 이로 인해 다시 안眼·지智·명明·각覺이 생길 것이다."이고, 이후의 경우도 동일하다.

[675] 여기에서 인용된 '계경契經'은 『轉法輪經』, 즉 『雜阿含經』 권15(T2, 103c13~104a29)를 가리킨다. 이 인용문에서 언급했듯, '이 고성제'에 대해 바르게 사유하고, '이 고성제를 두루 알아야 한다'는 것에 대해 바르게 사유하며, '이 고성제를 이미 두루 알았다'고 바르게 사유하는 것을 일컬어 삼전三轉이라 한다. 집제·멸제·도제에 대해서도 이처럼 세 번 굴린다.

[676] 이것은 계경에서 설한 삼전십이행상을 미지당지근未知當知根·이지근已知根·구지근具知根 등 세 가지 무루근無漏根에 각각 대응시킨 것이다. 삼무루근과 연관시킨 해석에서는 삼무루근의 순서 때문에 해석상의 논란이 일어나므로, 먼저 그 순서를 소개하면 다음과 같다. 미지당지근은 견도위의 사람이 아직 알지 못하는 사제의 진리를 알고자 하여 방편의 해행解行을 닦아 익힐 때 그런 수행의 토대가 되는 근을 말한다. 이지근은 수도위의 성자가 사제의 진리를 이미 알아서 이치에 대한 미혹을 제거하였지만 아직 사사에 대한 미혹을 제거하지 못했기 때문에 더욱 정진하여 사제의 이치를 관하는데, 그러한 관의 토대가 되는 근을 말한다. 구지근은 사제의 이치를 통찰한 무학위의 성자가 그러한 완전한 앎을 지탱하고 있는 근을 가리킨다. 이 세 가지 근은 모두 의意·낙樂·희喜·사捨·신信·근勤·염念·정定·혜慧 등의 아홉 가지 근을 체로 하여 안립한 것으로서, 견도·수도·무학도에서 각기 다른 역할을 하므로 달리 이름

에서 각기 세 가지 근을 나타내는 경우도 이와 같음을 알아야 한다.

如契經說。佛告苾芻。此苦聖諦。我曾[1]未聞。於此法中。如理作意。由此便生眼智明覺。此苦聖諦。慧應遍知。我昔未聞。乃至廣說。此苦聖諦。慧已遍知。我昔未聞。乃至廣說。集滅道諦。廣說亦爾。此苦聖諦我昔未聞等。顯未知當知根。此苦聖諦慧應遍知等。顯已知根。此苦聖諦慧已遍知等。顯具知根。集滅道諦。各顯三根。應知亦爾。

---

1) ㉎『大毘婆沙論』권79(T27, 410c10)에 '曾'이 '昔'으로 되어 있다.

대덕 법구法救는 다음과 같이 말한다. 〈나는 이 경을 생각하면 온몸에 털이 곤두선다. 부처님이 설하신 것은 결코 의미에 어긋나는 것이 없으니 결정코 차례가 있다. 지금 이 계경은 차례를 넘어서 구지근을 설한 후에 다시 미지당지근을 설했기 때문이다. 부처님과 독각과 성문들에게 이와 같은 관행의 차례란 있을 수가 없다. 구지근 이후에 어떻게 다시 최초의 무루근(미지당지근)을 일으키겠는가? 만약 이 경을 버리게 되면, 반드시 이치에 맞지 않을 것이니, (이 경은) 부처님이 처음 설하신 것이기 때문이다. 다섯 비구를 상수上首로 해서 팔만의 모든 천들이 이처럼 설하신 것을 듣고서 모두 법을 증득하였기 때문이다. 만약 버리지 않으려고 하면, 다시 차례에 어긋난다. 따라서 이 경을 생각하면 온몸에 털이 곤두선다.〉

그런데 저 대덕은 비록 이런 말을 하면서도 경을 버리지는 않았고, 다만 문구를 뒤바꿔서 그는 다음과 같이 말한다. 〈이 경은 마땅히 말하길, "이 고성제는 내가 예전에는 듣지 못했던 것이고……중간 생략……집제·멸제·도제에 대해 자세히 설하면 또한 이와 같다."라고 말해야 한 것이다.

한다. '이 고성제를 지혜로 두루 알아야 한다, 이 집성제를 지혜로 영원히 끊어야 한다, 이 멸성제를 지혜로 작증해야 한다, 이 도성제를 지혜로 수습해야 한다는 것은 내가 예전에는 듣지 못했던 것' 등이라 한 말에 대해 자세히 설하면 이전과 같다. '이 고성제를 지혜로 이미 두루 알았다, 이 집성제를 지혜로 이미 영원히 끊었다, 이 멸성제를 지혜로 이미 작증하였다, 이 도성제를 지혜로 이미 수습하였다는 것은 내가 예전에는 듣지 못했던 것' 등이라 한 말에 대해 자세히 설하면 이전과 같다.〉

　만약 이렇게 설한다면 차례를 잃지 않고 현관現觀에 수순하게 되지만, 이는 경에서 설한 것과는 같지 않다.

　아비달마의 모든 논사들은 다음과 같이 말한다.〈멋대로 이 경의 문구를 뒤바꿔서는 안 된다. 과거의 한량없는 모든 대논사들과 이근利根의 다문多聞들은 대덕보다 뛰어났음에도 감히 이 경의 문구를 바꾸지 않았을 것인데, 하물며 지금 대덕이 멋대로 뒤바꿔서야 되겠는가? 다만 이 경의 의취를 심구해 보아야 할 것이다. 말하자면 법을 설하는 자는 두 가지 차례에 의거한다. 첫째로 설법의 차례에 수순하는 것에 의거하니, 마치 이 경의 설과 같다. 둘째로 현관의 차례에 수순하는 것에 의거하니, 마치 대덕의 설과 같다.〉

大德法救。作如是說。我思此經。舉身毛竪。以佛所說。必不違義。定有次第。今此契經。越次第說具知根後。復說未知當知根故。非佛獨覺及諸聲聞。得有如是觀行次第。具知根後。如何復起初無漏根。若捨此經。必不應理。佛初說故。以五苾芻。而爲上首。八萬諸天。聞此所說。皆證法故。若欲不捨。復違次第。故思此經。舉身毛竪。然彼[1]大德。雖作是言。而不捨經。但迴文句。彼作是說。此經應言。此苦聖諦。我昔未聞。乃至廣說。舉[2]滅道諦。廣說亦爾。此苦聖諦。慧應遍知。此集聖諦。慧應永斷。此滅聖諦。慧應作證。此道聖諦。慧應修習。昔未聞等。廣說如前。此苦聖諦。慧已遍知。此集聖諦。慧已永斷。此滅聖諦。慧已作證。此道聖諦。慧已脩習。昔未聞等。廣說如前。若作是說。不失次第。隨順現觀。非如經說。阿毗達摩諸論師言。不應輒迴此經文句。過去無量諸大論師。利根多聞。過於大德。當不敢迴此經文句。況今大德而可輒迴。但應尋求此經意趣。謂說法者。依二次第。一依隨順說法次第。如此經說。二依隨順現觀次第。如大德說。

1) ㉘『大毘婆沙論』권79(T27, 410c25)에 '彼'가 '後'로 되어 있고, 교감주에 따르면 '彼'로 된 판본도 있다. 2) ㉘『大毘婆沙論』권79(T27, 410c27)에 따르면, '擧'는 '集'의 오기다.

협존자脇尊者는 다음과 같이 말한다.[677] 〈이 경은 세 가지 무루근을 설한 것이 아니고, 다만 보살께서 보리수 아래서 욕계의 문소성혜·사소성혜의 힘으로 사제를 수행하신 것을 설했을 뿐이다.〉

문 세존께서 이미 설하길 '나는 이 관으로 말미암아 무상정등보리를 증득하였다'고 했는데, 어찌 문聞·사思로 보리를 증득한다는 의미가 있겠는가?

답 보살께서는 이 문혜와 사혜의 힘으로 모든 사성제에 대한 어리석음을 조복시켜 제거하셨고, 이로 인해 결정코 위없는 깨달음을 증득하셨던 것이다. 따라서 '이로 인해 보리를 증득했다'고 설하신 것이다. 마치 사람이 앞서 습피濕皮로 얼굴을 덮었다가 그 뒤에 걷어 내고 곡穀으로 덮으면 그 장애가 경미해서 '장애가 없다'고 말할 수 있는 것과 같다.[678] 따라서 이것은 세 가지 무루근을 설한 것이 아니다.

---

677 이하에서 협존자는 사제의 삼전십이행상을 문혜聞慧·사혜思慧 등과 대응시켜 해석하였다.
678 '곡穀'의 정확한 의미는 알 수 없다. 아마도 두터운 가죽으로 얼굴을 가렸다가 그 뒤에 다시 얇은 면으로 얼굴을 가리면 시야의 장애가 경미해져서 오히려 장애가 없는 것처럼 여겨진다는 말인 듯하다.

脇尊者言。此經不說三無漏根。但說菩薩菩提樹下欲界聞思所成慧力。修行四諦。問。世尊既說。我由此觀。證得無上正等菩提。豈有聞思證菩提義。答。菩薩由此聞思慧力。伏除一切四聖諦愚。由此定當證無上覺。故說由此證得菩提。如人先時。濕皮覆面。後得除去。以穀[1]覆之。其障輕微。可言無障。故此非說三無漏根。

1) ㉠『大毘婆沙論』권79(T27, 411a16)에 '穀'은 '穀'으로 되어 있다.

예를 들면 계경에서 다음과 같이 설한다.[679] 〈부처님께서 비구에게 말씀하시길, '나는 사성제에 대해 3전轉12행상行相을 (지어서) 안眼·지智·명明·각覺이 생겼다'고 하셨다.〉

문 이것은 마땅히 12전48행상일 텐데, 어째서 다만 3전12행상이라고 하는가?[680]

답 비록 하나하나의 제諦를 관할 때마다 모두 3전12행상이 있지만 3전12행상에 지나지 않기 때문에 이렇게 말씀하신 것이다. 예를 들어 예류자預流者의 극칠반유極七反有와 칠처선七處善, 그리고 이법二法 등과 같다.[681] 이 중에서 '안眼'이란 법지法智·법인法忍[682]을 말하고, '지智'란

---

679 이하에서는 실제로 사제에 모두 12전轉48행상行相이 갖춰져 있음에도 3전轉12행상行相이라 말하는 이유를 해석하였다.
680 고제에 대해 '이것은 고제이다', '이 고제를 두루 알아야 한다', '이 고제를 이미 알았다'고 바르게 사유함에 따라 각각의 경우마다 안眼·지智·명明·각覺 등이 발생하는 것을 '3전12행상'이라 한다. 이와 같은 방식으로 네 종류 제諦를 관하기 때문에 실제로는 12번에 걸쳐 48행상을 굴리는 것이다. 따라서 '어째서 12전48행상이라 하지 않고 3전12행상이라 했는가'라고 물었다.
681 실제로는 12전48행상인데도 3전12행상이라고 명명한 이유를 나타내기 위해 극칠반유極七返有와 칠처선七處善과 이법二法 등의 사례를 들었다. 그 요점은 다음과 같다. 〈가령 예류과預流果는 최대한 인人·천天을 일곱 번 왕복한 후 완전한 열반을 성취한다는 의미에서 '극칠반유極七返有'라고 한다. 그런데 인과 천의 몸을 각각 받기 때문에 모두 14번이고, 인·천의 중유中有 등까지도 고려하면 28번 받지만, 그 모든 경우에 있어서 똑같이 일곱 번씩 받기 때문에 '극칠반유'라고 이름한 것이다. 또 '칠처선'이란 오온五蘊의 각각에 대해 그것의 고苦·집集·멸滅·도道·애미愛味·우환過患·출

모든 법지를 말하며, '명明'이란 유지類智·유인類忍[683]을 말하고, '각覺'이란 모든 유지를 말한다. 다시 '안'이란 '관견觀見'을 뜻하고, '지'는 '결단決斷'을 뜻하며, '명'은 '비춤(照了)'을 뜻하고, '각'은 '경찰警察'을 뜻한다.[684]

【'12전'이란 사제 중에 각기 세 번의 굴림(轉)이 있기 때문에 12전이 된다. '48행상'이란 예를 들어 고제에 대해 세 번 굴리는데 하나하나 굴릴 때마다 각기 안眼·지智·명明·각覺을 내기 때문에 12행상이 되는 것이다. 그 밖의 세 가지 제諦도 이러하니, 합하면 48행상이 된다. '칠처선七處善 및 이법二法'이라 한 것에 대해 예를 들어 『대비바사론』 제108권에서 다음과 같이 말한다. "칠처선이란 무엇인가? 말하자면 여실하게 색色을 알고, 색의 집적(色集)을 알며, 색이 소멸한 취(色滅趣)를 알고, 색을 소멸시키는 행(色滅行)을 알며, 색의 맛(色味)을 알고, 색의 우환(色患)을 알며, 색의 출리(色出)를 아는 것이다. 여실하게 수·상·행·식의 일곱 가지를 아는 것도 또한 이러하다."[685] 자세하게 설하면 그 논과 같다. 또 그 논에서는 다음과 같이 말한다. "<문> 그렇다면, 마땅히 삼십오처선三十五處善 혹은 무량처선無量處善이라고 해야 하는데 어째서 칠처선이라고 했는가? <답> 하나

리出離 등의 일곱 가지를 관하는 것이다. 이것도 마찬가지로 다섯 가지 온에 대해 각각 일곱 가지를 관하므로 모두 35번 관하지만, 그 모든 경우에 있어서 똑같이 일곱 가지를 관하므로 '칠처선'이라 이름한 것이다. 또 '이법'이란 실제로는 안·이·비·설·신·의와 색·성·향·미·촉·법 등 12처를 가리키지만, 가령 안·색과 이·성 등처럼 각기 근·경 두 가지로 짝지어져 있으므로 '이법'이라고 이름한 것이다. 이와 마찬가지로 '3전12행상'도 실제로는 12전48행상이지만 결국 각 제諦마다 똑같이 '세 번 굴려서 열두 가지 행상이 갖추어지는 것'에 지나지 않으므로 3전12행상이라 이름한 것이다.〉

682 법지法智·법인法忍 : 견도에서는 사제四諦를 관할 때 무루無漏의 인忍과 지智가 일어나는데, 그중 욕계의 사제를 관할 때 일어나는 인과 지를 법인·법지라고 한다. 고제를 예로 들면, 무간도無間道에서 '고법인苦法忍'으로 번뇌를 끊고, 해탈도解脫道에서 '고법지苦法智'로 진리를 증득한다.

683 유지類智·유인類忍 : 견도에서 색계·무색계의 사제를 관하여 무루의 인忍과 지智가 일어나면, 그것을 유인·유지라고 한다. 고제를 예로 들면, 고류인苦類忍으로 위의 두 계의 고제를 현관現觀하여 번뇌를 끊고, 고류지苦類智로 위의 두 계의 고제를 현관하여 이치를 증득한다.

684 『大毘婆沙論』 권79(T27, 410c10~411a26).

685 『大毘婆沙論』 권108(T27, 559b4).

하나의 온에 각각 일곱 가지가 있음을 관하고, '7'이라는 수를 넘지 않기 때문에 '일곱 가지가 있다'고 설한 것이다. 예를 들면 그 밖의 경에서 '모든 예류자는 지극히 많아야 일곱 번 왕복하며 존재한다(極七返有)'[686]고 설하는 것과 같다. 그것을 만약 두 가지 취趣와 두 가지 유有를 별도로 설한다면 마땅히 28이 되어야 하니, 말하자면 인취人趣에 일곱 번이 있고 천취天趣에 일곱 번이 있으며, 인의 중유中有[687]에 일곱 번이 있고 천의 중유에 일곱 번이 있다. 그런데 일곱 번을 넘어서지 않기 때문에 '7'이라 이름한 것이다. 또 예를 들어 그 밖의 경에서 '이법이 있으니 안과 색 내지는 의와 법을 말한다'고 설한다. 또 예를 들어 그 밖의 경에서 '삼전법륜에 12행상이 있다'고 설한다. 그 경들에서는 '3'과 '12'를 넘어서지 않기 때문에 '3'과 '12'라고 설한 것이니, 여기서도 또한 이와 같다."[688] 자세하게 설하면 그 논과 같다. 두 번의 '부차復次'에 의해 안·지·명·각에 대해 해설했는데, 처음의 '부차'에서는 오직 견도에 의거하였고 나중의 '부차'에서는 뒤의 두 가지 도에 의거하였거나, 혹은 처음은 견도에 의거하였고 나중은 통틀어 세 가지 도에 의거했다고 볼 수도 있다.[689]】

如契經說。佛告苾蒭。我於四聖諦。三轉十二行相。生眼智明覺。問。此應有

---

686 모든 견소단의 번뇌를 끊고 수도위에 든 자를 예류과預流果라고 하는데, 그는 최대한 인人·천天을 일곱 번 왕복한 후에 완전한 열반을 성취한다고 한다. 따라서 예류자는 '가장 많은 경우 일곱 번 왕복하며 생을 받는다'는 의미에서 '극칠반유極七返有' 혹은 '극칠반생極七返生'이라 한다.
687 중유中有 : 중음中陰·중온中蘊이라고도 하며, 중생이 죽는 순간(死有)부터 다음 생을 받는 찰나(生有)의 중간 시기를 말한다. 이 시기에 존재하는 식신識身을 중유신中有身이라 하는데, 이것은 정혈 등과 같은 외연에 의해 이루어진 것이 아니라 의意에 의해 생겨난 화생신化生身이므로 의생신意生身이라고도 한다. 또 이 중유신은 지극히 미세한 물질로 구성되어 있고, 그의 미래의 취趣가 업에 의해 이끌려 나오기 때문에 그 형량形量은 그것이 태어날 취의 본유本有의 형상과 유사하다고 한다.
688 『大毘婆沙論』권108(T27, 559c17).
689 두 번의 부차復次에 의해 안眼·지智·명明·각覺을 해석했다는 것은, 위의 『大毘婆沙論』 제79권의 인용문 마지막 단락에서, 먼저 견도見道의 법지法智·법인法忍과 유지類智·유인類忍에 배대시켜 해석하고, 이어서 다시 관견觀見·결단決斷·비춤(照了)·경찰警察 등에 배대시켜 해석했던 것을 말한다. 전자는 견도에 의거해서 설명한 것이고, 후자는 수도와 무학도 혹은 세 종류 도 모두에 의거해서 설명했다는 것이다.

十二轉四十八行相。何故但說三轉十二行相耶。答。雖觀一一諦。皆有三轉十二行相。而不過三轉十二行相。故作是說。如預流者。極七反有。及七處善。幷二法等。此中眼者。謂法智忍。智者。謂諸法智。明者。謂[1]類智忍。覺者。謂諸類智。復次。眼是觀見義。智是決斷義。明是照了義。覺是警察義。【十二轉者。四諦中各有三轉。故成十二轉。四十八行相者。如苦諦中有三轉。一一轉。各生眼智明覺。故成十二。餘三諦亦爾。合成四十八行相。七處善及二法者。如婆娑一百八云。云何七處善。謂如實知色。知[2]色集。知*色滅趣。知*色滅行。知*色味。知*色愚。[3] 知*色出。如實知受想行識七亦爾。廣說如彼。又彼云。問。若爾。應說三十五處善。或無量[4]善。何故說七。答。觀一一蘊。各各有七。不過七數。故說有七。如餘經說。諸預流者。極七反有。彼有[5]別說二趣二有。應二十八。謂人趣有七。天趣有七。人中有[6]有七。天中有有七。然不過七。故說七名。又如餘經說。有二法。謂眼色乃至意法。又如餘經說。三轉法輪。有十二行相。彼不過三[7]及十二。故說三*十二。此亦如是。廣說如彼。兩復次。解眼智明覺。初復次。唯依見道。後復次。依後二道。或可初依見道。後通三道也。】

1) ⓔ『大毘婆沙論』 권79(T27, 411a24)에 '謂' 뒤에 '諸'가 있고, 교감주에 따르면 없는 판본도 있다. 2) ⓔ '色' 앞에 붙은 '知'는 원문에 없으나 편의상 넣은 듯하다. 이하도 동일하다. 3) ⓔ『大毘婆沙論』 권108(T27, 559b5)에 따르면, '愚'는 '患'의 오기다. 4) ⓔ『大毘婆沙論』 권108(T27, 559c18)에 '量' 뒤에 '處'가 있다. 5) ⓔ『大毘婆沙論』 권108(T27, 559c21)에 따르면, '有'는 '若'의 오기다. 6) ⓔ『大毘婆沙論』 권108(T27, 559c22)에는 '有'가 하나이지만, 교감주에 따르면 두 개인 곳도 있다. 7) ⓔ『大毘婆沙論』 권108(T27, 559c25)에 '三'이 '二'로 되어 있지만, 문맥상 '三'으로 간주하였다. 이하도 동일하다.

◎ 경부종

이제 경부종에서는 살바다종이 '오직 견도에 의거해서 법륜을 굴린다고 이름한다'는 것을 논파하면서 통틀어 성스런 교와 모든 성스런 도에 의거해서 모두 3전과 12행상을 짓는다고 한다. 따라서 『구사론』에서는 다음과 같이 말한다.

그렇다면, 3전轉12행상行相은 오직 견도만이 아닐 텐데 어떻게 오직 견도에 대해 법륜이라는 이름을 건립한다고 할 수 있겠는가? 그러므로 오직 마땅히 이 3전12행상의 모든 법문을 법륜이라고 이름해야 바른 이치에 부합할 것이다.

어째서 3전이라고 하는가? 세 번 두루 굴렸기 때문이다.

어째서 12행상을 구족하는가? 세 번 두루 돌아가며 사성제를 거쳤기 때문이니, 말하자면 '이것은 고苦이다', '이것은 집集이다', '이것은 멸滅이다', '이것은 도道이다',[690] '이 고를 두루 알아야 한다', '이 집을 영원히 끊어야 한다', '이 멸을 작증해야 한다', '이 도를 수습해야 한다',[691] '이 고를 이미 두루 알았다', '이 집을 이미 영원히 끊었다', '이 멸을 이미 작증했다', '이 도를 이미 수습했다'[692]고 하는 (행상을 짓는 것이다.)…… 이하 생략……[693]

■해 경부는 지위에 의거해서 세 번의 굴림을 설명하였고 사제에 의거해서 네 가지 행상을 밝혔으니, 12행상에 대해서는 대승과 동일하게 해석한다.

■문 그렇다면, 전에 인용했던 경과 어떻게 회통시켜 해석하겠는가?[694]

---

690 부처님이 '이것은 고이다, 이것은 집이다, 이것은 멸이다, 이것은 도이다'라고 설하신 것을 듣고서 교진여 등이 그에 의거해서 견도見道에 들어가는 것을 가리켜 '처음으로 4행상을 굴렸다'고 한다.
691 부처님이 '이 고를 두루 알아야 한다, 이 집을 영원히 끊어야 한다, 이 멸을 작증해야 한다, 이 도를 수습해야 한다'라고 설하신 것을 듣고서, 교진여 등이 그에 의거해서 수도修道에 들어가는 것을 가리켜 '두 번째로 4행상을 굴렸다'고 한다.
692 부처님이 '이 고를 이미 두루 알았다, 이 집을 이미 영원히 끊었다, 이 멸을 이미 작증하였다, 이 도를 이미 수습하였다'라고 설하신 것을 듣고서, 교진여 등이 그에 의거해서 무학도無學道에 들어가는 것을 가리켜 '세 번째로 4행상을 굴렸다'고 한다.
693 『俱舍論』권24(T29, 128c13).
694 경부經部에 따르면, 견도위見道位의 제1전轉에서 '이것은 고이다'라는 등 네 가지 행상을 짓고, 수도위修道位의 제2전에서 '이 고를 두루 알아야 한다'는 등의 네 가지 행

해 그 경은 설법의 차례인 안眼·지智·명明·각覺에 의거한 것이니, 『유가사지론』의 해석과 동일하고 또한 이치에 어긋나지도 않는다.

今依經部。破薩婆多。唯依見道。名轉法輪。通約聖教及諸聖道。俱作三轉及十二行。故俱舍云。若爾。三轉十二行相。非唯見道。如何可說唯於見道立法輪名。是故唯應卽此三轉十二行相所有法門。名爲法輪。可應正理。如何三轉。三周轉故。如何具足十二行相。二[1)]周楯[2)]歷四聖諦故。謂此名[3)]苦。此是集。此是滅。此是道。此應遍知。此應永滅。此應作證。此應脩習。此已遍知。此已永斷。此已作證。此已脩習。乃至廣說。解云。經部約位辨三。依諦辨四行。十二行相。同大乘釋。問。若爾。如何會釋前所引經。解云。彼經依說次第眼智明覺。同瑜伽釋。亦不違理。

1) ㉥『俱舍論』권24(T29, 128c17)에 따르면, '二'는 '三'의 오기다. 2) ㉥『俱舍論』권24(T29, 128c18)에 따르면, '楯'은 '徧'의 오기다. 3) ㉥『俱舍論』권24(T29, 128c18)에 따르면, '名'은 '是'의 오기다.

◎ **대승**

이제 대승에 의하면 경부와 동일하게 설한다. 따라서 『전법륜론』에서는 다음과 같이 말한다.

> 또다시 세존께서 몇 번의 굴림과 몇 개의 행상으로 법륜을 굴리셨는가에 대해 그 의미를 이제 설명하겠다.
> 법륜을 세 번 굴려서 열두 개의 행상이 있다.

상을 짓고, 무학위無學位의 제3전에서 '이 고를 이미 두루 알았다'는 등의 네 가지 행상을 짓는 것을 일컬어 '3전12행상'이라 한다. 이러한 해석은 대승의 해석과는 동일하지만, 앞서 언급했던 『轉法輪經』이나 『俱舍論』 등의 해석과는 다르다. 『俱舍論』 등에서는 '이것은 고이다, 이 고를 두루 알아야 한다, 이 고를 이미 알았다'고 하는 세 가지 행상을 짓는 것을 일컬어 '3전'이라 하고, 각각의 굴림마다 각기 안眼·지智·명明·각覺이 발생하는 것을 일컬어 '12행상'이라고 하였다.

'이것은 고성제다', '이것은 집성제다', '이것은 멸성제다', '이것은 고를 멸하는 도성제다'라는 (행상을 지으면) 이것이 제1전이다. '이 고성제는 마땅히 알아야 한다', '이 고의 집은 마땅히 끊어야 한다', '이 고의 멸을 마땅히 증득해야 한다', '이 고를 멸하는 도를 마땅히 닦아야 한다'는 (행상을 지으면) 이것이 제2전이다. '이 고성제를 이미 알았다', '이 고의 집을 이미 끊었다', '이 고의 멸을 이미 증득했다', '이 고를 멸하는 도를 이미 닦았다'는 (행상을 지으면) 이것이 제3전이다. 이것을 3전轉이라 설한다.

이와 같이 고지苦智·집지集智·멸지滅智·도지道智가 있고, 이와 같이 고제苦諦에 3전의 지智가 있다. 이와 같이 집제에, 이와 같이 멸제에, 이와 같이 도제에 3전의 지가 있다. 그곳(『전법륜경』)에서 이와 같이 12행상이 있다고 설한 것이다.[695]

『유가사지론』 제95권은 『전법륜론』과 거의 동일하다. 그런데 차이점이 있으니, 『전법륜론』은 안眼·지智·명明·각覺에 대해 전부 분별하지 않았지만, 『유가사지론』에 의하면 안·지·명·각은 삼세의 경계에 의거해서 (구분한 것이고) 총總·별別의 차이가 있다. 예를 들면 '체'를 밝히면서 설한 것과 같다.[696]

---

[695] 『轉法輪經憂波提舍』 권1(T26, 357c19).
[696] 『瑜伽師地論』에 따르면, 견도위·수도위·무학위에서 각기 안眼·지智·명明·각覺이 생하는데 그 차이는 다음과 같다. 우선 견도에서의 제1전轉을 예로 들면, 보살이 현관에 들어가서 사제에 대해 진실 그대로 '이것은 고성제苦聖諦다' 내지는 '이것은 도성제道聖諦다'라고 알고서 모든 현량現量의 성스런 지혜로 견도소단見道所斷의 번뇌를 끊었을 때, 이때 성스런 혜안慧眼이 생겼다고 한다. 그런데 보살이 현관하는 소연경계所緣境界(대상)에는 과거와 미래와 현재의 차별이 있기 때문에 그 경계를 깨닫는 지혜에 대해서도 지智와 명명과 각覺이라는 차별적 이름을 부여한 것이다. 여기서 '안眼'이 삼세의 소연의 경계에 대한 전체적(總) 혜안을 가리킨다면, 지·명·각은 각기 과거·미래·현재의 경계에 대한 개별적(別) 지혜를 가리킨다. 이에 대해서는 p.424

『사분율』에서는 세 번 굴림으로 말미암아 교진여 등이 법안法眼의 청정을 얻었지만 아라한과를 증득했다고는 설하지 않았다. 마땅히 다시 그 밖의 여러 문에 대해 심구해 보아야 한다. 구체적으로는 예를 들어 『대비바사론』 제182~183권, 『잡심론』 제10권, 『구사론』 제24권, 『순정리론』 제67권 등에서 자세히 설한 것과 같다.

> 今依大乘。同經部說。故轉法輪論云。又復世尊轉幾¹⁾幾行轉法輪者。彼義今說。法輪三轉有十二行。此苦聖諦。此集聖諦。此滅聖諦。此苦滅道聖諦。此第一轉。此苦聖諦應知。此苦集應斷。此苦滅應證。此苦滅道應脩。此第二轉。此苦聖諦已知。此苦集已斷。此苦滅已證。此苦滅道已脩。此第三轉。此說三轉。如是苦智集智滅智道智。如是苦諦。有三轉智。如是集諦。如是滅諦。如是道諦。有三轉智。彼如是說有十二行。瑜伽九十五。大同轉法輪論。而差別者。轉法輪論。總不分別眼智明覺。依瑜伽論。眼智明覺。約三世境。總別有異。如體中說。四分律。由三轉故。憍陳如等。得法眼淨。而不說言得羅漢果。應更尋求已外諸門。具如婆沙一百八十二三。雜心第十。俱舍二十四。順正理第六十七等廣說。

1) ㉯『轉法輪經憂波提舍』 권1(T26, 357c19)에 따르면, '轉幾'는 '幾轉'의 도치다.

나. 교가 하열함을 나타냄

경 비록 이것은 매우 기이하고 매우 희유하며 모든 세간과 모든 천·인 등은 예전에 능히 여법하게 굴릴 자가 없었다 해도, 그때 굴렸던 법륜은 그 위의 것이 있고 더 허용할 것이 있어서 아직 요의가 아니니, 이는 모든 쟁론이 발붙이는 곳입니다.

'⊙ 법륜의 체體' 참조.

雖是甚奇。甚爲希有。一切世間諸天人等先無有能如法轉者。而於彼時所
轉法輪。有上有客。[1] 是未了義。是諸諍論安足處所。

1) ㉠『解深密經』 권2(T16, 697a27)에 따르면, '客'은 '容'의 오기다.

석 이것은 두 번째로 요의가 아님(不了義)을 나타낸 것이다. 말하자면 이 (사제의) 법륜은 공을 숨기고 유를 설하였으므로 불요의이다. 생사·열반의 인과를 구체적으로 나타내었고 또 인공人空을 설하였지만 아직 법공法空의 도리를 나타내지는 못했다. 그러므로 이 교보다 더 위의 뛰어난 교가 있고 더 뛰어난 교를 허용하며 타인의 논파를 허용하니, 이는 20부部가 쟁론하는 의지처(依處)인 것이다.

진제의 기記에서는 다음과 같이 말한다. 〈처음에 소승에게 사제를 보라고 설하되 무상無相을 설한 것은 아니기 때문에 요의가 아니다. 다시 대승이 있기 때문에 그 위의 것이 있다. 대승에게 논파되기 때문에 비난거리가 있다. 이미 세간의 의미와는 다르기 때문에 저들과 논쟁을 벌인다.〉

釋曰。此即第二顯不了義。謂此法輪。隱空說有。是不了義。具顯生死涅槃
因果。及說人空。而未能顯法空道理。是故此教有上勝敎。有容勝敎。有容
他破。是二十部諍論依處。眞諦記云。初說小乘見四諦。非無相故不了。更
有大乘故有上。爲大乘破故有難。既與世間義異故。與彼鬪諍。

② **무상법륜**無相法輪

경 세존께서는 예전에 제2시에는 오직 대승으로 발심하여 나아가서 수행하는 자를 위해 '모든 법은 다 자성이 없으니 생함도 없고 멸함도 없으며 본래 적정하여 자성열반이다'라는 데 의거해서 은밀한 상으로 정법륜을 굴리셨습니다.

世尊在昔第二時中。唯爲發趣脩大乘者。依一切法皆無自性無生無滅本來
寂靜自性涅槃。以隱密相。轉正法輪。

[석] 이하는 두 번째로 무상법륜을 나타낸 것이다. 이 중에 두 가지가 있다. 처음에는 법륜을 바로 밝혔고, 나중에는 요의가 아님을 나타내었다.

釋曰。自下第二無相法輪。於中有二。初正明法輪。後顯不了。

가. 법륜을 바로 밝힘

이것은 처음에 해당한다. 경문에 세 구절이 있다. 처음은 설한 때를 밝힌 것이고, 다음은 (교를 설해 준) 대상을 밝힌 것이며, 마지막은 법륜을 나타낸 것이다.

"세존께서는 예전에 제2시에는"이라고 한 것은 설한 때를 밝힌 것이다. 말하자면 삼법륜三法輪 가운데 두 번째 시다.

"오직……위해"라고 한 것은 교를 설해 준 대상이다. 말하자면 삼승을 추구하는 자들 중에 오직 대승으로 발심하여 나아가는 자를 위해 설하셨다는 것이다.『심밀해탈경』도 또한 이와 동일하게 해석한다. 따라서 그 경에서는 "대승에 머무는 중생을 위해 '모든 법은 자성이 없다'는 등을 설하셨다."[697]라고 하였다. 그러므로『금강반야경』에서는 '이 경은 대승에 발심한 자를 위해 설하고 최상승最上乘에 발심한 자를 위해 설하였다'고 하였다.[698]

"모든 법은 다 자성이 없으니……의거해서"라고 한 것은 제2시의 무상법륜을 바로 나타낸 것이다. 모든 부部의 반야종에서는 무상을 밝히면서

---

[697]『深密解脫經』권2(T16, 673c23).
[698]『金剛般若波羅密經』권1(T8, 750c13) 등 참조.

'모든 법은 다 자성이 없고 내지는 자성열반이다'라고 설한다.

> 此卽初也。文有三節。初明說時。次辨所爲。後顯法輪。言世尊在昔第二時中者。明說時也。謂三[1)]輪中。第二時也。唯爲等者。說敎所爲。謂求三乘中。唯爲發趣大乘者說。依深密經。亦同此釋。故彼經云。爲住大乘衆生。說於諸法無自性[2)]等。是故金剛般若經云。此經爲發大乘者說。爲發最上乘者說。依一切法皆無自性等者。正顯第二無相法輪。諸部波若宗明無相。說一切法皆無自性乃至自性涅槃。

1) ㉠ '三' 뒤에 '法'이 누락된 듯하다. 2) ㉠ 『深密解脫經』 권2(T16, 673c24)에는 '無自性'이 '無有體相'으로 되어 있다.

그런데 최초의 법륜은 공空을 숨기고 유有를 설하였고, 지금 이 제2시의 (법륜은) 유를 숨기고 공을 설하였기 때문에 이와 같이 "은밀한 상으로 정법륜을 굴리셨습니다."라고 말한 것이다. ('은밀'이란) 또한 '비밀秘密'이라고도 한다. 따라서 『대반야경』 제572권에서는 '생함이 없으니 멸함도 없다'는 등은 바로 제불의 비밀스런 가르침이라고 하였다.[699]

그런데 이 두 번째 무상대승無相大乘이 바로 '대반야大般若'에 해당하는데, 이것은 구역에서 팔부반야八部般若라고 하였다. 보리유지의 『금강선론』 제1권에서는 다음과 같이 말한다. 〈세간에 응하기 때문에 팔부반야를 설한다. 제1부는 10만 게偈다. 제2부는 2만 5천 게다. 제3부는 1만 8천 게이고, 이것은 대품반야다. 제4부는 8천 게니, 이것은 소품반야다. 제5부는 4천 게다. 제6부는 2천500게다. 제7부는 600게니, 이것은 문수반야다. 제8부는 300게니, 이것은 금강반야다. 앞의 일곱 부는 상相을 버리는 것이 미진하기 때문에 단지 '반야'라고만 칭하였고, 이 여덟 번째 반야는

---

[699] 『大般若波羅蜜多經』 권572(T7, 954c24)에는 "若法無生亦則無滅。卽是諸佛祕密之敎。"라고 되어 있다.

상을 버리는 것이 가장 극진하기 때문에 별도로 '금강'이라는 이름을 건립하였다.〉⁷⁰⁰

然初法輪。隱空說有。今此第二。隱有說空。故作此言。以隱密相。轉正法輪。亦名秘密。故大般若五百七十二云。無生無滅等。卽是諸佛秘密之敎。然此第二無相大乘。卽大般若。此卽舊說八部般若。菩提留支金剛仙論第一云。應世間故。說八部般若。第一部十萬偈。第二部二萬五千偈。第三部一萬八千偈。此大品是。第四部八千偈。此小品是。第五部四千偈。第六部¹⁾五百偈。第七部六百偈。此文殊般若是。第八部三百偈。此金剛般若是。前七部。遣相未盡故。但稱般若。此第八部。遣相最盡。故別立金剛之名也。

1) ㉠『金剛仙論』권1(T25, 798a11)에 '部' 뒤에 '二千'이 있다.

700 이상으로 원측이 인용한 『金剛仙論』의 팔부반야와 현존하는 『金剛仙論』권1(T25, 798a7)의 팔부반야의 명칭을 대조해 보면 많은 차이가 있다. 그 논에서는 팔부반야를 다음과 같이 분류하였다. "其第一部十萬偈【大品是】。第二部二萬五千偈【放光是】。第三部一萬八千偈【光讚是】。第四部八千偈【道行是】。第五部四千偈【小品是】。第六部二千五百偈【天王問是】。第七部六百偈【文殊是】。第八部三百偈【卽此金剛般若是】。" 이와 같은 차이는 단순한 오기라기보다는, 원측 당시부터 '팔부반야'에 대해 여러 이설들이 있었던 듯하다. 원측의 『仁王經疏』에도 보리유지의 『金剛仙論』의 8부 명칭이 나오는데, 이는 위의 『解深密經疏』에서 진술된 것과 동일하다. 이에 대해 원측은 다음과 같이 말한다. "예로부터 전해 오길 두 종류의 팔부반야가 있다고 한다. 첫 번째 이 지역에서 유행하는 8부는 다음과 같다. 첫째는 대품반야이고, 둘째는 소품반야이며, 셋째는 문수반야文殊般若이고, 넷째는 금강반야이며, 다섯째는 광찬반야이고, 여섯째는 도행반야이며, 일곱째는 승천왕반야이며, 여덟째는 인왕반야仁王般若이다. 둘째로 보리유지의 『金剛仙論』 등에서 설하는 8부에 의하면 다음과 같다. 첫째 10만 게偈의 부部, 둘째 2만 5천 게의 부, 이상의 두 부는 이 지역에는 아직 있지 않았다. 셋째 1만 8천 게의 부는 '대품반야'이다. 넷째 8천 게의 부는 '소품반야'이다. 다섯째 4천 게의 부는 이 지역에는 아직 있지 않았다. 여섯째 2천500게의 부는 '천왕문반야'이다. 일곱째 600게의 부는 '문수문반야'이다. 여덟째 300게의 부는 '금강반야'다. 진제의 『金剛般若記』에서 설한 팔부반야에 의거해 보면 보리유지의 설과 동일한데, 차이점이 있다면 여섯 번째 부에 대해 '이 지방에 아직 있지 않았다'고 한 것이다. 지금 일조 삼장日照三藏과 우전 삼장于闐三藏에게 물어보니 모두 다 '그곳에서는 8부의 이름을 들어 본 적이 없다'고 말한다." 원측/백진순 옮김, 『인왕경소』(서울: 동국대학교출판부, 2010), pp.214~215 참조.

진제 삼장도 보리유지와 거의 동일하게 설한다. 또 다음과 같이 말하였다. 〈제1부와 제2부, 이 2부는 여전히 서국(인도)에 있고 이 지역에는 없다. 제5부와 제6부, 이 2부는 호본胡本(범본)은 있지만 아직 번역되지 않았다.〉

지금 대당 삼장이 번역한 범본 20만 송은 4처處16회會에 설한 것이다. 처음 여섯 회와 제15회는 왕사성王舍城 취봉산鷲峯山에서 설한 것이다. 제7회, 제8회, 제9회, 제11회, 제12회, 제13회, 제14회, 이 일곱 회는 실라벌실室羅筏[Ⓢ Śrāvastī]의 서다림誓多林 급고독원給孤獨園에서 설한 것이다. 제10회는 타화자재천他化自在天[701]의 왕궁王宮에서 설한 것이다. 제16회는 왕사성王舍城 죽림원竹林園의 백로지白鷺池에서 설한 것이다.

眞諦三藏。大同留支。又云。第一第二。此之二部。猶在西國。此方所無。第五第六。此之二部。由在胡本。未曾翻譯。今大唐三藏所譯梵本二十萬頌。四處十八[1)]會說。初之六會及第十五會。在王舍城鷲峯山說。第七八九十一十二十三十四。此之七會。在室羅筏誓多林給孤獨園說。第十會。在他化自在天王宮說。第十六會。在王舍城竹林園白鷺池說。

---
1) ㉠ '八'은 '六'의 오기인 듯하다.

나. 불요의不了義임을 나타냄

[경] 이것은 비록 다시 매우 기이하고 매우 희유하기는 해도 그때 굴렸던 법륜 또한 그 위의 것이 있고 받아들일 것이 있어서 여전히 아직 요의가 아니니, 이는 모든 쟁론이 발붙이는 곳이 됩니다.

---
701 타화자재천他化自在天 : 육욕천六欲天의 맨 꼭대기 천을 말한다. 이 천은 다른 이가 화작해 낸 욕망의 경계에 대해 자재하게 즐거움을 느끼기 때문에 '타화자재천'이라 부른다.

雖更甚深.¹⁾ 甚爲希有。而於彼時。所轉法輪。亦是有上有所容受。猶未了
義。是諸諍論安足。

1) ㉠『解深密經』권2(T16, 697b2)에 '深'이 '奇'로 되어 있고, 이를 따랐다.

석 두 번째는 요의가 아님을 나타냈다. 말하자면 모든 반야경들에서 무상 등을 설했지만 삼무자성과 삼자성의 유有·무無의 의미를 분별하지 않았다. 따라서『심밀해탈경』과 이『해심밀경』의 경문에서 다 무상無相의 (법륜은) 불요의라고 설한 것이다.

또『무량의경』에서는 다음과 같이 말한다. "내가 이전에 도량의 보리수 아래서 단좌한 지 6년 만에 야뇩다라삼먁삼보리를 이룰 수 있었고 불안佛眼으로 모든 법은 언설될 수 없음을 관하였다. 그 이유는 무엇인가? 모든 중생의 본성·욕구가 같지 않으니 갖가지로 법을 설하였고, 방편의 힘으로 40여 년을 (설했어도) 아직은 진실을 나타내지 못하였다. 그러므로 중생은 도를 얻는 데 차별이 있고, 빠르게 무상보리를 이룰 수가 없는 것이다."[702]

이러한 문장들에 준거하기 때문에 '반야경'은 불요의임을 알 수 있다. 이런 의미 때문에 사제법륜과 대비해서 비록 이 (무상법륜은) 매우 기이하고 또한 희유하기는 해도 세 번째에 비하면 그 위의 것이 있고(有上) 받아들일 것이 있으니(有容) 아직 요의가 아니다. 요의가 아니기 때문에 여전히 쟁론이 있게 된다.

진제의 기記에서는 다음과 같이 말한다. 〈다음으로 대승(무상법륜)에 대해 설하길, '소승과 다르기 때문에 요의가 아니고, 여전히 일승이 있기 때문에 그 위의 것이 있으며, 소승과는 다르기 때문에 소승·일승과 더불어 투쟁하고,[703] 일승에 의해 논파되기 때문에 비난거리가 있다'고 하였다.〉

702 『無量義經』권1(T9, 386a27).
703 문장의 의미가 정확하지 않다. 아마도 제2시의 대승은 '소승과 다르기 때문에(與小乘異故)' 소승과 다투게 되고, 또 바로 그 동일한 이유 때문에 일승一乘의 의미와도 상

釋曰。第二顯未了義。謂諸般若說無相等。而不分別三無自性及三自性有無之義。故深密經及此經文。皆說無爲[1]爲不了義。又無量義經云。我先[2]道場菩提樹下。端坐六年。得[3]阿耨多羅三藐三菩提。以佛眼觀一切諸法不可宣說。所以者何。知[4]諸衆生性欲不同。[5] 種種說法。[6] 以方便力。四十餘年。未顯眞[7]實。是故衆生得道差別。不得疾成無上菩提。准此等文。故知般若是不了義。由斯義故。對四諦輪。雖是甚深。[8] 亦是希有。而此[9]第三。有上有容。是未了義。由未了故。猶有諍論。眞諦記云。汝說大乘。異於小乘故不了。猶有一乘故有上。與小乘異故。與小乘一乘鬪諍。爲一乘所破。故有難。

1) ㉓ 전후 문맥상 '無爲'의 '爲'는 '相'의 오기인 듯하다. 2) ㉓『無量義經』권1(T9, 386a26)에 '我先'이 '自我'로 되어 있다. 3) ㉓『無量義經』권1(T9, 386a27)에 '得' 뒤에 '成'이 있다. 4) ㉓『無量義經』권1(T9, 386a29)에 따르면, '知'는 '以'의 오기다. 5) ㉓『無量義經』권1(T9, 386a29)에 '同' 뒤에 '性欲不同'이 있다. 6) ㉓『無量義經』권1(T9, 386b1)에 '法' 뒤에 '種種說法'이 있다. 7) ㉓『無量義經』권1(T9, 386b2)에 '顯眞'이 '曾顯'으로 되어 있고, 자체 교감주에 따르면 '顯眞'으로 된 판본도 있다. 8) ㉓ 경문에 맞춰 '深'을 '奇'로 수정하였다. 9) ㉓ '此'는 '比'의 오기인 듯하다.『解深密經疏』권5(X21, 292a4)에도 '比'로 되어 있다.

③ 요의대승了義大乘

경 세존께서는 이제 제3시時에는 널리 일체승一切乘에 발심하여 나아가는 자를 위해, '모든 법은 다 자성이 없으니 생함도 없고 멸함도 없으며 본래 적정하여 자성열반이다'라는 교에 내포된 세 종류 무자성성에 의거해서, 현료상顯了相으로 정법륜을 굴리셨습니다.

第[1]三時中。普爲發趣一切乘者。依一切法皆無自性。無生無滅。本來寂靜。自性涅槃。無自性性。以顯了相。轉正法輪。

1) ㉓ '第' 앞에 경에는 '於今'이 있다. ㉓『解深密經』권2(T16, 697b4)에 '第' 앞에 '世

충된다는 말인 듯하다.

尊於今'이 있다.

석 이하는 세 번째로 요의대승了義大乘을 밝힌 것이다. 이 중에 두 가지가 있다. 처음은 요의了義임을 바로 밝힌 것이고, 나중은 요의의 상을 나타낸 것이다.

釋曰。自下第三了義大乘。於中有二。初正明了義。後顯了義相。

가. 요의임을 바로 밝힘

이것은 처음에 해당한다. 경문에 세 개의 절이 있다. 처음은 설한 때를 밝혔고, 다음은 (설해 준) 대상(所爲)을 밝혔으며, 마지막은 법륜을 나타냈다.

"세존께서는 이제 제3시에는"이라고 한 것은 교를 설한 때이니, 삼법륜 가운데 제3시의 (교를) 설한 것이다.

"널리 일체승에 발심하여 나아가는 자를 위해"라고 한 것은 교를 설해 준 대상(所爲)을 나타낸 것이다. 지금 이 법륜은 요의의 가르침이고, 이와 같이 이공二空과 삼성三性 등의 의미를 분별하였으니, 이로 인해 삼승은 각기 자기의 과(自果)를 증득하게 된다. 따라서 『현양성교론』제6권에서는 "'방편'이란 말하자면 이와 같은 세 종류 자성[704]이 능히 모든 성문·독각의 무상정등보리를 짓는 방편임을 요지하는 것이다."[705]라고 하였다.

"모든 법은 다 자성이 없고 (……무자성성에) 의거해서……"라고 한 것은 마지막으로 법륜을 나타낸 것이다. 말하자면 "모든 법은 다 자성이 없고……"란 앞에서 말한 것처럼 (제2시에) 은밀상隱密相으로 정법륜을 굴렸다는 것이고, 지금 제3시에는 앞의 모든 구句에서 하나하나 모두 무자

---

704 세 종류 자성 : 변계소집자성과 의타기자성과 원성실자성을 가리킨다.
705 『顯揚聖敎論』권6(T31, 508c5).

성성無自性性을 설했다는 것이다. '무자성성'이란 곧 세 종류 무자성성에 해당한다. 이전에 이미 설한 것처럼, 이와 같은 세 종류 무자성성은 곧 삼성에 해당한다. 이런 도리에 따르면 '무자성성'이란 자성 있음(有性)과 자성 없음(無性)을 구족해서 나타낸 것이다. 따라서 이와 같이 "현료상顯了相으로 정법륜을 굴리셨습니다."라고 말하였다.

此卽初也。文有三節。初明說時。次辨所爲。後顯法輪。言世尊於今第三時者。說教時也。於三法輪中。說第三時。普爲發趣一切乘者。說教所。[1] 今此法輪。是了義教。如是分別二空三性等義。是故三乘。各證自果。故顯揚論第六卷云。方便者。謂了知如是三種自性。[2] 能作一切聲聞獨覺無上正等菩提方便。依一切法皆無自性等者。後顯法輪也。謂一切法無自性等者。如前所說。以隱密相。轉正法輪。而今第三。於上諸句一一。皆說無自性性。無自性性。卽是三種無自性性。如前已說。如是三種無自性性。卽是三性。由斯道理。無自性性。具足顯示有性無性。故作此言。以顯了相。轉正法輪。

1) ㉑ '所' 뒤에 다른 본에는 '爲'가 있다. ㉟ 이전의 과목 분류에 따를 때, '所爲'가 바르다.   2) ㉟ 『顯揚聖教論』권6(T31, 508c5)에는 '性'이 '體'로 되어 있는데, 삼성을 가리키므로 '性'이라 해도 무방하다.

나. 요의의 상을 나타냄

경 (이것은) 제일 기이하고 가장 희유한 것이고, 지금 세존께서 굴리셨던 법륜은 위없고 받아들일 것도 없는 참된 요의이니, 모든 쟁론이 발붙일 곳이 아닙니다.

第一甚奇。最爲希有。于今。世尊所轉法輪。無上無容。是眞了義。非諸諍論安足處所。

석 이것은 두 번째로 요의의 상을 해석한 것이다.

굴리셨던 법륜은 최상으로 희유한 것이고 다시 더 뛰어난 것이 없으므로 '위없다(無上)'고 하였다. 후대의 더 뛰어난 것을 허용하지 않고 후대의 논파를 허용하지 않으므로 '받아들일 것이 없다(無容)'고 하였다. 유·무를 갖추어 나타냈으므로 요의이니, 모든 쟁론들이 의지할 곳이 아니다.

진제의 기記에서는 다음과 같이 말한다. 〈다음으로 반드시 일승에 대해 설하길, 소승·대승과 인연因緣의 인과因果를 함께하기 때문에 '무분별의 제일의 요의를 분명하게 설했다(顯說)'고 하고, 이 법륜은 가장 희유하여 다시 이보다 나은 이치는 없기 때문에 '위없다'고 하였다. 또 소승이 똑같이 귀의하기 때문에 쟁론할 것이 없고, 쟁론이 없기 때문에 논파될 수 없으며, 논파될 수 없기 때문에 비난거리가 없다.〉

釋曰。此第二釋了[1]之相。所轉法輪。最上希有。更無過勝。故名無上。無容後勝。無容後破。故名無容。具顯有無。故是了義。非諸諍論所依之處。眞諦記云。次須說一乘。與小乘大乘。同因緣因果。故云顯說無分別第一了義。是法輪最希有。無更過此理者。故名無上。又小同歸故無有諍。無諍故不可破。不可破[2]無難。

1) ㉠ '了' 뒤에 '義'가 누락되었다. 2) ㉠ '破' 뒤에 '故'가 탈락된 듯하다.

● 세 종류 법륜을 세 개의 문으로 분별함

그런데 이상으로 설했던 세 종류 법륜에 대해 대략 세 개의 문으로 분별하겠다. 첫째는 (설한) 때와 곳에 대한 여러 설들의 같거나 다른 점을 밝힌 것이다. 둘째는 섭교의 분제를 설명하고 요의·불요의를 나타낸 것이다. 셋째는 소전의 종지의 얕고 깊음의 차별에 대해 설명한 것이다.

然上所說三種法輪。略以三門分別。一明時處諸說同異。二辨攝教分齊顯了不了。三辨所詮宗淺深差別。

⊙ 때와 곳에 대한 여러 설들의 동이同異

첫 번째로 때와 곳에 대한 여러 설들의 같거나 다른 점에 대해 진제 삼장의 『해절경소』에서 다음과 같이 말한다.

第一時處諸說同異者。依眞諦三藏解節經疏云。

다시 다음에, 여래가 세 번 법륜을 굴리신 것은 세 종류 사람을 위해서다.

첫째, 최초로 성문을 제도하시며 바라내 녹원의 선인집처仙人集處에서 처음으로 법륜을 굴리셨으니, 즉 제1시時에 사제법륜을 굴리셨다. 이 법륜은 희유하고 불가사의하지만, 이 법륜은 요의가 아니니 그 위가 있고 비난거리가 있으며 쟁론거리가 있는 것이다.

다음에 여래께서 도를 얻으시고 나서 7년째에 사위국의 급고독원에 계셨으니, 제2시에 해당한다. 대승의 수행인을 제도하기 위해, '모든 법은 자성이 없고 생함이 없고 멸함도 없으며 본래 적정하여 자성열반이다'라는 것을 나타내셨다. 상相을 현설顯說한 것을 일컬어 '법륜을 굴렸다'고 한다.⁷⁰⁶ 법륜을 굴렸다는 것은 바라밀과 십지 등을 (설한 것이다.)⁷⁰⁷ 이 법륜은 희유하고 불가사의하며 모든 인人·천天조차 능히 굴릴 수 없는 것이기는 하지만, 이 법륜은 요의가 아니니 또한 그 위의 것이 있고 비난거리가 있으며 쟁론거리가 있는 것이다. 급고독원에서 5

---

706 원측 소의 원문은 '顯說相㫖名轉法輪'인데, '相㫖'의 정확한 의미를 알 수 없다. '㫖'는 오자인 듯하다.
707 제2시에 '법륜을 굴렸다'는 것은, 반야경 계통에서 시施·계戒·인忍·정진精進·정정定·반야般若의 바라밀 등에 대해 현설顯說한 것을 가리킨다.

리 떨어진 곳에 강이 있는데, 사람들이 마시거나 씻고 나서 모두 지혜를 얻으므로 당시 사람들은 그것을 '지혜를 베푸는 곳(施智慧所)'이라고 불렀다. 따라서 부처님도 이곳에서 대승의 반야를 설하셨다. 강의 이름을 '사라저沙羅底'라고 하니, 이것을 번역하면 '강 같은 지혜'라고 한다. 이곳은 여천女天이 거주하는 곳이다.

다음에 부처님께서 열반하시기 7년 전에, (즉) 성도하신 후 38년에 비사리국의 귀왕법당에서 진상보살眞常菩薩[708]을 위해 『해절경』 등과 『유마경』・『법화경』 등을 설하셨으니, 이것은 제3시다. 세존께서는 삼승의 수행인을 제도하기 위해, '모든 법은 자성이 없고 생함이 없고 멸함도 없으며 본래 적정하여 자성열반이다'라는 것을 나타내시고, 무분별상의 법륜을 나타내셨다. 이 법륜은 가장 청정하고 희유하며 불가사의하다. 이 법륜은 요의이니, 위가 없고 비난거리가 없으며 쟁론거리가 없는 것이다.

중생의 근기가 둔하므로 여래께서는 차례대로 법륜을 설하신 것이다.

復次。如來三轉法輪。爲三種人。一者初度聲聞。於波羅㮈鹿園仙人集處。初轉法輪。卽第一時。轉四諦法輪。是法輪希有。不可思議。是法輪不了義。有上有難有諍。次如來得道已第七年。在舍衛國給孤獨園。卽是第二時。爲度大乘行人。顯一切法無自性無生無滅本來寂靜自性涅槃。顯說相皀[1]名

---

708 진상보살眞常菩薩 : 원문은 '진당보살眞當菩薩'로 되어 있으나, '當'을 '常'의 오기로 간주하였다. 원측의 『解深密經疏』 권1 「序品」(X21, 185a2)에는 "爲眞尙菩薩。說解節經等。"이라 하였고, 같은 책 권5(X21, 292b24)에는 "爲眞當菩薩。說解節經等維摩法華等。"이라 하였는데, '眞尙'과 '眞當'의 용례는 원측의 이 책에 국한되기 때문에 '尙'과 '當' 중 어느 것이 바른지 알 수 없다. 그런데 이 문헌을 제외한 그 밖의 다른 문헌들에서는 '眞常菩薩'이라 되어 있고, 이 용례가 더 빈번하다. 예를 들어 『大方廣佛華嚴經隨疏演義鈔』 권6(T36, 42c28)에 "또 성도한 지 30년 후 아직 열반에 들기 전에 비사리국 귀왕법당에서 진상보살을 위해 『解節經』 등을 설하셨다.(又於成道三十年後。未涅槃前。在毘舍離國鬼王法堂中。爲眞常菩薩說解節等經。)"라고 하였다.

轉法輪。轉法輪者。波羅蜜十地等。是法輪希有不可思議。一切人天所不能轉。是法輪不了義。亦有上有難有諍。去孤獨園五里有江。人飮浴去。悉得智慧。時人號云施智慧所。故佛於此地。說大乘般若。江名沙羅底。此翻爲智慧如河。此是女天所住處也。次佛未涅槃七年。成道後三十八年。在毗舍離國鬼王法堂。爲眞當[2)]菩薩。說解節經等維摩法華等。此第三時。世尊爲度三乘行人。爲顯一切法無自性無生無滅本來寂靜自性涅槃。顯無分別相輪。是法輪最淸淨。希有不可思議。是法輪了義。無上無難無諍。爲衆生根鈍。如來次第說法輪。

1) ㉠ '킡'는 오자인 듯하다.　2) ㉠ '當'은 '常'의 오기인 듯하다. 자세한 것은 해당 번역문 역주 참조.

문 여래의 설법에는 어째서 이런 세 종류가 있는가?
답 두 종류 제諦 때문이니, 첫째는 안립된 제이고 둘째는 안립되지 않은 제이다. 녹원에서의 설법은 안립된 사제四諦에 해당하고, 기원에서의 설법은 안립된 이제二諦에 해당하며, 비사리에서의 설법은 안립되지 않은 제라고 한다. 진제나 속제로 확정되지 않은 것을 '안립되지 않은 제'라고 일컫는다.

問。如來說法。何故有此三種。答。爲二種諦故。一者安立諦。二者不安立諦。若鹿園說法。卽是安立四諦。若祇園說法。卽是安立二諦。若於毗舍離說法。名不安立諦。不定眞俗。謂之不安立諦。

서로 전하는 설에 따르면, 진제 스님은 다음과 같이 설한다. 〈첫 번째 법륜은 2월 8일 성도하시고 4월 8일에 바라내에서 처음으로 법륜을 굴리신 것이다. 또 두 번째 법륜은 보살들을 위해서, 아울러 이승을 위해서 『반야경』을 설하신 것이다.〉

해 서로 전하는 설에, 첫 번째 법륜은 (진제가 말한) 그 일월日月과 같고, 두 번째 법륜은 아울러 이승을 위해서 설한 것이다. 그 밖의 의미는 다 『해절경소』와 동일하다. 또 『해절경소』에서는 '제3시의 가르침은 비사리에서 하셨다'고 하는데, 이는 경에서 "왕사성의 기사굴산에서"[709]라고 설한 것과는 어긋난다.

이제 대당 삼장에 의하면, 세 종류 법륜에 대해 단지 처소만 설하고 시절·일월·연도(年歲)는 설하지 않는다. 초법륜을 설한 곳에 대해서는 진제와 똑같이 설하니, 이전에 분별했던 것과 같다. 두 번째 법륜은 4처處16회會에서 설하셨으니, 예를 들어 '대반야'에 대해 이전에 설했던 것과 같다.[710] 그런데 진제가 "사위국의 급고독원에서"라고 한 것은, 네 곳 중에서 한 곳만 설한 것이다. 세 번째 법륜은 두 곳에서 설하셨으니, 첫째는 정토淨土고 둘째는 예토穢土다. 예를 들면 이전의 제1권 기記(『해심밀경소』 제1권)에서 이미 설했던 것과 같다.[711] 진제의 기기記에서 '비사리'라고 한 것은 곧 예토를 나타내는데, 이는 경과는 같지 않으니 (이것도) 앞에서 분별했던 것과 같다.[712] 통틀어 『법화경』과 『화엄경』 등을 제3시라고 설한 것은 곧 취

---

[709] 『解節經』 권1(T16, 711b29).
[710] 앞서 제2시의 '무상법륜'을 논한 곳에서, 대당 삼장이 번역한 범본 20만 송의 반야경들은 4처處16회會에 설한 것이라고 하였다. 즉, 앞의 여섯 회와 제15회는 왕사성王舍城 취봉산鷲峯山에서, 제7~9회와 제11~14회 등 일곱 회는 실라벌실라벌室羅筏[S] Śrāvastī)의 서다림誓多林 급고독원給孤獨園에서, 제10회는 타화자재천他化自在天의 왕궁王宮에서, 제16회는 왕사성王舍城 죽림원竹林園의 백로지白鷺池에서 설한 것이다.
[711] "제1권 기기記에서 이미 설했던 것과 같다."라는 것은 『解深密經疏』「序品」의 '(4) 경을 설한 장소'에서 '정토와 예토'에 대해 설명했던 것을 말한다. 그에 따르면, 경을 설한 장소에 대해 여러 설들이 있다. 『解節經』에 의하면 화신化身여래가 예토穢土에서 설하는 것이다. 『深密解脫經』에 의하면 수용신受用身이 정토淨土에서 설하는 것이니, 『解深密經』도 이와 동일하다. 그런데 원측은 『佛地經論』의 세 가지 해석을 인용하면서, 모든 정토의 설법은 '여실한 의미(如實義)'에서는 정토와 예토 두 곳에서 설한 것이라고 하였다. 자세한 것은 원측/백진순 옮김, 『해심밀경소 제1 서품』(서울: 동국대학교출판부, 2013), pp.222~230 참조.
[712] 원측은 『解深密經疏』「序品」에서 다음과 같이 말한다. "그런데 진제의 기기記와 『解節經』

봉산과 7처8회의 (설법을) 말하니,⁷¹³ 경에서 설한 대로 알아야 한다.

相傳說云。眞諦師說。第一法輪。二月八日成道。四月八日。於波羅㮈。初轉法輪。又第二法輪。爲諸菩薩。兼爲二乘。說般若經。解云。相傳。第一法輪。如其日月。第二法輪。兼爲二乘。餘義皆同解節經疏。又解節疏云。第三教在毗舍離。便違經說在王舍城耆闍崛山。今依大唐三藏。三種法輪。但說處所。不說時節日月年歲。初法輪處。同眞諦說。如前分別。第二法輪。依四處十六會說。如大般若。如前所說。而眞諦云。在舍衛國給孤獨者。於四處中。但說一處。第三法輪。在兩處說。一者淨土。二者穢土。如何¹⁾第一記中已說。眞諦記云。毗舍離者。便顯穢土。與經不同。如前分別。通說法華及華嚴等爲第三者。卽鷲峰山及七處八會。如經應知。

1) ㉇ '何'는 '前'의 오기, 혹은 잉자인 듯하다.

🔒 『심밀해탈경』에서는 제1시에 성문의 수행인을 위해, 제2시에 대승에 머무는 사람을 위해, 제3시에 일체의 대승에 머무는 자를 위해 (설했다고) 하였다.⁷¹⁴ 지금 이『해심밀경』에 의하면 제1시에 오직 성문승에 발심하여 나아가는 자를 위해, 제2시에 오직 대승에 발심하여 나아가 수행

은 서로 어긋난다.『解節經』은 '왕사성의 기사굴'이라 했는데, 진제의 기기 제1권에서는 '비사리국 귀왕법당에서 진상보살眞常菩薩을 위해『解節經』등을 설하였다'고 하였다. 또한『大智度論』제3권에서는 '왕사성은 마갈타국에 있다'고 했지만, '기사굴산이 비야리국(비사리국)에 있다'고는 하지 않았다. 따라서 경과 어긋남을 알 수 있다." 원측/백진순 옮김, 앞의 책, p.224 참조.
713 '취봉산鷲峰山'은 왕사성王舍城의 기사굴산耆闍崛山을 말하니, 즉『法華經』을 설한 곳이다. '7처處8회會'란『華嚴經』을 설한 곳과 설한 횟수를 말한다. 인人의 3처와 천天의 4처를 합해서 '7처'라고 하는데, 첫째는 보리도량菩提道場이고 둘째는 보광명전普光明殿이며 셋째는 도리천忉利天이고 넷째는 야마천夜摩天이며 다섯째는 도솔천兜率天이고 여섯째는 타화천他化天이며 일곱째는 서다림逝多林이다. 이 중에 '보광명전'에서 두 번의 회(重會)가 있었기 때문에 '8회'라고 한 것이다.
714『深密解脫經』권2(T16, 673c19) 참조.

하는 자를 위해, 제3시에 널리 일체승에 발심하여 나아가는 자를 위해 (설했다고) 하였다. 이와 같은 두 경 중에 어느 것이 바른가?

　답 지금의 판본이 바르다. 이전에 설했던 것처럼 이치와 어긋나지 않기 때문이다. 또 진제의 기記도 이와 똑같이 설한 것이다. 따라서 『해절기』에서 '제1시에 성문인을 위해, 제2시에 대승인을 위해, 제3시에 삼승인을 위해 (설했다)'고 하였다.

> 問。深密解脫經云。第一爲聲聞行人。第二爲住大乘人。第三爲住一切大乘。今依此經。第一唯爲發趣聲聞乘者。第二唯爲發趣脩大乘者。第三普爲發趣一切乘者。如是二經。以何爲正。答。今本爲正。如前所說。理不違故。又眞諦記。亦同此說。故解節記云。第一爲聲聞人。第二爲大乘人。第三爲三乘人。

⊙ 섭교의 분제와 요의·불요의를 나타냄

두 번째로 섭교의 분제와 요의·불요의를 나타내겠다. 먼저 섭교의 분제에 대해 설명하고, 나중에 요의·불요의에 대해 밝히겠다.

> 第二攝敎分齊顯了不了者。先辨攝敎分齊。後明了不了義。

○ 섭교의 분제

섭교의 분제에 대해서는 여러 설들이 같지 않다.

진제의 『부집론기部執論記』[715] 제2권의 설에 따르면, 소승의 삼장을 최초의 법륜이라 하니, 오직 소승에게 설한 것이지 대승에게 설한 것은 아

---

[715] 『부집론기部執論記』: 진제 역 『部執異論』의 주석서로서 진제가 직접 저술한 것인데, 지금은 전해지지 않는다. 진제 역 『部執異論』(T49)은 현장 역 『異部宗輪論』(T49)의 이역본으로, 세우보살世友菩薩이 소승의 각 부파에 대해 저술한 책이다.

니다.『열반경』을 두 번째 법륜이라 하니, 공통으로 소승과 대승에게 설한 것이다.『화엄경』과『반야경』은 세 번째 법륜이라 하니, 오직 대승에게 설한 것이지 소승에게 설한 것은 아니다. 따라서 저 기記記에서 다음과 같이 말한다. 〈부처님의 가르침에는 본래 세 종류 법륜이 있다. 첫째는 소승의 법륜이니, 곧 삼장교에 해당한다. 둘째는 대승의 법륜이니, 대승이 소승과 다름을 설한다. 예를 들면『열반경』에서 통합해서 대승과 소승의 의미를 밝힌 것과 같다. 셋째는 일승의 법륜이니, 대승과 소승은 다름이 없음을 밝힌 것이다. 예를 들면『화엄경』등의 경과 모든『반야경』에서 삼승인이 똑같이 이공二空(人空·法空)의 이치를 관하고 똑같이 진실지眞實智를 닦음을 밝히기 때문에 대승과 소승은 다름이 없음을 알 수 있다.〉

(진제의)『해절소』에 의하면, 이전에 설했듯, 제1시에 사제의 법륜을 설했고 제2시에 대승의 반야를 설했으며 제3시에『해절경』과『유마경』과『법화경』등을 설한 것이다.

해 진제의 두 개의 기記에서 자기가 말한 것들이 서로 어긋나니, 비록 두 가지 설이 있지만, 우선 후자의 해석에 의거하겠다. 경문과 잘 맞기 때문이다. 말하자면 사제는 최초의 교教이고, 여러 부의『반야경』은 두 번째 교이며,『해심밀경』과『유마경』과『법화경』그리고『화엄경』등은 세 번째 교다. 우선 진제에 의거해서 교를 판석해 보면 이상과 같다.

지금의 해석에 따르면, 사제를 설한 것은 첫 번째 교이고, 무상을 설한 것은 두 번째 교이며, 삼성과 삼무성 등에 의거해서 유·무의 극진한 이치를 갖추어 나타낸 설은 세 번째 교다. 연월·시절의 전후에 의거해서 삼시三時의 교를 판별한 것은 아니다.

言攝教分齊者。諸說不同。若依眞諦部執論記第二卷說。小乘三藏。名初法輪。唯小非大。涅槃經。名第二法輪。通爲大小。華嚴般若。名第三法輪。唯大非小。故彼記云。佛教自有三種法輪。一小乘法輪。卽是三藏教。二大乘法輪。說大乘與小乘異。如涅槃經合明大小乘義。三一乘法輪。明大小無異。如華嚴等經諸般若經。明三乘人同觀二空理。同脩眞實智。故知大小無異也。若依解節疏。如前說。第一說四諦法輪。第二說大乘般若。第三說謂[1] 解節經維摩法華等。解云。眞諦二記所自說成相違。雖有兩說。且依後釋。順經文故。謂四諦爲初教。諸部般若爲第二教。解深密經維摩法華及華嚴等。爲第三教。且依眞諦。判教如上。今解。諸[2]說四諦者。爲第一教。說無相者。爲第二教。若約三性三無性等。具顯有無盡理說者。爲第三教。不約年月時節前後辨三時教。

1) ㉕ '謂'는 잉자인 듯하다. 2) ㉕ '諸'는 잉자, 혹은 '謂'의 오기인 듯하다.

문 어떤 근거에서 모든 부의 『반야경』이 제2시의 교라는 것을 알 수 있는가?

해 예를 들면 『반야경』 제296권에서 다음과 같이 말한다. 〈이때 한량없는 백천의 천자가 공중에서 꽃을 뿌리면서 동일한 음성으로 소리쳐 말했다. '우리들은 지금 섬부주에서 부처님이 두 번째로 묘한 법륜을 굴리시는 것을 보았다.'〉[716] 제437권, 제507권, 제545권, 『대품경』 제19권, 『대지도론』 제65권에서도 모두 동일하게 말한다.

問。准何得知諸部般若爲第三[1]教。解云。如般若二百九十六云。爾時。無量百千天子。空中散華。同聲唱言。我等今者。於贍部洲。見佛第二轉妙法輪。四百三十七。五百七。五百四十五。大品十九。智度論六十五皆同。

1) ㉔ '三'은 '二'인 듯하다.

○ 요의와 불요의

---

[716] 『大般若波羅蜜多經』 권296(T6, 506a15) 참조.

다음은 요의와 불요의에 대해 설명하겠다.[717]

우선 이 『해심밀경』에 따르면 세 가지 법륜 중에서 처음의 두 개는 요의가 아니고 세 번째는 요의다. 그 이유는 무엇인가? 앞에서 설한 것처럼, 첫 번째 법륜은 공을 숨기고 유를 설했고, 두 번째 법륜은 유를 숨기고 공을 설했으며, 세 번째 법륜은 공·유의 도리를 구족해서 나타내었기 때문에 요의라고 한다. 이는 소전의 (이치에) 얕고 깊음이 있기 때문에 요의와 불요의라고 했음을 말하는 것이 아니다. 그 이유는 무엇인가? 두 번째와 세 번째의 (법륜에서) 설명된 무상의 이치에는 얕고 깊음이 없다. 그런데 구족해서 분별한 것은 '드러났기(顯)' 때문에 요의라고 하였고, 구족해서 설하지 않은 것은 '숨겨졌기(隱)' 때문에 불요의라고 하였다.

> 後明了不了者。且依此經。於三輪中。初二不了。第三爲了。所以者何。如上所說。第一法輪。隱空說有。第二法輪。隱有說空。第三法輪。具足顯示空有道理。故名了義。非謂所詮有淺深故名了不了。所以者何。第二第三所辨無相理無淺深。而具分別。顯故名了。不具足說。隱故不了。

이런 도리에 따라, 요의와 불요의에 대해 여러 설들이 같지 않다.

소승 20부파에 의하면 본래 두 가지 설이 있다. 첫째, 대중부와 일설부와 설출세부와 계윤부와 설가부와 제다산부와 서산주부와 북산주부와 법밀부와 음광부 등 10부는 동일하게 여래께서 설하신 것은 모두 요의라고 말한다. 둘째, 살바다부 등 그 밖의 10부는 여래가 설한 것에는 요의와 불

---

717 이하에서는 요의와 불요의의 구분에 대한 다양한 해석들이 소개된다. 이 『解深密經』에서는 무엇보다 모든 궁극의 진리를 드러내어 명료하게(顯了) 설했는가, 아니면 숨긴 채 비밀스럽게(隱密) 설했는가를 기준으로 삼아서 요의와 불요의를 구분하였다. 그런데 이하의 해석에서 알 수 있듯, 요의와 불요의를 구분하는 기준은 각 경론마다 다르다. 원측에 따르면, 이 두 가지의 구분이 곧바로 교리의 깊고 얕음을 의미하는 것은 아니다.

요의가 있으므로 다 요의인 것은 아니라고 말한다.

由斯道理。了與不了。諸說不同。若依小乘二十部中。自有二說。一大衆部。一說。說出世。雞胤。說假。制多山。小¹⁾西山住。北山住。法密。飮光。十部。同說如來所說。皆是了義。二薩婆多等餘十部。說如來所說。有了不了。非皆了義。

---

1) ㉠ '小'는 잉자인 듯하다.

진제 스님의 『부집론기』 제1권에서는 다음과 같이 말한다.

만약 아직 성숙하지 못한 중생들이 많다면 마땅히 불요의경을 설해 주어야 한다. 만약 이미 성숙된 중생이 많다면 마땅히 요의경을 설해 주어야 한다.
그런데 요의와 불요의에 대해 무릇 네 구로 말할 수 있다.
첫째는 언어는 명료하지만(了) 의미는 불명료한(不了) 것이니, 예를 들면 소승의 경전과 같다.
둘째는 의미는 명료하지만 언어는 불명료한 것이니, 예를 들면 살왕자게煞王子偈[718]와 같다.【예를 들어 『잡집론』 제16권에서는 "부모와 왕과 두 명의 다문을 거역하여 해치고, 나라 사람과 그 수행하는 것들을 죽인, 이 사람을 청정하다고 설한다."라고 하였는데, 자세하게 해석하면 그 논과 같다.[719]】

---

718 살왕자게煞王子偈 : 다음의 협주에서 언급된 『雜集論』 등에 나오는 게송을 말한다.
719 이 게송의 언어는 표면상의 의미와는 전혀 다른 의미를 담고 있기 때문에 의미는 명료하지만 언어가 명료하지 않은 것이라고 하였다. 『雜集論』 권16(T31, 773a20)에 따르면, 이 게송에서는 세상에서 가장 극악한 중죄를 언급한 문자가 오히려 거꾸로 '청정'의 의미를 은밀하게 나타내고 있다. '부와 모, 국왕, 두 명의 다문, 나라 사람과 그 수행하는 것'이란 그 순서대로 애愛와 업業, 유취식有取識, 계취戒取·견취見取라는 두 가지 취, 안眼 등의 육처와 그 경계들을 비유하는 말이다. 법이 서로 유사하기 때문이다. 말하자면 '애'는 발인發因이고 '업'은 생인生因이니, 이로 말미암아 습기종자

셋째는 언어와 의미가 둘 다 불명료한 것이니, 예를 들면 외도의 경전과 같다.

넷째는 언어와 의미가 모두 명료한 것이니, 예를 들면 대승의 경전과 같다. 매우 명료하고 이해하기 쉬운 것(了了易解)은 '얕다'고 하고 명료하지 않고 이해하기 어려운 것(不了難解)은 '깊다'고 한다.

依眞諦師部執論記第一卷云。若是未熟衆生多。宜爲說不了義經。若已成熟衆生多。宜爲說了義經。然了不了。凡有四句。一語了義不了。如小乘經。二義了語不了。如煞王子偈【如雜集論第十六云。逆害於父母。王及二多聞。誅國及隨行。是人說淸淨。廣釋如彼。】三語義俱不了。如外道經。四語義俱了。如大乘經。了了易解爲淺。不了難解爲深。

또 (『부집론기』) 제6권에서 다음과 같이 말한다.

'모든 경이 다 요의인 것은 아니다'라고 했는데,[720] 이치에 맞게 말하자면 이 요의와 불요의에는 본래 두 종류가 있다.

習氣種子가 자라나므로 마치 세간의 부모와 유사하다. 이 두 가지 인으로 말미암아 유취식이 유전流轉하면서 단절되지 않는다. 계취와 견취는 마치 세간의 다문범지多聞梵志와 유사해서 항상 '가장 수승한 청정'에 대해 그릇되게 계탁하고 집착한다. 이 유취식의 소의所依·소연所緣인 육처六處와 경계境界는 마치 세간의 국인國人과 수행隨行(축생들)과 유사하다. 이 게송의 의미는 바로 그러한 애 등의 법을 영원히 끊은 자를 청정한 자라고 한다는 것이다.

[720] 『部執異論』 권1(T49, 21c12)에서 "세존의 모든 말이 다 법륜을 굴리는 것은 아니다. 일음에 일체법을 갖추어 설하는 것도 아니고, 모든 말이 다 의미에 맞는 것(如義)도 아니다. 일체의 경이 다 요의인 것은 아니고, 어떤 경은 불요의다.(世尊一切語, 不皆是轉法輪。一音不具說一切法。一切語不皆如義。一切經不盡是了義。有經不了義。)"라고 하였다. 여기서 이미 말(語)과 그 의미(義)가 서로 분리될 수 있고, 그로 인해 어떤 경은 요의이고 불요의일 수 있음을 지적한다. 이하의 진제의 해석은 이 문구를 단서로 해서, 말 그 자체와 그 말의 의미라는 두 차원으로 구분해서 요의와 불요의를 설명한 것이다.

첫째는 언어는 불명료하지만(不了) 의미는 명료한(了) 것이다. 예를 들어 '부모와 국왕 그리고 모든 왕자들을 죽인다'고 한 게송처럼,[721] 언어는 비록 불명료하지만 의미는 진실로 명료하다.

둘째는 언어는 명료하지만 의미가 불명료한 것이다. 예를 들어 석가모니께서 다음과 같이 말씀하신 것과 같다. "내가 정진했기 때문에 법이 세상에 오래 머물지만 다른 부처는 게으르기 때문에 법이 세상에 오래 머물지 않았다. 가섭불이 멸도한 후에 (법이) 머문 것은 7일에 그쳤고, 가라구손타가불이 멸도한 후에 법이 세상에 머문 것은 12년이며, 가나모니불이 멸도한 후에 법이 세상에 머문 것은 6년이고, 내가 멸도한 후에 (법이) 세상에 머문 것은 2천 년이다." 이 말씀은 매우 명료하지만 의미는 불명료하다. '불명료하다'는 것은, 부처님의 뜻을 밝히려는 데 있으니, (그 뜻은 다음과 같다.) 〈나머지 부처님들은 거듭해서 법을 설하지 않으셨기 때문에 게으르다고 하니, 하나의 법에 대해 한 번 지나가며 설하는 데 그쳤다. 석가는 모든 법문에 대해 지나치지 않고 거듭해서 설했기 때문에 정진했다고 한다.〉

자세하게 설하면 그 기記와 같다.

又第六云。一切經不盡是了義者。若稱理而說。卽是了義不了義。自有兩種。一語不了而義了。如煞於父母王及諸王子偈。語雖不了。義實了也。二語了而義不了。如釋迦言。我精進故。法久住世。餘佛懈怠故。法不久住世。迦葉佛滅後。住止七日。柯羅拘孫陀訶佛滅後。法住世十二年。柯那牟尼佛滅後。法世[1)]六年。我滅後。住世二千年。此語甚了。而義不了。不了者。佛意明。餘佛不重說法。故名懈怠。一法止作一過說。釋迦於一切法門。作無

---

[721] 이 문구는 앞서 원측의 협주에서 언급된 『雜集論』의 '살왕자게煞王子偈'를 가리킨다.

過重說之。故名精進也。廣說如彼。

1) ㉑ '世' 앞에 '住'가 탈락된 듯하다.

『현양성교론』 제6권에 따르면 다음과 같다. 〈불요의교不了義教란 계경·응송·기별 등에서 박가범이 간략하게 그 뜻을 표방하기는 했지만 자세하게 분별하지 않았기에 마땅히 다시 열어 보여야 할 교를 말한다. 요의교了義教란 이전의 것과 반대로 알아야 한다. 은밀교隱密教란 대부분의 성문장의 교를 말하고, 현료교顯了教란 대부분의 대승장의 교를 말한다.〉[722]

『유가사지론』 제64권에서도 『현양성교론』과 동일하게 설한다.

『대지도론』 제9권에서는 다음과 같이 말한다.

요의경이란, '일체지一切智를 가진 사람 중에 부처님이 제일이고, 일체의 모든 경서 중에 불법이 제일이며, 일체 중생 중에 비구승이 제일이다. 보시는 큰 부富를 얻게 해 주고, 지계는 천에 태어나게 해 준다'라고 이와 같이 (설한 것은) 요의경이다.

가령 '법사가 설법하는 것에는 다섯 종류 이익이 있으니, 첫째는 큰 부富이고, 둘째는 사람들에게 사랑받는 것이며, 셋째는 단정端正이고, 넷째는 명성이며, 다섯째는 나중에 열반을 얻는 것이다'라고 설한 것은 아직 요의가 아니다.

어째서 아직 요의가 아니라고 하는가? 보시가 큰 부를 얻는다는 것은 분명하게(了了) 이해할 수 있지만, 설법하는 것은 재물의 보시가 없는데도 '부를 얻는다'고 말하였다. '부를 얻는다'는 것은 설법하는 사람이 갖가지로 보시를 찬탄해서 남들의 아까워하는 마음을 깨뜨리고 또한 자기도 아까워하는 마음을 제거함으로써 이런 인연으로 부를 얻는 것이다.

---

722 『顯揚聖教論』 권6(T31, 510a24~b2) 참조.

그러므로 아직 요의가 아니라고 하였다.⁷²³

[『현양성교론』에서는 요료와 난료難了를 서로 대비시켰는데, 이것은 『보살장경』 제7권에서 천淺과 심深을 대비시킨 것과는 상반된다.⁷²⁴]

若依顯揚第六云。不了義教者。謂契經應頌記別等中。薄伽梵。略標其義。未廣分別。應更開示敎。了義敎者。謂翻前應知。隱密敎者。謂多分聲聞藏敎。顯了敎者。謂多分大乘藏敎。瑜伽六十四。亦同顯揚。大智度論第九云。了¹⁾義經者。有一切智人佛第一。一切諸經書中佛法第一。一切衆生中比丘僧第一。施²⁾得大富。持戒得生天。如是等是了義經。如說。法師說法。有五種利。一者大富。二³⁾人所愛。三者端正。四者名聲。五者後得涅槃。是爲未了義。云何未了。施得大富。是⁴⁾了可解。說法無財施。而言得富。得富者。說法人種種讚施。破人慳心。亦自除慳。以是因緣得富。是故言未了。【顯揚⁵⁾了難了相對。此與菩薩藏第七淺深相返也。】

1) ⓔ『大智度論』권9(T25, 125b7)에 '了' 앞에 '依'가 있다. 2) ⓔ『大智度論』권9(T25, 125b9)에 '施' 앞에 '布'가 있다. 3) ⓔ『大智度論』권9(T25, 125b11)에 '二' 뒤에 '者'가 있다. 4) ⓔ『大智度論』권9(T25, 125b13)에 '是' 뒤에 '爲'가 있다. 5) ⓔ '顯揚'은 '智度'의 착오인 듯하다. 자세한 것은 해당 번역문 역주 참조.

『대보살장경』 제18권에서는 아홉 가지를 대비시켜 요의와 불요의를 설명하였다.

---

723 『大智度論』권9(T25, 125b7).
724 원측의 협주에서 '顯揚(『현양성교론』)'이라 한 것은 '智度(『대지도론』)'의 착오인 듯하다. 앞서 인용되었던 『顯揚聖敎論』 제6권에서는, 의미에 대해 다시 자세히 설명해야 할 것을 '불요의'라고 하고, 자세하게 다 설명한 것을 '요의'라고 하였다. 이와는 달리 『大智度論』에서는 요의·불요의를 '분명하게 이해되는 것(了)'과 '분명하게 이해되기 어려운 것(難了)'의 구분으로 설명하였다. 이 『大智度論』의 해석이 바로 뒤에 인용되는 『菩薩藏經』에서 그 둘을 '심오한 것(深)'과 '얕은 것(淺)' 간의 구분으로 설하는 것과는 상반된다고 하였다.

첫째, 모든 광대한 문장(廣文)을 (설한 것을) 불요의경이라 하고, 모든 광대한 의미(廣義)를 (설한 것을) 요의경이라 한다.【처음 것은 문장은 광대한데 의미는 협소한 것이고, 나중 것은 문장은 협소한데 의미는 광대한 것이다.】

둘째, 도道에 대해 설한 것을 불요의경이라 하고 과果에 대해 설한 것을 요의경이라 한다.【인과를 서로 대비시켰을 때 삼승행三乘行이라는 인因을 '도道'라고 하였고, 그에 의해 획득된 과를 '과果'라고 하였다.】

셋째, 세속제를 설한 것을 불요의경이라 하고 승의제를 설한 것을 요의경이라 한다.【이제를 서로 대비시켰다.】

넷째, 업業·혹惑의 오염에 대해 설한 것을 불요의경이라 하고, 혹·업의 멸진에 대해 설한 것을 요의경이라 한다.【오염과 멸진을 서로 대비시켰다.】

다섯째, 염오된 법을 책망하는 것을 설했으면 불요의경이라 하고, 청정한 법을 (닦을 것을) 설했으면 요의경이라 한다.【악을 그치는 것과 선을 닦는 것을 서로 대비시켰다.】

여섯째, 생사를 싫어하여 등지고 열반을 기뻐하며 즐기는 것에 대해 설한 것을 불요의경이라 하고, 생사·열반의 두 가지가 차별 없음에 대해 설한 것을 요의경이라 한다.【생사·열반의 차별 있음과 차별 없음을 서로 대비시킨 문이다.】

일곱째, 갖가지 문구의 차별을 설한 것을 불요의경이라 하고, 심오하여 보기 어렵고 깨닫기 어려운 것을 설한 것을 요의경이라 한다.【문구의 천淺·심深을 서로 대비시킨 문이다.】

여덟째, 문구가 자세하고 넓어서 마음이 흥분되게 하는 것을 설하면 불요의라고 하고, 문구 및 마음이 똑같이 재가 되어 버린 것을 설하면 요의경이라 한다.【자세함과 간략함을 서로 대비시킨 것이다.】

아홉째, 유아有我와 유정有情 등에 대해 설하거나, 또 갖가지 수온受蘊은 있어도 주재자는 없다고 안립한 것을 설하면 불요의경이라 하고,

공·무상 등이나 '유아' 등의 없음 및 삼해탈문에 대해 설한 것을 요의경이라 한다.【아공과 법공 두 가지 공을 서로 대비시켰다.】[725]

大菩薩藏經第十八卷中。以九對辨了不了義。一所有廣文。名不了義經。所有廣義。名了義經【初廣文少義。後少文廣義】二宣說於道。名不了義。宣說於果。名爲了義【因果相對。三乘行因名道。彼所得果名果】三說世俗諦。名不了義。說勝義諦。名爲了義【二諦相對】四說業惑染。名不了義。說惑業盡。名爲了義【染盡相對】五說可[1]染法。名不了義。說清淨法。名爲了義【止惡脩善相對】六說厭背生死欣樂涅槃。名不了義。說生死涅槃二無差別。名爲了義【生死涅槃。有別無別。相對門也】七說種種文句差別。名不了義。說甚深難見難覺。是名了義【文句淺深相對門】八說文句廣博。令心踊躍。名不了義。說文句及心。皆同灰燼。是名了義【廣略相對】九說有我有情等。又說立有種種受蘊無有主宰。名不了義。說空無相等。無有我等。及三解脫門。是名了義【我法二空相對門也】

---

1) ㉔『大寶積經』 권52(T11, 304b19)에 따르면, '可'는 '訶'의 오기인 듯하다. 원측 소의 '說可染法'이라 한 것은 그 경에 '宣說訶責染污之法'이라고 되어 있다.

『대집경』 제54권에 따르면 오직 일곱 가지 대비가 있는데, 첫 번째와 세 번째의 두 가지 대비는 없고 그 밖의 문은 거의 동일하다.[726]

---

725 『大菩薩藏經』은 당대唐代의 보리유지가 번역한 『大寶積經』 권35~권54 안에 편입되어 있다. 위의 아홉 가지 대비는 『大寶積經』 권52(T11, 304b7) 이하의 내용을 요약한 것이다.
726 원측 소에 '大集五十四'라고 한 것은 착오인 듯하다. 요의와 불요의를 일곱 가지 대비(七對)를 통해 설명하는 내용은 그 경의 제29권에 나온다. 가령 『大集經』 권29(T13, 205b10)에서 다음과 같이 말한다. "云何依了義經不依不了義經。① 不了義經者。分別修道。了義經者。不分別果。② 不了義經者。所作行業信有果報。了義經者。盡諸煩惱。③ 不了義經者。訶諸煩惱。了義經者。讚白淨法。④ 不了義經者。說生死苦惱。了義經者。生死涅槃一相無二。⑤ 不了義經者。讚說種種莊嚴文字。了義經者。說甚深經難持難。⑥ 不了義經者。多爲衆生說罪福相。令聞法者心生欣感。了義經者。凡所演說必

그런데 차이점이 있다. 『대집경』에서 '불요의경이란 수도에 대해 분별한 것(分別修道)이고 요의경이란 과를 분별하지 않은 것(不分別果)이다'라고 한 것은 『보살장경』에서 인과를 서로 대비시킨 것에 해당한다. 그런데 (『대집경』에서) '분별하지 않는 것(不分別)'이라 한 것은 번역가의 오류다.[727] 또 『대집경』에서는 불요의경이란 대개 중생을 위해 죄·복의 모습에 대해 설하여 법을 듣는 자의 마음에서 기쁨과 슬픔이 생기도록 하는 것이고, 요의경이란 무릇 설해진 것이 반드시 듣는 자의 마음을 조복시킬 수 있는 것이다. 이것은 『보살장경』에서 여덟 번째 자세함과 간략함을 서로 대비시킨 것에 해당한다. 문장에는 차이가 있지만 그 의취는 또한 동일하다. 『보살장경』에서 "(문구와 마음이) 모두 똑같이 재가 되어 버린 것"이라 했던 것이 곧 '조복'을 뜻한다.[728]

『열반경』 제6권에서는 성문승聲聞乘·무상대승無上大乘 등의 일곱 가지 대비로써 요의와 불요의를 해석하였는데, 자세한 것은 그 경에서 설한 것과 같다.[729]

이 『해심밀경』에서 설했던 요의·불요의는 은밀隱密과 현료顯了로써 (구분한 것이니), 요의와 불요의를 해석하자면 이전에 분별했던 것과 같다.

令聽者心得調伏。⑦ 不了義經者。若說我人。衆生壽命。養育士夫。作者受者。種種文辭。諸法無有施者受者。而爲他說有施有受。了義經者。說空無相無願。無作無生。無有我人衆生壽命養育士夫作者受者。常說無量諸解脫門。是名依了義經。不依不了義經。"

[727] 이전의 『大菩薩藏經』 제18권의 구대九對 중에 두 번째는 인과因果를 대비시켜 불요의와 요의를 구분한 것으로, 도道에 대해 설한 것은 불요의경이고 과果에 대해 설한 것은 요의경이라 하였다. 이것은 『大集經』의 칠대七對 중에 첫 번째와 동일하다. 그런데 그 경 권29(T13, 205b10)에서는 "불요의경이란 수도修道를 분별한 것이고 요의경이란 과果를 분별하지 않은 것이다.(不了義經者。分別修道。了義經者。不分別果。)"라고 하였다. 원측은 이 경에서 '과를 분별하지 않은 것이다'라고 한 것은 번역가의 오류라고 하였다. 이 문구는 인·과를 대비시켜 불요의와 요의를 구분한 것이므로 전후 문맥상으로 '요의경이란 과를 분별한 것이다'라고 해야 한다.

[728] 이상은 『大集經』 권29(T13, 205b10~24) 참조.

[729] 『大般涅槃經』 권6(T12, 402a12) 참조.

이와 같이 모든 교에서 (설한) '요의·불요의'는 갖가지로 같지 않다. 따라서 요의와 불요의라는 말로써 교의 얕고 깊음을 판단할 수는 없다. 나중에 가서 분별하겠다.

若依大集五十四,¹⁾ 唯有七對。而無第一第三二對。餘門大同。而差別者。大集經云。不了義經者。分別隨²⁾道。了義經者。不分別果。此卽菩薩藏經。因果相對。然云不分別者。譯家謬也。又大集云。不了義經者。多爲衆生。說罪福相。令聞法者心生欣戚。了義經者。凡所演說。必令聽者心爲³⁾調伏。此卽菩薩藏中第八廣略相對。文雖有異。其意亦同。菩薩藏云。皆同灰燼。卽調伏義。依涅槃經第六卷中。聲聞乘無上大乘等七對。釋了不了。廣如彼說。此經所說了不了者。隱密顯了。釋了不了。如前分別。如是諸敎了不了義。種種不同。故不可以了不了言判敎淺深。後當分別。

---

1) ㉥ '五十四'는 '二十九'의 오기인 듯하다. 해당 번역문 역주 참조. 2) ㉥『大集經』권29(T13, 205b11)에 '隨'가 '修'로 되어 있고, 자체 교감주에 따르면 '隨'로 된 판본도 있다. 3) ㉥『大集經』권29(T13, 205b18)에 따르면, '爲'는 '得'의 오기다.

⊙ 이치의 얕고 깊음에 대해 나타냄

세 번째는 이치(소전의 종지)의 얕고 깊음에 대해 나타낸 것이다. 서방의 여러 논사들에게 본래 두 가지 설이 있다.

첫째는 청변 등은 말하길, 세 종류 법륜 중에 사제가 첫 번째라 한다. 『해심밀경』등은 두 번째니, 법상法相을 설하기 때문이다. 모든 부의『반야경』은 세 번째니, 무소득無所得을 (설하기) 때문이다. (이들이) 진술했던 이치와 교설은 이전의 '선취공善取空'을 다루면서 이미 설했던 것과 같다. 이 지역의 여러 논사들에게 본래 두 가지 해석이 있다. 한편에서는 삼론三論[730]은 다만 변계소집성만을 버린 것이라 하고, 한편에서는 삼성을 모

---

730 삼론三論: 용수의『中論』과『十二門論』, 제바의『百論』등 세 부의 논서는 삼론종三論

두 버린 것이라고 하니 예를 들면 『장진론』 등과 같다.

둘째는 호법종 등에서는 다만 변계소집성만 버리고 의타기성과 원성실성 두 가지는 버리지 않는다. 그런데 그 종에 본래 두 가지 해석이 있다. 첫째, 진제 삼장은 삼성을 모두 버리고서 삼무성을 건립한 것이라 하니, 차례대로 안립제와 비안립제임을 알아야 한다. 둘째, 대당 삼장은 삼성 중에 다만 변계소집성만 버리고 두 가지 자성을 버리는 것은 아니라고 하니, 이전에 '선취공'을 다루면서 이미 설했던 것과 같다.

> 第三顯理淺深者。西方諸師。自有兩說。一淸辨等言。於三輪中。四諦爲初。解深密等。以爲第二。說法相故。諸部般若。以爲第三。無所得故。所申理敎。如前善取空中已說。此地諸師。自有兩釋。一云。三論但遣所執。一云具遣三性。如掌珍等。二護法等宗。但遣所執。不遣二性。然彼宗中。自有兩釋。一眞諦三藏云。具遣三性。立三無性。如次應知安非安立。二大唐三藏云。於三性中。但遣所執。而非二性。如前善取空中已說。

그런데 저 소전의 (이치에) 깊고 얕음이 있다는 것은 다음과 같다.

첫 번째 사제법륜에는 본래 두 가지 뜻이 있으니, 첫째는 유작有作(有爲)이고 둘째는 무작無作(無爲)이며, 곧 분단分段·변역變易의 두 종류 사제이다. 최초로 법륜을 굴린 의취는 첫 번째에 있다.[731] 두 번째 법륜은 오

宗의 근거가 되는 문헌을 가리킨다.

731 '분단생사分段生死'란 유루의 선악업을 지은 중생들이 수명의 장단이나 육체의 대소 등에 의해 제약되는 '몸'을 과보로서 받으면서 삼계 안에서 생사유전하는 것을 말한다. '변역생사變易生死'란 아라한·벽지불·대력보살 등이 삼계 밖에서 뛰어나고 미묘한 과보신 즉 의생신意生身을 받는 것을 말한다. 이 두 종류 생사에 의거해서 각기 고·집·멸·도를 안립한 것을 일컬어 '유작有作·무작無作의 두 종류 사제四諦'라고 하였다. 이 중에서 '초전법륜'이라 할 때는 소승의 유작사제를 가리킨다는 것이다. 『仁王經疏法衡抄』권6(X26, 507b11)에 따르면, "유작사성제有作四聖諦라 한 것은 다시 더 닦게 될 변역사제變易四諦가 있기 때문이다. 말하자면 분단생사를 고라 하고, 번

직 변계소집만 버리는 것이고, 세 번째 법륜은 삼무자성성을 구족해서 나타낸 것이다. 이 중에서 두 번째와 세 번째의 법륜에서 설했던 '무상無相'은 이치상으로는 얕거나 깊음의 차이가 없다. 이런 도리에 따르면 모두 요의다. 그런데 지금 세 번째를 요의라고 한 것은 세 종류 자성 등을 구족해서 나타냈기 때문이다. 실제로는 『반야경』도 또한 삼성을 설했으므로 마땅히 요의이지만, 대부분의 것을 따라 말했기 때문에 불요의라고 한 것이다. 따라서 무성의 『섭대승론석』 제1권에서는 다음과 같이 말한다.

또 예를 들어 『대반야바라밀다경』에서 다음과 같이 설한다.
"자씨여, 그대의 생각은 어떠한가? 모든 변계소집성 가운데서 실재성이 없는 것을 '색이다, 색이 아니다'라고 하겠는가?"
"아닙니다. 세존이시여."
"모든 의타기성 가운데서 오직 명名·상想으로 시설된 언설의 성질만 있는 것을 '색이다, 색이 아니다'라고 하겠는가?"
"아닙니다. 세존이시여."
"모든 원성실성 가운데서 저 공무아성을 '색이다, 색이 아니다'라고 하겠는가?"
"아닙니다. 세존이시여."
"자씨여, 이러한 문으로 인해 다음과 같이 알아야 한다. 〈모든 변계소집성은 결정코 있는 것이 아니고, 모든 의타기성은 오직 명과 상으로 시설된 언설만 있으며, 모든 원성실성의 공·무아성은 참된 실재(眞實

뇌와 업을 집이라 하며, 택멸무위擇滅無爲를 멸이라 하고, 생공지품生空智品(생공의 지혜를 닦는 품류들)을 도라고 한다. 무작사성제無作四聖諦라 한 것은 이 외에 다시 더 닦아야 할 수승한 법은 없기 때문이다. 말하자면 변역생사를 고라고 하고, 지장품知障品(소지장所知障에 속하는 품류들)을 집이라 하며, 무주처열반無住處涅槃을 멸이라 하고, 법공지품法空智品(법공의 지혜를 닦는 품류들)을 도라고 한다.

有)이다라고. 나는 이에 의거해서 밀의로 거기에서 두 가지 법수法數의 없음을 설한 것이니, (두 가지란) '색이다, (색이 아니다'라는) 등을 말한다.〉"732

또 (『섭대승론석』) 제4권에서는 『대반야경』을 인용하여 오온 중에도 나아가 불법에 이르기까지 삼성이 갖추어져 있다고 하는데, 자세한 것은 그 논에서 설한 것과 같다.733

然彼所詮有深淺者。第一四諦法輪。自有二義。一者有作。二者無作。卽是分段變易二種四諦。初轉法輪。意在第一。第二法輪。唯遺所執。第三法輪。具顯三種無自性性。於中。第二第三法輪所說無相。理無淺深。若依此理。皆是了義。而今第三爲了義者。具顯三種自性等故。據實般若。亦說三性。應是了義。從多分說。故言不了。故無性攝論第一卷云。又如大般若波羅蜜多經中說。慈氏。於汝意云何。諸遍計所執中。非實有性。爲色非色。不也世尊。依¹⁾他起中。唯有名想施設言說性。爲色非色。不也世尊。諸圓成實中。彼空無我性。爲色非色。不也世尊。慈氏。由此門故。應如是知。諸遍計所執性。決定非有。諸依他起性。唯有名想施設言說。諸圓成實空無我性。是眞實有。我依此故。密意說言。彼無二數。謂是色等。又第四卷。引大般若。於五蘊中。乃至佛法。具有三性。廣如彼說。

1) ㉠『攝大乘論釋』 권1(T31, 382c)에는 '依' 앞에 '諸'가 있다.

해 또 『반야경』은 본래 두 종류가 있다. 첫째는 깊은 것이고 둘째는 얕은 것인데, 깊은 것은 요의고 얕은 것은 불요의다. 따라서 『대지도론』 제

---
732 무성의 『攝大乘論釋』 권1(T31, 382c2).
733 무성의 『攝大乘論釋』 권4(T31, 399b28) 참조.

100권에서는 다음과 같이 말한다.

문 다시 어떤 법의 심오함이 『반야경』보다 뛰어나기에, 『반야경』은 아난에게 부촉하여 맡기고 그 밖의 경은 보살에게 부촉하여 맡긴 것인가?

답 '반야바라밀'은 비밀스런 법이 아니다. 그런데 『법화경』 등의 여러 경에서는 '아라한이 수기를 받고 부처가 된다'고 설하는데, 대보살이라야 수지할 수 있다.[734]

또 예를 들어 『불설불가사의해탈경』에서 오백 아라한은 비록 부처님 근처에 있더라도 듣지 못하고, 간혹 때로 들을 수 있다 해도 수용할 수가 없다.[735]

다시 『반야경』에는 두 종류가 있다. 첫째는 공통으로 성문에게도 설한 것이다. 둘째는 다만 시방의 제10지에 머무는 대보살을 위해 설한 것으로서, 9지 보살도 듣는 것이 아닌데 어찌 하물며 새로 뜻을 발한 자가 듣겠는가? 다시 9지가 듣는 것이 있고 나아가서는 초지가 듣는 것이 있는데, 각기 부동하다. 반야바라밀의 총상總相은 하나지만 깊고 얕음에 차이가 있다.[736]

구체적으로 설하면 그 논과 같다.

이에 준해 보면, 『반야경』에 요의와 불요의가 있음을 알 수 있다. 또 『대지도론』 제34권, 제41권, 제72권에서도 모두 공통되거나(共) 공통되지 않는(不共) 두 종류 반야에 대해 설하는데, 번거로울까 봐 서술하지 않겠다.

---

[734] 이상의 문답은 『大智度論』 권100(T25, 754b18) 참조.
[735] 『大智度論』 권100(T2, 754b16).
[736] 『大智度論』 권100(T25, 754b22) 참조.

又解。般若自有二種。一深。二淺。深卽了義。淺卽不了。故智度論第一百
云。問曰。更有何法甚深勝般若者。而以般若。囑累阿難。而餘經囑累菩薩。
答曰。般若[1]非秘密法。而法華等諸經說。阿羅漢受決作佛。大菩薩能受。
又如佛說不可思議解脫經。五百阿羅漢。雖在佛邊。而不聞。或時得聞。而
不能用。復次。般若有二種。一者共聲聞說。二者但爲十方住第[2]十地大菩
薩說。非九地[3]所聞。何況新發意者。復有九地。[4] 乃至初地所聞。各各不同。
般若[5]總相是一。而深淺有異。具說如彼。准知波若有了不了。又智度論第
三十四四十一七十二。皆說共不共二種般若。恐繁不述。

1) ㊜『大智度論』권100(T25, 754b20)에 '般若' 뒤에 '波羅蜜'이 있다. 2) ㊜『大智度
論』권100(T25, 754b24)에 '第'가 없다. 3) ㊜『大智度論』권100(T25, 754b24)에 '地'
가 '住'로 되어 있고, 교감주에 따르면 '地'로 된 판본도 있다. 이 문맥에서는 '地'가
바르다. 4) ㊜『大智度論』권100(T25, 754b25)에 '地' 뒤에 '所聞'이 있다. 5) ㊜『大
智度論』권100(T25, 754b26)에 '般若' 뒤에 '波羅蜜'이 있다.

(2) 묻는 말을 바로 일으켜 복福의 승·열을 밝힘

경 세존이시여, 만약 선남자나 선여인이 이러한 여래께서 '모든 법은 다 자
성이 없고 생함이 없고 멸함도 없으며 본래 적정하여 자성열반이다'라는 (교
설에) 의거해서 설하셨던 심오한 요의의 언교를

世尊。若善男子。或善女人。於此如來依一切法。皆無自性。無生無滅。本
來寂靜。自性涅槃。所說甚深了義言教。

석 이하는 두 번째로 묻는 말을 일으켜서 복의 승·열을 밝힌 것이다.
이 중에 두 가지가 있다. 처음은 보살이 청문한 것이고, 나중은 여래께서
바로 답하신 것이다.

釋曰. 自下第二正發問辭. 福[1]勝劣. 於中有二. 初菩薩請問. 後如來正答.

1) ㉑ '福' 앞에 '辨'이 탈락된 듯하다.

① 보살의 청문

전자 중에 두 가지가 있다. 처음은 사람에 의거해서 묻고자 하는 교를 든 것이고, 나중의 "듣고 나서 신해하고" 이하는 교에 의거해서 십법행을 일으키면 복이 어느 정도 생기는지 바로 물은 것이다.

前中有二. 初約人擧所問敎. 後聞已信下. 正問依敎起十法行生福多少.

가. 사람에 의거해서 묻고자 하는 교를 듦

이것은 처음에 해당한다. 이상과 같은 무자성성이 '분명하게 나타낸(顯了)' 언어임을 표현하기 위해 이렇게 "설하셨던 심오한 요의의 언교"라고 말한 것이다.

此卽初也. 爲顯如上無自性性顯了言辭. 故作是言. 所說甚深了義言敎.

나. 교에 의거해서 십법행十法行을 일으키면 복이 어느 정도 생기는지 바로 물음

경 듣고 나서 신해하고, 베껴 쓰며 호지하고, 공양하며, 유포시키고, 수지·독송하고, 닦아 익히며, 이치에 맞게 사유하며, 그 수행의 상으로 가행을 일으킨다면, 어느 정도의 복이 생겨납니까?" 이런 말을 하고 나자,

聞已信解. 書寫護持. 供養流布. 受誦溫習. 如理思惟. 以其脩相. 發起加

行。生幾所福。說是語已。

석 이것은 두 번째로 교에 의거해서 열 가지 법행을 일으키면 복이 어느 정도 생기는지 바로 물은 것이다. 이 열 가지 법행은 앞에서 이미 해석했던 것과 같다.[737]

釋曰。此卽第二正問依敎起十法行生福多少。此十法行。如前已釋。

2) 세존의 정설[738]

경 이때 세존께서 승의생보살에게 말씀하셨다. "승의생이여, 이 선남자나 선여인에게 생겨난 그 복은 한량없고 무수해서 비유로도 알기 어려운 것이나, 내가 지금 그대를 위해 간략하게 조금만 설해 주겠다.

爾時。世尊告勝義生菩薩曰。勝[1]生。是善男子。或善女人。其所生福。無量無數。難聞[2]喩知。吾今爲汝。略說少分。

1) ㉢『解深密經』권2(T16, 697b15)에 '勝' 뒤에 '義'가 있다.   2) ㉢『解深密經』권

---

[737] 위 경문에는 ① 듣고 나서 신해하고, ② 베껴 쓰고 호지하며, ③ 공양하고, ④ 유포시키며, ⑤ 수지·독송하고, ⑥ 다시 익히며, ⑦ 이치에 맞게 사유하고, ⑧ 그런 수행의 상으로 가행을 일으키는 것 등 여덟 종류 법행法行만 나열되었다. 열 가지 법행 중에 '자세하게 설하기, 펼쳐 읽기' 두 종류는 없다. 열 종류 법행에 대한 자세한 해석은 p.281 'c. 자기를 낮추기 때문에 복덕·지혜를 닦을 수 있음' 참조.
[738] 이 부분에서 과목 분류상 착오가 생긴 듯하다. '4. 교량탄승분校量歎勝分'의 경문은 크게 '1) 보살의 청문과 2) 세존의 정설' 두 부분으로 나뉜다. 이전까지는 보살의 청문이었고, 이하부터는 세존의 정설이다. 그런데 이 부분은 '(2) 묻는 말을 바로 일으켜 복의 승·열을 밝힘(正發問辯辨福勝劣)' 이하의 두 항목, 즉 ① 보살의 청문과 ② 세존의 정답 중에 그 두 번째와 중복된다. 따라서 교량탄승분의 '2) 세존의 정설'이기도 하고, 동시에 '(2)-② 세존의 정답'이기도 하다.

2(T16, 697b16)에 따르면, '聞'은 '可'의 오기다.

석 이하는 두 번째로 여래께서 바로 설하신 것이다. 이 중에 두 가지가 있다. 처음은 (복의) 수승함을 찬탄하면서 설법을 허락한 것이고, 나중은 물음에 의거해서 바로 설한 것이다.

釋曰。自下第二如來正說。於中有二。初歎勝許說。後依問正說。

(1) 수승함을 찬탄하면서 설법을 허락함

이것은 처음에 해당한다. 경문 그대로 알 수 있을 것이다.

此即初也。如文可知。

(2) 물음에 의거해서 바로 설함

경 예를 들어 손톱에 묻은 흙을 대지의 흙과 비교하면 백분의 일에도 미치지 못하고, 천분의 일에도 미치지 못하며, 백천분의 일에도 미치지 못하고, 수분·산분·계분·유분·오파니살담분의 일에도 미치지 못한다.

如爪上土。比大地土。百分不分[1]一。千分不及一。百千分不及一。數算計喻鄔波尼煞曇分亦不及一。

---
1) ㉾ '分'은 '及'인 듯하다.(編) ㉠ 『解深密經』 권2(T16, 697b18)에 따르면, '分'은 '及'의 오기다.

석 이하는 두 번째로 여래께서 바로 설하신 것이다. 이 중에 두 가지가 있다. 처음은 두 가지 비유를 들어 그 수승함과 하열함을 밝힌 것이다. 나중의 "이와 같이" 이하는 법동유를 들어 복의 수승함과 하열함을 밝힌 것이다.

釋曰。自下第二如來正說。於中有二。初擧二喩。辨其勝劣。後如是下。擧法同喩。辨福勝劣。

① 두 가지 비유를 들어 그 승·열을 밝힘

두 가지 비유를 든 곳에서 두 가지로 구분된다. 처음은 '손톱에 묻은 적은 흙'의 비유이고, 나중은 '소 발자국에 고인 적은 물'의 비유이다.

就二喩中。卽分爲二。初爪上少土。[1] 後牛跡少水喩。

---
1) ㉠ '土' 뒤에 '喩'가 누락된 듯하다.

가. 손톱에 묻은 적은 흙의 비유

이것은 처음에 해당한다.

그런데 이 『해심밀경』에 의하면 그 여덟 가지 분分으로 수승함과 하열함을 비교하였으니, 첫째는 백분百分이고, 둘째는 천분千分이며, 셋째는 백천분百千分이고, 넷째는 수분數分이며, 다섯째는 산분算分이고, 여섯째는 계분計分이며, 일곱째는 유분喩分이고, 여덟째는 오파니살담분鄔波尼煞曇分이다. 『최무비경』이나 『희유경』에서는 모두 여덟 가지 분을 설하니, 곧 이 경과 동일하다.

『보살장경』 제12권에 의하면 개수는 똑같이 여덟 개이기는 하지만, 뒤의 다섯 가지 분은 모두 범어로 되어 있다. 따라서 그 경에서는 승거분僧佉分, 가라분迦羅分, 가나나분伽拏那分, 오파마분烏波摩分, 오파니살담분이라 하였다.^739 이 중에서 앞의 네 개는 여러 교에 준해 보면 그 차례대로 수분·산분·계분·유분에 배당된다. 그런데 『직본금강반야경直本金剛般若經』^740에 준해 보면 그 순서대로 수분·계분·산분·유분에 배당된다.^741

『능단반야경』^742 및 『직본경』(급다 역 『직본금강반야경』), 『십륜경』 제5권에서는 똑같이 열 가지 분을 설하는데, 말하자면 백천분 뒤에 다시 구지분俱胝分·나유다분那庾多分을 더한 것이다.

『대반야경』 제104권에서는 열세 가지 분을 설하는데, 백천분 다음에 다시 다섯 가지 분을 더한 것으로, 구지분과 백구지분과 천구지분과 백천구지분과 백천구지나유다분을 말한다.^743

此卽初也。然依此經。以其八分。校量勝劣。一百分。二千分。三百千分。四數分。五算分。六計分。七唯^1)分。八鄔波尼煞曇分。若最無比經及希有經。皆說八分。卽同此經。若依菩薩藏經第十二卷。數雖同八。然後五分。皆安梵語。故彼經云。僧佉分。迦羅分。伽拏那分。烏波摩分。鄔波尼煞曇分。於中前四。若准諸教。如次卽配數算計喩。然准直本金剛般若。如次配爲數計算喩。若依能斷般若經。及直本經。十輪經第五。同說十分。謂百千後。更

---

739 『大寶積經』 권46 「菩薩藏會」(T11, 273a3) 참조.
740 『직본금강반야경直本金剛般若經』: 아마도 『金剛般若經』의 여러 이역본 중에서 수대隋代 달마급다達磨笈多 역 『金剛能斷般若波羅蜜經』을 가리키는 듯하다. 예를 들어 원측의 『解深密經疏』 권3(X21, 229a18)에서 "급다가 번역한 『직본반야경』(笈多所翻直本般若)……"이라는 문구가 나온다.
741 예를 들어 급다笈多 역 『金剛能斷般若波羅蜜經』 권1(『T8, 769c8)에 "善實。福聚邊。此前福聚。百上亦數不及。千上亦。百千上亦。俱致百千上亦。俱致那由多百千上亦。僧企耶亦。迦羅亦。算亦。譬喩亦。憂波泥奢亦……"이라고 하였다. 이에 비추어 볼 때 『菩薩藏經』에서 '승거분僧佉分, 가라분迦羅分, 가나나분伽拏那分, 오파마분烏波摩分'이란 그 순서대로 수분·계분·산분·유분이라 볼 수도 있다.
742 『능단반야경能斷般若經』: 『金剛般若經』의 여러 이역본 중에서 당대唐代 현장 역 『能斷金剛般若波羅蜜多經』(『大般若波羅蜜多經』 권577의 「能斷金剛分」에 해당)을 가리키는 듯하다.
743 『大般若波羅蜜多經』 권104(T5, 578b29) 참조.

加俱胝那庾多分。若依大般若經第一百四卷。說十三分。謂百千後。更加五分。謂俱胝分。百俱胝分。千俱胝分。百千俱胝分。百千俱胝那庾多分。

1) ⓔ '唯'는 '喩'의 오기다.

● 진제 역 경론의 해석

그런데 모든 '분分'의 차별상을 해석하면 다음과 같다.

진제 역 『금강반야경』에서는 "백분의 일에도 미치지 못하고, 천·만·억분의 일에도 미치지 못하며, 산算·수數를 극한까지 세었을 때의 그 일에도 미치지 못하고 내지는 위력·품류·상응·비유로도 미칠 수 없는 것이다."[744]라고 하였다.

然釋諸分差別相者。若依眞諦金剛般若經云。百分不及一。千萬億分不及一。窮於算數。不及其一。乃至威力品類。相應譬喩。所不能及。

진제는 다음과 같이 풀이하였다.

무릇 다섯 가지 의미를 들어서 이것의 수승함과 저것의 하열함을 나타내었다. 첫째는 수량數量에 의거해서 더 뛰어나다는 것이다. 둘째는 위력威力에 의거해서 더 뛰어나다는 것이다. 셋째는 품류品類에 의거해서 더 뛰어나다는 것이다. 넷째는 상응相應에 의거해서 더 뛰어나다는 것이다. 다섯째는 비유譬喩에 의거해서 더 뛰어나다는 것이다.

(첫째로) '수량'이라 한 것은, 수량을 극한까지 세었을 때 그 '일一'에도 미칠 수 없다는 것이다. 예를 들어 경에서 '백분의 일에도 미치지 못하고 산·수를 극한까지 세었을 때 그 일에도 미치지 못한다'고 한 것과 같다.

---

744 진제 역 『金剛般若波羅密經』 권1(T8, 764c1).

둘째로 '위력'이라 한 것은, 바라는 대로 삼승의 뛰어난 과를 획득하여 자연적으로 성취(成辦)되는 것이 마치 여의보如意寶처럼 뛰어나다는 것이다. 설사 세간의 여의보가 수미산처럼 대천계大千界에 가득 찬다 해도, 이 위력이 없으면 삼승의 과를 획득할 수 없기 때문이다.

셋째로 '품류'가 뛰어나다고 했는데, 품류에는 다섯 종류가 있으니 곧 오장五藏의 의미다. 첫째는 여래이고, 둘째는 정법이며, 셋째는 법신이고, 넷째는 출세법이며, 다섯째는 자성청정이다. 이 오장의 의미가 품류의 의미에 해당한다. 하나의 진여에 오장의 의미가 있다. 처음은 체성體性을 나타낸 것이고, 다음은 인因을 나타낸 것이며, 셋째는 과果를 나타낸 것이고, 넷째는 공덕을 나타낸 것이다. 다섯째는 공통되지 않은 것(不共)을 나타냈는데, 다만 이것은 무분별지로 획득될 수 있기 때문이다. 이와 같은 다섯 가지가 품류의 뜻인데, 저 재물의 보시로 얻는 복에는 이 다섯 가지 의미의 품류가 없기 때문에 '미치지 못한다'는 것이다.

넷째로 '상응'이란 인과의 상응을 밝힌 것이다. 말하자면 대승을 믿고 좋아하면 진여에 감응할 수 있는데, 보시의 복덕은 진여에 감응할 수는 없다. 이런 상응이 없기 때문에 '미치지 못한다'는 것이다.

다섯째로 '비유'라고 했는데, 이 진여는 제일의 법이고 다시 이 법과 동등한 별도의 법은 없기 때문에 비유될 만한 것이 없다는 것이다.

구체적으로 설하면 그 (진제의 풀이와) 같다.

眞諦解云。凡舉五義。顯此勝彼劣。一約數量故勝。二約威力故勝。三約品類故勝。四約相應故勝。五約譬喩故勝。數量者。窮於數量不能及一。如經言。百分不及一。窮於算數。不及其一也。二威力者。謂隨所欲。得三乘勝果。自然成辦。勝如意寶。假設世間如意寶。如須彌山王。滿大千界。無此威力。不能得三乘果故。三品類勝者。品類有五種。即五藏義。一如來。二正法。三法身。四出世法。五自性淸淨。此五藏義。卽是品類義。於一眞如。
有五藏義。初顯體性。次顯因。三顯果。四顯功德。五顯不共。但是無分別
智可得故。如此五種。是品類義。彼財施福。無此五義品。故不及也。四相
應者。明因果相應。謂信樂大乘。能感眞如。布施福德。不能應眞。無此相
應。故不及也。五譬喩者。卽此眞如。是第一法。更無別法與此法等。故無
可爲喩。具說如彼。

● 보리유지 역 경론의 해석

보리유지 역 『금강반야경』에서는 "백분의 일에도 미치지 못하고 천분의 일에도 미치지 못하며 백천만분의 일에도 미치지 못하고 가라분의 일에도 미치지 못하며 수분의 일에도 미치지 못하고 우파니사타분의 일에도 미치지 못하며, 나아가서는 산·수·비유로도 미칠 수 없는 것이다."[745]라고 하였다.

若依菩提留支金剛般若經云。百分不及一。千分不及一。百千[1]分不及一。歌
羅分不及一。數分不及一。優波尼沙陀分不及一。乃至算數譬喩。所不能及。

1) ㉥ 『金剛般若波羅密經』 권1(T8, 756b4)에 '千' 뒤에 '萬'이 있다.

천친天親(세친) 『반야론』에서는 네 종류 수승함에 의거해서 승·열을 비교하였다. 따라서 그 논의 게송에서 다음과 같이 말한다.

　　수數·역力·무사無似의 뛰어남과
　　무사의 인因 또한 그와 같이 (뛰어나니)
　　모든 세간의 법에서는

---

745 보리유지 역 『金剛般若波羅密經』 권1(T8, 756b4).

비유될 만한 것을 얻을 수 없네

이것은 어떤 의미들을 설한 것인가? 이전의 복덕보다 이 복이 더 뛰어남을 보여 주는 것이다. 어떤 점이 뛰어난가? 첫째는 수의 뛰어남(數勝)이고, 둘째는 역의 뛰어남(力勝)이며, 셋째는 불상사의 뛰어남(不相似勝)이고, 넷째는 인의 뛰어남(因勝)이다. 그러므로 게송에서 "모든 세간의 법에서는 비유될 만한 것을 얻을 수 없네"라고 하였다.

'수의 뛰어남'이란, 경에서 설한 것처럼 "백분의 일에도 미치지 못하고……중간 생략……산·수·비유로도 미칠 수 없는 것"이기 때문이다. 수에 한계가 없기 때문에 그 밖의 수를 포괄할 수 있음을 알아야 한다.

'역의 뛰어남'이란 경에서 설한 것처럼 "가라분의 일에도 미치지 못하기" 때문이다.[746]

'무사無似(不相似)의 뛰어남'이란 이 복덕에 대해서는 수數도 유사하지 않다는 것이다.[747] 이 복덕은 셀 수 없기 때문이고, 경에서 설한 것처럼 '수로는 미칠 수 없는 것이기' 때문이다.

'인의 뛰어남'이란 인과가 (다른 인과와) 유사하지 않다는 것이다. 이것의 인과는 저것의 인과보다 뛰어나기 때문이고, 경에서 설한 것처럼 "……중간 생략……우파니사타분의 일에도 미치지 못하기" 때문이다.

또 이 법은 가장 뛰어나서 세간법에는 이 법에 비유될 만한 것이 없기 때문에, 게송에서 "모든 세간의 법 가운데서 비유될 만한 것을 얻을 수 없네"라고 하였기 때문이다. 이와 같이 이 복덕에 비해 저 복덕은 적

---

[746] 뒤의 『金剛仙論』에서 언급되듯, '역승力勝'이란 '가라분의 일에도 미치지 못한다'는 말의 의미를 번역한 것이다. 가라분이란 아주 지극히 적은 양을 말한다. 무릇 선법의 공덕은 아주 지극히 적은 양이라 해도 그 위력이 매우 뛰어나기 때문에 '역의 뛰어남(力勝)'이라 하였다.
[747] 산술적인 측면에서 그와 유사한 사례를 찾을 수 없을 정도로 매우 뛰어나다는 의미에서 '무사의 뛰어남(無似勝)' 혹은 '불상사의 뛰어남(不相似勝)'이라 하였다.

다. 그러므로 비유될 만한 법이 없는 것이다.[748]

依天親波若論。約四種勝。校量勝劣。故彼偈言。數力無似勝。無似因亦然。一切世間法。不可得爲喩。此說何[1)]義。示[2)]前福德此福爲勝。云何爲勝。一者數勝。二者力勝。三者不相似勝。四者因勝。是故偈言。一切世間法。不可得爲喩。[3)] 數勝者。如經百分不及一。乃至算數譬喩。所不能及故。以數無限齊故。攝得餘數應知。力勝者。如經不及一歌羅分故。無似勝者。此福德中數不相似。此[4)]福德不可數故。如經[5)]不能及故。因勝者。因果不相似。此[6)]因果勝彼因果故。如經乃至優波尼沙陀分不及一故。有[7)]此法最勝。無有世間法可喩此法故。偈言一切世間法不可得爲喩故。如是此福德中。彼福微少。是故無法可喩。

---

1) ⓨ『金剛般若波羅密經論』권3(T25, 794b1)에 '何' 뒤에 '等'이 있다.   2) ⓨ『金剛般若波羅密經論』권3(T25, 794b1)에 '示' 뒤에 '於'가 있다.   3) ⓨ『金剛般若波羅密經論』권3(T25, 794b3)에 '喩' 뒤에 '故'가 있다.   4) ⓨ『金剛般若波羅密經論』권3(T25, 794b7)에 '此' 앞에 '以'가 있다.   5) ⓨ『金剛般若波羅密經論』권3(T25, 794b7)에 '經' 뒤에 '數'가 있다.   6) ⓨ『金剛般若波羅密經論』권3(T25, 794b8)에 '此' 앞에 '以'가 있다.   7) ⓨ『金剛般若波羅密經論』권3(T25, 794b10)에 따르면, '有'는 '又'의 오기다.

『금강선론』에서는 다음과 같이 말한다.

"백분의 일에도 미치지 못하고……"라고 한 것에 대해『반야론』에서는 '산수의 뛰어남(算數勝)'이라 했다. 이것은 유루의 복덕은 다함이 있는 법이기 때문에 수 또한 유한함을 밝힌 것이고, 무루의 선법은 다함없는 법이기 때문에 수 또한 무한함을 밝힌 것이다. 그래서 '뛰어나다'는 것이다.

---

748 보리유지 역『金剛般若波羅蜜經論』권3(T25, 794a28).

"가라분歌羅分의 일에도 미치지 못하며"라고 한 것에 대해 논에서는 '역의 뛰어남(力勝)'이라 하였다. '가라'는 서국의 정음正音이니, 예를 들어 한 올의 털을 백 등분했을 때 1분을 1가라분이라 한다. 이 의미를 번역해서 '역의 뛰어남'이라 하였다. 무릇 선법의 공덕의 세력은 유루 선법보다 뛰어나기 때문에 '역의 뛰어남'이라 하였다.

"수분의 일에도 미치지 못하고"라는 것에 대해 논에서는 '불상사의 뛰어남(不相似勝)'이라 하였다. 마치 그 수는 수 중에서 점점 더 미세하게 작아져서 '소허少許(지극히 작은 수)'에 이르렀을 때 오히려 그 하나에도 미치지 못하기 때문에 '불상사의 뛰어남'이라 하였다.[749] (이는) 무루의 선법을 밝힌 것이다. 형색形色이 있는 것이라면 이는 허공법계라도 수용할 수 없는 것이니, 유위의 다함 있는 법으로써 무위의 다함없는 법을 그려보는 것이기 때문이다. 설사 소허에 이르렀을지라도 서로 유사하지 않으니, 마치 겨자를 만 등분해서 수미산에 비교하는 것과 같아서 한갓 그 몸통을 잃었을 뿐 끝내 서로 유사하지 않은 것이다.

"우파니사타분의 일에도 미치지 못하며"라고 한 것에 대해 논에서는 의미를 번역해서 '인의 뛰어남(因勝)'이라 하였다. 이것은 인과가 유사하지 않음을 밝힌 것이다. 진귀한 보배 같은 유루 선법은 단지 삼계의 과보를 얻을 뿐이라서 인·과가 둘 다 '무루 선법이 멀게는 불과를 얻는 것'만은 못하다. (무루 선법의) 인·과가 둘 다 뛰어나기 때문에 '인과가 유사하지 않다'고 한 것이다.[750]

金剛仙論云。百分不及一等者。論云算數[1]勝。此明有漏福德是有盡法故[2]亦有限。明無漏善法是無盡之法故[3]亦無限。所以勝也。歌羅分不及一者。

---

[749] 경전을 수지하는 복덕의 수가 가장 작은 극소極少의 수 정도에 불과해도 그것의 복덕을 보시 등의 복덕과 비교하면 유사하지 않을 만큼 수승하다는 것이다.
[750] 『金剛仙論』 권9(T25, 860b4).

論云力勝。歌羅者。西國正音。如折一毛。以爲百分。一分名[4]歌羅分。[5] 此義翻爲力勝。以無漏善法功德勢力。勝於有漏善法故。名力勝也。數分不及一者。論云不相似故。由[6]是其數數中。轉微轉細。及至少許。由[7]不及一故。名不相似勝也。明此無漏善法。若有形色者。虛空法界所不容受。以[8]有盡法。形無爲無盡法故。假令乃至少許[9]不相似。如分芥子。以爲萬分。擬須彌山。唐失其身。終不相類也。優波尼沙陀分不及一[10]者。論中義翻云因勝。明因果不相似。珍寶有漏善法。但得三界報。因果俱是不如無漏善法乃遠得佛果。因果俱勝。故名因果不相似也。

1) 옘『金剛仙論』권9(T25, 860b4)에 '數'가 '類'로 되어 있다.   2) 옘『金剛仙論』권9(T25, 860b5)에 '故' 뒤에 '數'가 있다.   3) 옘『金剛仙論』권9(T25, 860b6)에 '故'가 '數'로 되어 있다.   4) 옘『金剛仙論』권9(T25, 860b8)에 '名' 뒤에 '一'이 있다.   5) 옘『金剛仙論』권9(T25, 860b8)에 '分'이 없다.   6) 옘『金剛仙論』권9(T25, 860b10)에 따르는 '由'는 '猶'의 오기다.   7) 옘『金剛仙論』권9(T25, 860b11)에 따르면 '由'는 '猶'의 오기다.   8) 옘『金剛仙論』권9(T25, 860b13)에 '以' 뒤에 '有爲'가 있다.   9) 옘『金剛仙論』권9(T25, 860b14)에 '許' 뒤에 '亦'이 있다.   10) 옘『金剛仙論』권9(T25, 860b16)에는 '不及一' 세 글자가 없다.

● 『해심밀경』에 나온 여덟 종류 분分

지금 이 경에 나온 앞의 세 가지 분은 이름 그대로 알 수 있을 것이다.[751]

'수분數分'이란 범음으로 승거僧佉(Ⓢ saṃkhyā)이고, 여기 말로 '수數'라고 한다. 『십지경론』 제7권에서는 "'수'란 하나에 하나를 더하면 둘이 되고 둘에 둘을 더하면 넷이 되는, 이와 같은 것들을 말한다."[752]라고 하였다. 공덕시功德施『반야론』[753]에서는 "'수'란 60단위를 말하는데 이것을 초과하

---

751 '백분百分의 일, 혹은 천분天分의 일, 혹은 백천분百千分의 일에도 미치지 못한다'는 것은 문자 그대로 이해될 수 있는 것이다.
752 『十地經論』권7(T26, 166c15).
753 공덕시功德施『반야론』: 공덕시보살功德施菩薩이 짓고 지파가라地婆訶羅 등이 번역한 『金剛般若波羅蜜經破取著不壞假名論』을 가리킨다.

는 것은 수가 미칠 수 없다."⁷⁵⁴라고 하였다.

해 『구사론』에 의하면 그 수는 점점 증가해서 60전轉⁷⁵⁵이 있고, 『화엄경』에 의하면 120전이 있다.⁷⁵⁶ 우선 『구사론』에 의거하기 때문에 '60'이라 한 것이다.

『금강선론』에 의하면 앞의 다섯 가지 분을 모두 수분이라 한다. 따라서 그 논에서는 "(경에서) '백분의 일에도 미치지 못하고……'라고 한 것에 대해 논(세친의 『반야론』)에서는 '산수의 뛰어남'이라 하였다."라고 한 것이다.⁷⁵⁷

'산분算分'이란 범음은 가나나伽拏那[S ganana)이고, 여기 말로 '산算'이라 한다. 『십지경론』에서 "'산'이란 1종10횡一縱十橫⁷⁵⁸으로 (세는) 이와 같은

---

754 『金剛般若波羅蜜經破取著不壞假名論』 권2(T25, 893c2).
755 60전轉 : 고대 인도에서 사용되던 60종류 수의 단위를 가리킨다. 『俱舍論』에 따르면, 처음 시작되는 가장 작은 수의 단위는 1이고, 그것의 열 배를 십, 십의 열 배를 백, 백의 열 배를 천, 천의 열 배를 만이라 한다. 다시 10만은 낙차洛叉, 10낙차는 도락차度洛叉, 10도락차는 구지俱胝, 10구지는 말타末陀, 10말타는 아유다阿庾多, 10아유다는 대大아유다, 10대아유다는 나유다那庾多, 10나유다는 대나유다, 10대나유다는 발라유다鉢羅庾多, 10발라유다는 대발라유다, 10대발라유다는 긍갈라矜羯羅, 10긍갈라는 대긍갈라, 10대긍갈라는 빈발라頻跋羅, 10빈발라는 대빈발라, 10대빈발라는 아추바阿芻婆, 10아추바는 대아추바, 10대아추바는 비바하毘婆訶, 10비바하는 대비바하, 10대비바하는 올층가嗢蹭伽, 10올층가는 대올층가, 10대올층가는 바할나婆喝那, 10바할나는 대바할나, 10대바할나는 지치바地致婆, 10지치바는 대지치바, 10대지치바는 혜도醯都, 10혜도는 대혜도, 10대혜도는 갈랍바羯臘婆, 10갈랍바는 대갈랍바, 10대갈랍바는 인달라印達羅, 10인달라는 대인달라, 10대인달라는 삼마발탐三磨鉢耽, 10삼마발탐은 대삼마발탐, 10대삼마발탐은 게저揭底, 10게저는 대게저, 10대게저는 염벌라사拈筏羅闍, 10염벌라사는 대염벌라사, 10대염벌라사는 모달라姥達羅, 10모달라는 대모달라, 10대모달라는 발람跋藍, 10발람은 대발람, 10대발람은 산야珊若, 10산야는 대산야, 10대산야는 비보다毘步多, 10비보다는 대비보다, 10대비보다는 발라참跋羅懺, 10발라참은 대발라참, 10대발라참은 아승기야阿僧企耶라고 한다. 이와 같이 총 60종류 수의 단위가 있다. 『俱舍論』 권12(T29, 63b13) 참조.
756 『華嚴經』 「不思議解脫境界普賢行願品」 권10(T10, 704c28) 참조.
757 이에 관한 자세한 설명은 앞서 인용된 보리유지 역 천친天親의 『般若論』, 『金剛仙論』 참조.
758 1종10횡一縱十橫 : 이에 대해 법상종 문헌들에는 별다른 설명이 나오지 않는다. 다만

것들이다."⁷⁵⁹라고 하였다.

『대비바사론』 제126권에서는 다음과 같이 말한다.⁷⁶⁰ "수數란 어떤 법을 말하는가? 답 이치에 맞게 의업意業 및 이것의 소의所依인 모든 교편지巧便智를 전변해 내는 것을 말한다. 이 중에서 '수'란 세어지는 바(所數)의 벼·삼 따위 물건의 백·천 등의 수를 말하는 것이 아니라, 다만 이것은 모든 능수能數의 법이고, 이것이 능수의 법이기 때문에 '수'라고 한 것이다."라고 하였다. 나아가서는 그 논에서 "이와 같은 네 가지 온이 수의 자성이다."라고 하였다.⁷⁶¹ "산算이란 어떤 법을 말하는가? 답 이치에 맞게 어업語業 및 이것이 의지하는 모든 교편지를 전변해 내는 것을 말한다. 이 중에서 '산'이란 셈해지는 바(所算)의 일·십·백·천·만·억 등의 법을 말하는 것이 아니라, 다만 이것은 모든 능산能算의 법이고, 이것이 능산의 법이기 때문에 '산'이라 한 것이다."라고 하고, 나아가서는 그 논에서 "이

    앞의 『大毘婆沙論』 인용문에서 암시되듯, 이것은 '일, 십, 백, 천, 만…' 등으로 헤아리는 수법數法을 가리킴을 알 수 있다. 이에 준해서 1종10횡이란 다음과 같은 계산법이라 생각된다. 예를 들어 1을 한 단위로 삼아서 가로로 한 개를 한 번 세고 다시 그것을 세로로 열 번 올라가며 반복해서 세면 수의 단위는 10으로 바뀐다. 다시 10을 한 단위로 삼아서 가로로 열 개를 한 번 세고 다시 그것을 세로로 열 번 올라가며 반복해서 세면 수의 단위는 100으로 바뀐다. 다시 100을 한 단위로 삼아서 가로로 100개를 한 번 세고 다시 그것을 세로로 열 번 올라가며 반복해서 세면 수의 단위는 1,000으로 바뀐다. 이런 식으로 '일, 십, 백, 천, 만…' 등의 단위로 수를 헤아리는 계산법을 '1종10횡'이라 한 듯하다.

759 『十地經論』 권7(T26, 166c16).
760 이하의 『大毘婆沙論』 제126권의 인용문에서는 이른바 세속에서 말하는 서書·수數·산算·인印 등의 본질을 신업身業·어업語業·의업意業에 의거해서 정의하였다. 그 중에서 '수'와 '산'은 세어지는 대상(所數) 혹은 셈해지는 대상(所算) 자체를 가리키는 것이 아니라 마음속 생각이나 말로써 능히 세거나 헤아리는 방법(能數法) 자체를 가리킨다. 그런데 '수'란 마음속으로 수를 세는 의업이고 '산'이란 입으로 소리 내어 세는 어업이라는 점에 차이가 있다.
761 '수'란 이치에 맞게 전변하는 의업意業 및 그것을 일으키는 교편지巧便智라고 하였듯이, 이것은 마음속으로 셈하는 것이기 때문에 오온 중에서는 색온色蘊을 제외하고 나머지 4온을 자성으로 삼는다고 하였다. 이상은 『大毘婆沙論』 권126(T27, 660b18~c8) 참조.

와 같은 오온이 산의 자성이다."라고 하였다.[762]

해 이 문장에 준해 보면, 능히 세거나 능히 셈하는 교편지巧便智 등을 산·수라고 한다. 비록 이런 의미가 있기는 하지만, 우선 앞의 설에 의거하였다.

今於此經。前之三分。如名可知。言數分者。梵者[1]僧佉。此云數也。依十地論第七卷云。數者。一一爲二。二二爲四。如是等。依功德施般若論云。數者。謂六十位。過斯已往。數不能及。解云。依俱舍論。其數漸增有六十轉。依華嚴經一百二十轉。且依俱舍。故言六十。依金剛仙論。前之五分。皆名數分。故彼云。百分不及一等者。論云算數勝。言算分者。梵音伽拏那。此云算也。十地論云。算者。一縱十橫如是等。若依毗婆沙第一百二十六云。數名何法。答。如理轉變意業及此所依諸巧便智。此中數者。非謂所數稻麻等物百千等數。但是所有能數之法。此能數法。故說爲數。乃至彼云。如是四蘊。爲數自性。算名何法。答。如理轉變語業。及此所依諸巧便智。此中算者。非謂所算一十百千萬億等法。但是所有能算之法。此能算法。故說爲算。乃至彼云。如是五蘊爲算自性。解云。若准此文。能數能算巧便智等。以爲算數。雖有此義。且依前說。

1) ㉠ '者'는 '音'의 오기인 듯하다.

'계분計分'이란, 범음은 가라迦羅(S kalā)이고 여기 말로 '계計'라고 한다. 공덕시의 (『반야론』에서는) 다음과 같이 말한다. "'가라로 미치지 못하

---

762 '산이란 이치에 맞게 전변하는 어업語業 및 이것이 의지하는 모든 교편지巧便智'라고 하였듯, '산'이란 입으로 소리 내어 셈하는 것을 가리킨다. 이전의 '수'가 마음속으로 셈하는 의업意業에 해당한다면, 이 '산'은 밖으로 소리내어 세는 어업에 해당한다. 소승의 유부有部에 따르면, 어업의 본질은 '소리(聲)'이다. 따라서 수를 헤아리면서 소리 내어 발성하는 '산'이라는 행위는 색온色蘊을 포함하는 오온 전체를 자성으로 삼는다고 하였다. 이상은 『大毘婆沙論』 권126(T27, 660c9~14) 참조.

고 교계校計로 미치지 못한다'고 한 것은 가라의 '미세微細'라는 뜻에 의거해서 말한 것이다.[763] 말하자면 (경을) 수지하는 복의 가장 미세한 것도 공덕이 이미 많으므로 이전의 (유루 선법의 복덕이) 미칠 수 있는 바가 아니라는 것이다. 교계를 다해 보아도 끝내 그와 동등한 것이 없으니, (경을 수지하는 복의) 미세한 것도 오히려 이러한데 하물며 일체의 (복을 수지하는 것은) 어떻겠는가?"[764]【가라와 계계의 범음에 차이가 있으니, 합하지 않고 두 종류 분으로 나눈 것이다.[765]】

『잡집론』에 의하면 산·계 두 가지 분은 또한 '수'라고 이름한다. 따라서 제11권에서 다음과 같이 말한다. "수는 두 종류가 있다. 첫째는 계산수고, 둘째는 결정수다. 계산수란 '육바라밀다'를 말하고, 결정수란 바라밀다의 수가 오직 '여섯'이고 늘지도 줄지도 않음을 말한다.[766]"[767]

言計分者。梵音迦羅。此云計也。功德施云。歌羅不及校計不及者。此依歌羅微細義說。謂受持福最微細。[1] 功德已多。非前所及。窮於校計。終無與

---

763 이전의 『金剛仙論』 인용문에 따르면, 범어 가라歌羅([S] kalā)는 '미세한 것'을 뜻한다. 예를 들어 한 올의 털을 백 등분했을 때 그 하나를 1가라분이라 한다. 무루의 복덕은 아무리 미세한 수치라 해도 그 복덕의 위력과 견줄 만한 것을 헤아릴 수 없음을 나타내기 위해 '가라로 미치지 못하고 교계로 미치지 못한다'고 하였다는 것이다.

764 『金剛般若波羅蜜經破取著不壞假名論』 권2(T25, 893c3).

765 [S] kalā는 가라분이나 계 등으로 번역된다. 그런데 가라분의 범음 '가라歌羅'와 계분의 범음 '가라迦羅'에 차이가 있기 때문에 공덕시『般若論』에서는 그것을 두 종류로 구분했다고 하였다.

766 이 『雜集論』의 문장은 본래 바라밀다의 수數와 상相 등을 설명한 것이다. 우선 바라밀다의 수를 밝히기에 앞서 '수'를 '계산수計算數'와 '결정수決定數'로 구분하였는데, 이 문장 이외에는 둘 간의 차이를 자세히 설명한 곳이 없다. 여기서는 바라밀다를 예로 들었을 때, 어떤 대상의 개수를 세는 차원에서 '육바라밀'이라 한 경우는 '6'은 계산수이고, 가령 오온·십이처·십팔계 등과 같이 그 대상의 수가 그보다 많지도 적지도 않은 바로 그 만큼이라고 결정짓는 의미에서 '육바라밀'이라 할 때 '6'은 결정수라는 말인 듯하다.

767 『雜集論』 권11(T31, 746c22).

等。微細尚爾。況一切耶。【歌羅與計。梵音有異。不合分爲二種分。】若依雜集。算計二分。亦名爲數。故十一云。數有二種。一計算數。二決定數。計算數者。謂六波羅蜜多。決定數者。謂波羅蜜多數。唯有六不增²⁾減。

1) 옙『金剛般若波羅蜜經破取著不壞假名論』권2(T25, 893c5)에 '細' 뒤에 '性'이 있다. 2) 옙『雜集論』권11(T31, 746c24)에 '增' 뒤에 '不'이 있다.

'유분喩分'이란, 범음은 오파마(烏波摩[S] upamā)이고 여기 말로 '유喩'라고 한다.

공덕시『반야론』에서는 다음과 같이 말한다. "'비유로도 미치지 못한다'고 한 것은 마치 어떤 어린 처녀를 '달덩이 같은 얼굴(月面)'이라고 부르는 경우와 같다. 여자 아이의 얼굴이 어찌 달과 완전히 똑같을 수 있겠는가? (얼굴이) 빛나고 깨끗해서 조금 서로 같은 점이 있기 때문이다. 저 이전의 복취福聚는 이와 같지 않아서 (경을 수지하는 복에) 비유될 만한 조그만 유사함도 없다는 것이다."⁷⁶⁸

言喩分者。梵音烏波摩。此云喩也。功德施云。譬喩不及者。如有童女。稱爲月面。女面豈能合¹⁾類於月。以有光潔。少分相同。彼前福喩²⁾聚。卽不如是。無少相似可爲譬喩。

1) 옙『金剛般若波羅蜜經破取著不壞假名論』권2(T25, 893c9)에 따르면, '合'은 '全'의 오기다. 2) 옙『金剛般若波羅蜜經破取著不壞假名論』권2(T25, 893c10)에 따르면, '喩'는 잉자다.

'오파니살담분'이란 여기 말로 '극極'이라 한다. 곧 수·산·계·유, 이 네 가지 중에서는 '최후의 극'이라 할 수 있기 때문에 수 등의 뒤에서 오파니살담분을 설한 것이다.

---

768 『金剛般若波羅蜜經破取著不壞假名論』권2(T25, 893c8).

해 또 오파니살담분이란 단지 수의 극한이다. 이것은 서방에서 가장 큰 수의 끝수의 이름이다. 이 지역의 '재載'라는 이름과 유사하지만 '재'와 일치하는 것은 아니다. 이 지역의 수법數法은 적어서 단지 열다섯 가지만 있지만, 서방에는 60수數의 명칭이 있다.

(이것을) 세친의 『반야론』에서는 '인의 뛰어남因勝'이라 했다. 공덕시의 『반야론』에서는 다음과 같이 말한다. "'우파니사優波尼沙'란 인因이다. 그 뜻은 무엇인가? 이 조그만 복은 가장 뛰어난 과에 대해 인성因性이 되지만, 이전의 복취를 총괄해도 인이 되지 못하니, (그 복들은) 진실한 과를 획득할 수 없기 때문이다."[769]

言鄔波尼煞曇分者。此云極也。卽是數算計喩是四中。云最後極故。於數等後。說鄔波尼煞曇分也。又解。鄔波尼煞曇分者。但是數極。此是西方最極大數之末數名。似此方載名。非卽是載。以此方數法少。但有十五。西方乃有六十數名。世親論云因勝。功德施云。優波尼沙者。因也。其義云何。此少分福。於最勝果。卽成因性。總前福聚。亦不成因。不能得眞實果故。

나. 소 발자국에 고인 적은 물의 비유

경 혹은 마치 소 발자국에 고인 물을 사대해의 물에 비교하면 백분의 일에도 미치지 못하고……중간 생략……오파니살담분의 일에 미치지 못하는 것과 같다.

或如牛跡中水。比四大海水。百分不及一。廣說乃至。鄔波尼煞曇分。亦不及一。

---

[769] 『金剛般若波羅蜜經破取著不壞假名論』 권2(T25, 893c6).

석 이것은 두 번째로 소 발자국에 고인 적은 물의 비유이니, 이전에 준해서 알 수 있을 것이다.

釋曰。此卽第二牛跡少水喩。准前可知。

② 법동유法同喩를 들어 복의 승·열을 밝힘

경 이와 같이 모든 불요의경을 듣고 나서 신해하고……중간 생략……그러한 수행의 상으로 가행을 일으킴으로써 획득된 공덕은, 여기서 설해진 요의경의 교를 듣고 나서 신해함으로써 쌓인 공덕,……중간 생략……그러한 수행의 상으로 가행을 일으킴으로써 쌓인 공덕과 비교하면, 백분의 일에도 미치지 못하고……중간 생략……오파니살담분의 일에도 또한 미치지 못한다." 이런 말씀을 설하시고 나자,

如是於諸不了義經。聞已信解。廣說乃至。以其脩相。發起加行所獲功德。比此所說了義經敎。聞已信解所集功德。廣說乃至。以其脩相。發起加行所集功德。百分不及一。廣說乃至。鄔波尼煞曇分。亦不及一。說是語已。

석 이것은 두 번째로 법동유를 들어서 (복덕의) 승·열을 비교한 것이다. 말하자면 두 종류 경을 들음으로써 획득된 공덕을 앞의 두 가지 비유에 의해 그 승·열을 비교하였으니, 분수分數의 차별은 경에 설한 그대로 알 수 있을 것이다.

釋曰。此卽第二擧法同喩。校量勝劣。謂聞二經所獲功德。依前二喩。校量勝劣。分數差別。如經可知。

5. 의교봉지분 依教奉持分

경 이때 승의생보살이 다시 부처님께 말하였다. "세존이시여, 이 '해심밀'의 법문에 대해 이 교를 무엇이라 불러야 하고 저는 어떻게 받들어 지녀야 합니까?"

爾時。勝義生菩薩。復白佛言。世尊。於是解深[1]法門中。當何名此教。我當云何奉持。

1) ㉠『解深密經』권2(T16, 697b28)에 '深' 뒤에 '密'이 있다.

석 이하는 다섯 번째로 교에 의거해서 받들어 지니는 부분이다. 이 중에 두 가지가 있다. 처음은 보살이 청문한 것이고, 나중은 여래께서 바로 답하신 것이다.

釋曰。自下第五依教奉持分。於中有二。初菩薩請問。後如來正答。

1) 보살의 청문

이것은 처음에 해당한다. 두 가지 일에 대해 청문하였으니, 첫째는 교의 이름을 물은 것이고, 둘째는 받들어 지니는 것에 대해 물은 것이다.

此卽初也。請問二事。一問教名。二問奉持。

2) 여래의 정답

경 부처님께서 승의생보살에게 말씀하셨다. "선남자여, 이것은 승의요의의 교라고 하니, 이 승의요의의 교를 그대는 받들어 지녀야 한다.

佛告勝義生菩薩曰。善男子。此名勝義了義之敎。於此勝義了義之敎。汝當奉持。

석 이하는 두 번째로 여래께서 바로 답하신 것이다. 이 중에 두 가지가 있다. 처음은 물음에 의거해서 바로 답한 것이고, 나중은 교의 뛰어난 이익을 설한 것이다.

釋曰。自下第二如來正答。於中有二。初依問正答。後說敎勝利。

(1) 물음에 의거해서 바로 답함

이것은 처음에 해당한다. 말하자면 이 교의 명칭은 '승의요의의 교'라고 설하면서 이와 같은 명칭으로 그대는 받들어 지녀야 한다는 것이다.

此卽初也。謂說此敎名。爲勝義了義之敎。依如是名。汝當奉持。

(2) 교의 뛰어난 이익을 설함

경 이 승의요의의 교를 설할 때 그 큰 모임에는 육백천의 중생들이 있었는데 아뇩다라삼먁삼보리심을 발하였고,

說此勝義了義敎時。於大會中。有六百千衆生。發阿耨多羅三藐三菩提心。

석 이하는 두 번째로 교의 뛰어난 이익을 설한 것이다. 네 가지 뛰어난 이익이 있으니 (경문은) 곧 네 가지로 구분된다.

釋曰。自下第二說敎勝利。有四勝益。卽分爲四。

① 발심發心하게 되는 뛰어난 이익

이것은 첫 번째 이익이다.
『유가사지론』제46권에 의하면 다섯 가지 뛰어난 이익이 있으니, 그 논에서는 다음과 같이 말한다.

> 모든 불보살들은 모든 유정들을 위해 정법을 설하시니, (그에) 다섯 가지 대과大果의 뛰어난 이익이 있음을 알아야 한다.
> 첫째, 한 부류의 유정들은 정법을 설하는 것을 들었을 때 진塵·구垢를 멀리 떠나서 모든 법에 대해 법안法眼이 생겨난다.
> 둘째, 한 부류의 유정들은 정법을 설하는 것을 들었을 때 모든 누漏(번뇌)를 다할 수 있다.
> 셋째, 한 부류의 유정들은 정법을 설하는 것을 들었을 때 곧 무상정등보리에 대해 바른 원심(正願心)을 발한다.
> 넷째, 한 부류의 유정들은 정법을 설하는 것을 들었을 때 보살의 가장 뛰어난 법인法忍을 증득한다.
> 다섯째, 한 부류의 유정들은 정법을 설하는 것을 듣고 나서 수지·독송하며 바른 행을 수습해서 전전展轉하는 방편으로 바른 법안이 오랫동안 머물면서 사라지지 않도록 한다.
> 이와 같은 다섯 종류를 모든 불보살이 설했던 정법에 (의해 획득되는) 대과大果의 뛰어난 이익이라고 함을 알아야 한다.[770]

지금 이 『해심밀경』에는 네 가지 뛰어난 이익이 나오고 뒤의 한 종류는 빠트렸는데, 이는 쉽게 알 수 있기 때문에 여러 경들에서 대개 설하지 않는다. 네 종류 뛰어난 이익이므로 곧 네 가지로 구분된다. 이것은 첫 번째 '발심'이라는 뛰어난 이익에 해당한다.

此卽初益。依瑜伽論第四十六。有五勝利。彼云。諸佛菩薩。爲諸有情。宣說正法。當知。有五大果勝利。一者一類有情。聞正法時。遠塵離垢。於諸法中。法眼生起。二者一類有情。聞正法時。得盡諸漏。三者一類有情。聞正法時。便於無上正等菩提。發正願心。四者一類有情。聞正法時。證得菩薩最勝法忍。五者一類有情。聞正法已。受持讀誦。脩習正行。展轉方便。令正法眼。久往[1]不滅。如是五種。當知。名爲諸佛菩薩所說正法大果勝利。今此經中。有四勝利。闕後一種。易可知故。諸經多不說也。四種勝利。卽分爲四。此卽第一發心勝利。

1) ㉭『瑜伽師地論』권46(T30, 548c11)에 따르면, '往'은 '住'의 오기다.

『대지도론』 제53권 「무생품」에서는 다음과 같이 말한다.

(문) 다섯 종류 보리란 무엇인가?

(답) 첫째 유순인柔順忍,[771] 둘째 무생인無生忍,[772] 그리고 세 종류 보리를 말한다.【(해) 지전地前과 지상地上과 삼승의 무학의 보리를 다섯 종류로 삼은 것이다.】

770 『瑜伽師地論』 권46(T30, 548c2) 참조.
771 유순인柔順忍 : 사유유순인思惟柔順忍이라고도 한다. 지혜와 마음이 유연해서 진리에 수순하는 것을 말한다. '유순柔順'이란 그 마음이 유연하고 지혜로 수순하여 실상의 이치와 어긋나지 않는 것을 가리키고, '인忍'이란 그 지위에 안주하는 것을 가리킨다. 원측의 협주에 따르면, 이것은 초지 이전의 보살이 획득하는 보리에 해당한다.
772 무생인無生忍 : 무생법인無生法忍의 약칭이다. 모든 법이 생김도 없고 멸함도 없는 이치를 체인하고서 그 부동심에 안주하는 것을 말한다. 원측의 협주에 따르면, 이것은 초지 이상의 보살이 획득하는 보리에 해당한다.

다시 다섯 종류 보리가 있다. 첫째는 발심보리發心菩提다. 한량없는 생사에서의 발심은 아뇩다라삼먁삼보리를 위한 것이기 때문에 그것을 보리라고 하였다. 이것은 인에서 과를 말한 것이다.[773] 둘째는 복심보리伏心菩提다. 모든 번뇌를 꺾어 버리고 그 마음을 항복시켜서 모든 바라밀을 행하는 것이다. 셋째는 명보리明菩提다. 삼세 제법의 본·말과 총상·별상을 관하면서 분별하고 헤아려서, 제법의 궁극적 청정, 이른바 반야바라밀의 상을 (증득한 것이다.) 넷째는 출도보리出到菩提다. 반야바라밀에서 방편의 힘을 얻었기 때문에 또한 반야바라밀에 집착하지 않으면서 모든 번뇌를 멸하고 모든 시방의 제불을 보며 무생법인無生法忍을 얻어서 삼계를 벗어나 살바야薩婆若(一切智)에 이르는 것이다. 다섯째는 무상보리無上菩提다. 도량에 앉아 번뇌의 습기를 끊고 아뇩보리阿耨菩提(무상보리)를 증득하는 것이다.[774]

장이 삼장長耳三藏[775]은 다음과 같이 해석하였다. 〈습종성 이전은 발심위發心位라고 하고, 다음의 삼십심은 복심위伏心位라고 하며, 처음의 초지에서부터 제7지까지는 명위明位라고 하고, 제8지·제9지·제10지는 출도위出到位라고 하며, 묘각은 무상위無上位라고 한다.〉[776]

---

773 '발심'은 인因에 해당하고 '보리'는 과果에 해당하는데, 보리의 종류를 지칭하면서 '발심보리'라고 한 것은 '인'으로 '과'를 호칭한 것이라는 말이다.
774 『大智度論』권53「無生品」(T25, 437c29) 참조.
775 장이 삼장長耳三藏 : 수대隋代 역경승 나련제려야사那連提黎耶舍[S] Narendrayaśas : 490~589)를 가리킨다. 북인도北印度의 오장국烏場國 출신으로서, 『出月燈三昧經』 등을 역출하였다. 우영遇榮의 『仁王護國般若經疏法衡抄』권3(X26, 444c18)에서는 다음과 같이 말한다. "'장이 삼장'이란 수隋의 개황開皇 초기(580년경)의 사람으로, 범어로는 '나련제리야사那連提梨耶舍【수나라 말로는 '존칭尊稱'이라 한다.】'라고 한다. 그는 북인도의 오장국 사람인데, 생김새가 기이해서 정수리에 육계肉髻가 있고 귀가 길고 높이 치솟았다고 한다. 이로 인해 ('장이'라는) 이름을 붙인 것이다."
776 장이 삼장은 『大智度論』의 다섯 종류 보리를 대승 보살의 계위에 배대시켜 해석하였다. 보살의 계위에 대해서는 이설들이 많지만, 『菩薩瓔珞本業經』에서는 십신十信·십

이제 이 다섯 가지에 의거해서 경의 뜻을 해석해 보겠다.

이 (경문에서) '아뇩보리'라 한 것은 구하려는 바(所求)의 보리이고, '발심發心'이라 한 것은 능히 구하는(能求) 마음을 발하는 것이다. 따라서 '보리심을 발한다'고 한다. 이것은 다섯 가지 보리 중에 처음의 두 가지 보리에 해당한다.[777] 한편에서는 세 번째인 명보리라고 하니, 그 이유는 무엇인가?『금강선론』에서 '초지의 보리심'이라고 하기 때문이다.[778] 혹은 구하려는 바의 그 다섯 종류 보리와 능히 구하는 마음은 오직 인위因位에 있다고 해도 된다.【『현양성교론』을 살펴보라.】

依智度論第五十三無生品云。云何五種菩提。答曰。一者柔順忍。二者無生忍及三種菩提。【解云。地前地上及三乘無學菩提。以爲五種也。】復有五種菩提。一發心菩提。於無量生死中發心。爲阿耨多羅三藐三菩提故。名爲菩提。此卽[1)]因中說果。二伏心菩提。折諸煩惱。降伏其心。行諸波羅蜜。三明[2)]菩提。觀三世諸法本末總相別相。分別籌量。諸法[3)]畢竟淸淨。所謂般若波羅蜜相。四出到菩提。於般若波羅蜜中。得方便力故。亦不著般若波羅蜜。滅一切煩惱。見一切十方諸佛。得無生法忍。出三界。到薩婆若。五者無上

주 十住·십행十行·십회향十迴向·십지十地, 그리고 등각等覺과 묘각妙覺 등 52위를 설한다. 이것을 크게 다섯 종류 지위로 구분해서 다섯 종류 보리에 배대시켜 해석하였다. 이 중에서 '습종성 이전'이란 십주 이전을 가리키고, '다음의 삼십심'이란 십주·십행·십회향을 가리킨다. 또 십지를 제1지에서 제7지까지, 제8지에서 제10지의 마지막 등각까지, 그리고 묘각 등 세 종류로 구분하였다. 이상의 다섯 종류 지위에서 그 차례대로 각기 발심發心·복심伏心·명明·출도出到·무상無上 등의 보리를 획득한다는 것이다.

777 위의 경문에서 교의 수승한 이익을 설하면서 "……육백천의 중생들이 있었는데 아뇩다라삼먁삼보리심을 발하였고"라고 했던 것은 『大智度論』에 나온 5종 보리 중에 발심보리發心菩提와 복심보리伏心菩提에 해당한다는 것이다.

778 『金剛仙論』 권6(T25, 839a28) 등에 나온 '초지의 보리심(初地菩提心)'이라는 문구에 의거해서, 첫 번째 이익은 '명보리'에 해당한다고 하였는데, 이는 앞에서 장이 삼장이 '보살의 십지 중에 초지初地에서부터 제7지까지를 명위明位라고 한다'고 해석했던 것과 같은 맥락이다.

菩提。坐道場。斷煩惱習。得阿耨菩提。長耳三藏釋云。習種已前。名發心位。次三十心。名爲伏心位。始從初地。至於七地。名爲明位。八九十地。名出到位。妙覺名無上位。今依此五釋經意者。此云阿耨菩提者。所求菩提。言發心者。發能求之心。故言發菩提心。此卽五中。初二菩提也。一云。第三明菩提也。所以者何。金剛仙云。初地菩提發⁴⁾心故。或可所求其五種。能求之心。唯在因位。【勘顯揚。】

---

1) ㉯『大智度論』권53(T25, 438a5)에는 '卽'이 없다.   2) ㉠ '明' 뒤에 다른 판본에는 '心'이 있다. ㉯『大智度論』권53(T25, 438a6)에 '心'이 없고, 교감주에 따르면, '心'이 있는 곳도 있다.   3) ㉯『大智度論』권53(T25, 438a8)에 '諸法'이 '得諸法實相'으로 되어 있다.   4) ㉯『金剛仙論』에 '發'이 없다.

② 진塵·구垢를 멀리 떠나는 등의 이익

경 삼백천 성문들이 진塵·구垢를 멀리 떠나서 제법에 대해 법안의 청정함을 얻었으며,

三百千聲聞。遠塵離垢。於諸法中。得法眼淨。

석 이것은 두 번째 진塵·구垢를 떠나는 등의 이익이다. 말하자면 이 교를 듣고 두 종류 이익을 얻으니, 첫째는 진과 구를 멀리 떠나는 이익이고, 둘째는 법안의 청정함을 얻는 이익이다. 그런데 이 두 가지 이익에 대해 여러 교에서 다르게 말한다.

『대비바사론』제182권에서는 다음과 같이 말한다. "예를 들어 계경에서 〈부처님이 이 법문을 설하실 때 구수具壽(존자) 교진나와 8만의 여러 천天들은 진과 구를 멀리 떠나서 제법에 대해 청정한 법안이 생겼다.〉고 설한다. 이 중에서 '진을 멀리 떠난다'는 것은 수면隨眠을 멀리 떠난다는 말이고, '구를 멀리 떠난다'는 것은 전구纏垢를 멀리 떠난다는 말이다.⁷⁷⁹ '제

법에 대해'라고 한 것은 '사성제에 대해'라는 말이다. '청정한 법안이 생겼다'는 것은 사성제를 통찰하여 청정한 법안이 생긴 것이다."⁷⁸⁰

> 釋曰。此卽第二離塵垢等益。謂聞此敎。得二種益。一遠塵離垢益。二得法眼淨益。然此二益。諸敎不同。若依大毗婆沙百八十二云。如契經說。佛說此法門時。具壽憍陳那。及八萬諸天。遠塵離垢。於諸法中生淨法眼。此中遠塵者。謂遠隨眠。¹⁾ 離垢者。謂離纏垢。於諸法中者。謂於四聖諦中。生淨法眼者。謂見四聖諦。淨法眼生。
>
> 1) ㉮ '眼'은 '眠'인 듯하다. ㉯『大毘婆沙論』권182(T27, 913b7)에 '眠'으로 되어 있다.

『잡집론』제9권에서는 다음과 같이 말한다. "예를 들어 계경에서 '진塵과 구垢를 멀리 떠나서 제법에 대해 바른 법안이 생겼다'고 설한 것은 견도에 의거해서 설한 것이다. 모든 법인法忍으로 능히 진을 멀리 떠나고, 모든 법지法智로 구를 능히 멀리 떠난다. 그는 최초로 사제에 대한 오묘하고 성스런 혜안을 자성으로 삼기 때문이다. '법인으로 진을 능히 멀리 떠난다'는 것은 모든 법인으로 모든 번뇌의 진을 영원히 끊기 때문이다. '법지로 구를 능히 멀리 떠난다'는 것은 모든 법지로 장애의 구를 이미 끊고 나서 소의가 생길 수 있기 때문이다. 또 이러한 인·지 두 지위에서는 그 차례대로, 두루 알기 때문에, 영원히 끊었기 때문에, 도의 청정함을 획득한다. 이에 의거해서 진을 멀리 떠나고 구를 멀리 떠난다고 설한 것이다."⁷⁸¹

---

779 '진과 구를 멀리 떠난다(遠塵離垢)'는 것에 대해 『大毘婆沙論』에서는 '수면隨眠'과 '전구纏垢'로 나누어 해석하였다. '수면'과 '전구'는 모두 번뇌의 이명異名인데, 수면은 미세하게 잠재된 형태를 가리키고, 전구는 거칠게 드러난 형태를 가리킨다. 이 두 가지 번뇌를 모두 떠난다는 의미에서 '진과 구를 멀리 떠난다'고 하였다.
780 『大毘婆沙論』권182(T27, 913b5).
781 『雜集論』권9(T31, 735c11).

『집론』제5권에서도『잡집론』과 동일하게 설한다.⁷⁸²

해 '두루 알기 때문에, 영원히 끊기 때문에, 도의 청정함을 획득한다'고 한 것은 통틀어 법안의 청정함에 대해 해석한 것이다.

依雜集論第九卷云。如契¹⁾經言。遠塵離垢於諸法中正法眼生者。此依見道說。諸法忍能遠塵。諸法智能離垢。由彼最初。於諸諦中。妙聖慧眼爲自性故。法忍能遠離²⁾塵者。由諸法忍。永斷一切煩惱塵故。法智能離垢者。由諸法智。已斷障垢。依得生故。又於此忍智兩位。如其次第。遍知故。永斷故。道得淸淨故。³⁾依此而說遠塵離垢。集論第五。同雜集說。解云。遍知故。永斷故。道得淸淨者。通釋法眼淨也。

1) ⓥ『雜集論』권9(T31, 735c11)에 '契'가 없다. 2) ⓥ『雜集論』권9(T31, 735c14)에 '離'가 없다. 3) ⓥ『雜集論』권9(T31, 735c17)에 '故'가 없다.

『유가사지론』제83권에서는 다음과 같이 말한다. "'다시 진塵과 구垢를 멀리 떠난다'고 했는데, '진'이란 이미 생겼지만 아직 궁극적이지 않은 지智가 현관現觀을 장애할 수 있고, 간격을 두거나(有間) 간격이 없이(無間) 아만我慢이 현전하는 것을 말한다. '구'란 저 품(아만의 품류) 및 견소단품見所斷品(견도에서 끊어지는 품류)인 모든 추중麤重을 말한다. (그것들이) 영원히 없어지도록 하기 때문에 '진과 구를 멀리 떠난다'고 하였다. 또 다시 '진'이란 이른바 아만과 견소단의 모든 번뇌를 말하고, '구'란 두 품에 속하는 모든 추중을 말한다. '제법에 대해'라고 한 것은 '자상과 공상으로 머무는 법에 대해'라는 말이다. '법안'이란 여실하게 현증現證하여 오직 법혜法慧만 있는 것을 말한다. '법을 본다(見法)'고 한 것은 고제 등에 대해 여실하게 보기 때문이고, '법을 증득한다(得法)'고 한 것은 그에 따라 사문과를 증

782 『集論』권5(T31, 683a13) 참조.

득하기 때문이다."⁷⁸³ 자세히 설하면 그 논과 같다.

若依瑜伽八十三云。復次。遠塵離垢者。塵謂已生未究竟智。能障現觀。有間無間。我慢現轉。垢謂彼品及見斷品所有麤重。令永無故。名遠塵離垢。又復塵者。所謂我慢及見所斷一切煩惱。垢謂二品所有麤重。於諸法中者。謂於自相共相所住法中。言法眼者。謂如實現證。唯有法慧。言見法者。謂於苦等。如實見故。言得法者。謂隨證得沙門果故。廣說如彼。

또 『유가사지론』 제86권에 의하면 다음과 같다. "다시 두 종류 모습으로 인해 성자의 혜안이 청정함을 알아야 하니, 말하자면 진을 멀리 떠나고 또 구를 멀리 떠났기 때문이다. 견소단見所斷의 모든 번뇌의 전纏에서 이계離繫(계박을 벗어남)를 획득하였기 때문에 '진을 멀리 떠난다'고 하였고, 그것의 수면隨眠에서 이계를 획득하였기 때문에 '구를 멀리 떠난다'고 하였다. 또 현관現觀할 때 거친 아만我慢이 작의作意에로 따라 들어와서 간격을 두고 (또는) 간격이 없이 일어나는데, 만약 소취所取·능취能取와 소연所緣의 평등함을 두루 안다면, 그것들은 곧 단멸한다. 그것들이 단멸하기 때문에 '진을 멀리 떠난다'고 설하였고, 모든 견도소단의 번뇌·수면이 끊어지기 때문에 '구를 멀리 떠난다'고 설하였다."⁷⁸⁴

'법을 보고 법을 증득하는(見法得法)' 등의 열 가지 뛰어난 이익에 대해 구체적으로 설하면 그 논과 같다.⁷⁸⁵

---

783 『瑜伽師地論』 권83(T30, 763c11).
784 『瑜伽師地論』 권86(T30, 778c7).
785 그 논에 따르면, 진과 구를 멀리 떠나서 제법에 대해 법안의 청정을 획득할 때 견법見法·득법得法·지법知法·변견법遍堅法 등의 열 종류 수승한 이익을 획득한다고 한다. 자세한 것은 『瑜伽師地論』 권86(T30, 778c14~26) 참조.

又瑜伽論八十六云。復次。由二種相。當知聖者慧眼淸淨。謂由遠塵及離垢故。由是¹⁾所斷諸煩惱纏。得離繫故。名爲遠塵。由彼隨眠。得離繫故。說名離垢。又現觀。²⁾ 有麤我慢。隨入作意。間無間轉。若遍了知所取能取所緣平等。彼卽斷滅。彼卽³⁾滅故。說名遠塵。一切見道所斷煩惱隨眠斷故。說名離垢。見法得法等。十種勝利。具說如彼。

1) ㉠『瑜伽師地論』권86(T30, 778c8)에 따르면, '是'는 '見'의 오기다.   2) ㉠『瑜伽師地論』권86(T30, 778c10)에 '觀' 뒤에 '時'가 있다.   3) ㉠『瑜伽師地論』권86(T30, 778c12)에 '卽'이 '滅'로 되어 있다.

③ 해탈을 얻는 이익

경 일백오십천 성문들은 영원히 모든 누漏가 다하였고 마음으로 해탈을 얻었으며,

一百五十千聲聞。永盡諸漏。心得解脫。

석 이것은 세 번째로 해탈을 얻는 이익이다. 첫째로 모든 누漏(번뇌)가 영원히 다하여 혜해탈慧解脫을 얻고, (둘째로) 정장定障(解脫障)을 영원히 떠나서 심해탈心解脫을 얻은 것이다.⁷⁸⁶ 혹은 삼루三漏⁷⁸⁷를 떠났기 때문에 모든 '누'가 영원히 다하였다고 하였고, 탐욕을 영원히 떠났기 때문에 마

---

786 이 해석에 따르면, 경문에서 "영원히 모든 번뇌를 다하였고 마음의 해탈을 얻었으며"라고 한 것은, 번뇌장煩惱障과 해탈장解脫障을 제거하고 '혜해탈慧解脫'과 '심해탈心解脫'을 증득한 것을 말한다. 여기서 번뇌장이란 무루의 혜慧를 장애하는 번뇌를 말한다. 해탈장이란 '정장定障'이라고도 하며, 성자가 멸진정滅盡定에 들어가는 것을 장애하는 것을 말한다.
787 삼루三漏: 욕루欲漏와 유루有漏와 무명루無明漏를 말한다. '욕루'란 욕계의 번뇌를 가리키고, '유루'란 색계와 무색계의 번뇌를 가리키며, '무명루'란 삼계의 무명無明을 총칭한 것이다.

음의 해탈을 얻은 것이라고 할 수도 있다.

『대비바사론』 제94권에 의하면 다음과 같다. "'누진漏盡'이란 모든 '누'가 영원히 다한 것을 말한다. 문 모든 '누'에 수순하는 법들 또한 영원히 다할 수 있는데, 어째서 단지 저 누의 다함만을 설하는가?[788] 답 그것은 누의 다함을 선두로 삼아서, 또한 누에 수순하는 법의 다함도 설한 것임을 알아야 한다. 다시 모든 누는 끊기 어렵고 깨뜨리기 어려우며 넘어서기 어렵지만 누에 수순하는 법은 그렇지 않기 때문에 한편만 설한 것이다. 다시 모든 누의 과실은 많고 두드러지며 견고하지만 누에 수순하는 법은 그렇지 않기 때문에 한편만 설한 것이다."[789] 자세하게 설하면 그 논과 같다.

『대지도론』 제3권에서는 "삼계 중의 세 종류 누가 이미 남김없이 다했기 때문에 '누진'이라 한 것이다."[790]라고 하였다.

해 '마음으로 해탈을 얻는다'는 것은 이전에 자세히 설한 것과 같다.

釋曰。此卽第三得解脫益。一永盡諸漏。得慧解脫。永[1]離定障。得心解脫。或可離三漏故。名永盡諸漏。永離貪故。心得解脫。依大婆沙九十四云。漏盡者。謂諸漏永盡。問。順諸漏法。亦得永盡。何故但說彼漏盡耶。答。彼以[2]盡。而爲上首。應知亦說順諸[3]法盡。復次。諸漏難斷難破難趣。[4] 非順漏法。故偏說之。復次。諸漏過失。多勝堅窂。[5] 非順漏法。故偏說之。廣說如彼。大智度論第三卷云。三界中三種漏。已盡無餘。故言諸[6]漏盡也。解云。心

---

788 '모든 누에 수순하는 법(順諸漏法)'이란 유루有漏의 선법善法이나 무부무기無覆無記 같은 것을 가리킨다. 이 『大毘婆沙論』에서 '번뇌가 다한다(漏盡)'라고 한 것은 특히 아라한이 욕루欲漏·유루有漏·무명루無明漏라는 세 가지 번뇌를 영원히 다 없앤 것을 가리킨다. 따라서 왜 그런 번뇌의 다함만을 설하고 앞의 유루의 선법의 다함 등에 대해서는 설하지 않느냐고 물은 것이다.
789 『大毘婆沙論』 권94(T27, 487c13).
790 『大智度論』 권3(T25, 80b8).

得解脫。如前廣說。

1) ㉠ '永' 앞에 '二'가 누락된 듯하다. 2) ㉠『大毘婆沙論』권94(T27, 487c14)에 '以' 뒤에 '漏'가 있다. 3) ㉠『大毘婆沙論』권94(T27, 487c15)에 따르면, '諸'는 '漏'의 오기다. 4) ㉠『大毘婆沙論』권94(T27, 487c16)에 따르면, '趣'는 '越'의 오기다. 5) ㉠『大毘婆沙論』에 '窂'는 '牢'로 되어 있다. 6) ㉠『大智度論』권3(T25, 80b9)에 따르면, '諸'는 잉자다.

문 어째서 이 심오한 대승의 (교를 듣고서) 이승의 이익을 증득한다는 것인가?⁷⁹¹

해 예를 들어『대지도론』에 따르면 여래의 설교說敎에는 두 종류가 있으니, 첫째는 현료顯了이고 둘째는 비밀祕密이다. 현료에 의하면 오직 대승의 과를 증득하지만, 비밀도 있기 때문에 통틀어 대승과 소승의 두 종류 뛰어난 이익을 증득하는 것이다.⁷⁹² 따라서 경에서는 '부처님은 일음으로 법을 설하시나 중생들은 부류마다 제각기 이해한다'고 하였다. 또『무량의경』에서는 '여래는 일음으로 세 종류 법륜을 설하셨다'고 하였다.⁷⁹³ 또『대계경』에서는 '여래는 일음 중에서 한량없는 계경을 설하신다'고 하였다.⁷⁹⁴ 또 이『해심밀경』에서는 '널리 일체승에 발심하여 나아가는 자를 위해서 이 요의를 설하셨다'고 하였다. 따라서 이것을 듣고 삼승의 과를 증득한다 해도 이치에 어긋나지 않음을 알 수 있다.

---

791 이『解深密經』「無自性相品」은 요의대승了義大乘의 교敎이다. 그런데 위 경문에서 교의 수승한 이익을 설하면서 '성문들이 모든 번뇌를 다하고 마음의 해탈을 얻는다'고 하였기 때문에 이와 같이 질문한 것이다.
792『大智度論』권4(T25, 84c19) 등에 따르면, 부처님의 교를 설할 때는 현시현시(顯了)와 비밀祕密의 두 문에 의거하는 것이다. 현시문에서 보면 대승의 교를 듣고 보살이 대승의 과를 증득하는 것이지만, 비밀문까지 고려해 보면 이승의 성문들도 이승의 과를 증득한다고 볼 수도 있다. 이러한 '비밀'이 있기 때문에 부처님의 교를 듣고서 중생들 피차간에 이해가 부동한 것이다. 따라서 다음에 인용되는 여러 경전들에서는 '부처님은 일음으로 설하시지만 중생들은 모두 제각기 이해한다'는 등의 문구를 설한 것이다.
793『無量義經』권1(T9, 386c6) 참조.
794『大界經』이 어떤 경인지 현재 확인할 수 없다.

問。如何此甚深大乘。而能證得二乘利益。解云。如智度論。如來說敎。有其二種。一者顯了。二者祕密。若依顯了。唯證大果。而有祕密。故通大小二種勝利。故經說云。佛以一音演說法。衆生隨類各得解。又無量義云。如來一音。說三法輪。又大界經云。如來一音中。演說無量契經海。又此經說。普爲發趣一切乘者。說此了義。故知聞此。得三乘果。於理無違。

④ 무생인無生忍을 얻는 이익

경 칠십오천 보살들이 무생법인을 얻었다.

七十五千菩薩。得無生法忍。

석 이것은 네 번째로 무생인無生忍을 얻는 이익이다.
그런데 이 무생인은 본래 두 가지가 있다.
첫째, 초지보살에 대해 무생인을 얻었다고 한다. 따라서『대지도론』에서는 두 종류 인忍이 있으니 첫째는 유순인柔順忍이고 둘째는 무생인이라고 하였다.

해 유순인은 십회향에 있고 무생인은 초지 이상이다.[795]

둘째, 팔지 이상에 대해 제법의 무생인을 얻었다고 한다. 따라서『인왕경』에는 다섯 종류 인이 나오니, 첫째는 복인伏忍이고 둘째는 신인信忍이며 셋째는 순인順忍이고 넷째는 무생인無生忍이며 다섯째는 적정인寂靜忍이다. 그 차례대로 지전의 삼십심(地前三十心)[796]은 복인의 지위이고, 초

---

[795] 『大智度論』에 따르면, 무생인은 초지初地 이상에서 획득되는 것이다. 이에 대한 자세한 설명은 p.509 '① 발심發心하게 되는 뛰어난 이익'에서 인용된『大智度論』권53(T25, 438a1)의 문장과 그에 대한 장이 삼장長耳三藏의 해석 참조.
[796] 지전의 삼십심(地前三十心) : 초지에 들기 이전의 십주十住·십행十行·십회향十廻向을

지·제2지·제3지는 신인의 지위이며, 제4지·제5지·제6지는 순인의 지위이고, 제7지·제8지·제9지는 무생인의 지위이며, 제10지 및 불지佛地는 적정인의 지위다. 자세하게 논하면 그 경과 같다.[797] 『보리자량론』 제3권에서는 "무생법인을 증득하고 보살의 부동지不動地(제8지)에 머문다."[798]라고 하였다.

> 釋曰。此卽第四得無生忍益。然此無生。自有二種。一者初地菩薩。名得無生忍。故智度論云。有二種忍。一者柔順忍。二者無生忍。解云。柔順忍。在十回向。無生忍。卽初地已上。二者八地已上。得諸法無生忍。故仁王經。有五種忍。謂一伏忍。二信忍。三順忍。四無生忍。五寂靜。[1] 如其次第。地前三十心。是伏忍位。初二三地。是信忍位。四五六地。是順忍位。七八九地。是無生忍。十地及佛地。是寂靜忍。廣說如彼。菩提資粮論第三云。得無生法[2]忍。位[3]菩薩不動地。
>
> 1) ㉮ '靜' 뒤에 '忍'이 누락된 듯하다. ㉡ 『仁王經』에 '靜'이 '滅'로 되어 있다. 2) ㉡ 『菩提資糧論』 권3(T32, 528b27)에 '法'이 없다. 3) ㉡ 『菩提資糧論』 권3(T32, 528b27)에 따르면, '位'는 '住'의 오기다.

『보살장경』 제20권에서는 다음과 같이 말한다.

사리자여, 수기할 때쯤 나는 곧 무생법인을 증득하였다. 사리자여, 어떤 무생법인을 증득하는가? 이른바 '모든 색법이 얻을 바 없다'는 인忍을 증득하였고, '수·상·행·식의 법이 얻을 바 없다'는 인을 얻었으며, '온·처·계의 법이 얻을 바 없다'는 인을 얻었다.

가리킨다.
797 『仁王般若波羅蜜經』 권1(T8, 836b14) 참조.
798 『菩提資糧論』 권3(T32, 528b26).

사리자여, '인을 증득한다'는 것은 바로 '제법은 전혀 얻을 바 없다'고 인수忍受하는 것을 말한다. 어째서인가? 이와 같은 인을 증득할 때는 세간의 법이 다시 현행하지 않으니, 이생법異生法도 (다시 현행하지) 않고, 모든 학법도 (다시 현행하지) 않으며, 무학법도 (다시 현행하지) 않고, 독각법도 (다시 현행하지) 않으며, 보살법도 (다시 현행하지) 않고, 모든 불법도 다시 현행하지 않는다. 그 이유는 무엇인가? 일체법이 현행하지 않기 때문에 인을 증득했다고 하고, 일체법은 필경 얻을 것이 없다는 것 또한 얻을 바가 없기 때문에 인을 증득했다고 한 것이다.

또 이 '인'이란, 한 찰나에 모든 상과 모든 소연이 다하기 때문에 인을 증득한다고 한다. 또 이 '인'이란, 안眼을 인수忍受하지 않으면서 '안'과 모든 소연을 무너뜨리지도 않기 때문에 인을 증득한다고 한다. 이耳·비鼻·설舌·신身·의意를 인수하지 않으면서 '의'를 무너뜨리지도 않는다.[799] 이와 같은 인은 경계를 다함도 없고, 이와 같은 인은 경계로 달려가는 것도 아니기 때문에, 인을 증득한다고 한다.[800]

菩薩藏經第二十云。舍利子。當授記時。我便證得無生法忍。舍利子。證[1]何等無生法忍。所謂證得一切色法無所得忍。證得受想行識[2]無所得忍。證得蘊界處法無所得忍。舍利子。言得忍者。是卽[3]名爲忍受諸法都無所得。何以故。非於證得如是忍時。世間之法。而復現行。非異生法。非諸學法。非無學法。非獨覺法。非菩薩法。諸非[4]佛法。而復現行。所以者何。由一切法不現行故。說名得忍。由一切法畢竟無得亦無所得。故名得忍。又是忍者。於一刹那。盡一切相及諸所緣。故名得忍。又是忍者。不忍於眼。不壞

---

799 아마도 이 문장은 생략된 듯하다. 전후 문맥상, "이耳·비鼻·설舌·신身·의意를 체인하지 않아도 '이' 내지는 '의' 및 모든 소연들을 무너뜨리지 않는다."라는 의미인 듯하다.
800 『大寶積經』「菩薩藏會」권54(T11, 319b4).

於眼及諸所緣。故名得忍。不忍於耳鼻舌身意。不壞於意。如是忍者。無盡
境界。如是忍者。非趣境界。故名得忍。

1) ㉢『大寶積經』권54(T11, 319b5)에 '證' 뒤에 '得'이 있다. 2) ㉢『大寶積經』권
54(T11, 319b7)에 '識' 뒤에 '法'이 있다. 3) ㉢『大寶積經』에 '卽'이 '則'으로 되어 있
다. 4) ㉢『大寶積經』권54(T11, 319b11)에 따르면, '諸非'는 '非諸'의 도치다.

『유가사지론』 제74권에서는 다음과 같이 말한다. "❰문❱ 예를 들어 경에
서 '무생법인'을 설했는데, 어떻게 건립된 것인가? ❰답❱ 세 가지 자성으로
인해 건립될 수 있다. 말하자면 변계소집자성으로 인해 본성무생인本性無
生忍을 건립하고, 의타기자성으로 인해 자연무생인自然無生忍을 건립하며,
원성실자성으로 인해 번뇌고구무생인煩惱苦垢無生忍을 건립한다.⁸⁰¹ 이 인
에는 퇴전이 있지 않음을 알아야 한다.⁸⁰²"⁸⁰³

『현양성교론』 제6권도 또한『유가사지론』과 동일하다. 또『현양성교론』
에서는 "이 세 종류 인은 불퇴전의 지위에 있다."⁸⁰⁴라고 하였다.『대집경』
제11권과 공덕시의『금강론』⁸⁰⁵의 의미도『현양성교론』과 동일하다.

---

801 세 종류 무생법인無生法忍은 각기 변계소집성·의타기성·원성실성을 대상으로 삼는
무루지無漏智를 가리킨다. 생멸을 멀리 떠난 진여실상의 이치 자체를 무생법無生法
이라 하는데, 진지眞智로 그 이치에 편안히 머물면서 움직이지 않는 것을 무생법인이
라 한다. 이러한 무생법인 중에서, 본성무생인本性無生忍이란 보살이 변계소집의 체
성이 전혀 없다는 것을 관하여 체인하는 것을 말한다. 자연무생인自然無生忍이란 보
살이 의타기의 제법들이 모두 인연으로 생긴 것임을 관하여 체인하는 것을 말한다.
고구무생인苦垢無生忍이란 보살이 제법의 진실한 성품은 진여법성임을 깨달아서 무
위법에 안주하면서 잡염법과는 상응하지 않고 고요한 것을 말한다.
802 대개 보살은 제법의 자성이 공함을 관하는데, 견도見道인 초지初地에 들 때 모든 법이
끝내 '생하지 않는(不生)' 이치를 통찰하여 그에 안주하게 된다. 이 인용문에서는 이
보살의 초지를 불퇴전지不退轉地라고 하였는데, 이와 달리 뒤의『顯揚聖教論』등에
서는 십지 중 제8지 이상을 불퇴전지라고 보기도 한다.
803 『瑜伽師地論』 권74(T30, 705a14).
804 『顯揚聖教論』 권6(T31, 508c2).
805 공덕시의『금강론』: 공덕시의『金剛般若波羅蜜經破取著不壞假名論』(T25)을 가리키
며, 앞에서 '공덕시『般若論』'이라 했던 것을 가리킨다.

『불지경론』 제6권의 해석에서는 팔지 이상을 불퇴지不退地라고 한다.[806] 또 『불지경론』에는 두 번의 부차復次로 (해석하였는데), 한편에서는 초지 이상에서 무생인을 얻는다고 하고, 한편에서는 8지 이상에서 무생인을 얻는다고 하였다.[807] 자세한 것은 그 논에서 설한 것과 같다.

지금 이 『해심밀경』에서 설했던 무생인이란, 『대지도론』에 의하면 초지 이상에서 (증득하는) 무생법인이고, 『인왕경』에 준하면 제7지·제8지·제9지에서 증득하는 무생인이다. 자세하게 분별하면 『십지론』 제10권에서 설한 것과 같다.

> 瑜伽七十四云。問。如經中說。無生法忍。云何建立。答。由三自性。而得建立。謂由遍計所執自性故。立本性無生忍。由依他起自性故。立自然無生忍。由圓成實自性故。立煩惱苦垢無生忍。當知。此忍無有退轉。顯揚第六亦同瑜伽。又顯揚云。此三種忍。在不退轉地。大集十一。功德施金剛論。意同顯揚。佛地論第六釋云。八地已上。名不退地。又佛地論。有兩復次。一云初地已上得無生忍。一云八地已上得無生忍。廣如彼說。今此所說無生忍者。若依智度。初地已上無生法忍。若准仁王。七八九地得無生忍。若廣分別。如十地論第十卷說。

---

806 『佛地經論』 권6(T26, 321b28) 참조.
807 『佛地經論』 권6(T26, 321b15) 참조.

찾아보기

가나나伽拏那 / 499
가라迦羅 / 501
가행위加行位 / 164, 171, 176, 177
각覺·관觀 / 72
결정된 근기(定根) / 197, 220
결정된 종성(定性) / 197
결정설決定說 / 193
결정성문決定聲聞 / 198, 222, 254, 257
계분計分 / 501
공견空見 / 310
교진나憍陳那 / 414
구경위究竟位 / 164
구지俱胝 / 352
극칠반유極七返有 / 448
금강유정金剛喩定 / 264

나락가那落迦 / 158
나유다那庾多 / 352
난타難陀 / 244
녹원鹿園 / 411, 412
누진漏盡 / 517

다라수多羅樹 / 413
대수석帶數釋 / 191
대승의 순결택분順決擇分 / 164
대승의 순해탈분順解脫分 / 163
『대업론大業論』 / 213
대치비밀對治秘密 / 140
대행大行·대과大果 / 188
독각獨覺의 장애障礙 / 247
독각종성獨覺種性 / 243
독선보살獨善菩薩 / 217
두 번째 굴림(第二轉) / 433

마하승기부摩訶僧祇部 / 428
명보리明菩提 / 510
명언훈습名言熏習 / 152
명위明位 / 510
묘음妙音 / 425
무간도無間道 / 173
무견無見 / 300, 302
무상견無相見 / 300, 302, 344
무상교無相敎 / 85
무상대승無相大乘 / 456
무상법륜無相法輪 / 454
무상보리無上菩提 / 510

무상위無上位 / 510
무생無生 / 124, 130
무생무멸無生無滅 / 125, 129
무생인無生忍 / 509, 519
무성無性 / 243
무성교無性敎 / 258
무여구경열반無餘究竟涅槃 / 185
무여의無餘依 / 223
무여의열반계無餘依涅槃界 / 201, 223, 227
무열반법無涅槃法 / 210
무인론無因論 / 105
무자성無自性 / 68
무자성상품無自性相品 / 68
무자성성無自性性 / 94, 113
무자연성無自然性 / 115
미지정未至定 / 177
밀교密敎 / 359

바라니사波羅疴斯 / 414, 415
바퀴(輪) / 420
반석反釋 / 146
발심보리發心菩提 / 510
발심위發心位 / 510
방광분方廣分 / 136, 293
방생傍生 / 158
번뇌고구무생인煩惱苦垢無生忍 / 522
번뇌잡염煩惱雜染 / 156
범륜梵輪 / 436
법구法救 / 443

법륜法輪 / 418, 419, 436
법륜의 체體 / 424
법무아法無我 / 131
법무아성法無我性 / 112, 113
법성성문法性聲聞 / 253, 257
법성평등의요法性平等意樂 / 240
법수법행法隨法行 / 284
법法·의義 / 272
법이종자法爾種子 / 244
변계소집상遍計所執相 / 100
변역생變易生 / 224
변화성문變化聲聞 / 253, 257
별의취력別意趣力 / 237
보살종성菩薩種姓 / 243
보살청문분菩薩請問分 / 70
보생報生 / 263
복심보리伏心菩提 / 510
복심위伏心位 / 510
복인伏忍 / 519
본래적정本來寂靜 / 131
본성무생인本性無生忍 / 522
부정성不定性 / 250
부정종성不定種姓 / 185, 243
분단생사分段生死·변역생사變易生死 / 157
분별소행分別所行 / 371
분별소행分別所行인 변계소집상遍計所執相의 소의행상所依行相 / 370
불공무명不共無明 / 166
불반열반종성보특가라不般涅槃種性補特伽羅 / 211
불상사의 뛰어남(不相似勝) / 495, 497
불요의不了義 / 458, 471, 484
불요의경不了義經 / 473, 478, 480
불요의교不了義敎 / 476

불평등인不平等因 / 105
비나야毗奈耶 / 260, 261
비밀秘密 / 456, 518
비밀문秘密門 / 87
비바사사毗婆沙師 / 426
비습박약毗濕縛藥 / 400
비안립제非安立諦 / 117
비일계非一界 / 81
비일계성非一界性 / 80

ㅅ

사념주四念住 / 82
사비밀四秘密 / 139
사식四食 / 77
사신족四神足 / 84
사심사四尋思 / 73
사심사四尋思·사여실四如實의 관관觀 / 177
사정邪定 / 207
사정단四正斷 / 84
사정취邪定聚 / 213
사제교四諦敎 / 85
사제법륜四諦法輪 / 410
산분算分 / 499
산수의 뛰어남(算數勝) / 496
살가야견薩迦耶見 / 328
살왕자게煞王子偈 / 473
삼매락문三昧樂門 / 226
삼매락정三昧樂定 / 203
삼매三昧·삼마발제三摩跋提 / 203
삼무성三無性 / 68, 96, 116, 117, 145
삼무성관三無性觀 / 184

『삼무성론三無性論』 / 114, 116
삼성관三性觀 / 145
삼성문三性門 / 146
삼승三乘 / 228, 229
삼승차별三乘差別 / 243
삼시의 법륜(三時法輪) / 85
삼십칠품관三十七品觀 / 85
삼전三轉 / 410, 427
삼전십이행三轉十二行 / 418, 426
삼전십이행상三轉十二行相 / 427, 441, 450
상견相見 / 300
상무성相無性 / 96
상무자성성相無自性性 / 68, 99, 119, 124
상비밀相秘密 / 137, 140, 144
상상相狀 / 68
상상시常常時 / 128
생무성生無性 / 96, 115, 120
생무자성성生無自性性 / 68, 103, 120, 165
생잡염生雜染 / 156
서원성문誓願聲聞 / 253, 257
선바라밀禪波羅蜜 / 262
선설善說 / 260, 261
선인녹원仙人鹿苑 / 414
선인논처仙人論處 / 414, 415
선인주처仙人住處 / 415
선인집처仙人集處 / 411
선인타처仙人墮處 / 413, 415
선제법善制法 / 260, 261
선취공善取空 / 306, 315
섭취평등의요攝取平等意樂 / 239
성문聲聞의 장애障礙 / 247
성문종성聲聞種性 / 243
성종성性種姓 / 243

세 가지 잡염雜染 / 156
세 번째 굴림(第三轉) / 433
세속언설자성世俗言說自性 / 102
세 종류 법륜(三種法輪) / 463, 470, 481
세 종류 훈습(三熏習) / 152
소연박所緣縛·상응박相應縛 / 157
소응학처所應學處 / 261
소의행상所依行相 / 372
소집상所執相 / 150
소취공所取空 / 310
소행所行 / 371
소행小行·소과小果 / 188
손감損減 / 301
손감방損減謗 / 306
손감분별견損減分別見 / 300
손감시설견損減施設見 / 300
손감진실견損減眞實見 / 300
수분數分 / 498
수습위修習位 / 164
수의 뛰어남(數勝) / 495
수전리문隨轉理門 / 122
순인順忍 / 519
순해順解 / 146
숨겨진 비난(伏難) / 330
습종성習種姓 / 243
승거僧佉 / 498
승군勝軍 / 244
승의勝義 / 112, 113
승의무성勝義無性 / 96, 107, 113, 115
승의무자성성勝義無自性性 / 68, 106, 111, 120
승의생勝義生 / 70, 71
승의제勝義諦 / 112, 113, 131
승진도勝進道 / 173

승해勝解 / 166
승해행주勝解行住 / 335
시록림施鹿林 / 413, 414
시변무반열반時邊無般涅槃 / 211
식처息處 / 219
신인信忍 / 519
신훈종자新熏種子 / 244
실유하지 않음에도 마치 실유처럼 나타난
   것(非有似有) / 121
심尋 / 73
심尋·사伺 / 72
심사尋思 / 71
심행자尋行者 / 73
십법행十法行 / 282
십신十信 / 166
십이연기十二緣起 / 77
십이처十二處 / 77
십이행상十二行相 / 441
십칠지론자十七地論者 / 310
십해十解 / 166
십행十行 / 166
십회향十迴向 / 166

아귀餓鬼 / 159
아만성문我慢聲聞 / 254, 255
아소락阿素洛 / 161
아약교진阿若憍陳 / 434
아약구린阿若拘鄰 / 86
악취공惡取空 / 307
안립제安立諦 / 117

안안·지지·명명·각覺 / 446, 452
언설로 훈습되지 않은 지지 / 180
언설수각言說隨覺 / 151
언설수면言說隨眠 / 151
언설을 따라 지각하지 않는 지지 / 180
언설의 수면隨眠을 떠난 지지 / 180
업잡염業雜染 / 156
여래정설분如來正說分 / 91
역의 뛰어남(力勝) / 495, 497
연생법緣生法 / 108
영략影略 / 376
영입비밀令入秘密 / 140, 144
영해수지분領解受持分 / 366
오근五根 / 84
오력五力 / 84
오성각별설五性各別說 / 206
오승五乘의 종성種性 / 195
오위五位 / 163
오파니살담분鄔波尼煞曇分 / 503
오파마烏波摩 / 503
요의了義 / 461, 462, 471, 484
요의경了義經 / 473, 476, 478, 480
요의교了義教 / 85, 476
요의대승了義大乘 / 460
원진리구遠塵離垢 / 512
월장月藏 / 244
유유乳·낙酪·소蘇(酥) / 193
유분喩分 / 503
유사번뇌有事煩惱 / 231
유색有色·무색無色 / 75
유순인柔順忍 / 509, 519
유전법流轉法 / 154
유전流轉의 과果 / 155
유전流轉의 인因 / 154

육계六界 / 383
육석六釋 / 82
육합석六合釋 / 191
은밀교隱密教 / 476
은밀상隱密相 / 461
응성문應聲聞 / 254, 255
응화성문應化聲聞 / 198, 254
의타기依他起 / 155
의타기상依他起相 / 103
의타팔유依他八喩 / 120
이성理性 / 194
이숙오근異熟五根 / 156
이십오유二十五有 / 192
인人 / 161
인근석隣近釋 / 82
인연생因緣生 / 138
인의 뛰어남(因勝) / 495, 497
일부의 승의무성(一分勝義無性) / 120
일부의 승의무자성성(一分勝義無自性性) / 122
일생보처보살一生補處菩薩 / 413
일승一乘 / 184, 187, 188, 190, 191, 228~230, 359
일체개성설一切皆成說 / 192
일체법개무자성一切法皆無自性 / 97
일체법무생一切法無生 / 123
일향취적성문一向趣寂聲聞 / 254
입출식념入出息念 / 73

자량위資糧位 / 163

자상自相·공상共相 / 75
자성상自性相 / 76
자성열반自性涅槃 / 131
자연自然 / 105
자연무自然無 / 132
자연무생인自然無生忍 / 522
자연생自然生 / 105, 132
자연유自然有 / 105, 132
자유自有 / 105
자재천自在天 / 105
자체무自體無 / 132
자체평등의自體平等意 / 240
작보리원作菩提願 / 254
작보리원성문作菩提願聲聞 / 255
잠시무열반성暫時無涅槃性 / 221
장양오근長養五根 / 156
장이 삼장長耳三藏 / 510
적멸성문寂滅聲聞 / 252
적정인寂靜忍 / 519
전법륜轉法輪 / 419, 431, 439
전변비밀轉變秘密 / 140, 142
점오보살漸悟菩薩 / 250
정멸성성문定滅性聲聞 / 254, 255
정성이승定性二乘 / 185, 247
정정正定 / 207
제1시第一時 / 411
제2시第二時 / 454
제3시第三時 / 460
조복調伏 / 260
존자 구사瞿沙 / 425
종성보살種姓菩薩의 퇴退·불퇴不退 / 332
종성위種姓位 / 335
종종계種種界 / 80
종종계성種種界性 / 80

중행中行·중과中果 / 188
증상만성문增上慢聲聞 / 198, 222, 253, 254
증어增語 / 430
증익방增益謗 / 306
진塵·구垢 / 512~514
진실리문眞實理門 / 122
진실무성眞實無性 / 114
진실성眞實性 / 113, 114

차별상差別相 / 76
차전遮詮 / 323
채화지彩畫地 / 402
천天 / 160
천제闡提 / 195
첫 번째 굴림(第一轉) / 432
체상體相 / 68
출도보리出到菩提 / 510
취적성문趣寂聲聞 / 245, 252
칠각지七覺支 / 84
칠처선七處善 / 447

통달위通達位 / 164
퇴보리退菩提 / 257
퇴보리성문退菩提聲聞 / 252, 254
퇴보리심退菩提心 / 254

퇴보리심성문退菩提心聲聞 / 198

팔부반야八部般若 / 456
팔사지륜八邪支輪 / 420
팔성도八聖道 / 84
평등의요平等意樂 / 239
표전表詮 / 323
필경무반열반畢竟無般涅槃 / 211
필경무반열반법畢竟無般涅槃法 / 211
필경무열반성畢竟無涅槃性 / 221

항항시恒恒時 / 128
해탈도解脫道 / 173
해탈분解脫分 / 166

행상行相 / 372
행성行性 / 194, 215
허망분별번뇌虛妄分別煩惱 / 231
현료顯了 / 518
현료교顯了教 / 476
현료상顯了相 / 462
현시문顯示門 / 87
협존자脇尊者 / 445
호법護法 / 116
호월護月 보살 / 244
혹惑·업業·생生 / 157
화성화城의 비유 / 203
회향보리성문迴向菩提聲聞 / 254
회향성문迴向聲聞 / 250, 252, 257
후상속後相續 / 289
후소득지後所得智 / 180

12전轉48행상行相 / 446
60전轉 / 499
120전轉 / 499

한글본 한국불교전서

신·라·출·간·본

신라 1 인왕경소
원측 | 백진순 옮김 | 신국판 | 800쪽 | 35,000원

신라 2 범망경술기
승장 | 한명숙 옮김 | 신국판 | 620쪽 | 28,000원

신라 3 대승기신론내의약탐기
태현 | 박인석 옮김 | 신국판 | 248쪽 | 15,000원

신라 4 해심밀경소 제1 서품
원측 | 백진순 옮김 | 신국판 | 448쪽 | 24,000원

신라 5 해심밀경소 제2 승의제상품
원측 | 백진순 옮김 | 신국판 | 508쪽 | 26,000원

신라 6 해심밀경소 제3 심의식상품 제4 일체법상품
원측 | 백진순 옮김 | 신국판 | 332쪽 | 20,000원

신라 12 무량수경연의술문찬
경흥 | 한명숙 옮김 | 신국판 | 800쪽 | 35,000원

신라 13 범망경보살계본사기 상권
원효 | 한명숙 옮김 | 신국판 | 272쪽 | 17,000원

신라 14 화엄일승성불묘의
견등 | 김천학 옮김 | 신국판 | 264쪽 | 15,000원

신라 15 범망경고적기
태현 | 한명숙 옮김 | 신국판 | 612쪽 | 28,000원

신라 16 금강삼매경론
원효 | 김호귀 옮김 | 신국판 | 666쪽 | 32,000원

신라 17 대승기신론소기회본
원효 | 은정희 옮김 | 신국판 | 536쪽 | 27,000원

신라 18 미륵상생경종요 외
원효 | 성재헌 외 옮김 | 신국판 | 420쪽 | 22,000원

신라 19 대혜도경종요 외
원효 | 성재헌 외 옮김 | 신국판 | 256쪽 | 15,000원

신라 20 열반종요
원효 | 이평래 옮김 | 신국판 | 272쪽 | 16,000원

신라 21 이장의
원효 | 안성두 옮김 | 신국판 | 256쪽 | 15,000원

신라 22 본업경소 하권 외
원효 | 최원섭·이정희 옮김 | 신국판 | 368쪽 | 22,000원

신라 23 중변분별론소 제3권 외
원효 | 박인성 외 옮김 | 신국판 | 288쪽 | 17,000원

신라 24 지범요기조람집
원효·진원 | 한명숙 옮김 | 신국판 | 310쪽 | 19,000원

신라 25 집일 금광명경소
원효 | 한명숙 옮김 | 신국판 | 636쪽 | 31,000원

신라 26 복원본 무량수경술의기
의적 | 한명숙 옮김 | 신국판 | 500쪽 | 25,000원

고·려·출·간·본

고려 1 일승법계도원통기
균여 | 최연식 옮김 | 신국판 | 216쪽 | 12,000원

고려 2 원감국사집
충지 | 이상현 옮김 | 신국판 | 480쪽 | 25,000원

고려 3 자비도량참법집해
조구 | 성재헌 옮김 | 신국판 | 696쪽 | 30,000원

고려 4 천태사교의
제관 | 최기표 옮김 | 4X6판 | 168쪽 | 10,000원

고려 5 대각국사집
의천 | 이상현 옮김 | 신국판 | 752쪽 | 32,000원

고려 6 법계도기총수록
저자 미상 | 해주 옮김 | 신국판 | 628쪽 | 30,000원

| 고려 7 | 보제존자삼종가
고봉 법장 | 하혜정 옮김 | 4X6판 | 216쪽 | 12,000원

| 고려 8 | 석가여래행적송·천태말학운묵화상경책
운묵 무기 | 김성옥·박인석 옮김 | 신국판 | 424쪽 | 24,000원

| 고려 9 | 법화영험전
요원 | 오지연 옮김 | 신국판 | 264쪽 | 17,000원

| 고려 10 | 남명천화상송증도가사실
□련 | 성재헌 옮김 | 신국판 | 418쪽 | 23,000원

| 고려 11 | 백운화상어록
백운 경한 | 조영미 옮김 | 신국판 | 348쪽 | 21,000원

| 고려 12 | 선문염송 염송설화 회본 1
혜심·각운 | 김영욱 옮김 | 신국판 | 724쪽 | 33,000원

조·선·출·간·본

| 조선 1 | 작법귀감
백파 긍선 | 김두재 옮김 | 신국판 | 336쪽 | 18,000원

| 조선 2 | 정토보서
백암 성총 | 김종진 옮김 | 4X6판 | 224쪽 | 12,000원

| 조선 3 | 백암정토찬
백암 성총 | 김종진 옮김 | 4X6판 | 156쪽 | 9,000원

| 조선 4 | 일본표해록
풍계 현정 | 김상현 옮김 | 4X6판 | 180쪽 | 10,000원

| 조선 5 | 기암집
기암 법견 | 이상현 옮김 | 신국판 | 320쪽 | 18,000원

| 조선 6 | 운봉선사심성론
운봉 대지 | 이종수 옮김 | 4X6판 | 200쪽 | 12,000원

| 조선 7 | 추파집·추파수간
추파 홍유 | 하혜정 옮김 | 신국판 | 340쪽 | 20,000원

| 조선 8 | 침굉집
침굉 현변 | 이상현 옮김 | 신국판 | 300쪽 | 17,000원

| 조선 9 | 염불보권문
명연 | 정우영·김종진 옮김 | 신국판 | 224쪽 | 13,000원

| 조선 10 | 천지명양수륙재의범음산보집
해동사문 지환 | 김두재 옮김 | 신국판 | 636쪽 | 28,000원

| 조선 11 | 삼봉집
화악 지탁 | 김재희 옮김 | 신국판 | 260쪽 | 15,000원

| 조선 12 | 선문수경
백파 긍선 | 신규탁 옮김 | 신국판 | 180쪽 | 12,000원

| 조선 13 | 선문사변만어
초의 의순 | 김영욱 옮김 | 4X6판 | 192쪽 | 11,000원

| 조선 14 | 부휴당대사집
부휴 선수 | 이상현 옮김 | 신국판 | 376쪽 | 22,000원

| 조선 15 | 무경집
무경 자수 | 김재희 옮김 | 신국판 | 516쪽 | 26,000원

| 조선 16 | 무경실중어록
무경 자수 | 성재헌 옮김 | 신국판 | 340쪽 | 20,000원

| 조선 17 | 불조진심선격초
무경 자수 | 성재헌 옮김 | 신국판 | 168쪽 | 11,000원

| 조선 18 | 선학입문
김대현 | 성재헌 옮김 | 신국판 | 240쪽 | 14,000원

| 조선 19 | 사명당대사집
사명 유정 | 이상현 옮김 | 신국판 | 508쪽 | 26,000원

| 조선 20 | 송운대사분충서난록
신유한 엮음 | 이상현 옮김 | 신국판 | 324쪽 | 20,000원

| 조선 21 | 의룡집
의룡 체훈 | 김석군 옮김 | 신국판 | 296쪽 | 17,000원

| 조선 22 | 응운공여대사유망록
응운 공여 | 이대형 옮김 | 신국판 | 350쪽 | 20,000원

| 조선 23 | 사경지험기
백암 성총 | 성재헌 옮김 | 신국판 | 248쪽 | 15,000원

| 조선 24 | 무용당유고
무용 수연 | 이상현 옮김 | 신국판 | 292쪽 | 17,000원

| 조선 25 | 설담집
설담 자우 | 윤찬호 옮김 | 신국판 | 200쪽 | 13,000원

| 조선 26 | 동사열전
범해 각안 | 김두재 옮김 | 신국판 | 652쪽 | 30,000원

| 조선 27 | 청허당집
청허 휴정 | 이상현 옮김 | 신국판 | 964쪽 | 47,000원

| 조선 28 | 대각등계집
백곡 처능 | 임재완 옮김 | 신국판 | 408쪽 | 23,000원

| 조선 29 | 반야바라밀다심경략소연주기회편
석실 명안 엮음 | 강찬국 옮김 | 신국판 | 296쪽 | 17,000원

| 조선 30 | 허정집
허정 법종 | 성재헌 옮김 | 신국판 | 488쪽 | 25,000원

| 조선 31 | 호은집
호은 유기 | 김종진 옮김 | 신국판 | 264쪽 | 16,000원

| 조선 32 | 월성집
월성 비은 | 이대형 옮김 | 4X6판 | 172쪽 | 11,000원

| 조선 33 | 아암유집
아암 혜장 | 김두재 옮김 | 신국판 | 208쪽 | 13,000원

| 조선 34 | 경허집
경허 성우 | 이상하 옮김 | 신국판 | 572쪽 | 28,000원

| 조선 35 | 송계대선사문집 · 상월대사시집
송계 나식 · 상월 새봉 | 김종진 · 박재금 옮김 | 신국판 | 440쪽 | 24,000원

| 조선 36 | 선문오종강요 · 환성시집
환성 지안 | 성재헌 옮김 | 신국판 | 296쪽 | 17,000원

| 조선 37 | 역산집
영허 선영 | 공근식 옮김 | 신국판 | 368쪽 | 22,000원

| 조선 38 | 함허당득통화상어록
득통 기화 | 박해당 옮김 | 신국판 | 300쪽 | 18,000원

| 조선 39 | 가산고
월하 계오 | 성재헌 옮김 | 신국판 | 446쪽 | 24,000원

| 조선 40 | 선원제전집도서과평
설암 추붕 | 이정희 옮김 | 신국판 | 338쪽 | 20,000원

| 조선 41 | 함홍당집
함홍 치능 | 성재헌 옮김 | 신국판 | 348쪽 | 21,000원

| 조선 42 | 백암집
백암 성총 | 유호선 옮김 | 신국판 | 544쪽 | 27,000원

| 조선 43 | 동계집
동계 경일 | 김승호 옮김 | 신국판 | 380쪽 | 22,000원

| 조선 44 | 용암당유고 · 괄허집
용암 체조 · 괄허 취여 | 김종진 옮김 | 신국판 | 404쪽 | 23,000원

| 조선 45 | 운곡집 · 허백집
운곡 충휘 · 허백 명조 | 김재희 · 김두재 옮김 | 신국판 | 514쪽 | 26,000원

| 조선 46 | 용담집 · 극암집
용담 조관 · 극암 사성 | 성재헌 · 이대형 옮김 | 신국판 | 520쪽 | 26,000원

| 조선 47 | 경암집
경암 응윤 | 김재희 옮김 | 신국판 | 300쪽 | 18,000원

| 조선 48 | 석문상의초 외
벽암 각성 외 | 김두재 옮김 | 신국판 | 338쪽 | 20,000원

| 조선 49 | 월파집 · 해붕집
월파 태율 · 해붕 전령 | 이상현 · 김두재 옮김 | 신국판 | 562쪽 | 28,000원

| 조선 50 | 몽암대사문집
몽암 기영 | 이상현 옮김 | 신국판 | 348쪽 | 21,000원

| 조선 51 | 징월대사시집
징월 정훈 | 김재희 옮김 | 신국판 | 272쪽 | 16,000원

| 조선 52 | 통록촬요
엮은이 미상 | 성재헌 옮김 | 신국판 | 508쪽 | 26,000원

| 조선 53 | 충허대사유집
충허 지책 | 성재헌 옮김 | 신국판 | 296쪽 | 18,000원

| 조선 54 | 백열록
금명 보정 | 김종진 옮김 | 신국판 | 364쪽 | 22,000원

| 조선 55 | 조계고승전
금명 보정 | 김용태 · 김호귀 옮김 | 신국판 | 384쪽 | 22,000원

| 조선 56 | 범해선사시집
범해 각안 | 김재희 옮김 | 신국판 | 402쪽 | 23,000원

조선 57 범해선사문집
범해 각안 | 김재희 옮김 | 신국판 | 208쪽 | 13,000원

조선 58 연담대사임하록
연담 유일 | 하혜정 옮김 | 신국판 | 772쪽 | 34,000원

조선 59 풍계집
풍계 명찰 | 김두재 옮김 | 신국판 | 438쪽 | 24,000원

조선 60 혼원집 · 초엄유고
혼원 세환 · 초엄 복초 | 윤찬호 옮김 | 신국판 | 332쪽 | 20,000원

조선 61 청주집
환공 치조 | 성재헌 옮김 | 신국판 | 416쪽 | 23,000원

조선 62 대동영선
금명 보정 | 이상하 옮김 | 신국판 | 556쪽 | 28,000원

※ 한글본 한국불교전서는 계속 출간됩니다.

원측 圓測
(613~696)

스님의 휘諱는 문아文雅이고 자字는 원측圓測이며, 신라 국왕의 자손이다. 3세에 출가해서 15세(627)에 입당하였다. 처음에는 경사京師의 법상法常과 승변僧辯 등에게 강론을 들으면서 중국 구舊유식의 주요 경론들을 배웠다. 정관 연간正觀年間(627~649)에 대종문황제大宗文皇帝가 도첩을 내려 승려로 삼았다. 장안의 원법사元法寺에 머물면서『비담론毗曇論』,『성실론成實論』,『구사론俱舍論』,『대비바사론大毘婆沙論』 등 고금의 장소章疏를 열람하였다. 현장玄奘이 귀국한 이후에는『유가사지론瑜伽師地論』,『성유식론成唯識論』 등을 통해 신新유식에도 두루 통달하였다. 서명사西明寺의 대덕이 된 이후부터 본격적 저술 활동에 들어가서『성유식론소成唯識論疏』,『해심밀경소解深密經疏』,『인왕경소仁王經疏』 및『관소연론觀所緣論』,『반야심경般若心經』,『무량의경無量義經』 등의 소疏를 찬술하였다. 지금은『인왕경소』 3권과『반야바라밀다심경찬般若波羅蜜多心經贊』1권, 그리고『해심밀경소』 10권만 전해진다. 말년에 역경에 종사하다 낙양洛陽의 불수기사佛授記寺에서 84세로 생을 마감하였다. 후대에 중국 법상종法相宗의 양대 산맥 중 하나인 서명파西明派를 탄생시킨 장본인으로 추앙받았다.

옮긴이 백진순

이화여자대학교 사회학과와 동 대학원 철학과 석사과정을 거쳐, 연세대학교 대학원 철학과에서『『성유식론成唯識論』의 가설假說(upacāra)에 대한 연구』로 박사학위를 받았다. 현재는 동국대학교 불교학술원 조교수로 재직 중이다. 주로 중국 법상종의 유식 사상에 대한 논문들을 발표하였고, 역주서로『인왕경소』,『해심밀경소 제1 서품』,『해심밀경소 제2 승의제상품』,『해심밀경소 제3 심의식상품·제4 일체법상품』 등이 있으며, 공저로『인물로 보는 한국의 불교 사상』 등이 있다.

증의 및 윤문
강찬국(전 울산대학교 인문과학연구소 연구교수)
박인석(동국대학교 불교학술원 조교수)